KB049733

제2판

CRIMINAL LAW LECTURE

형법강의
각론

정성근·정준섭

박영사

제2판 머리말

초판이 출간된지도 벌써 5년여의 시간이 흘렀다. 그동안 형법과 특정범죄가중처벌법이나 성폭력특례법 등 형사특별법에서도 수차례 개정이 있었다. 특히 성폭력범죄에 대한 예비·음모죄 신설이나 미성년자의제강간죄 피해자의 연령 상향 등은 성폭력 사건에 대한 사회의 인식변화를 수용하고 성인지적 관점을 주요한 판단요소로 반영한 사법부의 시각을 입법에 반영한 결과로 볼 수 있다. 이와 함께 전면적인 형법 조문의 한글화 작업을 통해 종래의 일본식 한자어를 우리말로 순화하는 법개정도 이루어졌다. 법을 적용받는 국민들에게 보다 쉽게 이해될 수 있도록 법률용어가 개정되는 것은 어찌 보면 당연한 일이며, 앞으로도 지속적으로 추진될 것으로 기대되는 것이 현실이다.

이와 함께 새로운 판례들도 많이 등장하였다. 주목할 만한 판례로는 미성년자·심신미약자 위계간음죄에 있어서의 '위계'의 의미에 관한 판례의 변경이나, 공동주거권자의 동의를 얻어 주거에 들어간 경우라면 다른 공동주거권자의 추정적 승낙에 반하는 것이라도 주거침입죄가 성립하지 않는다고 판시한 '간통 목적의 주거침입' 관련 판례의 변경, 그리고 직권남용죄가 성립하기 위해서는 공무원의 직권남용 외에 의무없는 일의 강요나 권리행사의 방해라는 별도의 요건이 추가적으로 요구된다는 점을 명확히 한 판결 등을 들 수 있고, 이에 더하여 헌법재판소의 헌법불합치 결정 이후 개선입법이 이루어지지 아니하여 자기낙태죄와 의사에 의한 업무상 동의낙태죄가 소급하여 무효화된 경우도 있다. 대부분 여성의 권익신장과 함께 성폭력사건에 대한 사법부의 전향적인 인식의 전환에서 기인한 것으로 볼 수 있다.

이에 제2판에서는 이러한 법 현실의 변화를 최대한 충실히 반영하면서 아래의 점을 유념하며 기술하였다.

첫째, 독자들이 이해하기 쉽게 기술하고자 노력하였다. 특히 전면적인 형법 개정으로 한자어로 되어 있던 많은 용어들이 한글화되었는데, 이를 적극 반영하여 전체적으로 표현을 다듬었다. 80년대 말 대학에 입학한 이후 지금까지 기존 용어를 사용해 왔기에 아직 익숙하지 아니하여 많은 부분에서 흔적이 남아 있지만, 향후

내용을 보완하면서 표현을 수정해 나갈 것임을 말씀드린다.

둘째, 형법강의총론에서와 마찬가지로 내용을 보충해야 할 부분은 가급적 각주를 활용하였다. 초판에서는 각주가 많지 않았으나, 제2판에서는 상당부분 추가되었다. 내용을 부연 설명한 것은 물론, 판례의 구체적 내용을 소개함으로써 독자들로 하여금 보다 쉽게 기억할 수 있도록 배려하였다. 이를 통해 독자들이 교과서의 내용을 이해하는데 도움이 될 수 있을 것으로 기대한다.

셋째, 앞서 언급한 바와 같이 형법과 형사특별법이 여러 차례 개정되었고, 새로운 판례들 또한 다수 등장하였다. 제2판에서는 법 개정내용은 물론 2022년 2월까지의 이루어진 새로운 판례는 대부분 교과서에 반영하고자 노력하였다. 미비한 점이 있겠지만, 앞으로도 지속적으로 보완해 나갈 것임을 약속드린다.

넷째, 교과서에 인용된 문헌들이 제한되어 있는 점은 초판과 마찬가지이다. 새로이 출간되는 많은 교과서들이 있으나, 이를 모두 반영하지 못한 점에 대해서는 미리 지면으로 양해의 말씀을 드린다.

제2판의 출간을 준비하면서 나름대로 노력하였다고 생각하였지만, 출간을 앞둔 현 시점에서 돌이켜 보면 여전히 능력의 부족을 절감하고 있다. 아직도 형법은 너무도 어렵고 또 어렵다는 것을 새삼 느낀다. 가친께서 이루어 놓으신 업적에 누가 되지는 않을까 걱정이 앞서는 것도 사실이지만, 앞으로 조금씩 발전하는 모습을 보일 수 있도록 힘쓸 것이며, 보다 완성도 높은 책이 될 수 있도록 배전의 노력을 다할 것임을 약속드린다.

지난해는 여러모로 힘든 일이 많았던 한해였다. 사회적으로도 코로나19로 모두가 힘들고 어려운 시기였으며, 개인적으로도 힘든 상황이었다. 2022년 새해에는 모든 것이 예전처럼 제자리로 돌아와 강의실에서 학생들을 직접 만날 수 있는 날이 오기를 소망한다. 형법강의각론 제2판의 출간이 그 계기가 되기를 기원한다.

마지막으로 초판에 이어 제2판의 출간까지 기꺼이 맡아 주신 박영사 안종만 회장님과 안상준 대표님께 깊이 감사드린다. 또한 책의 교정과 편집에 수고를 아끼지 않으신 한두희 과장님을 비롯한 편집부 여러분, 그리고 마케팅팀 장규식 차장님을 비롯한 박영사의 모든 직원분들께도 깊은 감사의 말씀을 드린다.

2022. 2.

정 준 섭

머 리 말

새로 출간하는 "형법강의 각론"은 이미 출간된 "형법강의 총론"의 자매편으로 엮은 것이다. 형법각론은 형법총론의 일반적 이론을 기반으로 하여 개개의 범죄유형을 연구대상으로 하는 학문이므로 형법학은 총론과 각론의 유기적인 관련을 유지하면서 연구해야 하는 과제이다. 다만 총론은 범죄이론의 체계구성에 중점을 두는 반면에 각론은 이를 바탕으로 개별 구성요건의 규범적 의미를 해석하는 데에 중점을 두고 있을 뿐이다. 현실적으로 발생하는 범죄는 모두 각칙상의 개별범죄들이므로 이에 대한 연구는 총론에 못지 않게 중요할 뿐만 아니라 판례의 절대다수가 각칙상의 개별범죄에 관한 것이므로 판례연구의 중요성이 강조되는 것도 필연적이라고 할 것이다.

한편 각론교과서는 총론교과서에 비하여 월등히 그 분량이 많기 때문에 일반 법과대학에서 형법을 공부하는 학생들은 말할 것도 없고, 로스쿨 재학생이나 변호사시험을 준비하는 분에게도 큰 부담이 될 수밖에 없다. 이러한 문제점을 다소나마 해소하기 위해서 숙명여자대학교 법과대학 정준섭 교수가 교과서 분량을 최대한 줄이면서 중요한 최근의 판례와 이론상의 논점을 빠짐없이 기안한 초고를 작성하고, 이를 토대로 하여 통설 내지 다수설을 위주로 이해하기 쉽게 서술한 것이 이 교과서이다. 형법을 공부하는 초보자도 큰 부담없이 친근감을 가질 수 있는 교과서가 되리라 믿는다.

2016년에도 형법전과 특별형법의 개정이 있었고 판례도 변경된 것이 있었다. 형법각칙의 개정에서는 간통죄가 삭제되고, 특수상해죄, 특수강요죄, 특수공갈죄가 새로 신설되었다. 특별형법에서는 "폭력행위 등 처벌에 관한 법률", "특정범죄가중처벌 등에 관한 법률", "아동·청소년의 성보호에 관한 법률" 등이 개정되어 처벌되는 범죄의 종류와 법정형이 변경된 것이 많았다. 대법원의 판례도 종래의 태도를 변경하여 부부간의 강간죄를 인정하였고 새로 나온 중요한 판례도 있었다. 이 교과서에는 새로 신설된 범죄는 물론이고, 교과서에 서술할 필요가 있는 개정된 특별형법의 내용과 2016년도에 새로 나온 중요한 판례까지 모두 반영하였다. 완전무결한 형법교과서는 있을 수 없으므로 학문을 다듬고 덕을 쌓아가는 절차탁마(切磋琢磨)의 정신으로 계속해서 보완하고 다듬어 나갈 것이다.

끝으로 총론에 이어 각론까지 기꺼이 출판해 주신 박영사 안종만 회장님께 충심으로 감사드리며, 보다 나은 편집을 위해 최선을 다해 주신 김선민 편집부장님과 하나부터 열까지 꼼꼼히 다듬어 주신 한두희님을 비롯한 편집부 여러분께 다시 한 번 심심한 사의를 표한다.

2017년 설날을 앞두고
정 성 근 씀

차 례

제 1 장 인격적 법익에 대한 죄

제 1 절 생명·신체에 관한 죄   3

제 3 절　명예와 신용·업무에 관한 죄　134

제 2 장 재산적 법익에 대한 죄

제 1 절 재산죄의 기초이론 187

제 2 절 절도와 강도의 죄 198

제 3 절 사기와 공갈의 죄 246

제 4 절 횡령과 배임의 죄　291

제 3 장　사회적 법익에 대한 죄

제 1 절　공공의 안전과 평온에 관한 죄　375

제 3 절 공중의 건강에 관한 죄   493

제 4 절   사회의 도덕에 관한 죄   503

제 4 장 국가적 법익에 대한 죄

제 1 절 국가의 기능에 관한 죄 531

참고문헌

김성돈	형법각론	제7판	2021	SKKUP
김일수 · 서보학	새로쓴 형법각론	제9판	2018	박영사
김종원	형법각론(상)		1973	법문사
박상기 · 전지연	형법학	제5판	2021	집현재
배종대	형법각론	제12판	2021	홍문사
손동권 · 김재윤	새로운 형법각론		2013	율곡출판사
오영근	형법각론	제6판	2021	박영사
유기천	형법학(각론강의 상 · 하)	전정신판	2012	법문사
이재상 · 장영민 · 강동범	형법각론	제12판	2021	박영사
이형국	형법각론		2008	법문사
이형국	형법각론 I		1990	법문사
이형국	형법각론 II		2005	법문사
임웅	형법각론	제11정판	2020	법문사
정성근	형법각론	전정판	1996	법지사
정성근 · 박광민	형법각론	전정3판	2019	SKKUP
정영석	형법각론	제5전정판	1983	법문사
정영일	형법각론	제3판	2011	박영사
황산덕	형법각론	제6정판	1989	방문사

약 어 표

감염병의 예방 및 관리에 관한 법률 ⇒ 감염병예방법

부동산 실권리자명의 등기에 관한 법률 ⇒ 부동산실명법

성매매알선 등 행위의 처벌에 관한 법률 ⇒ 성매매처벌법

성폭력범죄의 처벌 등에 관한 특례법 ⇒ 성폭력특례법

아동 · 청소년의 성보호에 관한 법률 ⇒ 아동 · 청소년성보호법

장기등 이식에 관한 법률 ⇒ 장기이식법

정보통신망 이용촉진 및 정보보호 등에 관한 법률 ⇒ 정보통신망법

특정경제범죄 가중처벌 등에 관한 법률 ⇒ 특정경제범죄법

폭력행위 등 처벌에 관한 법률 ⇒ 폭처법

형의 집행 및 수용자의 처우에 관한 법률 ⇒ 형집행법

호스피스 · 완화의료 및 임종과정에 있는 환자의 연명의료결정에 관한 법률 ⇒ 존엄사법

제 1 장

인격적 법익에 대한 죄

제 1 절 생명·신체에 관한 죄

생명과 신체에 관한 죄는 사람의 생명이나 신체를 침해하거나 위태롭게 하는 범죄이다. 생명과 신체는 인간생존의 기본토대가 되므로 형법은 다른 범죄에 비하여 가장 중요한 법익으로 보호한다. 형법이 규정하고 있는 생명·신체에 관한 죄는 살인의 죄, 상해와 폭행의 죄, 과실치사상의 죄, 낙태의 죄, 유기와 학대의 죄가 있다.

[§1] 살인의 죄

Ⅰ. 총 설

(1) 의 의

살인의 죄는 사람을 살해함으로써 생명을 침해하는 범죄이다.

사람의 생명은 인간생존의 기본토대가 되므로 모든 법익의 근간이고, 다른 법익과 비교형량할 수 없는 최고의 가치를 갖는다. 생명의 최고가치성 때문에 형법도 원칙적으로 사람의 생존능력·생존가치·건강상태·사회적 지위 여하를 묻지 않고 평등하게 보호한다. 따라서 법적 판단에 있어서 생존의 가치 없는 생명이란 있을 수 없으며, 어느 누구도 침해할 수 없고 또 누구도 포기할 수 없는 절대적 법익으로서 보호한다고 한다. 이를 절대적 생명보호원칙이라 한다.

하지만 우리 형법은 사형제도를 인정하고 있을 뿐만 아니라 "장기이식법"은 뇌사자인 사람의 장기적출을 허용하고 있고, 새로 제정된 존엄사법과 판례는 존엄사까지 인정하고 있으므로 우리 형법상의 생명보호는 절대적 생명보호가 아니라 최대한 생명보호원칙이라 해야 한다.

(2) 보호법익

살인의 죄의 보호법익은 사람의 생명이며, 보호의 정도는 침해범으로서의 보호이다. 태아와 죽은 사람(사체)은 사람이 아니므로 낙태죄나 사체손괴죄 또는 사체오욕죄에 의하여 보호될 뿐이다.

II. 살인죄

> [구성요건·법정형]   사람을 살해한 자는 사형, 무기 또는 5년 이상의 징역에 처한다(제250조 제1항).
> 미수범은 처벌한다(제254조).

1. 의의·성격

사람을 고의로 살해하는 범죄이다. 살인의 죄의 기본적 구성요건이며, 결과범·침해범·즉시범의 전형적인 범죄이다.

2. 객관적 구성요건

(1) 주 체

자연인이면 누구든지 주체가 될 수 있다. 자살미수자와 타인에게 촉탁을 하여 자기를 살해하게 한 피해자는 살인죄의 주체가 될 수 없다.

(2) 객 체

행위자 이외의 살아 있는 사람(자연인)이다.

1) **사 람**   생명이 있는 자연인은 범행 당시 생존가능성이 있으면 충분하고 생존능력의 유무는 묻지 않는다. 따라서 조산으로 생육의 가망이 없는 영아·기형아, 빈사상태의 환자, 낙태행위로 살아있는 미숙아($^{2003도2780}_{판결}$), 불치의 병자, 실종선고를 받은 자, 사형판결이 확정된 자, 자살 중인 자($^{4281형상}_{38 판결}$), 이미 총격을 받았으나 아직 살아 있는 피해자($^{80도306}_{판결}$)는 물론, 생명유지장치로 연명하고 있는 말기환자도 살인죄의 객체가 된다.[1]

---

1) 다만, 존엄사의 허용요건을 구비한 때에 위법성이 배제될 수 있다.

2) **사람의 시기**   사람의 생명은 출생으로 시작하여 사망으로 종료한다. 사람은 태아가 분만과정을 거쳐 출생하므로 형법은 연속되는 분만과정의 어느 시점에서 사람으로 보호할 것이냐가 문제된다.

(a) **진통설**   태아가 태반으로부터 분리되기 시작하면서 규칙적인 진통이 개시되는 때를 사람의 시기로 보는 견해로 분만개시설이라고도 한다(2005도3832 판결^{통설}).

(b) **일부노출설**   태아의 신체 일부가 모체에서 노출된 때를 사람의 시기로 보는 견해이다(일본의 통설·판례).

(c) **전부노출설**   분만이 완료되어 태아가 모체로부터 완전히 분리된 때를 사람의 시기로 보는 견해이다.

(d) **독립호흡설**   태아가 모체로부터 완전히 분리되어 태반에 의한 호흡을 멈추고 폐에 의한 호흡을 시작한 때를 사람의 시기로 보는 견해이다.

(e) **결 어**   민법은 권리능력의 주체가 될 수 있는 사람을 전제(민법 제3조)로 하므로 전부노출설이 통설이다. 그러나 형법상의 생명보호는 분만과정에 있는 생명의 보호필요성을 기준으로 판단해야 하므로, ① 분만 중에 있는 생명도 외부의 침해로부터 보호할 필요가 있고, ② 분만 중의 영아를 살해하면 영아살해죄(제251조)라는 살인죄가 성립하므로 **진통설**이 타당하다고 해야 한다.

분만으로 인한 진통은 자궁경부의 자궁구가 열리고 태아가 태반으로부터 분리되면서 시작하는 개방진통을 말하며, 모체 밖으로 배출되는 과정에서의 압박진통을 의미하지 않는다. 다만, 제왕절개수술에 의한 인공분만의 경우에는 개방진통의 시기에 가장 근접한 시점인 자궁절개시에 사람이 되고, 진통 후에 제왕절개수술을 한 경우는 진통개시시에 사람이 된다(통설).

대법원은 제왕절개수술의 경우, "의학적으로 제왕절개수술이 가능하였고 규범적으로 수술이 필요하였던 시기(時期)"는 판단하는 사람 및 상황에 따라 다를 수 있어 사람의 시기(始期)가 불명확하게 될 우려가 있으므로 진통시에 갈음하는 분만개시시점이 될 수 없다(2005도3832 판결)고 하였다.

3) **사람의 종기**   사람의 생명은 사망함으로써 종료하고 사체가 된다. 사람의 사망시기에 대해서도 견해가 대립한다.

(a) **호흡종지설**   폐기능에 의한 호흡이 되살아 날 수 없는 상태로 종지한 때에 사망으로 보는 견해(폐사설)이다.

(b) **맥박종지설** 심장의 고동이 되살아 날 수 없는 상태로 종지한 때에 사망으로 보는 견해(심장사설)로 종래의 다수설이다.

(c) **뇌사설** 뇌의 기능이 되살아 날 수 없는 상태로 종지한 때에 사망으로 보는 견해로 현재의 다수설이다. 뇌사설에도 ① 정신 및 의식작용을 관장하는 대뇌가 종지한 때에 사망으로 보는 **대뇌사설**(소위 식물상태), ② 호흡·순환·대사·체온의 조절기능을 관장하는 뇌간(腦幹)이 종지한 때에 사망으로 보는 **뇌간사설**, ③ 뇌간을 포함한 뇌의 모든 기능이 종지한 때에 사망으로 보는 **전뇌사설**이 있는데, 우리나라 뇌사설은 전뇌사설에 일치되어 있다.

(d) **결 어** 뇌사설에 대해서는 뇌사를 확정할 수 있는 신뢰할 만한 방법과 기준이 없으므로 장기이식을 위해서 뇌사인정이 악용될 수 있고, 체온이 유지되고 호흡기능이 유지되고 있음에도 뇌사자를 죽은 사람으로 취급하는 것은 우리의 전통적 정서에 반한다는 비판이 있다.

그러나 ① 자연사의 경우 맥박의 종지가 있으면 보통 10분 전후에 뇌사상태에 이르는 것이 일반적이며, ② 현재의 의학기술도 뇌전도(腦電圖)나 뇌파계(腦波計)에 의하여 어느 정도 정확한 뇌사판정을 할 수 있고, 특히 장기이식법은 뇌사판정의 확실성과 신중성을 충분히 강구하고 있으므로 현실적으로 의학적 판단을 신뢰할 수밖에 없으며, ③ 생명의 핵심은 호흡이나 심장의 고동이 아니라 뇌활동에 있으므로 뇌조직의 사망은 개인의 존재와 인격을 소멸시킨다고 해야 하고, ④ 호흡이나 심장이 종지된 후에는 어느 정도까지는 회복 내지 인공장치에 의한 생명유지가 가능하지만 뇌기능이 종지된 이후에는 더 이상 회복이 불가능하다는 점에 비추어 **전뇌사설**이 타당하다고 본다. 다만 모든 사람의 사망에 대하여 뇌사판정을 할 수 없기 때문에 뇌사가 심폐사보다 앞서는 경우에 한하여 의료기관의 뇌사판정절차를 거쳐서 사망을 확정할 수밖에 없고, 심폐사가 앞서는 일반 사망에 대해서는 심폐기능이 종지한 때에 뇌사가 있다고 확정하면 족할 것이다.

(3) 행 위

살해하는 것이다.

1) **살 해** "살해"란 고의로 사람의 생명을 자연적 사기(死期)에 앞서서 단

절시키는 것을 말한다. 수단·방법은 제한이 없다. 자살(刺殺)·참살(斬殺)·교살(絞殺)·사살(射殺)·독살(毒殺) 등 유형적 방법은 물론, 피해자에게 심한 정신적 고통이나 충격을 주어 사망에 이르게 하는 무형적 방법도 가능하다. 또 사술(詐術)이나 위계·위력에 의해서도 살해할 수 있다. 살해행위는 사망의 결과를 야기할 수 있는 유형적인 위험성이 있어야 하며, 예비 또는 음모의 유무는 묻지 않는다.

　(a) **부작위에 의한 살해**　부작위에 의한 살해도 가능하다. 보증인이 보증의무에 위반하여 부작위로 나아감으로써 사람이 사망하도록 방치한 때에는 부작위에 의한 살인이 된다. 판례도 같다(^{2002도995 판결 참조} 생략). ^[보라매병원 사건]

> **판례**　① 피고인이 미성년자를 유인하여 포박·감금한 후 단지 그 상태를 유지하였을 뿐인데도 피감금자가 사망에 이르게 된 것이라면 피고인의 죄책은 감금치사죄에 해당한다 하겠으나, 나아가서 그 감금상태가 계속된 어느 시점에서 피고인에게 살해의 범의가 생겨 피감금자에 대한 위험발생을 방지함이 없이 포박·감금상태에 있던 피감금자를 그대로 방치함으로써 사망하게 하였다면 피고인의 부작위는 살인죄의 구성요건적 행위를 충족하는 것이라고 평가하기에 충분하므로 부작위에 의한 살인죄를 구성한다(82도2024 판결).
> ② 선박침몰 등과 같은 조난사고로 승객이나 다른 승무원들이 스스로 생명에 대한 위협에 대처할 수 없는 급박한 상황이 발생한 경우에는 선박의 운항을 지배하고 있는 선장이나 갑판 또는 선내에서 구체적인 구조행위를 지배하고 있는 선원들은 적극적인 구호활동을 통해 보호능력이 없는 승객이나 다른 승무원의 사망 결과를 방지하여야 할 작위의무가 있으므로, 법익침해의 태양과 정도 등에 따라 요구되는 개별적·구체적인 구호의무를 이행함으로써 사망의 결과를 쉽게 방지할 수 있음에도 그에 이르는 사태의 핵심적 경과를 그대로 방관하여 사망의 결과를 초래하였다면 부작위는 작위에 의한 살인행위와 동등한 형법적 가치를 가지고, 작위의무를 이행하였다면 결과가 발생하지 않았을 것이라는 관계가 인정될 경우에는 작위를 하지 않은 부작위와 사망의 결과 사이에 인과관계가 있다(2015도6809 전원합의체 판결 [세월호 사건]).

　(b) **간접정범**　살해는 직접적 방법이나 간접적 방법을 묻지 아니하므로 살해의 간접정범도 가능하다. 독약이 들어 있는 케익을 배달시켜 살해하거나 정신병자를 이용하여 타인을 살해하는 경우가 그 예이다.

　이에 대하여 강제나 기망에 의하여 피해자를 자살하게 한 경우도 간접적 방법에 의한 것이지만 형법은 위계·위력에 의한 자살결의죄(^{제253}조)로 처벌한다. 또 무고·위증의 방법이나 재판을 이용하여 사형을 집행하게 한 경우에는 무고자나 증인이 재판결과를 지배하였다고 볼 수 없으므로 살인죄의 간접정범은 부정해야 한다.

2) **실행의 착수시기**   살해의 의사를 가지고 타인의 생명을 위태롭게 하는 행위를 개시한 때에 실행의 착수가 있다. 예컨대 살해의 의사로 피해자에게 총을 겨누거나 칼을 쳐들었을 때($^{85도2773}_{판결}$) 또는 독약이 혼입된 음료수를 교부한 때에 실행의 착수가 있다. 간접정범에 있어서는 원칙적으로 이용자의 이용행위가 개시된 때에 실행의 착수가 있다.

> **판례**   피고인이 격분하여 피해자를 살해할 것을 마음먹고 밖으로 나가 마루 밑에 놓여 있던 낫을 들고 방안으로 들어오려 하였으나 제3자가 이를 제지하자 그 틈을 타서 피해자가 뒷문으로 도망함으로써 살인의 목적을 이루지 못하여 미수에 그친 경우, 피고인이 낫을 들고 피해자에게 접근함으로써 살인의 실행행위에 착수하였다고 할 것이므로 이는 살인미수에 해당한다(85도2773 판결).

3) **기수시기**   살해행위로 인하여 피해자가 사망한 때에 기수가 된다. 행위와 사망 사이에 인과관계가 인정되어야 한다. 인과관계가 있으면 양자 사이의 시간적 장단은 범죄의 성부에 영향이 없으므로 수일, 수개월 뒤에 사망하였어도 살인죄는 성립한다. 행위자의 행위가 사망의 유일한 원인일 필요는 없다 ($^{93도3612}_{판결}$).

3. 주관적 구성요건

1) **살해의 고의**   생명이 있는 자연인을 살해한다는 인식·의사가 있어야 한다. 사망의 결과발생을 희망·의욕할 것까지는 필요없다($^{2002도4089}_{판결}$). 순간적·우발적으로 사람을 살해할 것을 결의한 때에도 살해의 고의는 인정된다($^{86도367}_{판결 참조}$). 살해의 고의없이 사람을 사망에 이르게 한 때에는 상해 또는 폭행의 고의 유무에 따라 과실치사죄($^{제267}_{조}$), 상해치사죄($^{제259}_{조}$) 또는 폭행치사죄($^{제262}_{조}$)가 성립할 뿐이다.

> 대법원은 피해자가 맞아 죽어도 무방하다고 생각하고 총을 발사한 경우(75도727 판결 참조), 싸움을 하던 중 죽여버린다고 소리치며 칼로 피해자의 옆구리와 복부를 찌르거나(86도1313 판결) 목을 찌른 경우(87도1091 판결), 속옷으로 사람의 목을 조른 경우(84도331 판결), 각목으로 사람의 머리를 강타한 경우(98도980 판결), 인체의 급소를 잘 알고 있는 무술교관출신이 무술의 방법으로 피해자의 울대(성대)를 가격한 경우(2000도2231 판결), 태권도 유단자 3명이 주먹

과 발로 피해자를 가격하고, 쓰러진 피해자의 머리를 구둣발로 걷어차 두개골을 골절시키고도 아무런 조치를 취하지 않고 현장을 떠난 경우(2021도1623 판결)에도 살해의 고의를 인정하였다.

2) **구성요건착오**   동일구성요건 내의 착오는 객체의 착오·방법의 착오를 묻지 않고 고의는 부정되지 않는다. 다른 구성요건 사이의 착오에서 존속을 타인으로 오인하고 살해한 때에는 제15조 제1항에 의하여 보통살인죄로 처벌된다. 농담으로 살해를 촉탁하였으나 진담으로 믿고 살해한 때에도 촉탁살인죄가 성립한다(죄질부합설).

4. 위법성배제사유

생명과 생명의 비교형량은 불가능하므로 긴급피난에 의해서는 위법성이 배제될 수 없다. 다만 기대가능성이 없는 경우에 책임이 배제될 수 있다. 피해자의 승낙은 원칙적으로 위법성이 배제되지 않는다(촉탁·승낙살인죄). 다만 소극적 안락사와 존엄사($\frac{2009다17417}{전원합의체\ 판결}$)는 일정한 요건을 구비한 경우에 위법성이 배제될 수 있다(「형법강의 총론」 "안락사" 참조). 정당방위에 해당하는 경우도 같다.

5. 죄　수

생명은 일신전속적 법익이므로 피해자의 수에 따라 죄수를 결정한다. 1개의 행위로 수인을 살해하면 수개의 살인죄의 상상적 경합이 된다. 동일 장소에서 같은 방법으로 시간적으로 접착되어 수인을 살해하면 수개의 살인죄의 경합범이 된다. 사람을 살해한 후 범죄의 흔적을 인멸할 목적으로 사체를 다른 장소에 유기(손괴)한 때에는 살인죄와 사체유기죄(사체손괴죄)의 경합범이 된다($\frac{97도1142}{판결}$).

Ⅲ. 존속살해죄

> [구성요건·법정형]   자기 또는 배우자의 직계존속을 살해한 자는 사형, 무기 또는 7년 이상의 징역에 처한다(제250조 제2항).
> 미수범은 처벌한다(제254조).

(1) 의의·성격

자기 또는 배우자의 직계존속을 살해하는 범죄이다. 행위객체가 자기 또는 배우자의 직계존속이라는 신분관계 때문에 책임이 가중된 부진정신분범이다.

(2) 존속살해죄의 위헌론과 폐지론

존속살해죄를 보통살인죄보다 가중처벌하는 것은 존속의 생명을 일반인보다 중하게 보호하는 것이 되어 법 앞의 평등원칙(헌법 제11조 제1항)에 위반하는 것이 아니냐가 논의되고 있다.

1) 합헌설   존속살해죄 규정은 법 앞의 평등원칙에 위반하지 않는다는 견해(다수설)로, 그 이유는 다음과 같다. ① 헌법상의 평등의 원칙은 성별·종교 또는 사회적 신분에 의하여 차별대우를 받아서는 아니된다는 것이고, 경제적·사회적 조건에 따른 합리적 근거있는 차등까지 금지하는 절대적 평등을 의미하는 것은 아니며, ② 존속에 대한 범죄를 중하게 처벌하는 것은 인륜의 보편적 도덕원리(孝)에 근거를 둔 것이므로 이것이 헌법상 금지되는 차별에 해당될 수 없다는 것이다.

2) 위헌설   존속살해죄 규정은 위헌이라는 견해(유기천 상 37, 임웅 34)로, 그 이유는 다음과 같다. ① 친자관계라는 도덕적 원리는 봉건적 가족제도의 유산으로서 친자관계를 평등관계로 취급하는 근대법사상에 반하고, ② 자신의 의사와 관계없이 출생된 직계비속이라는 신분 때문에 책임을 가중하는 것은 사회적 신분으로 인한 차별이며, ③ 법과 도덕은 구별해야 하므로 효(孝)라는 도덕적 가치는 법 앞의 불평등을 인정하는 근거가 될 수 없다는 것이다.

3) 폐지설   존속살해죄의 규정은 위헌이라 할 수는 없으나 입법론적으로 폐지하는 것이 타당하다는 견해(김종원 38, 정성근 60, 이형국 Ⅰ 28, 김성돈 69)이다. ① 반인륜성이라는 점에서 존속살해와 비속살해는 차이가 없으므로 존속살해에 대해서만 가중처벌규정을 두어야 할 이유가 없고, ② 비속의 패륜성 때문에 책임을 가중할 필요가 있는 때에는 보통살인죄의 법정형 안에서 충분히 중하게 처벌할 수 있으므로 폐지해야 한다는 것이다.

4) 판례의 태도   존속살해죄를 인정하는 대법원판례는 있으나(2007도8333 등 판결) 이에 대한 위헌성 여부에 대한 판시를 한 예는 없다. 헌법재판소는 존속살해는 그

패륜성에 비추어 고도의 사회적 비난을 받아야 할 이유가 충분하고, 법정형도 사형·무기 또는 7년 이상의 징역으로 개정되어 양형에서 구체적 불평등이 해소되었으므로 평등원칙에 반한다고 볼 수 없다(²⁰¹¹헌바²⁶⁷ 결정)고 하여 합헌설을 유지하고 있다.

> **판례** 조선시대 이래 현재에 이르기까지 존속살해죄에 대한 가중처벌은 계속되어 왔고, 그러한 입법의 배경에는 우리사회의 효를 강조하는 유교적 관념 내지 전통사상이 자리 잡고 있는 점, 존속살해는 그 패륜성에 비추어 일반 살인죄에 비하여 고도의 사회적 비난을 받아야 할 이유가 충분한 점, 존속살해죄의 법정형이 종래의 '사형 또는 무기징역'에서 '사형, 무기 또는 7년 이상의 징역'으로 개정되어 기존에 제기되었던 양형에 있어서의 구체적 불균형의 문제도 해소된 점을 고려할 때 존속살해죄 조항이 형벌체계상 균형을 잃은 자의적 입법이라 할 수 없어 평등원칙에 위반되지 않는다(2011헌바267 결정).

5) 결 어 법 앞의 평등이라 할 때의 "평등"은 절대적 평등을 의미하는 것이 아니므로 합리적 근거가 있는 형의 가중은 차별취급이라 할 수 없다. 법사상이 인격적 가치에 대해 평등관계를 요구하고 있다고 해서 친자관계를 지배하는 도덕적 가치를 봉건적 사상이라 하여 무조건 배척·말살해야 할 이유가 될 수는 없다. 형법은 사회윤리적 행위가치도 보호하고 있으므로 비속의 패륜성 때문에 책임을 가중한다고 해서 법과 도덕을 혼동한 것이라고 할 수 없다. 존속살해죄의 법정형은 보통살인죄의 법정형과 비교하여 별로 불합리하지 않지만 비속의 패륜성 때문에 가중처벌의 필요가 있는 때에는 법관의 재량의 범위가 넓은 보통살인죄의 법정형(사형·무기징역까지)으로 충분히 처벌가능하므로 이 죄를 삭제하여도 중하게 처벌하는 데에는 지장이 없다. 이 죄는 폐지하는 것이 타당하다고 본다.

(3) 객관적 구성요건

1) 주 체 행위객체의 직계비속 또는 그 배우자이다(부진정신분범). 직계비속은 혈통이 상하의 직계로 연결되는 친족(부모·자·손·외손)으로서 특정인을 기준으로 그 아래 항렬(行列)을 말한다.

2) 객 체 자기 또는 배우자의 직계존속이다.

(a) 자기의 직계존속 ① "자기"란 직계비속을 말한다. ② "직계존속"이란 혈

통이 조상으로부터 자손에 직통하는 친족에 있어서 특정인을 기준으로 그에 선행하는 세대에 있는 자를 말한다. 부모·조부모·증조부모·외조부모 등이다. 존속의 관념은 혈족에 한하며 인척은 제외된다(예컨대 계부·계모). ③ 직계존속은 법률상의 개념이고 사실상의 존속은 포함하지 않는다. 따라서 사실상 혈족관계가 있어도 인지절차를 완료하지 않는 한 직계존속이 아니며, 아무런 관련이 없는 타인이라도 합법절차에 의하여 양친자관계가 성립하면 직계존속이 된다(^{81도2466}_{판결}). 법률상의 개념이란 민법에 의한 친족관계를 말하며, 반드시 가족관계등록부(호적)의 기재에 의해서 정해지는 것은 아니다. 법률상의 양친(養親)은 물론이고, 혼인 외의 출생자와 생모(生母) 사이에도 자(子)의 출생으로 당연히 법률상의 친자관계가 생기므로 생모는 직계존속이 된다(^{80도1731}_{판결}). 그러나 계친(繼親)이나 인지 전의 사생자의 실부(實父), 계모·서모(庶母)는 직계존속이 아니다. 타인의 양자로 입양된 자가 실부모를 살해한 경우에 보통살인죄가 성립한다는 견해(^{황산덕 162,}_{정영석 220})가 있으나, 통설은 다른 집안에 입양된 후에도 실부모와의 친자관계는 그대로 존속하므로 존속살해죄를 인정한다. 판례도 같은 취지이다(^{66도1483}_{판결}). 다만 친양자(^{민법}_{제908조의3})의 경우는 종전의 친자관계가 종료되므로 실부모살해는 보통살인죄가 된다.

> **[입양의사로 출생신고를 한 경우의 효력]** 입양의 의사로 친생자 출생신고를 하고 자신을 계속 양육하여 온 사람을 살해한 경우, 위 출생신고는 입양신고의 효력이 있으므로 존속살해죄가 성립한다는 것이 판례의 태도(2007도8333 판결)이다.
>
> 그러나 2012. 2. 10. 민법개정으로 신설된 제867조는, 미성년자를 입양하려는 사람은 가정법원의 허가를 받아야 하고(제1항), 이 경우 가정법원은 미성년자의 복리를 위하여 양육상황, 입양동기, 양부모의 양육능력, 그 밖의 사정을 고려하여 입양의 허가를 하지 않을 수 있다(제2항)고 규정하고 있으므로, 입양의사로 출생신고를 한 경우에 입양신고의 효력이 있다는 종래의 판례 태도가 향후에도 계속 유지될 것인지는 불분명하다(2014므4963 판결 참조).

(b) **배우자의 직계존속**   배우자의 직계존속에 대해서도 이 죄가 성립한다. ① "배우자"란 부부의 일방이 상대방을 가리킨 것이고, 민법상 적법한 혼인절차를 거친 부부 사이에만 이 죄의 배우자가 된다. ② 배우자는 생존 배우자에 한한다. 따라서 사망한 배우자의 직계존속을 살해한 때에는 보통살인죄가 된다(통설). ③ 이혼합의가 있고 별거생활 중이라도 법률상 이혼이 성립하지 않으면 배우자관계는 존속한다. ④ 배우자라는 신분관계는 살해행위시에 있으면 충분하

므로 동일기회에 배우자를 먼저 살해하고 계속하여 그의 직계존속을 살해한 때에도 이 죄가 성립한다.

(4) 주관적 구성요건

자기 또는 배우자의 직계존속을 살해한다는 고의가 있어야 한다. 일반인을 살해할 의사로 존속을 살해한 때에는 형법 제15조 제1항에 의하여 보통살인죄로 처벌된다. 존속살해의 의사로 보통살인의 결과를 야기한 때에 존속살해죄의 미수와 보통살인죄의 상상적 경합이 된다는 견해(^{김종원 41, 이형국 I})가 있으나, 보통살인죄만 성립한다(^{황산덕 163, 정성근·박광민 54,})고 본다(**죄질부합설**).

(5) 공범관계

이 죄는 신분관계로 인하여 형이 가중되는 부진정신분범이므로 신분 없는 공범에 대해서는 형법 제33조 단서가 적용된다. 甲이 乙을 교사(방조)하여 乙의 아버지를 살해하게 한 때에는 甲은 보통살인죄의 교사범(방조범), 乙은 존속살해죄의 정범이 성립한다. 이에 반해 판례는 부진정신분범에 비신분자가 가공한 경우, 공범의 성립은 제33조 본문을 적용하고, 과형에서만 동조 단서를 적용하므로 위의 예에서 乙은 존속살해죄로 처벌되지만, 甲은 존속살해죄의 교사(방조)범이 성립하고 보통살인죄의 형(방조의 경우는 감경된 형)으로 처벌된다(「형법강의 총론」 "공범과 신분" 참조).

(6) 특별형법(보복살인죄)

자기 또는 타인의 형사사건의 수사나 재판과 관련된 고소·고발 등 수사단서를 제공하거나 진술·증언·자료제출에 대하여 보복목적으로 살인죄를 범한 때와, 이상의 행위를 하지 못하게 하거나 고소·고발취소와 허위의 진술·증언·자료를 제출하게 할 목적으로 살인죄를 범한 때에는 사형·무기 또는 10년 이상의 징역에 처한다(^{특가법 제5조의9}). 예컨대 강간죄를 범한 다음에 피해자가 고소를 한 때에 보복목적으로 살해하는 경우이다. 그러나 강도범행 직후에 범행은폐 목적으로 피해자를 살해하면 강도살인죄가 성립한다.

Ⅳ. 영아살해죄

> **[구성요건·법정형]** 직계존속이 치욕을 은폐하기 위하거나 양육할 수 없음을 예상하거나
> 특히 참작할 만한 동기로 인하여 분만 중 또는 분만직후의 영아를 살해한 때에는 10년 이하
> 의 징역에 처한다(제251조).
>   미수범은 처벌한다(제254조).

(1) 의의·성격

직계존속이 치욕을 은폐하기 위하거나 양육할 수 없음을 예상하거나 특히
참작할 만한 동기로 인하여 분만 중 또는 분만직후의 영아를 살해하는 범죄이
다. 출산으로 인한 산모의 비정상적인 심리상태 등 참작할 만한 동기를 고려하
여 책임을 감경한 부진정신분범이다(통설, 불법감경설은).
                                  김성돈 72

(2) 객관적 구성요건

1) 주 체 주체는 "직계존속"이다. 법률상의 직계존속뿐만 아니라 사실
상의 직계존속도 포함한다(통설). 반면 판례는 법률상 직계존속에 한정하는 입장
이다.

주체를 산모로 한정하는 견해(이재상·장영민·강동범)도 있으나, 형법은 직계존속이라
                               2/40, 배종대 12/4
명시하고 있으므로 산모뿐만 아니라 모든 직계존속이 주체가 된다(다수설)고 본
다. 따라서 혼인 외의 출생자의 생부(生父)가 참작할 동기로 출산 직후의 혼외
영아를 살해해도 영아살해죄가 된다. 이에 대해서 판례는 법률상 직계존속에
한정하므로 위 예의 경우는 보통살인죄가 성립한다.

2) 객 체 객체는 분만 중 또는 분만 직후의 직계비속인 영아이다. "분만
중"이란 개방진통이 시작한 때로부터 분만이 완료될 때까지를 말하며, "분만 직
후"란 분만완료 후 분만으로 인한 비정상적인 심리상태가 계속되는 동안을 말
하고, 분만 후 수일경과라는 시간적 길이로 결정되는 것은 아니다. 태아(胎兒)는
이 죄의 객체가 될 수 없고, 반드시 혼외자일 필요도 없다.

(3) 주관적 구성요건

1) 고 의 직계비속인 영아를 살해한다는 인식·의사가 있어야 한다. 동
기의 착오(혼인중의 자를 혼외자로 착오한 경우와 그 반대의 경우)는 살인죄 고의성립

에 영향이 없다.

2) 주관적 동기   고의 외에 치욕을 은폐하기 위하거나 양육할 수 없음을 예상하거나 특히 참작할 만한 동기가 있어야 한다.

(a) 치욕은폐   "치욕을 은폐하기 위한"이란 영아의 분만이 개인이나 집안의 명예에 미치는 치욕(강간으로 인한 임신, 과부·미혼모의 사생아 출산 등)을 감추기 위한 경우를 말한다.

(b) 양육불가예상   "양육할 수 없음을 예상한"이란 경제적 곤란으로 도저히 영아를 양육할 경제능력이 없음을 예상한 경우를 말한다.

(c) 특히 참작할 동기   "특히 참작할 만한 동기"란 위의 두 요건에 해당하지 않는 책임감경요인을 일반화한 것이다. 불구·기형아 출산이나 조산으로 생육의 가망이 없는 경우가 그 예가 된다. 주관적 동기는 정상참작감경사유($\frac{제53}{조}$)에 해당하므로 이 죄에 대해서도 정상참작감경을 할 수 있다(다수설).

3) 동기의 착오   이 죄에 있어서의 동기는 초과주관적 구성요건요소이므로 이에 관한 착오는 구성요건착오가 아니다. 이 죄가 성립하기 위해서는 참작할 만한 동기가 필요하므로 이러한 동기가 없는 때에는 직계존속이 영아를 살해하였다 하더라도 이 죄는 성립할 여지가 없다. 따라서 직계존속이 참작할 만한 동기가 없음에도 있다고 오인(예컨대 혼인중의 자를 혼외자로 오인)한 채 영아를 살해한 경우에는 보통살인죄가 성립할 뿐이다. 반대로 참작할 만한 동기가 있음에도 이를 알지 못한(예컨대 혼외자를 혼인중의 자로 오인한) 채 직계존속이 직계비속인 영아를 살해한 경우는, 행위자가 애당초 영아살해가 아닌 보통살인의 의사를 갖고 범행한 것이므로 보통살인죄가 성립한다.

(4) 공범관계

이 죄는 부진정신분범이므로 신분 없는 공범에 대하여는 제33조 단서가 적용된다. 따라서 이 죄에 가담한 비신분자는 보통살인죄의 책임을 진다(반대설은 「형법강의 총론」 "공범과 신분" 참조).[1]

---

[1] 사실상의 부(父)가 생모와 함께 참작할 만한 동기로 출산 직후의 영아를 살해한 경우, 신분범의 성립은 제33조 본문을, 부진정신분범의 과형은 단서를 각 적용한다는 판례의 입장을 따를 때에는 부와 모에게 영아살해죄의 공동정범이 성립하고 부는 보통살인죄의 형으로 처단한다(통상범죄설)는 결론을 도출할지 아니면, 부도 영아살해죄의 형으로 처벌한다(감경형설)는 결론을 도출할지는 명확하지 않다.

V. 촉탁·승낙살인죄

> **[구성요건·법정형]** 사람의 촉탁이나 승낙을 받아 그를 살해한 자는 1년 이상 10년 이하의 징역에 처한다(제252조 제1항).
> 미수범은 처벌한다(제254조).

(1) 의의·성격

피해자의 촉탁 또는 승낙을 받아 그를 살해하는 범죄이다. 보통살인죄보다 형을 감경하는 근거에 대해서 **책임감경설**(_{김종원 47,}_{배종대 12/11}), **불법감경설**(다수설), **불법·책임감경설**(_{이형국 I 42,}_{박상기·전지연 407})이 대립한다.

생명은 인간생존의 전제가 되는 최고의 가치이고 최대한 보호해야 하므로 생명침해에 대한 피해자의 승낙은 위법성을 배제시킬 수 없다. 또 행위자의 특수한 동기는 양형에서 고려될 뿐이고 책임감경사유가 될 수 없다. 결국 피해자의 자기결정권에 근거한 생명포기와 피해자의 의사에 반하지 않는 생명침해라는 점에서 일반살인과 비교하여 불법이 감경된다고 해야 한다(다수설).

(2) 객관적 구성요건

1) 객 체   촉탁·승낙을 한 사람이다. 자기 또는 배우자의 직계존속도 객체가 된다. 촉탁·승낙자는 죽음을 이해하고 의사결정을 할 수 있는 자라야 한다.

2) 행 위   촉탁 또는 승낙을 받아 살해하는 것이다.

(a) 촉 탁

(aa) 촉탁의 의의   "촉탁"이란 이미 죽음을 결의한 자의 의뢰를 받는 것을 말한다. 죽음을 결의한 자[1]의 의뢰를 받고 비로소 살해의 결의를 한 경우라야 한다. 촉탁의 상대방은 반드시 특정되어 있을 필요가 없고, 여러 사람이나 일반인에 대한 촉탁도 무방하며, 상대방을 특정한 때에는 제3자에 대해서는 이 죄가 성립하지 않는다.

(bb) 촉탁의 요건   촉탁은 피살자 자신의 촉탁에 의한 것임을 요한다. 피살자를 대신한 타인의 촉탁(대리촉탁)으로 살해한 때에는 원칙적으로 보통살인죄를 구성한다. 촉탁이 위계·위력에 의한 때에는 위계·위력에 의한 촉탁·승낙

---

1) 반드시 자살을 기도하고 있는 자일 필요는 없다.

살인죄가 성립한다. 사물변별력을 가진 피살자의 자유롭고 진의에 의한 촉탁이라야 하고, 어린이·정신병자나 흥분상태·농담·취중의 촉탁에 의한 살해는 보통살인죄가 된다. 촉탁은 명시적임을 요하며 늦어도 살해행위시까지는 촉탁이 있어야 한다.

(b) 승 낙

(aa) 승낙의 의의　"승낙"이란 이미 살해를 결의하고 있는 행위자에게 피해자가 동의하는 의사표시를 말한다. 승낙의 상대방도 반드시 특정되어 있을 필요가 없고,[1] 여러 사람에 대한 승낙도 무방하며, 특정된 때에는 제3자에 대해서 이 죄가 성립하지 않는다.

(bb) 승낙의 요건　승낙은 피살자 자신이 승낙한 것임을 요하고 대리승낙은 무효이다. 사물변별능력이 있는 자의 자유롭고 진의에 의한 승낙이라야 한다. 승낙은 반드시 명시적일 필요가 없고 묵시적 양해도 무방하다. 그러나 단순히 방치하는 것은 승낙이 될 수 없다. 승낙은 늦어도 살해행위시까지는 존재해야 한다. 사후승낙은 살인미수에 해당할 뿐이다.

(c) 실행의 착수·기수시기

(aa) 착수시기　살해행위를 개시한 때 실행의 착수가 있다. 살해의 촉탁에 응하거나 승낙을 얻는 것도 구성요건에 해당하는 행위이지만, 아직 이 단계에서는 생명침해에 대한 유형적인 인과가능성과 현실적인 위험성이 없기 때문에 살해행위를 기준으로 실행의 착수를 판단해야 한다.

(bb) 기수시기　촉탁 또는 승낙을 받아 피해자를 살해함으로써 기수가 된다. 촉탁·승낙과 살해행위 사이에 인과관계가 있어야 한다.

(3) 주관적 구성요건

1) 고 의　촉탁 또는 승낙이 있다는 것을 인식하고 피해자를 살해한다는 의사가 있어야 한다. 행위의 특별한 동기는 필요하지 않다. 행위자 자신의 이익을 위한 것이건 피살자의 이익을 위한 것이건 상관없다.

2) 착 오　촉탁 또는 승낙이 있는 것으로 오인하고 살해한 때에는 제15조 제1항에 의하여 이 죄의 죄책을 진다(통설). 촉탁 또는 승낙이 있었으나 없는

---

1) 다만, 이 경우의 승낙은 살해할 의사를 갖고 있는 자에 대하여 해야 함은 당연하다.

것으로 오인하고 살해한 때, **촉탁·승낙살인죄설**($\substack{\text{유기천} \\ \text{상 40}}$), **보통살인죄설**(다수설), 보통 살인미수죄와 촉탁·승낙살인죄의 **상상적 경합설**($\substack{\text{이형국 I 46, 김일수·서보학} \\ \text{28, 임웅 42, 김성돈 76}}$)이 대립한다. 이 죄는 촉탁 또는 승낙을 받아 이를 인식한 때에만 성립하므로 보통살인죄가 성립한다고 해야 한다.[1]

VI. 자살교사·방조죄

> **[구성요건·법정형]**   사람을 교사하거나 방조하여 자살하게 한 자도 제1항(촉탁·승낙살인 죄)의 형(1년 이상 10년 이하의 징역)에 처한다(제252조 제2항).
> 미수범은 처벌한다(제254조).

(1) 의의·성격

타인을 교사 또는 방조하여 스스로 자살하게 하는 범죄이며, 자살관여죄라 고도 한다. 형법상 자살은 구성요건해당성이 없으므로 불가벌이다. 그러나 타인 의 자살을 교사·방조하여 자살에 관여하는 행위는 타인의 생명을 부정하는 것 이므로 자살과는 그 성질이 다르다. 타인의 생명은 본인의 생존의사와 관계없 이 보호되어야 하므로 형법은 자살과 구별하여 독립된 범죄유형으로 규정한 것 이다. 따라서 총칙상의 공범규정은 적용하지 않는다.

(2) 객관적 구성요건

1) **주 체**   제한이 없다. 직계존속과 직계비속도 주체가 된다. 자살자 자 신은 이 죄의 필요적 공범에 해당하지만 불가벌이다. 자살자 스스로 살해해 달 라고 타인을 교사하여도 촉탁살인죄의 촉탁이 될 뿐이고 이 죄가 성립하지 않 는다.

2) **객 체**   행위자 이외의 자연인이다. 자기 또는 배우자의 직계존속도 객체가 된다. 이 죄의 객체는 자살의 의미를 이해하고 그 결과를 판단할 수 있 는 능력자라야 한다. 따라서 어린아이나 심신상실자에 대하여 자살을 교사·방

---

1) 다만, 피해자가 이미 촉탁승낙을 한 경우라면 비록 행위자가 이를 알지 못한 채 피해자의 생명 을 침해하더라도 보통살인죄의 법익침해 결과는 발생하지 않는다. 보통살인죄가 성립한다는 다수설의 견해에 대하여는 이러한 결과반가치의 차이를 고려하지 않은 것이라는 비판이 제기 될 수 있다.

조한 때에는 살인죄가 성립할 뿐이다(⁸⁶도²³⁹⁵판결).

3) 행 위　자살을 교사 또는 방조하는 것이다.

(a) **자살교사**　자살의사가 없는 자에게 자살을 결의시키는 것이다. 교사의 수단과 방법은 제한이 없다. 명시적·암시적 방법을 묻지 않는다. 다만 위계·위력을 사용한 때에는 위계·위력에 의한 자살결의죄가 성립한다. 자살방조의 경우도 같다.

(b) **자살방조**　자살을 결의하고 있는 자에 대해서 자살을 용이하게 실행하도록 도와주는 것이다. 방조의 방법도 제한이 없다. 자살방법의 지시, 기구나 독약제공으로 그 실행을 용이하게 하는 것은 물론, 정신적 방법이나 적극적·소극적 수단을 사용하는 것도 무방하다. 그러나 타인의 자살실행에 직접 손을 쓰는 행위는 촉탁·승낙이 있으면 촉탁·승낙살인죄가 되며, 자살을 실행하는 도중에 실행에 가담하여 살해의 목적을 달성한 때에는 살인죄가 된다.

판례는 아내가 가정불화 등으로 남편과 말다툼을 하던 중 "죽고 싶다", "같이 죽자"고 하며 남편에게 휘발유를 사오라고 하여 남편이 휘발유를 사다 주자 아내가 자신의 몸에 휘발유를 뿌리고 불을 붙여 자살한 사안에서 남편에게 자살방조죄를 인정하였고(²⁰¹⁰도²³²⁸판결), 분신자살한 자가 자살할 것을 알고 유서를 대필해주고, 증거물인 수첩·업무일지·메모 등을 사후에 조작·은폐한 것은 자살방조죄에 해당한다(⁹²도¹¹⁴⁸판결)고 고 판시[1]한 반면, 금원을 편취할 목적으로 청산염을 소지하지도 않은 채 자살사이트에서 자살하기 위해 청산염을 구입하려는 자를 상대로 허위광고를 한 경우(²⁰⁰⁵도¹³⁷³판결)와 헤어진 전 여자친구에게 돌아오지 않으면 분신하겠다고 말하고 자신의 몸에 휘발유를 뿌린 후 전 여자친구와 함께 있던 새 남자친구가 건네 준 라이터로 불을 붙여 분신자살한 사안에서 새 남자친구에게 자살방죄죄 성립을 부정하였다(²⁰⁰⁸도⁶⁵⁵⁶ 판결, 실제 자살할 것이라고 생각하지 못하였다는 이유로).

[자살교사·방조와 촉탁살인의 구별]　자살교사·방조죄는 자살에 간접적으로 관여하는데 대해서 촉탁살인죄는 촉탁을 받아 직접 살해한다는 점에서 구별된다. 또 자살자의 죽음에 관여하는 행위에 있어서 주도적 지위에서 죽음을 최종적으로 지배한 자가 자살자이면 자살방조죄, 촉탁받은 자이면 촉탁살인죄가 된다. 자살교사죄는 촉탁살인죄에 대해서 보충관계에 있다.

---

1) 이 사건은 재심결과 유서를 대필하였다는 점에 대한 증명이 불충분하다는 이유로 무죄확정되었다(2014도2946 판결).

(c) 실행의 착수·기수시기   실행의 착수시기에 대해서 자살자의 자살행위가 개시된 때 실행의 착수가 있다는 견해(황산덕 174; 이형국 1; 55)에 의하면 자살교사·방조행위가 있었으나 자살행위가 없는 때에는 불가벌이 된다. 그러나 이 죄는 총칙상의 공범이 아니라 독립된 범죄이므로 자살자의 자살실행을 기준으로 실행의 착수를 인정할 수 없다. 따라서 행위자의 교사·방조행위를 기준으로 실행의 착수를 인정해야 한다(통설). 즉 교사행위·방조행위 자체가 이 죄의 실행의 착수가 되므로 상대방의 자살행위가 없는 때에도 이 죄의 미수범은 성립한다.

자살을 교사·방조하여 상대방이 자살한 때 기수가 되며, 자살에 실패하였거나 자살교사·방조와 자살 사이에 인과관계가 없으면 미수범이 된다.

(3) 주관적 구성요건

자살교사의 고의는 자살자로 하여금 자살을 결의시킨다는 인식·의사가 있으면 충분하고, 자살의 실행이나 자살의 결과발생은 그 내용이 아니다. 자살방조의 고의는 자살자의 자살행위에 대하여 정신적 또는 물질적인 원조를 한다는 인식·의사이다. 행위자의 동기 여하는 묻지 않는다.

(4) 합의동사(合意同死)

합의에 의한 공동자살 또는 정사(情死)를 기도한 자 중 한 사람이 살아났을 경우에 그 생존자를 이 죄로 처벌할 수 있느냐가 문제된다.[1] 생존자가 합의동사에 관여한 구체적 형태에 따라 개별적으로 판단해야 한다. ① 생존자 자신은 함께 자살할 의사없이 이를 가장하거나 상대방의 자살을 계획적으로 유혹한 때에는 위계에 의한 자살결의죄가 된다(강제정사). ② 진정으로 함께 자살할 것을 약속하고 이를 기도하였지만 살아난 생존자가 공동자살을 권유하였거나 타방의 자살을 방조한 사실이 있으면 자살교사죄 또는 자살방조죄가 성립하며, ③ 모두 자살한 사실뿐이고 타인의 자살을 방조한 사실조차 없이 우연히 살아난 때에는 자살의 공동실행일 뿐이므로 불가벌이 된다.

---

1) 자살교사·방조죄의 경우도 미수범 처벌규정(제254조)이 존재하므로 이론상으로는 공동자살실행자 전원이 살아났더라도 처벌 여부가 문제될 수 있다.

Ⅶ. 위계·위력에 의한 촉탁·승낙살인·자살결의죄

> [구성요건·법정형] 전조(촉탁·승낙살인, 자살교사·방조)의 경우에 위계 또는 위력으로써 촉탁 또는 승낙하게 하거나 자살을 결의하게 한 때에는 제250조(살인죄·존속살해죄)의 예에 의한다(제253조).
> 미수범은 처벌한다(제254조).

(1) 의의·성격

위계 또는 위력으로써 사람의 촉탁 또는 승낙을 받아 그를 살해하거나 자살을 결의시켜 자살하게 하는 범죄이다. 위계 또는 위력으로 의사의 자유를 구속한 상태에서 촉탁 또는 승낙을 받거나 자살결의를 하게 한 것이므로 일종의 살인죄의 간접정범에 해당하는 것이나 이를 독립된 범죄유형으로 규정하여 살인죄와 같이 처벌한다.

(2) 객관적 구성요건

이 죄의 기본형태는 촉탁·승낙살인죄와 자살교사·방조죄이므로 행위수단 (위계 또는 위력)을 제외하면 구성요건은 그와 같다.

1) 위계·위력   "위계(僞計)"란 목적이나 수단을 상대방에게 알리지 아니하고 그의 부지나 착오를 이용하여 목적을 달성하는 것을 말한다. 기망이나 유혹을 사용한 경우가 이에 해당한다. 예컨대 정사(情死)의 의사없이 이를 가장하여 자살하게 한 경우는 위계에 의한 자살결의죄가 성립한다.

"위력(威力)"이란 사람의 의사를 제압할 수 있는 유형·무형의 힘을 말한다. 폭행·협박을 사용한 경우뿐만 아니라 사회적·경제적 지위를 이용하여서도 의사를 제압할 수 있다(2019도2562 판결 참조「업무상 위력에 의한 간음죄」).

2) 결 과   사망의 결과가 발생해야 한다. 법문에는 "촉탁·승낙하게 하거나" "자살을 결의하게 한 때"라고 되어 있으나, 전자는 살해하는 것을, 후자는 자살하였을 것을 의미하고 실제로 피해자가 사망해야 기수가 된다.[1] 이 죄의 미수범은 피해자가 촉탁·승낙이나 자살에 응하지 아니하였거나 사망의 결과가

---

1) 구성요건상에 "전조의 경우에"라는 요건이 규정되어 있고, 전조(제252조)는 "… 살해한" 또는 "… 자살하게 한"이라는 요건이 요구되므로 위계·위력에 의한 촉탁·승낙살인·자살결의죄의 경우에서도 마찬가지로 사망이라는 결과가 발생해야 한다고 봄이 타당하다.

발생하지 아니한 때 성립한다.

　　3) 실행의 착수·기수시기　　위계·위력에 의한 촉탁·승낙살인죄의 경우는
살해행위 개시시에, 위계·위력에 의한 자살결의죄의 경우는 교사·방조시에 실
행의 착수가 있다. 두 죄 모두 피해자가 사망한 때에 기수가 된다.

(3) 처벌상의 문제

　　이 죄는 형법 "제250조의 예"에 의하여 처벌한다. 애당초 살인죄를 실행한
것과 같이 취급한다는 취지이므로 객체의 차이에 따라 보통살인죄 또는 존속살
해죄의 예로 처벌한다.

Ⅷ. 살인예비·음모죄

> [구성요건·법정형]　　제250조(살인·존속살해)와 제253조(위계·위력에 의한 촉탁·승낙살
> 인·자살결의)의 죄를 범할 목적으로 예비 또는 음모한 자는 10년 이하의 징역에 처한다(제
> 255조).

　　이 죄는 형법 제28조에 대한 특별규정으로서, 보통살인죄, 존속살해죄, 위
계·위력에 의한 촉탁·승낙살인·자살결의죄의 법익의 중대성과 행위의 위험성
을 고려하여 이러한 죄에 대한 사전준비나 2인 이상이 합의·모의하는 행위를
처벌하기 위한 것이다.

　　"살인예비"는 살인의 실행을 위한 인적·물적 준비행위로서 아직 실행의 착
수에 이르지 아니한 일체의 행위이다. 살해의 의도로 무기제공이나 흉기구입
또는 행동자금을 교부하거나 알리바이조작을 도와줄 사람을 확보하는 등 실질
적으로 범죄수행에 도움이 되는 준비행위이면 모두 살인예비가 된다. "살인음
모"는 2인 이상이 살인을 실행하기 위해 합의·모의를 하는 심리적 준비행위
이다.

　　이 죄가 성립하기 위해서는 예비·음모의 고의 외에 기본범죄인 살인죄 등
을 범할 목적이 있어야 한다. 기본범죄를 범할 목적은 목적범의 목적이 아니라
기본범죄를 실현할 고의라고 본다. 살해의 대상은 적어도 구체적으로 특정되어
있어야 하며, 조건부 목적도 무방하다.

[§ 2] 상해의 죄

I. 총 설

(1) 의 의

상해의 죄는 폭행의 죄와 함께 사람의 신체를 침해하는 범죄이다. 사람은 자기성장을 하여 정상적인 인격을 형성하기 위해서는 신체의 안전 내지 완전성이 보장되어야 한다. 신체의 안전 내지 완전성이 보장되지 않을 때에는 생명까지도 위험을 초래할 수 있다. 형법은 신체의 안전 내지 완전성을 보장하기 위해서 상해의 죄와 폭행의 죄를 처벌하기로 한 것이다.

(2) 보호법익

상해의 죄와 폭행의 죄는 신체의 불가침성 내지 신체의 완전성을 보호하기 위한 범죄이지만 상해의 죄는 신체의 건강을 보호법익으로 하는 침해범이라는 점에서, 신체의 안전(건재성)을 보호하는 폭행의 죄와 구별된다.

(3) 상해죄와 폭행죄의 구별

상해죄와 폭행죄는 신체의 완전성을 보호한다는 점에서 같지만 그 구체적 내용에는 차이가 있다. 즉, ① 상해죄는 신체의 건강을 보호하는데 대해서, 폭행죄는 신체의 안전 내지 건재성을 보호한다. ② 신체의 건강은 신체상태의 악화를 야기시킴으로써 침해되는 것이므로 상해죄는 침해범이지만, 신체의 건재성은 유형력의 행사만으로도 침해될 수 있으므로 폭행죄는 거동범·형식범이다. ③ 상해는 폭행뿐만 아니라 협박·모욕 기타 무형적 방법이나 부작위로 가능하지만 폭행은 원칙적으로 유형력의 행사로써 가능하고, 예외적으로 선행하는 유형력의 행사(이미 설치해 둔 자동음향장치)를 제거해야 함에도 제거하지 않고 그대로 방치하는 경우에 한하여 부작위에 의한 폭행도 가능하다는 점에서 두 죄를 구별할 수 있다.

II. 상해죄

> [구성요건·법정형]   사람의 신체를 상해한 자는 7년 이하의 징역, 10년 이하의 자격정지 또는 1천만원 이하의 벌금에 처한다(제257조 제1항).
> 미수범은 처벌한다(제3항).

1. 의의·성격

상해죄는 고의로 사람의 신체를 상해하는 범죄이고, 결과범·침해범·즉시 범이다.

2. 객관적 구성요건

(1) 객 체

사람의 신체이다. 여기의 사람은 자기 이외의 생존하는 자연인을 말한다. 자기의 신체상해(自傷行爲)는 원칙적으로 죄가 되지 않는다. 다만 병역기피와 군 인의 근무기피 목적의 자상행위는 처벌된다($^{병역법 제86조, 군형법}_{제41조 제1항}$). 피해자의 자상행위가 저항할 수 없는 강요에 의하여 행해진 때에는 강요자는 이 죄의 간접정범이 된 다($^{70도1638}_{판결 참조}$).[1] 사람은 생존하는 사람을 의미하므로 태아는 이 죄의 객체가 될 수 없다. 태아에 대한 상해를 임부에 대한 상해로 처벌할 수 없다($^{2009도1025}_{판결 참조}$).[2]

[태아상해]   임신 중의 태아가 계획적인 약물·병균·방사선 등의 작용으로 뇌장애를 일으 켜 기형아·불구아로 출생한 경우에도 그 기형아에 대해서 상해죄를 인정할 수 없다. 모체 내에서 태아를 고의로 살해하면 낙태죄, 과실로 사망에 이르게 하면 불가벌임에 반하여, 태 아상해를 인정하면 태아를 고의로 상해하는 경우 상해죄가 성립하여 태아살해보다 중하게 처 벌되고, 태아에 대한 과실치상도 처벌해야 하기 때문이다. 따라서 태아상해는 부정해야 한다.

(2) 행 위

상해하는 것이다.

1) 상해의 의의   상해의 의미에 대하여 견해가 대립한다.

---

1) 이 판결은 피해자를 위협하여 피해자로 하여금 면도칼로 자신의 콧등을 길이 2.5cm, 깊이 0.56cm 정도 절단하게 하여 전치 3개월을 요하는 상처를 입게 한 경우에 중상해죄의 간접정범 을 인정한 사안이다.

2) 이 판결은 태아를 사망에 이르게 한 행위를 임부에 대한 상해죄로 처벌할 수 없다고 판시한 사 안이다.

(a) **신체완전성침해설**　상해죄와 폭행죄는 모두 신체의 불가침성(완전성)을 보호하는 것이라는 점에서 차이가 없으므로 신체의 완전성에 대한 침해가 상해라고 한다(^{유기천}_{상 47}). 이에 따르면 신체의 외관을 변경시키는 소량의 모발·수염·손톱을 잘라 내거나 일시적으로 인사불성에 빠지게 하는 것도 모두 상해에 해당한다. 이에 따른 판례도 있으며(^{82도2588}_{판결}), 상해와 폭행을 구별하지 않는 독일과 일본의 통설이다.

(b) **생리적 기능훼손설**　형법은 상해죄와 폭행죄를 엄격히 구별하고 있으므로 상해죄는 신체의 생리적 기능을 훼손하는 것이라 한다(통설). 이에 따르면 신체의 생리적 기능을 훼손하는 건강악화(육체적·정신적인 병적 상태야기·보행불능·수면장애·식욕감퇴·실신상태·피로권태 등), 신체상처(피하출혈·종양·찰과상 등), 질병감염은 상해가 되지만, 모발·수염·손톱을 잘라내는 것은 폭행에 해당한다. 판례의 주류는 **생리적 기능훼손설**의 입장이다.

판례　① 교통사고로 인하여 피해자가 입었다는 요추부통증은 굳이 치료를 받지 않더라도 일상생활을 하는데 아무런 지장이 없고, 시일이 경과함에 따라 자연적으로 치유될 수 있는 정도의 단순한 통증은 신체의 완전성이 손상되고 생활기능에 장애가 왔다거나 건강상태가 불량하게 변경되었다고 보기 어려워서 이를 형법상 상해에 해당한다고 할 수 없다(99도 3910 판결. 같은 취지 2008도3078 판결).
② 강제추행치상죄에 있어서의 상해는 피해자의 신체의 건강상태가 불량하게 변경되고 생활기능에 장애가 초래되는 것을 말하는 것으로서, 신체의 외모에 변화가 생겼다고 하더라도 신체의 생리적 기능에 장애를 초래하지 아니하는 이상 상해에 해당한다고 할 수 없다. 음모는 성적 성숙함을 나타내거나 치부를 가려주는 등의 시각적·감각적인 기능 이외에 특별한 생리적 기능이 없는 것이므로, 피해자의 음모의 모근 부분을 남기고 모간 부분만을 일부 잘라냄으로써 음모의 전체적인 외관에 변형만이 생겼다면 피해자의 신체의 건강상태가 불량하게 변경되거나 생활기능에 장애가 초래되었다고 할 수는 없을 것이므로 그것이 폭행에 해당할 수 있음은 별론으로 하고 강제추행치상죄의 상해에 해당한다고 할 수는 없다(99도3099 판결).
③ 피고인이 피해자와 연행문제로 시비하는 과정에서 치료도 필요 없는 가벼운 상처로서 그 정도의 상처는 일상생활에서 얼마든지 생길 수 있는 극히 경미한 상처이므로 굳이 따로 치료할 필요도 없는 것이어서 피해자가 그로 인하여 인체의 완전성을 해하거나 건강상태를 불량하게 변경하였다고 보기 어려우므로 피해자가 입은 약 1주간의 치료를 요하는 좌측팔 부분의 동전 크기의 멍이 든 것은 상해죄에서 말하는 상해에 해당된다고 할 수 없다(96도2673 판결).
④ 수면제와 같은 약물을 투약하여 피해자를 일시적으로 수면 또는 의식불명 상태에 이르게 한 경우에도 약물로 인하여 피해자의 건강상태가 불량하게 변경되고 생활기능에 장애가 초래되었다면 자연적으로 의식을 회복하거나 외부적으로 드러난 상처가 없더라도 이는 강간 치상죄나 강제추행치상죄에서 말하는 상해에 해당한다. 피해자에게 이러한 상해가 발생하였

는지는 객관적, 일률적으로 판단할 것이 아니라 피해자의 연령, 성별, 체격 등 신체·정신상의 구체적인 상태, 약물의 종류와 용량, 투약방법, 음주 여부 등 약물의 작용에 미칠 수 있는 여러 요소를 기초로 하여 약물 투약으로 인하여 피해자에게 발생한 의식장애나 기억장애 등 신체, 정신상의 변화와 내용 및 정도를 종합적으로 고려하여 판단하여야 한다. 피해자가 당시 자연적으로 의식을 회복하거나 특별한 치료를 받지 않았다고 하더라도 달리 볼 것은 아니다(2017도3196 판결).

(c) **결합설**   상해죄는 신체의 완전성을 보호하는 것이므로 신체의 완전성을 훼손하는 것이면 생리적 기능을 훼손하는 것은 물론, 적어도 외관에 중대한 변경을 가져오는 정도는 모두 상해가 된다고 한다(정영석 227, 배종대 15/8). 이에 따르면 생리적 기능에 대한 훼손 외에도 여자의 모발이나 남자의 수염을 잘라내는 경우는 외관의 중대한 변경이므로 상해가 되지만, 남자의 모발이나 손톱을 잘라내는 때에는 폭행이 된다.

(d) **결 어**   신체의 완전성은 상해죄와 폭행죄의 공통된 보호법익이라 할 수 있지만, 우리 형법은 상해죄와 폭행죄를 엄격히 구별하여 법정형도 현저한 차이를 두고 있으므로 두 죄는 질적으로 구별해야 한다. 결합설에 따르면 신체변경을 초래하는 행위 중에서 외관의 중대한 변경만이 신체의 완전성을 훼손하게 되는 이유가 명백하지 않고, 중대한 변경인가 아닌가는 두 죄를 구별하는 질적 기준은 될 수 없다. **생리적 기능훼손설**이 타당하다.

[**생리적 기능훼손의 예**]   생리적 기능훼손은 반드시 질병을 일으키는 것에 한하지 않는다. 신체에 상처를 입히거나 그 일부가 떨어지게 하는 것도 외상의 정도(83도1258 판결. 0.1cm 정도의 찰과상)와 치료기간(83도1667 판결), 치료 유무를 묻지 않고 상해가 된다. 병원에 가지 않고 자가치료로 회복이 가능한 전치 2주 정도의 자상(刺傷)도 상해에 해당한다(2020도5493 판결 [특수상해]). 또 외관상 상처가 없는 때에도 성병감염·처녀막파열(94도1351 판결), 실신상태(96도2529 판결), 보행불능·수면장애·식욕감퇴 등 기능장애를 일으킨 때(69도161 판결)에도 상해가 된다.

그러나 치료 없이도 일상생활에 지장이 없고 자연치유될 수 있는 단순한 통증(요추부통증)에 불과한 경우(99도3910 판결)나 일상생활 중 통상 발생할 수 있는 극히 경미한 상처로서 굳이 치료할 필요 없이 자연적으로 치유되며 일상생활을 하는 데 지장이 없는 경우(2016도15018 판결)는 상해에 해당하지 않고, 부녀에게 임신을 시키는 것은 생리현상의 결과이고 생리적 기능훼손은 아니므로 상해가 아니다. 판례도 함께 술을 마시다 취하여 의식이 없는 상태로 누워 있는 피해자를 간음하여 임신하게 한 때에도 준강간치상죄의 성립을 부정하고 준강간죄만 유죄로 인정하였다(2019도834 판결).

2) 상해의 방법   수단·방법은 제한이 없다. 폭행과 같은 유형적 방법이

보통이지만, 공포·경악하게 하거나 음향에 의한 위협으로 정신장애를 일으키는 무형적 방법도 가능하다. 자연력·동물·기구를 이용하거나 타인 또는 피해자를 도구로 이용하는 간접정범으로 행할 수 있다. 또 병자에게 의약품을 공급하지 않거나 음식물을 주지 않고 신체를 쇠약하게 하는 부작위도 가능하다.

3) 미수·기수 　신체손상·건강상태악화의 결과가 발생한 때 기수가 된다. 상해행위와 결과발생 사이에 인과관계가 부정되면 미수가 된다. 다만 상해의 고의가 없으면 폭행 또는 폭행치상이 될 수 있다.

3. 주관적 구성요건

상해의 고의가 있어야 한다. 판례는 폭행의 고의는 있으나 상해의 고의가 없으면 폭행치상죄에 해당한다고 판시($^{84도2655}_{판결}$)한 것과 상해의 원인인 폭행에 대한 인식이 있으면 충분하고 상해를 가할 의사까지 존재할 필요가 없다고 판시($^{83도231\ 판결,}_{99도4341\ 판결}$)한 것이 있다. 고의는 반드시 확정적일 필요가 없고 미필적 고의로서 족하다.

> **판례**　① 상해죄는 결과범이므로 그 성립에는 상해의 원인인 폭행에 관한 인식이 있으면 충분하고, 상해를 가할 의사의 존재는 필요하지 않다(83도231 판결, 같은 취지 99도4341 판결).
> ② 피고인이 버스정류장에서 경찰관의 불심검문을 받자 많은 사람이 운집한 속을 도주하다가 피해자와 부딪혀 그를 넘어지게 하여 정차중인 버스의 뒷바퀴에 충돌하게 함으로써 약 4주의 치료를 요하는 뇌좌상을 입게 한 때에는 폭행에 대한 미필적인 고의를 인정할 수 있어도 상해에 대한 고의를 인정할 수 없어 폭행치상죄에 해당할 뿐이나, 상해죄와 폭행치상죄는 동일한 장에 규정된 동일죄질의 범죄로서 법정형도 동일하므로 판결 결과에 아무 영향이 없어 판결파기 사유는 되지 않는다(84도2655 판결).

4. 위법성배제사유

상해행위는 위법성배제사유가 있으면 정당화된다. ① 정당방위·긴급피난의 요건을 구비한 때에는 정당화된다. ② 피해자의 승낙에 의한 상해도 승낙의 요건을 구비하고 승낙에 의한 행위가 사회상규에 반하지 않으면 정당화된다. 복싱, 레슬링, 유도 등 스포츠에 의한 상해는 경기 규칙을 준수하고 고의가 없는 범위 내에서 정당화된다.

5. 특별형법(보복상해와 치사)

자기 또는 타인의 형사사건의 수사나 재판과 관련된 고소·고발·진술·증언 등에 대한 보복목적으로 상해하거나 상해를 가하여 사망에 이르게 한 때에는 특가법 제5조의9 제2항과 제3항에 의하여 가중처벌된다. 특별한 동기로 불법이 가중되는 가중적 구성요건이다.

그리고 2인 이상이 공동하여 폭행, 협박, 재물손괴, 상해, 존속체포·감금한 때에는 폭처법 제2조 제2항에 의해서 가중처벌된다.

Ⅲ. 존속상해죄

> [구성요건·법정형]   자기 또는 배우자의 직계존속에 대하여 제1항(상해)의 죄를 범한 때에는 10년 이하의 징역 또는 1천500만원 이하의 벌금에 처한다(제257조 제2항).
> 미수범은 처벌한다(제3항).

존속상해죄는 객체가 직계존속이라는 신분관계로 인하여 책임이 가중되는 부진정신분범이다. 이 죄의 가중규정에 대해서도 존속살해죄와 같은 위헌론이 있으나 존속을 상해한 비속의 패륜성으로 인하여 책임을 가중한 것이므로 이를 평등원칙에 반한다고 할 수 없다(^{통설, 2000헌바53}_{결정}). 직계존속의 의미에 대해서는 "존속살해죄", 신체상해에 대해서는 "상해죄" 참조.

Ⅳ. 중상해죄 · 존속중상해죄

> [구성요건·법정형]   사람의 신체를 상해하여 생명에 대한 위험을 발생하게 한 자는 1년 이상 10년 이하의 징역에 처한다(제258조 제1항).
> 신체의 상해로 인하여 불구 또는 불치나 난치의 질병에 이르게 한 자도 전항의 형과 같다(제2항).
> 자기 또는 배우자의 직계존속에 대하여 전2항의 죄를 범한 때에는 2년 이상 15년 이하의 징역에 처한다(제3항).

(1) 의의·성격

1) 의 의   중상해죄는 사람의 신체를 상해하여 생명에 대한 위험을 발생

하게 하거나 불구·불치·난치의 질병에 이르게 한 범죄이다. 이 죄는 중한 상해의 결과로 인하여 피해자가 계속적으로 고통을 받게 되므로 단순상해죄보다 형을 가중하는 가중적 구성요건이다. 그리고 존속중상해죄는 중상해죄에 대하여 신분관계로 인하여 책임이 다시 가중되는 가중적 구성요건이다.

2) 성 격   이 죄의 성격에 대해서, ① 단순상해의 결과적 가중범이라는 견해(유기천/상51), ② 단순상해의 결과적 가중범일 뿐만 아니라 중상해의 고의가 있는 경우에도 성립하는 (부진정)결과적 가중범이라는 견해(다수설), ③ 중상해죄는 상해의 고의로 중상해결과가 발생한 것이고 중한 상해도 상해의 개념에 포함되어 있으므로 애당초 고의범이라는 견해(황산덕/177)가 대립한다.

애당초 고의범이라는 견해는 중상해미수 처벌규정이 없는 것을 설명하기 곤란하다. 또한 중상해의 고의로 중상해의 결과가 발생한 경우에 중상해행위를 처벌하는 명문의 규정이 없으므로 단순상해의 고의로 중한 상해가 과실로 발생한 경우뿐만 아니라 중상해의 고의로 중상해의 결과가 발생한 경우에도 이 죄가 성립한다는 다수설이 타당하다. 존속중상해죄의 성격도 같다.

(2) 구성요건

이 죄가 성립하기 위해서는 단순상해 또는 존속상해로 인하여 생명에 대한 위험발생 또는 불구·불치나 난치의 질병 등 중한 결과가 발생해야 한다.

1) 중한 결과

(a) 생명에 대한 위험발생   생명에 대한 구체적 위험의 발생을 의미하고 치명상이 이에 해당한다. 이로 인하여 피해자가 사망한 때에는 상해치사죄가 성립한다.

(b) 불 구   "불구"란 신체의 전체 조직상 중요부분이 상실되거나 그 고유기능이 상실되는 경우를 말하고, 신체의 외형적 부분에 한한다고 본다(신체내부의 장기상실도 포함된다는 견해는 김성돈 91). 신체의 어느 부위가 중요부분인가는 불치·난치와의 균형상 전체 신체조직에 있어서의 기능(상실)을 기준으로 객관적으로 판단해야 한다(통설). 남자의 성기나 팔·다리·혀(舌)를 절단하는 것은 불구라 할 수 있으나, 피아니스트의 새끼손가락이나 무용가의 엄지발가락 절단은 불구라 할 수 없다(엄지발가락 절단은 불구가 된다고 보아야 한다는 견해는 김성돈 91).

[중상해 관련 판례]   대법원은, 실명하게 한 경우(4292형상395 판결)나 콧등을 길이 2.5cm · 깊이 0.56cm 절단한 경우(70도1638 판결), 혀를 깨물어 2cm 정도 절단하여 식사나 발음시에 장애를 야기한 경우(2014도17023 판결)에 불구에 해당한다고 하였다.

그러나 앞 이빨 또는 아래 이빨 2개가 빠진 경우(4292형상413 판결)와 3주간 치료를 요하는 흉부자상(2005도7527 판결)은 중상해가 아니라고 하였다.

(c) 불치 · 난치의 질병   의학적 치료가능성이 없거나 현저히 치료 곤란한 질병을 말한다. 인공적 방법으로 대체 가능한 의학적 치료방법이 있으면 불치라고 할 수 없다. 심폐기능장애 · 현저한 장기손상 · 에이즈 감염 · 척추장애 · 기억상실 · 정신병 유발 등은 난치의 질병에 해당한다. 그러나 상처의 흔적이나 흉터가 남는 것은 질병이 아니므로 여기에 해당하지 않는다.

(d) 미   수   중상해죄의 미수범처벌규정은 별도로 없다. 형법은 중상해의 미수는 상해미수죄로 처벌할 수 있으므로 별도로 미수범처벌규정을 두지 않았다고 해야 한다. 즉 중상해나 상해의 고의로 단순상해의 결과를 야기한 때에는 상해죄의 기수범이 되며, 단순상해의 결과조차 발생하지 않으면 상해미수범으로 처벌된다.

(3) 적용범위

이 죄는 상해의 고의가 있는 때에만 성립하며, 폭행의 고의로 상해결과가 발생한 때에는 폭행치상죄($^{제262}_{조}$)가 성립하고 그 처벌은 상해 또는 중상해의 예에 의한다. 따라서 폭행의 고의로 중상해의 결과가 발생한 때에도 폭행치상죄가 성립하고 처벌에 있어서만 중상해죄의 형으로 처벌한다($^{제262조}_{후단 참조}$).

V. 특수상해죄

[구성요건 · 법정형]   단체 또는 다중의 위력을 보이거나 위험한 물건을 휴대하여 제257조 제1항(상해) 또는 제2항(존속상해)의 죄를 범한 때에는 1년 이상 10년 이하의 징역에 처한다 (제258조의2 제1항).

단체 또는 다중의 위력을 보이거나 위험한 물건을 휴대하여 제258조(중상해 · 존속중상해)의 죄를 범한 때에는 2년 이상 20년 이하의 징역에 처한다(제2항).

제1항의 미수범은 처벌한다(제3항).

(1) 의의·성격

단체 또는 다중의 위력을 보이거나 위험한 물건을 휴대하여 사람이나 자기 또는 배우자의 직계존속의 신체를 상해하는 범죄로서, 2016. 1. 6. 형법개정에서 신설된 범죄이다.[1] 집단의 위력이나 위험한 물건을 휴대하고 상해하는 행위방법의 위험성 때문에 단순상해죄·존속상해죄에 비하여 형을 가중하는 가중적 구성요건이며, 결과범·침해범·즉시범이다.

> **판례** 형법 제257조 제1항의 가중적 구성요건을 규정하고 있던 구 폭처법 제3조 제1항을 삭제하는 대신에 위와 같은 구성요건을 형법 제258조의2 제1항에 신설하면서 그 법정형을 구 폭처법 제3조 제1항보다 낮게 규정한 것은, 위 가중적 구성요건의 표지가 가지는 일반적인 위험성을 고려하더라도 개별 범죄의 범행경위, 구체적인 행위태양과 법익침해의 정도 등이 매우 다양함에도 불구하고 일률적으로 3년 이상의 유기징역으로 가중 처벌하도록 한 종전의 형벌규정이 과중하다는 데에서 나온 반성적 조치라고 보아야 할 것이므로, 이는 형법 제1조 제2항의 '범죄 후 법률의 변경에 의하여 형이 구법보다 경한 때'에 해당한다. 따라서 피고인이 위험한 물건인 맥주병을 휴대하여 피해자에게 상해를 가한 행위에 대하여는 형법 제1조 제2항에 따라 신법인 형법 제258조의2 제1항으로 처벌할 수 있을 뿐이다(2016도1131 판결).

(2) 객관적 구성요건

1) 단체·다중의 위력에 의한 특수상해 단체 또는 다중의 위력을 보이고 상해하는 것이다.

(a) **단 체** "단체"란 공동목적을 가진 다수인의 계속적이고 조직적인 결합체를 말한다. 단체는 일정한 조직 하에 어느 정도 계속성을 가져야 하므로 조직이 없는 집합체나 조직이 있어도 일시적 결합체는 단체가 아니라 다중에 해당한다. 공동의 목적은 불법함을 요하지 않는다. 범죄를 목적으로 하는 폭력 기타 불법단체뿐만 아니라 법인·정당·노동조합 기타 사회단체도 상관없다. 단체의

---

1) 헌법재판소는 위험한 물건을 휴대하고 가해행위를 한 경우 동일한 내용의 조항이 형법에도 존재하고 있음에도 특별한 가중사유 없이 특별법에 의하여 가중처벌하도록 규정한 구 폭처법상의 특수폭행·협박·손괴죄 조항에 관하여는 위헌결정(2014헌바154 결정)한 반면, 형법에 위험한 물건을 휴대하고 상해를 가한 경우를 상해죄에 비하여 가중하여 처벌하는 규정이 없었던 구 폭처법상의 특수상해죄에 관하여는 합헌결정(2015헌가1 결정)하였다. 이후 폭처법을 개정하여 위험한 물건을 휴대하고 가해행위를 한 경우 처벌하는 폭처법상 처벌규정을 모두 삭제하고, 기존의 특수폭행죄 등 외에 형법에 특수상해죄(제258조의2), 특수강요죄(제324조 제2항), 특수공갈죄(제350조의2)를 신설하였다.

구성원은 반드시 동일한 장소에 집합하고 있을 필요가 없고, 소집 또는 연락을 통해서 집합이 가능하면 충분하다.

(b) 다 중　"다중"이란 단체에 이르지 못한 다수인의 단순한 집합체를 말한다(²⁰⁰⁷도⁹⁸⁸⁵ 판결). 다중은 조직성이 없는 일시적 집합체이고, 동일장소에 있든 없든 상관없으며 공동목적의 유무도 묻지 않는다. 다중의 인원수는 제한이 없으며 집단적 위력을 보일 수 있는 정도이면 충분하다(⁷¹도¹⁹³⁰ 판결).1) 다만 한 지방의 평온을 해할 정도의 다수인 때에는 소요죄(제115조)가 성립한다.

(c) 위 력　"위력"이란 사람의 의사를 제압할 수 있는 세력을 말한다. 유형·무형의 위력을 보인 후 상해를 하면 이 죄에 해당한다고 본다(통설).

"위력을 보인다"란 사람의 의사를 제압할만한 세력을 상대방에게 인식시키는 것을 말한다. 위력을 인식시키는 방법은 제한이 없다. 시각에 작용시키든(단체의 임원이라는 명함을 보이는 것), 청각에 작용시키든(다중의 대표자라고 말을 전하는 것), 촉각에 작용시키든(시각장애인에게 점자를 만지게 하는 것) 상관없다. 위력을 인식시킴으로써 충분하고 상대방의 의사가 제압될 것까지 요하지 않는다(²⁰⁰⁷도⁹⁸⁸⁵ 판결).

(d) 현장성 여부　범행현장에 단체 또는 다중이 현존해야 하느냐에 대해서, 현장에 있을 필요가 없다는 **소극설**(통설)과, 단체는 현장에 있을 필요가 없으나 다중은 현장에 있어야 한다는 **구별설**(박상기·전지연 434)이 대립한다. 이 죄는 단체 또는 다중 자체를 보이는 것이 아니라 단체 또는 다중의 "위력을 보이는" 것이며, 특히 단체의 구성원은 같은 장소에 집합하고 있음을 요하지 아니하므로 소극설이 타당하다고 해야 한다. 다만 단체나 다중은 실제로 존재해야 한다(구 폭처법 제3조의 '단체나 집단을 가장하여' 참조).

2) **위험한 물건휴대의 특수상해**　위험한 물건을 휴대하여 상해하는 것이다.

(a) **위험한 물건**　"위험한 물건"이란 그 물건의 객관적 성질이나 사용방법에 따라서 사람의 생명·신체에 해를 가하는데 이용될 수 있는 일체의 물건을 말한다. 제조목적이 살상을 위해서 제조된 물건(성질상 위험물)뿐만 아니라 사용방법에 따라 일반인이 위험을 느낄 수 있는 물건(용도상 위험물)도 포함한다(²⁰⁰²도²⁸¹² 판결). 반드시 무기나 폭발물과 같이 강력한 파괴력을 가진 물건일 필요가 없다. "물건"은 휴대할 수 있는 동산에 한한다. 따라서 전신주·돌담·바위에 부딪

---

1) 위 판결에서 대법원은 3인에 불과한 경우에는 그것이 어떤 집단의 힘을 발판 또는 배경으로 한다는 것이 인정되지 않는 한 다중의 위력을 과시한 것이라 인정할 수 없다고 판시하였다.

히게 하는 것은 이 죄에 해당하지 않으며, 완구용 총, 신체의 일부인 주먹이나 발은 "위험"한 물건이라 할 수 없다. 그러나 염산·초산·최루가스와 같은 화학 물질이나 동물도 위험한 물건이 될 수 있다($\frac{2002도2812}{판결\ 참조}$).

> **[위험한 물건의 예]** 대법원은 최루탄과 최루분말(2014도1894 판결), 과도(2012도6612 판결), 자동차(2015도17907 판결), 전자충격기(2007도10058 판결), 화훼용 가위(2007도914 판결), 부엌칼(2004도2018 판결), 실탄이 장전되지 않은 공기총(2002도4586 판결), 농약과 당규큐대(2002도2812 판결), 목검(2020도12302 판결), 야전삽(2001도5268 판결), 쇠파이프와 각목(99도4146 판결), 빈 양주병(96도3411 판결), 의자와 당구큐대(96도3346 판결), 직경 10cm정도의 돌(95도2282 판결), 깨어지지 않은 맥주병(2016도1131 판결), 항아리조각이나 부러뜨린 걸레자루(90도859 판결), 곡괭이자루(89도2245 판결), 세멘벽돌(89도2273 판결), 쌀가마 운반용 갈쿠리(86도960 판결), 깨어진 소주병 조각(86도947 판결), 재단용 가위(85도157 판결), 마요네즈병(84도647 판결), 드라이버(83도3165 등 판결), 안전면도용 칼날(71도430 판결) 등을 위험한 물건이라 하고 있다.
> 다만 절도범행시 택시창문을 파손하는 데 사용한 드라이버(2012도4175 판결), 특정인을 향하여 던져지지 않은 소화기(2010도930 판결), 경미한 교통사고를 일으킬 때 운행한 자동차(2007도3520 판결), 피해자의 머리를 툭툭 건드릴 때 사용된 당구공(2007도9624 판결), 피해자의 머리 부위를 3~4회 가볍게 톡톡 때리고 배 부위를 1회 밀어 폭행할 때 사용된 당구큐대(2004도176 판결) 등은 위험한 물건이 아니라는 판결도 있다.

(b) **흉기와의 관계** 형법은 위험한 물건과 흉기를 구별하여 사용하고 있으므로(제331조와 제334조는 흉기라고 한다) 양자의 관계에 대해서, ① 흉기는 위험한 물건보다 위험성이 큰 것으로서 위험한 물건의 일종이라는 견해(다수설), ② 흉기와 위험한 물건은 사람의 생명·신체에 위험을 준다는 점에서 같은 것이므로 양자는 동일하다는 견해($\frac{이재상·장영민}{강동법\ 3/53}$)가 대립한다.

형법은, ① 양자를 구별하여 사용하고 있으며, ② 흉기는 원래 살상이나 손괴의 목적으로 제작되고 그 목적 달성에 적합한 것임에 반하여 위험한 물건은 살상의 목적으로 제작된 것인가를 묻지 아니하므로 흉기는 위험한 물건에 포함되는 특수개념으로서 위험한 물건의 일종이라고 본다.

판례 형법조항들의 '위험한 물건'은 구 폭처법 제3조 제1항의 '위험한 물건'과 마찬가지로 그 물건의 객관적 성질과 사용방법에 따라 사람을 살상할 수 있는 물건을 말한다. 형법은 '위험한 물건'과 '흉기'를 구별하여 사용하고 있는데(형법 제331조 제2항 및 제334조 제2항 참조), 양자의 관계에 관하여 '흉기'가 '위험한 물건'에 포함된다거나, 양자를 엄격하게 구별하기 곤란하고 동일한 것으로 보아야 한다는 것이 일반적인 견해이다. 심판대상조항(구 폭처법 제3조 제

1항) 역시 '흉기 기타 위험한 물건'이라고 규정하여 '흉기'를 위험한 물건의 한 예로 규정하고 있으므로, 심판대상조항의 '흉기'도 '위험한 물건'에 포함되는 것으로 해석된다. 그렇다면 구 폭처법 제3조 제1항의 구성요건인 '흉기 기타 위험한 물건을 휴대하여'와 형법조항들의 구성요건인 '위험한 물건을 휴대하여'는 그 의미가 동일하다고 볼 수 있다(2014헌바154 등 결정).

(c) 휴 대　"휴대하여"란 범죄현장에서 사용할 의사로 몸에 지니는 것을 말한다($^{2017도771 \ 판결}_{참조 \ [특수협박)}$). 반드시 범행 이전부터 몸에 지니고 있어야 할 필요가 없고 ($^{83도2959}_{판결}$) 현장에서 범행에 사용할 의사로 위험한 물건을 집어 들거나($^{2004도2018}_{판결}$) 집어 던진 경우($^{81도3074}_{판결}$)도 휴대한 것이 된다. 그러나 그 범행과 전혀 무관하게 우연히 소지하게 된 경우는 휴대한 것이 아니다($^{2007도914}_{판결}$). 휴대는 몸에 지니고 있음을 상대방에게 인식시킬 필요가 없다는 것이 통설이고, 판례($^{2007도914}_{판결}$)의 태도이다.

> **판례**　① 피고인이 폭력행위 당시 과도를 범행 현장에서 호주머니 속에 일부러 지니고 있었던 이상 피해자가 그 사실을 인식하지 못하였어도 위험한 물건을 휴대한 것으로서 구 폭처법 제3조 제1항 소정의 죄에 해당한다(84도353 판결).
> ② 구 폭처법 제3조 제1항 소정의 "흉기 기타 위험한 물건을 휴대하여 그 죄를 범한 자"란 범행현장에서 사용하려는 의도 아래 흉기 기타 위험한 물건을 소지하거나 몸에 지니는 경우를 가리키는 것이라고 할 것인 바, 여기서 흉기 기타 위험한 물건을 사용하려는 동기가 있었는지의 여부는 피고인의 범행동기, 흉기 등의 소지경위 및 그 사용방법, 피고인과 피해자와의 인적관계, 범행 전후의 정황 등의 제반사정을 합리적으로 고려하여야 한다(2002도1341 판결).
> ③ 형법은 흉기와 위험한 물건을 분명하게 구분하여 규정하고 있는바, 형벌법규는 문언에 따라 엄격하게 해석·적용하여야 하고 피고인에게 불리한 방향으로 지나치게 확장해석하거나 유추해석해서는 아니된다. 그리고 형법 제331조 제2항에서 '흉기를 휴대하여 타인의 재물을 절취한' 행위를 특수절도죄로 가중하여 처벌하는 것은 흉기의 휴대로 인하여 피해자 등에 대한 위해의 위험이 커진다는 점 등을 고려한 것으로 볼 수 있다. 이에 비추어 위 형법 조항에서 규정한 흉기는 본래 살상용·파괴용으로 만들어진 것이거나 이에 준할 정도의 위험성을 가진 것으로 봄이 상당하고, 그러한 위험성을 가진 물건에 해당하는지 여부는 그 물건의 본래의 용도, 크기와 모양, 개조 여부, 구체적 범행 과정에서 그 물건을 사용한 방법 등 제반사정에 비추어 사회통념에 따라 객관적으로 판단할 것이다(2012도4175 판결).

(3) 주관적 구성요건

단체 또는 다중의 위력을 보이거나 위험한 물건을 휴대한다는 사실을 인식하고 상해한다는 고의가 있어야 한다. 위험한 물건을 상해에 사용한다는 고의

까지 요하지 않는다.1)

VI. 상해치사죄·존속상해치사죄

> [구성요건·법정형] 사람의 신체를 상해하여 사망에 이르게 한 자는 3년 이상의 유기징역에 처한다(제259조 제1항).
> 자기 또는 배우자의 직계존속에 대하여 전항의 죄를 범한 때에는 무기 또는 5년 이상의 징역에 처한다(제2항).

(1) 의의·성격

상해치사죄는 사람의 신체를 상해하여 사망에 이르게 하는 상해죄의 결과적 가중범이다. 존속상해치사죄는 신분관계로 인하여 책임이 가중되는 가중적 구성요건이고 부진정신분범이다. 존속상해치사죄는 헌법상의 평등의 원칙에 위배되지 아니하며 사생활의 자유를 침해하지 아니하므로 이 규정은 위헌이라 할 수 없다($^{2000헌바}_{53\ 결정}$).

이 죄의 특수한 구성요건은 결과적 가중범의 일반원칙이 그대로 적용된다. ① 고의의 기본범죄로 인하여 중한 결과가 발생해야 하고, ② 기본행위와 중한 결과발생 사이에는 인과관계가 있어야 하며, ③ 중한 결과발생에 대한 예견가능성이 있어야 한다.

(2) 구성요건

1) 인과관계　　상해행위와 사망의 결과 사이에 인과관계가 있어야 한다($^{72도296}_{판결}$). 상해행위가 반드시 사망의 결과에 대한 유일한 원인일 필요는 없다. 상해행위가 사망의 직접적 원인은 아니더라도 다른 간접적 원인과 결합하여 피해자가 사망한 때에도 인과관계가 인정된다($^{2011도17648}_{판결}$).

대법원은 계속되는 폭행을 피해 도로를 건너 도주하다가 교통사고로 사망한 경우(96도529 판결), 피해자가 지병(持病)이 있거나(79도2040 판결) 피해자가 충분한 치료를 하지 않았기 때문에 사망한 경우(4294형상447 판결), 폭행으로 임부가 넘어져 낙태하고 이로 인하여 심근경색으로 사

---

1) 판례는 반드시 몸에 지니고 다니는 것만을 뜻하는 것이라고 할 수 없으며 범행현장에서 범행에 사용할 의도하에 이를 소지하거나 몸에 지니는 경우도 포함한다고 해석해야 한다고 판시(85도1591 판결)하여 반대 취지이다(같은 취지 김성돈 109).

망한 경우(72도296 판결), 자상행위가 직접 사망의 원인은 아니었다 하여도 다른 간접원인이 결합하여 사망한 경우(82도2525 판결)에도 인과관계를 인정하고 있다.

　　2) 객관적 귀속　　중한 결과인 사망은 기본범죄를 실행하는 상해행위에 포함된 잠재적 위험으로부터 직접 발생한 것임을 요한다(직접성의 원칙). 상해 피해자가 도망 중 실족하여 사망하거나 불구가 된 것을 비관하여 자살한 때에는 직접성이 없으므로 객관적 귀속이 부정된다.

　　3) 예견가능성　　행위자는 사망의 결과를 예견할 수 있어야 한다. 예견할 수 있다는 것은 행위자가 주의하면 알 수 있는 경우, 즉 과실이 있음을 의미한다. 과실도 없는 때에는 상해죄 또는 존속상해죄가 될 뿐이다.

> **판례**　　피고인의 구타행위로 상해를 입은 피해자가 정신을 잃고 빈사상태에 빠지자 사망한 것으로 오인하고, 자신의 행위를 은폐하고 피해자가 자살한 것처럼 가장하기 위하여 피해자를 베란다 아래의 바닥으로 떨어뜨려 사망하게 하였다면 피고인의 행위는 포괄하여 단일의 상해치사죄에 해당한다(94도2361 판결 [개괄적 과실 사례]).

　　4) 공동정범　　결과적 가중범의 공동정범을 인정할 수 있느냐에 대해서 다수설은 부정하지만 긍정할 수 있다고 본다(「형법강의 총론」 "과실의 공동정범" 참조). 판례도 기본범죄를 공동으로 할 의사만 있으면 충분하고 결과를 공동으로 할 의사는 필요없다고 하여 결과적 가중범의 공동정범을 인정한다($^{2000도745}_{판결}$). 이 죄의 공동정범을 인정하기 위해서는 상해 또는 중상해의 공동정범자 각자가 사망의 결과를 예견할 수 있어야 한다.

> **판례**　　① 결과적 가중범인 상해치사죄의 공동정범은 폭행 기타의 신체침해행위를 공동으로 할 의사가 있으면 성립되고 결과를 공동으로 할 의사는 필요없다고 할 것이므로 패싸움 중 한 사람이 칼로 찔러 상대방을 죽게 한 경우에 다른 공범자가 그 결과인식이 없다 하여 상해치사죄의 책임이 없다고 할 수 없다(77도2193 판결).
> ② 강도의 공범자 중 1인이 강도의 기회에 피해자에게 폭행 또는 상해를 가하여 살해한 경우, 다른 공모자가 살인의 공모를 하지 아니하였다고 하여도 그 살인행위나 치사의 결과를 예견할 수 없었던 경우가 아니면 강도치사죄의 죄책을 면할 수 없다(91도2156 판결).

　　5) 상해의 고의　　이 죄는 상해의 고의만 있고 사망에 대해서는 고의가 없는 때에만 성립한다. 판례는 주먹으로 안면 등을 무수히 강타하고 양산 끝으로

두경부(頭頸部)를 찔러 사망하게 한 경우(^{4293형상291}_{판결}), 안면과 흉부에 심한 타격을 가하여 뇌일혈로 사망하게 한 경우(^{4288형상88}_{판결}), 말다툼을 하다가 주먹으로 얼굴과 가슴을 수없이 때리고 머리채를 휘어잡아 방벽에 여러 차례 부딪치는 폭행을 가하여 뇌경막하출혈 등으로 사망에 이르게 한 경우(^{84도2183}_{판결})에 상해의 고의가 있다고 하고 상해치사죄를 인정하였다.

　6) 상해미수의 경우　　상해행위는 미수에 그쳤으나 사망의 결과가 발생한 경우에도 상해치사죄가 성립한다(다수설).

Ⅶ. 상해의 동시범

> [특별규정]　독립행위가 경합하여 상해의 결과를 발생하게 한 경우에 있어서 원인된 행위가 판명되지 아니한 때에는 공동정범의 예에 의한다(제263조).

(1) 의의·입법취지

　2인 이상이 의사연락 없이 동일객체에 대해서 동일 기회 또는 근접한 전후관계에서 각자 범죄를 실행한 경우를 동시범(동시정범)이라 한다. 동시범에 대해서 형법은 개인책임의 원칙에 따라 각자 자기 행위로 인하여 발생된 결과에 대해서만 책임을 부담하고, 만일 결과발생의 원인된 행위가 누구의 행위에 의한 것인지 판명되지 아니한 때에는 각자를 미수범으로 처벌한다(^{제19}_조). 형법 제263조는 상해의 동시범에 대하여 제19조의 특별예외를 인정하여, 원인된 행위가 판명되지 아니한 때에도 공동정범의 예에 의하도록 함으로써 개인책임원칙에 대한 예외를 인정하고 있다.

　이 특례규정은 상해나 폭행이 집단적으로 이루어질 경우 그 원인된 행위의 입증곤란을 구제하기 위해서 정책으로 입법한 것이라 한다. 이에 대해서 이 특례는 의심스러운 때에는 피고인의 이익으로 판단하는 원칙에 반하고, 혐의형과 같은 결과책임을 인정하여 형벌권을 확장시킨다는 비판을 받는다.[1]

(2) 법적 성질

　이 규정의 법적 성질에 대해서 견해가 대립한다.

---

　1) 이 특례조항에 대하여 헌법재판소에서 합헌결정(2017헌가10 결정 [4:5 합헌])하였다.

1) **법률상 추정설**   입증의 곤란을 구제하기 위하여 공동정범의 책임을 법에서 추정한 규정으로 보는 견해이다(이전호, 신고형법 각론 222,/강구진, 형법강의 각론 70). 법률상의 추정은 증명을 요하는 사실에 대해서 증명할 필요없이 이를 인정하는 것이므로 이 견해는 형사소송법상의 실체진실발견주의와 자유심증주의에 반한다.

2) **거증책임전환설**   자기의 행위로 상해결과가 발생하지 않았다는 것을 피고인이 증명해야 한다는 견해이다(다수설). 이 견해는 증명절차를 거쳐야 한다는 점에서 소송법상의 원칙에는 반하지 않으나 의사연락도 없는 동시범에 대하여 공동정범과 같이 취급하는 이유를 설명할 수 없다.

3) **이원설**   소송법상으로 거증책임을 피고인에게 부담시킨 것이고, 형법상으로 공동정범의 범위를 확장시키는 일종의 의제를 규정한 것이라는 견해이다(황산덕 182, 정영석 223, 김종원 64,/정성근·박광민 83, 이형국 I 79). 그러나 이 견해도 "의심스러운 때에는 피고인의 이익으로" 판단하는 원칙의 예외를 인정한다는 의문이 남는다.

4) **결 어**   어느 견해이건 결함은 있으나 이 규정의 입법취지가 입증곤란을 구제하기 위한 정책적 고려에 있다고 한다면, 소송법적 측면과 형법적 측면 어느 하나만으로 합리적 설명이 불가능하므로 거증책임의 전환과 의제에 의해서 법적 성질을 이해하는 이원설이 타당하다고 본다.

(3) 적용범위

1) **과실치상죄·폭행치상죄**   상해의 결과발생은 반드시 고의행위에 의할 필요가 없으며, 폭행죄와 폭행에 의한 상해죄는 보호법익과 고의가 서로 근접하고 있으므로 과실치상죄와 폭행치상죄($^{70도991}_{판결}$)에도 이 규정은 적용된다.

2) **상해치사죄·폭행치사죄**   상해치사죄와 폭행치사죄에 대해서 이 규정을 적용할 수 있느냐에 대해서 **긍정설**(황산덕 183. 이재상·장영민·강동범/3/37은 상해치사죄에 한하여 긍정)도 있으나 **부정설**이 다수설이다. 판례는 폭행치사($^{70도991}_{판결}$), 상해치사($^{84도2118}_{판결}$)의 경우는 물론, 상해행위와 폭행행위가 경합하여 사망의 결과가 발생한 때($^{2000도2466}_{판결}$)에도 적용하고 있다.

3) **강간치상죄·강도치상죄**   이 규정은 상해와 폭행의 죄에 대한 특례규정이므로 보호법익을 달리하는 강간치상죄·강도치상죄·체포감금치상죄에는 적용할 수 없다. 판례도 강간치상죄에 대해서 이 규정의 적용을 배제하고 있다($^{84도372}_{판결}$).

(4) 적용요건

1) **독립행위의 경합**   2인 이상의 행위가 서로 의사연락 없이 동일객체에 대하여 행해져야 한다. 독립행위는 반드시 같은 장소일 필요가 없다. 시간적으로 동시 또는 근접한 시간임을 요하느냐에 대해서, ① 동시 또는 근접한 시간에 행해져야 한다는 견해(^{김종원 63, 정성근·박광민}_{84, 임웅 76, 김성돈 97 이하})와, ② 시간적으로 근접할 필요가 없고 다른 시간, 다른 장소도 무방하다는 견해(^{이형국 I 79, 이재상·장영민·}_{강동범 3/36, 김일수·서보학 59})가 대립한다. 판례는 후자를 취하고 있다(^{2000도2466 판결,}_{80도3321 판결}).

상해의 동시범 규정은 제19조에 대한 예외규정이므로 예외규정은 엄격하게 해석해야 하며, 공동정범 아닌 것을 공동정범의 예에 의하여 처벌하기 위해서는 적어도 외형상으로 공동정범과 같이 볼 수 있는 정도의 행위로 한정할 필요가 있다. 따라서 독립행위는 시간적·장소적으로 근접하여 적어도 동일기회라고 할 수 있는 정도의 행위로 한정하는 것이 타당하다고 본다.

2) **상해의 결과발생**   상해결과가 발생해야 한다. 상해행위는 있었으나 상해결과가 발생하지 않거나 다른 결과가 발생한 때에는 미수범 또는 자기행위에 의하여 발생한 결과에 대해서만 책임을 부담한다. 그리고 애당초 상해나 폭행을 한 것 자체가 분명하지 않을 때에는 이 규정을 적용할 여지가 없다(^{84도488}_{판결}).

3) **원인된 행위의 불판명**   증거조사 결과 누구의 행위에 의해서 상해의 결과가 발생한 것인지 법관의 심증을 얻지 못한 것이라야 한다. 자기행위가 원인이 아니라는 거증책임은 피고인이 부담한다. 만일 원인된 행위가 판명되었거나 특정인의 행위로 발생되지 않았음이 증명되었을 때에는 그 특정인에 대해서는 이 규정을 적용할 수 없고, 각자 자신의 행위로부터 발생한 결과에 대해서만 책임을 부담한다.

4) **효 과**   공동정범의 예에 의한다. 즉 의사연락이 없는 각자를 공동정범과 같이 결과 모두에 대한 정범의 기수범으로 처벌한다는 의미이다.

이에 대해서 처벌에서 공동정범과 같이 취급하면 공동정범의 일반이론과 일치할 수 없고, 본질상 공동정범과 동일시한다는 이유로 "동시범으로 처벌한다"는 의미로 해석하는 견해(김일수·서보학 60)도 있다. 그러나 상해의 동시범은 공동정범이 아닌 경우(공동정범이면 애당초 제30조가 적용된다)를 공동정범의 예에 의할 뿐이므로 애당초 공동정범이론이 여기에 타당할 수 없고, 공동정범과 동일시하는 견해도 없다.

Ⅷ. 상습상해죄

> [구성요건 · 법정형]   상습으로 제257조(상해 · 존속상해), 제258조(중상해 · 존속중상해), 제 258조의2(특수상해 · 특수존속상해 · 특수중상해 · 특수존속중상해)의 죄를 범한 때에는 그 죄에 정한 형의 2분의 1까지 가중한다(제264조).
> 미수범은 처벌한다(제264조).

(1) 의의 · 성격

이 죄는 상해행위의 상습화경향에 대비하여 상습범 가중주의를 채택한 것으로, 상습자라는 신분관계로 인하여 책임이 가중되는 가중적 구성요건이다.

(2) 상습성

이 죄의 특수한 구성요건요소는 상습성이다. 상습이란 일정한 행위를 반복하여 행하는 습벽(버릇)을 말한다. 상습은 행위의 본질을 이루는 것이 아니라 행위자의 특성(신분)을 이루는 성질(행위자관련적 성질)을 의미한다. 따라서 행위의 반복이 있는 것만으로 부족하고 행위자가 그러한 습벽을 가져야 상습성을 인정할 수 있다. 이 죄의 상습은 상해 또는 폭행행위의 습벽을 말하는 것으로 다른 유형의 범죄까지 고려하여 상습성 유무를 결정할 수 없다(^{2017도21633}_{판결}). 상습범과 누범이 경합한 경우에는 누범가중규정과 이 규정을 모두 적용해야 한다(^{82도600 등}_{판결 참조}).

> [판례]   ① 상습사기에 있어서의 상습성이라 함은 반복하여 사기행위를 하는 습벽으로서 행위자의 속성을 말하고, 이러한 습벽의 유무를 판단함에 있어서는 사기의 전과가 중요한 판단자료가 되나 사기의 전과가 없다고 하더라도 범행의 회수, 수단과 방법, 동기 등 제반 사정을 참작하여 사기의 습벽이 인정되는 경우에는 상습성을 인정하여야 할 것이다(2000도3483 판결).
> ② 범죄에 있어서의 상습이란 범죄자의 어떤 버릇, 범죄의 경향을 의미하는 것으로서 행위의 본질을 이루는 성질이 아니고, 행위자의 특성을 이루는 성질을 의미하는 것이므로, 구 폭처법 제2조 제1항에서 정한 상습성의 유무는 피고인의 연령 · 성격 · 직업 · 환경 · 전과사실, 범행의 동기 · 수단 · 방법 및 장소, 전에 범한 범죄와의 시간적 간격, 그 범행의 내용과 유사성 등 여러 사정을 종합하여 판단하여야 할 것이다(2004도6176 판결).

(3) 죄수 · 처벌

상습범은 집합범에 해당하므로 상습자의 수개의 상해행위는 포괄일죄가 된다는 것이 통설과 판례의 태도(_{판결}^{81도69})이다. 이에 대해서 경합범이 된다는 견해 (_{3/60, 박상기·전지연 429}^{이재상·장영민·강동범})도 있다. 상습상해에 대해서는 폭처법 제2조 제3항에서 누범가중 처벌하는 경우가 있으므로 이 죄를 경합범으로 처리하면 이중으로 형을 가중하는 결과가 되므로 포괄일죄로 처리해야 한다.

상습상해죄의 법정형은 상해죄의 법정형에 장기와 단기 모두 2분의 1까지 가중한다(_{판결}^{2016도18914}).

[§ 3] 폭행의 죄

Ⅰ. 총 설

(1) 의 의

폭행의 죄도 사람의 신체를 침해한다는 점에서 상해의 죄와 같다. 다만 두 종류의 범죄는 보호법익과 보호정도에서 차이가 생긴다.

(2) 보호법익

폭행의 죄는 신체의 건재성(안전)을 보호하는 형식범·거동범이라는 점에서 사람의 건강을 보호하는 침해범·결과범인 상해의 죄와 구별된다.

Ⅱ. 폭행죄

> [구성요건·법정형] 사람의 신체에 대하여 폭행을 가한 자는 2년 이하의 징역, 500만원 이하의 벌금, 구류 또는 과료에 처한다(제260조 제1항).
> 피해자의 명시한 의사에 반하여 공소를 제기할 수 없다(제3항).

1. 의의·성격

사람의 신체에 대하여 폭행하는 범죄이다. 전형적인 형식범·거동범이고, 반의사불벌죄이다.

2. 객관적 구성요건

(1) 객 체

사람의 신체이다. 상해죄의 객체와 같다. 다만 객체가 외국의 원수·외국사절인 경우(제107조 제1항, 제108조 제1항)와 근로자인 경우(근로기준법 제107조, 제7조)에 특별규정이 있다.

(2) 행 위

폭행을 하는 것이다.

> **[형법상의 폭행의 의미]**   형법상의 폭행은 폭행을 수단으로 하는 범죄의 구성요건에 따라 다음의 4종으로 분류한다. ① **최광의의 폭행**은 사람이나 물건에 대한 것인가를 묻지 않고 유형력을 행사하는 모든 경우를 포함한다(내란죄·소요죄·다중불해산죄의 폭행). ② **광의의 폭행**은 사람에 대한 직접·간접의 유형력의 행사를 의미한다(공무집행방해죄·특수도주죄·직무강요죄·강요죄·약취·인질강도죄·공갈죄의 폭행). 직접으로 사람의 신체에 대하여 가해질 필요가 없고, 물건에 대한 유형력의 행사가 간접적으로 사람의 신체에 대하여 작용하면 족하다. ③ **협의의 폭행**은 사람의 신체에 대한 유형력의 행사를 의미한다(직권남용죄·가혹행위죄·폭행죄의 폭행). ④ **최협의의 폭행**은 상대방의 반항을 불가능하게 하거나 현저히 곤란하게 할 정도의 유형력의 행사를 의미한다(강도죄·강간죄·준강도죄의 폭행).

 1) 폭행죄의 폭행   폭행죄는 신체의 건재성을 보호하기 위한 범죄이므로 이 죄의 폭행은 협의의 폭행, 즉 사람의 신체에 대한 유형력의 행사를 의미한다.

 (a) **유형력의 행사**   "유형력"이란 광의의 물리력을 말한다. 신체에 대한 공격과 같은 역학적 작용뿐만 아니라 정신적·육체적으로 고통을 주는 화학적·생리적 작용과 에너지 작용도 포함한다. 유형력의 행사는 사람의 신체에 대하여 행해지면 충분하며 반드시 신체에 접촉할 필요가 없다(2016도9302 판결). 어린아이를 업은 사람을 넘어뜨린 때에는 어린아이에 대해서도 폭행이 되며(72도2201 판결), 사람을 향해 돌을 던졌으나 그 돌이 명중하지 않아도 폭행이 된다.

 그러나 물건에 대한 유형력의 행사는 이 죄의 폭행이 아니다. 따라서 홧김에 방문을 발로 차거나(83도3186 판결), 비닐봉지에 넣은 인분을 타인의 집 마당에 던져 불쾌감·혐오감을 주거나(75도2673 판결), 연좌농성을 하는 심리적 폭력은 폭행죄의 폭행이라 할 수 없다. 또 언어에 의해서 사람에게 공포심을 일으키는 무형력의 행사도 폭행이 아니라 협박에 해당한다.

[**유형력 행사의 예**] ① 구타행위, 발로 차거나 밀치는 행위, 침을 뱉거나 손·옷을 잡아당기는 행위, 좁은 방에서 칼이나 흉기를 휘두르는 행위, 모발이나 수염을 잘라내는 행위, 안수기도를 하면서 가슴과 배를 누르는 행위(94도1484 판결) 등은 "**역학적 작용**"에 해당하는 폭행이다. ② 심한 음향을 사용하여 청각을 자극하는 소음(확성기·자동차경적·발파음 등)이나 전화를 계속 걸어 벨이 올리거나 심한 폭언을 수차 반복하는 경우(2000도5716 판결), 최면술을 걸거나 마취약을 사용하는 경우 또는 심한 악취가 나게 하는 경우 등은 "**화학적·생리적 작용**"으로 정신적·육체적 고통을 주는 폭행이 된다. ③ 빛·열·전기에 의한 고통을 주는 "**에너지 작용**"도 폭행이다. 다만 판례는 "거리상 멀리 떨어져 있는 사람에게 전화기를 이용하여 전화하면서 고성을 내거나 그 전화 대화를 녹음 후 듣게 하는 경우에는 특수한 방법으로 수화자의 청각기관을 자극하여 그 수화자로 하여금 고통스럽게 느끼게 할 정도의 음향을 이용하였다는 등의 특별한 사정이 없는 한 신체에 대한 유형력의 행사를 한 것으로 보기 어렵다"고 판시 (2000도5716 판결)하였다.

(b) **유형력의 수단·방법**   유형력을 행사하는 수단·방법은 제한이 없다. 직접적·간접적으로 유형력을 행사할 수 있으며 부작위로도 가능하다. 심한 음향이나 악취를 제거해야 할 작위의무 있는 자가 이를 제거하지 않은 때 부작위에 의한 폭행이 인정될 수 있다. 2인 이상이 공동하여 폭행죄(협박·주거침입·상해죄)를 범한 때에는 폭처법(제2조 제2항)이 적용된다. 단체나 다중의 위력을 보이거나 위험한 물건을 휴대하여 폭행을 가한 때에는 특수폭행죄가 성립한다.

2) **기 수**   이 죄는 형식범이므로 유형력의 행사만 있으면 기수가 되고, 반드시 폭력에 의한 구체적 결과발생이나 상해결과를 초래할 필요가 없다. 다만 폭처법상의 폭행죄(2인 이상 공동폭행 및 누범자 폭행)에 대해서는 미수범도 처벌한다(폭처법 제6조).

3. 주관적 구성요건

사람의 신체에 대한 유형력을 행사한다는 고의가 있어야 한다. 미필적 고의로 족하다. 폭행의 고의로 상해의 결과가 발생하면 폭행치상죄가 성립한다. 판례는 폭행의 고의로 상해의 결과가 발생하면 상해죄가 성립한다고 판시한 경우(83도231 판결, 99도4341 판결)와, 폭행치상죄에 해당한다고 판시한 경우(84도2655 판결)가 있다.

4. 위법성배제사유

위법성배제사유가 있으면 정당한 행위로서 허용된다. ① 종래 부모의 체벌은 상해에 이르지 않거나 가혹하지 않는 한 교육의 목적상 불가피하고, 그 방법과 정도가 사회통념상 용인될 수 있는 경우에 위법성이 배제된다고 보았다. 그러나 친권자의 징계권을 규정한 민법 제915조가 2021년 1월 민법 개정으로 삭제됨에 따라 친권자인 부모가 자녀를 체벌할 경우에도 폭행죄나 학대죄 등에 해당할 수 있게 되었다. 따라서 부모의 체벌은 더 이상 허용될 수 없다고 봄이 상당하다. 교사의 체벌도 허용되지 않는다고 본다(초·중등교육법시행령 제31조 제8항 [도구이용신체고통 금지]). ② 피해자의 승낙에 의한 폭행은 원칙적으로 위법성이 배제된다.

> 대법원은 술취한 자가 시비를 걸면서 팔을 잡기에 뿌리친 때(80도1898 판결 등), 강제연행을 모면하기 위해 팔꿈치로 이를 뿌리치면서 가슴을 잡고 벽에 밀어붙인 때(81도2958 판결), 싸움을 걸어오는 것을 막으려고 멱살을 잡고 밀어 넘어뜨린 때(83도942 판결), 폭언을 하면서 손가락을 물어 뜯자 이를 피하려고 뿌리치면서 피해자의 양어깨를 누른 때(84도242 판결), 상대방이 휴대폰을 훔쳤다고 의심하면서 몸을 붙들자 이를 벗어나려고 상대방의 머리를 잡아당기는 정도의 유형력을 행사한 때(2020도16556 판결)에는 사회상규에 반하지 않는 정당행위라고 하였다.

5. 반의사불벌죄

폭행죄는 피해자의 명시한 의사에 반하여 공소를 제기할 수 없다.[1] 공소제기 전에 처벌을 희망하지 않는 의사표시가 있거나 처벌을 희망하는 의사표시가 철회된 때에는 법원은 형사소송법 제327조 제2호에 의하여 공소기각판결을 선고해야 하고, 검사는 공소권 없음의 불기소처분을 해야 한다. 공소제기 후 처벌을 희망하지 않는 의사표시가 있거나 처벌을 희망하는 의사표시가 철회된 때에는 법원은 형사소송법 제327조 제6호에 의하여 공소기각판결을 선고해야 한다(2020도16460 판결). 처벌불원의 의사표시나 처벌희망의사표시의 철회는 제1심 판결 선고 전까지만 가능하고(2021도3992 판결), 한번 철회하면 이를 번복할 수 없다(형사소송법 제232조 제3항). 폭처법이 적용되는 폭행죄는 반의사불벌죄가 아니다.

---

1) 폭행죄 피해자의 처벌불원의사가 명백하고 믿을 수 있는 방법으로 표현되었다면, 이후 처벌을 희망하는 의사를 표시하는 것은 불가능하다(2019헌마1120 결정).

Ⅲ. 존속폭행죄

[구성요건·법정형] 자기 또는 배우자의 직계존속에 대하여 제1항(폭행)의 죄를 범한 때에
는 5년 이하의 징역 또는 700만원 이하의 벌금에 처한다(제260조 제2항).
피해자의 명시한 의사에 반하여 공소를 제기할 수 없다(제3항).

자기 또는 배우자의 직계존속에 대하여 폭행하는 범죄이다. 객체가 자기
또는 배우자의 직계존속이라는 신분관계로 인하여 책임이 가중되는 가중적 구
성요건이며 부진정신분범이다. 직계존속과 폭행에 대해서는 각각 "존속살해
죄·존속상해죄와 폭행죄" 참조. 이 죄도 반의사불벌죄이다.

Ⅳ. 특수폭행죄

[구성요건·법정형] 단체 또는 다중의 위력을 보이거나 위험한 물건을 휴대하여 제260조
제1항(폭행) 또는 제2항(존속폭행)의 죄를 범한 때에는 5년 이하의 징역 또는 1천만원 이하의
벌금에 처한다(제261조).

단체 또는 다중의 위력을 보이거나 위험한 물건을 휴대하고 사람의 신체에
폭행하는 범죄이다. 단순폭행죄보다 행위방법의 위험성이 크기 때문에 불법이
가중되는 가중적 구성요건이고, 반의사불벌죄가 아니다. 단체·다중의 위력에
의한 특수폭행과 위험한 물건휴대의 특수폭행의 두 가지 유형이 있다. 이에 대
하여는 "특수상해죄" 참조.

Ⅴ. 폭행치사상죄

[구성요건·법정형] 제260조(폭행·존속폭행)와 제261조(특수폭행·특수존속폭행)의 죄를
지어 사람을 사망이나 상해에 이르게 한 경우에는 제257조부터 제259조(상해죄·존속상해
죄·중상해죄·존속중상해죄·상해치사죄)까지의 예에 따른다(제262조).

폭행죄·존속폭행죄 또는 특수폭행죄를 범하여 사람을 사망이나 상해에 이
르게 하는 결과적 가중범이다. 폭행·존속폭행 또는 특수폭행의 고의가 있는 때
에만 성립할 수 있으며, 상해의 고의가 있는 때에는 이 죄가 아니라 상해죄·존

속상해죄 또는 상해치사죄가 성립한다. 결과적 가중범이므로 폭행의 고의 외에 사망이나 상해의 결과(致死傷)에 대한 예견가능성($^{제15조}_{제2항}$)이 있어야 하며, 폭행과 사상의 결과 사이에 인과관계와 행위의 직접성이 있어야 한다.

> 대법원은 뺨을 때리며 어깨를 잡아 넘어뜨리며 머리를 세멘트벽에 부딪히게 하여 뇌손상으로 사망하게 한 경우(82도697 판결), 어린아이를 업은 사람을 넘어뜨려 어린아이를 사망하게 한 경우(72도2201 판결), 심한 폭행으로 인하여 상대방의 지병이 발병하여 사망하거나(89도556 판결), 폭행을 당한 피해자가 의사의 수술지연이 개입되어 사망한 경우(84도831 판결), 폭행당하여 숨어 있던 자가 다시 폭행당하지 않으려고 3층 창문 밖으로 숨으려다가 실족사한 경우(90도1786 판결), 무예도장 관장이 수련생을 목검으로 폭행하여 사망하게 한 경우(2020도12302 판결 [특수폭행치사죄])에 인과관계를 인정하고 있다.
>
> 이에 대해서 뺨을 한번 살짝 때리거나(78도1961 판결), 어깨를 잡고 약간 걸어가는 정도의 폭행을 하였는데(81도1811 판결) 피해자가 특이체질 때문에 사망한 경우, 말다툼을 하던 중 피해자가 피고인의 삿대질을 피하기 위해 뒷걸음치다 넘어져 두개골 골절로 사망한 경우(90도1596 판결)에는 예견가능성이 없다는 이유로 폭행치사죄의 성립을 부정하였다.

이 죄에 해당하면 발생된 결과에 따라 상해죄·존속상해죄·중상해죄·존속중상해죄·상해치사죄에 정한 형으로 처벌한다.[1] 다만 결과적 가중범이므로 상해죄·특수상해죄의 미수범($^{제257조 제3항,}_{제258조의2 제3항}$)은 적용되지 않는다고 해석해야 한다. 형법은 폭행치상죄의 처벌에 있어서는 상해죄가 폭행죄의 결과적 가중범인 것처럼 취급하므로 입법론상 독립된 법정형으로 규정함이 타당하다.

VI. 상습폭행죄

> [구성요건·법정형]   상습으로 제260조(폭행·존속폭행) 또는 제261조(특수폭행·특수존속폭행)의 죄를 범한 때에는 그 죄에 정한 형의 2분의 1까지 가중한다(제264조).

상습으로 폭행죄·존속폭행죄·특수폭행죄·특수존속폭행죄를 범한 때에 그 책임이 가중되는 부진정신분범이다. 상습성에 대해서는 "상습상해죄" 참조. 상습으로 폭행·존속폭행죄를 범한 때에는 포괄하여 형이 가장 중한 상습존속폭행죄 1죄가 성립한다($^{2017도10965}_{판결}$). 상습폭행죄는 반의사불벌죄가 아니다($^{2017도10956}_{판결 참조}$).

---

1) 판례는 특수상해죄의 형으로는 처벌할 수 없다는 입장이다(2018도3443 판결).

[§ 4] 과실치사상의 죄

Ⅰ. 총 설

(1) 의 의

과실치사상의 죄는 과실행위로 사람의 생명·신체를 침해하는 범죄이다. 형법은 원칙적으로 고의범을 처벌하지만 사람의 생명·신체라는 법익의 중요성 때문에 과실로 사람을 사망에 이르게 하거나 사람의 신체를 상해에 이르게 한 경우를 특별히 처벌하기로 한 것이다.

(2) 보호법익

과실치사상죄의 보호법익은 사람의 생명 또는 신체의 건강이다. 보호받는 정도는 침해범으로서의 보호이다.

Ⅱ. 과실치상죄

> [구성요건·법정형]   과실로 인하여 사람의 신체를 상해에 이르게 한 자는 500만원 이하의 벌금, 구류 또는 과료에 처한다(제266조 제1항).
> 피해자의 명시한 의사에 반하여 공소를 제기할 수 없다(제2항).

(1) 과 실

이 죄는 과실로 인하여 사람의 신체를 상해에 이르게 하는 범죄로서 반의사불벌죄이다. 구성요건 과실은 객관적 주의의무에 위반하여 범죄사실을 인식하지 못하였거나 결과발생에 대한 인용이 없는 경우를 말한다. 상해와 폭행에 대한 고의가 없는 때에만 성립한다.

과실행위는 작위·부작위를 묻지 않는다. 상해의 결과와 과실행위 사이에는 인과관계가 있어야 한다. 이 경우 과실행위가 결과에 대한 유일한 원인일 필요는 없다. 피해자의 기여과실이 있거나 제3자의 행위가 개입된 때에도 인과관계의 범위 내에서 이 죄는 성립한다.

과실행위는 공동으로 할 수도 있다(과실의 공동정범). 판례도 이를 긍정한다 (96도1231 판결 [삼풍백화점붕괴 사건],). (97도1740 판결 [성수대교붕괴 사건]).

(2) 결과발생

과실행위로 인하여 상해의 결과가 발생해야 한다. 결과발생이 없으면 불가벌이다. 과실행위와 결과발생 사이에 인과관계가 있을 뿐만 아니라 객관적 귀속이 가능해야 한다. 결과가 행위자의 행위에 의한 것이고, 그 행위가 주의의무위반에 "기인한 것"임을 요하며, 행위자가 예견 및 지배가능하고 규범의 보호범위 내에 있는 때에만 결과귀속을 인정할 수 있다.

III. 과실치사죄

> **[구성요건·법정형]**   과실로 인하여 사람을 사망에 이르게 한 자는 2년 이하의 금고 또는 700만원 이하의 벌금에 처한다(제267조).

과실로 인하여 사람을 사망에 이르게 하는 범죄이다. 반의사불벌죄가 아니다. 사망의 결과에 대하여 고의가 없어야 하고 과실로 인한 것이라야 한다. 폭행의 고의가 있으면 폭행치사죄가 성립한다. 1개의 과실행위로 수인을 사망에 이르게 한 때에는 상상적 경합이 된다고 본다.

[과실인정 판례]   대법원은, ① 노후된 가옥의 임차인이 연탄가스 냄새가 많이 난다고 수선요구를 하였으나 임대인이 이에 대한 조치를 하지 않아 연탄가스로 사망한 경우에 임대인에게(93도196 판결), ② 함께 술을 마신 후 만취된 피해자를 촛불이 켜져 있는 방안에 혼자 눕혀 놓고 촛불을 끄지 않고 나오는 바람에 화재가 발생하여 피해자가 사망한 경우에 피해자를 방안에 두고 나온 자에게(94도1291 판결), ③ 파도가 치는 바닷가 바위 위에서 곧 전역할 병사를 헹가래쳐서 장난삼아 바다에 빠뜨리려고 하다가 그가 발버둥치는 바람에 그의 발을 잡고 있던 피해자가 미끄러져 익사한 경우에 헹가래치던 다른 병사들에게(90도2106 판결), ④ 의사 대신 간호사가 수혈할 혈액봉지를 교체해 주는 것이 병원의 관행이었다 하더라도 간호사가 다른 환자에게 수혈할 혈액을 당해 환자에게 잘못 수혈하여 환자가 사망한 경우에 의사에게(97도2812 판결 [업무상과실치사죄]) 각 과실을 인정하였다.

[과실부정 판례]   대법원은, ① 임대한 방실의 부엌으로 통하는 문과 벽 사이에 0.4cm 정도의 틈이 있다면 이는 임차인의 통상의 수선관리 의무에 속한 것이므로 위 문틈으로 스며든 연탄가스에 중독되는 사고가 발생했다 하더라도 위 사고는 임대인의 과실로 인한 것으로

볼 수 없다(84도2034 판결). ② 피고인이 자기차선을 따라 운행 중 반대차선에서 오던 차량이 좌회전 금지구역인데도 갑자기 피고인의 차량 앞을 가로질러 좌회전 진입함으로 인하여 서로 충돌한 경우에는 피고인이 제한속도를 약간 넘어서 운행하였다고 하여도 피고인에게 위 충돌 사고의 책임을 물을 수 없다(79도3004 판결). ③ 공장운영 전반에 대한 감독자가 따로 있는 경우에는 공장의 임차경영인에게 공원에 대한 구체적이고 직접적인 감독책임이 있다고 할 수 없다(84도2025 판결). ④ 교실안쪽에서 닦을 수 있는 유리창만을 닦도록 담임교사가 지시하였는데도 유독 피해자만이 베란다로 넘어갔다가 밑으로 떨어져 사망하였다면 담임교사에게 사고에 대한 과실책임을 물을 수 없다(89도108 판결). ⑤ 과속운전이 사고의 직접 원인이 아닌 경우(79도3004 판결)와 운전수가 오한을 앓고 있는 사이에 차주가 대신 운전하다가 교통사고를 야기한 경우(74도778 판결)에도 운전수의 과실책임은 부정(차주의 책임 인정)하였다.

Ⅳ. 업무상과실·중과실치사상죄

> [구성요건·법정형] 업무상 과실 또는 중대한 과실로 사람을 사망이나 상해에 이르게 한 자는 5년 이하의 금고 또는 2천만원 이하의 벌금에 처한다(제268조).

(1) 의의·성격·가중근거

1) 의 의 업무상 과실 또는 중대한 과실로 사람을 사망이나 상해에 이르게 하는 범죄이다. 업무상 과실치사상죄는 업무자라는 신분관계로 인하여 형이 가중되는 부진정신분범이며, 중과실치사상죄는 보통의 과실보다 주의의무위반의 정도가 크다는 점에서 불법이 가중되는 가중적 구성요건이다.

2) 가중근거 업무상 과실치사상죄의 형을 가중하는 근거에 관해서, ① 업무자는 일반인보다 고도의 주의의무가 있기 때문에 가중된다는 견해(김종원 78, 임웅 101), ② 업무자와 일반인의 주의의무는 동일하지만 업무자는 일반인보다 결과발생에 대한 예견가능성이 크기 때문에 책임도 크다는 견해(다수설), ③ 업무자와 일반인의 주의의무는 동일하지만 업무자는 고도의 주의능력이 있으므로 일반인보다 불법이 크다는 견해(배종대 19/1, 손동권 김재윤 5/20)가 대립한다.

동일한 행위에 대해서 요구되는 객관적 주의의무는 객관적 기준에 따라 판단해야 하므로 주의의무는 업무자와 일반인 사이에 차이가 있을 수 없다. 또 업무자 중에도 미숙한 자가 적지 않기 때문에 업무자가 반드시 풍부한 지식·경험이나 고도의 주의능력을 가졌다고 볼 수 없다. 결국 업무자는 생명·신체에 대한 위험성 있는 업무에 종사하고 있으므로 일반인보다 예견가능성이 크기 때문에 책임이 가중되어 형도 가중된다고 해야 한다.

(2) 구성요건

업무상 과실 또는 중대한 과실로 인하여 사람을 사망이나 상해에 이르게 하는 것이므로 업무상 과실 또는 중대한 과실과 사상의 결과발생이 있어야 한다. 이 죄의 특수한 구성요건은 다음과 같다.

1) 주 체   업무상 과실치사상죄의 주체는 일정한 업무에 종사하는 자이며, 중과실치사상죄의 주체는 제한이 없다.

[형법상의 업무의 의미]   형법에는 업무라는 용어를 사용하는 범죄들이 있는데, 형법상 업무의 의미는 각 구성요건의 기능과 보호법익에 따라 다르다.

(a) 진정신분범의 업무   일정한 업무자의 행위만 구성요건에 해당하는 위법행위가 되는 업무이다. 업무상 비밀누설죄(제317조), 허위진단서 등 작성죄(제233조), 업무상 과실장물취득죄(제364조)에 있어서의 업무가 여기에 해당한다.

(b) 부진정신분범의 업무   일정한 업무자의 행위에 대하여 책임이 가중되는 업무이다. 업무상 과실치사상죄, 업무상 실화죄(제171조), 업무상 과실교통방해죄(제189조), 업무상 횡령죄·업무상 배임죄(제356조)에 있어서의 업무가 여기에 해당한다.

(c) 보호법익으로서의 업무   업무가 보호객체로 되어 있는 보호법익으로서의 업무이다. 업무방해죄(제314조 제1항), 컴퓨터 등 업무방해죄(제314조 제2항)에 있어서의 업무가 여기에 해당한다.

(d) 행위태양으로서의 업무   업무 자체가 구성요건행위의 태양 내지 행위의 요소를 이루는 업무로서 아동혹사죄(제274조)에 있어서의 업무가 여기에 해당한다. 아동혹사죄는 16세 미만자를 생명 또는 신체에 위험한 업무에 사용할 영업자 또는 그 종업자에게 인도하거나 인도받음으로써 성립하는데, 여기의 업무는 인도행위의 요소가 된다.

(e) 총칙상의 업무   형법 제20조 정당행위의 내용이 되는 업무이다. 이 업무는 위법성을 배제시키는 행위의 요소가 되며, 법령상 인정되는 업무 외에 업무의 내용이 사회통념상 상당한 것이면 충분하고 반드시 업무 자체가 정당한 업무임을 요하지 않는다. 무면허 의사의 의료행위가 그 예이다.

2) 업무상 과실

(a) 형법상 업무의 개념   형법상의 모든 업무에 공통되는 업무의 개념은 "사람이 사회생활상의 지위에서 계속 또는 반복하여 행하는 사무"이다(^{2016도16738} _{판결}). 이를 분설하면 다음과 같다.

(aa) 사회생활상의 지위   업무는 사회생활상의 지위에서 행하는 사회적 활동이라야 한다. ① 생활수단으로서의 직업·직무와 영업은 사람의 사회생활상

의 지위에서 행한 업무이다(예: 음식점 종업원, 물건을 배달하는 상점점원). ② 생활수단이 아니라도 사회생활을 유지함에 있어서 계속·반복하는 사무(계속·반복적으로 자동차를 운전하는 자의 일시 오락적 운전)는 업무에 해당한다($^{66도536}_{판결\ 참조}$). 그러나 누구에게나 공통되는 개인적·자연적 생활현상(식사·산보·수면·육아·가사)은 업무가 아니다. 다만 보육시설의 경영자나 직원, 하숙이나 여관의 관리자·사용인은 개인적 생활현상과 관련되어 있어도 업무가 된다.

(bb) 계속성   업무는 상당한 횟수 반복하였거나 계속·반복할 의사로 행해진 것이라야 한다. 따라서 우연히 호기심으로 단 1회 운전한 때($^{66도536}_{판결}$), 자전거로 상품을 배달하는 자가 시범삼아 친구의 승용차를 운전한 때에는 업무라 할수 없다. 그러나 계속·반복할 의사가 있으면 단 1회의 행위라도 업무가 된다(승용차 구입 첫날 교통사고, 의사의 개업 첫날 의료사고).

(cc) 사 무   사무는 사회생활상의 계속적인 일이다. 수입을 얻기 위한 직업·영업은 물론, 사회생활을 유지하면서 종사하는 것이면 공무(公務)·사무(私務), 본무(本務)·겸무(兼務), 주된 직업의 부수적 업무도 사무에 해당한다. 따라서 회사 출근시나 의사 왕진시에 자가용차를 운전하는 때에도 업무가 된다. 오락적 업무, 면허의 유무($^{79도1250}_{판결}$), 적법한 업무도 묻지 않는다. 따라서 무면허운전자의 운전행위($^{70도820}_{판결}$), 무면허의료행위·무면허골재채취($^{84도2527}_{판결\ 참조}$)도 업무에 해당한다.

(dd) 업무상 과실치사상죄의 업무   업무상 과실치사상죄에 있어서의 업무에 해당하기 위해서는 이상의 업무 내용을 구비해야 할 뿐만 아니라 사람의 생명·신체에 대하여 위험이 수반되는 업무임을 요한다. 위험한 업무는 행위자 자신이 직접 종사하는 업무 외에 위험이 발생하기 쉬운 생활관계에서 예상되는 위험을 방지할 것이 기대되는 지위에 있는 자(보호자·관리자)도 포함한다.

> **판례**   업무상과실치사상죄의 '업무'란 사람의 사회생활면에서 하나의 지위로서 계속적으로 종사하는 사무를 말한다. 여기에는 수행하는 직무 자체가 위험성을 갖기 때문에 안전배려를 의무의 내용으로 하는 경우는 물론 사람의 생명·신체의 위험을 방지하는 것을 의무의 내용으로 하는 업무도 포함된다. 건물 소유자가 안전배려나 안전관리 사무에 계속적으로 종사하거나 그러한 계속적 사무를 담당하는 지위를 가지지 않은 채 단지 건물을 비정기적으로 수리하거나 건물의 일부분을 임대하였다는 사정만으로는 업무상과실치사상죄의 '업무'에 해당한다고 보기 어렵다(2016도16738 판결. 2009도1040 판결도 같은 취지).

(b) **업무상 과실의 내용**   업무상 과실이란 업무상 요구되는 필요한 주의를 태만한 것을 말한다. 업무상 요구되는 주의의무의 범위는 법령의 규정이 있는 경우뿐만 아니라 업무의 성질과 구체적 사정을 고려하여 관습상·조리상 요구되는 일체의 주의의무에 미친다. 다만, 신뢰의 원칙이 적용되는 경우에는 과실이 부정된다.

(aa) **자동차 운전자의 주의의무**   자동차 운전자는 다른 차량과의 충돌이나 보행자 또는 승객에 대한 사상의 결과를 방지할 주의의무가 있다.

> 따라서 ① 자동차 운전자는 사전에 차체를 정비·점검하여 고장 여부를 조사·수리해야 하고 (68도16 판결), ② 운전자는 운전시 제한속도·안전거리·앞지르기 방법 등 교통규칙을 준수해야 하므로 전방 좌우를 주시하면서 언제나 급제동할 준비를 하여 사고방지를 위한 모든 조치를 취해야 하며(70도62 판결 참조), ③ 보행자의 불시 횡단이나 어린아이가 갑자기 도로에 뛰어드는 경우까지 예견해야 할 주의의무가 있고(70도1336 판결), ④ 시동이 꺼져 있는 자동차의 조수석에 앉아 있던 어린이가 시동을 걸고 악셀레이터 패달을 밟아 차량이 진행하지 않도록 안전조치를 취해야 할 주의의무가 있으며(86도1048 판결), ⑤ 자동차의 운전자는 신호기의 지시에 따라 횡단보도를 횡단하는 보행자가 있을 때에는 횡단보도에의 진입 선후를 불문하고 일시정지하는 등의 조치를 취함으로써 보행자의 통행이 방해되지 않도록 해야 할 주의의무가 있다 (2016도17442 판결).

(bb) **의사의 주의의무**   의사에 대해서는 비교적 엄격한 주의의무가 요구된다. 대법원은 ① 결과예견의무와 결과회피의무위반이 있고, ② 의료업무에 종사하는 보통인의 주의정도를 위반하고, ③ 사고 당시의 일반적 의학수준, 의료환경 및 조건과 의료행위의 특수성 등을 고려하여 주의의무위반 여부를 판단하고 있다(2018도2844 판결). 이러한 점은 한의사에게도 마찬가지이다(2013도16101 판결).

> 적절한 진단방법을 시행하지 않은 채 오진하여 필요한 적절한 치료조치를 취하지 아니한 때에 의사에게 과실이 인정되고(95도245 판결), 항생제를 주사할 때마다 부작용 예방을 위한 사전·사후의 적절한 조치를 취해야 하며(74도816 판결), 수술 전에는 종합적인 간기능검사를 통하여 환자가 수술을 감당할 수 있는지 여부를 확인해야 하고(90도694 판결), 마취제를 정맥주사할 때에는 의사 스스로 주사를 놓든가 부득이 간호사에게 주사하게 할 때에도 상세한 지시를 하고 그 장소에 입회하여 잘못된 주사없이 끝나도록 조치해야 하며(90도579 판결), 제왕절개 수술시에는 수혈용 혈액을 미리 준비해야 할 업무상 주의의무가 있고(99도3621 판결), 마취회복 담당의사는 환자가 완전히 회복할 때까지 주위에서 관찰하거나 환자를 떠날 때에는 담당간호사를 특정하여 환자의 상태를 계속 주시하도록 해야 할 주의의무가 있다(92도3283 판결). 일회용 주사기 등을 재사용해 내원한 환자들에게 C형 간염을 감염시킨 경우, 의사에게는 주사기에 대한 오염방지의무를 게을리한 업무상 과실이 인정된다(2021도2032 판결).

그러나 환자를 구급차에 태워 다른 병원으로 이송하던 중 산소통의 산소잔량을 부족으로 환자가 사망한 경우, 환자에 대한 앰부 배깅(ambu bagging)과 진정제 투여 업무만을 지시받은 인턴에게 구급차에 비치되어 있는 산소통의 산소잔량을 확인할 주의의무가 있다고 보기는 어렵다(2009도13959 판결).

3) **중대한 과실**　중과실치사상죄는 중대한 과실로 인하여 사람을 사망이나 상해에 이르게 하는 범죄이다. 중대한 과실이란 조금만 주의하였다면 결과발생을 방지할 수 있었던 경우(경솔한 과실)를 말한다.

> **판례**　① 성냥불이 꺼진 것을 확인하지 아니한 채 휴지가 들어 있는 플라스틱 휴지통에 던진 것은 중대한 과실에 해당한다(93도135 판결).
> ② 경미한 물리력을 가하더라도 84세 여자 노인과 11세의 여자 아이는 골절이나 타박상을 입기 쉽고 그로 인해 치명적 결과가 발생할 수 있다는 것을 약간의 주의만으로도 쉽게 예견할 수 있는 연령이나 경험·지식을 가진 자가 그러한 주의를 다하지 않은 채 피해자들을 상대로 안수기도를 하면서 피해자들을 바닥에 눕혀 놓고 손으로 배와 가슴 부분을 세게 때리고 누르는 행위를 20~30분간 반복하여 죽음에 이르게 한 것은 중대한 과실에 해당한다(97도538 판결).
> ③ 함께 술을 마시던 피해자가 갑자기 총을 들어 자신의 머리에 대고 쏘는 소위 "러시안 룰렛" 게임을 하다가 사망한 경우, 음주만취하여 주의능력이 상당히 저하된 상태에 있던 피고인으로서는 미처 물리력으로 이를 제지할 여유도 없었던 것이므로 비록 피고인이 경찰관이었더라도 피해자의 행위를 물리적으로 제지하지 못한데 대한 중과실이 있다고 할 수 없다(91도3172 판결).

(3) 특별형법

1) **교통사고처리특례법**　자동차 운전자가 업무상 과실 또는 중과실치사상죄를 범한 경우에, ① 구호조치를 하지 아니하고 도주하거나 피해자를 유기하고 도주한 때, ② 음주측정요구에 따르지 아니한 때, ③ 기타 일정한 사유에 해당하는 때[1]를 제외하고는 반의사불벌죄로 규정하고 있다(동법 제3조 제2항). 다만 교통사고를 일으킨 자가 보험업법 등 일정한 법률의 규정에 의한 보험 또는 공제에 가입한 때에는 도주·음주운전·무면허 등이나 중상해, 보험계약의 무효 또는

---

1) 일정한 사유는, 신호 또는 지시위반, 중앙선침범, 횡단·유턴·후진금지위반, 제한속도 초과운전, 앞지르기 방법위반 또는 끼어들기금지 위반, 철길건널목 통과방법위반, 횡단보도에서 보행자보호의무위반, 무면허운전, 음주 및 약취(藥醉)운전, 보도침범 또는 보도횡단방법위반, 승객추락방지의무위반, 어린이보호구역에서 안전운전의무위반으로 인한 어린이 신체상해, 화물추락방지조치위반 등이다(교통사고처리특례법 제3조 제2항 1-12호).

해지의 예외사유를 제외하고는 그 차의 운전자에 대하여 공소를 제기할 수 없다(동법 제4조 제1항).

　　[**판례상의 운전자 주의의무**]　① 골프카드 운전자에게는 서행하면서 안전하게 좌·우회전을 해야 할 업무상 주의의무가 있고(2020도1911 판결), ② 교차로의 차량신호등이 적색이고 연접한 횡단보도 보행등이 녹색인 경우, 차량운전자가 횡단보도 앞에서 정지하지 아니하고 우회전하다가 교통사고를 야기한 때에는 사고장소가 횡단보도를 벗어난 곳이더라도 신호위반으로 인한 교통사고처리특례법위반죄가 성립하며(2009도8222 판결), ③ 신호등이 설치되지 않는 횡단보도에 횡단하는 보행자가 있는 경우 차량의 운전자는 일시정지하는 등 보행자의 통행이 방해되지 않도록 해야 할 업무상 주의의무가 있다(2020도8675 판결).

　　반면, ④ 좌회전이나 유턴이 허용된 지점에서 신호에 따라 좌회전이나 유턴을 하기 위해 중앙선을 넘어 운행하다가 반대편 차로를 운행하는 차량과 충돌한 때에는 교통사고처리특례법상 중앙선침범사고에 해당하지 않고(2016도18941 판결). ⑤ 자신이 운영하는 식품가게 앞에서 화물차 적재함에 실려 있던 토마토 상자를 가게 안으로 운반하던 중, 적재되어 있던 상자 일부가 무너져 지나가던 행인에게 상해를 입힌 경우, 사고가 주차 후 하역작업을 시작한지 약 1시간이 지나서야 발생하였고. 사고 발생 당시 위 화물차의 운전석은 비어 있었으며, 시동이 꺼져 있었고 차의 열쇠는 다른 사람이 가지고 있었다면 교통사고처리특례법상의 '교통사고'에 해당하지 않는다(2009도2390 판결).

> **판례**　① 도로교통법 소정의 '운전'이란 도로에서 차를 '그 본래의 사용방법'에 따라 사용하는 것을 말하며, 자동차를 '그 본래의 사용방법'에 따라 사용하였다고 하기 위하여는 단지 엔진을 시동시켰다는 것만으로는 부족하고 이른바 발진조작의 완료를 요한다. 통상 자동차 엔진을 시동시키고 기어를 조작하며 제동장치를 해제하는 등 일련의 조치를 취하면 이러한 발진조작을 완료하였다고 할 것이지만, 애초부터 자동차가 고장이나 결함 등의 원인으로 객관적으로 발진할 수 없었던 상태에 있었던 경우라면 그와 같이 볼 수는 없다(2017도10815 판결).
> ② 보험 또는 공제에 가입된 경우에는 그 차의 운전자에 대하여 공소를 제기할 수 없다고 규정한 '교통사고처리특례법' 제4조 제1항은 차의 운전자에 대한 공소제기의 조건을 정한 것이다. 또한 '교통사고'란 차의 교통으로 인하여 사람을 사상하거나 물건을 손괴하는 것을 말한다고 규정한 동법 제2조 제2호의 '차의 교통'에는 차량을 운전하는 행위 및 그와 동일하게 평가할 수 있을 정도로 밀접하게 관련된 행위가 모두 포함된다(2016도21034 판결).

2) 특정범죄가중처벌등에관한법률

　　(a) **도주운전죄**　자동차·원동기장치자전거의 교통으로 인하여 업무상 과실 또는 중대한 과실로 사람을 사망이나 상해에 이르게 한 운전자가 즉시 정차하여 사상자를 구호하는 등 필요한 조치를 다하지 않고 도주한 때에 가중처벌한다(특가법 제5조의3 제1항). 판례는 사고운전자가 구호조치를 취하지 않은 채 피해자에게 자신

의 신원을 확인할 수 있는 자료를 제공하고 현장을 이탈한 경우($^{2001도5369}_{판결}$)와, 교통사고 피해자를 병원에 데려다 준 다음 피해자나 병원측에 아무런 인적사항을 알리지 않고 병원을 떠난 경우($^{99도2869}_{판결}$)에도 도주에 해당한다고 하였다.

　　반면 대법원은, 사고의 경위와 내용, 피해자의 나이와 상해의 부위 및 정도, 사고 뒤의 정황 등을 종합적으로 고려해 피해자를 구호하는 등의 조치를 취할 필요가 있었다고 인정되지 않는 때에는 사고운전자가 피해자에게 인적사항을 제공하는 조치를 이행하지 않고 사고장소를 떠났다고 하더라도 특가법상 도주치상죄가 성립하지 않는다고 판시(2020도15208 판결. 2001도2869 판결도 같은 취지)하였다.

　　(b) **유기도주운전치사상죄**　　사고 운전자가 피해자를 사고장소로부터 옮겨 유기하고 도주한 때에는 더욱 가중처벌한다($^{특가법}_{제5조의3 제2항}$).

　　(c) **위험운전치사상죄**　　음주 또는 약물의 영향으로 정상적인 운전이 곤란한 상태에서 자동차(원동기장치자전거 포함)를 운전하여 사람을 상해 또는 사망에 이르게 한 때에도 가중처벌한다($^{특가법}_{제5조의11}$). 그러나 차량이 경사길에서 시동이 꺼진 상태에서 뒤로 밀리며 추돌 사고가 난 때에는 자동차를 '운전'한 경우에 해당되지 않으므로 이 죄로 처벌할 수 없다($^{2020도9994}_{판결}$).

(4) 죄　수

　　무면허운전 중 과실로 사망에 이르게 한 때에는 도로교통법위반죄와 교통사고처리특례법($^{제3조}_{제1항}$)위반죄의 경합범이 된다. 또 판례는 음주로 인한 특가법위반(위험운전치사상)죄와 도로교통법위반(음주운전)죄는 입법취지와 보호법익 및 적용영역을 달리하는 별개의 범죄로서 두 죄가 모두 성립할 경우에는 경합범이 되고($^{2008도7143}_{판결}$), 형법 제268조(업무상과실치사상)죄를 내용으로 하는 교통사고처리특례법($^{제3조}_{제1항}$)위반죄는 특가법위반(위험운전치사상)죄에 흡수된다고 하였다($^{2008도9182}_{판결}$). 음주나 약물의 영향으로 정상적인 운전이 곤란한 상태에서 자동차를 운전하여 사람을 상해에 이르게 한 때에 성립하는 특가법위반(위험운전치상)죄와 이로 인하여 다른 사람의 재물을 손괴하여 성립하는 도로교통법위반(과실재물손괴)죄는 상상적 경합관계에 있다($^{2009도10845}_{판결}$).

[§ 5] 낙태의 죄

I. 총 설

(1) 의 의

낙태의 죄는 태아를 자연적 분만기에 앞서서 인위적으로 모체 밖으로 배출하거나 태아를 모체 안에서 살해하는 범죄이다(통설). 이에 대해서 임신중절에 의하여 태아를 살해하는 경우만 낙태죄가 된다는 견해($^{이재상·장영민}_{강동범 5/1}$)도 있다. 그러나 낙태개념이 반드시 태아의 사망을 의미한다고 할 수 없고, 낙태미수를 처벌하지 않는 형법(독일 형법은 낙태미수도 처벌)의 해석상 태아보호를 위해서 태아살해뿐만 아니라 태아의 생명에 위태화를 초래하는 행위까지 처벌할 필요가 있으므로 통설이 타당하다. 판례도 같다($^{2003도2780}_{판결}$).

낙태의 죄 중 자기낙태죄와 의사에 의한 업무상동의낙태죄 조항에 대하여는 헌법불합치결정($^{2017헌바127}_{결정}$)이 선고되었으나, 입법개선 기간 내에 법 개정이 이루어지지 아니하여 소급하여 그 효력이 상실되었다.[1]

(2) 보호법익

이 죄의 보호법익에 대해서, ① "태아의 생명"을 주된 보호법익으로 하지만 부차적으로 모체의 생명·신체의 안전도 보호한다는 견해(다수설), ② "태아의 생명과 신체의 안전"을 주된 보호법익으로 하지만 부차적으로 모체의 생명·신체의 안전도 보호한다는 견해($^{황산덕 192, 정영석 232, 김종원}_{79, 정성근·박광민 105}$), ③ 태아의 생명만 보호한다는 견해($^{박상기}_{각론8판 77}$)가 나뉘어진다.

우리 형법상의 낙태죄는 반드시 태아가 사망함을 요건으로 하지 아니하고 태아의 신체를 보호하는 규정이 따로 없으므로 태아와 모체의 생명과 신체의 안전을 보호한다고 본다. 다만 동의낙태죄와 업무상 동의낙태죄는 임부 스스로 자신의 신체에 대한 침해를 양해한 것이므로 태아의 생명·신체의 안전만이 보

---

1) 모자보건법상 낙태의 허용규정으로서 자기낙태죄·동의낙태죄·업무상 동의낙태죄의 위법성배제사유가 있으나(동법 제14조), 자기낙태죄와 의사에 의한 업무상 동의낙태죄가 소급무효가 되었으므로 향후 동 규정은 무의미하다고 본다.

호법익이 된다.

(3) 보호정도

보호정도에 대해서, ① 추상적 위험범이라는 견해(통설)와, ② 침해범이라는 견해($\binom{\text{이재상·장영민·}}{\text{강동범, 5/21}}$)가 대립한다. **위험범설**은 태아를 자연적 분만기에 앞서서 인위적으로 모체 밖으로 배출하는 것과, 모체 내에서 살해하는 것을 모두 낙태라고 하는 데 반하여, **침해범설**은 태아를 임신중절에 의하여 살해하는 것만이 낙태라고 한다. 그리하여 태아를 모체 밖으로 배출하여 다시 살해하면 위험범설은 낙태죄와 살인죄의 경합범이 되는데 반하여($_{\text{2003도2780 판결}}^{\text{통설,}}$), 침해범설은 낙태미수는 불가벌이므로 살인죄만 성립한다. 우리 형법은 반드시 임신중절만을 낙태로 보아야 할 이유가 없고, 낙태미수를 처벌하지 아니하므로 위험범설이 타당하다.

문제는 이 죄가 추상적 위험범(통설)인가 구체적 위험범($_{22/1}^{\text{배종대}}$)인가에 있다. 이 죄는 주로 태아의 생명·신체의 안전을 보호하기 위한 것이고, 태아를 인위적으로 모체 밖으로 배출하면 특별한 의학적 조치가 없는 이상 사망하게 될 것이므로 모체 밖으로 배출시키는 행위만 있으면 이 죄가 성립한다는 **추상적 위험범설**이 타당하다.

II. 동의낙태죄

> [구성요건·법정형] 부녀의 촉탁 또는 승낙을 받아 낙태하게 한 자도 제1항의 형(1년 이하의 징역 또는 200만원 이하의 벌금)과 같다(제269조 제2항).[1]

(1) 의 의

부녀의 촉탁 또는 승낙을 받아 낙태하게 하는 범죄이다. 보호법익은 태아의 생명·신체의 안전이고, 추상적 위험범이다.

(2) 객관적 구성요건

1) 주 체 형법 제270조 제1항(업무상 동의낙태죄)에 열거되어 있는 한의사·조산사 등의 특수한 업무에 종사하는 자 이외의 자이다. 형법 제33조 단서

---

1) 자기낙태죄가 소급무효가 되었으므로 독자적으로 동의낙태죄의 법정형을 규정하는 내용으로 조항을 개정할 필요가 있다.

의 신분이 없는 자가 주체가 된다.

　2) 객 체　모체 내에 살아 있는 태아이다. "태아"란 수정된 수정란이 자궁에 착상한 때로부터 분만이 개시되기 전까지의 생명체를 말한다. 수정란은 수정 후 2주 내에 자궁에 착상되거나 배출되므로 자궁에 착상한 때로부터 수태되었다고 보아야 한다. 인공수정의 경우도 같다. 수태된 이상 임신기간의 장단이나 태아의 발육정도와 생존능력은 묻지 않는다. 수태의 원인도 묻지 않는다. 사실혼·간통·강간에 의하여 임신한 태아도 낙태죄의 객체가 된다.

　3) 행 위　부녀의 촉탁 또는 승낙을 받아 낙태하게 하는 것이다.

　(a) **낙태의 의의**　"낙태"란 자연적 분만기에 앞서서 인위적으로 살아있는 태아를 모체 밖으로 배출시키거나(협의의 낙태) 모체 내에서 살해하는 것(광의의 낙태)을 말한다. 자연적 분만기에 앞서서 모체 밖으로 배출시킨 이상 태아의 사망 여부와 관계없이 이 죄의 낙태에 해당한다.

　(b) **낙태의 수단·방법**　낙태의 수단·방법은 제한이 없다. 유형적 방법(약물·수술·안마·기구사용)과 무형적 방법(화학적 작용, 임부 부탁의 정신적 충격)을 불문한다.

　(c) **촉탁·승낙**　"촉탁"은 부녀가 낙태를 의뢰·부탁하는 것이고, "승낙"은 시술자 쪽에서 낙태에 대한 부녀의 동의를 얻는 것이다. "부녀(婦女)"란 임신한 여자, 즉 임부(妊婦)를 말한다. 낙태의 의미를 이해하고 촉탁·승낙의 효과를 판단할 수 있는 임부의 자유로운 의사결정에 의한 것이라야 한다. 절대적 강제나 임부의 착오를 이용하여 약물을 복용시켜 낙태하게 한 때에는 부동의낙태죄의 직접정범이 된다(통설). 임부는 타인의 낙태행위를 촉탁·승낙하였더라도 항상 불가벌이다.

　(d) **낙태하게 한다**　"낙태하게 한"다란 행위자 스스로 낙태행위를 하는 것을 말한다. 임부로부터 촉탁·승낙을 받은 자가 직접 낙태행위를 하는 것이다. 따라서 임부에게 낙태를 교사하는 경우, 임부의 부탁으로 수술비·낙태약을 구해 주거나 의사를 소개해 주는 경우에는 이 죄가 성립하지 않는다. 임부의 촉탁·승낙을 받아 낙태를 시도하다가 임부의 생명에 위험을 초래하고 의사의 긴급피난을 이용하여 낙태하게 한 때에는 이 죄의 간접정범이 될 수 있다. 낙태행위 자체가 정당행위 또는 긴급피난에 해당하는 때에는 위법성이 배제된다.

(e) 기수시기 이 죄는 추상적 위험범이므로 협의의 낙태는 태아가 모체 밖으로 배출된 때, 광의의 낙태는 모체 내에서 태아가 살해된 때에 기수가 된다 (통설). 따라서 모체 밖으로 배출된 생존영아를 다시 살해하면 이 죄와 살인죄(또는 영아살해죄)의 경합범이 된다.[1]

(3) 주관적 구성요건

낙태에 대한 인식·의사뿐만 아니라 임부의 촉탁·승낙에 대한 인식도 있어야 한다. 낙태의 고의는 태아를 자연적 분만기에 앞서서 모체로부터 분리·배출시킨다는 것 또는 모체 내에서 살해한다는 것에 대한 인식·의사이다. 미필적 고의로 족하다.

타인의 과실에 의한 낙태 또는 부녀사망은 부녀에 대한 과실치사상죄($^{제266조}_{제1항}$)가 된다. 임신한 사실을 알면서 임부를 살해한 때에는 살인죄와 부동의낙태죄의 상상적 경합이 된다.

(4) 공범관계

임부는 스스로 낙태하거나 타인에게 의뢰 또는 타인과 공동하여 낙태한 때에도 항상 불가벌이다. 그러나 임부로부터 의뢰받은 타인은 동의낙태죄 또는 업무상 동의낙태죄가 성립한다(의사의 경우는 제외). 타인이 임부를 교사하여 낙태하게 한 때에는 임부에게 낙태를 강요한 것이거나 임부를 착오에 빠뜨려 낙태하게 한 경우가 아닌 한 불가벌이라고 함이 타당하다. 임부의 낙태행위가 불가벌이므로 교사자가 이에 종속되지 않기 때문이다.

Ⅲ. 업무상동의낙태죄

> **[구성요건·법정형]** 한의사, 조산사, 약제사 또는 약종상이 부녀의 촉탁 또는 승낙을 받아 낙태하게 한 때에는 2년 이하의 징역에 처한다(제270조 제1항).

동의낙태죄에 대하여 신분으로 인하여 책임이 가중된 부진정신분범이다.

---

1) 대법원은 자기낙태죄와 의사에 의한 업무상 동의낙태죄에 대한 헌법불합치결정 선고 전 34주의 태아를 제왕절개 방식으로 꺼낸 뒤 살해한 의사에게 살인죄로 유죄판결을 선고하였다(2020도12108 판결 [업무상 동의낙태죄는 무죄]).

주체는 한의사, 조산사, 약제사, 약종상에 한한다. 따라서 제약업자, 안마사 등
은 이 죄의 주체가 될 수 없다.

　한의사($_{제2항 제3호}^{의료법 제2조 제1항,}$), 조산사($_{제4호}^{동조 제2항}$), 약제사($_{제2호}^{약사법 제2조}$)는 면허가 있어야 하며,
약종상은 의약품의 판매업을 경영하는 한약업사 및 의약품 도매상을 말하고 허
가받은 자에 한한다($_{제45조}^{동법}$). 의사가 임부로부터 낙태를 요청받아 낙태시술한 경
우, 의사에게는 이 죄가 성립하지 않는다($_{결정 참조}^{2017헌바127}$). 의사는 산부인과 의사가 아
니라도 무방하지만, 치과의사나 수의사는 제외된다. 그 밖의 요건은 동의낙태죄
의 내용과 같다.

Ⅳ. 부동의낙태죄

> [구성요건·법정형]　부녀의 촉탁 또는 승낙없이 낙태하게 한 자는 3년 이하의 징역에 처
> 한다(제270조 제2항).

(1) 의의·구성요건

　부녀(임부)의 촉탁 또는 승낙 없이 낙태하게 하는 범죄이다. 동의낙태죄보
다 불법이 가중된 구성요건이다.

　주체는 제한이 없다. 제270조 제1항에 열거된 업무종사자도 이 죄의 주체
가 될 수 있다.

　행위는 임부의 촉탁 또는 승낙 없이 낙태하게 하는 것이다. 정상적인 판단
능력이 없거나 하자 있는 경우 또는 임부의 무지(無知)를 이용한 때에도 이 죄에
해당한다. 임부의 촉탁·승낙이 없으면 충분하고, 반드시 임부 본인의 의사에
반할 것을 요하지 않는다.

　임부의 촉탁·승낙이 없었음에도 있다고 오신한 때에는 이 죄의 고의가 부
정되며 동의낙태죄 또는 업무상동의낙태죄가 성립한다(죄질부합설). 또 과실에
의한 때에는 모체에 대한 과실치상죄의 문제가 된다. 여기서 낙태하게 하는 것
도 스스로 낙태행위를 한다는 의미이다.

(2) 죄　수

　낙태행위에 당연히 수반되는 부녀의 신체상해는 낙태죄 이외에 상해죄를

구성하지 않는다($\frac{2005도3832}{판결 참조}$). 임신한 부녀임을 알면서 그를 살해한 때에는 이 죄와 살인죄의 상상적 경합이 되며, 임부에게 낙태를 강요하여 낙태하게 하였으면 이 죄와 강요죄의 상상적 경합이 된다.

V. 낙태치사상죄

> [구성요건·법정형] 제2항(동의낙태)의 죄를 범하여 부녀를 상해에 이르게 한 때에는 3년 이하의 징역에 처한다. 사망에 이르게 한 때에는 7년 이하의 징역에 처한다(제269조 제3항).
> 제1항(업무상 동의낙태) 또는 제2항(부동의낙태)의 죄를 범하여 부녀를 상해에 이르게 한 때에는 5년 이하의 징역에 처한다. 사망에 이르게 한 때에는 10년 이하의 징역에 처한다(제270조 제3항).

이 죄는 동의낙태죄·업무상 동의낙태죄·부동의낙태죄에 대한 결과적 가중범이다. 낙태행위 자체가 일종의 상해로서의 성질을 가지고 있으므로 결과적 가중범의 중한 결과로서의 상해는 낙태행위에 당연히 수반되는 신체손상·심신쇠약만으로는 부족하고, 생리상태를 더욱 불량하게 하는 사실이 있어야 한다(자궁이나 내장의 손상 또는 정신분열적 징후 등). 결과적 가중범이므로 치사상에 대한 예견가능성이 있는 경우에 이 죄가 성립한다.

이 죄가 성립하기 위해서 낙태행위가 기수에 이를 것임을 요하는가에 관해서, ① 이 죄는 낙태행위의 기수·미수는 이를 묻지 않는다는 견해($\frac{이형국 Ⅰ 164, 김일수 ·}{서보학 43, 배종대 24/10}$)와, ② 낙태죄의 미수는 처벌하지 아니하므로 이 죄는 낙태가 기수에 이른 때에만 성립한다는 견해(다수설)가 대립한다. 형법은 (업무상)동의낙태죄·부동의낙태죄를 "범하여"라고 되어 있으므로 다수설이 타당하다고 본다.

따라서 낙태행위 자체는 미수에 그쳤어도 이로 인하여 부녀가 사망하면 보통 태아도 동시에 사망하므로 낙태치사죄는 성립한다. 낙태행위의 미수로 치상한 때에는 낙태미수는 불가벌이므로 과실치상죄만 성립한다(다수설).

[§ 6] 유기와 학대의 죄

I. 총 설

(1) 의 의

유기의 죄는 타인의 도움이 없이는 일상생활을 하기 어려운 자를 보호할 의무 있는 자가 도움이 필요한 사람을 유기하거나 유기로 인하여 생명에 대한 위험을 발생하게 하는 범죄이고, 학대의 죄는 자기의 보호 또는 감독을 받는 자를 학대하는 범죄이다. 아동혹사죄는 자기의 보호 또는 감독을 받는 16세 미만의 자를 생명·신체에 위험한 업무에 사용할 영업자 또는 그 종업자에게 인도하거나 인도받는 행위를 처벌하는 범죄이다. 노령자·질병자·아동·소년근로자의 복지·생활보호 및 근로소년보호를 위하여 특별히 범죄로 규정한 것이다.

(2) 보호법익

1) 유기의 죄   유기죄는 피유기자의 생명·신체에 대한 안전을 보호하기 위한 위험범으로 규정하고 있다는 점에 대해서는 이견이 없다. 문제는 보호의무자의 보호의무해태죄의 성격도 인정할 수 있느냐이다. 이 죄는 원래 보호책임자의 의무해태죄로 발전하여 왔고 특히 우리 형법은 보호의무 있는 자의 유기행위만 처벌하는 점에 비추어 보호의무해태죄로서의 성격도 고려하여 죄질을 이해하는 것이 타당하다고 본다.

2) 학대의 죄   학대죄는 피보호자의 생명·신체의 안전을 보호법익으로 하는 추상적 위험범이며, 아동혹사죄는 아동의 생명·신체의 안전과 아동의 복지권을 보호법익으로 하는 거동범(형식범)이다.

(3) 보호정도

유기죄의 보호정도에 대해서 **구체적 위험범설**($_{상\ 85}^{유기천}$)이 있으나, 이 죄는 ① 도움이 필요한 사람을 보호없는 상태에 둠으로써 생명·신체에 위험을 가져오게 하는 데에 그 본질이 있고, ② 보호의무해태는 구체적 위험발생을 요건으로 하지 않으며, ③ 유기하여 생명에 구체적 위험이 발생한 때에는 특히 형을 가중하고 있는 점($^{제271조 제3항·}_{제4항}$)에 비추어 **추상적 위험범**이라 해야 한다(통설). 다만 중유기죄·존속중유기죄($^{제271조 제3항·}_{제4항}$)는 구체적 위험범으로서의 보호라고 본다(통설).

Ⅱ. 유기죄

> [구성요건·법정형] 나이가 많거나 어림, 질병 그 밖의 사정으로 도움이 필요한 사람을 법률상 또는 계약상 보호할 의무가 있는 자가 유기한 경우에는 3년 이하의 징역 또는 500만원 이하의 벌금에 처한다(제271조 제1항).

1. 의의·성격

나이가 많거나 어린 사람 또는 질병이나 그 밖의 사정으로 도움이 필요한 사람을 보호할 법률상 또는 계약상 의무있는 자가 유기하는 범죄이다. 추상적 위험범, 거동범이다.

2. 객관적 구성요건

(1) 주 체

도움이 필요한 사람을 보호할 법률상 또는 계약상 의무있는 자이다($^{2018도4018}_{판결}$). 이를 보호의무자라 한다. 보호의무 있는 자만 주체가 되므로 진정신분범이고 의무범이다.

1) **보호의무** 보호의무는 도움이 필요한 사람을 생명·신체에 대한 위험으로부터 보호해야 할 의무를 말한다. 일상적인 기와침식(起臥寢食)의 동작이 부자유한 사람을 생명·신체의 위험으로부터 보호해야 할 의무이다. 경제생활을 유지할 수 있도록 부양하는 민법상의 부양의무와 구별된다.

2) **보호의무의 근거**

(a) **법률·계약에 의한 보호의무** 형법은 보호의무의 근거를 "법률상 또는 계약상의 의무"로 한정하고 있다. "법률상의 보호의무"는 보호의무가 법률에 규정되어 있는 경우로서, 경찰관의 보호조치의무($^{경찰관직무집행법}_{제4조}$), 사고운전자의 구호조치의무($^{도로교통법}_{제54조}$), 부부간의 부양의무($^{민법 제826조 제1항,}_{2018도4018 판결}$), 친권자의 보호의무($^{민법}_{제913조}$) 등이 있다. 사실혼의 부부간에도 혼인의 의사가 있고 부부공동생활을 인정할만한 혼인

생활의 실체가 있으면 부양의무를 인정할 수 있다($^{2007도3952}_{판결}$).

"계약상 보호의무"는 유기자와 피유기자 사이에 맺어진 계약 외에도 제3자와 맺어진 계약도 포함하며, 명시적·묵시적 계약을 묻지 않는다. 간호사·보모와 같이 사무의 성질상 당연히 보호의무가 포함된 때에는 명시적 계약에 해당하며, 사용자의 근무 중인 근로자 보호의무는 묵시적 계약의 일종이다.

(b) 사무관리·관습·조리에 의한 보호의무 법률상 또는 계약상 의무 이외에 사무관리·관습·조리에 근거한 보호의무($^{유기천\ 상\ 86,\ 김종원\ 90,}_{이형국\ 1\ 178}$)와 부작위범의 보증의무까지 보호의무에 포함시키는 견해($^{임웅}_{132}$)도 있다.

그러나 ① 관습·조리에 의한 보호의무로 예시된 내용은 대부분 묵시적 계약(유아나 동거인 발병시의 보호의무 등)에 포함되는 것이고, ② 부작위범의 보증의무와 유기죄의 보호의무가 일치하지 않으며, ③ 사무관리는 의무없이 타인의 사무를 처리하는 사법상의 제도에 불과하므로 이를 특별한 근거없이 생명·신체에 대한 위험범죄를 인정하는 근거로 사용할 수 없다. ④ 형법은 법률상·계약상의 의무로 한정하고 있으므로 법문의 범위를 초월하여 유기죄의 보호의무를 확대하는 것은 관습형법금지원칙과 유추해석금지원칙에 반한다고 해야 한다(다수설). 판례도 같은 취지이다.

> 대법원은 술취한 동행인이 중상으로 도로상에서 헤매다가 그 중 1인이 심장마비로 사망한 사건에서 사회상규상의 긴급구조의무를 인정한 원심을 파기하고 "현행형법은 유기죄에 있어서 구법과는 달리 보호법익의 범위를 넓힌 반면에 보호책임 없는 자의 유기죄는 없애고 법률상 또는 계약상의 의무있는 자만을 유기죄의 주체로 규정하고 있으니 명문상 사회상규상의 보호책임을 관념할 수 없다고 하겠으며, 유기죄의 죄책을 인정하려면 보호책임이 있게 된 경위, 사정, 관계 등을 설시하여 구성요건이 요구하는 법률상 또는 계약상 보호의무를 밝혀야 될 것"이라고 하면서 단순히 일정거리를 동행한 사실만으로서 피고인에게 보호할 법률상·계약상의 의무가 있다고 할 수 없어 유기죄의 주체가 될 수 없다고 하였다(76도3419 판결).

(2) 객 체

나이가 많거나 어린 사람(어린아이), 질병 그 밖의 사정으로 도움이 필요한 사람이다. 이를 요부조자(要扶助者)라 한다.

1) 도움이 필요한 사람 "도움이 필요한 사람"이란 정신적·육체적 결함으로 인하여 타인의 도움 없이는 자신의 생명·신체에 대한 위험으로부터 스스로 극복할 수 없는 사람을 말한다. 도움이 필요한 사람인가의 여부는 일상생활에

필요한 동작의 가능성을 기준으로 구체적 사정을 고려하여 판단해야 한다. 따라서 동작 가능한 자이면 타인의 경제적 도움 없이 생계를 유지할 수 없는 극빈자라도 여기에 포함되지 않는다(통설). 도움이 필요하게 된 원인이나 도움의 계속성 여부는 묻지 않는다. 형법은 나이가 많거나 어림·질병을 예시하고 그 밖의 사정이라는 일반적 규정을 두고 있다.

2) 나이가 많거나 어림　"나이가 많거나 어림"이란 노인과 어린아이를 말하며, 연령을 기준으로 정할 수 없고 본인의 정신적·육체적 기타 구체적 사정을 고려하여 일상생활능력이 있는가에 따라 결정해야 한다. 대체로 5~6세 미만의 어린아이는 여기에 해당한다고 볼 수 있다.

3) 질 병　"질병"은 육체적·정신적 질환을 의미한다. 그 원인, 치료기간의 장단, 치료의 가능성 유무는 묻지 않는다. 정신병자, 사고로 부상당한 자, 말기중환자가 여기에 해당한다.

4) 그 밖의 사정　나이가 많거나 어림·질병과 같은 정도로 타인의 도움 없이는 생명·신체에 대한 위험으로부터 스스로 극복할 수 없는 정도의 사정이라야 한다. 일시적 사정도 무방하며, 스스로 야기한 것도 상관없다. 불구자, 백치(白痴), 분만 중의 부녀, 음주대취자, 최면술에 걸린 자, 기아자 등이 이에 해당한다.

(3) 행 위

유기이다.

1) 유기의 의의　"유기(遺棄)"란 도움이 필요한 사람을 보호없는 상태에 둠으로써 그 생명·신체에 위험을 가져오는 행위를 말한다(2015도6809 전원합의체 판결 [세월호 사건]). 현재의 보호상태에서 다른 상태로 장소적 이전을 하는 적극적 유기와, 원래 상태 그대로 두고 떠나거나 생존에 필요한 보호를 하지 않는 소극적 유기를 포함한다.

2) 유기의 정도·방법　추상적 위험범이므로 도움이 필요한 사람의 생명·신체에 위험이 발생할 필요가 없고, 반드시 보호가능성이 전혀 없어야 할 필요도 없다. 따라서 타인의 구조를 확실히 기대할 수 있거나(노인을 양로원 문전에 버리는 경우), 타인의 구조가 없으면 스스로 구조할 의사로 부근에 머물고 있어도 유기가 되며, 유기한 장소는 사람의 통행 유무와 상관없다.

유기의 방법은 묻지 않는다. 폭행과 같은 유형적 방법은 물론, 협박·위계와 같은 무형적 방법으로도 가능하다. 위험을 모르는 어린아이·정신병자·강제하에 있는 자를 위험장소에 가게 하거나 스스로 위험에 빠지는 것을 그대로 방치하는 부작위도 유기가 된다(2015도6809 전원합의체 판결). 그러나 종전의 장소보다 생명·신체의 위험이 적은 장소로 옮기는 경우에는 유기가 되지 않는다.

판례는 사망의 위험이 예견되는 딸의 수혈을 종교적 신념 때문에 완강히 거부·방해한 생모의 행위는 요부조자를 위험장소에 두고 그대로 떠난 경우와 다름없으므로 유기죄에 해당한다고 판시(79도1387 판결)하였다.

3) 기수시기   이 죄는 추상적 위험범이므로 유기행위가 있으면 바로 기수가 되고, 구체적 위험이나 침해의 결과발생을 요하지 않는다.

3. 주관적 구성요건

도움이 필요한 사람에 대한 보호의무와 유기에 대한 고의가 있어야 한다. 미필적 고의로 족하다. 피해자가 상해 또는 사망할 것임을 예견하면서 유기한 때에는 상해죄 또는 살인죄가 되며, 유기죄는 상해죄·살인죄에 대해서 보충관계에 있다.

> **판례**   술에 만취된 채 머리를 구두발에 차여 뇌에 상처를 입은 피해자가 4명에게 떠메어 경찰지서로 운반되어 나무의자에 눕혀졌을 때 자신의 수족과 의사도 자재할 수 없는 상태에서 숨을 가쁘게 쉬고 있어 부조를 요하는 자라는 것을 충분히 인식하였음에도 아무런 응급보호조치를 취하지 아니한 채 방치하여 뇌출혈로 사망에 이르게 한 경찰관에게는 유기의 (미필적) 고의가 인정된다(72도863 판결).

Ⅲ. 존속유기죄

> **[구성요건·법정형]**   자기 또는 배우자의 직계존속에 대하여 제1항(유기)의 죄를 지은 경우에는 10년 이하의 징역 또는 1천500만원 이하의 벌금에 처한다(제271조 제2항).

이 죄는 피해자가 직계존속이라는 신분으로 인하여 유기죄의 책임이 가중되는 부진정신분범이다.

주체는 도움이 필요한 사람의 직계비속이다. 직계비속인 신분관계에서는 당연히 보호의무가 생긴다. 객체는 도움을 필요로 하는 자기 또는 배우자의 직계존속이다.

이 죄의 고의는 단순유기의 고의 외에 객체가 자기 또는 배우자의 직계존속이라는 것을 인식하고 있어야 한다.

Ⅳ. 중유기죄·존속중유기죄

> [구성요건·법정형]   제1항(유기)의 죄를 지어 사람의 생명에 위험을 발생하게 한 경우에는 7년 이하의 징역에 처한다(제271조 제3항).
> 제2항(존속유기)의 죄를 지어 사람의 생명에 위험을 발생하게 한 경우에는 2년 이상의 유기징역에 처한다(제4항).

유기죄 또는 존속유기죄를 범하여 피해자의 생명에 대한 구체적 위험을 발생하게 하는 구체적 위험범이다. 생명에 대한 위험발생의 고의가 있는 경우에도 이 죄가 성립하는 부진정결과적 가중범이다(통설).

Ⅴ. 영아유기죄

> [구성요건·법정형]   직계존속이 치욕을 은폐하기 위하거나 양육할 수 없음을 예상하거나 특히 참작할 만한 동기로 인하여 영아를 유기한 때에는 2년 이하의 징역 또는 300만원 이하의 벌금에 처한다(제272조).

직계존속이 치욕을 은폐하기 위하거나 양육할 수 없음을 예상하거나 특히 참작할 만한 동기로 영아를 유기하는 범죄이다. 영아살해죄와 같은 취지에서 유기죄보다 책임을 감경한 부진정신분범이다.

주체는 법률상의 직계존속과 사실상의 직계존속을 포함하며, 산모뿐만 아니라 직계존속 모두 포함한다.

영아살해죄의 객체는 "분만 중 또는 분만 직후"의 영아이지만, 이 죄의 영아는 법문에 아무런 제한이 없고, 유기의 성질상 분만이 완료된 영아만 객체가 된다고 해야 하므로 분만으로 전부 노출된 이후의 영아, 즉 젖먹이 아이(幼兒)를 의미한다고 해야 한다. 주관적 동기에 관해서는 "영아살해죄" 참조.

VI. 학대죄·존속학대죄

> [구성요건·법정형] 자기의 보호 또는 감독을 받는 사람을 학대한 자는 2년 이하의 징역 또는 500만원 이하의 벌금에 처한다(제273조 제1항).
> 자기 또는 배우자의 직계존속에 대하여 전항의 죄를 범한 때에는 5년 이하의 징역 또는 700만원 이하의 벌금에 처한다(제2항).

(1) 의의·성격

학대죄는 자기의 보호 또는 감독을 받는 사람을 학대하여 사람의 생명·신체에 위험을 가져오는 행위를 처벌하기 위한 범죄이고, 유기죄와 독립된 구성요건으로서 진정신분범이다. 유기죄와 마찬가지로 사람의 생명·신체의 안전을 보호법익으로 하는 추상적 위험범이며, 거동범·상태범[1]이고, 학대의 내심적 성향이 있어야 하는 경향범에 해당한다.

존속학대죄는 자기 또는 배우자의 직계존속에 대한 학대죄로서 신분관계로 책임이 가중된 이중신분범(진정·부진정신분범의 결합)이다.

(2) 구성요건

1) 주 체   사람을 보호 또는 감독하는 자(학대죄)와, 직계존속을 보호 또는 감독할 의무가 있는 직계비속과 그 배우자(존속학대죄)이다.

보호·감독의 근거에 관해서, ① 법률 또는 계약에 의한 경우에 한한다는 견해와, ② 이러한 제한없이 사무관리·조리 또는 관습에 의한 경우도 포함한다는 견해(통설)가 대립한다. 유기죄의 규정과 달리 "법률상 또는 계약상"이라는 제한이 없고, 학대로 인하여 사람의 생명·신체에 대한 위험을 야기시키는 것은 법률·계약에 의하지 아니한 사실상 보호·감독관계에서도 생길 수 있으므로 통설이 타당하다고 해야 한다.

2) 객 체   자기의 보호 또는 감독을 받는 자(학대죄)와, 보호 또는 감독을

---

1) 대법원은 "학대죄는 자기의 보호 또는 감독을 받는 사람에게 육체적으로 고통을 주거나 정신적으로 차별대우를 하는 행위가 있음과 동시에 범죄가 완성되는 상태범 또는 즉시범이라 할 것"이라고 판시(84도2922 판결)하였다.

받는 자기 또는 배우자의 직계존속(존속학대죄)이다. 제34조 제2항의 "지휘·감독을 받는 자"와 이 죄의 보호·감독을 받는 자는 구별해야 한다. 지휘와 보호는 성질상 다른 것이기 때문이다. 보호 또는 감독을 받는 자이면 아동, 소년, 질병자, 불구자, 노약자, 부녀 등 제한이 없으나 18세 미만의 아동에 대한 학대는 아동복지법($_{제17조}^{제71조}$)이 적용된다.

　3) 행 위　학대하는 것이다. 학대의 개념에 대해서는, ① "육체적·정신적으로 고통"을 가하는 가혹한 대우라는 견해(통설)와, ② "육체적 고통"을 주는 처우로서 폭행 이외의 것을 의미한다는 견해($_{장영민·강동법\ 6/24}^{김종원\ 94,\ 이재상}$)가 대립한다. 견해의 차이는 가혹행위($_{제277조\ 중체포감금죄}^{제125조\ 폭행·가혹행위죄,}$)와 구별에서 비롯된다. 통설에 의하면 학대는 폭행·협박·음란행위를 제외한 "육체적·정신적 고통"을 주는 행위이고, 가혹행위는 이것까지 포함하여 육체적·정신적 고통을 주는 행위라고 하는데 대해서, 소수설에 의하면 학대는 폭행 이외의 "육체적 고통"을 주는 행위이고, 가혹행위는 육체적·정신적 고통까지 주는 행위라고 한다. 두 견해 모두 학대를 가혹행위보다 좁은 개념으로 파악한다는 점은 같다.

　형법은 ① 학대죄를 유기죄와 함께 규정하고 있으므로 학대도 생명·신체를 위태롭게 할 정도의 것이라야 하며, ② 가혹한 대우나 고통을 주는 대우는 모두 육체적·정신적으로 가능하므로 정신적 고통을 제외할 이유가 없다. 통설이 타당하며, 판례도 같다($_{판결}^{2000도223}$).

> **판례**　형법 제273조 제1항에서 말하는 '학대'라 함은 육체적으로 고통을 주거나 정신적으로 차별대우를 하는 행위로서 단순히 상대방의 인격에 대한 반인륜적 침해만으로는 부족하고 적어도 유기에 준할 정도에 이르러야 하므로 피고인이 피해자와 단순히 성관계를 가진 것만으로 학대행위에 해당한다고 보기 어렵다(2000도223 판결).

　폭행·협박·음란행위는 학대에서 제외되지만 일상생활에 필요한 음식을 주지 않거나 필요한 정도의 휴식·수면을 허용하지 않는 경우는 학대가 된다. 판례는 대소변을 가리지 못하는 4세의 아들을 닭장에 가두고 전신을 구타한 경우에도 학대라고 하였다($_{판결}^{68도1793}$). 또 담임교사가 수업에 방해가 된다는 이유로 '지옥탕'이라 이름 붙인 빈 교실에 초등학교 1학년생을 약 8분간 격리하고 수업이 끝난 후에도 데려오지 않은 때에는 '아동학대범죄의 처벌 등에 관한 특례법'

상 학대에 해당한다($^{2020도15426}_{판결}$). 학대는 부작위로서도 가능하다.

VII. 유기·학대치사상죄

> [구성요건·법정형]   제271조 내지 제273조(유기·존속유기, 영아유기, 학대·존속학대)의 죄를 범하여 사람을 상해에 이르게 한 때에는 7년 이하의 징역에 처한다. 사망에 이르게 한 때에는 3년 이상의 유기징역에 처한다(제275조 제1항).
> 자기 또는 배우자의 직계존속에 대하여 제271조(유기) 또는 제273조(학대)의 죄를 범하여 상해에 이르게 한 때에는 3년 이상의 유기징역에 처한다. 사망에 이르게 한 때에는 무기 또는 5년 이상의 징역에 처한다(제2항).

유기·학대치사상죄는 아동혹사죄를 제외한 모든 유기죄와 학대죄를 범하여 사람을 사망이나 상해에 이르게 하는 범죄이다.[1] 유기·학대치사죄는 유기·학대의 고의만 있고 살해에 대한 고의가 없는 때에 성립하는 진정결과적 가중범이다. 유기·학대죄를 범하여 피해자를 살해한 때에는 유기·학대죄와 살인죄의 경합범이 되지만, 처음부터 살해의 고의로 유기·학대하여 살해한 때에는 살인죄만 성립하고 유기·학대죄는 살인죄에 흡수된다. 유기·학대치상죄는 상해의 결과에 대하여 과실이 있는 경우는 물론 고의가 있는 때에도 성립하는 부진정결과적 가중범이다. 사망이나 상해의 결과에 대하여 과실조차 없는 때에는 유기죄·학대죄만 성립할 뿐이다.

존속유기·학대치사상죄는 유기·학대치사상죄에 대하여 책임을 가중한 부진정신분범이다.

대법원은 주점을 운영하는 자가 자신의 주점에 손님으로 와서 수일 동안 식사는 한 끼도 하지 않은 채 계속하여 술을 마시고 만취한 피해자를 주점 내에 그대로 방치하여 저체온증 등으로 사망하게 한 경우(2011도12302 판결), 여호와의 증인의 교리에 어긋난다는 이유로 수술을 거부하여 딸을 사망하게 한 경우(99도1387 판결)에 유기치사죄를 인정하였다. 또 술집주인이 인사불성이 될 정도로 만취한 손님을 겨울날 새벽에 노상에 방치하여 동사한 경우에 유기치사죄를 인정한 하급심 판결도 있다(서울고등법원 92노1085 판결).

---

[1] 유기치사상죄가 성립하려면 유기행위와 사상의 결과 사이에 상당인과관계가 있어야 하며 행위 시에 결과의 발생을 예견할 수 있어야 한다. 유기행위가 피해자의 사상이라는 결과를 발생하게 한 유일하거나 직접적인 원인이 된 경우는 물론, 그 행위와 결과 사이에 제3자의 행위가 일부 기여하였다고 할지라도 유기행위로 초래된 위험이 그대로 또는 그 일부가 사상이라는 결과로 현실화된 경우라면 상당인과관계를 인정할 수 있다(2015도6809 전원합의체 판결 [세월호 사건]).

'아동학대범죄의 처벌 등에 관한 특례법' 제4조 제2항에서 규정한 아동학 대치사죄는 형법 제33조 본문에서 규정한 "신분이 있어야 성립되는 범죄"에 해당한다. 연인관계에 있는 여자친구가 홀로 8세 아들을 양육하고 있는 경우, 그와 사실혼 관계에 있지 아니한 피고인은 아동학대치사죄에서 규정한 보호자에 해당하지 않지만, 피고인이 여자친구에게 아들의 생활습관을 바로잡는다는 명목으로 체벌을 하도록 권유하고 이에 따라 여자친구가 아들을 폭행·학대하여 사망에 이르게 한 때에는 형법 제33조 본문에 따라 여자친구와 피고인에게 아동학대치사죄의 공동정범이 성립한다($^{2021도5000}_{판결}$).

Ⅷ. 아동혹사죄

> [구성요건·법정형] 자기의 보호 또는 감독을 받는 16세 미만의 자를 그 생명 또는 신체에 위험한 업무에 사용할 영업자 또는 그 종업자에게 인도한 자는 5년 이하의 징역에 처한다. 그 인도를 받은 자도 같다(제274조).

(1) 의의·성격

자기의 보호 또는 감독을 받는 16세 미만의 아동을 생명·신체에 위험한 업무에 사용할 영업자 또는 그 종업자에게 인도하거나 인도받는 행위 자체를 처벌하는 거동범·경향범이며, 학대죄와 다른 독립된 구성요건이다.

보호법익은 아동의 생명·신체의 안전과 아동의 복지권이고, 추상적 위험범이다.

(2) 구성요건

1) **주체·객체**　주체는 보호·감독의 지위에 있는 사람과 생명 또는 신체에 위험한 업무에 사용할 영업자 또는 그 종업자이고 진정신분범이다. 객체는 보호·감독을 받고 있는 16세 미만자이다. 16세 미만자이면 성별, 기혼·미혼, 발육정도는 묻지 않는다.

2) **행 위**　생명 또는 신체에 위험한 업무에 사용할 영업자 또는 그 종업자에게 인도하거나 인도받는 것(引受)이다. 인도하는 자와 인도받는 자는 필요적 공범관계(대향범)에 있다. 인도계약을 체결하는 것만으로 부족하고 현실적인 인

도가 있어야 한다. 위험한 업무에 종사까지 시키면 이 죄와 학대죄의 경합범이 될 수 있다.

생명·신체에 위험한 업무의 범위에 대하여는, 임산부와 18세 미만자에게 도덕상 또는 보호상 유해·위험한 사업에 사용하지 못하도록 금지하고 있는 근로기준법 제65조의 사용금지직종(근로기준법시행령 제40조)과의 관계가 문제된다. 아동혹사죄의 업무는 생명·신체에 대한 위험한 업무라야 하고, 근로기준법위반죄(근로기준법 제107조 참조)의 경우보다 아동혹사죄의 법정형이 더 중한 점에 비추어 근로기준법상의 금지직종보다 제한적으로 해석해야 한다(통설).

3) 고 의   주관적 요건으로서 고의가 있어야 한다. 아동이 16세 미만자라는 인식과 생명·신체에 위험이 있는 업무에 사용한다는 인식·의사가 있어야 한다. 인도·인수에 대하여 아동의 승낙이 있어도 이 죄는 성립한다.

판례   ① 구 아동복지법(2014. 1. 28. 법률 제12361호로 개정되기 전의 것) 제17조 제4호의 "아동에게 성적 수치심을 주는 성희롱·성폭력 등의 학대행위"란 아동에게 성적 수치심을 주는 성희롱, 성폭행 등의 행위로서 아동의 건강·복지를 해치거나 정상적 발달을 저해할 수 있는 성적 폭력 또는 가혹행위를 말하고, 이에 해당하는지 여부는 행위자와 피해 아동의 의사·성별·연령, 피해 아동이 성적 자기결정권을 제대로 행사할 수 있을 정도의 성적 가치관과 판단능력을 갖추었는지 여부, 행위자와 피해 아동의 관계, 행위에 이르게 된 경위, 구체적인 행위 태양, 행위가 피해 아동의 인격 발달과 정신 건강에 미칠 수 있는 영향 등의 사정을 종합적으로 고려하여 사회통념에 따라 객관적으로 판단하여야 한다(2015도3095 등 판결).

② 구 아동복지법 제17조 제3호는 "아동의 신체에 손상을 주는 학대행위"를 금지행위의 하나로 규정하고 있는데, 여기에서 '신체에 손상을 준다'라 함은 아동의 신체에 대한 유형력의 행사로 신체의 완전성을 훼손하거나 생리적 기능에 장애를 초래하는 '상해'의 정도에까지는 이르지 않더라도 그에 준하는 정도로 신체에 부정적인 변화를 가져오는 것을 의미한다(2015도6781 판결).

제2절 자유에 관한 죄

자유는 생명·신체 다음으로 중요한 법익이다. 형법이 규정하고 있는 자유에 관한 죄는 의사결정의 자유를 보호하는 협박의 죄, 의사결정과 의사활동의 자유를 보호하는 강요의 죄, 신체활동의 자유를 보호하는 체포·감금의 죄, 신체활동과 자유로운 생활관계를 보호하는 약취·유인의 죄, 성적 의사결정의 자유를 보호하는 강간과 추행의 죄가 있다.

[§ 7] 협박과 강요의 죄

Ⅰ. 총 설

(1) 의 의

협박의 죄는 해악을 고지하여 개인의 의사결정의 자유를 침해하는 범죄이고, 강요의 죄는 폭행 또는 협박에 의하여 개인의 의사결정의 자유뿐만 아니라 의사활동의 자유까지 침해하여 권리행사를 방해하는 범죄이다. 강요의 죄는 의사활동의 자유까지 침해한다는 점에서 협박의 죄와 구별되지만 의사결정에 있어서 외부로부터 부당한 간섭을 받지 않을 자유가 침해된다는 점에서는 같다. 그리고 강요의 죄는 자유를 침해하는 범죄이므로 재산권을 침해하는 권리행사방해죄 및 공갈죄와 구별된다.

(2) 보호법익

1) 협박의 죄의 보호법익 협박의 죄의 보호법익은 개인의 의사결정의 자유이다. 보호받는 정도에 관해서 추상적 위험범으로서의 보호라는 견해(정영석 260, 김성돈 146)와 침해범으로서의 보호라는 견해(통설)가 대립한다. 판례는 **위험범설**이다(2007도606 전원합의체 판결). 독일과 일본의 형법은 협박죄의 미수를 처벌하지 않기 때문에 위험범으로 해석

하는 것이 통설이다. 형법이 협박죄의 미수범을 처벌하는 취지에 비추어 해악을 고지했으나 상대방에게 공포심을 일으키지 못한 때에는 미수가 된다고 함이 상당하므로 **침해범설**이 타당하다(^{위 2007도606 전원합의체}_{판결의 반대의견}).

2) **강요의 죄의 보호법익**   강요의 죄의 보호법익은 의사결정의 자유 및 의사활동(행동)의 자유이다. 여기의 자유는 외부로부터 부당한 간섭을 받지 않는다는 소극적 의미의 자유를 말한다. 다만 중강요죄, 인질상해·치상죄, 인질살해·치사죄는 인질의 생명·신체의 안전까지도 보호법익이 된다. 보호받는 정도는 중강요죄만 구체적 위험범이고 나머지는 모두 침해범으로서의 보호이다.

II. 협박죄

> [구성요건·법정형]   사람을 협박한 자는 3년 이하의 징역 또는 500만원 이하의 벌금, 구류 또는 과료에 처한다(제283조 제1항).
> 피해자의 명시한 의사에 반하여 공소를 제기할 수 없다(제3항).
> 미수범은 처벌한다(제286조).

1. 의의·성격

사람을 협박하는 범죄이다. 의사결정의 자유를 보호하는 기본적 구성요건이며, 침해범(판례는 위험범설)·즉시범이고 반의사불벌죄이다.

2. 객관적 구성요건

(1) 객   체

사람이다. 여기서 사람은 자기 이외의 자연인을 말하고 법인은 포함하지 않는다(^{2010도1017}_{판결}). 이 죄는 의사결정의 자유를 침해하는 침해범이므로 객체가 되는 사람은 해악고지에 의해서 공포심을 일으킬만한 정신능력이 있어야 한다. 따라서 영아·명정자·정신병자·수면자 등은 이 죄의 객체가 되지 않는다(통설). 객체가 외국원수 또는 외국사절인 때에는 별도의 범죄(^{제107조 제1항;}_{제108조 제1항})를 구성한다.

(2) 행   위

협박하는 것이다.

[형법상의 협박의 의미] 형법에는 협박을 수단으로 하는 범죄가 여러 개 있는데, 각 구성요건이 보호하는 대상에 따라 협박의 개념·내용도 세 가지로 구별하고 있다.

(a) **광의의 협박** 공포심을 생기게 할 만한 해악고지만 있으면 협박이 되고, 상대방이 공포심을 느꼈는가는 묻지 않는다(공무집행방해죄·직무강요죄·특수도주죄·소요죄·다중불해산죄·내란죄의 협박).

(b) **협의의 협박** 공포심을 생기게 할 만한 해악을 고지하여 현실로 상대방이 공포심을 느껴야 하고, 상대방의 반항을 억압하지 않을 정도의 협박을 말한다(협박죄·강요죄·약취죄·공갈죄의 협박).

(c) **최협의의 협박** 상대방의 반항을 현저히 곤란하게 할 정도(강간죄·강제추행죄의 협박) 또는 상대방의 반항을 억압할 정도(강도죄·준강도죄의 협박)의 해악을 고지하는 협박을 말한다. 이러한 정도의 해악고지가 있으면 족하고 상대방이 반드시 반항의사를 완전히 상실하거나 반항이 불가능한 상태가 되어야 하는 것은 아니다. 장난감 권총으로 정신박약자를 협박하여 상대방이 놀라 금품을 교부한 때에도 강도죄가 된다.

1) 협박의 의의 협박죄에 있어서의 협박은 공포심을 생기게 할 만한 해악을 고지($^{2017도771}_{판결}$)하여 상대방이 공포심을 느껴야 하는 협의의 협박을 의미한다.[1] 해악고지가 없으면 폭언으로 인하여 상대방이 공포심을 느낀 때에도 이 죄의 협박이라고 할 수 없다.

2) 협박과 경고의 구별 경고(Warnung)는 공포심을 생기게 하는 것이 아니라 해악발생에 대해서 상대방에게 경계를 촉구하는 충고이므로 협박이 아니다. 협박과 경고의 구별은 해악발생이 직접·간접으로 행위자가 좌우할 수 있는 것으로 통고되었는가 아닌가에 있다(통설). 천재지변이나 길흉화복을 고지한 때에도 그것이 상대방에게 공포심을 일으키기 위한 것이고, 자신이 좌우할 수 있는 것처럼 고지되어 상대방이 사실상 해악발생의 가능성이 있다고 인식하면 협박이 된다. 그러나 단순히 자연발생적인 길흉화복이나 천재지변의 도래를 알리는 것은 경고에 해당할 뿐이다.

3) 해악의 내용 고지되는 해악의 내용은 생명·신체·자유·명예·재산에 대한 것은 물론, 일반인에게 공포심을 일으킬 수 있는 정도의 것이면 업무·신용·비밀 등도 해악의 내용이 될 수 있다(통설).

해악의 내용은 반드시 합리적이거나 실현가능성이 있을 필요가 없다. 고지

---

1) 반면, 판례는 상대방이 현실적으로 공포심을 느낄 것을 요하지 않는다고 판시(2007도606 전원합의체 판결, 2010도14316 판결 등)하였다. 이러한 판시취지를 고려해 볼 때, 협박죄의 협박에 관하여 판례는 광의의 협박으로 파악하고 있는 것으로 이해된다.

된 해악은 상대방에게 공포심을 줄 수 있는 상당한 정도의 구체적 해악이라야 한다. 판례는 "앞으로 수박이 없어지면 네 책임으로 한다"고 말한 것만으로는 구체적 해악내용이 없으므로 해악고지가 아니라고 하였다(94도14316판결). 보통사람에게는 공포심이 생길 수 없는 해악이라도 소심자나 미신자와 같이 특수한 심리상태에서 공포심이 생길 수 있으면 협박이 될 수 있다. 해고통고, 형사고소, 신문에 공개하겠다는 고지도 사회통념상 용인될 수 없으면 해악이 될 수 있다. 해악의 내용은 부작위로도 가능하다. 해악내용이 부작위인 경우에 해악제거의 의무 유무와 관계없다. 여기의 부작위는 해악의 내용이고 부작위범의 문제가 아니다.

4) 해악고지 방법   제한이 없다. 언어·문서·거동(2010도14316판결)·태도에 의하든, 명시적이건 묵시적이건 상관없다. 문서에 의한 해악고지는 허무인 명의를 사용하거나 익명이라도 무방하며, 발견하기 쉬운 장소에 게시하여 상대방에게 읽어 보게 하거나 협박문장을 기재한 전단지를 피해자 거주 동네에 반포하는 것도 협박이 된다. 고지된 해악의 발생이 확실할 필요가 없고 단지 상대방에게 공포심을 생기게 하여 사실상 해악발생이 가능한 것으로 인식시키면 해악이 된다(94도2187판결).

해악은 제3자를 통해 간접적으로 가할 것으로 고지할 수 있으며, 이 경우 제3자는 허무인이라도 무방하나 자신이 제3자에게 영향을 줄 수 있는 지위에 있음을 상대방이 인식하고 있어야 한다(2006도6155판결).

장래 발생할 해악의 고지 또는 조건부 해악고지도 상관없다. 집단절교나 따돌림(소위 왕따)의 통보는 원칙적으로 협박이 아니지만 이를 통해 공포심을 일으킨 경우에는 협박이 될 수 있다(특수협박).

> **판례**   협박의 경우 행위자가 직접 해악을 가하겠다고 고지하는 것은 물론, 제3자로 하여금 해악을 가하도록 하겠다는 방식으로도 해악의 고지는 얼마든지 가능하다 할 것이지만, 이 경우 고지자가 제3자의 행위를 사실상 지배하거나 제3자에게 영향을 미칠 수 있는 지위에 있는 것으로 믿게 하는 명시적·묵시적 언동이 있었거나 제3자의 행위가 고지자의 의사에 의하여 좌우될 수 있는 것으로 상대방이 인식한 경우에 한하여 비로소 고지자가 직접 해악을 가하겠다고 고지한 것과 마찬가지의 행위로 평가할 수 있다 할 것이고, 만약 고지자가 위와 같은 명시적·묵시적 언동을 하거나 상대방이 위와 같이 인식을 한 적이 없다면 비록 상대방이 현실적으로 외포심을 느꼈다고 하더라도 이러한 고지자의 행위가 협박죄를 구성한다고 볼 수는 없다(2006도6155 판결).

5) **기수시기**   **침해범설**(통설)에 의하면 해악고지로 상대방이 공포심을 가져야 하므로 공포심이 생겼을 때 기수가 되고, 해악고지가 상대방에게 도달하지 않았거나 도달하였어도 공포심이 생기지 아니한 때에 미수범이 된다. 이에 대해서 **위험범설**(판례)에 의하면 상대방이 공포심을 가졌는가를 묻지 않고 해악고지만 있으면 충분하므로 해악의 고지가 상대방이 지각할 수 있는 상태에 이르면 기수가 되고 이에 이르지 못한 때에 미수가 된다.[1]

3. 주관적 구성요건

상대방에게 해악을 고지하여 공포심을 일으킨다는 고의가 있어야 한다. 고지된 해악을 실제로 실현할 의사는 필요하지 않다.

4. 위법성배제사유

1) **권리행사**   정당한 권리행사를 위한 수단으로 협박한 경우에 목적과 수단이 사회상규에 반하지 않으면 위법성이 배제된다. 그러나 외관상 권리행사처럼 보여도 권리남용인 때에는 위법한 행위가 된다(통설). 판례는 사회통념상 용인될 수 있는 정도의 해악고지냐에 따라 사회상규 위배 여부를 판단하고($^{84도648}_{판결}$), 친권자가 야구방망이로 때릴 듯한 태도로 "죽여버린다"고 협박한 행위는 인격형성에 장애를 가져올 우려가 커서 교양권(敎養權)의 행사라 보기 어려워 협박죄에 해당한다($^{2001도6468}_{판결}$)고 하였다.

> **판례**   부동산을 매도한 자가 잔금의 일부까지 수령한 후 많은 부채로 인하여 그 부동산을 명도할 수 없는 상태에 이르자 매수인이 그 부동산을 명도해 주지 않으면 고소하여 구속시키겠다고 말한 경우, 이러한 매수인의 요구는 정당한 권리행사라 할 것이며 위와 같이 다소 위협적인 말을 하였다 하여도 이는 사회통념상 용인될 정도의 것으로 협박으로 볼 수 없다(84도648 판결).

2) **고소권행사**   범죄사실을 고소하겠다고 고지하여 공포심을 일으킨 경우에 고소권의 행사가 다른 목적을 위해서 남용되었다면 협박이 될 수 있다. 고

---

[1] 판례에 따를 경우 협박죄의 미수는, ① 해악의 고지가 현실적으로 상대방에게 도달하지 아니한 경우, ② 해악의 고지가 상대방에게 도달은 하였으나 상대방이 전혀 지각하지 못한 경우, ③ 고지된 해악의 의미를 상대방이 인식하지 못한 경우에 성립한다(2007도606 전원합의체 판결 참조).

소할 의사 없이 상대방을 놀라게 할 목적으로 고소하겠다고 고지하여도 바로 협박죄가 되지 않는다(정성근·박광민 140).

5. 반의사불벌죄

이 죄는 피해자의 명시한 의사에 반하여 공소를 제기할 수 없다(제283조 제3항). 개인의 의사에 반해서까지 처벌할 이유가 없기 때문이다.

6. 특별형법

이 죄를 2인 이상이 공동하여 범한 때에는 그 형의 2분의 1까지 가중하고, 반의사불벌규정을 적용하지 아니한다(폭처법 제2조 제2항, 제4항).

7. 죄수·타죄와의 관계

동시에 수인에 대하여 협박한 때에는 상상적 경합이 된다. 폭행을 가한 후 다시 죽이겠다고 협박한 경우와, 죽이겠다고 협박한 후 폭행을 가한 때에는 폭행죄와 이 죄의 경합범이 된다. 그리고 폭행을 가하겠다고 고지한 후 고지된 일시·장소에서 구타한 경우 폭행의 고지는 폭행죄에 흡수된다(폭행죄가 협박죄에 흡수되거나 상상적 경합이 된다는 견해는 오영근 115).

Ⅲ. 존속협박죄

> [구성요건·법정형]   자기 또는 배우자의 직계존속에 대하여 제1항(협박)의 죄를 범한 때에는 5년 이하의 징역 또는 700만원 이하의 벌금에 처한다(제283조 제2항).
> 피해자의 명시한 의사에 반하여 공소를 제기할 수 없다(제3항).
> 미수범은 처벌한다(제286조).

자기 또는 배우자의 직계존속에 대하여 협박하는 범죄이다. 협박죄에 대하여 직계비속이라는 신분으로 인하여 책임이 가중되는 부진정신분범이다. 이 죄도 반의사불벌죄이다. 다만 2인 이상이 공동하여 이 죄를 범한 때에는 폭처법에 의하여 가중처벌되며, 반의사불벌규정을 적용하지 아니한다(폭처법 제2조 제2항, 제4항).

IV. 특수협박죄

> [구성요건·법정형] 단체 또는 다중의 위력을 보이거나 위험한 물건을 휴대하여 전조 제1항(협박)·제2항(존속협박)의 죄를 범한 때에는 7년 이하의 징역 또는 1천만원 이하의 벌금에 처한다(제284조).
> 미수범은 처벌한다(제286조).

단체 또는 다중의 위력을 보이거나 위험한 물건을 휴대($^{2017도771}_{판결 참조}$)하여 단순협박죄 또는 존속협박죄를 범하는 범죄이다. 협박죄·존속협박죄에 대하여 행위태양에서 불법이 가중되는 구성요건이다. 단체·다중의 위력을 보이거나 위험한 물건의 휴대[1]에 대해서는 "특수상해죄" 참조.

V. 상습협박죄

> [구성요건·법정형] 상습으로 제283조 제1항(협박), 제2항(존속협박) 또는 전조(특수협박·특수존속협박)의 죄를 범한 때에는 그 죄에 정한 형의 2분의 1까지 가중한다(제285조).
> 미수범은 처벌한다(제286조).

상습으로 협박죄, 존속협박죄, 특수협박죄, 특수존속협박죄를 범한 경우에 상습성 때문에 책임이 가중되는 구성요건이다. 상습성에 대해서는 "상습상해죄" 참조.

VI. 강요죄

> [구성요건·법정형] 폭행 또는 협박으로 사람의 권리행사를 방해하거나 의무없는 일을 하게 한 자는 5년 이하의 징역 또는 3천만원 이하의 벌금에 처한다(제324조 제1항).
> 미수범은 처벌한다(제324조의5).

---

1) 운전 중 자신의 차량을 가로막았다는 이유로 알루미늄 파이프를 바닥에 끌면서 상대방 운전자에게 다가가 "이 새끼들 장난치나!"라고 말하는 등 상대방의 생명이나 신체에 위해를 가할 것 같은 행위를 하였다면, 비록 파이프를 휘두르지 않았고 소지한 시간이 짧았더라도 일반적으로 피해자에게 공포심을 일으키기 충분한 것으로서 특수협박죄가 성립한다(2020도14990 판결).

1. 의의·성격

폭행 또는 협박으로 사람의 권리행사를 방해하거나 의무없는 일을 하게 하는 범죄이다. 의사결정의 자유와 의사활동의 자유를 보호하는 가장 기본적인 구성요건이며, 침해범·결과범이다.

> **판례**   2016년 개정 형법 제324조 제1항은 … 구 형법 제324조와 달리 법정형에 벌금형을 추가하였다. 이는 행위의 형태와 동기가 다양함에도 죄질이 경미한 강요행위에 대하여도 반드시 징역형으로 처벌하도록 한 종전의 조치가 과중하다는 데에서 나온 조치로서, 형법 제1조 제2항에서 정한 '범죄 후 법률의 변경에 의하여 형이 구법보다 경한 때'에 해당하므로, 신법을 적용하여야 한다(2016도1473 판결).

2. 객관적 구성요건

(1) 객 체

사람이다. 책임능력자임을 요하지 않으나 적어도 의사의 자유를 가질 수 있는 의사능력자에 한한다. 폭행·협박의 상대방과 권리행사를 방해당한 사람은 같은 사람일 필요가 없다. 이 경우 폭행·협박의 상대방과 피강요자 사이에는 피강요자가 해악을 느낄 수 있는 공감관계는 있어야 한다.

폭행·협박의 상대방과 피강요자가 다른 경우 피강요자만이 이 죄의 피해자이고, 폭행·협박의 상대방은 폭행죄·협박죄의 피해자이다.

(2) 행 위

폭행·협박으로 사람의 권리행사를 방해하거나 의무없는 일을 하게 하는 것이다.

1) 폭행·협박

(a) **폭 행**   "폭행"은 강요의 수단이기만 하면 충분하므로 반드시 사람의 신체에 가해질 필요가 없고 사람에 대한 것으로 충분하다(광의의 폭행). 즉, 사람의 의사결정과 의사활동에 영향을 미쳐 강요의 효과를 발생시킬 수 있는 것이라야 한다. 강요죄의 성질상 반항이 불가능하거나 반항을 곤란하게 할 정도의 폭행일 필요는 없다(공갈죄의 폭행). 제3자나 물건에 대한 폭행이 피해자에게 감

응될 수 있으면 이 죄의 폭행이 된다.

[강요죄 폭행의 예] 맹인의 안내자에게 폭행을 가하거나 맹인의 지팡이를 탈취하여 보행할 권리를 방해하는 경우, 불구자가 타고 가는 휠체어를 손괴하여 통행불가능하게 한 경우, 자동차 운전수를 체포하여 승객의 여행을 불가능하게 한 경우, 가옥의 창문을 제거하여 거주불가능하게 한 경우, 가옥명도를 받기 위하여 수도 · 전기 · 가스공급을 끊거나 문을 폐쇄하는 경우, 달리는 차바퀴에 총을 쏘아 flat tire를 만들어 피해자를 가지 못하게 하는 경우, 마취제나 수면제를 사용하여 사람이 할 수 있는 일을 하지 못하게 한 경우, 부대원들에게 40분 이상 "머리박아"를 시키거나 양손을 깍지끼고 팔굽혀펴기를 50회 이상 하게 한 경우(2003도 4151 판결) 등은 모두 강요죄의 폭행이 된다.

(b) 협 박 "협박"은 해악을 고지하여 상대방이 현실적으로 공포심을 일으켜야 한다(협의의 협박). 해악의 내용은 제한이 없다. 본인 또는 그 친족의 생명·신체·자유·명예·재산에 한하지 않는다. 협박은 상대방에게 공포심을 주어 의사결정과 의사활동에 영향을 미칠 수 있으면 족하고($^{2015도16696}_{판결\ 참조}$), 반항을 불가능하게 하거나 곤란하게 할 정도의 것임을 요하지 않는다. 묵시적으로 해악을 고지하더라도 상대방에게 해악에 이르게 할 것이라는 인식을 갖게 한 때에는 이 죄의 협박이 된다($^{2015도16696}_{판결}$).

협박의 상대방과 피강요자가 일치할 필요가 없다는 것도 폭행과 같다. 판례는 소비자불매운동이 소비자권익증진의 목적이 아니라 기업에 특정요구를 하면서 이에 응하지 않으면 불매운동이나 기업에 불이익이 되는 조치를 취하겠다고 고지한 경우에도 강요죄의 협박이 된다($^{2010도13774}_{판결}$)고 하였다.

2) 강요행위 폭행 또는 협박으로 사람의 권리행사를 방해하거나 의무없는 일을 하게 해야 한다.

(a) 권리행사방해 "권리행사를 방해한다"는 것은 행사할 수 있는 권리를 행사하지 못하게 하는 것을 말한다. 법률상 허용되어 있는 권리행사를 작위·부작위로 나아가지 못하게 방해하는 것이다. 작위·부작위는 법률행위이든 사실행위이든 묻지 않는다. 따라서 신문기자가 음식점 영업자에게 자기의사에 따르지 않으면 음식점에 대한 불이익한 기사를 신문에 게재하겠다고 협박하여 그 영업자의 고소를 포기시킨 경우에도 이 죄가 성립한다. 재산적 권리는 물론 계약을 체결할 것인가 아닌가와 같은 비재산적 권리도 포함한다. 따라서 매매계약을 폭력으로 포기시키거나 소송취하서에 날인하게 한 경우, 해외도피방지를 위해

여권을 강제회수한 경우($^{93도901}_{판결}$), 정당한 도로통행·차량진행·건물출입을 방해하는 경우1)도 포함한다.

그러나 폭력으로 자살을 중지시키거나 타인이 조성한 묘판을 파헤치는 논의 점유자를 폭행하여 이를 중지시킨 때($^{4294형상357 판결}_{[폭행죄 성립]}$)에는 이 죄에 해당하지 않는다.

(b) 의무없는 일의 강요 "의무없는 일을 하게 한다"는 것은 아무런 의무가 없는 자에게 일정한 작위·부작위 또는 인용을 강요하는 것을 말한다. 의무는 법률상의 의무를 말하며($^{2010도1233}_{판결}$), 공법상의 의무이건 사법상의 의무이건 묻지 않는다. 따라서 타인을 협박하여 법률상 의무없는 진술서나 사죄장을 작성하도록 하면 강요죄가 된다($^{73도2578}_{판결}$). 그러나 폭행 또는 협박을 가하여 강제로 재물을 제공하게 하거나 성행위에 응하게 하면 강도죄(또는 공갈죄) 또는 강간죄가 성립할 수 있을 뿐이다. 또 강요에 의해서 피강요자가 전적으로 기계적으로 행동한 경우에는 강요자는 간접정범이 성립할 수 있다. 강요행위의 일부분에 피강요자의 의무에 속하는 사항이 포함되어 있어도 이 죄는 성립한다.

(c) 권리행사방해의 발생 이 죄는 침해범이므로 폭행 또는 협박에 의하여 권리행사를 방해한 결과가 발생해야 기수가 된다($^{93도901}_{판결}$). 그리고 폭행·협박과 권리행사방해 사이에 인과관계가 있어야 한다. 폭행·협박을 하였으나 현실로 권리행사를 방해하지 못하였거나 양자 사이에 인과관계가 없으면 이 죄의 미수범이 된다.

3. 주관적 구성요건

폭행 또는 협박에 대한 고의뿐만 아니라 권리행사를 방해한다는 고의도 있어야 한다.

4. 위법성배제사유

강요행위에 대해서 피해자의 동의가 있으면 구성요건해당성이 부정된다(양해). 목적에 정당성이 있거나 일정한 작위·부작위를 강요할 권리를 가진 때 그

---

1) 다만, 남의 집 대문 앞에 차량을 주차해 피해자가 자기 집 주차장을 이용할 수 없게 했더라도 주차과정에서 실랑이 등 폭력행위나 협박 등이 없었다면 강요죄의 구성요건인 폭행 등이 있었다고 볼 수 없으며, 피해자 차량을 주차장에 진입하지 못하게 하였을 뿐 차량운행 등을 방해한 것은 아니므로 강요죄는 성립하지 않는다(2018도1346 판결).

것이 사회상규에 반하지 않는 범위 내에서 위법성이 배제된다. 음주운전을 방지하기 위해서 폭행을 가하거나 자살방지를 강요하는 경우는 전자의 예이고, 합법적인 노동쟁의행위(정당행위)는 후자의 예이다.

정당한 권리행사를 위한 수단으로 상대방의 의무이행을 촉구하기 위한 정도의 폭행·협박은 권리남용이 아닌 이상 위법성이 배제된다. 그러나 정당한 권리의 실현 수단으로 해악을 고지한 경우에도 권리실현의 수단·방법이 사회통념상 허용되는 정도나 범위를 넘은 때에는 이 죄가 성립한다($^{2015도16696}_{판결}$).

5. 죄수·타죄와의 관계

이 죄는 자유를 침해하는 범죄 중 가장 일반적인 범죄이므로 체포·감금의 죄, 약취·유인의 죄, 강간죄, 유사강간죄, 강제추행죄가 성립하는 때에는 법조경합에 의하여 이러한 죄만 성립하고 강요죄의 적용은 배제된다(특별관계). 1개의 강요행위로 수인의 자유를 침해하면 상상적 경합이 된다.

Ⅶ. 특수강요죄

> [구성요건·법정형] 단체 또는 다중의 위력을 보이거나 위험한 물건을 휴대하여 제1항(강요)의 죄를 범한 자는 10년 이하의 징역 또는 5천만원 이하의 벌금에 처한다(제324조 제2항). 미수범은 처벌한다(제324조의5).

단체 또는 다중의 위력을 보이거나 위험한 물건을 휴대하여 강요죄를 범하는 범죄로서, 2016. 1. 6. 형법개정으로 신설된 범죄이다.

집단의 위력이나 위험한 물건을 휴대하여 강요행위를 하는 행위방법의 위험성 때문에 강요죄에 대하여 형을 가중한 가중적 구성요건이다. 범죄의 성격은 강요죄와 같으며, 다중의 위력을 보이는 것과 위험한 물건 휴대는 특수상해죄의 그것과 같다.

VIII. 중강요죄

> [구성요건·법정형] 제324조(강요·특수강요)의 죄를 범하여 사람의 생명에 대한 위험을 발생하게 한 자는 10년 이하의 징역에 처한다(제326조).

강요죄를 범하여 사람의 생명에 대한 위험을 발생하게 하는 범죄로서 강요죄에 대하여 불법이 가중된 구성요건이며 구체적 위험범이다.

형법은 점유강취죄와 준점유강취죄($\frac{제325}{조}$)를 범하여 생명에 대한 위험을 발생시킨 경우도 같은 조문($\frac{제326}{조}$)에 규정하고 있으나, 강요죄는 자유에 대한 범죄이므로 단순강요죄·특수강요죄($\frac{제324}{조}$)에 의한 경우에만 중강요죄로 보는 것이 타당하다고 본다.[1] 따라서 이 죄는 강요죄의 부진정결과적 가중범이고(다수설) 구체적 위험범이다.

"사람의 생명에 대한 위험발생"은 생명에 대한 구체적 위험발생을 의미한다. 강요죄는 폭행죄보다 중한 범죄임에도 불구하고 폭행죄로 사람의 생명에 대한 위험을 발생하게 한 경우($\frac{제262조}{제258조}$)보다 이 죄를 경하게 처벌하는 것은 법정형의 균형을 잃은 것이므로 입법론상 재고가 요망된다.

IX. 인질강요죄

> [구성요건·법정형] 사람을 체포·감금·약취 또는 유인하여 이를 인질로 삼아 제3자에 대하여 권리행사를 방해하거나 의무없는 일을 하게 한 자는 3년 이상의 유기징역에 처한다(제324조의2).
> 미수범은 처벌한다(제324조의5).

(1) 의의·성격

사람을 체포·감금·약취 또는 유인하여 이를 인질로 삼아 제3자에 대하여 권리행사를 방해하거나 의무없는 일을 하게 하는 범죄이다. 1995년 개정형법에서 외교관 또는 공무원을 인질로 삼아 헌법기관이나 관료들에게 특정한 정치적 요구를 관철하려고 하거나 범죄인의 석방을 요구하는 테러활동에 대처하기 위

---

[1] 반면, 점유강취죄·준점유강취죄를 범하여 사람의 생명에 대한 위험을 발생하게 한 때에는 중권리행사방해죄가 성립한다고 본다("중권리행사방해죄" 참조).

해서 신설된 불법가중의 가중적 구성요건이며, 체포·감금죄 또는 약취·유인죄와 강요죄의 결합범이고, 결과범이다.

(2) 객관적 구성요건

1) **객 체** 이 죄는 중첩적 다행위범(多行爲犯)이므로 체포·감금·약취·유인 등 인질행위의 객체인 사람과 강요행위의 객체인 사람을 이중으로 필요로 한다. 인질행위의 객체인 사람은 누구라도 상관없으나 자연인이 강요행위의 객체가 된 때에는 의사의 자유를 가질 수 있는 의사결정능력자임을 요한다. 법인·법인격 없는 단체·국가기관·외국정부도 강요행위의 객체가 될 수 있다.

2) **행 위** 이 죄는 체포·감금 또는 약취·유인과 강요라는 두 개의 행위 있어야 한다. 따라서 체포·감금 또는 약취·유인하지 아니한 자가 강요한 때에는 강요죄가 성립할 뿐이며 이 죄는 성립하지 아니한다.

(a) **체포·감금·약취·유인** 체포·감금 또는 약취·유인은 인질행위 내지 강요의 수단으로 이용한 것이라야 한다. 반드시 처음부터 강요의 목적으로 체포·감금 또는 약취·유인할 필요가 없다. 이에 관하여는 "체포·감금죄", "약취·유인죄" 참조.

(b) **인 질** "인질로 삼아"란 체포·감금·약취·유인된 자의 생명·신체의 안전에 대한 제3자의 우려를 이용하여 인질의 석방이나 그 생명·신체의 안전을 보장하는 대가로 제3자를 강요할 목적으로 인질의 자유를 구속하는 것을 말한다.

(c) **강 요** "강요"란 강요죄의 강요와 마찬가지로 제3자의 권리행사를 방해하거나 의무없는 일을 하게 하는 것을 말한다. 다른 목적으로 사람을 체포·감금 또는 약취·유인한 후에 인질강요의 고의가 생겨 제3자를 강요한 때에도 이 죄가 성립한다.

(d) **강요의 상대방** 강요의 상대방은 제3자이다. 정부의 고급관리나 외교관을 인질로 삼고 해당 정부에 대하여 정치범 또는 양심수 석방을 강요하거나, 항공기를 납치하여 승객을 인질로 삼고 정부를 강요하는 경우, 수사·재판 중에 구속되어 있는 자 또는 교도소에 복역 중에 있는 자의 석방을 강요하거나, 정당·회사 기타 단체의 사죄성명 또는 정치적 견해의 표명을 강요하는 경우, 특정 공무원이나 회사임원의 사임을 강요하거나, 국외로 도망하려는 범죄자의 체포

나 피의자를 기소하지 못하도록 관련기관에 강요하는 경우도 강요행위가 된다.

(e) 착수시기   실행의 착수시기에 대하여, ① 강요의 의사로 체포·감금 또는 약취·유인행위를 개시한 때라는 견해(정성근 190, 김일수·서보학 107, 임웅 167, 박상기·전지연 474, 손동권·김재윤 13/20)와, ② 체포·감금 또는 약취·유인 후 강요행위가 개시된 때라는 견해(이형국 Ⅰ 215, 이재상·장영민·강동범 10/20, 배종대 35/6, 김성돈 161)가 대립한다. 결합범은 원칙적으로 선행행위의 실행의 착수가 있으면 결합범 전체의 실행의 착수를 인정하므로 체포·감금 또는 약취·유인행위를 개시한 때라고 해야 한다. 다만 강요의 고의가 체포·감금 또는 약취·유인한 후에 생긴 경우에는 강요행위 개시시에 실행의 착수가 있다고 본다(오영근 137).

(f) 강요의 결과   이 죄는 결과범이므로 강요행위로 강요의 결과가 발생한 때에 기수가 된다. 강요행위와 강요의 결과 사이에 인과관계가 있어야 한다.

(3) 주관적 구성요건

체포·감금 또는 약취·유인의 고의뿐만 아니라 인질과 강요에 대한 고의도 있어야 한다. 미필적 고의로 족하다.

(4) 해방감경규정

이 죄를 범한 자와 그 미수범이 인질을 안전한 장소에 풀어 준 때에는 그 형을 감경할 수 있다(제324조의6). 범인에게 중지의 유혹을 줌으로써 인질을 보호하려는 형사정책적 효과를 기하기 위한 특별규정이다. 반드시 자의에 의한 석방일 필요가 없으며, 인질을 안전한 장소에 풀어주면 족하다.

(5) 죄수·타죄와의 관계

1개의 인질강요행위로 수인의 권리행사를 방해한 때에는 상상적 경합이 된다. 수인을 납치하여 인질로 삼고 1인에게 강요행위를 한 때에는 인질강요죄 하나만 성립한다. 이 죄가 성립하면 체포·감금죄, 약취·유인죄 등은 법조경합의 보충관계가 되므로 다른 죄의 적용은 배제된다.

X. 인질상해·치상죄

> **[구성요건·법정형]** 제324조의2(인질강요)의 죄를 범한 자가 인질을 상해하거나 상해에 이르게 한 때에는 무기 또는 5년 이상의 징역에 처한다(제324조의3).
> 미수범은 처벌한다(제324조의5).

(1) 의의·보호법익

인질강요죄를 범한 자가 인질을 상해하거나 상해에 이르게 하는 범죄이다. 인질상해죄는 인질강요죄와 상해죄의 결합범이며, 인질치상죄는 인질강요죄의 결과적 가중범이다. 인질의 자유와 피강요자의 의사결정의 자유 및 의사활동의 자유 외에 인질의 신체의 안전도 이 죄의 보호법익이 된다.

(2) 구성요건

인질상해죄는 상해의 고의가 있는 경우이고, 인질치상죄는 상해에 대한 예견가능성이 있는 경우이다. 인질강요·상해에 대해서는 인질강요죄·상해죄의 그것과 같다.

인질상해의 경우 상해의 결과가 발생하지 않으면 미수범으로 처벌된다. 인질치상의 경우도 미수범을 처벌할 수 있느냐가 논의된다. 제324조의5에서 인질상해와 치상, 인질살해와 치사를 구별하지 않고 미수범처벌규정을 두고 있다는 것을 이유로 인질강요행위가 미수이면 인질치상죄·인질치사죄의 미수범이 성립한다는 견해(^{배종대 35/10, 손동권·
김재윤 13/24})도 있다.

그러나 결과적 가중범의 미수는 해석상 인정될 수 없기 때문에 인질치상죄와 인질치사죄는 인질강요죄의 기수·미수를 묻지 않고 치상·치사의 결과가 발생하였을 때에만 성립한다고 해야 한다. 이 규정의 미수범처벌규정은 결합범인 인질상해죄·인질살해죄에 대해서만 적용된다고 해석해야 한다(법무부 형법개정법률안 제안이유서 149면도 같다). 판례도 같은 취지이다(^{2013도7183 판결 참조
(성폭력특례법상 특수강간치상죄)}). 인질상해·치상죄의 기수범 및 미수범이 인질을 안전한 장소로 풀어준 때에는 그 형을 감경할 수 있다(^{제324조
의6}).

XI. 인질살해·치사죄

> [구성요건·법정형]   제324조의2(인질강요)의 죄를 범한 자가 인질을 살해한 때에는 사형 또는 무기징역에 처한다. 사망에 이르게 한 때에는 무기 또는 10년 이상의 징역에 처한다(제324조의4).
> 미수범은 처벌한다(제324조의5).

인질강요죄를 범한 자가 인질을 살해하거나 사망에 이르게 하는 범죄이다. 강도살인·치사죄의 법정형과 같다. 이 죄의 미수범처벌규정도 고의범인 인질살해죄(결합범)에 대해서만 적용된다고 해야 한다. 해방감경규정이 존재하지 않는다.

[§ 8] 체포와 감금의 죄

I. 총   설

(1) 의   의

체포와 감금의 죄는 사람을 불법하게 체포 또는 감금함으로써 신체활동(행동)의 자유, 특히 장소선택의 자유를 침해하는 범죄이다. 즉 사람이 자기의사에 따라 자유로이 장소를 떠날 수 있는 자유를 침해하는 범죄이다.

(2) 보호법익

체포와 감금의 죄의 보호법익은 신체활동의 자유이고, 그 중에서 특히 장소선택의 자유를 보호한다. 장소선택의 자유란 현재 머무르고 있는 장소를 떠나서 자기의사에 따라 거처와 장소를 변경할 수 있는 자유를 말한다. 따라서 장소선택의 자유는 일정한 장소로 들어갈 수 있는 자유가 아니라 일정한 장소를 떠날 수 있는 자유를 의미한다.

통설은 여기의 자유는 현실적인 신체활동의 자유가 아니라 잠재적인 신체활동의 자유를 의미하고, 현실적으로 활동의 자유가 침해되었느냐의 여부를 묻지 않고 활동하려고 하였으면 활동할 수 있었느냐를 기준으로 판단한다. 보호받는 정도는 침해범으로서의 보호이다(^{추상적 위험범설은}_{김성돈 164}).

II. 체포·감금죄

> [구성요건·법정형] 사람을 체포 또는 감금한 자는 5년 이하의 징역 또는 700만원 이하의 벌금에 처한다(제276조 제1항).
> 미수범은 처벌한다(제280조).

1. 의의·성격

사람을 체포 또는 감금하여 신체활동의 자유를 침해하는 범죄이다. 신체활동의 자유가 침해된 사실이 시간적으로 계속되는 전형적인 계속범이고 침해범이다.

2. 객관적 구성요건

사람을 체포 또는 감금하는 것이다.

(1) 객 체

신체활동의 자유를 가질 수 있는 자연인이다. 자연인은 어느 정도의 신체활동의 자유를 가진 자이냐에 대해서 견해가 나뉜다.

1) 자연인의 범위

(a) **최광의설** 신체활동의 가능성이나 신체활동의 의사 유무를 묻지 않고 모든 자연인이 객체가 된다는 견해(^{오영근}₁₀₄)로, 만취자·수면자·정신병자는 물론, 출산 직후의 영아도 객체가 된다.

(b) **광의설** 신체활동이 기대되는 잠재적인 활동의 자유를 가진 자만 객체가 된다는 견해(^{정영일}₉₆)로, 만취자·수면자·정신병자는 이 죄의 객체가 되지만 영아·유아와 같이 활동의 가능성이 전혀 없는 자는 객체가 될 수 없다.

(c) **협의설** 현실적으로 신체활동의 자유와 활동의사가 있는 자만 객체가 된다는 견해로, 만취자·수면자는 의식을 회복하기 이전까지는 이 죄의 객체가 될 수 없고, 유아는 애당초 객체에서 제외된다.

(d) **결 어**   이 죄는 장소선택의 자유를 보호하므로 신체활동의 가능성이나 활동의사가 있을 수 없는 영아까지 이 죄의 객체가 된다는 최광의설은 타당하지 않으며 실익도 없다. 형법이 보호하는 신체활동의 자유는 법적인 의사능력·행위능력이 없는 자도 향유할 수 있으므로 자연적 신체활동이 가능한 자이면 이 죄의 객체가 된다는 **광의설**이 타당하다. 따라서 정신병자($^{2002도4315}_{판결}$), 만취자, 수면자와 타인의 원조나 보조기의 도움을 받아 활동할 수 있는 불구자·부상자도 이 죄의 객체가 된다. 그러나 활동의사와 잠재적 활동의 자유가 애당초 없는 영아나 식물인간은 이 죄의 객체가 될 수 없다.

2) **자유침해에 대한 인식 유무**   이 죄가 성립하기 위해서, ① 피해자가 신체활동의 자유가 침해된다는 사실을 인식하고 있어야 한다는 견해($^{임웅\ 143,\ 배종대}_{37/12.\ 인식하지}$ $^{못한\ 경우}_{미수범\ 성립}$)와, ② 잠재적 활동의 자유는 자유침해에 대한 인식 유무와 관계없다는 견해(다수설)가 대립한다.

이 죄는 현실적 자유가 아니라 가능성 있는 잠재적 활동의 자유가 침해되는 침해범이며, 기수와 미수는 자유침해에 대한 피해자의 주관적 인식과 관계없이 행위자의 실행행위를 기준으로 판단해야 하므로 **인식불요설**이 타당하다고 해야 한다. 따라서 만취자·수면자의 방문을 열쇠로 잠갔거나 연구에 몰두하여 외출의사가 없는 학자의 연구실을 열쇠로 잠갔다가 본인 모르는 사이에 열어 놓는 때에도 이 죄는 성립한다.

(2) 행 위

1) **체 포**   "체포"란 사람의 신체에 대하여 직접적·현실적인 구속을 하여 신체활동의 자유를 빼앗는 것을 말한다. 체포의 수단·방법은 제한이 없다. 수족을 포박·결박하는 유형적 방법과, 경찰관을 사칭하여 연행하거나 위계·협박에 의한 착오로 자승자박하게 하는 무형적 방법은 물론, 경찰관에게 현행범이라고 속여 체포하게 하는 간접정범이나 포박을 풀어주어야 할 법적 의무있는 자가 풀어주지 않는 부작위에 의한 체포도 가능하다.

침해되는 자유는 전면적 박탈일 필요가 없고 어느 정도 자유롭게 활동할 수 있어도 전체적으로 신체활동의 자유가 제한되어 있으면 체포에 해당한다. 따라서 긴 밧줄로 사람을 묶어서 한쪽 끝을 잡고 있어도 체포가 된다. 체포는 현실적인 신체구속이 있어야 하므로 일정한 장소에 출석하지 않으면 구속하겠다고 협박하여 출석하게 하는 것은 강요죄에 해당할 뿐이며 체포가 아니다.

2) 감 금 "감금"이란 사람을 일정한 장소 밖으로 나가지 못하게 하거나 출입을 현저히 곤란하게 하여 신체활동의 자유를 제한하는 것을 말한다. 장소적 제한이 있다는 점에서 체포와 구별된다. 일정한 장소는 가옥·선박·자동차와 같이 구획된 장소뿐만 아니라 한정된 장소·지역이라도 상관없다.

감금의 수단·방법도 묻지 않는다. 피감금자를 방안에 넣고 열쇠로 잠그거나 마취시켜서 출입불가능하게 하거나, 감시인($^{80도277}_{판결}$)이나 맹견으로 하여금 출입구를 지키게 하여 탈출을 봉쇄하는 물리적 방법에 의한 경우는 물론, 협박하여 공포심으로 도망하지 못하게 하거나($^{91도1604}_{판결}$), 기망의 수단으로 외부로 나가는 것을 불가능하게 하거나 현저히 곤란하게 한 경우($^{84도2424}_{판결}$)와, 수치심(목욕 중인 여성의 옷을 숨겨서 출입하지 못하게 하는 경우)이나 생명·신체에 대한 위험이 수반되는 공포심(자동차에 사람을 태우고 고속질주하는 경우)을 이용하여 탈출을 곤란하게 하는 무형적·심리적 방법에 의해서도 감금할 수 있다($^{99도5286}_{판결}$). 만취한 피해자를 그 의사에 반하여 차량에 탑승시켜 운행한 때에는 탑승시킬 당시 물리적인 강제력의 행사가 없었더라도 감금에 해당한다($^{2021헌마78}_{결정}$).

이러한 경우 사실상 탈출할 수 있어도 피해자가 출구를 알 수 없는 상태이면 감금이 된다. 사람이 방안에 있는 줄 모르고 문을 잠근 후 그 사실을 알고도 열어주지 않거나 불법하게 구속되어 있는 자를 석방해야 할 자가 이를 알면서 방치하면 부작위에 의한 감금이 된다. 또 수사기관에 허위사실을 신고하여 구속하게 하거나, 사람이 들어있는 줄 모르는 제3자를 시켜서 문을 잠그게 하는 간접정범의 형태로 감금할 수 있다.

감금은 전면적인 자유박탈일 필요가 없고($^{2021헌마78}_{결정}$) 감금된 구역 내부에서 일정한 생활의 자유가 허용되어 있어도 감금이 된다($^{2000도102}_{판결}$). 자연상태에서 누리는 신체활동의 자유를 제한하면 충분하므로 넓은 저택에 유폐시킨 때에도 감금이 된다. 이 경우 실내에 상당한 설비를 하여 건강유지를 할 수 있고, 또 오락시설을 구비하였거나 감금자 자신이 함께 생활하고 있어도 감금죄는 성립한다.

판례는 경찰서 안에서 다른 피의자와 식사를 하며 사무실 안팎을 내왕하였어도 경찰서 밖으로 나가지 못하게 억압된 상태이면 감금죄가 된다고 하였다

($\frac{91모5}{결정}$). 권총을 겨누어 일정한 장소에서 도주할 수 없도록 하는 경우는 직접적인 신체구속이 아니므로 감금에 해당하지만 권총을 겨누고 대로상을 걸어가게 하면 체포에 해당한다.

  3) **특별법상의 가중**   2인 이상이 공동하여 체포·감금(폭행·상해·협박·주거침입·손괴)하면 그 죄에 정한 형의 2분의 1까지 가중한다($\frac{폭처법}{제2조 제2항}$).

  4) **미수·기수의 시기**   피해자의 자유가 침해된 사실이 어느 정도 계속된 때에 기수가 된다. 체포·감금 자체를 완성하지 못하거나 체포·감금이 일시적인 자유박탈에 그친 때에 미수범이 된다.

3. 주관적 구성요건

  신체활동의 자유를 구속 또는 박탈한다는 고의가 있어야 한다. 그 동기·목적 여하는 묻지 않는다.

4. 위법성배제사유

  체포영장·구속영장에 의한 피의자·피고인의 체포·구속($\frac{형사소송법 제201조}{제1항, 제70조}$), 현행범체포($\frac{형사소송법}{제212조}$), 경찰관의 술취한 자 등의 보호조치($\frac{경찰관직무집행법}{제4조 제1항 제1호}$), 정신질환자의 응급입원($\frac{정신보건법}{제26조}$)으로 체포 또는 감금한 때에는 법령에 의한 정당행위가 된다.

  위해를 미연에 방지하기 위하여 난폭한 만취자를 부득이 포박하거나, 정신병자의 안전과 보호를 위하여 후견인의 의뢰를 받고 일시 보호실에 감금한 때에는 사회상규에 반하지 않는 한 정당행위가 된다.

  피해자의 승낙에 의한 체포·감금은 위법성이 배제된다는 견해($\frac{임웅}{146}$)도 있지만, 체포·감금은 피해자의 동의가 없는 것을 요건으로 하므로 피해자의 동의가 있으면 구성요건해당성이 부정되는 양해에 해당한다고 본다(다수설). 연주중인 강당을 폐쇄하여 외부인의 출입을 통제하는 경우에는 추정적 승낙에 의하여 위법성이 배제된다고 본다.

> **판례**   ① 정신병 환자의 모(母)의 의뢰 및 승낙하에서 그 감호를 위하여 그 보호실 출입문을 야간에 한해서 3일간 시정하여 출입을 못하게 감금한 행위는 그 경위사정 및 방법 등에 비추어 병자의 신체의 안전과 보호 등을 위하여 사회통념상 부득이 한 조처로서 수긍될 수 있는 정도의 것이라 할 것이니 위법성이 있다고는 할 수 없어 감금죄가 성립되지 않는다

(79도1349 판결).

② 복지원의 시설장 및 총무직에 있는 피고인들이 수용시설에 수용중인 부랑인들의 야간도 주를 방지하기 위하여 그 취침시간 중 출입문을 안에서 시정조치한 것은 그 행위에 이른 과정과 목적, 수단 및 행위자의 의사 등 제반사정에 비추어 사회적 상당성이 인정되는 행위라고 못볼바 아니어서 형법 제20조에 의하여 그 위법성이 조각된다(88도1580 판결).

5. 죄수·타죄와의 관계

1) 죄 수   체포와 감금은 연속적으로 행해지는 경우가 많고, 같은 구성 요건에 규정된 같은 성질의 행위로서 행위태양만 달리할 뿐이므로 엄격하게 구별할 필요가 없다. 따라서 사람을 체포한 자가 계속하여 감금한 때에는 포괄하여 하나의 감금죄가 성립한다.

신체활동의 자유는 일신전속적 법익이므로 1개의 행위로 같은 장소에서 수인을 감금한 때에는 수개의 감금죄가 성립하고 상상적 경합이 된다.

2) 타죄와의 관계   체포 또는 감금의 수단으로 행해진 폭행·협박은 체포·감금죄에 흡수된다. 감금 중에 강도·강간·상해·살인을 한 때에는 감금죄와 각 죄는 경합범이 된다(2002도4380 판결 참조). 감금행위가 강간행위(강도행위)의 수단으로 된 때에는 감금죄와 강간죄(강도죄)는 상상적 경합이 된다(83도323 판결. 같은 취지 96도2715 판결). 사람을 체포 또는 감금하여 인질로 삼고 그 석방의 대가로 금품을 강취한 때에는 인질강도죄(제336조)가 성립한다.

Ⅲ. 존속체포·감금죄

[구성요건·법정형]   자기 또는 배우자의 직계존속에 대하여 제1항(체포·감금)의 죄를 범한 때에는 10년 이하의 징역 또는 1천500만원 이하의 벌금에 처한다(제276조 제2항).
미수범은 처벌한다(제280조).

자기 또는 배우자의 직계존속에 대하여 체포 또는 감금하는 범죄이다. 신분관계로 인하여 책임이 가중되는 가중적 구성요건이며 부진정신분범이다. 미수범은 처벌한다. 자기 또는 배우자의 직계존속은 "존속살해죄", 체포·감금은 "체포·감금죄" 참조.

Ⅳ. 중체포·감금죄, 존속중체포·감금죄

> [구성요건·법정형]   사람을 체포 또는 감금하여 가혹한 행위를 가한 자는 7년 이하의 징
> 역에 처한다(제277조 제1항).
>   자기 또는 배우자의 직계존속에 대하여 전항(중체포·감금)의 죄를 범한 때에는 2년 이상의
> 유기징역에 처한다(제2항).
>   미수범은 처벌한다(제280조).

(1) 의 의
사람이나 자기 또는 배우자의 직계존속을 체포 또는 감금하여 가혹한 행위를 하는 가중적 구성요건이다. 직계존속에 대한 중체포·감금죄는 부진정신분범이다.

(2) 구성요건
1) 가혹한 행위   "가혹한 행위"란 사람에게 육체적 또는 정신적 고통을 가하는 일체의 행위(폭행·음란행위 포함)를 말한다. 반드시 생명·신체에 위험을 줄 정도임을 요하지 않는다. 학대보다 넓은 개념이다. 폭행을 가하거나 여자를 발가벗겨 수치심을 일으키거나 기타 음란한 행위를 하는 유형적 방법에 의하건, 협박을 하거나 일상생활에 필요한 의식주를 공급하지 않거나 적당한 수면을 허용하지 않는 무형적 방법에 의하건 상관없다.

가혹한 행위는 체포·감금 중에 행한 것이라야 하므로 체포 또는 감금의 수단으로 폭행·협박을 가하거나 체포 또는 감금을 계속하기 위한 필요한 정도의 폭행·협박은 체포·감금 이전의 행위이므로 아직 가혹행위가 있다고 할 수 없다.

2) 고 의   고의는 처음부터 체포 또는 감금하여 가혹한 행위를 하려는 인식·의사와 체포·감금 중에 가혹한 행위를 하려는 인식·의사를 포함한다.

3) 미수범   체포 또는 감금하여 가혹한 행위를 하려고 하였으나 체포 또는 감금을 하지 못한 때, 체포 또는 감금을 하였으나 가혹한 행위를 하지 못한 때, 가혹한 행위 자체가 미수에 그친 때에 미수범이 성립한다.

V. 특수체포 · 감금죄

> [구성요건 · 법정형] 단체 또는 다중의 위력을 보이거나 위험한 물건을 휴대하여 전2조(체포 · 감금, 존속체포 · 감금, 중체포 · 감금, 존속중체포 · 감금)의 죄를 범한 때에는 그 죄에 정한 형의 2분의 1까지 가중한다(제278조).
> 미수범은 처벌한다(제280조).

단체 또는 다중의 위력을 보이거나 위험한 물건을 휴대하여 체포 · 감금죄, 존속체포 · 감금죄, 중체포 · 감금죄, 존속중체포 · 감금죄를 범한 경우에 행위방법의 불법성이 크기 때문에 형을 가중한 것이다. 이 죄의 미수범은 처벌한다.

단체 또는 다중의 위력과 위험한 물건의 휴대에 대해서는 "특수상해죄" 참조.

VI. 상습체포 · 감금죄

> [구성요건 · 법정형] 상습으로 제276조(체포 · 감금, 존속체포 · 감금) 또는 제277조(중체포 · 감금, 존속중체포 · 감금)의 죄를 범한 때에는 전조(특수체포 · 감금)의 예에 의한다(제279조).
> 미수범은 처벌한다(제280조).

상습으로 체포 · 감금죄, 존속체포 · 감금죄, 중체포 · 감금죄, 존속중체포 · 감금죄를 범한 경우에 형을 가중하는 가중적 구성요건이다. 상습성에 대해서는 상습상해죄의 그것과 같다.

VII. 체포 · 감금치사상죄, 존속체포 · 감금치사상죄

> [구성요건 · 법정형] 제276조 내지 제280조(체포 · 감금, 중체포 · 감금, 특수체포 · 감금, 상습범과 그 미수)의 죄를 범하여 사람을 상해에 이르게 한 때에는 1년 이상의 유기징역에 처한다. 사망에 이르게 한 때에는 3년 이상의 유기징역에 처한다(제281조 제1항).
> 자기 또는 배우자의 직계존속에 대하여 제276조 내지 제280조의 죄를 범하여 상해에 이르게 한 때에는 2년 이상의 유기징역에 처한다. 사망에 이르게 한 때에는 무기 또는 5년 이상의 징역에 처한다(제2항).

모든 유형의 체포·감금의 죄를 범하여 사람 또는 직계존속을 상해나 사망에 이르게 하는 결과적 가중범이고, 존속체포·감금치사상죄는 부진정신분범이다. 사상의 결과는 반드시 체포 또는 감금의 직접결과일 필요가 없고 체포 또는 감금시에 일어난 것이면 충분하다. 따라서 체포와 감금의 죄가 미수에 그친 경우에도 사상의 결과가 발생하면 이 죄가 성립한다(통설). 체포 또는 감금한 후 가혹행위로 인하여 사상의 결과가 발생한 경우에도 이 죄만 성립한다($^{91도2085}_{판결}$).

> **판례**   ① 마지못해 피고인의 승용차에 타게 된 피해자가 내려달라고 요청하였으나 피고인이 이를 무시한 채 승용차를 고속으로 운행하자 피해자가 이 상태에서 벗어나기 위하여 차량 뒷좌석 창문을 통해 빠져 나오다가 길바닥에 떨어져 사망하였다면 피고인에게 감금치사죄가 성립한다(99도5286 판결).
> ② 피고인이 동거녀인 피해자로 하여금 술집에 나가지 못하도록 감금한 후 피해자를 폭행하고 옷을 벗기는 등 가혹행위를 하자 피해자가 이를 피하기 위해 창문을 통해 아파트 밖으로 뛰어내리다가 사망하였다면 피고인에게 중감금치사죄가 성립한다(91도2085 판결).

체포·감금치사죄는 사망의 결과에 대해서 고의가 없는 때에 성립하는 진정결과적 가중범이므로 체포와 감금을 살해하기 위한 수단으로 사용한 경우에는 체포·감금죄와 살인죄의 상상적 경합이 되며, 감금행위 도중에 살해의 고의가 생긴 때에는 감금죄와 살인죄의 경합범이 된다. 반면 체포·감금치상죄는 중한 상해의 결과에 대하여 과실이 있는 경우는 물론, 고의가 있는 경우에도 성립하는 부진정결과적 가중범이다.

Ⅷ. 특별형법(보복체포·감금죄)

보복체포·감금죄는 자기 또는 타인의 형사사건에 관한 수사 또는 재판과 관련된 고소·고발 등 수사단서 제공이나 진술·증언 또는 자료제출에 대하여 보복목적으로 단순체포·감금죄를 범한 경우에 1년 이상의 유기징역에 처하며, 이 죄를 범하여 사람을 사망에 이르게 한 때에는 무기 또는 3년 이상의 징역에 처한다($^{특가법 제5조의9}_{제2항, 제3항}$).

[§ 9] 약취 · 유인 및 인신매매의 죄

Ⅰ. 총 설

(1) 의 의

약취와 유인의 죄는 사람을 약취 또는 유인하여 자기 또는 제3자의 실력적 지배하에 둠으로써 개인의 신체활동을 포함한 자유로운 생활관계를 침해하는 범죄이다. 인신매매의 죄는 자기의 실력적 지배하에 있는 사람을 매매하여 자기 또는 제3자의 재산적 이득을 취득하는 범죄이다. 종래 형법은 추업(醜業)에 사용할 목적의 부녀매매만을 범죄로 규정하고 있었으나, 2013년 개정형법에서 모든 사람에 대한 인신매매죄를 규정함과 동시에 "노동력 착취", "성매매와 성적 착취", "장기적출"을 목적으로 하는 인신매매에 대하여도 가중처벌규정을 신설하였다.

약취 · 유인의 죄와 인신매매의 죄는 신체활동의 자유를 침해한다는 점에서는 체포 · 감금의 죄와 성질이 같지만 장소적 제한없이 실력적 지배를 설정한다는 점에서 구별된다.

(2) 보호법익

약취 · 유인의 죄의 보호법익은 사람의 신체활동의 자유, 특히 장소선택의 자유이다. 다만 미성년자 대한 보호자가 있는 경우에는 보호자의 감호권도 부차적인 보호법익이 된다(통설. 2007도8011 판결). 따라서 보호자가 있는 미성년자에 대해서는 미성년자와 보호자 쌍방의 동의가 없으면 이 죄가 성립한다. 판례도 같은 취지에서 미성년자가가 약취 · 유인에 동의한 경우에도 보호자의 동의가 없으면 이 죄가 성립한다고 하였다(2002도7115 판결).

인신매매의 죄는 사람을 매매대상으로 취급하기 때문에 신체활동의 자유뿐만 아니라 사람의 인격권까지 보호법익이 된다. 그리고 피매매자와 보호자의 동의가 있는 경우에도 이 죄는 성립한다고 본다. 보호받는 정도는 약취 · 유인의 죄, 인신매매의 죄 모두 침해범으로서의 보호이다.

(3) 해방감경·세계주의

1) 해방감경규정   약취, 유인, 매매, 이송, 이송된 사람의 수수·은익의 죄를 범한 자가 약취, 유인, 매매 또는 이송된 자를 안전한 장소로 풀어준 때에는 그 형을 감경할 수 있도록 형사정책적 배려를 하고 있다($\frac{제295조}{의2}$). 이미 기수가 된 행위의 중지를 유도한다는 의미에서 특별한 중지규정이라 할 수 있다.

2) 세계주의   2013. 4. 5. 형법개정으로 형법 제31장의 "약취와 유인 및 인신매매의 죄"는 대한민국 영역 밖에서 죄를 범한 외국인에게도 적용하도록 세계주의를 채택하였다($\frac{제296조}{의2}$).

II. 미성년자약취·유인죄

> **[구성요건·법정형]**   미성년자를 약취 또는 유인한 사람은 10년 이하의 징역에 처한다(제287조).
> 미수범은 처벌한다(제294조).
> 이 죄를 범할 목적으로 예비 또는 음모한 사람은 3년 이하의 징역에 처한다(제296조).

1. 의의·성격

미성년자를 약취 또는 유인하는 범죄로서 계속범·침해범이다. 심신의 발육이 불충분하고 사리분별력과 경험이 풍부하지 못한 미성년자를 특별히 보호하기 위해서 약취 또는 유인하는 행위를 처벌하려는 데에 입법의 취지가 있다.

보호법익은 미성년자의 자유를 기본법익으로 보호하지만 보호자의 감호권도 부차적인 보호법익이 된다. 약취 또는 유인된 미성년자를 안전한 장소로 풀어준 때에는 형을 감경할 수 있다($\frac{제295조}{의2}$). 미수범과 이 죄를 범할 목적으로 예비·음모한 자도 처벌한다.

2. 객관적 구성요건

(1) 주 체

제한이 없다. 미성년자를 보호·감독하는 자도 주체가 될 수 있다. 미성년자 본인은 자기를 약취·유인하는 데에 동의 또는 협력하여도 이 죄의 정범은

물론 공범도 될 수 없다. 그러나 미성년자가 다른 미성년자를 약취 또는 유인하
거나 이에 가담한 때에는 정범 또는 공범이 될 수 있다. 또 친권자의 지위를 상
실한 실부모가 미성년자를 양육하기 위해 약취 또는 유인한 때에도 이 죄가 성
립한다(²⁰⁰⁷ᵈᵒ⁸⁰¹¹ ⁿ²ᵍ. ⁿ ⁿ² ⁿ ⁿⁿⁿⁿⁿ ⁿⁿⁿⁿ 외조부로부터 父가 미성년자를 약취한 사례).

(2) 객 체
미성년자이다.

1) **미성년자**   "미성년자"는 민법상의 미성년자, 즉 19세 미만자(민법제4조)를 말
한다. 미성년자이면 성별, 의사능력의 유무, 타인의 보호·감독을 받고 있는가의
여부는 묻지 않는다. 따라서 미성년자이면 의사능력이나 활동능력도 없는 영아
와 수면 중인 자는 물론, 성년에 가까운 사고력·판단력이나 경험력·활동능력
을 가진 자도 객체가 된다. 다만 영아에 대해서는 의사능력이나 판단능력을 전
제로 하는 유인죄는 성립할 여지가 없고 약취죄의 객체가 될 수 있을 뿐이다.

2) **성년의제자**   미성년자가 혼인한 경우에도 이 죄의 객체가 될 수 있느
냐에 대해서, 형법상 고유한 미성년자 개념이 없는 이상 민법상 성년자로 의제
되는 자(민법제826조의2)를 형법에서 미성년자로 취급하는 것은 죄형법정주의에 반한다
는 견해(이재상·장영민·강동범 9/8)도 있다.

그러나 민법상의 성년의제규정은 미성년자의 개념정의가 아니라 미성년자
인 부부의 혼인생활 독립의 요청에 따라 사법상의 생활을 자유롭게 하도록 규
정한 것이므로 형법의 미성년자보호취지와 다르다. 형법에서 성년의제자를 미
성년자에 포함시켜 이를 보호한다고 해서 죄형법정주의에 반한다고 할 수 없
다. 따라서 혼인한 미성년자도 이 죄의 객체로 보호한다고 해야 한다(통설).

(3) 행 위
약취 또는 유인하는 것이다.

1) **약취·유인**   "약취"와 "유인"이란 사람이 현재 보호되고 있는 생활상태
내지 생활환경으로부터 이탈 또는 배제시키고, 자기 또는 제3자의 사실적 지배
하에 두는 행위를 말하며, 강학상 양자를 합하여 인취(引取)라고 한다. 약취는
폭행 또는 협박을 사용하는데 대하여 유인은 기망 또는 유혹을 사용하는 점에
서 구별된다.

(a) **약취의 수단**   약취의 수단은 폭행 또는 협박이다. 폭행·협박은 미성년
자를 자기 또는 제3자의 실력적 지배 하에 둘 수 있는 정도의 것이면 충분하고
반항을 억압할 필요가 없다. 상대방의 심신상실이나 항거불능의 상태를 이용하
거나 수면제나 마취제를 사용하여 심신상실이나 항거불능의 상태에 빠뜨려 자
기 또는 제3자의 실력적 지배 하에 옮기는 것도 폭행에 해당하는 약취가 된다.
따라서 영아를 보호자 모르게 데려가거나 잠자는 유아를 안고 가는 것도 약취
에 해당한다.

(b) **유인의 수단**   유인의 수단은 기망 또는 유혹이다. 기망은 허위사실로
상대방을 착오에 빠뜨리는 것이고, 유혹은 기망의 정도에 이르지 않는 감언이
설로 상대방을 현혹시켜 판단의 적정을 그르치게 하는 것을 말한다. 반드시 유
혹의 내용이 허위임을 요하지 않는다($^{95도2980}_{판결}$). 기망과 유혹은 상대방의 하자 있는
의사를 이용하는 것이므로 유아와 같이 의사능력 없는 자는 약취의 대상이 될
뿐이다.

(c) **약취·유인의 상대방**   약취·유인의 수단인 폭행·협박, 기망·유혹은 반
드시 약취·유인된 자에 대하여 행해질 필요가 없고 그 보호자에게 행해져도 무
방하다. 따라서 시각장애인의 안내자를 폭행 또는 협박하여 시각장애인을 다른
곳으로 가도록 하고 사실적 지배를 한 때에도 이 죄가 성립한다.

(d) **사실적 지배**   약취·유인이 있다고 하기 위해서는 폭행·협박, 기망·유
혹을 한 것만으로 부족하고 이에 의해서 피인취자를 자기 또는 제3자의 사실적
(실력적) 지배하에 두어야 한다. 본래의 생활환경에서 이탈시켜도 사실적 지배하
에 두지 못하면(도망가게 한 경우) 이 죄의 미수범이 될 뿐이다.

2) 장소이전의 여부   이 죄가 성립하기 위해서는 피인취자를 장소적으로
이전시켜야 하느냐가 문제된다. 이 죄는 실제로 장소 이전이 수반되는 경우가
많으나 피인취자의 자유를 보호하는 데에 본질이 있고, 보호·감호권자에게 폭
행·협박·기망을 사용하여 그를 퇴거시키고 실력지배를 설정할 수 있을 뿐만
아니라 보호·감호권자도 이 죄의 주체가 될 수 있으므로 반드시 장소이전이 있
을 필요가 없다($^{통설, 2007도8485}_{판결}$).

피인취자와 감호자 사이의 장소적 격리도 요하지 않는다. 이미 지배관계를
떠난 피인취자를 그대로 두는 부작위에 의해서도 성립할 수 있다.

3) **착수·기수시기**   약취·유인의 수단인 폭행·협박이나 기망·유혹을 개시한 때 실행의 착수가 있다. 이 죄는 침해범·계속범이므로 피인취자를 자기 또는 제3자의 실력적 지배 하에 두고 다소 시간적 계속이 된 때 기수가 된다 (시간적 계속이 필요없다는 견해는 임웅 175, 김성돈 178).

대법원은, 형법 제287조(미성년자약취·유인죄)의 약취행위는 미성년자를 장소적으로 이전시키는 경우뿐만 아니라 장소적 이전없이 기존의 자유로운 생활관계 또는 부모와의 보호관계로부터 이탈시켜 범인이나 제3자의 사실상 지배하에 두는 경우도 포함하지만, 미성년자를 기존의 생활관계 및 보호관계로부터 이탈시킬 의도없이 폭행 또는 협박을 한 경우에는 이 죄의 실행의 착수조차 인정하기 어려우며, 범행의 목적과 수단, 시간적 간격 등을 고려할 때 사회통념상 실제로 기존의 생활관계 및 보호관계로부터 이탈시킨 것으로 인정되어야만 이 죄의 기수가 성립한다고 판시(2007도8485 판결)하였다.

3. 주관적 구성요건

피인취자가 미성년자라는 것과 폭행·협박 또는 기망·유혹에 의해서 자기 또는 제3자의 실력적 지배 하에 둔다는 고의가 있어야 한다. 미필적 고의로 충분하며, 피해자의 의사에 반한다는 인식은 필요가 없다. 그 목적·동기도 묻지 않는다. 따라서 미성년자를 보호·양육할 목적으로 인취한 때에도 이 죄는 성립한다. 다만 추행·간음·결혼·영리목적과, 노동력 착취·성매매와 성적 착취·장기적출목적 또는 국외이송의 목적으로 미성년자를 약취·유인한 경우에는 그 목적범(제288조의죄)이 성립하고 이 죄는 흡수된다.

4. 위법성배제사유

약취 또는 유인이 불법한 경우에만 이 죄가 성립한다. 따라서 정당행위·정당방위·긴급피난에 의한 경우에는 위법성이 배제된다. 미성년자와 보호자의 승낙이 있으면 위법성이 배제된다는 견해(임웅 176, 배종대 41/8, 손동권, 김재윤 11/12, 김성돈 179)와 구성요건해당성이 배제된다는 견해(다수설)가 대립한다. 승낙과 양해를 구별할 때에는 피인취자와 보호자 모두의 동의가 있으면 구성요건해당성이 배제된다고 본다. 다만 유아에 대한 보호자의 승낙은 이 죄의 공범이 될 때도 있고 위법성이 배제될 때도 있을 것이다.

5. 특별형법

특가법 제5조의2는 13세 미만의 미성년자에 대하여, ① 약취 또는 유인한 미성년자를 이용하여 재물이나 재산상의 이익을 "취득할 목적" 또는 "살해할 목적"이 있는 경우, ② 약취 또는 유인한 미성년자를 이용하여 재물이나 재산상의 이익을 취득하거나 이를 요구 또는 살해하거나 폭행·상해·감금·유기·가혹행위를 한 경우 또는 사망에 이르게 한 경우에 특히 그 형을 가중하여 처벌한다.

Ⅲ. 인신매매죄

> [구성요건·법정형]   사람을 매매한 사람은 7년 이하의 징역에 처한다(제289조 제1항).
> 미수범은 처벌한다(제294조).
> 이 죄를 범할 목적으로 예비 또는 음모한 사람은 3년 이하의 징역에 처한다(제296조).

(1) 의의·성격

사람을 매매하는 범죄이다. 이 죄는 개인의 자유뿐만 아니라 인격권도 보호하며, 매도자와 매수자를 똑같이 처벌하는 필요적 공범(대향범)이다. 매매는 사실상의 인도·인수가 있어야 하므로 즉시범이다. 미수범과 이 죄를 범할 목적으로 예비·음모한 자도 처벌한다.

(2) 객관적 구성요건

1) 주 체   아무런 제한이 없다. 보호자의 지위에 있는 자도 주체가 될 수 있다. 매도자와 매수자는 모두 이 죄의 주체가 된다.

2) 객 체   성년·미성년, 기혼·미혼, 남녀성별을 묻지 않는다.

3) 행 위   매매이다. 여기의 "매매"는 사람을 물건과 같이 유상으로 상대방 또는 제3자에게 인도하고 인수하는 사실상의 행위를 말한다. 민법상의 매매와 같은 의미가 아니므로 교환도 포함된다고 본다. 본인의 동의가 있어도 이 죄는 성립한다. 대가의 수수 없이 무상으로 인수하는 경우는 이 죄가 성립하지 않는다.

4) 실행의 착수 및 기수시기   이 죄의 실행의 착수는 매매계약이 이루어

진 때이고, 인신에 대한 실력지배의 이전이 있을 때에 기수가 된다. 따라서 매매계약만 체결하고 인도하지 아니한 때와, 매매계약을 체결한 후 인신인도에 실패한 때에는 이 죄의 미수범이 된다. 대금의 지급 여부는 이 죄의 완성에 영향이 없다. 그러므로 매매대금을 받았다 하여도 아직 인신의 교부 내지 인도가 없으면 미수가 되고, 반대로 대금을 받지 못하였더라도 인신의 교부·인도가 있으면 기수가 된다.

(3) 주관적 구성요건

사람을 매매한다는 고의가 있어야 하며, 고의 이외의 목적을 요구하지 않는다. 추행, 결혼, 노동력 착취, 국외이송 등의 목적으로 사람을 매매한 때에는 제289조($^{제2항, 제3항,}_{제4항}$)의 추행·결혼·노동력 착취·국외이송 등의 목적범이 성립한다. 피인취자를 안전한 장소로 풀어준 때에는 그 형을 감경할 수 있다($^{제295조}_{의2}$).

Ⅳ. 추행·간음·결혼·영리목적약취·유인죄

> [구성요건·법정형] 추행, 간음, 결혼 또는 영리의 목적으로 사람을 약취 또는 유인한 사람은 1년 이상 10년 이하의 징역에 처한다(제288조 제1항).
> 미수범은 처벌한다(제294조).
> 이 죄를 범할 목적으로 예비 또는 음모한 사람은 3년 이하의 징역에 처한다(제296조).

(1) 의의·성격

추행, 간음, 결혼 또는 영리의 목적으로 사람을 약취 또는 유인하는 범죄이고, 목적범이며 침해범이다. 미수범과 이 죄를 범할 목적으로 예비·음모한 자도 처벌한다.

(2) 객관적 구성요건

주체는 제한이 없다. 추행 등의 목적으로 약취·유인한 미성년자의 보호자도 이 죄의 주체가 될 수 있다. 객체도 제한이 없다. 성년·미성년, 남녀성별, 연령은 물론이고, 미성년자의 의사능력 유무도 묻지 않는다. 기타 "미성년자약취·유인죄" 참조.

(3) 주관적 구성요건

이 죄가 성립하기 위해서는 고의 외에 추행, 간음, 결혼 또는 영리의 목적이 있어야 한다. 추행 등의 목적으로 미성년자를 약취·유인한 때에는 미성년자약취·유인죄에 비해 가중처벌하는 부진정목적범이고, 성년자에 대하여는 추행 등의 목적이 있는 경우 비로소 범죄가 성립하는 진정목적범이다.

1) 추행의 목적　약취·유인된 자를 추행행위의 주체 또는 객체로 삼으려는 목적을 말한다. "추행"이란 행위자 또는 제3자에게 성욕을 자극 또는 흥분시키는 행위로서 일반인에게 성적 수치심과 혐오감을 일으키는 일체의 행위를 말한다.

2) 간음의 목적　결혼 아닌 성교행위를 할 목적을 말한다. 반드시 약취·유인자 자신이 간음의 당사자가 되어야 하는 것은 아니다.

3) 결혼의 목적　혼인관계를 맺을 목적을 의미한다. 이 죄의 "결혼"의 의미에 대해서는 법률혼을 의미한다는 견해(황산덕 217, 정영석 259), 사실혼을 의미한다는 견해(유기천 상 121)도 있으나 사실혼·법률혼 모두 포함한다고 본다(다수설). 직접 약취·유인된 자와 결혼할 목적이라야 하고 제3자와 결혼할 목적이 있는 경우는 여기에 해당하지 않는다. 단순히 내연관계나 첩관계를 맺을 목적이나 결혼지참금만 취득할 목적으로 결혼한 경우도 이 죄에 해당하지 않는다. 결혼할 목적으로 사람을 약취 또는 유인함으로써 기수가 되며 목적달성 여부는 기수 성립에 영향이 없다.

4) 영리의 목적　자기 또는 제3자로 하여금 재산상의 이익을 얻게 할 목적을 말한다. 일시적 이익을 얻는 경우라도 상관없다. 피인취자를 일정한 업무에 종사하게 하여 그 수입으로 채무를 변제하게 할 목적도 여기에 해당한다. 반드시 인취행위 자체에서 이득할 필요가 없으며, 인취한 후 다른 행위에 의해서 취득하여도 무방하다.

(4) 기수시기

이 죄는 목적범이므로 그 목적을 가지고 사람을 약취 또는 유인하면 기수가 되며, 목적 달성 여부는 기수·미수와 관계없다. 목적은 반드시 행위 전에 있을 필요가 없고 행위 도중에 있으면 충분하다. 객체가 유아인 경우에는 이상의 목적으로 실력적 지배 하에 옮기면 곧 기수가 된다고 본다. 피인취자를 안전한 장소로 풀어준 때에는 그 형을 감경할 수 있다($^{제295조}_{의2}$).

V. 노동력 착취·성매매와 성적 착취·장기적출목적약취·유인죄

> [구성요건·법정형] 노동력 착취, 성매매와 성적 착취, 장기적출을 목적으로 사람을 약취 또는 유인한 사람은 2년 이상 15년 이하의 징역에 처한다(제288조 제2항).
> 미수범은 처벌한다(제294조).
> 이 죄를 범할 목적으로 예비 또는 음모한 사람은 3년 이하의 징역에 처한다(제296조).

(1) 의의·성격

노동력 착취, 성매매와 성적 착취, 장기적출의 목적으로 사람을 약취 또는 유인하는 범죄이다. 이 죄는 미성년자약취·유인죄와 추행·간음·결혼·영리목적 약취·유인죄에 대하여 특별관계에 있으므로 이 죄가 우선 적용된다. 목적범이고 침해범이며, 미수범과 이 죄를 범할 목적으로 예비·음모한 자도 처벌한다. 피인취자를 안전한 장소로 풀어준 때에는 그 형을 감경할 수 있다($^{제295조}_{의2}$).

(2) 주관적 구성요건

이 죄는 약취·유인의 고의 외에 노동력 착취, 성매매와 성적 착취 또는 장기적출의 목적이 있어야 하는 목적범이다.

1) **노동력 착취의 목적** 타인의 노동력 또는 그 노동의 성과를 대가없이 이용할 목적을 말한다. 강제노동이나 노예로 부리는 것이 여기에 해당한다.

2) **성매매와 성적 착취의 목적** 타인으로 하여금 성매매나 기타 형태의 성적 착취를 하게 할 목적을 말한다. 성적 착취는 음란행위 혹은 성적 행위를 하게 하는 것을 의미한다.

3) **장기적출의 목적** 살아있는 타인의 내장이나 신체조직 등 인체의 일부를 본인의 의사에 반하여 적출하려는 목적을 의미한다. 반드시 장기이식을 목적으로 할 필요가 없다.

VI. 국외이송목적약취·유인죄, 피약취·유인자국외이송죄

> [구성요건·법정형] 국외에 이송할 목적으로 사람을 약취 또는 유인하거나 약취 또는 유
> 인된 사람을 국외에 이송한 사람도 제2항(노동력 착취, 성매매와 성적 착취, 장기적출목적의
> 약취·유인죄)과 동일한 형(2년 이상 15년 이하의 징역)으로 처벌한다(제288조 제3항).
>   미수범은 처벌한다(제294조).
>   이 죄를 범할 목적으로 예비 또는 음모한 사람은 3년 이하의 징역에 처한다(제296조).

(1) 국외이송목적 약취·유인죄

국외에 이송할 목적으로 사람을 약취 또는 유인하는 범죄이다. 침해범·목적범이고, 국외이송의 목적을 가지게 된 동기(영리·추행·노동력 착취 등)는 묻지 않는다. 국외는 "대한민국 영역 외"를 말한다(통설). 외국에서 대한민국으로 또는 외국에서 외국으로 이송할 목적인 경우에는 이 죄에 해당하지 않는다. 공해상도 국외에 해당한다. 피인취자를 안전한 장소로 풀어준 때에는 그 형을 감경할 수 있다($^{제295조}_{의2}$). 미수범과 이 죄를 범할 목적으로 예비·음모한 자도 처벌한다.

(2) 피약취·유인자 국외이송죄

약취 또는 유인된 자를 국외로 이송하는 침해범이다. 객체는 현실적으로 약취 또는 유인된 자이며, 처음부터 국외에 이송할 목적으로 약취·유인된 자일 필요가 없다.

행위는 국외에 이송하는 것이다. 현실로 이송할 것을 요한다. 대한민국의 영역을 떠남으로써 기수가 되며, 공해상으로 나갔거나 무국적지에 도착해도 이 죄는 기수가 된다. 미수범과 이 죄를 범할 목적으로 예비·음모한 자도 처벌하며, 피인취자를 안전한 장소로 풀어 준 때에는 그 형을 감경할 수 있다($^{제295조}_{의2}$).

국외이송목적 약취·유인죄는 실제로 이송하지 못한 경우에 성립하는 죄이며, 피약취·유인자 국외이송죄는 현실적으로 이송함으로써 성립하는 별개의 범죄이다. 국외이송목적으로 약취·유인한 자가 계속해서 피인취자를 국외로 이송한 때에는 경합범으로 취급해야 한다.

Ⅶ. 추행·간음·결혼·영리목적인신매매죄

> [구성요건·법정형] 추행, 간음, 결혼 또는 영리의 목적으로 사람을 매매한 사람은 1년 이상 10년 이하의 징역에 처한다(제289조 제2항).
> 미수범은 처벌한다(제294조).
> 이 죄를 범할 목적으로 예비 또는 음모한 사람은 3년 이하의 징역에 처한다(제296조).

추행, 간음, 결혼 또는 영리의 목적으로 사람을 매매하는 부진정목적범이다. 매도자와 매수자를 똑같이 처벌하는 필요적 공범(대향범)이다(제289조 제2항). 이 죄의 주체와 객체는 추행·간음·결혼·영리목적약취·유인죄의 그것과 같고, 행위는 인신매매죄의 그것과 같다. 피매매자의 의사에 반하여 그를 매매의 객체로 삼는다는 고의가 있고, 추행·간음·결혼 또는 영리의 목적이 있어야 한다.

실행의 착수는 매매계약이 이루어진 때이며, 인신에 대한 실력지배의 이전이 있는 때 기수가 된다. 피매매자를 안전한 장소로 풀어준 때에는 그 형을 감경할 수 있다(제295조의2). 미수범과 이 죄를 범할 목적으로 예비·음모한 자도 처벌한다.

Ⅷ. 노동력 착취·성매매와 성적 착취·장기적출목적인신매매죄

> [구성요건·법정형] 노동력 착취, 성매매와 성적 착취, 장기적출을 목적으로 사람을 매매한 사람은 2년 이상 15년 이하의 징역에 처한다(제289조 제3항).
> 미수범은 처벌한다(제294조).
> 이 죄를 범할 목적으로 예비 또는 음모한 사람은 3년 이하의 징역에 처한다(제296조).

노동력 착취, 성매매와 성적 착취, 장기적출의 목적으로 사람을 매매하는 부진정목적범이고, 필요적 공범(대향범)이다. 인신매매에 대한 고의 외에 노동력 착취, 성매매와 성적 착취 또는 장기적출의 목적이 있어야 하며, 피매매자를 안전한 장소로 풀어준 때에는 그 형을 감경할 수 있다(제295조의2). 미수범과 이 죄를 범할 목적으로 예비·음모한 자도 처벌한다.

Ⅸ. 국외이송목적인신매매죄 및 피매매자국외이송죄

> [구성요건·법정형] 국외에 이송할 목적으로 사람을 매매하거나 매매된 사람을 국외로 이송한 사람도 제3항(노동력 착취·성매매와 성적 착취·장기적출목적 인신매매죄)과 동일한 형 (2년 이상 15년 이하의 징역)으로 처벌한다(제289조 제4항).
> 미수범은 처벌한다(제294조).
> 이 죄를 범할 목적으로 예비 또는 음모한 사람은 3년 이하의 징역에 처한다(제296조).

국외에 이송할 목적으로 사람을 매매하거나 매매된 사람을 국외로 이송하는 범죄이고, 국외이송목적인신매매죄는 부진정목적범이다. 이 죄를 범한 자가 피매매자를 안전한 장소에 풀어준 때에는 그 형을 감경할 수 있다($^{제295조}_{의2}$). 미수범과 이 죄를 범할 목적으로 예비·음모한 자도 처벌한다.

국외이송목적 인신매매죄는 대한민국 영역 외에 이송할 목적이면 충분하고 공해상도 국외에 해당한다. 국외에 이송할 목적으로 사람을 매매함으로써 기수가 되며 목적달성 여부는 묻지 않는다.

피매매자 국외이송죄는 매매된 자를 국외로 이송하는 침해범이다. 처음부터 국외에 이송할 목적으로 매매된 자일 필요가 없다. 행위는 대한민국 영역 외로 떠나보내는 것이고, 대한민국의 영역을 떠남으로써 기수가 되며, 반드시 외국의 영역 내에 들어갈 필요가 없다.

국외이송목적 인신매매죄는 실제로 이송하지 못한 경우에 성립하는 죄이고, 피매매자 국외이송죄는 현실적으로 이송함으로써 성립하는 별개의 범죄이므로 국외에 이송할 목적으로 사람을 매매한 자가 계속해서 피매매자를 국외로 이송한 경우에는 경합범으로 취급해야 한다.

X. 약취·유인·매매·이송 등 상해·치상죄, 살해·치사죄

[구성요건·법정형] 제287조부터 제289조(미성년자약취·유인, 추행 등 목적 약취·유인, 인신매매)까지의 죄를 범하여 약취, 유인, 매매 또는 이송된 사람을 상해한 때에는 3년 이상 25년 이하의 징역에 처한다(제290조 제1항).

제287조부터 제289조의 죄를 범하여 약취, 유인, 매매 또는 이송된 사람을 상해에 이르게 한 때에는 2년 이상 20년 이하의 징역에 처한다(제290조 제2항).

제287조부터 제289조까지의 죄를 범하여 약취, 유인, 매매 또는 이송된 사람을 살해한 때에는 사형, 무기 또는 7년 이상의 징역에 처한다(제291조 제1항).

제287조부터 제289조까지의 죄를 범하여 약취, 유인, 매매 또는 이송된 사람을 사망에 이르게 한 때에는 무기 또는 5년 이상의 징역에 처한다(제291조 제2항).

제290조 제1항과 제291조 제1항의 미수범은 처벌한다(제294조).

제290조 제1항과 제291조 제1항의 죄를 범할 목적으로 예비 또는 음모한 사람은 3년 이하의 징역에 처한다(제296조).

(1) 의의·성격

이 죄는 ① 미성년자 약취·유인죄, ② 추행·간음 등 목적 약취·유인죄, ③ 인신매매죄를 범한 자가 사람을 상해·살해하거나 상해·사망에 이르게 하는 범죄이다. 상해·살해 또는 치상·치사의 결과발생으로 인하여 불법이 가중되는 가중적 구성요건이며, 상해·살해죄는 결합범이고, 치상·치사죄는 진정결과적 가중범이다.

(2) 구성요건

주체는 약취·유인, 추행 등 목적 약취·유인 및 인신매매의 죄를 범한 자이고 제3자는 주체가 될 수 없다. 상해와 살해는 고의가 있는 경우이고, 약취·유인·매매·이송이 완료된 직후 또는 이에 대한 실력지배가 있는 동안에 행해져야 한다. 치상·치사죄는 결과적 가중범이므로 약취·유인·매매·이송행위와 치상·치사의 결과발생 사이에 인과관계와 예견가능성이 있어야 한다. 약취·유인 등의 피해자와 상해·살해, 치상·치사의 피해자는 같은 사람이어야 한다.

약취·유인·매매·이송 등의 행위가 기수 또는 미수인가와 관계없이 사상의 결과가 발생하면 이 죄는 기수가 된다. 약취·유인·매매·이송 등 상해·살해죄는 미수와 예비·음모도 처벌하며, 상해·치상죄의 경우에는 약취·유인·매매·이송된 사람을 안전한 장소로 풀어준 때에 그 형을 감경할 수 있다(제295조의2).

XI. 약취 · 유인 · 매매 · 이송된 자 수수 · 은닉죄

> **[구성요건 · 법정형]**   제287조부터 제289조(미성년자 약취 · 유인, 추행 등 목적 약취 · 유인,
> 인신매매)까지의 죄로 약취, 유인, 매매 또는 이송된 사람을 수수 또는 은닉한 사람은 7년 이
> 하의 징역에 처한다(제292조 제1항).
> 미수범은 처벌한다(제294조).
> 이 죄를 범할 목적으로 예비 또는 음모한 사람은 3년 이하의 징역에 처한다(제296조).

미성년자약취 · 유인의 죄를 포함한 모든 약취 · 유인의 죄와 인신매매의 죄
를 범하여 약취 · 유인 · 매매 · 이송된 자를 수수 · 은닉하는 범죄이다. 약취 · 유인 ·
매매 또는 이송행위가 있은 후에 수수 또는 은닉행위로 관여하는 범죄이고, 이
미 법익이 침해된 피해자의 자유 · 생명 · 신체의 안전 또는 감호권의 침해를 더
욱 확장하여 계속시키는 방조행위를 처벌하는 독립범죄이며, 총칙상의 방조범
에 대한 특별규정이다.

객체는 약취 · 유인 · 매매 · 이송된 자이고, 행위는 수수 또는 은닉하는 것이
다. "수수"란 유상 · 무상을 묻지 않고 객체를 교부받아 자기의 사실적 지배하에
두는 것을 말한다. 다만 사람을 유상으로 수수하면 인신매매죄에 해당한다. "은
닉"이란 객체의 발견을 곤란하게 하기 위하여 숨길 장소를 제공하거나 발견을
방해하기 위한 시설을 제공하는 등의 일체의 행위를 말한다.

비목적범이고 미수범도 처벌한다. 또 약취 · 유인 · 매매 · 이송된 자를 안전한
장소로 풀어준 때에는 그 형을 감경할 수 있다(^{제295조}_{의2}). 이 죄를 범할 목적으로 예
비 · 음모한 자도 처벌한다.

XII. 약취 · 유인 · 매매 · 이송목적모집 · 운송 · 전달죄

> **[구성요건 · 법정형]**   제287조부터 제289조(미성년자 약취 · 유인, 추행 등 목적 약취 · 유인,
> 인신매매)까지의 죄를 범할 목적으로 사람을 모집, 운송, 전달한 사람도 제1항(약취 · 유인 · 매
> 매 · 이송된 자 수수 · 은닉죄)과 동일한 형(7년 이하의 징역)으로 처벌한다(제292조 제2항).

모든 약취 · 유인의 죄 및 인신매매의 죄를 범할 목적으로 사람을 모집 · 운
송 또는 전달하는 범죄이다. 약취 · 유인 및 인신매매에 대한 준비행위이지만 형

법은 독립된 범죄유형으로 규정하고 있다. 여기서 "모집", "운송", "전달"이란 약취·유인 및 인신매매의 객체가 될 사람을 모으거나 사람을 장소적으로 이전시키거나 공범자에게 인도하는 것을 말한다. 이 죄는 목적범이지만 미수는 처벌하지 않는다.

이 죄 역시 총칙상의 방조범에 대한 특별규정이므로 이 죄에 해당하는 경우에는 제32조의 규정은 적용되지 않는다. 다만 외부가담자의 경우에는 공범규정이 적용될 수 있다. 이 죄도 사람을 안전한 장소로 풀어준 때에는 그 형을 감경할 수 있다($\frac{제295조}{의2}$).

[§ 10] 강간과 추행의 죄

I. 총 설

(1) 의 의

사람은 누구나 신체의 성숙에 따라 성생활의 가능성을 속성으로 지니고 있으므로 성적 자기결정의 자유를 갖는다. 강간과 추행의 죄는 폭행·협박이나 위계·위력 또는 이에 준하는 방법으로 성적 자기결정의 자유를 침해하는 범죄이다. 다만 형법은 개인의 자유를 보호하되 소극적으로 그 침해로부터 보호하는 것이기 때문에 성적 자기결정의 자유도 적극적으로 성행위를 할 자유를 보호하는 것이 아니라 불법한 침해에 의한 성행위를 하지 않을 소극적 의미의 자유만을 보호한다($\frac{2019도3341}{판결}$).

(2) 보호법익

보호법익은 개인의 성적 자기결정의 자유이다. 이 죄 중에서 폭행 또는 협박을 수단으로 하는 범죄는 신체의 불가침성 또는 의사결정의 자유도 부차적인 보호법익이 된다. 다만 피구금자간음죄는 범죄의 특수성으로 피구금자에 대한 평등한 처우와 감호자의 청렴성에 대한 일반의 신뢰도 부차적 법익으로 본다.[1]

---

1) 대법원은 성폭력특례법상 카메라등이용촬영죄는 피해자의 성적 자기결정권 및 일반적 인격권 보호, 사회의 건전한 성풍속 확립을 그 보호법익으로 하는 범죄로서 구체적으로 인격체인 피해

보호받는 정도는 강간죄·준강간죄, 강제추행죄·준강제추행죄, 유사강간
죄·준유사강간죄 모두 침해범으로서의 보호이다(통설). 한편 형법과 성폭력특례
법, 아동·청소년성보호법상의 성범죄 관련 친고죄와 반의사불벌죄 규정은 전면
삭제되었고, 위계간음죄를 규정한 제304조도 형법개정으로 삭제되었다.1)

Ⅱ. 강간죄

> [구성요건·법정형]   폭행 또는 협박으로 사람을 강간한 자는 3년 이상의 유기징역에 처한
> 다(제297조).
>   미수범은 처벌한다(제300조).
>   상습으로 이 죄를 범한 자는 그 죄에 정한 형의 2분의 1까지 가중한다(제305조의2).

1. 의의·성격

폭행 또는 협박으로 사람을 강간하는 범죄이다. 폭행 또는 협박과 간음행
위가 결합된 범죄이며, 침해범이고 결과범이다.

2. 객관적 구성요건

(1) 주 체

남녀를 불문하고 이 죄의 주체가 된다. 신분범도 자수범도 아니다. 동성간
의 강간이 가능한가에 대하여 논란이 있으나, 강간은 간음을 내용으로 하고 간
음은 이성간에만 가능하므로 동성간 강간은 불가능하다고 해야 한다. 따라서
동성간의 폭행 또는 협박에 의한 성기삽입은 유사강간죄에 해당할 뿐이다. 친

자의 성적 자유와 함부로 촬영당하지 않을 자유를 보호하기 위한 것이며, 여기에서의 '성적 자
유'는 소극적으로 자기 의사에 반해 성적 대상화가 되지 않을 자유를 의미한다고 하면서, 피해
자가 자신의 개성을 표현하거나 공개된 장소에서 신체 일부를 드러냈더라도 이를 몰래 촬영하
는 것은 성적 수치심을 유발할 수 있다고 판시하여 레깅스를 입은 여성의 하반신 뒷모습을 몰
래 촬영한 남성에게 카메라등이용촬영죄를 유죄로 인정하였다(2019도16258 판결).
1) 2012. 12. 18. 개정 전 형법은 제304조(혼인빙자 등에 의한 간음)는 혼인빙자간음죄와 위계간음죄를
함께 규정하고 있었고, 그 중 '혼인빙자간음죄' 부분은 2009년 헌법재판소의 위헌결정(2008헌바58
등 결정)으로 효력상실되었으며, '위계간음죄' 부분은 2012년 형법개정으로 삭제되었는데, 이와
같은 위계간음죄 규정의 삭제에 대하여 대법원은 "범죄 후의 법령개폐로 범죄를 구성하지 않
게 되어 형이 폐지되었을 때"에 해당한다고 하여 면소판결의 대상이 된다고 판시(2012도14253 판
결)하였다.

족관계가 있는 사람이 강간한 때에는 가중처벌한다(성폭력특례법 제5조 제1항).

(2) 객 체

자연인인 사람이다. 기혼·미혼, 성년·미성년, 성별[1]을 묻지 않으며, 음행의 상습이 있는 사람이나 성매매자, 종래부터 성적 관계를 가졌던 자도 이 죄의 객체가 된다. 다만 장애인[2]과 13세 미만의 자에 대해서는 성폭력특례법(제6조 제항 제7조 제1항)에 의하여, 19세 미만의 청소년에 대해서는 아동·청소년성보호법(제7조 제1항)에 의하여 각각 가중처벌된다.

1) **부부강간**   자신의 배우자도 강간죄의 객체가 될 수 있느냐에 대해서 **긍정설**(배종대 44/4, 오영근 143, 김성돈 196)과 **부정설**(통설)이 대립한다. 부부간의 성교행위는 간음이라 할 수 없으므로 부정설이 타당하다.[3]

판례는 종래 혼인관계는 지속적인 성관계를 전제로 하므로 혼인관계가 파탄에 이르고 실질적인 부부관계를 인정할 수 없는 경우(2008도8601 판결)를 제외하고 이 죄의 성립을 부정(70도29 판결)하여 왔으나, 최근에 "실질적인 혼인관계가 유지되고 있다 해도 폭행이나 협박으로 배우자를 간음한 경우에는 강간죄가 성립한다"고 하여 처(妻)에 대한 강간죄 성립을 긍정(2012도14788 등 전원합의체 판결)하여 그 태도를 변경하였다.

> **판례**   (2012년 개정 전) 형법 제297조가 정한 강간죄의 객체인 '부녀'에는 법률상 처가 포함되고, 혼인관계가 파탄된 경우뿐만 아니라 혼인관계가 실질적으로 유지되고 있는 경우에도

---

1) 종래 '부녀(婦女)'고 규정되어 있어 여성만이 객체가 되었으나, 2012년 형법 개정시에 '사람'으로 개정되어 현재에는 남성도 이 죄의 객체가 된다.

2) 성폭력특례법 제6조에서 규정하는 '신체적인 장애가 있는 사람'이란 '신체적 기능이나 구조 등의 문제로 일상생활이나 사회생활에서 상당한 제약을 받는 사람'을 의미한다. 장애와 관련된 피해자의 상태는 개인별로 그 모습과 정도에 차이가 있으므로 신체적인 장애를 판단함에 있어서는 해당 피해자의 상태가 충분히 고려되어야 하고 비장애인의 시각과 기준에서 피해자의 상태를 판단하여 장애가 없다고 쉽게 단정해서는 안 된다. 아울러 행위자가 범행 당시 피해자에게 이러한 신체적인 장애가 있음을 인식하여야 한다(2016도4404 등 판결).

3) 대법원 2012도14788 등 전원합의체 판결의 반대의견(이상훈·김용덕 대법관)은 부정설의 입장에서, 실질적인 혼인관계가 유지되고 있는 경우에 폭행·협박에 의하여 이루어진 부부 사이의 강제적 성관계를 형사처벌의 대상으로 삼아야 한다는 점은 인정하면서도 "'간음'의 사전적 의미는 '부부 아닌 남녀가 성적 관계를 맺음'이다. 강간은 '강제적인 간음'을 의미하므로 강간죄는 폭행 또는 협박으로 부부 아닌 남녀 사이에서 성관계를 맺는 것이라 할 것이다. 그리고 강간죄는 '부녀'를 대상으로 삼고 있으므로, 결국 강간죄는 그 문언상 '폭행 또는 협박으로 부인이 아닌 부녀에 대하여 성관계를 맺는 죄'라고 해석된다"라고 설시하여 강간죄가 성립할 수는 없고, 단지 부부 사이의 강제적인 성관계에서 행사된 폭행 또는 협박을 처벌대상으로 삼아야 한다고 하고 있다.

남편이 반항을 불가능하게 하거나 현저히 곤란하게 할 정도의 폭행이나 협박을 가하여 아내를 간음한 경우에는 강간죄가 성립한다고 보아야 한다(2012도14788 등 전원합의체 판결).

2) 성전환자 강간   종래 강간죄의 객체가 부녀로 한정되어 있을 때부터 남성이 성전환수술로 여성이 된 경우에 강간죄의 객체가 되느냐에 대하여 **긍정설**(김일수·서보학 133, 김성돈 197)과 **부정설**[1]이 대립하여 왔다. 현재 여성으로 성전환수술을 한 자도 법적으로 여성으로 인정되고 있을 뿐만 아니라 사회일반인도 여성으로 보고 있으므로 강간죄의 객체가 된다는 것이 타당할 것이다.

판례는 성전환자의 변경된 성을 인정하여 호적정정을 허가하였고(대법원 2004스42 전원합의체 결정), 성의 결정은 생물학적 요소와 정신적·사회적 요소를 종합적으로 고려해야 한다고 판시하여 성전환자에 대한 강간죄 성립을 긍정하였다(2009도3580 판결).[2]

> **판례** 피해자는 성장기부터 남성에 대한 불일치감과 여성으로의 귀속감을 나타내었고, 성인이 된 후 의사의 진단 아래 성전환수술을 받아 여성의 외부 성기와 신체 외관을 갖추었으며, 수술 이후 30여 년간 여성으로 살아오면서 현재도 여성으로서의 성정체성이 확고하여 남성으로 재전환할 가능성이 현저히 낮고, 개인생활이나 사회생활에서도 여성으로 인식되어, 결국 사회통념상 여성으로 평가되는 성전환자에 해당한다고 봄이 상당하고, 피고인도 피해자를 여성으로 인식하여 강간범행을 저질렀다면 피해자는 강간죄의 객체인 부녀에 해당한다 (2009도3580 판결).

(3) 행 위

폭행 또는 협박으로 강간하는 것이다.

1) 폭행·협박   폭행은 사람에 대한 유형력의 행사이다. 이 죄의 폭행의 대상은 피해자에 한정되며, 제3자에 대한 폭행은 협박이 될 수 있다. 협박은 해악을 고지하는 것이며, 제3자에 대한 해악고지도 무방하다. 협박의 내용은 자녀, 친족의 생명·신체에 대한 위해고지뿐만 아니라 상대방의 반항을 현저히 곤란하게 할 정도이면 무엇이든지 협박이 될 수 있다.

---

1) 배종대 각론 7전정판 44/4. 개정판(2021)에서는 긍정설로 태도를 변경하였다.
2) 최근 법원은 군복무 중 성전환수술로 남성에서 여성으로 성전환한 故 변희수 하사에 대한 전역처분취소소송에서 수술 후 법원으로부터 성별정정허가를 받아 성별을 정정한 만큼 심신장애 여부는 여성을 기준으로 판단했어야 한다고 판시하여 전역처분이 부당하다고 판단한 하급심 판결(대전지방법원 2020구합104810 판결 [2021. 10. 27. 확정])도 있다.

(a) **폭행·협박의 정도** 이 죄의 폭행·협박은 최협의의 폭행·협박을 의미한다. 다만 그 정도에 대해서 상대방의 반항을 억압할 정도의 폭행·협박이라는 견해(^{박상기·전지연}_{498 이하})도 있으나 상대방의 반항을 억압하는 경우뿐만 아니라 현저하게 곤란하게 할 정도로 충분하다고 본다(^{통설, 2016도16948}_{등 판결}).

반항의 곤란성 여부는 폭행·협박의 내용과 정도, 유형력을 행사하게 된 경위, 피해자와의 관계, 성교 당시와 그 후의 정황 등 모든 사정을 종합하여 객관적으로 판단해야 한다(^{2001도4462}_{판결}). 단지 피해자가 범행 이전에 범행 현장을 벗어날 수 있었다거나 사력을 다하여 반항하지 않았다는 사정만으로 폭행·협박이 항거를 현저히 곤란하게 할 정도에 이르지 않았다고 섣불리 단정해서는 안된다(^{2018도7709}_{판결}). 반항을 전혀 불가능하게 하는 절대적 폭력이나 스스로 반항을 포기하게 하는 강압적 폭력은 물론이고, 사람의 의식에 장애를 일으키거나 항거를 방해하기 위한 약물사용 또는 최면술을 거는 것도 폭행에 해당한다.

(b) **폭행·협박의 주체** 폭행 또는 협박은 행위자 스스로 가한 것이어야 한다. 자기와 관련이 없는 타인이 행한 폭행·협박을 이용하여 피해자를 간음하면 준강간죄(^{제299}_조)가 성립할 수 있다.

2) 강 간 "강간"이란 폭행 또는 협박으로 반항을 억압하거나 반항을 현저히 곤란하게 하여 간음하는 것을 말한다. "간음(姦淫)"은 결혼(부부) 아닌 성교행위로서 일방의 성기를 상대방의 성기에 삽입하는 것을 말한다. 성교행위 이외의 성행위(항문성교)나 성기유사물을 상대방의 성기에 삽입하면 유사간음행위(유사강간죄)가 될 뿐이고 간음은 아니다. 간음시에 피해자가 반항하고 있을 필요는 없으나 적어도 반항의사가 있거나 처음부터 반항이 불가능한 상태에 있어야 한다.

폭행 또는 협박은 간음의 종료 이전에 있으면 충분하며 간음과의 사이에 인과관계가 있어야 한다. 따라서 폭행 또는 협박을 가한 후 간음에 대하여 피해자의 동의가 있으면 간음 자체는 피해자의 의사에 반하지 않으며, 폭행·협박과 인과관계도 없으므로 강간미수죄가 된다. 판례는 폭행·협박과 간음 사이에는 인과관계가 있어야 하지만, 폭행·협박이 반드시 간음보다 선행되어야 하는 것은 아니라고 판시(^{2016도16948}_{등 판결})하였다.

3) 실행의 착수·기수시기

(a) **실행의 착수시기**　상대방의 반항을 현저히 곤란하게 할 정도의 폭행 또는 협박을 개시한 때에 실행의 착수가 있다. 이로 인하여 실제로 피해자의 항거가 불능하게 되거나 현저히 곤란하게 되어야만 하는 것은 아니다($^{2000도1253}_{판결}$). 상대방의 옷을 벗기거나 간음의 준비를 요하는 것도 아니다.

> 따라서 필사적으로 저항하는 자를 덤프트럭 운전석에 끌어넣는 경우, 피해자를 침대에서 일어나지 못하게 하고 저항하는 피해자의 유방과 엉덩이를 만지면서 팬티를 벗기려 한 경우(2000도1253 판결), 피해자를 여관방으로 유인하여 방문을 잠근 후 성관계를 거부하는 피해자에게 "옆방에 내 친구들이 많이 있다. 소리지르면 다 들을 것이다. 조용히 해라. 한 명하고 할 것이냐? 여러 명하고 할 것이냐"라고 말하면서 성행위를 요구한 경우(2000도1914 판결)는 강간의 실행의 착수가 인정된다.
>
> 반면 단순히 강간할 목적으로 피해자의 집에 침입하였다 하더라도 안방에 들어가 누워 자고 있는 피해자의 가슴과 엉덩이를 만지면서 간음을 기도하였다는 사실만으로는 강간의 수단으로 피해자에게 폭행이나 협박을 개시하였다고 하기는 어렵다(90도607 판결).[1]

(b) **기수시기**　일방의 성기가 상대방의 성기에 삽입되는 순간에 기수가 된다. 기수에 이른 후에 상대방이 더 이상 반항하지 않았다 할지라도 이 죄의 성립에 영향이 없다.

3. 주관적 구성요건

폭행 또는 협박으로 피해자를 그 의사에 반하여 간음한다는 고의가 있어야한다. 미필적 고의로 충분하다. 피해자의 동의가 있다고 오인한 경우에는 고의가 부정된다.[2]

피해자의 승낙이 있는 경우(화간)에는 구성요건해당성이 부정된다. 13세 미만의 자를 폭행·협박하여 간음한 때에는 강간죄가 성립하지만 성폭력특례법($^{제7조}_{제1항}$)이 우선 적용되어 가중처벌된다. 또 13세 이상 19세 미만의 아동·청소년에대해서는 아동·청소년성보호법($^{제7조 \ 제1항,}_{제2조 \ 제1호}$)에 의하여 가중처벌된다.

---

1) 이 판례의 사안은 성폭력특례법이 시행(1994. 1. 1.)되기 전 주거침입죄와 강간미수죄로 공소제기된 사안이다. 준강간미수죄나 준강제추행죄는 성립할 수 있다고 보인다. 현재에는 성폭력특례법상의 주거침입준강제추행죄로 처벌가능하다고 판단된다.

2) 제3자가 피해자인 척 행세하며 강간상황극을 원하는 남성을 찾는다고 인터넷에 올린 글을 보고피해자의 집을 찾아가 저항하는 피해자를 강간한 사안에서, 대법원은 강간죄의 미필적 고의가인정된다고 판시(2020도17776 판결)하였다.

4. 죄수·타죄와의 관계

1) **죄 수**   동일한 폭행·협박을 이용하여 여러 번 간음해도 단순일죄이다. 판례도 피해자를 1회 간음하고 200미터쯤 오다가 다시 1회 간음한 때에도 피해자의 의사 및 그 범행시각과 장소로 보아 두 번째의 간음행위가 처음 행위의 계속으로 볼 수 있으면 단순일죄라고 하였다($^{2002도2581}_{판결}$). 이와 달리 간음이 시간과 장소를 달리하여 별개의 고의로 이루어진 경우에는 경합범이 된다($^{87도694\ 판결,}_{96도1763\ 판결}$). 폭행 또는 협박은 강간의 불가벌적 사전행위로서 법조경합의 보충관계에 있다.[1]

2) **타죄와의 관계**   주거침입하여 강간한 경우에는 두 죄의 경합범이 되지만($^{88도1807\ 등}_{판결}$), 성폭력특례법 제3조 제1항의 주거침입강간죄가 우선 적용된다($^{2009도4335}_{판결}$).[2] 다만 성폭력특례법상 주거침입강간죄가 성립하기 위해서는 먼저 주거에 침입한 후 강간행위에 나아가야 하고, 강간의 실행에 착수한 다음 타인의 주거나 방실에 침입한 때에는 이 죄가 성립하지 않는다($^{2020도1796}_{판결\ 참조}$).[3] 사람을 감금 중에 강간의 사가 생겨 강간한 때에는 감금죄와 경합범이 된다. 강간을 하기 위해서 피해자를 감금한 때에는 상상적 경합이 된다(다수설). 판례도 같다($^{83도323}_{판결}$).

강간한 후 강도의 고의가 생겨 재물을 강취하면 강간죄와 강도죄의 경합범이 된다는 것이 판례($^{77도1350}_{판결}$)의 태도이다. 그러나 폭행·협박이 재물강취의 수단이 되지 않은 이상 강간죄와 절도죄의 경합범이 된다고 본다. 강간죄가 성립하는 경우에는 강제추행죄는 강간죄에 흡수된다. 강요죄와 강간죄는 법조경합의 특별관계가 된다.

---

1) 강간죄로 공소제기되었으나 폭행·협박이 최협의의 폭행·협박의 정도에 해당되지 않는다고 판단될 경우에는 폭행죄·협박죄 또는 강요죄는 성립할 수 있다고 봄이 상당하지만, 실무에서는 대체로 무죄가 선고되어 온 것으로 보인다. 다만 최근의 판시 취지에 비추어 볼 때, 업무상의 관계가 있는 때에는 업무상위력에 의한 간음죄가 성립할 여지도 충분하다고 본다.

2) 헌법재판소는 주거침입강제추행죄를 주거침입강간죄와 동일한 법정형으로 처벌하도록 규정한 성폭력특례법 제3조 제1항은 헌법에 위배되지 않는다고 판시(2012헌바320 결정)하였다.

3) 이 판결은 주점에서 함께 술을 마시다가 자신을 남자화장실 앞까지 부축해 준 피해자를 주점 여자화장실로 끌고 가 화장실의 문을 잠그고 강제로 입맞춤을 한 뒤 추행행위와 유사강간을 시도하자 피해자가 저항하였고, 이에 피해자를 용변칸 안에 밀어 넣은 후 유사강간하려다 미수에 그친 사안에 관한 것이다. 이에 대하여 대법원은 피해자를 화장실로 끌고 들어갈 때 유사강간죄의 실행행위를 개시한 것에 해당하고, 따라서 이미 유사강간죄의 실행에 착수한 때에 해당하므로 성폭력특례법상 주거침입유사강간죄를 범할 수 있는 지위인 주거침입죄를 범한 자에 해당하지 아니하여 위 죄는 성립하지 않는다고 판시하였다.

Ⅲ. 유사강간죄

> [구성요건·법정형] 폭행 또는 협박으로 사람에 대하여 구강, 항문 등 신체(성기는 제외한다)의 내부에 성기를 넣거나 성기, 항문에 손가락 등 신체(성기는 제외한다)의 일부 또는 도구를 넣는 행위를 한 사람은 2년 이상의 유기징역에 처한다(제297조의2).
> 미수범은 처벌한다(제300조).
> 상습으로 이 죄를 범한 자는 그 죄에 정한 형의 2분의 1까지 가중한다(제305조의2).

(1) 의의·성격

폭행 또는 협박으로 사람에 대하여 구강, 항문 등 신체의 내부(성기는 제외)에 성기를 넣거나 성기, 항문에 신체의 일부(성기는 제외) 또는 도구를 넣는 행위를 처벌하는 범죄이다. 사회가 다층화되고 복잡해짐에 따라 성범죄도 역시 다양한 양상을 띠고 있으므로 이에 대응하기 위해서 2012년 형법 개정시에 유사강간행위를 처벌하는 규정을 신설하여 강제추행죄보다 불법이 가중된 독립구성요건으로 규정하였다. 강간죄와 같은 성격의 범죄이다.

(2) 객관적 구성요건

1) 주 체   제한이 없다. 남자는 물론, 여자도 단독정범(간접정범)이나 공동정범이 될 수 있다. 또 이 죄는 남자와 여자 사이에서는 물론, 동성 사이에서도 범할 수 있다.

2) 객 체   남녀·노소, 기혼·미혼을 묻지 않는다. 장애인과 13세 미만의 사람에 대해서는 성폭력특례법($^{제6조 \ 제2항}_{제7조 \ 제2항}$)에 의하여, 13세 이상 19세 미만의 아동·청소년에 대해서는 아동·청소년성보호법($^{제7조 \ 제2항}_{제2조 \ 제1호}$)에 의하여 가중처벌된다.

3) 행 위   폭행 또는 협박으로 유사강간행위를 하는 것이다.

(a) 폭행·협박   이 죄의 폭행·협박은 강간죄의 그것과 같다.

(b) 유사강간행위   "유사강간행위"란 폭행 또는 협박으로, ① 사람의 구강, 항문 등 신체(성기 제외) 내부에 성기를 넣는 행위와, ② 성기, 항문에 손가락 등 신체(성기 제외)의 일부 또는 도구를 넣는 행위를 말한다. 유사강간행위의 범위는 실무적으로 확대될 가능성이 크다. 판례는 성매매처벌법에서 말하는 유사성교행위란, "구강·항문 등 신체 내부로의 삽입행위 내지 적어도 성교와 유사한 것으로 볼 수 있는 정도의 성적 만족을 얻기 위한 신체접촉행위를 말하는 것"이

라고 확대해석하고 있다($^{2005도8130}_{판결}$).

유사강간죄는 그동안 강제추행죄로 처벌되어 오던 행위 중 일부를 특정하여 중하게 처벌하고 있으므로 이 죄가 성립하는 경우 강제추행죄는 법조경합이 되어 유사강간죄만 성립한다. 또한 강간 중에 일어난 유사강간행위는 강간행위에 흡수되고 강간죄만 성립한다.

Ⅳ. 강제추행죄

> [구성요건·법정형] 폭행 또는 협박으로 사람에 대하여 추행을 한 자는 10년 이하의 징역 또는 1천500만원 이하의 벌금에 처한다(제298조).
> 미수범은 처벌한다(제300조).
> 상습으로 이 죄를 범한 자는 그 죄에 정한 형의 2분의 1까지 가중한다(제305조의2).

1. 의의·성격

폭행 또는 협박으로 사람에 대하여 추행하는 범죄로서 성적 자기결정의 자유를 침해하는 가장 기본적 범죄이다. 침해범이고, 자수범은 아니다($^{2016도17733 판결}_{[피해자를 도구로}$ 이용한 간접 정범 사례]).

2. 객관적 구성요건

(1) 주 체

제한이 없다. 남자와 여자 사이는 물론 동성간에도 범할 수 있다($^{2021도6112 판결}_{참조}$ [동성강제추행 사건]). 친족이 이 죄를 범하면 가중처벌한다($^{성폭력특례법}_{제5조 제2항}$).

(2) 객 체

사람이다. 남녀·노소, 기혼·미혼을 묻지 않는다. 다만 장애인과 13세 미만의 사람에 대해서는 성폭력특례법($^{제6조 제3항,}_{제7조 제3항}$)에 의하여, 13세 이상 19세 미만의 아동·청소년에 대해서는 아동·청소년성보호법($^{제7조 제3항}_{제2조 제1호}$)에 의하여 가중처벌된다. 자신의 배우자도 이 죄의 객체가 될 수 있느냐에 대하여 **긍정설**과 **부정설**(다수설)이 대립한다. 부부관계는 애정생활을 공동으로 하는 특수성이 있으므로 일방의 의사에 반한 행위가 있어도 이 죄가 아니라 강요죄만 문제된다고 본다.

(3) 행 위

폭행 또는 협박으로 추행하는 것이다.

1) 폭행·협박   이 죄의 "폭행·협박"의 개념은 강간죄의 그것과 같다.

(a) **폭행·협박의 정도**   폭행·협박의 정도에 대해서, ① 강간죄와 마찬가지로 반항을 억압하거나 현저히 곤란하게 할 정도임을 요한다는 견해(통설)와, ② 이 죄의 법정형이 벌금형까지 규정하고 있음에 비추어 강간죄의 폭행·협박과 폭행죄·협박죄의 그것의 중간정도, 즉 상대방의 임의성을 잃게 할 정도이면 충분하다는 견해(정영석 265)가 대립한다.

(b) **판례의 태도**   판례는 반드시 상대방의 의사를 제압할 정도의 폭행임을 요하지 않고 그 의사에 반한 유형력의 행사가 있으면 그 힘의 대소강약은 묻지 않는다(2001도2417 판결 [기습추행 사건])고 하여 후설을 취하고 있다.

(c) **결 어**   이 죄의 법정형에 벌금형이 선택적으로 규정되어 있는 것은 강간죄의 폭행·협박보다 그 정도가 가볍기 때문이 아니라, 추행의 개념이 강간보다 넓게 해석될 여지가 많기 때문에 양형에서 구체적 타당성을 기하기 위한 것이므로 폭행·협박의 정도는 강간죄의 그것과 같다고 보는 것이 타당하다.

(d) **폭행·협박의 시기와 상대방**   폭행·협박은 반드시 추행 이전에 있을 필요가 없다. 추행과 동시에 행해지거나 폭행 자체가 추행에 해당할 수 있다(2015도6980 등 판결). 또 폭행 자체는 추행의 객체에 직접 가할 필요가 없으므로, 예컨대 부모에게 폭행하여 그 자녀를 추행할 수도 있다.

2) 추 행

(a) **추행의 개념**   "추행"의 개념에 대해서, ① 성욕을 흥분·자극하거나 만족을 얻을 의사로 하는 행위로서 일반인으로 하여금 성적 수치심이나 혐오감을 느끼게 하는 일체의 행위라는 견해(김종원 133, 김일수·서보학 138, 박상기·전지연 503)와, ② 성욕의 흥분·자극 또는 만족이라는 주관적 의사와 관계없이 일반인에게 성적 수치심이나 혐오감을 느끼게 하는 일체의 행위라는 견해(다수설)가 대립한다. 전자에 따르면 주관적으로 성욕을 흥분·자극하거나 만족을 얻을 의사가 있어야 하는 경향범의 일종이 된다.

성욕을 흥분·자극·만족을 얻을 의사라는 주관적 의사를 요구할 경우에는, ① 복수·혐오·호기심과 같은 동기에서 성적 수치심을 주는 행위를 한 때에는 이 죄에 해당할 수 없고, ② 개인의 성적 자유의 침해(보호)가 행위자의 주관적 경향이나 의사에 따라 좌우된다는 것은 불합리하므로 객관적으로 일반인에게 성적 수치심이나 혐오감을 느끼게 하는 행위이면 추행이 된다고 본다. 판례는 추행은 객관적으로 일반인에게 성적 수치심이나 혐오감을 일으키게 하고 선량한 성적 도덕관념에 반하는 행위로서 피해자의 성적 자유를 침해하는 것을 의미하고(²⁰²¹도7538 판결). 여기에는 성욕을 자극·흥분·만족시키려는 주관적 동기나 목적은 필요없다고 판시(²⁰²⁰도7981 판결. 2013도5856 판결 [보복의사로 여성의 입술·귀·유두 등을 깨문 사건])하여 같은 입장이다. 여자의 유방을 만지거나 나체가 되게 하는 등 정상적인 성적 수치심을 해하는 행위가 그 예에 해당한다. 추행은 공연히 행하여 질 필요가 없다.

　(b) **추행의 정도**　추행은 객관적으로 성적 수치심이나 혐오감정[1]을 일으키는 행위[2]라야 하므로 적어도 성적인 수치심과 도덕감정을 현저히 해할 수 있는 정도의 중요한 행위가 있어야 한다. 성적인 의미가 없고 단순히 무례하게 여자의 무릎·허벅지를 만지거나 엉덩이를 쓰다듬는 행위는 추행이라고 할 수 없으나,[3] 여자의 옷을 벗기거나 성기, 유방을 만지는 행위는 추행이 된다. 행위 당시에 추행의 상대방이 추행행위를 인식하지 못하였더라도 추행이 되며, 상대방이 반드시 성적 수치심이나 혐오감을 느껴야만 추행이 되는 것도 아니다 (2021도7538 판결 [몰래 소변을 본 사건]).

　대법원은 피해자의 상의를 걷어올려서 유방을 만지고 하의를 끄집어 내린 경우(94도630 판결), 피해자를 어두운 골목길로 끌고 들어가 음부를 만지며 억지로 키스한 경우(89도358 판결), 엘리베이터 안에서 칼로 위협하며 꼼짝 못하게 하고 자위행위하는 모습을 보여준 경우(2009도13716 판결)에 추행을 인정하고, 춤을 추면서 상대방의 유방을 만진 행위는 피해자의 의사에 반한 유형력의 행사이고 폭행행위 자체가 추행에 해당한다(2001도2417 판결)고 하였다. 또 신체접촉 없더라도 피해자를 협박하여 스스로 나체가 되어 자신을 촬영하게 하거나 성기에 이물

---

1) 성적 자유를 침해당했을 때 느끼는 성적 수치심은 부끄럽고 창피한 감정만으로 나타나는 것이 아니라 다양한 형태로 나타날 수 있으므로, 더러워 혐오감을 느끼는 경우에도 추행이 될 수 있다(2021도7538 판결 참조).

2) '성적 수치심이나 혐오감을 일으키는 것'에 관하여 판례는 "피해자에게 단순한 부끄러움이나 불쾌감을 넘어 인격적 존재로서의 수치심이나 모욕감을 느끼게 하거나 싫어하고 미워하는 감정을 느끼게 하는 것으로서 사회 평균인의 성적 도의관념에 반하는 것을 의미한다. 성적 수치심 또는 혐오감의 유발 여부는 일반적이고 평균적인 사람들을 기준으로 하여 판단함이 타당하고, 특히 성적 수치심의 경우 피해자와 같은 성별과 연령대의 일반적이고 평균적인 사람들을 기준으로 하여 그 유발 여부를 판단하여야 한다"고 판시(2016도21389 판결)하였다.

3) 이에 반해 판례는 "여성에 대한 추행에서 신체부위에 따라 본질적인 차이가 있다고 볼 수 없다"고 판시(2019도12110 판결. 2004도52 판결도 같은 취지)하여 반대취지이고, 이를 지지하는 견해도 있다(김성돈 206).

질을 삽입하거나 자위행위를 하게 한 경우에는 피해자들을 이용한 강제추행죄가 성립하고 (2016도17733 판결), 의자에 앉아 있는 피해자의 등 뒤에서 피해자의 머리카락과 옷에 몰래 소변을 본 행위는 당시 피해자가 이를 인식하지 못하였더라도 강제추행죄에 해당하며(2021도7538 판결), 피해자(여, 17세)를 뒤따라가 인적이 없고 외진 곳에서 접근하여 껴안으려 하였으나 피해자가 뒤돌아보며 소리치자 몇 초 동안 쳐다보다가 되돌아 간 경우에 갑자기 뒤에서 껴안는 행위는 그 자체로서 '기습추행'으로 볼 수 있고, 비록 팔이 피해자의 몸에 닿지 않았더라도 양팔을 높이 들어 갑자기 뒤에서 껴안으려는 한 때에는 '기습추행'에 관한 실행의 착수가 인정되므로 아동·청소년성보호법상의 강제추행미수죄에 해당한다(2015도6980 판결). 상관이 부하 여군에게 업어주겠다며 양손을 잡아끌어 어깨위로 올리고, 물 속에 들어오라고 하면서 거절하는 피해자를 갑자기 안아 들어올린 때에는 군형법상 군인 등 강제추행죄에 해당한다(2019도12110 판결).

3. 주관적 구성요건

폭행·협박에 의하여 추행한다는 고의가 있어야 하고, 더 나아가서 성욕을 자극 또는 만족시킨다는 의사는 필요하지 않다. 이 죄를 공연하게 범한 때에는 공연음란죄($^{제245}_{조}$)와 상상적 경합이 된다.

4. 상습범

상습으로 강제추행죄를 범한 때에는 그 죄에 정한 형에 2분의 1까지 가중하여 처벌한다. 상습범 가중처벌 규정은 2010. 4. 15. 형법개정시에 신설되었는바, 개정 형법 시행일 이전에 범한 상습강제추행행위는 상습강제추행죄로 처벌할 수 없고, 행위시법에 따라 단순강제추행죄로 처벌할 수 있을 뿐이다. 이 경우 법 개정 전 강제추행죄의 소추요건도 아울러 구비되어야 한다($^{2015도15669}_{판결}$).

V. 준강간·준유사강간·준강제추행죄

> [구성요건·법정형]   사람의 심신상실 또는 항거불능의 상태를 이용하여 간음 또는 추행을 한 자는 제297조(강간), 제297조의2(유사강간) 및 제298조(강제추행)의 예에 의한다(제299조).
> 미수범은 처벌한다(제300조).
> 상습으로 이 죄를 범한 자는 그 죄에 정한 형의 2분의 1까지 가중한다(제305조의2).

(1) 의의·성격

사람의 심신상실이나 항거불능의 상태를 이용하여 간음, 유사간음 또는 추행하는 범죄이다. 폭행 또는 협박을 사용하지 않고 심신상실 또는 항거불능의 상태를 이용하여 간음, 유사간음 또는 추행하는 것이므로 강간죄·유사강간죄 또는 강제추행죄와 같이 처벌하는 데에 입법의 취지가 있다.

이 죄의 보호법익도 성적 자기결정의 자유이지만 특히 성적 자유를 갖지 못하는 사람을 성욕의 객체나 도구로 이용하는 것으로부터 보호하려는 데에 의의가 있다. 그리고 보호받는 정도는 침해범으로서의 보호이다.

(2) 구성요건

1) 주　체　강간죄, 유사강간죄, 강제추행죄의 그것과 같다. 정신병자를 이용한 간접정범의 형태로 이 죄를 범할 수 있으므로 자수범은 아니다(통설). 친족이 준강간죄, 준강제추행죄를 범한 때에는 가중처벌한다(성폭력특례법 제5조 제3항).

2) 객　체　심신상실 또는 항거불능의 상태에 있는 사람이다. 기혼·미혼, 연령 여하는 묻지 않는다. 준강간죄는 이성간에 한하여 가능하나, 준유사강간죄와 준강제추행죄는 동성간에도 가능하다.

(a) 심신상실　"심신상실"이란 정신기능의 장애로 인하여 정상적인 판단능력을 잃고 있는 상태를 말한다(2018도9781 판결). 제10조 제1항의 심신장애(심신상실)보다 넓은 의미로 이해해야 한다(다수설). 심신미약의 경우도 여기의 심신상실에 포함되느냐에 대해서 긍정설(이재상·장영민·강동범 11/28)도 있으나, 형법은 심신미약자에 대한 간음·추행죄(제302조)를 별도로 규정하고 있으므로 심신미약은 제외된다고 해야 한다(통설).

(b) 항거불능　"항거불능"이란 심신상실 이외의 사유로 심리적 또는 육체적으로 거부 또는 반항이 불가능하거나 현저하게 곤란한 상태를 말한다(2018도9781 판결).1) 의사를 신뢰한 소녀환자에 대하여 치료를 가장하여 간음하는 경우는 심리적으로 반항이 불가능한 상태를 이용한 것이고(다수설), 만취상태나 탈진상태 또는 포박된 사람을 추행하는 경우는 육체적으로 반항이 불가능한 상태를 이용한 것이다. 항거불능의 상태에 이르게 된 원인은 묻지 아니하므로 종교적 믿음이 무너지는 충격에 따른 정신적 혼란도 항거불능의 상태에 해당될 수 있다(2009도2001 판결).

> 판례　준강간죄·준강제추행죄에서 '심신상실'이란 정신기능의 장애로 인하여 성적 행위에 대한 정상적인 판단능력이 없는 상태를 의미하고, '항거불능'의 상태라 함은 심신상실

---

1) 헌법재판소는 형법 제299조에서 규정한 "항거불능" 부분은 명확성의 원칙에 위반되지 않는다고 판시하여 합헌결정하였다(2017헌바528 결정).

이외의 원인으로 심리적 또는 물리적으로 반항이 절대적으로 불가능하거나 현저히 곤란한 경우를 의미한다. 피해자가 깊은 잠에 빠져 있거나 술·약물 등에 의해 일시적으로 의식을 잃은 상태 또는 완전히 의식을 잃지는 않았더라도 그와 같은 사유로 정상적인 판단능력과 대응·조절능력을 행사할 수 없는 상태에 있었다면 준강간죄 또는 준강제추행죄에서의 심신상실 또는 항거불능 상태에 해당한다. 음주 후 준강간 또는 준강제추행을 당하였음을 호소한 피해자의 경우, 범행 당시 알코올이 기억형성의 실패만을 야기한 알코올 블랙아웃 상태였다면 피해자는 기억장애 외에 인지기능이나 의식상태의 장애에 이르렀다고 인정하기 어렵지만, 피해자가 술에 취해 수면상태에 빠지는 등 의식을 상실한 패싱아웃 상태였다면 심신상실의 상태에 있었음을 인정할 수 있다. 피해자가 의식상실 상태에 빠져 있지는 않지만 알코올의 영향으로 의사를 형성할 능력이나 성적 자기결정권 침해행위에 맞서려는 저항력이 현저하게 저하된 상태였다면 '항거불능'에 해당하여, 이러한 피해자에 대한 성적 행위 역시 준강간죄 또는 준강제추행죄를 구성할 수 있다(2018도9781 판결).

3) 행 위   심신상실 또는 항거불능의 상태를 이용하여 간음·유사간음·추행하는 것이다. 심신상실·항거불능의 상태를 "이용하여"란 행위자가 이러한 상태에 있는 피해자를 인식하고 그 상태를 간음·유사간음·추행이 용이하도록 기회로 삼는 것을 의미한다. 행위자가 간음·유사간음·추행하기 위하여 마취제·수면제·최면술을 사용하여 항거불능의 상태를 야기한 때에는 애당초 강간죄·유사강간죄·강제추행죄가 된다.

4) 착 오   피해자가 심신상실 또는 항거불능의 상태에 있다고 인식하고 이를 이용하여 간음하였으나 실제로는 심신상실 또는 항거불능의 상태에 있지 않은 경우에는 애당초 준강간의 구성요건결과발생이 처음부터 불가능하지만 위험성은 있으므로 준강간죄의 불능미수가 성립한다(2018도16002 전원합의체 판결).

VI. 미성년자의제강간·의제유사강간·의제강제추행죄

[구성요건·법정형] ① 13세 미만의 사람에 대하여 간음 또는 추행을 한 자는 제297조(강간), 제297조의2(유사강간), 제298조(강제추행), 제301조(강간 등 상해·치상) 또는 제301조의2(강간 등 살인·치사)의 예에 의한다(제305조 제1항).

② 13세 이상 16세 미만의 사람에 대하여 간음 또는 추행을 한 19세 이상의 자는 제297조, 제297조의2, 제298조, 제301조 또는 제301조의2의 예에 의한다(제2항).

상습으로 이 죄를 범한 자는 그 죄에 정한 형의 2분의 1까지 가중한다(제305조의2).

(1) 의의·성격

13세 미만의 사람에 대하여 간음·유사간음·추행하는 범죄($\frac{제1}{항}$)와 19세 이상의 사람이 13세 이상 16세 미만의 사람을 간음·유사간음·추행하는 범죄($\frac{제2}{항}$)이다. 제2항의 죄는 2020. 5. 19. 형법개정으로 신설되었다. 이 죄는 종래 13세 미만의 사람에 대해서는 정신미숙으로 인하여 승낙능력이 없다고 보고, 본인의 승낙을 받아 간음·유사간음·추행한 행위를 강간죄·유사강간죄·강제추행죄에 준하여 처벌하기 위해 입법화된 것이었으나, 16세 미만의 사람도 보호대상으로 하기 위해 이 죄의 객체를 확대하였다.

16세 미만자는 성적 생활을 할 수 없는 것이 보통이므로 이 죄의 보호법익은 성적 자기결정의 자유가 아니라 이러한 자를 성욕의 객체나 도구로 이용되는 것으로부터 보호함과 동시에 정상적인 성적 발육을 도모하려는 데에 있다고 본다.

(2) 구성요건

1) **주 체**　제1항의 죄는 제한이 없으나, 제2항의 죄는 19세 이상자로 제한된다. 주체를 제한하지 않을 때에는 16세 미만인 자들 사이에 합의하여 성적 행위를 한 경우, 모두 처벌대상이 될 수 있다는 점을 고려한 것으로 이해된다.

2) **객 체**　제1항은 13세 미만의 사람이고, 제2항은 13세 이상 16세 미만의 사람이다. 남녀를 묻지 않으며, 성경험이나 승낙 유무도 묻지 않는다.

3) **행 위**　간음·유사간음 또는 추행이다. 폭행·협박·위계·위력을 사용할 필요가 없다. 처음부터 폭행·협박으로 간음·유사간음·추행한 때에는 강간죄·유사강간죄·강제추행죄가 성립하고, 성폭력특례법 제7조 또는 아동·청소년성보호법 제7조가 우선 적용된다. 폭행·협박이 없는 경우에는 성폭력특례법이나 아동·청소년성보호법에 규정이 없으므로 형법의 미성년자의제강간죄·의제유사강간죄·의제강제추행죄가 성립한다.

4) **주관적 요소**　피해자가 13세(또는 16세 [주체가 19세 이상자인 경우, 이하 같다) 미만이라는 사실과 간음·유사간음·추행에 대한 고의가 있어야 한다. 미필적 고의로 충분하다. 13세(또는 16세) 이상인 자로 인식하였으나 13세(또는 16세) 미만인 때에는 이 죄의 고의가 부정된다. 13세(또는 16세) 미만으로 인식하였으나 13세(또는 16세) 이상인 때에는 대상의 착오로 인하여 결과발생이 불가능한

경우이므로 위험성 유무에 따라 불능미수 또는 불능범이 된다.

　　5) 미수범　　이 죄의 미수범처벌규정은 없으나 미수범도 처벌된다는 것이 통설이다. 이 죄는 강간죄·유사강간죄·강제추행죄의 예에 의하여 처벌하며 이러한 죄의 미수범을 처벌하고 있기 때문이다(²⁰⁰⁶도⁹⁴⁵³).

> **판례**　　미성년자의제강간·강제추행죄를 규정한 형법 제305조가 "13세 미만의 부녀를 간음하거나 13세 미만의 사람에게 추행을 한 자는 제297조, 제298조, 제301조 또는 제301조의2의 예에 의한다."로 되어 있어 강간죄와 강제추행죄의 미수범의 처벌에 관한 형법 제300조를 명시적으로 인용하고 있지 아니하나, 형법 제305조의 입법취지는 성적으로 미성숙한 13세 미만의 미성년자를 특별히 보호하기 위한 것으로 보이는바 이러한 입법취지에 비추어 보면 동조에서 규정한 형법 제297조와 제298조의 '예에 의한다'는 의미는 미성년자의제강간·강제추행죄의 처벌에 있어 그 법정형뿐만 아니라 미수범에 관하여도 강간죄와 강제추행죄의 예에 따른다는 취지로 해석된다. 따라서 이러한 해석이 형벌법규의 명확성의 원칙에 반하는 것이거나 죄형법정주의에 의하여 금지되는 확장해석이나 유추해석에 해당하는 것으로 볼 수 없다(2006도9453 판결).

　　성폭력특례법(제15조)과 아동·청소년성보호법(제7조제6항)은 미수범을 처벌하고 이를 우선 적용한다.

Ⅶ. 강간 등 상해·치상죄, 살인·치사죄

> [구성요건·법정형]　　제297조(강간), 제297조의2(유사강간) 및 제298조부터 제300조(강제추행·준강간·준유사강간·준강제추행과 그 미수범)까지의 죄를 범한 자가 사람을 상해하거나 상해에 이르게 한 때에는 무기 또는 5년 이상의 징역에 처한다(제301조).
> 　　제297조, 제297조의2 및 제298조부터 제300조까지의 죄를 범한 자가 사람을 살해한 때에는 사형 또는 무기징역에 처한다. 사망에 이르게 한 때에는 무기 또는 10년 이상의 징역에 처한다(제301조의2).

(1) 의의·성격

　　강간 등 상해·치상죄는 강간죄·유사강간죄·강제추행죄·준강간죄·준유사강간죄·준강제추행죄와 그 미수범을 범한 자가 사람을 상해하거나 상해에 이르게 하는 범죄이다. 강간 등 살인·치사죄는 이상의 죄를 범한 자가 사람을 살해하거나 사망에 이르게 하는 범죄이다. 상해·살인죄는 결합범이고, 치상·치사죄는 진정결과적 가중범이다.

(2) 구성요건

1) 상해·살해   상해·살해는 상해죄·살인죄의 그것과 같다. 다만 강간·
유사강간·추행행위가 있고 다시 상해·살해행위도 있어야 한다(결합범).

2) 치상·치사의 결과발생   결과적 가중범의 일반이론 그대로 타당하다.
사상의 결과는 간음·유사간음·추행의 기회에 또는 이와 밀접한 관련이 있는
행위에서 생긴 것이면 충분하다. 따라서 간음·유사간음·추행행위 그 자체에서
발생한 경우는 물론, 그 수단인 폭행 또는 협박에 의하여 야기된 경우나 간음·
유사간음·추행에 수반되는 행위(피해자가 폭행을 피하다가 상처를 입는 경우)에서
야기된 경우(^{2009도1934 판결, 2003도1256} _{판결, 99도519 판결})도 포함한다.

> 대법원은 처녀막 파열(94도1351 판결), 회음부찰과상(83도1258 판결)과 보행불능·수면장애·식
> 욕감퇴 등 기능장애를 일으킨 경우(69도161 판결), 히스테리병을 야기시킨 경우(69도2213 판결),
> 폭행을 당하여 코피가 나고 콧등이 부어오른 경우(91도1832 판결),[1] 수면제와 같은 약물을 투약
> 하게 하여 피해자를 일시적으로 수면 또는 의식불명의 상태에 빠지게 한 경우(2017도3196 판결)
> 등은 모두 상해에 해당한다고 하였다. 다만 자연치료가 될 수 있는 외음부충혈과 근육통(88도
> 831 판결), 손바닥에 긁힌 가벼운 상처(87도1880 판결), 강간 도중 흥분하여 피해자의 왼쪽 어깨
> 를 입으로 빨아서 생긴 동전크기 정도의 반상출혈상(85도2042 판결), 피해자의 음모의 모근부분
> 을 남기고 모간부분만을 일부 잘라낸 경우(99도3099 판결) 등은 강간치상죄·강제추행치상죄의
> 의 상해에 해당되지 않는다고 하였다.

3) 인과관계   사상의 결과와 간음·유사간음·추행·폭행·협박 또는 이에
수반되는 행위 사이에 인과관계가 있어야 한다. 따라서 강간 피해자가 수치심
이나 임신을 비관하여 자살한 경우와, 강간으로 인하여 임신되어 낙태수술이나
분만 중에 사망한 경우에는 이 죄에 해당하지 않는다. 그러나 강간을 피하기 위
하여 피고인이 전화를 하는 사이에 창문을 통해 뛰어내리다가 사망한 때에는
강간행위에 수반된 행위와 인과관계가 있으므로 강간치사죄에 해당한다(^{95도425}_{판결}).
반면 강간을 모면하기 위하여 피고인이 화장실에 간 틈을 이용하여 창문을 통
해 뛰어내리다가 상해를 입은 때에는 예견가능성이 없다는 이유로 강간치상죄
를 부정한 판례도 있다(^{92도3229}_{판결}).

4) 기 수   강간·유사강간·강제추행의 행위가 기수 또는 미수인가와

---

1) 이 경우에는 병원에서 치료를 받지 않더라도 일상생활에 지장이 없고 또 자연적으로 치료될 수
   있는 것이라 하더라도 강간치상죄에 있어서의 상해에 해당한다고 판시하였다.

관계없이 사상의 결과 또는 상해·살해의 결과가 발생하면 이 죄의 기수가 된다 (2003도1256 판결, 같은 취지 2013도7138 판결, 결과적 가중범의 미수는 인정되지 않는다는 취지). 특수강간·강제추행, 특수강도강간·유사강간·강제추행과 그 미수범은 성폭력특례법($^{제3조}_{제4조}$)에 의해서 가중처벌된다.[1]

> **판례** 구 성폭력특례법 제8조 제1항에 의하면 같은 법 제4조 제1항에서 정한 특수강간의 죄를 범한 자뿐만 아니라 특수강간이 미수에 그쳤다고 하더라도 그로 인하여 피해자가 상해를 입었으면 특수강간치상죄가 성립하는 것이고, 같은 법 제14조에서 정한 위 제8조 제1항에 대한 미수범처벌규정은 제8조 제1항에서 특수강간치상죄와 함께 규정된 특수강간상해죄의 미수에 그친 경우, 즉 특수강간의 죄를 범하거나 미수에 그친 자가 피해자에 대하여 상해의 고의를 가지고 피해자에게 상해를 입히려다가 미수에 그친 경우 등에 적용될 뿐, 위 제8조 제1항에서 정한 특수강간치상죄에는 적용되지 아니한다(2013도7138 판결).

5) 주관적 요소 강간 등 상해·살인죄는 강간·유사강간·강제추행행위와 상해·살인행위에 대한 이중의 고의가 있어야 한다. 미필적 고의로 족하다. 강간 등 치사상죄는 진정결과적 가중범이므로 기본행위인 강간 등에 대한 고의가 있어야 하고 사상의 결과에 대한 과실이 있어야 한다.

(3) 공범·죄수·타죄와의 관계

강간죄의 공동정범 중 1인의 행위에 의하여 사상의 결과가 발생한 때에는 다른 공동자도 강간치사상죄의 공동정범이 될 수 있다($^{83도3120}_{판결}$). 강간으로 인하여 처녀막이 파열된 경우에 최초의 간음자뿐만 아니라 그 뒤의 간음자도 치상의 책임을 진다. 강간치상 후 범행의 발각이 두려워 즉시 피해자를 살해한 때에는 강간치상죄와 살인죄의 경합범이 된다. 사망한 사람의 사체를 간음한 때에는 사체오욕죄($^{제159}_{조}$)만 성립한다.

> **판례** 공모한 후 공범자 중의 1인이 범죄실행에 직접 가담하지 아니하였다 하더라도 다른 공모자가 분담실행한 행위에 대하여 공동정범의 책임이 있다 할 것이며, 공범자 중 수인이 강간의 기회에 상해의 결과를 야기하였다면 다른 공범자가 그 결과의 인식이 없었더라도 강간치상죄의 책임이 없다고 할 수 없다(83도3120 판결).

---

1) 특수강도강간 등 죄에 해당하는 성폭력특례법 제3조는 형법 제297조의2(유사강간죄)를 명시적으로 포함하고 있으나, 특수강간 등 죄에 해당하는 동법 제4조의 경우는 형법 제297조의2를 명시하고 있지 않다.

Ⅷ. 미성년자·심신미약자간음·추행죄

> **[구성요건·법정형]** 미성년자 또는 심신미약자에 대하여 위계 또는 위력으로써 간음 또는
> 추행을 한 자는 5년 이하의 징역에 처한다(제302조).
> 상습으로 이 죄를 범한 자는 그 죄에 정한 형의 2분의 1까지 가중한다(제305조의2).

(1) 의 의

미성년자 또는 심신미약자에 대하여 위계 또는 위력으로써 간음 또는 추행
하는 범죄이다.

(2) 구성요건

1) 객 체   19세 미만의 미성년자 또는 심신미약자이며 남녀를 묻지 않는
다. 혼인한 미성년자도 형법상으로는 미성년자로 본다(반대설은 이재상·장영민·강동범 9/8, 김일수·서보학 150). 다만
제305조와 관계상 13세(주체가 19세 이상자인 경우는 16세) 미만자는 제외된다. 그
리고 19세 미만의 청소년에 대한 위계 또는 위력에 의한 간음 또는 추행은 아
동·청소년성보호법(제7조제5항)이 우선 적용된다.

"심신미약자"는 정신기능의 장애로 인하여 정상적인 판단능력이 부족한 자
를 말하며, 그 연령은 묻지 않는다. 따라서 "심신미약자"인 성년자도 객체가 된
다. 제10조 제2항의 심신장애(심신미약)보다 넓은 개념이다.

2) 행 위   위계 또는 위력으로써 간음 또는 추행을 하는 것이다.

"위계"란 상대방을 착오에 빠지게 하여 정상적인 판단을 그르치게 하는 방
법을 말하며, 기망이나 유혹의 수단을 사용하거나 상대방의 부지를 이용하는
것도 포함한다. 여기의 착오·부지는 간음행위 자체에 대한 착오·부지는 물론,
간음행위에 이르게 된 동기나 간음행위와 결부된 금전적·비금전적 대가와 같
은 요소에 대한 착오·부지도 포함된다(2015도9436전원합의체 판결).[1]

판례는 종래 미성년자(16세 남짓된 여고 1학년생)에게 성교의 대가로 금원을 주겠다고 거짓말하

---

[1] 다만 대법원은 위 2015도9436 전원합의체 판결에서 이러한 위계가 인정되기 위해서는 행위자의
위계적 언동의 내용 중에 피해자가 성행위를 결심하게 된 중요한 동기를 이룰 만한 사정이 포
함되어 있어 피해자의 자발적인 성적 자기결정권의 행사가 없었다고 평가할 수 있어야 하며,
이 경우 인과관계를 판단함에 있어서 피해자의 연령 및 행위자와의 관계, 범행에 이르게 된 경
위, 범행 당시와 전후의 상황 등 여러 사정을 종합적으로 고려하여야 한다고 판시하여 그 확대
를 제한하고 있다.

여 이에 속은 미성년자와 성교행위를 한 경우(2001도5074 판결), (정신지체) 심신미약자에게 남자
를 소개시켜 주겠다고 거짓말하여 이에 속은 피해자를 여관으로 유인한 후 그와 성관계를
한 경우(2002도2029 판결), 정신장애자에게 인터넷 쪽지를 이용하여 자신의 집으로 유인한 후
성교행위와 제모행위를 한 경우(2014도8423 등 판결)는 미성년자·심신미약자·정신장애자에게
간음행위 자체에 대한 착오나 부지가 있는 것이 아니므로 미성년자·심신미약자간음죄의 "위
계"에 해당하지 않는다고 판시하였으나, 최근 36세 남성인 피고인이 스마트폰 채팅 애플리케
이션을 통하여 알게 된 14세의 피해자(여)에게 자신을 '고등학교 2학년인 A'라고 거짓으로 소
개하고 채팅을 통해 교제하던 중 자신을 스토킹하는 여성 때문에 힘들다며 그 여성을 떼어
내려면 자신의 선배와 성관계를 해야 한다고 피해자에게 말하고, 이에 피고인과 헤어지는 것
이 두려워 피고인의 제안을 승낙한 피해자를 마치 자신이 A의 선배인 것처럼 행세하여 간음
한 경우, 아동·청소년성보호법상 '위계'에 의한 간음에 해당한다고 판시(2015도9436 전원합의체
판결)하여 그 태도를 변경하였다.

   "위력"이란 사람의 의사를 제압할 수 있는 세력을 말하고, 폭행·협박은 물
론, 행위자의 지위를 이용하여 상대방의 의사를 제압하는 일체의 행위를 포함
한다(^{97도2506}
판결 참조). 폭행·협박을 사용하는 경우에는 강간죄·강제추행죄의 폭행·협박
에 이르지 않을 정도라야 한다. 강간죄에서 요구하는 정도의 폭행·협박으로 미
성년자를 간음한 때에는 이 죄가 아니라 강간죄가 성립한다(^{69도1973}
판결).

> **판례**   형법 제302조는 "미성년자 또는 심신미약자에 대하여 위계 또는 위력으로써 간
> 음 또는 추행을 한 자는 5년 이하의 징역에 처한다."라고 규정하고 있다. 형법 제32장의 죄
> 의 기본적 구성요건은 강간죄(제297조)나 강제추행죄(제298조)인데, 제302조의 죄는 미성년자나
> 심신미약자와 같이 판단능력이나 대처능력이 일반인에 비하여 낮은 사람은 낮은 정도의 유·
> 무형력의 행사에 의해서도 저항을 제대로 하지 못하고 피해를 입을 가능성이 있기 때문에
> 그 범죄의 성립요건을 보다 완화된 형태로 규정한 것이다(2019도3341 판결).

IX. 업무상위계·위력에 의한 간음죄

> [구성요건·법정형]   업무, 고용 기타 관계로 인하여 자기의 보호 또는 감독을 받는 사
> 람에 대하여 위계 또는 위력으로써 간음한 자는 7년 이하의 징역 또는 3천만원 이하의 벌
> 금에 처한다(제303조 제1항).
> 　상습으로 이 죄를 범한 자는 그 죄에 정한 형의 2분의 1까지 가중한다(제305조의2).

(1) 의의·성격

업무·고용 기타 관계로 인하여 자기의 보호 또는 감독을 받는 사람에 대하

여 위계 또는 위력으로써 간음하는 범죄이다. 이러한 자에 대하여 추행한 때에
는 성폭력특례법($^{제10조}_{제1항}$)에 의하여 처벌된다. 피보호·감독자의 성적 자유를 보호
법익으로 하며, 진정신분범이고 자수범이다.

(2) 구성요건

1) 주 체 업무·고용 기타 관계로 인하여 사람을 보호·감독하는 지위에
있는 신분자이다.

2) 객 체 업무·고용 기타 관계로 인하여 자기의 보호 또는 감독을 받는
13세(또는 16세 [주체가 19세 이상자인 경우]) 이상의 사람이다.

(a) 13세(또는 16세) **이상의 사람** 미성년자·성년자를 불문한다. 13세(또는 16
세) 미만자인 때에는 미성년자의제강간죄($^{제305}_{조}$)가 성립하기 때문이다. 다만 19세
미만의 청소년에 대하여는 아동·청소년성보호법($^{제7조}_{제5항}$)이 우선 적용되므로, 이
죄로 처벌할 수 있는 객체는 사실상 19세 이상인 자에 한정된다.[1]

(b) **피보호·감독자** 자기의 보호 또는 감독을 받는 사람이어야 한다. 보호
또는 감독을 받게 된 원인은 업무·고용을 예시하고 기타 관계라는 포괄규정을
두었기 때문에 제한이 없다.

업무는 개인적 업무와 공적 업무가 포함된다. 고용은 사용자와 피용자 관
계가 있음을 의미하고, 기타 관계로 인한 보호 또는 감독은 사실상 보호·감독
의 관계가 있는 것으로 족하다. 따라서 처가 운영하는 미장원에 고용되어 사실
상 보호·감독을 받는 상태에 있는 사람도 포함한다($^{74도1519}_{판결}$).

---

1) 미성년자·심신미약자위계·위력간음죄(제302조)와 업무상위계·위력에 의한 간음죄(제303조 제1항)
의 관계에 관하여 보자면, 미성년자·심신미약자위계·위력간음죄는 법정형이 5년 이하의 징역
인 반면, 업무상위계·위력에 의한 간음죄의 법정형은 종래 "5년 이하의 징역 또는 1,500만원
이하의 벌금"에서 2018. 10. 16. 형법개정으로 "7년 이하의 징역 또는 3천만원 이하의 벌금"으로
상향되었다. 이 경우 자신의 보호·감독을 받는 미성년자·심신미약자에 대하여 위계·위력으로
써 간음한 때에는, 종전의 규정에 따르면 법정형이 더 무거운 미성년자·심신미약자위계·위력
간음죄가 성립한다고 하였을 것이나, 개정 규정에 따르면 형이 더 무거운 업무상위계·위력에
의한 간음죄가 성립한다고 할 수밖에 없게 되었다(법조경합의 특별관계). 그러나 보호·감독을 받
는 자와 미성년자·심신미약자 중 더 두텁게 보호되어야 할 자는 미성년자·심신미약자라고 함
이 타당하다. 보호·감독을 받는 자에 대한 성폭력범죄의 경우에는 상대방이 미성년자·심신미
약자인가 심신장애 없는 성년자인가에 따라 차등하여 처벌할 필요가 있는 반면, 미성년자·심
신미약자에 대한 성폭력범죄의 경우에는 상대방이 보호·감독을 받는 자인가 아닌가에 따라 차
등하여 처벌할 필요가 없다고 봄이 상당하기 때문이다. 따라서 미성년자·심신미약자위계·위
력간음죄와 업무상위계·위력에 의한 간음죄의 법정형은 균형을 잃었다고 봄이 상당하므로 입
법적 재검토가 요구된다고 본다.

3) 행 위   위계 또는 위력으로써 간음하는 것이다. "위계·위력"은 미성년자·심신미약자간음죄($\frac{제302}{조}$)의, "간음"은 강간죄($\frac{제297}{조}$)의 그것과 같다.

X. 피구금자간음죄

> [구성요건·법정형]   법률에 의하여 구금된 사람을 감호하는 자가 그 사람을 간음한 때에는 10년 이하의 징역에 처한다(제303조 제2항).
> 상습으로 이 죄를 범한 자는 그 죄에 정한 형의 2분의 1까지 가중한다(제305조의2).

(1) 의의·성격·보호법익

법률에 의하여 구금된 자를 감호하는 자가 간음하는 진정신분범이고 자수범이다. 추행한 때에는 성폭력특례법($\frac{제10조}{제2항}$)에 의하여 처벌된다. 구금상태에서는 심리적 위압감으로 의사결정의 자유가 제한되어 특별한 수단을 사용하지 않아도 간음을 거부할 수 없음을 이용하는 행위를 범죄로 처벌하려는 데에 취지가 있다.

이 죄는 피구금자의 동의가 있는 경우에도 성립하므로 주된 보호법익은 피구금자의 성적 자기결정의 자유이지만 피구금자에 대한 평등처우와 감호자의 청렴성에 대한 일반인의 신뢰도 부차적 법익이 된다.

(2) 구성요건

1) 주 체   법률에 의하여 구금된 사람을 감호하는 자이다(진정신분범). 검찰·경찰·교정직 공무원 등이다. 간접정범에 의해서 범해질 수 없는 자수범이다($\frac{다수설. 반대설은 김일수}{서보학 152, 오영근 160}$).

2) 객 체   법률에 의하여 구금된 사람이다. "법률에 의하여 구금된 사람"이란 형사소송법에 의하여 체포·구금된 자를 말하고, 형사피고인·형사피의자를 묻지 않는다. 또 형 집행 중인 수형자, 소년원에 수용된 자, 노역장에 유치된 자, 치료감호 중인 자, 수사기관에 구속된 자를 포함한다. 그러나 선고유예·집행유예 중에 있는 자, 보호관찰을 받는 자는 이 죄의 객체가 될 수 없다.

3) 행 위   간음하는 것이다. 간음함으로써 성립하며 특별한 수단을 필요로 하지 않는다. 감호자가 폭행·협박을 사용하여 간음한 때에는 강간죄가 될

수 있다. 피해자의 승낙이 있어도 이 죄는 성립한다.

XI. 강간 등 예비·음모죄

> **[구성요건·법정형]** 제297조, 제297조의2, 제299조(준강간죄에 한정한다), 제301조(강간 등 상해죄에 한정한다) 및 제305조의 죄를 범할 목적으로 예비 또는 음모한 사람은 3년 이하의 징역에 처한다(제305조의3).

이 죄는 강간죄·유사강간죄·준강간죄와 강간 등 상해죄 및 미성년자의제 강간 등 죄 등 법익침해가 중대한 성폭력범죄를 사전에 방지할 의도로 이들 범죄를 범할 목적으로 사전준비를 하거나 2인 이상이 합의·모의하는 행위를 처벌하기 위하여 2020. 4. 29. 형법개정으로 신설되었다. 강간 등 살인죄의 예비·음모는 살인예비·음모죄로 처벌할 수 있으므로 제외된 것으로 보인다. 이 죄의 신설과 함께 성폭력특례법에서도 특수강도강간죄·특수강간죄와 친족간 강간 등 죄·장애인 강간 등 죄·13세 미만자에 대한 강간 등 죄의 예비·음모죄가 신설되었다(동법 제15조의2).[1]

---

1) 다만 조문상 입법적 재검토가 필요한 부분이 있다. ① 동조항은 제299조 중 준강간죄에 한하여 예비·음모를 처벌한다고 규정하여 준유사강간죄의 예비·음모는 제외된다고 해석되나, 이는 강간죄와 유사강간죄의 예비·음모죄 처벌규정을 둔 입법취지에 반한다. ② 동조항은 제301조 중 강간 등 상해죄에 한하여 예비·음모를 처벌한다고 규정하고 있는 바, 이는 강간 등 치상죄의 예비·음모죄를 제외하고자 한 것으로 이해된다. 그러나 이로 인해 강제추행상해죄를 범할 목적으로 예비·음모한 자도 처벌대상이 된다고 해석할 수밖에 없게 되었다. 그러나 강제추행죄와 상해죄 모두 예비·음모죄 처벌규정이 없는 범죄이고, 성폭력범죄 중 상대적으로 무거운 죄인 강간죄·유사강간죄·강간상해죄 등에 한하여 예비·음모죄를 신설하고자 하였음이 당시 형법개정의 취지(강제추행죄의 예비·음모죄가 제외되어 있는 점에 비추어)라고 이해한다면, 강제추행상해죄를 범할 목적으로 예비·음모한 자를 처벌하고자 한 것은 아니라고 봄이 상당하다. ③ 동조항은 제305조의 죄를 범할 목적으로 예비·음모한 자를 처벌한다고 규정하고 있는 바, 제305조의 죄에 따라 그 예에 의하여 처벌될 범죄에는 강제추행죄가 포함되어 있으므로 결국 미성년자의 제강제추행죄를 범할 목적으로 예비·음모한 자도 처벌대상이 되는 것으로 해석할 수밖에 없으나, 이 또한 입법취지에 부합하지 않는다고 봄이 상당하다. 따라서 입법론으로서 "제299조(준강제추행죄는 제외한다), 제301조(강제추행상해죄 및 강간 등 치상죄는 제외한다) 및 제305조(미성년자의제강제추행죄는 제외한다)"로 개정할 필요가 있다고 본다. 아울러 이 죄의 법정형 또한 강도예비·음모죄의 법정형(7년 이하의 징역) 수준으로 상향할 필요가 있다고 본다.

제3절 명예와 신용·업무에 관한 죄

[§ 11] 명예에 관한 죄

I. 총 설

(1) 의 의

명예에 관한 죄는 사람의 인격적 가치에 대한 사회적 평가를 위태롭게 하는 범죄이다. 형법은 이러한 범죄를 명예훼손죄와 모욕죄의 두 가지 유형으로 나누어 규정하고 있다. 사람은 사회생활을 하는 존재이기 때문에 사회의 다른 구성원들로부터 독립된 인격체로서의 가치를 인정받고 그 가치에 적합한 처우를 받음으로써 적절한 사회생활을 영위할 수 있다. 때문에 형법은 독립된 인격체로 인정되는 가치를 명예라고 하고, 이를 보호하기 위해서 명예에 관한 죄를 규정하고 있다.

(2) 보호법익

명예에 관한 죄의 보호법익이 사람의 명예라고 하는 데에 이견이 없다. 다만, 명예의 내용을 어떻게 파악할 것이냐에 대해서 견해가 나뉘어진다.

1) 명예의 내용

(a) **내부적 명예**　자기 또는 타인의 평가와 관계없이 객관적으로 가지고 있는 사람의 내부적 가치(진가) 그 자체를 말한다. 이러한 가치는 사회적 평가와 관계없는 절대적 가치이므로 타인이 이를 침해하거나 훼손할 수 있는 성질이 아니다. 따라서 형법은 이러한 가치를 보호할 필요가 없고 보호할 수도 없다.

(b) **외부적 명예**　사람의 가치에 대하여 타인으로부터 주어지는 인격적 평가로서 개인의 진가와 관계없이 일반적으로 주어지는 사회적 평가이다(규범적 명예개념). 외부적 명예는 타인의 침해에 의하여 훼손될 수 있으므로 형법적 보

호의 필요성이 요구된다.

(c) **명예감정** 자신의 인격적 가치에 대한 주관적 평가 내지 감정으로서 주관적 명예라고도 한다(사실적 명예개념). 명예감정은 자기 자신에 대한 가치평가(명예의식)이므로 타인의 침해에 의하여 훼손될 수 있다. 하지만 명예감정은 사람마다 다르고, 자신을 과대평가하거나 과소평가하기도 하여 이를 보호하기 위한 객관적인 판단기준이 없다.

2) **형법적 보호대상과 보호법익** 명예의 내용 중 타인의 침해에 의하여 훼손될 수 있는 명예로서 형법적 보호가 필요한 것은 외부적 명예와 명예감정이다.

(a) **학설의 대립** 통설은 명예훼손죄뿐만 아니라 모욕죄의 보호법익도 외부적 명예라고 하는데 대해서, 명예훼손죄의 보호법익은 외부적 명예이지만 모욕죄의 보호법익은 명예감정이라는 견해(유기천 상138)와, 두 죄 모두 내부적 명예와 외부적 명예를 보호법익으로 한다는 견해(김일수 서보학155)도 있다.

(b) **결 어** 형법은 명예훼손죄와 모욕죄의 성립요건으로서 공연성을 요구하고, 명예감정도 없는 국가에 대한 모욕까지 인정(제105조·제106조)하고 있음에 비추어 인격적 가치에 대한 사회적 평가를 보호대상으로 예정한 것이라 할 수 있고, 명예감정이 없는 유아·정신병자·법인은 명예감정이 침해될 위험조차 없지만 그의 인격적 가치를 보호하기 위해서는 모욕죄를 인정할 필요가 있다. 사람에 따라 천차만별인 명예감정을 형법의 규제대상으로 삼을 때에는 국가의 형벌권행사가 피해자의 주관적 감정에 따라 좌우될 수밖에 없고, 내부적 명예는 애당초 외부적 침해가 불가능하므로 모욕죄의 보호법익도 외부적 명예라 해야 한다. 판례도 같은 태도이다(2016도9674 판결).

II. 명예훼손죄

> **[구성요건·법정형]** 공연히 사실을 적시하여 사람의 명예를 훼손한 자는 2년 이하의 징역이나 금고 또는 500만원 이하의 벌금에 처한다(제307조 제1항).
> 공연히 허위의 사실을 적시하여 사람의 명예를 훼손한 자는 5년 이하의 징역, 10년 이하의 자격정지 또는 1천만원 이하의 벌금에 처한다(제2항).
> 피해자의 명시한 의사에 반하여 공소를 제기할 수 없다(제312조 제2항).

1. 의의·성격

공연히 (진실한) 사실을 적시하거나($\substack{제1\\항}$), 허위의 사실을 적시하여($\substack{제2\\항}$) 사람의 명예를 훼손하는 범죄이다.[1] 추상적 위험범, 거동범이고 반의사불벌죄이다.

2. 객관적 구성요건

(1) 주 체

자연인인 사람이 행위주체가 된다는 데에는 이견이 없다. 법인도 행위주체가 될 수 있느냐에 대해서 다수설은 부정한다. 그러나 법인의 범죄능력을 인정하는 입장에서는 기업과 기업간, 언론사와 정당간의 상호 비방적인 명예훼손이 법인의 의사에 의한 법인의 행위로 인정되는 경우에는 법인의 주체성을 인정할 수 있다고 본다.

(2) 객 체

1) 명 예   명예는 이 죄의 보호법익인 동시에 행위객체가 된다. 명예의 내용은 외부적 명예, 즉 사람의 인격적 가치에 대한 사회일반의 평가(명성 또는 세평)를 의미한다. 인격적 가치는 사람의 행위와 인격에 대한 윤리적 가치에 한하지 않고, 정치적·사회적·학문적·예술적 능력은 물론, 신체적·정신적인 자질, 직업·신분·혈통·건강·외모·지식 등 사회생활에서 인정되는 가치를 포함한다.

> 사람의 지불능력과 지불의사에 대한 경제적 평가도 사회적 가치에 속하지만, 형법은 이를 신용훼손죄(제313조)에서 보호하고 있으므로 명예훼손죄의 대상에서 제외된다. 다만 신용훼손죄는 허위사실을 유포하거나 위계로써 신용을 훼손한 경우에 성립하므로 (진실한) 사실을 유포하거나 위계가 아닌 방법으로 사실을 적시하여 신용을 훼손한 때에는 명예훼손죄가 성립한다고 해야 한다.

사람의 인격적 가치에 대한 사회일반의 평가는 사람의 진가와 일치할 필요가 없으므로 사람의 진가와 관계없이 사회일반이 생각하고 있는 가정적 명예도

---

[1] 헌법재판소는 사실적시 명예훼손죄(제307조 제1항)에 대하여는 재판관 5:4의 의견으로(2017헌마1113 등 결정), 허위사실적시 명예훼손죄(동조 제2항)에 대하여는 재판관 전원일치 의견으로(2016헌바84 결정) 각 합헌결정하였다.

명예에 해당한다. 다만 인격적 가치는 적극적(긍정적) 가치라야 하고 소극적(부정적) 가치는 포함하지 않는다. 따라서 범죄자·비행자가 갖고 있는 악명은 명예가 될 수 없다. 적극적 가치이면 현재의 가치뿐만 아니라 장래의 가치나 과거의 가치도 현재 그 사람과 관련된 것이면 명예가 된다.

2) 명예의 주체 명예의 주체는 사람이다. 자연인과 법인을 포함한다. 명예의 주체는 특정되어야 하며, 표현의 취지나 주위 사정에 비추어 특정인을 추측할 수 있으면 충분하다($^{2011도11226}_{판결}$). 판례는 국가나 지방자치단체의 명예주체성을 부인하는 입장이다($^{2014도15290}_{판결}$).

(a) **자연인** 자연인은 성별·연령·기혼·미혼을 묻지 않는다. 유아·정신병자·백치도 명예의 주체가 된다. 유아는 현재의 성장상태와 장래의 가치에 대하여 명예의 주체가 될 수 있다. 범죄자, 실종선고를 받은 자, 파렴치한도 명예의 주체가 된다. 외국원수·외국사절에 대해서는 제107조·제108조가 적용된다.

(b) **법 인** 법인도 명예의 주체가 된다($^{통설, 99도5407}_{판결 참조}$). 법인은 해산 이후에도 청산이 종료되어 법인격을 상실할 때까지 명예의 주체가 된다.

(c) **법인격 없는 단체** 법인격 없는 단체는 명예의 주체가 될 수 없다는 견해도 있다($^{배종대 47/14,}_{오영근 168}$). 판례는 인격을 보유한 단체에 대해서만 명예의 주체가 된다고 판시하고 있다($^{99도5407}_{판결}$).

그러나 법인격 없는 단체라도 법에 의하여 인정된 사회적 기능을 담당하고 통일된 의사를 형성할 수 있으면 명예의 주체가 될 수 있다고 해야 한다(통설). 따라서 정당·노동조합·적십자사·병원·종교단체·상공회의소·전국경제인연합회 등도 명예의 주체가 된다. 반면 개인적인 취미생활을 위하여 결합된 사교단체(낚시클럽, 등산·골프클럽 등)는 대외적인 법적 활동의 주체가 아니므로 명예의 주체가 될 수 없다.

(d) **집합명칭** 법인격 없는 단체에 이르지 못한 가족이나 집단은 구성원이 특정되지 않는 한 그 집단명칭(상인들·학자들·수사관들 등)을 사용하더라도 집단 구성원에 대한 명예훼손이 되지 않는다. 판례도 "집단표시에 의한 모욕은, 모욕의 내용이 그 집단에 속한 특정인에 대한 것이라고는 해석되기 힘들고, 집단표시에 의한 비난이 개별구성원에 이르러서는 비난의 정도가 희석되어 구성원 개개인의 사회적 평가에 영향을 미칠 정도에 이르지 아니한 경우에는 구성원 개

개인에 대한 모욕이 성립되지 않는다고 봄이 원칙"이라고 판시($_{[여성아나운서 비하 사건]}^{2011도15631 판결}$)하여 같은 취지이다. 그러나 다음의 경우에는 집단명칭을 사용하여 구성원 모두나 개인에 대한 명예훼손이 될 수 있다. 이를 집단명칭에 의한 명예훼손이라 한다.

첫째, 집단명칭이 집단의 모든 구성원을 가리키는 경우이다. 예컨대 누구누구의 가족, 甲 음악대학의 교수, 乙 법과대학의 학생회 간부, 丙 경찰서 형사과 근무경찰관 등의 명칭으로 그 구성원 모두의 명예를 훼손하는 경우이다. 이러한 경우에는 ① 집단구성원이 일반인과 명백히 구별될 수 있을 정도로 집합명칭이 특정되어야 하고, ② 명예훼손의 표현도 집단구성원 모두를 지적하는 내용이어야 하며 평균판단으로는 부족하다. 따라서 단순히 수사관들, 상인들이라고 지적하거나, "서울시민은 사기꾼이다($_{판결 참조}^{4293형상244}$)", "상인들은 매국노다"라는 것만으로는 명예훼손이 되지 않는다.

둘째, 소규모 집단의 구성원 1인 또는 수인을 지적하였으나 그것이 누구인지가 명백하지 않아서 구성원 모두가 의심을 받는 경우이다. 예컨대 "모당 소속 국회의원 2명이 간첩이다", "장관 가운데 1명이 뇌물을 받았다"고 고지한 경우에는 혐의를 받는 구성원 모두에 대한 명예훼손이 된다($_{판결 참조}^{99도5407}$).

(e) 사 자   사자(死者)도 명예의 주체가 되느냐에 대해서, 사자명예훼손죄의 보호법익은 유족의 명예 또는 유족이 사자에 대하여 가지는 추모감정이며 사자는 사람이 아니라는 이유로 사자의 명예주체성을 부정하는 견해($_{522, 김성돈 231}^{박상기·전지연}$)도 있다.

그러나 ① 유족의 명예 또는 유족의 추모감정을 보호법익으로 한다면 유족이 없는 경우에는 사자명예훼손죄를 부정해야 함에도 불구하고 이 죄가 성립하는 이유를 설명할 수 없을 뿐만 아니라 유족이 있는 경우에는 유족의 명예가 훼손되므로 사자명예훼손죄를 규정할 필요가 없거나 이 죄의 성립요건으로 공연성을 요구할 이유가 없고, ② 법문에서 "사자의 명예를 훼손한 자"라고 명시하고 있으므로 사자도 역사적 존재로서 그 인격적 가치는 보호되어야 한다(통설). 판례도 사자명예훼손죄는 "사자에 대한 사회적·역사적 평가를 보호법익으로 하는 것"이라고 판시($_{판결}^{83도1520}$)하고 있다.

(3) 행 위

공연히 사실을 적시하여 사람의 명예를 훼손하는 것이다.

1) 공연성 "공연히"란 불특정 또는 다수인이 직접 인식할 수 있는 상태를 의미한다(^{통설, 2018도4200}_{판결}). 따라서 불특정인이면 다수인·소수인을 묻지 않으며, 다수인이면 특정인·불특정인을 묻지 않는다(^{90도2473}_{판결}).

이 죄의 성립요건으로서 공연성을 특히 요구하고 있는 이유는 직접적으로 사회에 유포시켜 사회적으로 해를 끼치는 행위만 처벌하고, 공연성이 없는 개인적인 정보전달을 제외함으로써 표현의 자유에 대한 지나친 제한을 억제하려는 데에 있다.

(a) **불특정인** "불특정인"이란 행위시에 상대방이 누구인지가 구체적으로 특정되어 있지 않다는 의미가 아니라 공개장소와 같이 상대방이 "한정된 범위"에 속하는 사람이 아니라는 의미이다.[1] 공도상(公道上)의 통행인, 공개광장의 청중 등이 그 예이다.

(b) **다수인** "다수인"이란 숫자로 한정할 수 없으나 사회적 평가가 훼손된다고 평가할 수 있는 정도의 상당한 다수라는 의미이다. 다수인이라도 국무회의·중역회의와 같이 어느 정도 비밀이 유지될 수 있는 상태이면 공연성이 있다고 할 수 없다. 판례는 타인의 명예를 훼손할 만한 사실을 기재한 유인물을 71명의 회원에게 우송하여 배포한 경우에는 비록 그 배포받은 자의 범위에 제한이 있고 수취인이 특정되었더라도 공연성이 인정된다고 하였다(^{81도149}_{판결}).

(c) **인식할 수 있는 상태** 불특정 또는 다수인이 직접 인식할 수 있는 상태에 있으면 충분하고 현실로 인식하였음을 요하지 않는다.

2) 전파성이론 "전파성이론"이란 특정된 한 사람에게 사실을 적시하더라도 그로부터 불특정 또는 다수인에게 전파될 가능성이 있으면 공연성을 인정하자는 견해(^{황산덕 229,}_{박상기·전지연 526})를 말한다.

대법원은 일관하여 이를 지지하여, "개별적으로 한 사람에 대하여 사실을

---

1) '성매매'를 불특정인을 상대로 금품이나 그 밖의 재산상의 이익을 수수하거나 수수하기로 약속하고 성교행위나 유사성교행위를 하거나 그 상대방이 되는 것을 말한다고 규정한 성매매처벌법 제2조 제1항 제1호에서 말하는 '불특정인을 상대로'의 의미에 관하여 판례는, 행위 당시에 상대방이 특정되지 않았다는 의미가 아니라, 그 행위의 대가인 금품 기타 재산상의 이익에 주목적을 두고 상대방의 특정성을 중시하지 않는다는 의미라고 보아야 한다고 판시(2015도1185 판결)하였다.

적시하더라도 그로부터 불특정 또는 다수인에게 전파될 가능성이 있다면 공연성의 요건을 충족"한다고 판시(²⁰¹⁸도⁴²⁰⁰ 판결)하고,1) 이 경우 전파가능성에 대한 인식과 그 위험을 용인하는 내심의 의사가 있음을 요한다(²⁰¹⁸도⁴²⁰⁰ 판결)고 하고 있다. 그리하여 1인에게 편지를 발송한 경우에도 수신인이 편지내용을 타인에게 유포할 가능성이 있으면 공연성을 인정하고(⁷⁹도¹⁵¹⁷ 판결), 다만 비밀보장이 되거나 피해자와 특별관계로 전파가능성이 없는 특수한 경우에만 공연성을 부인하고 있다(⁹⁹도⁵⁶²² 판결).

[전파가능성이 없다고 공연성을 부인한 판례]   ① 피해자의 친척 1인에게 피해자가 불륜관계에 있음을 말한 경우(81도1023 판결), ② 자신의 딸과 피해자의 아들간의 파탄된 혼인관계를 수습하기 위하여 가족들이 만나 대화하던 중 "사이비", "쌍년"이라고 말한 경우(83도49 판결), ③ 다방안 다른 손님과 멀리 떨어져 있는 자리에서 피해자와 동업관계에 있고 친한 사이인 사람에게 피해자의 험담을 한 경우(83도891 판결), ④ 피해자가 근무하는 학교의 법인 이사장 앞으로 "악덕교사"라는 취지의 진정서를 제출한 경우(83도2190 판결), ⑤ 처의 추궁에 피해자와 동침한 사실이 있다고 말한 경우(84도86 판결), ⑥ 자신의 남편이 듣고 있는 자리에서 피해자에게 "더러운 놈"이라고 말한 경우(85도2037 판결), ⑦ 피해자가 피고인을 명예훼손죄로 고소할 수 있도록 그 증거자료를 미리 은밀하게 수집·확보하기 위하여 피고인으로 하여금 피해자의 여자문제 등 사생활에 관한 발언을 유도하였다고 의심되는 자들이 피고인의 발언을 녹음하고 이를 계속 보관한 경우(94도3309 판결), ⑧ 이혼소송 계속 중인 처가 남편 친구에게 남편에 대한 명예훼손 문구가 기재된 서신을 동봉해 보낸 경우(99도4597 판결), ⑨ 기자가 취재를 한 상태에서 아직 기사화하여 보도하지 아니한 경우(99도5622 판결), ⑩ 타인으로부터 취득한 피해자의 범죄경력기록을 같은 아파트 거주자에게 보여주면서 "전과자이고 나쁜 년"이라고 말한 경우(2010도8265 판결), ⑪ A의 재산을 관리해온 B가 사망한 후 A의 재산을 두고 정당한 권리자가 A인지, 아니면 재산을 관리해온 B의 상속인들인지를 놓고 다툼이 벌어지자, B를 대신하여 A의 재산관리인이 된 자가 A의 채무자들과 각각 따로따로 만나 단둘이 있는 자리에서 "B가 병실에 누워있는 자리에서 부인과 아들이 재산문제로 크게 다퉜다", "B는 부인과 이혼했고, 부인은 B를 간호하지도 않고 치료도 받지 못하게 해 병원비를 내지 않았다", "부인과 아들이 B의 재산을 모두 가로챘다" 등의 말을 한 경우(2016도21547 판결), ⑫ "전 여자친구 A가 꽃뱀이고 A가 등장하는 음란동영상이 존재한다"는 내용의 허위사실이 담긴 문자메시지를 A의 지인 2명에게 보냈더라도 위 지인들이 A와 오래전부터 알고 지내던 사이로 친밀한 관계에 있었고, 당해 문자메시지 내용을 사실무근이라고 생각하여 A 이외에 다른 사람에게 말하지 않은 경우(2018도11720 판결), ⑬ 자신의 사무실에서 친구와 단둘이 있던 중 A로부터 걸려온 전화통화를 마친 후 A에 대하여 전혀 알지 못하는 친구에게 "신랑하고 이혼했는데, 아들 하나가 장애인이래. 그런데 A가 살아보겠다고 돈 갖다 바치는 거야"라고 말한 경우(2015도12933

---

1) 다만, 개별적인 소수에 대한 발언에 대하여 불특정 또는 다수인에게 전파될 가능성을 이유로 공연성을 인정하기 위해서는 막연히 전파될 가능성이 있다는 것만으로 부족하고, 고도의 가능성 내지 개연성이 필요하며, 특히 발언 상대방이 직무상 비밀유지의무 또는 이와 유사한 지위에 있는 경우에는 비밀의 보장이 상당히 높은 정도로 기대되는 경우로서 공연성이 부정된다(2015도15619 판결).

판결), ⑭ 골프장 동료 캐디가 "유흥업소 종사자이며 유흥을 일삼는 여자"라는 내용의 허위사실을 적시한 골프장 출입금지 요청서를 회사에 제출한 경우(2015도15619 판결) 등은 공연성이 인정되지 않는다. ⑮ 또 대법원은 현역 사병이 예비역이 된 선임 3명을 카카오톡 채팅방에 초대하여, 현역인 다른 상관인 "A가 부대원 구타와 폭행 등의 이유로 구속되어 헌병대 조사를 받고 있다"고 허위사실의 글을 올린 경우에는 전파가능성을 이유로 한 공연성 인정에 보다 신중해야 한다고 판시(2016도21662 판결 [무죄])하였다.

[전파가능성을 인정하여 공연성을 인정한 판례]   ① 이웃집 앞에서 주민과 피해자의 시어머니가 있는 자리에서 피해자에 대하여 "시커멓게 생긴 놈하고 매일같이 붙어 다닌다. 점방 마치면 여관에 가서 누워자고 아침에 들어온다"고 말한 경우(83도2222 판결), ② 비방할 목적으로 허위사실을 게재한 출판물 15부를 피고인 소속교회 교인 15인(그 중 일부는 출판물 작성에 참여한 자임)에게 배부한 경우(83도3124 판결), ③ 수사경찰관으로부터 고문·폭행·협박을 받았다는 허위의 사실을 한 사람씩 순차로 4명에게 유포한 경우(84도2380 판결), ④ 행정서사 사무실 내에서 피해자와 같은 교회를 다니는 교인 2명에게 피해자가 "처자식이 있는 남자와 살고 있다는데 아느냐"고 말한 경우(85도431 판결), ⑤ 진정서와 고소장을 특정인에게 개별적으로 우송하는 방법으로 19명, 193명에게 배포한 경우(91도347 판결), ⑥ 거리나 식당 등 공공연한 장소에서 비밀을 지켜줄만한 사정이 전혀 없는 두세 사람에게 허위사실을 유포한 경우(94도1880 판결), ⑦ 지방의회 의원선거를 앞두고 후보자가 되려는 자에 대하여 특별히 친분관계도 없는 사람들에게 차례로 비방의 말을 한 경우(96도1007 판결), ⑧ 인터넷 개인 블로그의 비공개 대화방에서 상대방과 일대일로 대화하면서 상대방으로부터 비밀을 지키겠다는 말을 듣고 허위사실을 적시한 경우(2007도8155 판결)), ⑨ 피해자의 집 뒷길에서 자신(피고인)의 남편과 피해자의 친척이 듣는 가운데 "저것(피해자)이 징역 살다 온 전과자다. 전과자가 늙은 부모 피를 빨아먹고 내려온 놈이다"라고 말한 경우(2020도5813 전원합의체 판결) 등은 공연성이 인정된다.

그러나 ① 공연성을 이 죄에 요구한 것은 "직접적으로 사회에 유포"시켜 사회적으로 유해한 결과를 초래하는 행위만 처벌하려는 취지라고 해야 하고, ② 전파성이론에 따르면 개인적 정보교환도 전파가능성이 전혀 없다고 할 수 없으므로 경우에 따라 사적으로 수군거리는 풍설(風說)까지 금지되는 결과가 되어 표현의 자유를 지나치게 제한하게 되며, ③ 이 죄의 성립 여부가 상대방의 전달의사에 따라 좌우된다는 것은 불합리하므로 전파성이론은 부정해야 한다(통설).

3) **사실의 적시**   사람의 인격적 가치에 대한 사회적 평가를 저하시킬만한 사실을 지적·표시하는 것을 말한다.

(a) **사 실**   사실은 현실적으로 발생하고 증명할 수 있는 과거와 현재의 사건이나 상태를 말한다.[1] 장래의 사실도 과거 또는 현재의 사실을 기초로 하거

---

1) 대통령 선거에 출마한 야당 후보에게 "공산주의자이고, 이 사람이 대통령이 되면 우리나라가

나 이에 대한 주장이 포함된 때에는 사실에 해당할 수 있다. 판례도 범죄 혐의 사실이 없어 내사종결된 사건에 대하여 공연히 "사건을 조사한 경찰관이 내일부로 검찰청에서 구속영장이 떨어진다"고 말한 것도 현재의 주장이 포함된 장래의 사실을 적시한 것이라 하였다(^{2002도7420}_{판결}).

(aa) 사실의 내용   사람의 사회적 가치 내지 평가를 저하시킬 만한 사실이면 무엇이든지 상관없다. 반드시 악사(惡事)·추행을 지적할 필요가 없으며, 공지의 사실이나 이미 알고 있는 사실을 적시하는 것도 포함한다. 직접 경험한 사실 외에 추측한 사실과 소문에 속한 사실도 상관없다.

사실은 피해자에 관한 사항이라야 하므로 처의 간통사실을 공개하여도 남편에 대한 명예훼손이 되지 않는다. 진실한 사실, 허위의 사실을 묻지 않는다. 다만 허위사실을 적시한 때에는 형이 가중된다(^{제307조}_{제2항}). 제307조 제1항의 "사실"은 동조 제2항의 "허위의 사실"과 반대되는 "진실한 사실"을 말하는 것이 아니라 가치판단이나 평가를 내용으로 하는 "의견"에 대치되는 개념이다(^{2016도18024}_{판결}).

(bb) 가치판단   사실과 가치판단은 구별해야 한다. 단순한 가치판단이나 평가를 내용으로 하는 의견표현에 불과한 때에는 이 죄에 해당하지 않는다(^{2018도10447}_{판결}). 사실은 그것이 진실임을 증명할 수 있는 것임에 대해서 가치판단은 주관적 확신에 의하여 좌우되는 것이다. "도둑놈", "사기꾼", "병신같은 놈"이라는 표현은 사실이 아니라 가치판단이다. 증명할 수 있는 가치판단은 사실에 해당하며, 사실과 판단이 중첩될 수도 있다. 증명할 수 없는 가치판단은 사실이 아니므로 모욕죄의 규제대상이 될 수 있을 뿐이다.

(b) 적 시   "적시"란 사람의 사회적 평가를 저하시키는데 충분한 사실을 구체적으로 주장·지적·표시·전달하는 것을 말하며(^{2011도11226}_{판결}), 시기·장소·수단까지 상세하게 특정할 필요는 없다. 구체적 사실을 적시하지 않고 모욕적인 말을 하는 것(빨갱이·계집년·죽일 놈·도둑놈)은 모욕죄에 해당한다(^{4293형상864}_{판결 참조}).

(aa) 피해자의 특정   사실의 적시라고 하기 위해서는 피해자가 누구인지

적화되는 것은 시간 문제"라고 발언한 사안에서, 대법원은 "개인이 공산주의자인지 여부는 그가 가지고 있는 생각에 대한 평가일 수밖에 없고, 공산주의자로서의 객관적·구체적 징표가 존재하는 것도 아닌 이상, 그 평가는 판단하는 사람의 가치관에 따라 상대적이어서 이를 증명 가능한 구체적 사실이라고 보기 어렵다. 누군가를 공산주의자라고 표현했다는 이유만으로 명예를 훼손할만한 구체적 사실을 적시했다고 단정할 수 없다. 이러한 발언은 개인적인 견해를 축약해 밝힌 것에 불과하고, 사실의 적시라 볼 수 없다"고 판시하였다(2020도12861 판결).

특정되어 있어야 한다. 성명을 명시할 필요가 없고 표현 내용과 당시 상황을 종합 판단하여 누구를 지목하는 것인지 알 수 있으면 충분하다(²⁰¹¹도¹¹²²⁶ 판결).

　(bb) 적시방법　　사실을 적시하는 방법은 제한이 없다. 언어, 문서·도서·신문·잡지·라디오 기타 출판물에 의하든 상관없다. 다만 신문·잡지·라디오 기타 출판물에 의한 경우에 비방의 목적이 있으면 출판물에 의한 명예훼손죄(제³⁰⁹조)가 성립한다. 또 연극이나 소설의 등장인물을 이용하거나 만화에 의해서, 또는 암시·추측 또는 질문에 의해서도 적시할 수 있다. 자신이 운영하는 유튜브 채널에 진지한 확인이나 검증없이 막연한 추측에 기대하여 유명 언론인인 피해자의 불륜관계를 강하게 암시하는 발언을 하는 영상을 게시한 경우, 정보통신망법상 명예훼손죄가 성립한다(²⁰²¹도¹¹⁶⁸⁸ 판결).

　가치중립적인 표현을 사용하더라도 사회통념상 그로 인하여 특정인의 사회적 평가가 저하되었다고 판단된다면 이 죄가 성립할 수 있다(²⁰⁰⁷도⁵⁰⁷⁷ 판결).

판례　① 명예훼손죄에 있어서의 사실의 적시는 사실을 직접적으로 표현한 경우에 한정될 것은 아니고, 간접적이고 우회적인 표현에 의하더라도 그 표현의 전취지에 비추어 그와 같은 사실의 존재를 암시하고, 또 이로써 특정인의 사회적 가치 내지 평가가 침해될 가능성이 있을 정도의 구체성이 있으면 족한 것이다(91도420 판결).

② 다른 사람의 말이나 글을 비평하면서 사용한 표현이 겉으로 보기에 증거에 의해 입증 가능한 구체적인 사실관계를 서술하는 형태를 취하고 있더라도, 글의 집필의도, 논리적 흐름, 서술체계 및 전개방식, 해당 글과 비평의 대상이 된 말 또는 글의 전체적인 내용 등을 종합하여 볼 때, 평균적인 독자의 관점에서 문제된 부분이 실제로는 비평자의 주관적 의견에 해당하고, 다만 비평자가 자신의 의견을 강조하기 위한 수단으로 그와 같은 표현을 사용한 것이라면 명예훼손죄에서 말하는 사실의 적시에 해당한다고 볼 수 없다(2017도15628 판결).

③ 공론의 장에 나선 전면적 공적 인물의 경우에는 비판과 의혹의 제기를 감수해야 하고 그러한 비판과 의혹에 대해서는 해명과 재반박을 통해서 이를 극복해야 하며 공적 관심사에 대한 표현의 자유는 중요한 헌법상 권리로서 최대한 보장되어야 하므로 공적 인물과 관련된 공적 관심사에 관하여 의혹을 제기하는 형태의 표현행위에 대해서는 일반인에 대한 경우와 달리 암시에 의한 사실의 적시로 평가하는 데 신중해야 한다. 정부나 국가기관의 정책결정 또는 업무수행과 관련된 사항을 주된 내용으로 하는 발언으로 정책결정이나 업무수행에 관여한 공직자에 대한 사회적 평가가 다소 저하될 수 있더라도, 발언 내용이 공직자 개인에 대한 악의적이거나 심히 경솔한 공격으로서 현저히 상당성을 잃은 것으로 평가되지 않는 한, 그 발언은 여전히 공공의 이익에 관한 것으로서 공직자 개인에 대한 명예훼손이 된다고 할 수 없다(2016도14995 판결).

4) 명예훼손   추상적 위험범이므로 명예를 훼손할 우려가 있는 사실 또는 허위의 사실을 적시함으로써 충분하다. 불특정 또는 다수인이 직접 인식할 수 있는 상태에 이르면 범죄는 기수가 되며, 상대방이 인지하였음을 요하지 않는다. 신문에 게재한 경우에는 배포에 의하여 기수가 된다.

3. 주관적 구성요건

사람의 가치를 저하시키는 사실 또는 허위의 사실을 불특정 또는 다수인에게 알린다는 고의가 있어야 한다($^{2018도4200}_{판결}$). "공연성"에 대한 의미의 인식도 있어야 한다. 사실을 적시하는 동기는 고의와 관계없다. 판례는 불미스러운 소문의 진위를 확인하고자 질문을 하는 과정에서 타인의 명예를 훼손하는 발언을 한 경우에는 이 죄의 고의를 인정하기 어렵다고 판시($^{2018도4200}_{판결}$)하였다. 허위에 대한 인식 없이 허위사실을 적시한 경우($^{2016도18024}_{판결}$)와 진실한 사실을 허위사실로 인식하고 적시한 때에는 제307조 제1항의 명예훼손죄가 성립한다.

4. 위법성배제사유

(1) 일반적 위법성배제사유

1) 정당행위   형사재판에서 검사의 공소장 낭독($^{형사소송법}_{제285조}$)이나 피고인의 범죄사실·악행을 적시하는 경우 또는 증인의 증언이나 변호인의 반대신문에 의한 사실의 적시는 법령에 의한 정당행위가 된다. 신문·라디오·TV 등 보도기관의 보도도 국민의 알 권리를 충족시키는 범위 내에서 정보의 이익이 있으면 업무로 인한 정당행위가 된다. 학술·예술작품에 대한 공정한 논평을 함에 있어 사실을 적시한 경우에도 정당행위가 될 수 있다. 그러나 국회의원의 면책특권($^{헌법}_{제45조}$)은 위법성배제사유가 아니라 인적 처벌배제사유이다.

2) 피해자의 승낙   명예의 주체가 승낙한 때에는 위법성이 배제된다(통설). 명예는 처분할 수 있는 법익이지만 주체의 의사에 반하는 것만 이 죄의 불법이 되는 것은 아니기 때문이다.

(2) 제310조의 특수한 위법성배제사유

1) 제310조의 취지   형법은 개인의 명예를 보호하기 위하여 적시한 내용

이 진실한 사실인 경우에도 명예훼손죄를 인정한다. 하지만 진실한 사실을 적시한 모든 경우를 범죄로 처벌한다면 헌법상 표현의 자유와 국민의 알 권리 등을 지나치게 제한하는 결과가 된다. 여기에 개인의 명예보호와 표현의 자유를 조화·조정하기 위해서 명예훼손행위가 공공의 이익을 위해서 진실한 사실을 적시한 것인 때에는 처벌하지 아니한다는 특별규정을 마련한 것이 제310조이다. 이 규정은 진실한 사실을 적시하는 명예훼손죄(제307조 제1항)에 한하여 적용되며(2013도4786 판결 참조), 명예에 관한 다른 죄에는 적용되지 않는다(97도158 판결, 92도234 판결).

2) 적용요건   제310조가 적용되기 위해서는 적시된 사실이 진실해야 하며, 그것이 오로지 공공의 이익에 관한 것이라야 한다.

(a) 진실성   적시된 사실은 진실한 사실임을 요한다. 진실한 사실은 세부내용에서 다소 진실과 합치되지 아니하거나 약간의 과장된 표현이 있어도 그 중요부분이 객관적 사실과 합치하여 전체로서 진실하다고 볼 수 있으면 충분하다(2007도5312 판결, 2001도3594 판결 등).

(b) 공익성   사실의 적시는 오로지 공공의 이익에 관한 것이라야 한다. 공공의 이익이란 국가·사회 기타 일반 다수인의 이익에 관한 것뿐만 아니라 "특정 사회집단(단체)이나 그 구성원 전체의 이익"이 되는 것을 말한다(2001도3594 판결). 공공의 이익에 관한 것이 되기 위해서는 두 가지 요건이 필요하다.

(aa) 객관적 요건   객관적으로 공공의 이익이 되는 것이라야 한다. 공적 생활에 관한 사실이든, 개인적 생활에 관한 사실이든 묻지 않는다. 다만 객관적으로 공공의 이익에 관한 것이 되기 위해서는 상당한 정도로 명백해야 하고, 사실의 적시가 공공의 이익상 필요한 한도를 초월하지 않아야 한다.

(bb) 주관적 요건   주관적으로 사실적시의 중요한 목적·동기가 공공의 이익을 위한 것이라야 한다. 법문에는 "오로지 공공의 이익"이라고 표현되어 있으나 중요한 목적·동기가 공공의 이익을 위한 것이면 부수적으로 사익 또는 다른 목적이 포함되어 있어도 무방하다(2012도10392 판결, 2017도19516 판결). 즉 공익성이 인정되는 한 다소 과장되어도 무방하며, 사회 또는 단체나 집단의 일부의 이익에만 관계된 사항도 그 범위 내에서 공익성은 유지될 수 있다.

그러나 사람을 비방할 목적이 있는 때에는 애당초 제310조는 적용될 여지가 없다. 적시된 사실이 공익에 관한 것인 때에는 특별한 사정이 없는 한 비방의 목적은 부인된다($^{2013도3517}_{판결}$).

> **판례**　회사의 대표이사에게 압력을 가하여 단체협상에서 양보를 얻어내기 위한 방법으로 위 회사의 다른 직원들과 함께 "회사 사장은 체불임금 지급하고 단체교섭에 성실히 임하라", "노동임금 갈취하는 악덕업주 사장은 각성하라"는 등의 내용이 기재된 현수막과 피켓을 들고 확성기를 반복해서 불특정다수의 행인을 상대로 소리치면서 거리행진을 함으로써 회사 대표이사의 명예를 훼손한 행위는 공공의 이익을 위하여 사실을 적시한 것으로 볼 수 없어 위법성이 조각되지 아니한다(2004도3912 판결). 불특정 다수의 행인은 단체인 회사가 아니다.

3) 효　과

(a) **실체법상 효과**　진실성과 공익성의 요건을 구비한 때에는 위법성이 배제된다(통설). 위법성배제사유설에 따르면 사실의 진실성과 공익성을 인식하는 것은 주관적 정당화요소가 된다. 즉 진실성과 공익성은 위법성배제사유의 전제사실이 된다. 따라서 ① 행위자가 진실한 사실을 허위라고 오신하고 적시한 때에는 제307조 제1항의 명예훼손죄가 성립하고($^{2016도18024}_{판결}$), ② 허위사실을 진실한 사실로 오신하고 공익을 위해서 적시한 경우에는 위법성배제사유의 전제사실에 대한 착오가 된다($^{다수설. 허용된 위험설은 김일수 · 서보학 166, 임웅 252 이하.}_{위법성의 착오설은 손동권 · 김재윤 14/33, 김성돈 243}$).

　판례는 적시된 사실이 공공의 이익에 관한 것이면 진실이라는 증명이 없다 할지라도 행위자가 진실한 것으로 믿었고 또 그렇게 믿을 만한 상당한 이유가 있는 경우에는 위법성이 없다($^{94도3191}_{판결}$)고 하여 독자적인 판단을 하고 있다.

　(b) **소송법상 효과**　적시된 사실의 진실성에 대한 거증책임을 누가 부담하느냐에 대해서, ① 위법성배제사유는 범죄요건에 관한 것이므로 그 부존재는 검사가 증명해야 한다는 견해(통설)와 ② 진실성의 증명은 소송법상의 문제로서 거증책임은 피고인이 부담한다는 **거증책임전환설**($^{황산덕 234,}_{정영석 289}$)이 대립하는데, 판례는 **거증책임전환설**을 취하고 있다($^{95도1473 판결, 2006도8544}_{판결도 같은 취지}$).[1]

　제310조는 독일 · 일본 형법처럼 "진실이라고 증명되지 아니한 때" 또는 "진실이라는 증명이 있으면"이라고 표현하지 않고, "벌하지 아니한다"라고 위법성 배제의 요건만 정하고 있으므로 그 증명은 검사가 부담한다고 해야 한다.

---

1) 이에 대해서 허위사실 적시에 의한 명예훼손죄에 있어서는 적시된 사실이 허위라는 점과 이를 피고인이 인식하면서 적시하였다는 점은 모두 검사가 입증해야 한다(2016도11215 판결).

5. 반의사불벌죄

제307조 제1항의 죄와 동조 제2항의 죄는 모두 반의사불벌죄이다. 공소제기 후 처벌을 희망하는 의사표시를 철회하였거나 처벌을 희망하지 않는 의사표시가 있으면 법원은 공소기각의 판결($\frac{형사소송법}{제327조 제6호}$)을 해야 한다. 다만 그 의사표시의 철회는 제1심판결 선고 전까지 해야 한다($\frac{형사소송법}{제232조 제3항}$).

6. 죄수·타죄와의 관계

1) 죄 수 이 죄의 죄수는 피해자의 수를 기준으로 결정한다. 1개의 문서로 2인 이상의 명예를 훼손하면 상상적 경합이 된다. 신문지상에 동일 피해자의 명예를 훼손하는 사항을 연재한 경우에는 포괄일죄로 본다.

2) 타죄와의 관계 사실을 적시하여 명예를 훼손하면서 모욕을 한 때에는 법조경합으로 명예훼손죄만 성립한다.[1] 허위사실을 적시하여 명예와 신용을 동시에 훼손하면 이 죄와 신용훼손죄의 상상적 경합이 된다(다수설). 진실한 사실을 적시하여 사람의 신용을 훼손하면 명예훼손죄만 성립한다. 이 죄와 공직선거법상의 후보자비방죄는 보호법익과 구성요건의 내용이 서로 다른 별개의 범죄로서 상상적 경합의 관계에 있다($\frac{97도2956}{판결}$). 후보자비방죄도 진실한 사실로서 공공의 이익에 관한 때에는 처벌하지 아니한다($\frac{동법 제251조}{단서}$).

III. 사자명예훼손죄

> **[구성요건·법정형]** 공연히 허위의 사실을 적시하여 사자의 명예를 훼손한 자는 2년 이하의 징역이나 금고 또는 500만원 이하의 벌금에 처한다(제308조).
> 고소가 있어야 공소를 제기할 수 있다(제312조 제1항).

공연히 허위의 사실을 적시하여 사자(死者)의 명예를 훼손하는 범죄이다. 명예의 주체는 사자이고, 허위사실을 적시한 경우에만 성립한다. 진실한 사실을 적시한 것까지 이 죄가 성립한다면 역사적 인물에 대한 공정한 논평도 처벌받

---

1) 만일 모욕죄의 보호법익을 외부적 명예가 아닌 명예감정으로 파악한다면 명예훼손죄와 모욕죄의 상상적 경합이 된다.

게 되어 역사의 정확성과 진실이 은폐될 것이기 때문이다. 보호법익은 역사적 존재로서의 사자의 인격적 가치(명예)이다.

이 죄의 고의는 사자의 명예를 훼손할 의사로 허위사실이라는 것을 확정적으로 인식함을 요하고 미필적 인식으로는 부족하다. 미필적 인식만으로 족하다고 한다면, 역사적 인물에 대한 평가 대부분이 이 죄에 해당될 수 있기 때문이다($^{같은 취지}_{김성돈 247}$). 판례는 미필적 고의로서 족하다는 입장이다($^{2013도12430}_{판결}$). 사자로 오인하고 허위사실을 적시하였으나 상대방이 생존자인 경우에는 제15조 제1항에 의하여 이 죄가 성립하고, 반대로 사자로 오인하고 진실한 사실을 적시하였을 경우에는 죄가 되지 않는다.

이 죄는 친고죄이다. 고소권자는 사자의 친족 또는 자손이다($^{형사소송법}_{제227조}$). 이러한 고소권자가 없는 때에는 이해관계인의 신청에 의하여 검사가 10일 이내에 고소할 수 있는 자를 지정해야 한다($^{동법}_{제228조}$).

Ⅳ. 출판물에 의한 명예훼손죄

> [구성요건·법정형] 사람을 비방할 목적으로 신문, 잡지 또는 라디오 기타 출판물에 의하여 제307조 제1항(사실적시 명예훼손)의 죄를 범한 자는 3년 이하의 징역이나 금고 또는 700만원 이하의 벌금에 처한다(제309조 제1항).
> 제1항의 방법으로 제307조 제2항(허위사실적시 명예훼손)의 죄를 범한 자는 7년 이하의 징역, 10년 이하의 자격정지 또는 1천500만원 이하의 벌금에 처한다(제2항).
> 피해자의 명시한 의사에 반하여 공소를 제기할 수 없다(제312조 제2항).

(1) 의의·성격

사람을 비방할 목적으로 신문, 잡지 또는 라디오 기타 출판물에 의하여 사실 또는 허위의 사실을 적시하여 사람의 명예를 훼손하는 범죄이다. 비방할 목적과 적시방법의 행위태양을 고려하여 불법이 가중되는 가중적 구성요건이다. 신문, 잡지, 라디오 기타 출판물을 이용한 적시는 그 높은 전파성과 장기간 보존가능성 등으로 명예훼손의 위험성이 크기 때문에 별도로 공연성을 요구하지 않고 가중처벌규정을 둔 것이다. 반의사불벌죄, 목적범이며 즉시범이다($^{2006도346}_{판결}$).

(2) 구성요건

이 죄가 성립하기 위해서는 비방의 목적이 있어야 하고, 신문, 잡지, 라디오 기타 출판물에 의해서 적시해야 한다. 비방의 목적없이 출판물에 의하여 적시하거나, 비방의 목적은 있으나 출판물이 아닌 방법으로 적시하면 명예훼손죄(제307조)가 성립하고 이 죄가 되지 않는다.

1) 비방의 목적   사람의 명예를 훼손시키기 위하여 인격적 평가를 저하시키려는 목적을 말한다(2013도3517 판결). 타인의 비위사실을 신문지상에 게재하여도 비방의 목적이 없으면 이 죄는 성립하지 않는다. 비방의 목적이 있으면 진실한 사실을 적시하더라도 제310조가 적용될 여지가 없다(97도158 판결 등).

> **판례**   ① "사람을 비방할 목적"이란 가해의 의사 내지 목적을 요하는 것으로서 공공의 이익을 위한 것과는 서로 상반되는 관계에 있으므로 적시한 사실이 공공의 이익에 관한 것인 때에는 특별한 사정이 없는 한 비방의 목적은 부인된다(98도2188 판결).
> ② 비방할 목적이 있는지 여부는 적시 사실의 내용과 성질, 사실의 공표가 이루어진 상대방의 범위, 표현방법 등 제반사정을 감안함과 동시에 그 표현에 의하여 훼손되거나 훼손될 수 있는 명예의 침해정도 등을 비교·고려하여 결정하여야 할 것이다(2001도7095 판결).

2) 적시방법   신문, 잡지, 라디오 기타 출판물에 의해야 한다. "출판물"은 인쇄한 유인물(제본인쇄물)에 해당하는 것이라야 하고, 프린트나 손으로 쓴 것은 제외된다고 본다.[1]

문제는 TV나 인터넷 통신망도 여기의 출판물에 해당되느냐이다. 이 죄의 출판물을 예시규정으로 보아 포함된다는 견해(김일수 서보학 169)도 있다. 그러나 TV나 인터넷 통신망 등이 이 죄의 기타 출판물에 해당한다고 해석하는 것은 피고인에게 불리한 유추해석으로서 허용될 수 없다고 본다(임웅 259, 박상기·전지연 536, 김성돈 249, 오영근 180도 같은 취지). 다만 인터넷 등 정보통신망을 이용한 명예훼손행위는 정보통신망법(제70조)에 의해서 처벌된다.[2]

---

1) 판례는 등록·출판된 제본인쇄물이나 제작물은 아니더라도 그와 같은 정도의 효용과 기능을 가지고 사실상 출판물로 유통·통용될 수 있는 외관을 가진 경우에는 출판물에 의한 명예훼손죄의 인쇄물에 해당한다는 입장이다(97도158 판결).
2) 헌법재판소는 비방할 목적으로 정보통신망을 통하여 공공연하게 거짓의 사실을 드러내는 명예훼손죄를 '반의사불벌죄'로 규정한 정보통신망법 제70조 제3항에 대하여 합헌결정하였다(2018헌바113 결정).

신문, 잡지 등은 전파성이 높은 것을 예시한 것이므로 별도로 공연성을 요건으로 하지 않는다. 적시된 사실은 진실한 것이든 허위이든 묻지 않으며 허위인 때에는 형이 가중된다. 이 죄도 피해자는 특정되어야 하며 간접정범으로도 범할 수도 있다. 비방의 목적으로 정을 모르는 기자에게 허위기사를 제공하여 신문지상에 게재하게 한 경우가 이에 해당한다($^{2001도2624}_{판결}$).

> **판례**   기사의 취재·작성과 직접적인 연관이 없는 자에게 허위의 사실을 알렸을 뿐인 경우에는 이러한 사실이 기사화되도록 제보자가 특별히 부탁하였다거나 상대방이 이를 기사화할 것이 고도로 예상되는 등의 특별한 사정이 없는 한, 상대방이 언론에 공개하거나 기자들에게 취재됨으로써 그 사실이 기사화되어 일반 공중에 배포되더라도 출판물에 의한 명예훼손죄는 성립하지 않는다(2000도3045 판결).

V. 모욕죄

> [구성요건·법정형]   공연히 사람을 모욕한 자는 1년 이하의 징역이나 금고 또는 200만원 이하의 벌금에 처한다(제311조).
> 고소가 있어야 공소를 제기할 수 있다(제312조 제1항).

(1) 의의·성격

공연히 사람을 모욕하는 범죄이다. 보호법익은 외부적 명예이며 추상적 위험범이다($^{2006도2661}_{판결}$). 사실의 적시를 요하지 않는다는 점에서 명예훼손죄와 구별된다. 표현범이며 친고죄이다.

(2) 객관적 구성요건

1) 객 체   사람이다. 자연인은 물론, 법인·법인격 없는 단체를 포함한다는 것은 명예훼손죄와 같다. 사자에 대한 모욕은 인정되지 않는다. 명예의 주체인 피해자도 특정되어 있어야 한다($^{2011도15631}_{판결}$). 외국원수·외국사절에 대한 모욕에 대해서는 특별규정($^{제107조 \ 제2항,}_{제108조 \ 제2항}$)이 적용되며 공연성을 요건으로 하지 않는다.[1]

2) 행 위   공연히 사람을 모욕하는 것이다.

---

1) 군형법 제64조 제1항의 상관모욕죄도 공연성을 요건으로 하지 않으며, 병사인 분대장도 상관에 해당한다(2018도12270 판결).

(a) **공연성** 명예훼손죄에서와 같이 불특정 또는 다수인이 인지할 수 있는 상태를 말한다. 반드시 피해자의 면전일 필요가 없다.

(b) **모 욕** "모욕"이란 구체적 사실을 적시하지 않고 경멸의 의사를 표시하는 것을 말한다(²⁰¹⁷도¹⁷⁶⁴³ 판결). 추상적 관념을 사용하여 사람의 인격을 경멸하는 가치판단을 표시하는 것이라 할 수 있다.[1] 가치판단의 진실 여부는 묻지 않으며 표시된 내용이 타인의 능력, 덕성, 신분, 신체상황 등 인격적 가치를 저하시킬 수 있는 것이면 족하다.[2]

> **판례**   ① 모욕죄는 사람의 가치에 대한 사회적 평가를 의미하는 외부적 명예를 보호법익으로 하고, 여기에서 모욕이란 사실을 적시하지 아니하고 사람의 사회적 평가를 저하시킬 만한 추상적 판단이나 경멸적 감정을 표현하는 것을 의미한다. 모욕죄는 피해자의 외부적 명예가 현실적으로 침해되거나 구체적·현실적으로 침해될 위험이 발생해야 할 필요가 없다(2016도9674 판결).
> ② 어떠한 표현이 상대방의 인격적 가치에 대한 사회적 평가를 저하시킬 만한 것이 아니라면 설령 그 표현이 다소 무례한 방법으로 표시되었다 하더라도 이를 두고 모욕죄의 구성요건에 해당한다고 볼 수 없다(2017도2661 판결).

표시방법은 제한이 없다. 직접적으로 언어·태도(거동)에 의하건, 간접적으로 문서·도화를 배부하거나 공개연설을 이용하는 등 묻지 않는다. 모욕의 여부는 피해자의 주관적 감정이 아니라 구체적 상황을 고려하여 객관적 의미 내용에 따라 판단해야 한다.

대법원은 단체 채팅방에 특정인을 겨냥해 "무식이 하늘을 찌르네", "눈은 장식품이냐", "이렇게 무식한 사람은 난생 처음, 국보감인 듯"이라는 글을 올린 사안에서, 카카오톡의 단체

---

[1] 예컨대, 단순히 "도둑놈", "죽일 놈", "망할 년"이라고 욕하거나, "개놈의 새끼들", "개같은 잡년", "빨갱이"라 말한 경우가 여기에 해당한다.

[2] 피고인들이 한달여간 피해자의 회사 반포지사 앞에서 불특정 다수의 행인이 보는 가운데 '노동탄압 압잡이 어용노조 OOO는 퇴진하라'라는 피켓을 들고 시위하거나 한달여간 같은 회사 광화문지사 앞 '죽음의 행렬 주범 어용노조 OOO는 즉각 퇴진하라'라는 내용의 현수막을 게시한 사안에서, 대법원은 '어용', '앞잡이'라는 표현이 언제나 지칭된 상대방에 대한 모욕에 해당한다거나 사회상규에 비추어 허용되지 않는 것은 아니지만, 피고인들이 피해자를 어용, 앞잡이 등으로 표현한 현수막, 피켓 등을 장기간 반복해 일반인의 왕래가 잦은 도로변 등에 게시한 행위는 피해자에 대한 모욕적 표현으로서 사회상규에 위배되지 않는 행위라고 보기 어렵다고 판시하여 피고인들에게 모욕죄 성립을 긍정하였다(2015도88 판결). 또 코로나19 팬데믹 상황하에서 다문화가정 2세를 향해 "야, 코로나!"라고 하는 등 혐오발언을 한 경우에 모욕죄에 해당한다는 하급심판결도 있다(인천지방법원 2021고약4230 판결 [확정]).

채팅방을 통한 대화내용은 개인간의 은밀한 대화로 보기 어렵고, 다른 사람에게 삽시간에 전
파될 가능성이 있으므로 공연히 모욕한 것에 해당하고(2016도8555 판결), 시청공무원이 다른 직
원들이 함께 있는 곳에서 개인적 친분이 전혀 없는 계약직 부하직원에게 "확찐자[1]가 여기
있네"라고 말한 사안에서 모욕죄가 성립한다(2021도9253 판결)고 하였다.

　반면, 택시기사와의 요금문제로 시비를 벌이다가 사고장소에 늦게 출동한 경찰관에게 항의
하던 중 "아이 씨발"이라고 말한 사안에서, 발언의 경위와 횟수, 그 의미와 전체적인 맥락,
발언장소와 전후 정황 등에 비추어 단순히 자신의 불만이나 분노한 감정을 표출한 것에 불
과하여 직접적으로 피해자를 특정하여 그의 인격적 가치에 대한 사회적 평가를 저하시킬 만
한 경멸적 감정을 표현한 모욕적 언사에 해당한다고 단정하기는 어렵다고 판시(2015도6622 판결)
한 경우도 있다.

　　이 죄는 표현범이므로 단순한 무례·불친절만으로는 모욕이 되지 않으나
침을 뱉거나 뺨을 때리는 것은 거동에 의한 모욕이 될 수 있다(이 경우에는 폭행
죄와 상상적 경합이 될 수 있다). 이에 대해서 이 죄는 공연성을 요건으로 하므로
공연성이 없는 간통·추행은 모욕에서 제외된다.

　　부작위에 의한 모욕도 가능하다. 법률상 경의(敬意)를 표시해야 할 작위의
무자가 의도적으로 경의를 표시하지 않는 경우가 이에 해당한다.

　　(c) 추상적 위험범   추상적 위험범이므로 모욕으로 인하여 피해자의 명예가
현실적으로 훼손될 필요가 없고, 명예를 저하시킬 만한 추상적 판단을 공연히
표시함으로써 범죄는 완성된다($^{2016도15264}_{판결}$).

(3) 주관적 구성요건

　　공연히 모욕한다는 고의가 있어야 한다. 공연성과 모욕은 규범적 구성요건
요소이므로 의미의 인식이 있어야 한다. 미필적 고의로서 족하며 가해의사나
경멸의 목적은 필요없다.

(4) 위법성배제사유

　　피해자의 동의가 있는 경우에는 위법성이 배제된다는 것이 통설이다. 모욕
행위도 일반적 위법성배제사유(특히 제20조에 해당하는 경우가 많다)에 의해서 정
당화될 수 있다. 채권자가 채권추심을 함에 있어서 모욕적 언사를 사용한 때에
는 그것이 부정행위자에게 뉘우침을 갖게 하고 자기의 급박한 권리침해를 방해

---

1) '확찐자'라는 표현은 코로나19 확산으로 외부 활동을 하지 않아 살이 급격히 찐 사람을 이르는
　신조어다.

하는데 사용되는 정도의 언사라면 모욕죄가 되지 않는다($^{66도469}_{판결}$).

모욕죄에 대하여도 제310조가 적용될 수 있느냐에 대해서, 정치·학문·예술에 대한 공정한 논평을 하기 위한 때에는 어느 정도의 경멸적 판단을 표시하는 것이 통례라는 점을 들어 그것이 공익성을 가질 때에 한하여 제310조를 적용해야 한다는 견해($^{이형국 I 320 이하, 이재상·}_{장영민·강동범 12/43, 임웅 264}$)가 있다. 입법론적으로는 경청할 만한 주장이지만 현행법 해석상으로는 제310조를 적용할 수 없다고 해야 한다. 이러한 경우 사회상규에 위배되지 않는 행위로서 위법성이 배제된다고 함이 타당할 것이다($^{다수설, 2003도3972}_{판결 참조}$).1)

[§ 12] 신용·업무와 경매에 관한 죄

I. 총   설

(1) 의   의

사람의 신용을 훼손하거나 업무를 방해하거나 또는 경매·입찰의 공정을 침해 내지 위태롭게 하는 범죄이다. 경제적 활동의 자유와 안전은 사람의 생활수단을 확보하기 위한 전제가 되므로 형법은 이를 보호하기 위하여 신용·업무·

---

1) 대법원은, 어떤 글이 모욕적 표현을 담고 있는 경우에도 그 글이 객관적으로 타당성이 있는 사실을 전제로 하여 그 사실관계나 이를 둘러싼 문제에 관한 자신의 판단과 피해자의 태도 등이 합당한가 하는 데 대한 자신의 의견을 밝히고, 자신의 판단과 의견이 타당함을 강조하는 과정에서 부분적으로 모욕적인 표현이 사용된 것에 불과하다면 사회상규에 위배되지 않는 행위로서 형법 제20조에 의하여 위법성이 조각될 수 있다고 하면서, 특히 특정 사안에 대한 의견을 공유하는 인터넷 게시판 등의 공간에서 작성된 단문의 글에 기재한 '기레기'라는 표현도 피해자인 기자의 사회적 평가를 저하시킬 만한 추상적 판단이나 경멸적 감정을 표현한 모욕적 표현에 해당하기는 하지만, 그 내용이 객관적으로 타당성이 있는 사정에 기초하여 관련 사안에 대한 자신의 판단 내지 피해자의 태도 등이 합당한가에 대한 자신의 의견을 강조하거나 압축하여 표현한 것이라고 평가할 수 있고, 그 표현도 주로 피해자의 행위에 대한 것으로서 지나치게 악의적이지 않다면, 다른 특별한 사정이 없는 한 그 글을 작성한 행위는 사회상규에 위배되지 않는 행위로서 위법성이 조각되고(2017도17643 판결), 군에 입대하여 교육을 받던 중 지도관인 상관으로부터 청소상태에 대한 지적을 받자 동기 카카오톡 단체채팅방에 위 상관을 '도라이'라고 지칭한 것은, 동기 교육생들끼리 고충을 토로하고 의견을 나누는 사이버공간에서 일부 부적절한 표현을 사용하게 된 것에 불과하고, 이로 인해 군의 조직질서와 정당한 지휘체계가 문란하게 됐다고 보이지 않아 사회상규에 위배되지 않는 행위로서 상관모욕죄는 성립하지 않는다(2020도14576 판결)고 판시하였다.

경매에 관한 죄를 규정한 것이다.

(2) 본 질

신용·업무·경매에 관한 죄는 사람의 경제적·사회적 활동의 안전과 자유를 확보하는데 본질이 있고, 재산죄로서의 성질과 자유에 대한 죄로서의 성질 (재산 및 자유보호)을 포함하고 있는 독립범죄이다(통설).

II. 신용훼손죄

> [구성요건·법정형] 허위의 사실을 유포하거나 기타 위계로써 사람의 신용을 훼손한 자는 5년 이하의 징역 또는 1천500만원 이하의 벌금에 처한다(제313조).

1. 의의·성격

(1) 의 의

신용훼손죄는 허위의 사실을 유포하거나 기타 위계로써 사람의 신용을 훼손하는 범죄이다. 여기의 "신용"은 경제적 측면에서의 사람의 사회적 평가를 말한다. 사회적 평가라는 점에서 이 죄는 명예훼손죄와 성질이 같지만 사람의 인격적 가치에 대한 평가와 경제적 가치에 대한 평가는 반드시 일치하는 것이 아니며, 인격적 가치가 낮은 사람도 경제적 신용은 높은 사람이 있을 수 있으므로 형법은 독립된 범죄로 처벌하기로 한 것이다.

(2) 보호법익

보호법익은 경제활동에 있어서의 사람의 신용이다. 이를 보호함으로써 개인의 재산과 경제생활의 안전·자유도 보호할 수 있다. 보호받는 정도는 추상적 위험범으로서의 보호이며 거동범이다.

2. 객관적 구성요건

(1) 객 체

사람의 신용이다.

1) 신 용   이 죄의 "신용"은 행위객체인 동시에 보호객체이다. "신용"이

란 사람의 경제적 활동에 대한 사회적 평가로서, 사람의 지불능력과 지불의사에 대한 사회적 신뢰를 의미한다(통설). 지불능력이 적으면 신용도 낮아지지만 지불능력이 있어도 지불의사가 없으면 지급이 실현될 수 없으므로 지불능력과 지불의사는 양자택일관계가 아니라 모두 신용의 내용을 구성하는 요소가 된다.

2) **사 람** "사람"은 신용의 주체로서 행위자 이외의 모든 사람이다. 자연인뿐만 아니라 법인·법인격 없는 단체도 포함한다($^{통설, \, 98도663}_{판결}$). 다만 이 죄가 사람의 신용을 보호하므로 자연인 중에서도 애당초 신용의 주체라고 할 수 없는 어린아이는 제외된다고 해야 한다. 법적 성질이 영조물(공용시설)에 불과한 대학교 자체는 이 죄의 업무의 주체가 될 수 없다($^{98도663}_{판결}$).

(2) 행 위

허위의 사실을 유포하거나 기타 위계로써 신용을 훼손하는 것이다.

1) **허위사실** "허위의 사실"이란 객관적 진실과 다른 내용의 사실을 말한다($^{2004도1313}_{판결}$). 전부 허위이건 일부 허위이건 묻지 않으며, 범인 자신이 사실을 조작한 것임을 요하지 않고 타인으로부터 전문(傳聞)한 것도 무방하다. 전문한 허위사실은 그 출처 또는 근거가 명백해야 할 필요도 없다.

기본적 사실은 진실하더라도 여기에 허위를 부가시킴으로써 신용훼손의 정도를 증가시킬 수 있으면 허위사실이 된다. 또 허위사실 속에 악사(惡事)·추행의 관념이 포함되어 있을 필요도 없다. 허위사실이면 현재의 사실에 한하지 않고 과거의 사실과 입증이 가능한 미래의 사실도 포함한다.

2) **유 포** "유포한다"는 것은 불특정 또는 다수인에게 전파하는 것을 말한다. 사실적시·주장·발설·전파는 유포에 해당한다. 유포방법은 묻지 않는다. 언어·문서로 유포하는 것은 물론, 자신이 직접 고지하지 않고 불특정 또는 다수인에게 전파될 것을 예상하고 타인의 입을 통하여 순차로 수인에게 고지해도 상관없다. 따라서 유포는 명예훼손죄의 공연성보다 넓은 개념이다. 또 신문에 게재하는 것도 유포가 된다. 그러나 단순한 의견진술이나 가치판단을 표시하는 것은 허위사실의 유포에 해당하지 않는다.

3) **기타 위계** "위계"란 사람의 착오 또는 부지를 이용하거나 기망·유혹의 수단을 사용하는 일체의 행위를 말한다. "기타 위계"이므로 위계는 신용훼손

의 포괄적 행위태양이다. 비밀로 행하든 공공연히 행하든 묻지 않으며, 위계의 상대방과 신용이 훼손되는 자가 같은 사람일 필요도 없다.

4) 신용훼손   "신용을 훼손"한다는 것은 사람의 지불능력과 지불의사에 대한 사회적 신뢰를 저하시킬 우려가 있는 상태를 야기시키는 것을 말한다. 추상적 위험범이므로 신용을 훼손하는 결과가 현실적으로 발생하였음을 요하지 않으며, 신용을 훼손할만한 허위사실을 유포하거나 기타 위계의 행사가 있으면 이 죄는 기수가 된다.

3. 주관적 구성요건

허위사실의 유포 또는 위계에 의하여 신용을 훼손한다는 고의가 있어야 한다. 허위사실유포 또는 위계와 신용훼손 사이의 인과관계에 대한 인식도 있어야 한다. 허위의 사실을 진실한 사실로 오인하고 유포한 때에는 구성요건착오로서 고의가 부정된다.

4. 죄수·타죄와의 관계

허위의 사실을 유포하고 또 위계를 사용하여 사람의 신용을 훼손한 경우에는 포괄하여 신용훼손죄 1죄가 성립한다. 공연히 허위의 사실을 적시하여 타인의 명예와 신용을 훼손한 경우에 법조경합(특별관계)에 의하여 신용훼손죄만 성립한다는 견해(이재상·장영민·강동범 13/11, 김일수 서보학 176, 임웅 267, 김성돈 257)가 있으나, 이 죄는 재산죄로서의 성질과 자유에 대한 죄로서의 성질을 모두 가진 독립된 범죄라는 점에서 명예훼손죄와 차이가 있으므로 이 죄와 명예훼손죄의 상상적 경합이 된다는 견해(다수설)가 타당하다. 다만 진실한 사실을 적시하여 명예와 동시에 신용을 훼손한 때에는 명예훼손죄만 성립한다. 1개의 행위로 신용훼손과 동시에 업무를 방해한 때에는 이 죄와 업무방해죄의 상상적 경합이 된다.

Ⅲ. 업무방해죄

[구성요건·법정형]   제313조(신용훼손)의 방법 또는 위력으로써 사람의 업무를 방해한 자는 5년 이하의 징역 또는 1천500만원 이하의 벌금에 처한다(제314조 제1항).

1. 의의·보호법익

허위의 사실을 유포하거나 위계 또는 위력으로써 사람의 업무를 방해하는 범죄이다. 사람의 사회적·경제적 활동의 안전과 자유를 보장하기 위한 인격적 성질을 가진 범죄이므로 보호법익은 활동의 자유와 사회적·경제적 활동으로서의 업무의 안전이며, 보호받는 정도는 추상적 위험범으로서의 보호이다.

2. 구성요건

(1) 객 체
사람의 업무이다.

1) 사 람 여기의 사람도 자연인·법인·법인격 없는 단체를 포함한다($^{98도663}_{판결}$).

2) 업 무 이 죄의 "업무"도 행위객체인 동시에 보호객체이다. 업무는 사람의 사회생활상의 지위에 의하여 계속 반복적으로 종사하는 사무 또는 사업을 말한다($^{2013도9828}_{판결}$). ① 재산적·경제적 사무에 한하지 않으며 정신적인 것(심리상담사)도 포함한다. 또 보수나 영리 목적의 유무도 불문하며 부수적 업무도 포함한다. ② 계속적으로 종사하는 사무이면 충분하고, 생명·신체에 대한 위험을 초래할 업무임을 요하지 않는다. 따라서 직장의 경비원이 상사의 명에 따라 직장의 업무를 일시 수행하는 경우에도 경비업무에 부수되는 업무에 해당한다($^{71도399}_{판결}$).

[업무방해죄의 업무] 계속하여 행하는 사무가 아닌 공장이전과 같은 1회적인 사무(88도1752 판결)나, 건물임대인이 구청장의 조경공사 촉구지시에 따라 행한 임대건물 앞의 1회적 조경공사(92도2929 판결)는 업무방해죄의 업무에 해당하지 않으나, 종중 정기총회를 주재하는 종중 회장의 의사진행 업무 자체는 1회성인 것이라도 본래의 업무수행의 일환으로 행한 것(95도1589 판결)이면 업무방해죄의 업무에 해당한다. 여객선의 출항 전 안전점검을 충실히 하고 그 결과를 기재한 서류를 작성 또는 보관해야 할 운항관리자의 업무는 한국해운조합에 대한 관계에서 타인의 업무에 해당한다(2015도17290 판결).
반면, 주주로서 주주총회에서 의결권 등을 행사하는 것은 주식의 보유자로서 권리를 행사하는 것이고(2004도1256 판결), 초등학생들이 학교에서 수업을 듣는 것은 헌법상의 무상교육을 받을 권리를 행사하는 것 혹은 초·중등교육법상 국가의 의무교육실시의무 및 부모의 취학의무를 이행하는 것(2013도3829 판결)에 불과할 뿐 그것이 '직업 기타 사회생활상의 지위에 기하여 계속적으로 종사하는 사무 또는 사업'에 해당한다고 할 수 없다.

(a) **보호객체로서의 업무** 이 죄의 업무는 보호객체로서의 업무라는 점에서 업무상 과실범에 있어서의 업무와 다르다. 따라서 반드시 생명·신체에 위험이 수반되는 업무 또는 그 위험을 방지하는 업무에 한하지 않는다. 그러나 오락을 위한 일시적 업무(자동차운전, 수렵)와 형법상 보호할 가치가 없는 위험한 업무는 이 죄의 업무에서 제외된다.

　　반드시 그 업무가 적법하거나 유효함을 요하지 않는다($^{2013도9828}_{판결}$). 따라서 법령에 근거하지 않았거나 행정적 훈시규정에 위반한 것만으로 위법한 업무라 할 수 없다. 그러나 사무·활동 자체의 위법정도가 중하여 사회생활상 용인될 수 없는 정도의 반사회성을 띠는 경우에는 이 죄의 업무에 해당할 수 없다($^{2011도7081}_{판결}$).

　　[업무성을 부정한 판례] ① 정당한 권한없이 점포를 철거하려 하여 이를 방해한 것만으로는 업무방해죄가 성립할 수 없다(67도1086 판결). ② 토지(밭)의 소유자로 등기된 자가 적법한 절차에 의하여 점유이전을 받지 못한 상태에서 밭을 자경하겠다는 내용의 내용증명우편을 토지 점유자에게 발송한 후 제3자로 하여금 경작하게 하였더라도 이는 정당한 업무수행이라 할 수 없다(77도2502 판결). ③ 백화점 입주상인들이 영업을 하지 않고 매장 내에서 점거 농성을 하면서 매장 내의 기존의 전기시설에 임의로 전선을 연결하여 각종 전열기구를 사용함으로써 화재위험이 높아 백화점 경영회사의 대표이사가 부득이 단전조치를 취하였다면 이는 정당한 권한행사의 범위 내의 행위에 해당하여 업무방해죄를 구성한다고 볼 수 없다(94도3136 판결). ④ 의료인이나 의료법인이 아닌 자가 의료기관을 개설하여 운영하는 행위(2001도2015 판결), ⑤ 공인중개사 아닌 자의 중개업(2006도6599 판결), ⑥ 관리권을 상실한 관리업체가 공유부분을 일시 점유한 행위(2004도7133 판결)는 업무방해죄의 보호대상이 되는 '업무'에 해당하지 않는다.

(b) **공　무** 공무도 이 죄의 업무에 포함하느냐가 논의된다.

(aa) **공무포함설** 공적 업무·사적 업무 구별하지 않고 공무도 업무에 포함한다는 견해이다. 공무를 이 죄의 업무에서 제외하면 허위사실유포 기타 위력에 의한 공무방해는 공무집행방해죄와 업무방해죄의 어느 것에도 해당되지 아니하여 공무가 일반업무보다 경시된다는 점을 이유로 한다($^{정영석 293,}_{정영일 203}$).

(bb) **공무제외설** 공무는 이 죄의 대상에서 제외되어야 한다는 견해(다수설)로, 최근 대법원 전원합의체 판결도 같은 입장이다($^{2009도4166}_{전원합의체 판결}$).[1] 이 죄와 공무집행방해죄는 보호법익과 보호대상이 다르다는 점을 이유로 한다.

(cc) **공무구별설** 업무 자체의 성질과 사회적 활동으로서의 업무의 보호

---

[1] 대법원은 경찰청 민원실에 말똥을 뿌리며 난동을 부린 경우에도 같은 법리에서 업무방해죄에 해당되지 않는다고 판시(2008도9049 판결)하였다.

필요성에 따라 비권력적 공무(사기업성 공무, 국립대학 입학업무, 국철사업 등)와, 폭행·협박·위계 이외의 수단으로 방해한 공무에 대해서는 이 죄의 업무에 포함시켜야 한다는 견해(황산덕 241, 정성근·박광민 220, 이형국 I 332, 일본의 통설)이다.

(dd) 결 어   모든 공무를 업무에 포함할 때에는 공무가 이중으로 보호될 뿐만 아니라 공무집행방해죄와 업무방해죄가 경합할 때에는 두 죄의 죄질이 다름에도 불구하고 법조경합을 인정하게 된다는 점에서 공무포함설은 타당하지 않다. 공무제외설은 허위사실유포 기타 위력에 의한 방해로부터 공무를 보호할 수 없다는 단점이 있다. 따라서 공무구별설이 타당하다고 본다.

판례는 종래까지 공무포함설(2002도5883 판결)을 취하였으나, 최근 업무방해죄와 별도로 공무집행방해죄를 규정하고 있다는 취지를 살려 공무제외설(2009도4166 전원합의체 판결)로 그 태도를 변경하였다.

(2) 행 위

허위의 사실을 유포하거나 기타 위계 또는 위력으로써 방해하는 것이다.

1) 허위사실유포·위계   "허위사실의 유포", "기타 위계"의 의미에 대해서는 "신용훼손죄"에서 설명한 바와 같다.

[위계에 의한 업무방해의 예]   ① 인터넷 교육업체 관계자들이 아르바이트 대학생들을 고용하여 대입수험생을 가장하여 대입수험생들이 자주 방문하는 인터넷사이트에 경쟁업체나 그 소속 강사를 비방하는 게시글이나 댓글을 게시하게 한 경우(2021도9579 판결 [명예훼손죄와 경합범]), ② 수출입서류를 위조하고 회계장부를 조작하는 방법으로 가공매출을 만들어 낸 후 이를 반영한 재무제표를 회사의 외부 감사인에게 제시한 경우(2014도9691 판결), ③ 정당 국회의원 비례대표 후보 추천을 위한 당내 경선 과정에서 피고인들이 선거권자들로부터 인증번호만을 전달받아 선거권자들 명의로 피고인들 자신이 지지하는 후보자에게 전자투표한 경우(2013도5117 판결, 2013도4178 판결), ④ 지역 주민이 아니라 하여 여론조사에 응답할 자격이 없거나 중복응답이 될 수 있음을 알면서도 휴대전화로 전화가 걸려오자 허위의 응답을 입력하여 여론조사결과를 왜곡한 경우(2013도5814 판결), ⑤ 저축은행 경영진이 저축은행의 영업정지가 임박한 상황에서 저축은행에 파견되어 있던 금융감독원 감독관에게 알리지 아니한 채 영업마감 후에 특정 고액 예금채권자들에게 영업정지 예정사실을 알려주어 이들로 하여금 예금을 인출하도록 한 경우(2012도10629 판결), ⑥ 개발예정지구 지정공고일 이후에 토지를 매수하여 신청자격이 없는 자가 계약일자를 공고일 이전으로 허위기재한 매매계약서를 기초로 소유권이전등기를 마친 후 등기부등본과 계약일자를 허위로 기재한 소유토지조서를 첨부하여 대한주택공사에 택지개발 수의공급신청을 한 경우(2007도5030 판결), ⑦ 타인의 미국방문비자를 주한미국대사관에 신청함에 있어 신청서는 물론 소명자료도 허위로 작성하여 제출하고, 면접시 허위

답변을 하도록 연습시킴은 물론 스스로 대사관 직원의 문의전화에 허위로 답변한 경우(2003도 7927 판결), ⑧ 채점완료 후 일부 응시생들을 합격시킬 목적으로 채점결과를 변경한 경우(93도 2669 판결), ⑨ 대학총장이 신입생 추가모집시에 기부금을 낸 학부모나 교직원 자녀들이 합격할 수 있도록 허위서류를 작성하여 이에 따라 입학사정을 하게 한 경우(92도255 판결), ⑩ 학력과 국가보안법위반죄의 처벌전력을 숨긴 채 타인명의로 허위의 학력·경력을 기재한 이력서와 생활기록부 등을 제출하여 입사시험에 합격한 경우(91도2221 판결), ⑪ 노조 지부 집행부가 일방적으로 유급휴일결정을 하고 같은 취지의 유인물을 배포하여 지부 소속 근로자들로 하여금 당일을 유급휴일로 오인하여 출근하지 않도록 함으로써 회사공장의 정상 가동을 불가능하게 한 경우(92도58 판결) 등은 위계에 의한 업무방해에 해당한다.

반면, ① 회사의 운영권 양도·양수 합의의 존부 및 그 효력을 둘러싸고 다툼이 있는 상황에서 적법한 양수인이라고 주장하는 자가 비정상적으로 임원변경등기를 하게 한 경우(2006도 3687 판결), ② 출제위원이 문제를 선정하여 시험실시자에게 제출하기 전에 이를 유출하였다고 하더라도 그 후 그와 같이 유출된 문제가 시험실시자에게 제출되지도 아니한 경우(99도3487 판결), ③ 어장 전임대표자가 어장측에 대한 허위채권을 주장하면서 후임대표자에게 인장인도를 거절함으로써 후임대표자가 만기도래한 어장소유의 수협 예탁금을 인출하지 못하고 어장소유 선박의 검사를 받지 못하게 한 경우(84도638 판결), ④ 공장을 제3자에게 양도하면서 외상대금 채권의 수금권을 포기하기로 약정하고도 이를 외상채무자들에게 고지하지 아니하고 외상대금을 수령한 경우(83도2270 판결)는 위계에 의한 업무방해에 해당되지 않는다.

2) 위 력   "위력"이란 사람의 의사를 제압할만한 일체의 세력을 말한다 ($^{2017도12541}_{판결}$). 폭행·협박 등 유형적 방법은 물론, 사회적·경제적·정치적인 지위나 권세를 이용하는 무형적 세력이나 제3자를 통한 간접적 행사[1]도 위력이 된다 ($^{2011도16718}_{판결}$). 범인의 위세·인원수·주위상황으로 보아 의사를 제압할 수 있는 세력이 있으면 족하고, 현실로 의사가 제압되었음을 요하지 않는다($^{2017도12541}_{판결}$).

[위력에 의한 업무방해의 예]   ① 아파트 승강기 내 알림판에 부착되어 있는 입주자대표회의 회장 명의의 민원관련 공고문을 그와 사이가 좋지 않았던 아파트 관리사무소장이 뜯어낸 경우(2021도6410 판결), ② 민·군복합항 건설 공사현장 출입구 중앙에 일렬로 의자를 놓고 앉아 버티는 방법으로 수차례에 걸쳐 공사차량 통행을 가로막은 경우(2020도2091 판결), ③ 해군기지 건설 공사현장 주출입구 앞에서 '해군의 불법공사는 현행법 위반이다. 경찰은 해군을

---

1) 다만, 업무방해죄의 위력은 원칙적으로 피해자에게 행사되어야 하므로 그 위력이 피해자가 아닌 제3자에게 행사된 경우 그로 인하여 피해자의 자유의사가 제압될 가능성이 직접적으로 발생함으로써 이를 실질적으로 피해자에 대한 위력의 행사와 동일시할 수 있는 특별한 사정이 있는 경우가 아니라면 피해자에 대한 업무방해죄가 성립한다고 볼 수 없고, 제3자에 대한 위력의 행사로 피해자의 자유의사가 직접 제압될 가능성이 있는지는 위력 행사의 의도나 목적, 위력 행사의 상대방인 제3자와 피해자의 관계, 위력의 행사 장소나 방법 등 태양, 제3자에 대한 위력의 행사에 관한 피해자의 인식 여부, 제3자에 대한 위력의 행사로 피해자가 입게 되는 불이익이나 피해의 정도, 피해자에 의한 위력의 배제나 제3자에 대한 보호의 가능성 등을 종합적으로 고려하여 판단하여야 한다(2010도410 판결).

체포하라'고 적힌 피켓을 들고 의자에 앉아 버티는 방법으로 공사차량의 통행을 못하게 한 경우(2019도18970 판결), ④ 대리점 사업자와 의견이 대립하자 회사의 임원이 대리점 사업자가 이용하던 회사내부전산망 접속권한을 차단한 경우(2009도4141 판결), ⑤ 약 1,500명의 집회참가자가 당초 신고한 집회장소를 벗어나 매장점거를 시도하면서 이를 저지하는 경찰에게 폭력을 행사한 경우(2009도5698 판결, 공무집행방해죄와 상상적 경합), ⑥ 쟁의행위로서의 파업이 사용자가 예측할 수 없는 시기에 전격적으로 이루어져 사용자의 사업운영에 심대한 혼란 내지 막대한 손해를 초래한 경우(2007도482 전원합의체 판결), ⑦ 항공회사 노조집행부의 지시에 따라 파업참가 조합원들이 집단적으로 회사의 지시를 어기고 개별적인 업무복귀의 확인신고를 지체한 경우(2007도6754 판결), ⑧ 경작 중이던 농작물을 트랙터를 이용하여 갈아엎은 다음 그곳에 이랑을 만들고 새로운 농작물을 심어 피해자의 자유로운 논밭 경작행위를 불가능하게 하거나 현저히 곤란하게 한 경우(2009도5732 판결), ⑨ 자신명의로 사업자등록이 되어 있고 자신이 상주하고 있음을 이용하여 실질적인 운영자의 사업장 출입을 금지하기 위하여 출입문에 설치된 자물쇠의 비밀번호를 변경한 경우(2007도9924 판결), ⑩ 대부업체 직원이 대출금을 회수하기 위하여 소액의 지연이자를 문제삼아 법적 조치를 거론하면서 채무자의 휴대전화로 수백 회에 이르는 전화공세를 한 경우(2004도8447 판결), ⑪ 건물임차인이 그 일부를 전대하면서 학원명의를 자신의 명의로 등록한 것을 기화로 전차인의 승낙을 받지 아니한 채 사전통고만 한 후 전차인이 운영하는 학원의 폐원신고를 한 경우(2003도5004 판결), ⑫ 주주의 의결권을 위임받아 대리행사하는 자가 대표이사의 퇴장요구를 거절하면서 고성과 욕설을 하며 대표이사의 주주총회 개최·진행을 포기하게 한 경우(2001도2917 판결), ⑬ 노조원들이 병원복도를 점거하여 철야농성하면서 노래와 구호를 부르고 병원직원들의 출입을 통제하거나 병원장을 방에서 나오지 못하게 한 경우(91도3044 판결), ⑭ 정당한 쟁의행위의 목적없이 업무방해의 수단으로 이용하기 위하여 다수의 근로자가 집단적으로 일시에 월차유급휴가를 신청하고 일제히 결근하여 회사업무의 정상적인 운영을 저해한 경우(90도2852 판결) 등은 위력에 의한 업무방해에 해당한다.

반면, ① 폭력조직배 간부가 조직원들과 공모하여 甲이 운영하는 성매매업소 앞에 속칭 '병풍'을 치거나 차량을 주차해 놓은 경우(2011도7081 판결), ② 건물을 임차하여 학원을 운영하던 자가 임대인에게 건물을 인도하고도 학원설립등록을 말소하지 않고 휴원신고를 연장함으로써 새 임차인이 학원설립등록을 하지 못하도록 한 경우(2010도9186 판결), ③ 대하 양식장 양도잔대금의 지급을 둘러싸고 분규가 계속되자 양도인이 자신의 비용으로 양식장을 계속 운영하면서 양수인의 대하 무단포획을 중지시키기 위하여 수문을 잠그고 수문여닫이용 손잡이를 회사창고에 보관한 경우(93도2690 판결), ④ 전체 근로자 50명 중 29명만 노동조합에 가입한 회사의 노동조합위원장이 조합원 등 3명과 함께 집회에 참석하기 위하여 3시간 정도 조기 퇴근한 경우(90도2961 판결), ⑤ 상인들이 자발적으로 결성한 상인협의회 임원들이 계약갱신 등을 독려차 나온 회사 사원에게 "너희들이 무엇인데 상인협의회에서 하는 일을 방해하며 협의회에서 돌리는 유인물을 압수하느냐 당장 해임시키겠다"고 한 정도의 욕설을 한 경우(82도2584 판결)는 위력에 의한 업무방해에 해당하지 않는다.

3) 업무방해   "업무를 방해"한다는 것은 업무의 집행 자체를 방해하는 경우뿐만 아니라 업무의 경영을 저해(업무의 적정성·공정성 방해)하는 것도 포함한

다($^{2012도3475}_{판결}$). 업무방해의 결과를 초래할 위험이 있으면 충분하고 현실적으로 방해의 결과가 발생하였음을 요하지 않는다($^{2012도3475}_{판결}$). 그러나 애당초 업무방해의 결과발생 염려가 없는 경우에는 업무방해죄가 성립하지 않는다($^{2005도5432}_{판결}$). 업무방해는 적극적인 방해행위와 동가치성이 있는 부작위로도 가능하다($^{2017도13211}_{판결 참조}$).

> **판례**   대학입시에 합격시켜 달라는 청탁을 받은 甲 교수가 수험생의 답안지에 비밀표시를 하도록 해 놓고 채점위원으로 예상되는 乙 교수에게 부정채점토록 부탁하였는데, 丙 교수가 채점위원으로 되자 乙 교수가 다시 丙 교수에게 부탁하였으나 丙 교수가 이를 거절하고 대학교 교무처장에게 신고하여 입시부정행위를 할 수 없게 되었다면 乙이 범행가담 이후에 입시관리 업무가 방해될만한 행위가 없으므로 乙은 업무방해죄의 죄책을 부담하지 않는다(94도2510 판결).

3. 위법성배제사유

이 죄도 피해자의 승낙이 있거나 자구행위 또는 사회상규에 위배되지 않는 행위($^{2005도8074}_{판결}$)에 해당될 때에는 위법성이 배제될 수 있다. 예컨대 시장번영회 회장이 이사회 결의와 시장번영회 관리규칙에 따라 관리비체납자의 점포에 대하여 행한 단전조치 등은 정당행위로서 업무방해죄를 구성하지 않는다($^{2003도4732}_{판결}$).

Ⅳ. 컴퓨터 등 업무방해죄

> **[구성요건·법정형]**   컴퓨터 등 정보처리장치 또는 전자기록 등 특수매체기록을 손괴하거나 정보처리장치에 허위의 정보 또는 부정한 명령을 입력하거나 기타 방법으로 정보처리에 장애를 발생하게 하여 사람의 업무를 방해한 자도 제1항(업무방해죄)의 형(5년 이하의 징역 또는 1천500만원 이하의 벌금)과 같다(제314조 제2항).

(1) 의의·보호법익

컴퓨터 등 정보처리장치 또는 전자기록 등 특수매체기록을 손괴하거나 정보처리장치에 허위의 정보 또는 부정한 명령을 입력하거나 기타 방법으로 정보처리에 장애를 발생하게 하여 사람의 업무를 방해하는 범죄이다.

보호법익은 사람의 사회적·경제적 활동인 업무의 안전과 자유이다. 경제적 업무에 한정되지 않으며, 사회활동으로서의 모든 업무를 포함한다. 보호받는 정도는 추상적 위험범으로서의 보호이다.

(2) 객관적 구성요건

1) 객 체 컴퓨터 등 정보처리장치 또는 전자기록 등 특수매체기록이다.

(a) **컴퓨터 등 정보처리장치** 자동적으로 계산이나 정보처리를 할 수 있는 전자장치를 말한다. 하드웨어(PC 등 범용컴퓨터, 오피스컴퓨터, 제어용컴퓨터 등)가 그 대표적인 예이다. 소프트웨어도 포함시키는 견해(다수설, 2002도631 판결)도 있으나, 소프트웨어는 정보처리장치가 아니라 정보처리에 이용되는 전자기록에 해당하므로 특수매체기록에 포함된다고 본다(임웅 175, 박상기·전지연 559
이하, 오영근 196, 김성돈 267).

여기의 정보처리장치는 시스템 자체가 업무에 대한 판단, 사무처리, 제어 등의 기능을 자동적으로 처리할 수 있고 독립성이 있는 것으로서 업무에 사용되는 것이라야 한다. 따라서 업무와 관계없는 개인 또는 가정용 컴퓨터, 휴대용 컴퓨터, 전자수첩은 이 죄의 객체가 아니다. 그것이 누구의 소유인가는 묻지 않는다.

(b) **전자기록** "전자기록"이란 전자(電子)적 방식과 자기(磁氣)적 방식에 의하여 수록·보존되어 있는 기록 그 자체를 말한다. 전자적 방식이란 전자의 작용을 이용한 기록으로 현재 기억소자의 주류가 되는 반도체기억집적회로(IC메모리)를 사용하는 기록이 대부분이다. 자기적 방식이란 자기디스크·자기테이프·광자기디스크 등 자기의 작용을 이용하는 방식을 말하고, 현금카드, 신용카드, 승차권카드 등이 그 예이다.

(c) **특수매체기록** "특수매체기록"이란 전자기록을 제외한 레이저광이나 광(光)디스크를 이용한 기록을 말한다. 전자기록은 특수매체기록의 예시에 불과하다.

(d) **기 록** "기록"이란 일정한 기록매체에 정보 또는 데이터가 수록·보존되어 있는 상태를 말하고, 어느 정도 영속성이 있어야 하므로 회선상으로 흘러가는 통신 중의 데이터나 중앙처리장치(C.P.U)에서 처리 중인 데이터는 기록에 포함되지 않는다.

이 죄의 전자기록과 특수매체기록은 업무용 컴퓨터 등 정보처리장치에 사용하는 기록에 한하고 개인의 비밀을 장치한 개인용 녹음테이프·녹화필름·마이크로필름 등은 비밀침해죄($^{제316조}_{제2항}$)의 객체가 될 뿐이고 이 죄의 객체가 아니다.

2) **행 위**   행위태양은 세 가지이다. ① 컴퓨터 등 정보처리장치 또는 전자기록 등 특수매체기록 자체를 손괴하는 행위, ② 정보처리장치에 허위의 정보 또는 부정한 명령을 입력하는 행위, ③ 기타 방법으로 정보처리 그 자체에 장애를 일으키는 행위로 직접 가해행위를 하여 사람의 업무를 방해하는 것이다.

(a) **정보처리장치·특수매체기록의 손괴**   업무용 컴퓨터 등 정보처리장치 또는 전자기록 등 특수매체기록을 손괴하는 것이다. 손괴는 물질적으로 훼손하거나 멸실하게 하여 그 효용을 해하는 행위뿐만 아니라 자기디스크에 기록된 내용 등 전자기록의 내용을 말소시키는 것도 포함한다.

(b) **허위정보·부정명령의 입력**   기계적 조작으로 진실에 반하는 정보를 입력하거나 프로그램을 조작하여 정보처리에 혼란을 야기시키고 그 본래의 효용을 저해하는 일체의 행위를 말한다.

(aa) **허위정보 입력**   "허위정보를 입력한다"란 전자계산기의 시스템에 예정되어 있는 사무처리의 목적에 비추어 진실에 반하는 내용의 정보를 입력하는 것을 말하며, 은행에 입금이 없었음에도 있는 것으로 하거나 학교 성적전산기록을 변경·조작하는 것이 그 예이다.

(bb) **부정명령 입력**   "부정한 명령을 입력한다"란 사무처리 과정에서 지시해서는 아니될 내용을 정보처리장치에 입력하여 프로그램을 변경·삭제·추가하는 것을 말한다. 전자기록을 변경·삭제·추가하는 프로그램 조작, 컴퓨터 바이러스 침투가 대표적인 예이다.

> **판례**   대학의 컴퓨터시스템 서버를 관리하던 자가 전보발령을 받아 더 이상 웹서버를 관리·운영할 권한이 없는 상태에서 웹서버에 접속하여 홈페이지 관리자의 아이디와 비밀번호를 무단으로 변경한 행위는 정보처리장치에 부정한 명령을 입력하여 정보처리에 현실적 장애를 발생시킴으로써 피해 대학에 업무방해의 위험을 초래하는 행위에 해당하여 컴퓨터 등 장애 업무방해죄를 구성한다(2005도382 판결).

(c) **기타 방법의 장애발생**   정보처리장치의 작동에 직접 영향을 줄 수 있는 가해행위를 하여 그 사용목적에 부합하는 기능을 하지 못하게 하거나 사용목적

과 다른 기능을 하게 하는 일체의 행위를 말한다. 전자계산기의 전원을 절단하여 내장된 정보가 없어지게 하거나 통신회선의 절단, 입출력장치 등 부속설비의 손괴, 저압의 배전, 온도와 습도 등의 작동환경파괴 등이 그 예이다.

"작동"이란 전자계산기가 정보처리를 위하여 하는 입력·출력·검색·연산 등의 움직임을 말한다.

(d) **업무방해** 업무방해 행위가 있어야 한다. "방해한다"란 정보처리장치의 용역을 통해서 처리하려는 업무에 지장을 초래하는 일체의 행위를 말한다. 단순히 시스템관리자가 메인컴퓨터의 비밀번호를 후임자에게 알려주지 않은 것만으로는 이 죄에 해당하지 않는다($^{2002도631}_{판결}$).

(e) 기 수 추상적 위험범이므로 방해의 결과가 발생할 필요가 없고, 업무를 방해할 위험이 있으면 기수가 된다. 컴퓨터바이러스 침투에 의한 전자기록 변경·삭제는 일정시기에 활동하여 자료를 파괴하는 시한형 바이러스에 감염된 때 기수가 된다.

(3) 주관적 구성요건

컴퓨터 등 정보처리장치나 전자기록 등 특수매체기록을 손괴하여 정보처리장치에 허위정보나 부정명령을 입력하거나 기타 방법으로 정보처리에 장애를 발생시킨다는 사실과 타인의 업무를 방해한다는 사실에 대한 고의가 있어야 한다(이중고의).

(4) 죄수·타죄와의 관계

1개의 정보처리장치에 수차 반복하여 허위정보를 입력하였어도 동일한 고의로 시간적으로 접속되었을 때에는 포괄하여 일죄가 된다.

이 죄는 업무방해죄에 대한 특별유형이므로 이 죄가 성립한 때에는 업무방해죄는 배제된다. 이 죄에 해당하는 행위가 동시에 직무집행을 하는 공무원에 대한 폭행에 해당하여 공무집행방해죄에도 해당하는 때에는 이 죄와 상상적 경합이 된다. 이 죄의 업무방해가 동시에 배임에 해당하는 때에는 배임죄와 상상적 경합이 된다.

V. 경매 · 입찰방해죄

> [구성요건 · 법정형]   위계 또는 위력 기타 방법으로 경매 또는 입찰의 공정을 해한 자는 2년 이하의 징역 또는 700만원 이하의 벌금에 처한다(제315조).

(1) 의의 · 보호법익

위계 또는 위력 기타 방법으로 경매 또는 입찰의 공정을 해하는 범죄이다. 보호법익은 경매 또는 입찰의 공정이다. 보호받는 정도는 추상적 위험범으로서의 보호이다.

(2) 구성요건

1) 경매 · 입찰   "경매"란 매도인이 다수인으로부터 구두로 청약을 받고 그 중에서 최고가격의 청약자에게 승낙을 하여 매매를 성립(경락)시키는 것을 말한다. "입찰"이란 경쟁계약에 있어서 경쟁에 참가한 다수인으로부터 문서로 계약의 내용을 표시하게 하여 가장 유리한 청약자를 상대방으로 하여 계약을 체결(낙찰)하는 것을 말한다.

경매 · 입찰의 종류는 묻지 않으며 국가 · 공공단체가 행하는 것이건, 개인이 실시하는 것이건 상관없다.

2) 행 위   위계 또는 위력 기타 방법으로 경매 또는 입찰의 공정을 해하는 것이다. 위계 또는 위력은 예시에 불과하고 이 이외의 기타 방법으로 가능하다.

(a) **공정을 해하는 행위**   "공정을 해한"다는 것은 경매 또는 입찰에 있어 적정한 가격을 형성하는 공정한 자유경쟁이 방해될 위험이 있는 상태를 발생시키는 것을 의미한다. 경매 · 입찰가격의 결정뿐만 아니라 공정한 경쟁방법을 해하는 행위도 포함한다(${}^{2008도11361}_{판결}$).

"적정한 가격"이란 객관적으로 산정되는 공정한 가격이 아니라 경매 · 입찰의 구체적 진행과정에서 얻어지는 가격을 말한다. 따라서 낙찰가격이 예정가격에 달하였다 하더라도 그것이 공정한 자유경쟁에 의한 가격형성을 방해한 것이면 공정을 해한 것이 된다.

이 죄는 추상적 위험범이므로 경매 · 입찰의 공정을 해하는 행위가 있으면 족하고, 현실적으로 공정이 침해된 결과가 발생하였음을 요하지 않는다(${}^{2008도11361}_{판결}$).

(b) **공정가격** "공정(적정)가격"의 기준에 대해서는, ① 자유경쟁의 구체적 진행과정에서 얻어지는 가격이라는 견해(**경쟁가격설**)와 ② 평균적인 시장가격을 기준으로 정해야 한다는 견해(**시장가격설**)가 대립하는데, 경쟁가격설이 다수설이다. 판례도 **경쟁가격설**을 취하고 있다($^{71도519}_{판결}$). 공정한 자유경쟁을 방해한 때에는 낙찰가격이 시장가격보다 높더라도 이 죄가 성립한다고 해야 하므로 경쟁가격설이 타당하다.

(c) **담합행위** "담합행위"란 경매·입찰의 경쟁에 참가하는 자 상호간에 통모하여 특정한 자에게 경락·낙찰되도록 하기 위해서 나머지 참가자는 일정한 가격 이상 또는 그 이하로 호가 또는 입찰하지 않을 것을 협정하는 것을 말한다. 입찰을 가장하거나 수인의 입찰자 중 1인만 입찰하게 하고 나머지는 입찰을 포기할 것을 모의하는 것(가장입찰)도 담합행위가 된다. 이 경우 반드시 입찰참가자 전원 사이에 담합이 이루어져야 하는 것은 아니고, 입찰참가자들 중 일부 사이에만 담합이 이루어진 경우에도 입찰방해죄는 성립한다($^{2008도11361}_{판결}$).

한편 담합행위와 구별되는 이른바 신탁입찰(각자가 일부씩 입찰에 참가하면서 1인을 대표자로 하여 단독으로 입찰하게 한 경우)은 경쟁입찰의 한 방법에 지나지 않으므로 이 죄에 해당하지 않는다($^{4290민상368}_{판결 참조}$).

이 죄는 추상적 위험범이므로 담합으로 경매·입찰에 참가한 때에 기수가 되며($^{94도600}_{판결}$), 담합에 의한 현실적 행동의 제약이 있음을 요하지 않는다.

> **판례** 입찰자 등 상호간에 특정업체가 낙찰받기로 하는 담합이 이루어진 상태에서 일부 입찰자가 자신이 낙찰받기 위하여 당초의 합의에 따르지 아니한 채 오히려 낙찰받기로 한 특정업체보다 저가로 입찰하였다면 이러한 일부 입찰자의 행위는 담합을 이용하여 낙찰을 받은 것이라는 점에서 입찰방해죄에 해당한다(2010도4940 판결).

제4절 사생활평온에 관한 죄

[§ 13] 비밀침해의 죄

I. 총 설

(1) 의 의

비밀침해의 죄는 개인의 사생활의 비밀을 침해하는 범죄이다. 사람은 누구나 사회생활을 함에 있어 적든 많든 개인적인 비밀을 가지게 마련이고, 이를 부당하게 침해받게 되면 안정된 개인생활을 유지할 수 없을 뿐만 아니라 인격의 발전도 기대하기 어렵다. 헌법이 사생활의 비밀과 자유($^{헌법}_{제17조}$), 통신의 비밀($^{헌법}_{제18조}$)을 보장하고 있는 이유도 여기에 있다. 이러한 헌법의 취지에 따라 형법은 사생활의 비밀을 탐지하는 비밀침해죄와 이를 누설하는 업무상 비밀누설죄를 범죄로 규정하고 있다.

이 외의 사적 대화의 비밀보호는 통신비밀보호법에 의해서, 전보·전화의 통신비밀보호는 전기통신사업법에 의해서 보호된다.

(2) 보호법익

보호법익에 대해서 사생활의 평온이라는 견해($^{김일수}_{서보학\ 190}$)도 있으나 개인의 비밀을 보호한다고 해야 한다(통설). 다만 업무상 비밀누설죄의 보호법익은 개인의 비밀 이외에도 업무자의 비밀유지에 대한 일반인의 신뢰 내지 이익도 부차적 법익이 된다(다수설). 국가의 비밀을 보호하기 위한 범죄(간첩죄·외교상 기밀누설죄·공무상 비밀누설죄)와 구별된다.

보호정도에 관해서 기술적 수단을 이용한 비밀침해죄($^{제316조}_{제2항}$)가 침해범이라는 데는 이견이 없다. 편지 등 개봉죄($^{제316조}_{제1항}$)와 업무상 비밀누설죄($^{제317}_{조}$)에 대해서는 모두 추상적 위험범이라는 견해, 모두 구체적 위험범이라는 견해($^{배종대\ 55/1,}_{56/2}$),

편지 등 개봉죄는 추상적 위험범이지만 업무상 비밀누설죄는 구체적 위험범이라는 견해(김일수·서보학 190,
손동권·김재윤 17/21)가 대립한다.

편지 등 개봉죄와 업무상 비밀누설죄는 "개봉한 자" 또는 "누설한 때"라고 규정하고 있으므로 개봉 또는 누설행위가 있으면 곧 기수가 되는 추상적 위험범이라고 해야 한다(다수설).

II. 비밀침해죄

> [구성요건·법정형] 봉함 기타 비밀장치한 사람의 편지, 문서 또는 도화를 개봉한 자는 3년 이하의 징역이나 금고 또는 500만원 이하의 벌금에 처한다(제316조 제1항).
> 봉함 기타 비밀장치한 사람의 편지, 문서, 도화 또는 전자기록 등 특수매체기록을 기술적 수단을 이용하여 그 내용을 알아낸 자도 제1항의 형과 같다(제2항).
> 고소가 있어야 공소를 제기할 수 있다(제318조).

(1) 의의·성격

비밀침해죄는 봉함 기타 비밀장치한 타인의 편지, 문서 또는 도화를 개봉하거나(제316조
제1항), 봉함 기타 비밀장치한 타인의 편지, 문서, 도화 또는 전자기록 등 특수매체기록을 기술적 수단을 이용하여 알아내는(제2
항) 범죄이다. 제1항의 개봉은 추상적 위험범이고, 제2항의 내용탐지는 침해범이며, 모두 친고죄이다.

(2) 객관적 구성요건

1) 비밀의 주체   이 죄의 보호법익은 개인의 비밀이므로 비밀의 주체는 자연인·법인·법인격 없는 단체를 포함한다(자연인에 한한다는 견해는 배종대
55/1, 임웅 281, 김성돈 277). 나아가 개인이 간직하고 있는 국가 또는 공공단체의 비밀도 여기에 포함할 수 있느냐에 대해서 긍정설이 다수설이다. 편지의 발신인·수신인의 어느 하나가 국가·공공단체이라도 상관없으며, 그 내용도 개인생활·공적 생활에 관한 것임을 묻지 않는다.

2) 객 체   봉함 기타 비밀장치한 편지, 문서, 도화 또는 전자기록 등 특수매체기록이다.

(a) 편지·문서·도화   "편지"란 특정인으로부터 다른 특정인에게 의사를 전

달하는 문서를 말하고 우편물에 한하지 않는다. 의사를 전달하는 문서라야 하므로 소포우편물, 도면, 사진, 원고 등은 편지가 아니다. 발송 전후는 묻지 않으나 수신인이 읽고 난 다음에는 이 죄의 객체가 아니다(우편관서의 취급 중에 있는 우편물은 우편법 제48조 적용).

"문서"는 편지 이외의 것으로 문자 기타의 발음부호에 의하여 특정인의 의사를 표시한 것을 말하고 반드시 증명기능을 갖는 문서일 필요가 없다. 일기장, 메모장, 계산서, 유언서, 원고가 여기에 해당한다.

"도화"는 그림에 의하여 사람의 의사가 표시된 설계도, 안내도, 사진, 도표 등을 말한다.

(b) 전자기록 등 특수매체기록   "전자기록"은 전자적 기록과 자기적 기록을 포함하며, "특수매체기록은" 전자적 기록을 제외한 레이저광이나 광디스크를 이용한 기록을 말한다("컴퓨터 등 업무방해죄" 참조).

(c) 봉함 기타 비밀장치   편지, 문서, 도화 또는 특수매체기록은 봉함 기타 비밀장치한 것에 한한다. "봉함"이란 봉투를 풀 기타 접착물로 붙인 것과 같이 그 외포를 훼손·무효로 하지 않고는 내용을 알아보지 못하게 만든 장치를 말한다. 무봉함우편엽서나 무봉함서찰은 이 죄의 객체가 되지 않는다.

"비밀장치"는 봉함 이외의 방법으로 외포를 만들거나 기타 특수방법으로 그 내용을 알아보지 못하게 하는 일체의 장치를 말한다. 봉인하거나 끈으로 묶은 것, 못을 박았거나 서랍·금고에 넣고 열쇠로 잠가둔 것, 컴퓨터 시동방지를 위해 열쇠로 잠가두거나 비밀문자를 설정해 둔 것, 전자카드판독이나 지문감식 장치가 설치된 것 등이 여기에 해당한다. 편지 등을 비밀장치한 용기 속에 넣어 둔 것도 포함한다(통설, 2008도9071 판결).

3) 행 위   개봉하거나 기술적 수단을 이용하여 그 내용을 알아내는 것이다.

(a) 개 봉   "개봉"이란 봉함 기타 비밀장치를 훼손 또는 무효로 하여 편지, 문서 또는 도화의 내용을 알아 볼 수 있는 상태에 두는 것을 말한다. 개봉방법은 묻지 않으나 비밀장치를 제거하거나 손괴할 것까지 요하는 것은 아니다. 봉투에 붙인 부분을 뜯거나 열쇠로 열거나 묶어둔 끈을 풀어두는 것으로 족하고, 그 내용을 인식하였음을 요하지 않는다. 봉함이 자연히 열린 경우에 그 내용을 알았다 하여도 개봉에 해당하지 않는다.

(b) **기술적 수단이용의 내용탐지**   봉함 기타 비밀장치된 상태를 개봉하지 않고 기술적 수단을 이용하여 그 내용을 알아내는 것을 말한다. 자외선·투시용판독기(광학기계)를 이용하거나 비밀소지자의 비밀문자 또는 비밀번호를 이용하여 탐지해 내는 것이 대표적 예이다. 단순히 햇빛에 비추어 보는 것은 여기에 해당하지 않는다. 기술적 수단을 이용하여 탐지하는 경우에는 그 내용을 지득했을 때 비로소 이 죄가 성립한다(침해범).

그러나 타인의 전산망(컴퓨터)에 침입하여 전자기록(정보)을 소거(지워 없앰) 또는 교란(컴퓨터해킹)하는데 그친 때에는 이 죄가 아니라 (전자기록 등) 손괴죄 또는 컴퓨터 등 업무방해죄가 성립한다. 또 전산망에 의하여 처리·보관·전송되는 타인의 정보를 훼손하거나 타인의 비밀을 침해·도용 또는 누설한 자에 대해서는 정보통신망법($^{제71조 제1항}_{제11호, 제49조}$)이 우선 적용되므로 이 범위 내에서 형법의 적용은 배제된다.

(3) 주관적 구성요건

봉함 기타 비밀장치된 타인의 편지, 문서, 도화를 개봉한다는 인식·의사 또는 기술적 수단을 이용하여 그 내용을 알아낸다는 고의가 있어야 한다. 타인의 편지를 자기의 것으로 오인하고 개봉한 때에는 고의가 부정된다.

(4) 위법성배제사유

비밀침해에 대한 피해자의 승낙이 있으면 구성요건해당성이 배제된다(양해). 편지개봉 등 타인의 비밀을 지득할 권한이 법령에 의하여 허용된 때에는 법령에 의한 정당행위가 된다. 수형자의 접견·서신수발에 참여·검열($^{형집행법 제41조,}_{제43조}$), 피고인의 우편물·전신에 대한 압수·제출명령($^{형사소송법 제107조,}_{제120조}$), 법규위반·반환불가능 우편물개봉($^{우편법 제28조,}_{제35조}$), 우편물검열($^{통신비밀보호법}_{제3조 제1항}$), 우편물압수($^{군사법원법}_{제147조}$) 등이다.

(5) 타죄와의 관계

① 문서 등을 손괴하여 개봉한 때에는 손괴행위는 이 죄에 흡수된다(불가벌적 사전행위). ② 절취·횡령한 편지 등을 개봉한 경우에 절도·횡령죄만 성립한다는 견해(불가벌적 사후행위)도 있으나, 실체적 경합이 된다고 본다.

(6) 고소권자

이 죄는 친고죄이다. 발신자·수신자 모두 고소권자가 된다는 것이 통설이다. 이 경우 어느 한쪽이 고소하면 충분하고 쌍방이 고소할 필요는 없다.

Ⅲ. 업무상 비밀누설죄

> [구성요건·법정형] 의사, 한의사, 치과의사, 약제사, 약종상, 조산사, 변호사, 변리사, 공인회계사, 공증인, 대서업자나 그 직무상 보조자 또는 차(此)등의 직에 있던 자가 그 직무처리 중 지득한 타인의 비밀을 누설한 때에는 3년 이하의 징역이나 금고, 10년 이하의 자격정지 또는 700만원 이하의 벌금에 처한다(제317조 제1항).
> 종교의 직에 있는 자 또는 있던 자가 그 직무상 지득한 사람의 비밀을 누설한 때에도 전항의 형과 같다(제2항).
> 고소가 있어야 공소를 제기할 수 있다(제318조).

(1) 의의·성격

의사, 한의사 등 법문에 열거되어 있는 업무자의 직무처리 중 지득한 타인의 비밀 또는 직무상 지득한 사람의 비밀을 누설하는 범죄이다.

이 죄의 보호법익도 개인의 비밀이다. 그리고 이 죄가 일정한 직업에 종사하는 자에 대해서만 성립하도록 한 취지에 비추어 일정한 직업에 종사하는 자가 그 직무처리 중에 지득한 타인의 비밀을 지켜줄 것이라는 일반인의 신뢰도 부차적인 보호법익이 된다(통설). 진정신분범이며, 추상적 위험범이고 친고죄이다.

(2) 객관적 구성요건

1) 주 체   ① 의사, 한의사, 치과의사, 약제사, 약종상, 조산사, 변호사, 변리사, 공인회계사, 공증인, 대서업자 또는 그 보조자와 그 직에 종사하였던 자와, ② 종교의 직에 있는 자와 그 직에 있던 자에 한한다. 행위주체가 그 정을 모르는 비신분자를 이용하여 간접정범으로 범할 수 있으므로 자수범은 아니라고 본다.[1]

---

1) 공무원 또는 공무원이었던 자가 법령에 의한 직무상의 비밀을 누설한 때에는 공무상 비밀누설죄(제127조)가 성립하며, 외교상의 비밀을 누설한 때에는 외교상의 비밀누설죄(제113조)를 구성한다. 또 기업의 임·직원이었던 자가 기업에 유용한 기술상의 영업비밀을 누설한 때에는 '부정경쟁방지 및 영업비밀보호에 관한 법률'(제18조)에 의해 처벌된다.

의사, 한의사, 치과의사는 의료면허 있는 자를 말하며, 수의사는 포함하지 않는다. 약제사·조산사도 면허있는 자를 말하며, 약종상은 의약품판매의 허가를 받은 자에 한한다. 변호사, 변리사는 등록되어 있는 자에 한하며, 공증인은 법무부장관의 임명을 받은 자(^{공증인법}_{제11조})이다. 그 보조자란 의사의 조수, 변호사 사무소의 사무장 등을 말한다. 종교의 직은 승려, 목사, 전도사, 신부 등 종교단체에서 사제(司祭)의 직무를 수행하는 자를 말한다.

2) **객 체**   직무처리 중 또는 직무상 알게 된 타인의 비밀이다.

(a) **비 밀**   "비밀"이란 타인에게 알려지지 않은 사실 또는 특정인이나 제한된 범위의 사람에게만 알려져 있는 사실로서 타인에게 알려지지 않는 것이 본인의 이익이 되는 사실을 말한다. 이미 알려진 사실이라도 아직 알지 못하는 자에 대해서는 비밀이 된다. 공지의 사실은 비밀이라 할 수 없으나 세평(世評)에 올라 있더라도 아직 공지의 정도에 이르지 아니하면 비밀이 될 수 있다.

(aa) **비밀의 요건**   비밀이 되기 위해서는 본인이 비밀로 할 것을 원할 뿐만 아니라 객관적으로 비밀로 할 이익이 있어야 한다(통설).

(bb) **비밀의 주체**   자연인·법인·법인격 없는 단체를 묻지 않으며, 자연인인 경우에는 생존자에 한한다. 국가 또는 공공단체는 제외된다. 개인의 비밀인 이상 사생활은 물론 공적 생활에 관한 비밀도 상관없다.

(b) **직무처리 중 또는 직무상 지득한 비밀**   비밀은 직무처리 중 또는 직무상 지득한 것에 한한다. 직무처리나 직무와 관계없이 알게 된 사실은 이 죄의 비밀에 해당하지 않는다. 그 지득한 기회나 방법 여하는 묻지 않는다. 본인의 명시·묵시의 고지에 의해서 지득하였건 자신의 실험 판단에 의하였건 상관없다.

3) **행 위**   누설하는 것이다.

(a) **누 설**   "누설"이란 비밀을 알지 못하는 사람에게 알게 하는 것을 말한다(^{2018도613}_{판결 참조}). 본인에게 알리는 것은 누설이 아니다. 상대방은 1인이건 다수인이건 상관없다. 구두고지, 서면통지, 서류열람을 하게 하는 것은 물론, 비밀을 기재한 서면을 방치하여 제3자가 열람하도록 하는 부작위에 의한 누설도 가능하다.

(b) **기수시기**   추상적 위험범이므로 비밀을 누설한 때에 기수가 되고, 상대방에게 도달되거나 고지된 내용을 인식하였음을 요하지 않는다.

(3) 주관적 구성요건

신분에 대한 인식과 자기가 지득한 비밀을 누설한다는 고의가 있어야 한다. 신분에 대한 착오가 있거나 지득한 사실이 타인의 비밀이 아니라고 오신한 때에는 구성요건착오로서 고의가 부정된다.

(4) 위법성배제사유

비밀의 주체가 누설에 대해서 동의를 하면 구성요건해당성이 배제된다(**위법성배제설**은 박상기·전지연 574, 김성돈 279). 법령에 의하여 비밀의 고지가 의무로 되어 있는 경우(감염병예방법 제11조, 결핵예방법 제8조) 기타 정당업무로 인한 경우(변호인의 변호권)에는 위법성이 배제된다.

이 죄의 주체는 대부분 소송법상 증언거부권(형사소송법 제149조, 민사소송법 제315조)이 있으므로 증언거부권을 행사하지 않고 타인의 비밀에 관한 사항을 증언한 경우에 위법성이 배제되느냐에 대해서, ① 증언을 거부할 수 있음에도 불구하고 자의로 증언하면 이 죄가 성립한다는 견해(이형국 I 356), ② 증언거부권을 행사하지 않으면 증언의무가 있지만 타인의 비밀을 유지해야 할 의무도 있으므로 두 의무의 충돌로 인하여 위법성이 배제된다는 견해(이재상·장영민·강동범 14/27, 손동권·김재윤 18/24), ③ 소송법상의 이익과 비밀보호 이익을 형량하여 긴급피난에 해당하는 때에는 위법성이 배제된다는 견해(임웅 291, 김일수·서보학 198 이하, 오영근 209 이하)가 대립한다.

증언거부권을 행사하지 아니하면 증언의무는 있으나 의무의 충돌이론에 의하여 위법성이 배제된다고 본다(다수설).

[§ 14] 주거침입의 죄

I. 총 설

(1) 의 의

주거침입의 죄는 개인생활의 근거가 되는 사람의 주거 또는 관리하는 장소의 평온과 안전을 침해하는 범죄이다. 주거는 개인생활의 본거(本據)로서 그 안전은 자유로운 인격발전과 행복추구를 위한 필수조건이므로 헌법이 기본권의 하나로 보장하고 있다(헌법 제16조). 형법은 헌법의 취지에 따라 주거 등의 평온과 안전을 침해하거나 위태화시키는 행위를 범죄로 처벌하고 있다.

(2) 보호법익

주거침입의 죄의 보호법익의 구체적 내용이 무엇이냐에 대해서는 견해가 대립한다.

1) **주거권설** 권한 없는 타인의 주거침해로부터 이를 방해받지 않을 권리 (이익)를 보호한다는 견해이다(이재상·장영민·강동범 15/7, 박상기·전지연 577. 독일의 통설).

2) **사실상 평온설** 권리로서의 주거권이 아니라 그 주거를 지배하고 있는 공동생활자 모두의 사실상의 평온을 보호한다는 견해이다. 주거권은 권리로서의 성질이 불명하다는 점을 이유로 한다(다수설). 판례도 같은 입장이다(2017도690 판결).

3) **구별설** 개인의 사생활의 근거가 되는 주거공간(주택·연구실·하숙방 등)은 주거의 사실상의 평온을 보호하고, 공중이 자유로이 출입할 수 있는 개방된 장소(백화점·관공서·극장·식당 등)는 업무상 비밀과 평온을 보호한다는 견해(임웅 293)이다.

4) **결 어** 주거를 지배하고 있는 사실관계가 법적 성질을 가졌다고 해서 주거권이라는 법적 권리가 바로 인정되는 것은 아니며, 주거권설에 의하면 임대차기간이 만료된 자의 주거의 안전을 보호하기 곤란하다(임대인의 무단출입 가능)는 문제가 있다.

주거의 기능과 개방된 공공장소의 사회적 기능을 규범적으로 명확히 구별하기 쉽지 않고, 공공장소의 비밀은 사실상의 평온설에 의해서도 충분히 보호될 수 있으므로 양자를 구별할 의미가 없다. 또 주거침입죄는 주거 자체나 주거에 대한 권리를 보호하는 것이 아니라 그 안에 살고 있는 사람들의 평온한 삶을 보호하려는 것이라 해야 한다. 따라서 사실상의 평온설이 타당하다.

보호받는 정도는 침해범으로서의 보호이다(추상적 위험범설은 이재상· 장영민·강동범 15/7, 김성돈 286).[1] 판례는 신체의 일부만 들어갔다고 하더라도 사실상 주거의 평온을 해하였다면 주거침입죄는 기수에 이르고, 사실상 주거의 평온을 해하는 정도에 이르지 아니하였다

---

[1] 추상적 위험범설에서는 침해범설을 따를 경우 주거권자가 외출하여 빈집에 들어간 경우에는 사실상의 평온에 아무런 침해가 없다는 점에서 주거침입죄 성립을 인정하기에 난점이 있다고 한다(김성돈 286). 그러나 주거침입죄는 배타적 공간인 주거에 사람이 있든 없든 상관없이 성립할 수 있고, 주거자 모두가 외출할 때에는 외부인 출입방지조치를 하는 것이고, 이 방지조치를 훼손하고 침입하는 자체가 주거의 사실상의 평온을 해하는 행위라고 해야 한다.

면 주거침입죄는 미수에 그친다고 판시($^{94도2561}_{판결}$)한 점에 비추어 **침해범설**을 취한 것으로 보인다.

Ⅱ. 주거침입죄

> [구성요건·법정형]   사람의 주거, 관리하는 건조물, 선박이나 항공기 또는 점유하는 방실에 침입한 자는 3년 이하의 징역 또는 500만원 이하의 벌금에 처한다(제319조 제1항).
> 미수범은 처벌한다(제322조).

1. 의의·성격

주거침입죄는 타인의 주거, 관리하는 건조물, 선박이나 항공기 또는 점유하는 방실에 침입하는 범죄이다. 계속범이고 침해범, 거동범이다.

2. 객관적 구성요건

(1) 객   체

사람의 주거, 관리하는 건조물, 선박, 항공기 또는 점유하는 방실이다.

1) 사람의 주거   "주거"란 사람이 기거하고 침식에 사용되는 장소를 말한다(다수설). 이에 대해서 사람이 기거하는 장소이면 족하고 반드시 침식에 사용할 장소일 필요가 없다는 견해($^{이재상·장영민·강동범}_{15/8, 배종대 58/2}$)도 있다. 그러나 형법은 점유하는 방실을 별도로 규정하고 있으므로 다수설이 타당하다.

기거침식에 사용되는 것이면, ① 별장·선박·주거용 차량·토굴도 주거에 해당하며, 반드시 영구적으로 사용할 필요가 없다. ② 주거에 항상 사람이 현존할 필요가 없으며, 주거의 설비·구조 여하도 묻지 않는다. 낮에만 기거하는 장소·천막집·판자집·고시원의 일실(一室), 건조물에 부속된 엘리베이터($^{2009도4335}_{판결}$)나 공용계단·복도($^{2009도3452}_{판결}$)·지하실도 주거에 포함된다.[1] ③ 건조물의 소유관계와

---

[1] 원룸에 사는 여성을 뒤따라가 원룸이 위치한 건물에 들어가 함께 엘리베이터를 탄 다음 여성이 엘리베이터에서 내려 원룸의 현관문을 열고 안으로 들어가는 것을 뒤쫓아갔으나 문이 닫히는 바람에 안으로 들어가지 못하고 현관문을 열려고 시도한 사안에서, 대법원은 원룸이 위치한 건물의 내부 공용공간에 들어간 것만으로도 주거침입죄에 해당한다고 판시(2020도4246 판결 [소위 신

계속 거주할 권리가 있는가도 묻지 않는다. 따라서 가옥임대차계약이 해지된 후에 명도를 요구하기 위해서 임의로 들어가거나 공동주거의 공동생활에서 이탈한 가출자식이 강도의 의사로 아버지의 집에 침입하거나, 별거중인 배우자가 상대방의 아파트에 함부로 들어간 때에도 이 죄가 성립한다.

2) 관리하는 건조물·선박·항공기

(a) 관 리 "관리"란 사실상 지배·보존하는 것을 말한다. 타인의 침입을 방지할 수 있는 인적(경비원·관리인), 물적(자물쇠로 잠근 것, 못질해 둔 것) 설비가 있어야 한다. 반드시 출입 불가능 또는 곤란하게 할 설비임을 요하지 않으나 단지 출입금지 입찰을 세워둔 것만으로 관리라 할 수 없다.

(b) 건조물 "건조물"이란 지붕이 있고, 담 또는 기둥으로 받쳐져 토지에 정착한 것으로서 그 내부에 사람이 출입할 수 있는 주거 이외의 건축물을 말한다. 빈집·폐쇄된 별장·창고·공장·관공서의 청사·학교·극장 등이 이에 해당한다. 건조물의 부속물과 정원도 포함한다. 청사의 출입구·복도, 본 건물과 지붕으로 연결된 역의 홈, 일상생활을 영위하면서 침식의 장소로도 사용해 온 알루미늄 샷시로 된 1.5평 정도의 담배점포($^{88도2430\,등}_{판결}$), 별개의 토지에 있는 축사출입차량 소독시설($^{2007도7247}_{판결}$)도 건조물에 해당한다. 그러나 사람이 출입할 수 없는 개집이나 토지에 정착되지 않은 캠핑천막은 건조물이 아니다.

(c) 선박·항공기 "선박"이란 수상교통의 수단으로 사용되는 제조물로서 그 크기는 묻지 않으나 이 죄의 성질상 사람의 주거에 상응하는 정도임을 요한다.

"항공기"란 사람의 조종에 의하여 공중을 운행하는 기기를 말한다. 비행기, 우주선, 우주왕복선 등이 그 예이다.

3) 점유하는 방실 사실상 지배·관리하는 건조물 내의 구획된 장소나 축조물을 말하고, 점포·빌딩의 사무실·연구실, 투숙 중인 호텔이나 여관의 방, 건축공사장의 임시가건물이 이에 해당한다.

대법원은, 부속된 정원(2009도4335 판결)이나 건물에 부속한 위요지(2019도16484 판결), 공동주택의 엘리베이터(2009도4335 판결)·공용계단과 복도(2009도3452 판결), 입주민 외 출입이 제한된 아파트 주차장에서 이어진 아파트 공용현관(2021도15507 판결)도 특별한 사정이 없는 한 주거에 해당한다고 판시하였다. 공중여자화장실의 용변칸(2003도1256 판결)도 같다.

림동 강간미수 사건])하였다.

(2) 행 위

침입하는 것이다.

1) 침 입   "침입"이란 주거자·관리자의 의사 또는 추정적 의사에 반하여 들어가는 것을 말한다. 공연히 또는 폭력적으로 침입하였는가는 묻지 않는다. 의사에 반하여 들어가면 평온·공연히 들어간 때에도 침입이 된다. 침입은 신체의 침입을 의미하는 것이므로 밖에서 돌을 던지거나 창문으로 들여다 보는 것, 전화를 계속 걸어오거나 초인종을 누르는 것($^{2008도1464}_{판결}$)은 침입이 되지 않는다.

신체의 일부만 들어가도 침입이 된다는 견해($^{김일수·서보학}_{203, 임웅 300}$)와 판례($^{94도2561}_{판결}$)가 있다. 그러나 이 죄는 계속범이고 미수범을 처벌하는 우리 형법의 해석상으로는 신체의 전부가 들어간 때에 침입이 된다고 해야 한다(통설). 침입은 외부로부터의 침입임을 요하고 처음부터 주거내에 있는 자는 그 후 범죄의사가 생긴 때에도 침입이 될 수 없다($^{83도2897 판결 및}_{76도414 판결 참조}$).

> **판례** 입주자대표회의가 외부인의 단지 안 주차장에 대한 출입을 금지하는 결정을 하고 그 사실을 외부인에게 통보하였음에도 외부인이 입주자대표회의의 결정에 반하여 그 주차장에 들어갔다면, 출입 당시 관리자로부터 구체적인 제지를 받지 않았다고 하더라도 그 주차장의 관리권자인 입주자대표회의의 의사에 반하여 들어간 것이므로 건조물침입죄가 성립한다. 설령 외부인이 일부 입주자 등의 승낙을 받고 단지 안의 주차장에 들어갔다고 하더라도 건조물침입죄의 성립에 영향이 없다(2017도21232 판결).

2) 주거자 의사   침입은 주거자·관리자의 의사 또는 추정적 의사에 반하여 들어가는 것이라야 한다($^{2007도2595}_{판결}$). 평소 건조물에 출입이 허용된 사람이라도 거주자나 관리자의 명시적 또는 추정적 의사에 반하여 들어간 때에는 건조물침입죄가 성립한다($^{2017도21323}_{판결}$). "주거자 의사"는 주위사정에 비추어 추정할 수 있으면 묵시적 승낙도 무방하지만($^{2003도1256}_{판결}$), 승낙의 의사표시는 자유로운 진의에 의한 것이라야 하고, 기망에 의한 승낙은 유효한 승낙이라 할 수 없다. 따라서 입장권 없는 출입, 대리시험고사장 입장($^{67도1281}_{판결}$), 절도 목적의 사무실 출입($^{79도1882}_{판결}$)은 형식적인 승낙이 있어도 침입이 된다. 출입문을 통한 정상적인 출입이 아닌 경우에는 특별한 사정이 없는 한 그 침입방법 자체에 의하여 거주자나 관리자의 명시적 또는 추정적 의사에 반하는 것으로 보아야 한다($^{2007도2595}_{판결}$).

(a) **주거자** 주거에 대한 출입과 체류를 허용할 수 있는 주거자·관리자·점유자를 말한다. 주거의 소유자이거나 직접점유자일 필요가 없고, 사실상 주거·점유·관리하고 있으면 주거자가 된다. 주거자는 적법한 점유개시로 거주하면 족하고 계속 거주·점유할 권리가 있는가는 문제되지 않는다($\frac{2006도7044}{판결}$). 주거자가 주거출입을 타인에게 위탁한 때에는 위탁의 범위 내에서 이 죄는 성립하지 않는다(가정부에게 집을 맡긴 경우).

(b) **차가(借家)의 주거자** 임대차기간의 종료 후에도 임차인이 계속 거주하고 있으면 주거자가 된다($\frac{73도460}{판결 참조}$). 이 경우 임차인의 동의없이 임대인이 임의로 출입하면 주거침입이 된다. 다만 호텔·여관의 방실에 대해서는 투숙자와 소유자 모두 제3자에 대해서 동의자가 될 수 있다.

(c) **공동주거자** 같은 주거에 여러 사람이 거주하는 경우에는 각자 모두 공동사용부분에 대하여 동의할 수 있는 주거자가 된다(같은 집에 거주하는 부부, 같은 방의 하숙생, 한 집에 여러 세대가 사는 경우). 이 경우 다른 공동주거자의 승낙 또는 추정적 승낙이 없으면 주거침입이 된다($\frac{주거침입부정설은 김일수·서보학}{205,\ 임웅\ 300,\ 배종대\ 58/10}$). 판례는 처가 남편 부재중에 간통의 목적으로 상간자를 주거에 들어오게 한 사안에서, 외부인이 현재 거주자의 승낙을 받아 통상적인 출입방법에 따라 집에 들어간 경우에는 그것이 부재중인 다른 거주자의 추정적 의사에 반하더라도 주거침입죄는 성립하지 않는다고 판시($\frac{2020도12630}{전원합의체\ 판결}$)하여 **부정설**의 입장이다.[1]

(d) **범죄목적** 평소 무상으로 출입할 수 있는 자가 절도·강도·폭행 등 범

---

[1] 남편이 부부싸움 후 집을 나가 한 달여간 지난 후에 자신의 부모와 동행하여 집으로 돌아왔을 때, 집에 있던 처의 동생(처제)에게 문을 열어달라고 하였으나 거절당하자 현관문 걸쇠를 부수고 집에 들어간 사안에서 대법원은, 남편과 그 부모에게 폭처법상 공동재물손괴죄(현관문 걸쇠에 대한 손괴)는 유죄로 인정하면서도 공동주거침입에 대하여는 무죄판결을 선고(2020도6085 전원합의체 판결)하였다. 당시 대법원은, 주거침입죄는 타인이 거주하는 주거 등에 침입해야 성립하므로, 행위자 자신이 단독 또는 공동으로 거주하는 주거에 임의로 출입하더라도 주거침입죄가 성립하지 않으며, 공동거주자 상호간에는 특별한 사정이 없는 한 다른 공동거주자가 공동생활 장소에 자유로이 출입하고 이용하는 것을 금지할 수 없으므로 공동거주자 중 한 사람이 정당한 이유 없이 다른 공동거주자의 출입을 금지한 경우, 다른 공동거주자가 이에 대항해 공동생활 장소에 들어갔더라도 공동거주자의 사실상 주거의 평온이라는 법익을 침해하는 행위라고는 볼 수 없어 다른 공동거주자가 출입하는 과정에서 다소간의 물리력을 행사하였더라도 주거침입죄는 성립하지 않는다고 판시하였다. 공동거주자의 승낙을 받아 공동생활 장소에 함께 들어간 외부인의 출입 및 이용행위 또한 출입을 승낙한 공동거주자의 통상적인 공동생활 장소 출입 및 이용행위의 일환이자 이에 수반되는 행위로 평가할 수 있는 때에는 그 외부인에게도 주거침입죄가 성립하지 않는다는 취지이다.

죄의 목적으로 들어간 때에는 주거자의 승낙이 있다고 할 수 없으므로 침입이 된다(_{다수설,} _{83도1394 판결}). 판례는 시위목적의 출입이 금지된 대학교에 시위하기 위해서 들어가면 제지가 없어도 건조물침입죄를 인정한다(^{2004도3212}_{판결}). 그러나 진의에 의한 승낙이 있으면 침입이라 할 수 없다. 뇌물을 공여할 목적으로 공무원의 집에 방문한 경우가 그 예이다.

(e) **공공장소** 공중의 출입이 개방된 관공서청사, 역, 백화점, 은행, 슈퍼마켓, 음식점, 호텔에 들어가는 경우에는 건물 소유자·관리인의 의사 또는 추정적 의사에 반하지 않는다. 공공장소에 범죄목적으로 들어간 경우에 주거침입이 되느냐에 대해서 판례는 도청장치 설치목적으로 음식점에 들어간 경우에 주거침입죄를 인정한다(^{95도2674 판결.}_[초원복국집 사건]).

그러나 일반적으로 출입의 자유가 허용된 장소가 목적이 불법하다는 이유만으로 평온을 해한다고 할 수 없으므로 주거침입은 아니라고 해야 한다(다수설). 다만 공중의 출입이 개방된 장소라도 출입이 금지된 시간·장소에 들어가거나 침입방법 자체가 복면 또는 흉기를 휴대하였거나 집단 난입이나 담벽을 넘어 창문을 통해(^{90도173}_{판결}) 들어가는 등 일반적 출입이 아닌 때에는 침입이 된다(^{94도3336}_{판결}).

3) 부작위에 의한 침입 부작위에 의해서도 침입이 가능하다. 주거에 대한 보증인이 제3자의 침입을 고의로 방지하지 않거나 주거자의 의사에 반하여 침입하는 것을 알면서 방치하면 부작위에 의한 주거침입이 된다(다수설).

4) 기수시기 판례는 신체의 일부만 주거에 들어가면 기수가 된다(^{94도2561}_{판결})고 하고 있으나,[1] 신체가 완전히 주거에 들어간 때에 기수가 된다고 본다(통설). 다만 이 죄는 계속범이므로 주거의 평온이 침해된 상태가 어느 정도 계속되어야 한다. 신체의 일부만 들어간 경우, 침입하기 위해서 자물쇠를 파괴하였으나 들어가지 못한 경우, 담을 넘다가 붙들린 경우는 미수범이 된다. 판례는 출입문이 열려 있으면 안으로 들어갈 의사로 출입문을 당겨본 행위에 대해서 실행의 착수를 인정한다(^{2006도2824}_{판결}).

---

1) 반면, 신체의 극히 일부분이 주거 안으로 들어간 경우, 사실상 주거의 평온을 해하는 정도에 이르지 아니하였다면 주거침입죄의 미수에 그친다(94도2561 판결).

3. 주관적 구성요건

주거자·관리자·점유자의 의사 또는 추정적 의사에 반하여 타인의 주거 등 공간에 들어간다는 고의가 있어야 한다. 반드시 신체의 전부가 타인의 주거에 들어간다는 인식이 있어야 하는 것은 아니며, 신체의 일부가 타인의 주거에 들어간다는 인식이 있는 것으로 족하다($^{94도2561}_{판결}$).

4. 위법성배제사유

1) 피해자의 동의   이 죄는 주거자의 의사에 반한 경우에만 구성요건에 해당할 수 있으므로 진의에 의한 승낙이 있으면 구성요건해당성이 부정된다. 외출 중인 이웃집의 화재진압을 위하여 그 집에 들어간 때에는 추정적 승낙에 의해서 위법성이 배제된다.

2) 정당행위   피해자의 의사에 반할지라도 법령에 의한 행위는 정당행위로서 위법성이 배제된다. 형사소송법·민사집행법에 의한 강제처분·강제집행은 물론, 노동쟁의 중 단체교섭을 위하여 사무소에 들어가더라도 권한남용이 없는 한 정당행위가 된다. 은닉장물을 발견하기 위해서 함부로 주거에 들어가거나 개인이 현행범을 체포하기 위해서 임의로 타인 주거에 들어가면 이 죄를 구성한다. 채권변제를 받기 위하여 채무자의 집에 임의로 들어가는 경우도 위법이 되는 경우가 있다. 그러나 사회상규에 반하지 않으면 위법성이 배제된다.

> 대법원은 피해자의 집 앞 복도에서 소란을 피운 경우(2016도16676 판결), 시비를 따지기 위하여 동네 부녀 10명과 작당하여 야간에 타인의 주거에 들어간 경우(83도2230 판결), 아파트 인도 집행을 완료한 집행관으로부터 아파트를 인도받은 채권자가 출입문의 잠금장치를 교체하는 등 그 점유가 확립된 상태에 이른 이후 위 아파트에 유치권을 주장하는 자가 출입문과 잠금 장치를 훼손하고 아파트에 들어간 경우(2017도9999 판결)에 주거침입죄를 인정하였다.

5. 죄수·타죄와의 관계

1) 죄 수   이 죄는 주거에 침입함으로써 성립하고 퇴거한 때 종료하므로 그 후 다시 침입하면 별도의 주거침입이 된다. 무단침입으로 주거침입죄의 확정판결을 받고서도 퇴거하지 않고 계속 거주하면 별도의 주거침입죄가 성립한

다($^{2007도11322}_{판결}$).

2) **타죄와의 관계**　주거침입을 위한 수단으로 범한 손괴죄·폭행죄는 경합범이 된다. 주거침입시에 범한 다른 범죄와 주거침입죄도 경합범이 된다($^{2015도9049}_{판결 참조}$). 따라서 주거에 침입하여 살인·상해·절도·강도죄를 범하면 그 죄와 주거침입죄의 경합범이 된다. 다만 야간주거침입절도죄($^{제330}_{조}$)와 제331조 제1항의 특수절도죄의 경우는 주거침입이 구성요건요소이므로 별도로 주거침입을 논할 필요가 없다.

형법상 상습절도죄($^{제332}_{조}$)를 범한 범인이 그 범행의 수단으로 주간에 주거침입을 한 경우에 그 주간 주거침입행위는 상습절도죄와 별개로 주거침입죄에 해당하지만($^{2015도9049}_{판결}$), 특가법상 상습절도죄($^{동법}_{제5조의4 제6항}$)를 범한 범인이 그 범행 외에 상습적인 절도의 목적으로 주거침입을 하였다가 절도에 이르지 아니하고 주거침입에 그친 경우에도 그것이 절도상습성의 발현이라고 보이는 이상 주거침입행위는 상습절도죄에 흡수되어 특가법상 상습절도죄만 성립하고, 그와 별개로 주거침입죄는 성립하지 않는다($^{2017도4044}_{판결 참조}$).

III. 퇴거불응죄

> **[구성요건·법정형]**　전항(주거침입죄)의 장소에서 퇴거요구를 받고 응하지 아니한 자도 전항의 형(3년 이하의 징역 또는 500만원 이하의 벌금)과 같다(제319조 제2항).

(1) 의의·성격

사람의 주거, 관리하는 건조물, 선박, 항공기 또는 점유하는 방실에서 퇴거요구를 받고 응하지 아니하는 범죄이다. 진정부작위범이며, 퇴거할 때까지 계속하는 계속범이고, 추상적 위험범·거동범이다.

(2) 구성요건

1) **주체·객체**　주체는 퇴거를 요구받고 퇴거하지 않는 자이다. 즉 타인의 주거 등에 적법하게 또는 과실로 들어간 후 주거자, 관리자, 점유자의 퇴거요구에 불응하는 모든 자이다. 객체는 주거침입죄의 그것과 같다.

2) **행 위**　행위는 퇴거요구를 받고 퇴거하지 않는 것이다. 퇴거요구를

받고 퇴거하지 않는 부작위 자체가 범죄로 되므로 애당초 주거자의 의사에 반하여 들어간 때에는 퇴거요구가 있어도 주거침입죄가 될 뿐이다.

(a) **퇴거요구자**   "퇴거요구자"는 주거자, 관리자, 점유자 또는 이러한 자의 위임을 받은 자에 한한다. 주거자인 이상 주거에 대한 법적 권한이 없는 자도 퇴거요구를 할 수 있다. 따라서 임대차계약 해지 후 계속 주거하는 자도 퇴거요구자가 될 수 있다. 다만 권리자라 하더라도 사회통념상 합리성을 인정받을 수 없는 정도의 퇴거요구는 할 수 없다고 본다. 예컨대 채권자가 변제청구를 위하여 주거의 안전을 해하지 않는 정도에서 채무자의 주거에 머무는 경우에는 채무자의 퇴거요구가 있는 때에도 이 죄를 구성하지 않는다. 그러나 채권자가 장기간에 걸쳐 농성전술로 주거의 평온을 해할 때에는 이 죄를 구성한다. 판례는 예배방해의 목적으로 교회에 들어온 자가 교회당회의 퇴거요구에 불응한 때(^{91도2309}_{판결}), 폐쇄된 직장을 점거한 근로자가 사용자의 퇴거요구에 불응한 때(^{91도1324}_{판결})에 이 죄의 성립을 인정한다.

(b) **요 구**   퇴거"요구"는 1회로써 충분하고 반복할 필요가 없으며 명시적임을 요하지 않는다는 것이 다수설이다. 다만 음식점에서 식사하고 있는 사람은 식사를 마칠 때까지 퇴거요구에 응할 필요가 없다.

(c) **기수시기**   퇴거요구를 받고 즉시 응하지 않음으로써 기수가 된다고 본다(다수설). 이 죄는 거동범이므로 미수범은 상상하기 어렵다. 따라서 이 장(章)의 미수범처벌규정(^{제322}_조)은 이 죄에 적용되지 않는다고 본다. 다만 이 죄는 진정부작위범이므로 퇴거할 수 있는 상태에서 퇴거하지 않는 때에만 기수가 된다. 따라서 달리는 차안에서 내리라고 하거나, 해고된 노무자가 자기 물건을 정리하고 있는 동안, 또는 옷을 벗고 있는 사람에게 나가라고 해서 즉시 기수가 되지 않는다.

IV. 특수주거침입죄

[구성요건·법정형]   단체 또는 다중의 위력을 보이거나 위험한 물건을 휴대하여 전조(주거침입·퇴거불응)의 죄를 범한 때에는 5년 이하의 징역에 처한다(제320조).
미수범은 처벌한다(제322조).

이 죄는 주거침입죄·퇴거불응죄에 대하여 행위태양에서 불법이 가중되는 가중구성요건이다.

단체 또는 다중의 경우에는 그 모두가 주거에 침입할 필요가 없으며, 1인이 침입한 때에도 이 죄는 성립한다. 위험한 물건은 처음부터 휴대하였거나 침입한 후 그 집안에 있는 물건을 휴대해도 상관없다. 또 위험한 물건을 꺼내 보이거나 피해자가 인식하였음을 요하지 않는다.

V. 주거·신체수색죄

> [구성요건·법정형]   사람의 신체, 주거, 관리하는 건조물, 자동차, 선박이나 항공기 또는 점유하는 방실을 수색한 자는 3년 이하의 징역에 처한다(제321조).
> 미수범은 처벌한다(제322조).

주거의 평온뿐만 아니라 신체의 불가침성도 보호법익이 되는 독립구성요건이다. 적법하게 주거 등에 들어간 자가 불법하게 사람의 신체, 주거, 건조물, 자동차 등을 수색하는 경우에 성립하며, 애당초 위법한 침입일 때에는 이 죄와 주거침입죄의 경합범이 된다. 추상적 위험범이다.

정당한 수색(제109조, 제137조 등)은 위법성이 배제되며, 피해자의 동의가 있으면 구성요건해당성이 배제된다.

"수색"은 사람 또는 물건을 발견하기 위하여 사람의 신체 또는 일정한 장소를 조사하는 일체의 행위를 말한다. 절도나 강도의 목적으로 주거에 침입하여 금품을 물색하는 경우의 수색행위는 절취행위 또는 강취행위에 흡수된다.

이 죄의 미수범은 처벌한다. 수색을 개시한 때 실행의 착수가 있고, 수색을 종료하지 못한 경우에 미수가 된다.

제 2 장

재산적 법익에 대한 죄

제 1 절 재산죄의 기초이론

[§ 15] 재산죄 일반론

Ⅰ. 재산죄의 의의와 분류

(1) 재산죄의 의의

재산죄란 개인의 재산적 법익을 침해하는 범죄를 말한다. 국민의 재산권은 자본주의 경제질서의 근간인 동시에 국민이 인간다운 생활을 하기 위한 필수조건이므로 타인의 재산을 침해하는 행위를 범죄로 규정하고 있다.

형법에 규정되어 있는 재산죄를 유형별로 세분하면 절도의 죄, 강도의 죄, 사기의 죄, 공갈의 죄, 횡령의 죄, 배임의 죄, 장물의 죄, 손괴의 죄, 권리행사방해죄의 9가지가 있고,[1] 그 객체를 "재물"과 "재산상의 이익"으로 나누어 보호하고 있다. 다만 광의의 재산죄인 권리행사방해죄에서는 재물이라는 용어 대신에 "물건"이라는 표현을 사용하고 있다.

(2) 재산죄의 분류

재산죄는 여러 관점에서 분류할 수 있으나 일반적으로 행위의 객체, 영득의 유무, 침해방법에 따라 구별한다.[2]

---

1) 재산을 보호하는 형벌법규는 형법전 이외에도 특별형법·행정형법 영역에 산재해 있다. 대표적 예로 특가법상의 공동으로 상습성 있는 절도·강도(제5조의4), 특정경제범죄법상의 사기·공갈·횡령·배임(제3조), 상법상의 특별배임과 회사재산을 위태롭게 하는 행위(제622조~제625조), "채무자 회생 및 파산에 관한 법률"상의 사기파산(제650조), 지식재산권 보호를 위한 특허법(제225조), 실용신안법(제45조), 디자인보호법(제220조), 상표법(제230조), 저작권법(제136조 이하), 기업의 영업비밀보호에 관해서는 부정경쟁방지및영업비밀보호에관한법률(제18조), 신용카드보호를 위한 여신전문금융업법(제70조) 등을 들 수 있다.

2) 보호법익에 따라 ① 소유권을 보호하는 재산죄(절도죄·횡령죄·손괴죄), ② 소유권 이외의 물권·채권을 보호하는 재산죄(권리행사방해죄·자동차 등 불법사용죄·점유강취죄·강제집행면탈죄 등), ③ 전체로서 재산권을 보호하는 재산죄(강도죄·사기죄·배임죄·장물죄·부당이득죄 등)를 분류하기도 한다(김일수·서보학 217 이하, 배종대 60/3).

1) **재물죄와 이득죄**   재산죄의 행위객체를 기준으로 한 구별이다. 재물죄(財物罪)는 개개의 재물을 객체로 하는 범죄로서 절도죄·횡령죄·장물죄·손괴죄가 여기에 해당한다. 이득죄(利得罪)는 전체로서의 재산상의 이익을 객체로 하는 범죄로서 배임죄·컴퓨터 등 사용사기죄가 여기에 해당한다. 그리고 강도죄·사기죄·공갈죄는 재물과 재산상의 이익을 모두 객체로 하고 있으므로 재물죄인 동시에 이득죄이다.

2) **영득죄와 훼기죄**   영득의 의사 유무에 따른 구별이다. 영득죄(領得罪)는 고의 외에 불법영득의 의사를 실현하는 범죄로서, 절도죄·강도죄·사기죄·공갈죄·횡령죄와 장물죄1)가 여기에 해당한다. 훼기죄(毁棄罪)는 재물을 영득하는 것이 아니라 재물을 훼손하는 범죄로서 손괴죄가 여기에 해당한다.

3) **탈취죄와 편취죄**   재산죄의 침해방법에 따른 구별이다. 탈취죄(奪取罪)는 타인의 의사에 반하여 재물 또는 재산상의 이익을 취득하는 범죄로서 절도죄·강도죄·횡령죄·장물죄가 여기에 해당한다. 그리고 탈취죄는 다시 그 객체가 타인의 지배하에 있는 재산죄(절도죄·강도죄·장물죄)와 타인의 지배하에 있지 않는 횡령죄로 구별한다. 편취죄(騙取罪)는 타인의 하자있는 의사에 의하여 재물 또는 재산상의 이익을 취득하는 범죄로서 사기죄와 공갈죄가 여기에 해당한다.

Ⅱ. 재산죄의 보호객체

형법은 재산을 재물과 재산상의 이익으로 구분하여 보호하고 있다.

(1) 재 물

형법은 재물에 대한 정의규정을 두지 않고 민법의 물건개념에 따른다. 다만 민법($^{제98}_{조}$)은 "물건이라 함은 유체물 및 전기 기타 관리할 수 있는 자연력을 말한다"고 규정한 데 반하여, 형법($^{제346}_{조}$)은 "관리할 수 있는 동력은 재물로 간주한다"고 규정하였으므로 관리가능한 동력의 재물성 여부와 그 내용에 대해서 견해가 대립한다.

---

1) 장물죄를 영득죄에 포함시키지 않는 견해(이재상·장영민·강동범 250, 박상기·전지연 588)와 포함시키는 견해(정성근 319, 김일수·서보학 404, 배종대 60/2)가 있다. 임웅 564는 장물취득죄는 영득죄이지만 장물양도·운반·보관·알선죄는 영득죄가 아니라는 입장이다.

1) 유체성설과 관리가능성설

(a) **유체성설**   형법상의 재물은 일정한 공간을 차지하고 있는 유체물에 한한다는 견해(^{김일수·서보학 225,}/_{배종대 61/6, 손동권 20/6})이다. 전기 기타 동력은 재물로 "간주한다"고 규정하고 있으므로 제346조는 유체물인 재물을 전제로 한 예외규정이라 한다.

(b) **관리가능성설**   사람이 관리할 수 있는 것이면 유체물뿐만 아니라 전기 기타 동력도 재물이라는 견해로 우리나라 다수설이다. 유체물은 그 물질성 때문에 재물이 되는 것이 아니라 관리가능한 것이기 때문에 재물성이 인정되는 것이고, 민법에서 유체물 및 전기 기타 관리가능한 자연력을 물건이라 하고 있는 이상 형법에서 유체물로 제한할 이유가 없으므로 제346조는 주의규정이라 한다.

(c) **결 어**   두 학설은 모두 관리가능한 무체물을 재물로 취급한다는 결론에는 차이가 없으므로 실무적으로 의미는 별로 없다. 다만 제346조를 예외규정 또는 주의규정으로 파악하느냐에 따라 이 규정의 준용규정이 없는 권리행사방해죄의 물건과 장물의 개념에 관리가능한 동력이 포함되느냐에 대해서 견해의 차이가 생길 수 있다.[1]

재물에 대한 정의규정이 없는 형법에서 민법의 물건개념과 다른 재물개념을 인정할 이유가 없다. "간주한다"는 규정은 관리가능한 동력이 일상화되기 이전의 구 민법(^{제85}_조)이 유체물을 물(物)이라고 규정한 데에 따른 과도기에 규정된 것이므로 현행 민법하에서는 별의미가 없다. 또 에너지와 같은 동력에 대한 형법적 보호가 필수적이므로 이를 예외적으로 보호한다고 할 이유도 없다. 따라서 재물개념은 **관리가능성설**에 따라 파악함이 타당하다.[2]

2) 재물의 범위   관리가능성설에 따르면 재물은 유체물과 관리가능한 동력이다.

(a) **유체물**   "유체물"이란 일정한 공간을 차지하고 있는 물체(고체·액체·기체)를 말한다. 물·가스·증기는 유체물이지만 채권 기타의 권리는 유체물이 아

---

[1] 포함하는 견해에 대하여는 죄형법정주의에 배치된다는 비판이 제기된다(배종대 61/6).

[2] 판례는 전화무단사용 사안에서, "무형의 '역무'는 물리적 관리대상이 아니므로 재물이 될 수 없다(98도700 판결)"하고, "'정보' 그 자체는 유체물이라고 볼 수도 없고, 물질성을 가진 동력도 아니므로 재물이 될 수 없다(2002도745 판결)"고 판시한 취지에 비추어 **관리가능성설**의 입장이라 할 수 있다.

니다. 다만 이러한 권리가 화체된 어음·수표·상품권·예금통장은 유체물인 재물이다. 유체물이라도 관리가능성이 없는 바닷물·공기와 일월성신(日月星辰)은 재물이 될 수 없다. 또 관리할 수 있는 유체물이라도 권리의 "객체"가 될 수 없는 사람과 산사람의 인체 일부나 인체에 부착된 치료보조장치는 재물이 될 수 없다. 다만 사체나 분리된 인체의 일부·치료보조장치·금이빨·혈액·장기는 재물이 될 수 있지만 그것이 소유권의 대상이 되느냐는 이와 별개의 문제이다.

(b) **관리할 수 있는 동력**   관리가능한 동력도 재물이다. 여기의 "관리"는 물리적 관리에 한하며 사무적·법률적 관리는 제외된다. 전기·수력·에너지·인공냉기·인공난기·인공압력·자기력은 물리적 관리가 가능한 재물이다. 그러나 채권과 같은 권리·전파·FAX의 송수신은 물리적 관리가 불가능하므로 재물이 될 수 없다. 사람의 노동력, 소·말의 견인력도 동력에 포함시키는 견해가 있으나 부정해야 한다. 또 동력도 유체물도 아닌 정보도 재물이 될 수 없다($^{2002도745}_{판결}$).

3) **재물의 재산적 가치**   재산죄의 객체인 재물은 경제적 재산가치(금전적 교환가치)가 있어야 하느냐가 문제된다. 일반적으로 재물은 객관적인 경제적 가치를 가지고 있지만 경제적 가치가 있다고 해서 반드시 형법적 보호를 받는 것은 아니다(예: 폐품수집소에 방치되어 있는 물건). 따라서 재물은 반드시 경제적 가치가 있어야 할 필요가 없고 소유자의 주관적 가치만 있으면 충분하다($^{통설,}_{2004도5183 판결}$). 애인의 편지, 별세한 부모의 사진, 일기장 등과 같이 주관적 가치만 있으면 재물이 된다. 다만 사기죄에 있어서는 경제적 재산가치가 있어야 한다.1)

대법원도 재물은 반드시 객관적인 금전적 교환가치를 가질 필요가 없고, 소유자·점유자가 주관적인 가치를 가지고 있음으로써 족하다는 전제에서 절취한 백지의 자동차출고의뢰서 용지(95도3057 판결), 퇴직사원이 가져간 회사의 기술분야 문서사본, 주민등록증, 인감증명서, 주권포기각서, 불상, 찢어진 무효의 약속어음, 폐지로 소각할 도시계획구조변경계획서, 법원으로부터 송달된 심문기일소환장 등을 재물로 인정하였다.

4) **부동산의 재물성**   부동산이 유체성이 있는 재물로서 사기죄·공갈죄·횡령죄의 객체가 된다는 점에 대해서는 이견이 없다. 문제는 부동산이 절도죄·

---

1) 사기죄와 배임죄는 재산상의 손해 또는 재산상의 이익제공이 있어야 죄가 성립하므로 경제적 재산가치가 있어야 한다. 판례도 보험회사를 기망하여 자동차보험 가입사실증명원을 교부받은 경우(96도2625 판결)와, 법원을 기망하여 부재자 재산관리인으로 선임된 경우(73도1080 판결)에는 사기죄가 성립하지 않는다고 판시하였다.

강도죄(재물강취죄)의 객체가 될 수 있느냐에 있다. 독일 형법은 절도죄($^{제242}_{조}$), 강도죄($^{제249}_{조}$), 횡령죄($^{제246}_{조}$)의 객체를 가동물(동산)로 규정하고 있으므로 부동산은 절도죄·강도죄의 객체가 될 수 없다. 우리 형법은 재물이라 규정하였으므로 부동산도 절도죄·재물강취죄의 객체가 되느냐에 대해서 견해가 대립한다.

(a) **부정설**　절도죄·강도죄(재물강취죄)의 객체인 재물은 동산에 한하고 부동산은 그 객체가 될 수 없다는 견해로 다수설이다. ① 절취·강취에 있어서 '취(取)'는 재물의 장소이전을 개념적 요소로 하므로 가동성이 없는 부동산은 점유침해가 불가능하며, ② 영구적 점유침탈이 불가능한 부동산에 대해서는 권리회복이 쉽고, ③ 부동산의 무단점거에 대해서는 경계침범죄($^{제370}_{조}$)나 주거침입죄($^{제319조}_{제1항}$)로, 부동산강취에 대해서는 강제이득죄(강도죄)로 처벌할 수 있으므로 부동산절도·강도를 인정할 필요가 없다는 점을 그 이유로 한다.

(b) **긍정설**　절도죄·강도죄의 객체가 재물로 되어 있는 이상 부동산도 당연히 그 객체가 된다는 견해이다($^{김종원 177, 정성근·박광민}_{259, 임웅 325, 오영근 250}$). ① 절취·강취라는 "탈취" 개념은 점유자의 의사에 반하여 그 점유를 배제하고 새로운 점유를 설정하는 것을 의미하므로 독일 형법의 "가동물의 취거(取去, wegnehmen)"처럼 반드시 장소적 이전이 그 요건이 아니고, ② 부동산 불법점거에 대한 권리회복도 소송지연과 비용부담 등으로 권리회복이 쉽지 않다는 것은 동산과 크게 다르지 않으며, ③ 경계침범죄와 주거침입죄는 영득죄와 구별해야 할 뿐만 아니라 토지를 불법점거하거나 부동산 일부를 점거·취득하는 행위에 대해서만 절도죄·강도죄보다 현저히 가벼운 경계침범죄 또는 주거침입죄로 처벌할 수 없다고 한다.

(c) **결 어**　부동산이라도 그것이 가동물(可動物)이 된 때에는 탈취죄의 객체가 된다(예: 자갈·사토운반·벌목된 나무 등). 학설대립의 요점은 재물의 장소적 이전 여부와 부동산 불법점거취득에 대하여 경계침범죄·주거침입죄로 해결할 수 있느냐에 있다.

① "가동물의 취거"와 "재물의 탈취(취득)"는 구별해야 하므로 탈취와 취거를 같은 의미로 해석할 수 없다.[1] ② 경계표나 경계가 없는 부동산을 불법점

---

1) 독일 형법의 wegnehmen(取去)은 weg(공간적·장소적 이동인 去)와 nehmen(取)의 합성어이므로 취거는 가동물의 장소이전을 전제로 하지만 우리 형법의 탈취(절취·강취)는 의사에 반한 새로운 점유설정이면 족하므로 취거와 탈취는 개념상 구별해야 한다.

거·취득하거나, 경계표나 경계가 있어도 이를 손괴·이동·제거하거나 경계인식을 불가능하게 한 경우가 아니면 경계침범죄로 처벌할 수 없다. ③ 부동산절도는 반드시 주거침입을 요하지 아니하므로 주거침입이 없으면 주거침입죄가 될 수 없고, 주거침입죄 또는 경계침범죄를 인정한다고 하여도 절도죄보다 현저히 가벼운 처벌을 하게 되므로 다른 재산죄의 처벌과 균형을 유지할 수 없으며 형법의 재산보호 취지에도 맞지 않는다. 따라서 우리 형법의 해석에서는 부동산도 절도죄·강도죄의 객체인 재물이 된다는 긍정설이 타당하다고 본다.

판례는 입목을 절취하기 위하여 이를 캐낸 때에 이미 절도죄가 성립한다고 판시($^{2008도6080\ 판결,}_{연산홍\ 절취\ 사건}$)하였는데, 이는 부동산절도를 인정한 것[1]으로 볼 수 있다.[2]

5) 금제품의 재물성   법률에서 소유 또는 소지가 금지되어 있는 위조통화·마약·각성제·불법소지한 무기·음란물도 재물임에는 의문이 없다. 문제는 금제품이 절도죄의 객체가 되느냐에 있다. ① 소유가 금지된 금제품도 개인소유만 금지할 뿐이고 국가가 소유권을 갖고 있으므로 절도죄의 객체가 된다는 **긍정설**(다수설), ② 금제품은 경제적 이용가능성이 없고 소유권의 대상도 될 수 없으므로 절도죄의 객체가 될 수 없다는 **부정설**, ③ 소유가 금지된 금제품(위조통화·아편흡식기)은 절도죄의 객체가 될 수 없으나 점유만이 금지된 것(군용알콜·불법무기)은 절도죄의 객체가 될 수 있다는 **제한적 긍정설**이 대립한다.

소유가 금지된 금제품은 개인소유만 금지할 뿐이고 무주물이라 할 수 없으므로 국가가 소유권을 갖는다고 해야 하며, 원료를 가공하여 생산한 마약과 유실물로 습득한 금제품도 민법상 소유권을 취득할 수 있으므로 금제품도 절도죄의 객체가 된다는 긍정설이 타당하다. 판례도 위조유가증권이라 하더라도 법적 절차에 따라 몰수되기까지는 그 소지자의 점유를 보호해야 한다는 취지에서 절도죄의 객체가 된다는 입장이다($^{98도2967\ 판결,}_{리프트탑승권위조\ 사건}$).

(2) 재산상의 이익

1) 재산상의 이익의 개념   "재산상의 이익"이란 재물 이외의 일체의 재산

---

1) '입목에 관한 법률' 제3조 제1항에 따르면 입목은 부동산으로 간주된다.
2) 같은 취지에서 대법원은 타인의 토지상에 권원에 의하여 심어 놓은 대나무를 토지소유자가 벌채하여 간 때에는 토지소유자에게(80도1874 판결), 타인의 토지에 권원 없이 식재한 감나무에서 감을 수확한 때에는 감을 수확한 자에게(97도3425 판결) 각각 절도죄를 인정하였다.

적 가치·이익을 말한다. 재물도 재산상의 이익의 하나이지만 재물죄의 객체로
서 독립된 의미를 가지므로 이득죄의 객체는 재물을 제외한 재산적 이익만을
말한다. 재산상의 이익을 형법에서 어떻게 파악할 것이냐에 대해서 견해가
대립한다.

(a) **법률적 재산설**   재산은 사법(私法)상 인정되는 재산상의 권리와 의무의
총체이므로 법적으로 승인된 재산만이 형법상의 재산이 되고 그 경제적 가치는
문제삼지 않는다. 이에 따르면 절도범의 도품(盜品), 무효인 청구권, 권리가 아닌
사실상의 이익과 노동력, 성매매자와의 정교(情交)는 민법상 승인된 것이 아니므
로 재산상의 이익이 될 수 없다.

(b) **경제적 재산설**   재산은 경제적 이익의 총체이므로 경제적 가치가 있으
면 법적으로 승인된 것이 아니라도 재산상의 이익이 된다고 한다(^{정성근·박광민 262, 이재상
·장영민·강동범 17/11,}
^{임웅 316, 오영근 232, 손동권·
김재윤 21/6, 김성돈 342 이하}).   이에 따르면 물권·채권뿐만 아니라 노동력·기대권·무효인
청구권 등 경제적 가치가 있는 것은 물론, 불법한 이익·성매매자와의 정교1)도
재산상의 이익이 된다. 법률행위의 유효·무효·취소 여부를 묻지 않고 외견상
재산상의 이익을 얻는 것이라고 인정할 수 있는 사실관계만 있으면 재산상의
이익이 된다. 판례의 태도이다.2) 3)

(c) **법률적·경제적 재산설**   재산은 법적 보호를 받는 경제적 이익의 총체이
므로 경제적 가치가 있는 이익 중 법적으로 승인된 것만 재산상의 이익이 된다
고 한다(^{이형국 I 421, 김일수·
서보학 260, 배종대 64/7}).   이에 따르면 물권·채권은 물론, 사회질서에 반하지 않
는 노동력과 법적 근거가 있는 사실상의 수익가능성 있는 이익은 재산상의 이

---

1) 실제로는 성매매자와의 '정교' 그 자체가 아니라 '정교의 대가'가 재산상의 이익이라고 봄이 상
   당하다(2001도2991 판결 참조). 반면 '정교' 그 자체도 뇌물은 될 수 있다. 판례도 뇌물의 내용인 이
   익에 성적 욕구의 충족이 포함된다고 판시(2013도13937 판결, 항소심 서울고등법원 2013노1418 판결)하였다.
2) 판례는 법률적으로 배임행위가 무효라 하더라도 경제적 관점에서 그 배임행위로 인하여 본인
   에게 현실적인 손해를 가하였거나 재산상의 손해발생의 위험을 초래한 경우에는 배임죄가 성
   립하고(99도1095 판결), 금품이나 재산상의 이익을 받을 것을 약속하고 성행위를 하는 약속은 무
   효이지만 부녀를 기망하여 성행위 대가의 지급을 면하는 경우에는 사기죄가 성립한다(2001도
   2991 판결)고 하였다.
3) 다만, 판례는 배임죄에서의 재산상 손해발생의 위험은 경제적인 관점에서 보아 본인에게 손해
   가 발생한 것과 같은 정도로 구체적·현실적인 위험이 야기된 경우를 의미하는 것으로 단지 막
   연한 가능성이 있다는 정도로는 부족하고(2017도6151 판결), 배임행위가 법률상 무효이기 때문에
   본인의 재산상태가 사실상 악화된 바가 없다면 본인에게 현실적인 손해는 물론 손해가 발생할
   위험이 초래되었다고 볼 수 없어 배임죄의 미수에 해당한다고 판시(2014도1104 전원합의체 판결)하
   였다.

익이 되지만 무효인 청구권과 성매매자와의 정교는 재산상의 이익이 될 수 없다.

(d) 결 어 학설의 대립은 사법상 승인되지 않은 재산을 형법적으로 보호할 것이냐, 그리고 권리 이외에 경제적 가치가 있는 사실상의 이익도 재산상의 이익에 포함시킬 것이냐에 귀착한다. 형법의 재산보호와 사법상의 권리는 그 취지가 다르므로 형법적 보호대상은 형법의 재산보호 취지에 따라 독자적으로 판단해야 하며, 법질서 통일성이 절대성을 갖는 것은 아니다(법질서통일성은 위법성배제 근거로만 작용). 절도범이 소지한 장물에 대한 절도죄·사기죄·공갈죄가 성립하고, 뇌물로 받은 재물에 대해서도 절도죄 성립을 인정하는 것은 사법상의 승인 또는 유효·무효와 관계없이 형법의 재산보호 취지에 따른 것이다. 또 사법상의 권리가 아니라도 사실상 경제적 이익을 침해하는 행위에 대해서도 형법적 보호필요성이 있으므로 이를 제외시킬 이유가 없다. 따라서 경제적 재산설이 타당하다고 본다.

2) 재산상 이익의 내용 재산상의 이익의 내용·종류의 여하는 묻지 않는다. 적극적 이익(재산증가), 소극적 이익(부채감소), 일시적 이익 모두 재산상의 이익이 된다. 반드시 사법상 유효한 재산상의 이익에 한하지 않고 외견상 재산상의 이익을 얻는 것이라는 사실관계가 인정되면 족하다(경제적 재산설).

소유권, 물권적 청구권, 채권적 청구권, 경제적 이익이 확실시되는 사법상의 기대권, 상승일로에 있는 주식의 가격상승 전망 등은 물론, 무상의 노무제공, 채권취득, 채무면제, 권리포기, 채무이행 연기, 기타 경제적 이익을 받는 것은 모두 재산상의 이익이 된다. 이는 계수적(計數的)으로 산출할 수 있는 이익일 필요가 없다. 채권자를 기망하여 시효로 채권을 소멸시키는 것도 재산상의 이익이 된다. 또 원인이 불법하여 법적으로 무효인 청구권(노름 빚 면제, 매음료 면탈)도 재산상의 이익이 된다(법률적·경제적 재산설에서는 부정). 그러나 입원환자가 병원에 거짓말을 하고 도망한 경우(지급채무를 면제받은 것이 아니다)와 부재자의 재산관리인이 되었다는 것만으로 재산적 이익을 취득하였다고 할 수 없다.

III. 친족상도례

(1) 친족상도례의 의의

친족 사이의 재산죄는 친족이라는 신분관계를 고려하여 그 범죄성이나 처벌에 있어 일반인 사이의 재산죄보다 범인을 유리하게 취급하도록 하는 특별규정을 두고 있는데, 이를 강학상 친족상도례라고 한다. 친족간의 가족적 정의(情誼)를 존중하여 가급적 가정 내부에 법이 간섭하지 말자는 법정책에 근거하고 있다.

친족 사이의 재산죄에 대하여 불가벌로 하는 입법례도 있으나 우리 형법은 가까운 친족인가 먼 친족인가에 따라 형면제 또는 친고죄로 하고 있다.[1] 즉 강도의 죄와 손괴의 죄를 제외한 모든 재산죄와 권리행사방해죄 및 그 미수범과 피해자 사이에, ① 직계혈족, 배우자, 동거친족, 동거가족 또는 그 배우자의 신분관계(근친족)가 있는 때에는 형을 면제하고, ② 그 이외의 친족(원친족)간에는 고소가 있어야 공소를 제기할 수 있도록 규정하고 있다(제328조 제1항·제2항, 제344조, 제354조, 제361조).

그리고 장물죄에 대해서는, ① 장물범과 피해자 사이에 가까운 친족인 때에는 형을 면제하며, 먼 친족인 때에는 친고죄로 하였고(제365조 제1항), ② 장물범과 본범 사이에 가까운 친족관계가 있는 때에는 형을 감경 또는 면제하도록(제2항) 규정하였다(필요적 감면). 친족상도례는 특정경제범죄법(제3조 제1항) 등 특별법에도 그 적용을 배제한다는 명시규정이 없는 한 동일하게 적용된다(2009도12627 판결[사기], 2010도5795 판결[공갈], 2013도7754 판결[횡령]).

(2) 친족상도례의 법적 성격

친족 사이의 범죄를 특별취급하는 형태에 따라, ① 형을 면제하는 근친족의 경우는 인적 처벌배제사유이고(통설), ② 친고죄로 취급하는 경우는 고소가 소추요건이 되며, ③ 형을 감경하는 장물죄의 경우는 비난가능성이 감소된 책임감경사유로 파악한다(통설).

(3) 친족관계의 범위

1) **친족의 범위** 친족상도례가 적용되는 직계혈족, 배우자, 동거친족, 동거

---

1) 헌법재판소는 친족간의 재산죄에 있어서 가까운 친족(제328조 제1항의 친족)과 먼 친족(동조 제2항의 친족)을 법률상 달리 취급하는 데에는 합리적인 이유가 있으므로 친족상도례 규정은 평등원칙에 위반되지 않는다고 하였다(2010헌바89 결정).

가족의 정의와 범위는 민법에 따른다($\frac{80도485}{판결 참조}$).

(a) **직계혈족**   자기의 직계존속과 직계비속을 말하고($\frac{민법}{제768조}$), 동거유무, 자연혈족, 법정혈족(양친자 관계)을 묻지 않는다. 혼인 외의 출생자는 인지한 후에만 친족상도례가 적용된다. 범인이나 피해자가 다른 집안에 입양된 후에도 생가를 중심으로 한 종전의 친족관계는 변함이 없다($\frac{66도1483}{판결}$). 다만 친양자는 양친과의 친족관계만 인정되고 종전의 친족관계는 종료한다($\frac{민법 제908조의3}{제2항}$).

(b) **배우자**   배우자는 법률상의 배우자에 한하고 동거유무는 묻지 않는다. 따라서 사실혼·내연관계에 있는 자는 배우자에 포함되지 않는다($\frac{통설, 반대설은 임웅}{356, 오영근 272}$).1) 단지 금원편취의 목적달성을 위한 수단으로 한 혼인신고는 무효이므로 이 경우에는 친족상도례를 적용할 수 없다($\frac{2014도11533}{판결}$). 별거 중인 배우자의 현금카드를 몰래 가지고 나와 현금자동지급기에서 현금을 인출하여 절취한 경우, 현금에 대한 절도죄에 대하여는 친족상도례가 적용되지 않는다($\frac{2013도4390}{판결}$).

(c) **동거친족**   직계혈족과 배우자를 제외하고 동일한 주거에서 일상생활을 함께 하는 방계혈족과 인척을 포함한다. 따라서 일시 숙박하는 친족, 가출한 친족, 셋방 사는 친족(借家親族)은 동거친족에 포함되지 않는다. 동거친족은 형이 면제되지만 동거하지 않으면 친고죄에 해당하는 친족상도례가 적용된다($\frac{제328조}{제2항}$).

(d) **동거가족**   생계를 같이 하는 형제자매(그 배우자), 직계혈족의 배우자, 배우자의 직계혈족, 배우자의 형제자매를 포함한다. 계모자 관계는 인척이지만 아버지의 생존시에 한하여 혈족의 배우자가 되어 가족에 포함된다.

(e) **그 배우자**   "그 배우자"는 동거가족의 배우자에 한정되는 것이 아니라 직계혈족, 동거친족, 동거가족 모두의 배우자가 포함된다($\frac{2011도1765}{판결}$).

2) 친족관계의 존재범위

(a) **시간적 범위**   친족관계는 행위시에 존재하면 족하고 그 후에 소멸되어도 친족상도례가 적용된다. 혼인 외의 출생자에 대한 인지는 소급하여 효력이 발생하므로($\frac{민법}{제860조}$) 범행 후에 인지되어도 친족상도례는 소급적용된다($\frac{96도1731}{판결}$).

(b) **인적 범위**   재물의 소유자와 점유자가 다른 경우에는, ① 소유자와 행위자 사이에 친족관계가 있어야 한다는 **소유자관계설**($\frac{이재상·장영민·강동범 16/97,}{김일수·서보학 221, 배종대 62/38}$)과, ②

---

1) 대법원은 사실혼 관계에 있는 자는 민법 소정의 친족이라 할 수 없어 범인은닉·증거인멸죄에서 말하는 친족에 해당하지 않는다고 판시(2003도4533 판결)하였다.

소유자 및 점유자 쌍방과 행위자 사이에 친족관계가 있어야 한다는 소유자·점유자관계설이 대립하는데 후자가 다수설이며 판례의 태도이다($^{2014도8984}_{판결}$).

친족상도례는, ① 가정 내부의 재산범죄에 대해서 가정에 일임하여 가급적 국가형벌권의 발동을 억제하려는 데에 그 취지가 있고,[1] ② 법적 성질도 기본적으로 인적 처벌배제사유이고, 소유자·점유자 중 어느 한쪽이 친족이 아니면 친족상도례를 인정해야 하는 전제가 결여되므로 소유자 및 점유자 쌍방과 행위자 사이에 친족관계가 있어야 한다는 다수설이 타당하다. 따라서 제3자가 친족의 재물을 점유하고 있거나 친족이 제3자의 재물을 점유하고 있는 경우에는 친족상도례를 적용할 수 없다(소유자관계설에 의하면 전자에 대해서 적용한다).

재물의 소유자가 여러 사람이면 그 모두 친족관계가 있어야 하며, 친족과 제3자의 공유물에 대해서는 친족상도례를 적용할 수 없다. 상하주종관계의 공동점유에서는 주된 점유자와 친족관계가 있어야 한다.

(4) 관련문제

1) 친족관계의 착오   친족관계는 객관적으로 존재하면 족하고, 고의의 인식대상이 아니다. 따라서 친족관계에 대한 착오는 고의성립에 영향이 없고, 범죄성립에 지장을 주지 않는다. 예컨대 아버지 소유물이라 믿고 절취하였는데 제3자의 물건인 경우에는 친족상도례를 적용할 수 없다. 반대로 제3자의 소유물로 알고 아버지 물건을 절취한 경우에는 친족상도례가 적용된다.

2) 친족관계 없는 공범   친족상도례는 친족관계가 있는 범인에게만 적용되고, 친족관계가 없는 공범에 대해서는 적용하지 않는다($^{제328조 제3항;}_{제365조 제2항 단서}$). 따라서 제3자가 친족간의 재산범행에 공동정범·교사범·방조범으로 가담하거나, 반대로 친족이 제3자를 교사·방조하여도 친족만이 친족상도례가 적용되고($^{친족처벌설은 김성돈}_{339, 김성돈 총론 729}$), 제3자는 정범 또는 공범으로 처벌된다.

---

[1] 헌법재판소도 "가까운 친족 간의 절도죄에 대하여는 피해자의 고소 여부와 상관없이, 피해자가 고소를 하더라도 형을 면제하여 처벌하지 않겠다는 것으로 가정 내부의 문제는 국가형벌권이 간섭하지 않는 것이 바람직하다는 정책적 고려와 함께 가정의 평온이 형사처벌로 인해 깨지는 것을 막으려는 데에 그 입법취지가 있"는 반면, "먼 친족 간의 절도죄에 대하여는 국가가 먼저 개입하지 아니하되 피해자가 굳이 고소를 하여 처벌을 원한다면 처벌할 수 있도록 하는 것"이라고 판시(2010헌바89 결정)하였다.

제2절 절도와 강도의 죄

[§ 16] 절도의 죄

I. 총 설

(1) 의 의

절도의 죄는 타인의 재물을 그 의사에 반하여 절취하는 범죄이다. 재산죄 중 가장 소박한 원시적 범죄형태이며, 재물죄·영득죄·탈취죄에 해당한다.

(2) 보호법익과 보호정도

1) **보호법익**　절도의 죄의 보호법익에 대해서 견해가 대립한다.

(a) **소유권설**　절도의 죄의 보호법익은 관념적 권리인 소유권이며, 점유는 행위객체에 불과하다는 견해이다(이재상·장영민·강동범 16/2, 김일수·서보학 223, 박상기·전지연 596, 배종대 60/7, 정영일 252). 절도죄의 객체를 타인이 점유하는 재물이라 하지 않고 "타인의 재물"이라고 규정한 것은 타인의 소유물을 명시한 것이라 한다.

(b) **점유설**　절도의 죄의 보호법익은 소유권이 아니라 재물에 대한 사실상의 지배인 점유라는 견해이다(정영석 316). "타인의 재물"은 원래 타인이 점유하는 재물을 의미한다고 한다.

(c) **소유권 및 점유설**　절도의 죄의 보호법익은 기본적으로 소유권이지만 부차적으로 점유 자체도 보호한다는 견해이다(김종원 178, 정성근·박광민 270, 이형국 I 377, 임웅 318, 손동권·김재윤 20/2, 오영근 247, 김성돈 300). 절도죄는 궁극적으로 소유권을 보호하지만 소유권을 보호하기 위해서는 그 전제로서 점유, 특히 권원에 근거한 평온한 점유 자체도 보호되어야 한다는 것이다.

(d) **판례의 태도**　보호법익에 대하여 직접 판시한 것은 없으나 절도죄는 점유자의 점유를 침탈함으로써 재물의 소유자를 해하게 되는 것이므로 재물의 소유자도 절도죄의 피해자로 보아야 하고(80도131 판결), 절취행위로 인하여 피해재물의

소유자뿐만 아니라 점유자도 피해를 입게 된다($^{2010헌바89}_{결정}$)고 하여 재물의 소유자·점유자 모두 절도죄의 피해자라고 한 점에 비추어 **소유권 및 점유설**을 취한 것으로 보인다.1)

(e) **결 어** 소유권설을 관철하면 소유가 금지된 금제품과 장물에 대한 절도죄의 성립을 인정하기 곤란하고, 점유설을 관철하면 사용절도와 절도죄를 구별하기 어려울 뿐만 아니라 절도범인이 점유하고 있는 자기 소유물을 가져 온 때에도 절도죄를 인정해야 하므로 사리에 어긋난다.

사유재산제도하의 재산권보호는 소유권보호에서 출발해야 하므로 형법의 재산권보호는 기본적으로 소유권이다. 한편 소유권의 내용이 되는 사용·수익·처분은 재물에 대한 점유 없이는 불가능하므로 소유권보호를 위해서는 이러한 이용관계인 점유 자체도 보호되어야 한다. 다만 절취한 재물과 같이 불법한 점유까지 보호할 수는 없으므로 권원에 근거한 평온한 점유만 보호해야 한다. 따라서 절도죄의 보호법익은 소유권 및 (평온)점유설이 타당하다.

2) **보호정도** 절도죄의 보호정도에 대해서 위험범이라는 견해($^{유기천 상 190,}_{이재상·장영민·}$ $^{강동범}_{16/3}$)가 있다. 절취로 인하여 민법상의 소유권은 상실될 수 없다는 것이 그 이유이다. 그러나 소유권에 대한 침해는 관념적인 소유권 상실을 의미하는 것이 아니다. 점유침탈로 인하여 소유권의 내용이 되는 사용·수익·처분권이 침해되어 소유권 실행이 곤란하게 되면 소유권이 침해되었다고 해야 한다. 또 소유권과 점유를 보호법익이라 한다면 소유권뿐만 아니라 점유도 침해되므로 절도죄는 침해범이라 해야 한다(통설).

II. (단순)절도죄

> **[구성요건·법정형]** 타인의 재물을 절취한 자는 6년 이하의 징역 또는 1천만원 이하의 벌금에 처한다(제329조).
> 미수범은 처벌한다(제342조).
> 친족상도례 특례규정을 준용하고(제344조), 동력규정을 적용한다(제346조).

---

1) 또 판례는 절도죄에 있어서 친족상도례 규정이 적용되려면 범인이 점유자·소유자 모두와 친족관계에 있어야 한다고 판시(2014도8984 판결)하였다.

1. 의의·성격

타인이 점유하는 타인의 재물을 절취하는 범죄이다. 재산죄의 대표적 범죄이고, 침해범·결과범·상태범·재물죄·영득죄·탈취죄의 성격을 갖고 있다.

2. 객관적 구성요건

(1) 주 체

제한이 없다. 주체가 친족인 때에는 친족상도례 규정이 준용된다($^{제344}_{조}$).

(2) 객 체

"타인이 점유하는 타인의 재물"이다. 자기와 타인의 공유물도 타인의 재물이 된다. 타인과의 합유물($^{민법}_{제271조}$), 총유물($^{민법}_{제275조}$)도 같다. 무주물(동산)은 객체가 될 수 없다.[1] 상속인이 없는 상속재산은 국가에 귀속되므로 이 죄의 객체가 된다.

판례   타인의 토지상에 권원 없이 식재(植栽)한 수목의 소유권은 토지소유자에게 귀속하고 권원에 의하여 식재한 경우에는 그 소유권이 식재한 자에게 있으므로 피고인이 권원 없이 식재한 감나무에서 감을 수확한 것은 절도죄에 해당한다(97도3425 판결).

---

1) 타 인   "타인"은 행위자 이외의 자연인·법인·단체를 불문하며, 자연인은 의사능력·책임능력 유무를 묻지 않는다. 법인은 소유의 주체는 되지만 점유의 주체는 될 수 없다.

2) 점 유

가) 점유의 의의   형법상의 "점유"란 지배의사를 가지고 재물을 사실상 지배하는 것을 말한다. 사실상의 지배는 점유에 대한 권리 유무와 관계없이 현실적으로 소지·지배하고 있는 상태에 있으면 족하다. 즉 형법상의 점유는 법적 개념이 아니라 재물지배에 대한 순수한 사실개념이다. 따라서 소유권이 없는 절도범인도 점유할 수 있다. 이 점에서 법적 개념인 민법상의 점유와 구별된다. 따라서 민법상 점유를 인정할 수 없는 점유보조자($^{민법 \ 제195조, \ 타인의 \ 지시를}_{받아 \ 사실상 \ 지배하는 \ 자}$)도 형법상의

---

1) 반면, 무주의 부동산은 국유에 속한다(민법 제252조 제2항). 부동산절도를 인정하는 입장에서는 무주의 부동산도 절도죄의 객체가 된다고 해석할 수 있다.

점유를 할 수 있으나, 민법상의 간접점유($^{민법}_{제194조}$), 상속에 의한 점유($^{민법}_{제193조}$)는 형법 상의 점유로 인정되지 않는다($^{2010도6334}_{판결}$).

> **[형법상의 점유 태양]** 형법상의 점유는 구성요건의 기능과 내용에 따라 세 가지 형태가 있다.
> ① **보호객체(법익)로서의 점유** 권리행사방해죄(제323조)에 있어서의 점유이다. 이 점유는 침 해대상에 그치지 않고 이 죄의 보호법익이 된다. 보호법익이기 때문에 그 점유는 적법한 권 원에 의한 것이라야 한다.
> ② **침해(행위)주체로서의 점유** 횡령죄(제355조 제1항)에 있어서의 점유로서, 그 점유는 행위주 체를 한정하는 신분요소가 된다. 이 점유는 피해자의 위탁에 의한 것이라야 하며, 사실상의 지배뿐만 아니라 법률상의 지배까지 포함한다. 따라서 횡령죄에 있어서의 점유는 침해대상으 로서의 점유와 구별하여 보관이라 한다. 점유 자체가 평화적이고 영득의 유혹이 강하여 남용 의 위험이 있는 점유라는 특색이 있다.
> ③ **침해대상으로서의 점유** 절도죄(제329조)를 포함한 탈취죄의 점유로서, 그 점유는 침해(공 격)의 대상이 된다. 즉 절취·강취·편취·갈취의 대상이 되는 점유이다.

　나) **점유의 개념요소** 침해대상으로서의 점유는 재물에 대한 사실상의 지 배가 있어야 한다. 사실상의 지배가 있다고 하기 위해서는 주관적 요소로서 지 배의사와 객관적 요소로서 지배사실이 있어야 하고, 이 외에 사회통념 내지 경 험칙에 의하여 주관적 요소와 객관적 요소의 범위를 확대 또는 제한하는 사회 적·규범적 요소가 요구된다.

　(a) **주관적 요소(지배의사)** 재물에 대한 지배의사는 점유의 전제요건이므 로 지배의사가 없으면 애당초 점유란 생각할 수 없다. "지배의사"란 재물을 자 기 의사에 따라 사실상 관리·처분하는 일반적(잠재적) 의사를 말한다. 반드시 소유의 의사나 영득의 의사일 필요가 없다. 이를 구체적으로 설명하면 다음과 같다.

　(aa) 지배의사는 순수한 사실상의 지배의사이므로 법적 처분권이나 의사능 력 유무와 관계없다. 어린이·정신병자도 사실상의 지배의사를 인정할 수 있다. 그러나 법인은 지배의사를 인정할 수 없다. 법인의 지배의사를 긍정하는 견해 ($^{김일수·서보학}_{230, 임웅 331}$)도 있으나, 법인은 범죄능력 인정 여부와 관계없이 자연적 지배의사를 가질 수 없고, 법인의 기관이 법인을 위해서 사실상의 지배를 한다고 해야 한다 (통설).

　(bb) 지배의사는 특정재물에 대한 개별적·구체적 의사가 아니라 일반적· 포괄적 의사를 의미한다. 개개 재물의 소재를 의식할 필요가 없고, 자기의 지배

장소에 존재하는 재물 일반에 대하여 포괄적인 지배의사가 있으면 재물의 존재를 잊고 있어도 지배의사는 인정된다. 따라서 편지통에 들어 있는 우편물, 어장의 그물 속에 들어있는 물고기, 양식장에 투입된 조개, 자기 집 울타리 안에 있는 재물은 그 주인의 점유에 속한다. 또 지배의사는 명시적 중단의사가 없는 한 계속 인정되므로 여행 중에 있어도 재물에 대한 적극적 포기의사가 없는 한 점유는 인정된다.

(cc) 지배의사는 현실적·적극적 의사임을 요하지 않고 잠재적 의사로 충분하다. 따라서 수면자·무의식자·일시 의식을 잃고 있는 자도 지배의사는 인정된다. 졸도하여 의식을 상실한 자가 현장에 떨어뜨린 물건($^{4289형상170}_{판결}$), 강간피해자가 현장에 두고 간 손가방($^{84도38}_{판결}$)도 피해자의 점유가 된다.

(b) **객관적 요소**(지배사실)   지배사실이란 재물에 대하여 사실상으로 지배하고 있는 상태를 말한다. 세 가지 형태가 있다. ① 소지·감시 등 직접 물리적 지배가 있는 경우, ② 재물이 주거·사무실·공장·점포 등 배타적으로 관리·지배하는 장소 안에 있는 경우, ③ 시간적·장소적으로 밀접한 연관성이 있는 경우이다. 상점 앞 도로변이나, 아파트 주차장에 세워 둔 자전거·오토바이·자동차에 대한 점유가 그 예이다. 사실상의 지배는 일시적으로 재물의 존재를 잊고 있어도 인정되며, 그 지배가 적법할 필요도 없다. 따라서 집안 어딘가에 잃어버린 물건에 대한 점유나 절취한 장물에 대한 절도범인의 점유도 인정된다.

(c) **사회적**(규범적) **요소**   점유는 사회적·규범적 평가에 의하여 인정될 수 있다. 점유의 사회적·규범적 요소는 사회통념 내지 경험칙에 따라 결정된다.

(aa) 일시적으로 시간적·장소적 지배관계의 이탈이 있어도 사회통념상 점유는 계속될 수 있다. ① 여행이나 외출하여 빈집 안에 있는 물건, 농장에 두고 온 농기구나 쌓아 둔 곡물, 주차장이나 도로변에 세워 둔 자동차는 주인이 아무리 먼 곳에 가 있어도 그 점유가 상실되지 않는다. 또 ② 집으로 돌아오는 습성이 있는 가축, 화재나 재난시에 도로에 내어 놓은 가재도구, 버스나 열차를 기다리는 승객이 화장실에 다녀오는 동안 대합실에 놓아둔 가방도 주인의 점유는 계속 된다. ③ 잘못 두고 오거나 잃어버린 재물도 원래의 점유자가 그 소재를 알고 다시 찾을 수 있는 경우이면 점유가 인정되지만 어디에 두었는지 알 수 없는 때에는 점유이탈물이 된다. ④ 방치장소를 알고 있어도 그 장소가 타인의

배타적 지배범위 안에 있는 경우에는 그 관리자의 점유가 개시된다. 따라서 여관·화장실·극장·목욕탕·당구장($^{88도409}_{판결}$)에 놓고 온 물건은 그 주인이나 관리자의 점유에 속하며, 공중전화 박스 안에 들어 있는 동전은 전화국장의 점유에 속한다.[1] 그러나 고속버스 안($^{92도3170}_{판결}$), 열차 선반, 지하철전동차의 바닥이나 선반 ($^{99도3963}_{판결\ 참조}$)에 두고 내린 물건은 운전자 또는 승무원이 이를 발견하지 못한 상태에서 다른 승객이 가져간 때에는 점유이탈물이 된다.

(bb) 사회적·규범적 요소에 의하여 지배의사와 지배사실이 있는 자의 점유가 부정되는 경우가 있다. 상품을 사기 위해 고객이 쥐고 있는 상품($^{94도1487}_{판결}$), 호텔에서 제공되는 침구류 기타 비품, 음식점에서 손님에게 제공된 식기류, 가정부가 지키고 있는 그 집안의 물건 등은 주인의 점유에 속한다. 판례는 예식장 축의금 접수대에서 접수인인 것처럼 행세하여 축의금을 교부받은 자에 대하여 그 축의금에 대한 점유를 부정하고 절도죄를 인정하였다($^{96도2227}_{판결}$).

다) 사자의 점유   재물에 대한 지배의사와 지배사실이 없는 죽은 자의 점유는 원칙적으로 인정할 수 없다. 상속에 의한 점유를 인정하지 않는 형법에서 죽은 자의 재물을 영득한 자에 대한 형법적 취급은 유형별로 나누어 보면 다음과 같다.

(a) 탈취의사로 살해 후 영득   재물을 탈취할 의사로 사람을 살해한 다음 그 재물을 영득한 경우에는 사자의 생전점유를 침해한 강도살인이 된다(통설). 판례도 같은 취지이다($^{84도2263}_{판결}$).

(b) 살해 후 탈취의사로 영득   살해한 다음 재물 탈취의사가 생겨 피해자의 재물을 영득한 경우에는 견해가 나뉘어진다. ① 사람의 사망과 동시에 지배의사를 상실하므로 점유이탈물횡령죄가 성립하고 살인죄와 경합범이 된다는 견해 ($^{이재상·장영민·강동범\ 16/27,\ 김일수·서보학}_{230,\ 손동권·김재윤\ 20/16,\ 김성돈\ 310}$), ② 시간적·장소적 근접성이 인정되는 동안에는 죽은 사람의 점유도 인정하여 절도죄와 살인죄의 경합범을 인정하는 견해($^{배종대}_{61/38}$)가 있으나, ③ 살해 직후에 시간적·장소적으로 근접한 상태에서 행위자가 주관적으로 사망을 인식하면서 그 결과를 이용하여 영득한 것이므로 행위의 전후관계를 전체적으로 고찰하여 피해자의 생전점유를 침해한 절도죄가 성립하고 살인죄와

---

[1] 은행 현금인출기에서 다른 손님이 인출한 뒤 두고 간 현금을 가져간 때에도 절도죄가 성립한다 (2021도3337 판결).

경합범이 된다는 견해(정성근·박광민 276, 임웅 333, 박상기·전지연 602)가 타당하고 본다. 판례도 같다.

> **판례**   피해자를 살해한 방에서 사망한 피해자 곁에 4시간 30분쯤 있다가 그 곳 피해자의 자취방 벽에 걸려 있던 피해자가 소지하는 물건들을 영득의 의사로 가지고 나온 경우, 피해자가 생전에 가진 점유는 사망 후에도 여전히 계속되는 것으로 보아야 한다. 따라서 위 행위는 피해자의 점유를 침탈한 것으로서 절도죄에 해당한다(93도2143 판결).

(c) **사자 휴대품 영득**   피해자의 사망과 관계없는 제3자가 죽은 사람의 휴대품을 영득한 경우에는 점유이탈물횡령죄가 성립한다. 다만 피해자 사망 직후에 이를 모르는 제3자가 피해자의 빈집(배타적 장소)에 들어가서 재물을 절취한 경우(교통사고로 일가족 모두 사망한 직후)에는 절도죄의 성립을 인정할 수 있다고 본다.

라) **공동점유**   "공동점유"란 같은 재물에 대해서 다수인이 사실상의 지배를 하고 있는 상태를 말한다. 공동점유자 중 1인이 단독점유로 옮긴 경우에는 대등관계의 공동점유와 상하관계의 공동점유로 구별하여 검토해야 한다.

(a) **대등관계의 공동점유**   동업자·조합원·부부 사이와 같이 수인이 대등하게 재물을 점유하는 공유물·합유물은 공동점유자 상호간에 점유의 타인성이 인정되므로 그 중 1인이 다른 공동점유자의 점유를 배제하고 단독점유로 옮긴 때에는 절도죄가 성립한다(통설). 판례도 일관하여 절도죄를 인정한다(94도2076 판결, 83도3027 판결 [돈궤짝 사건]).[1] 반면에 공유물을 어느 1인이 단독점유하고 있다가 영득하면 횡령죄가 된다(2000도4335 판결, [복권당첨금 횡령 사건]).

(b) **상하관계의 공동점유**

(aa) **주인과 종업원의 점유**   상점주인과 종업원, 공장주인과 창고경비원, 집주인과 가정부의 주종관계가 있는 경우는 사용자의 단독점유만 인정되고, 종업원이 주인의사에 반하여 상점의 물건을 영득하면 주인의 점유를 침해한 절도죄가 성립한다(통설). 판례도 경리직원과 함께 은행에서 인출한 금원을 경리직원의 부탁으로 소지하였다가 반환할 때 그 중 일부를 영득한 경우에는 경리직원

---

1) 위 83도3027 판결은, 인장이 들은 돈궤짝을 별거 중인 남편이 보관 중인 경우, 비록 처가 돈궤짝의 열쇠를 소지하고 있었더라도 돈궤짝 안에 들은 인장은 처와 남편이 공동보관 하고 있다고 보아야 하므로 남편의 동의없이 처가 위 인장을 취거한 때에는 절도죄가 성립한다고 판시한 사안이다.

의 점유가 상실된 것으로 볼 수 없다는 이유로 절도죄를 인정하였다($^{65도1178}_{판결}$).

(bb) 신뢰관계 있는 상하관계의 점유　상하 주종관계라도 고도의 신뢰관계가 있고 직원에게 어느 정도의 업무처리나 처분권이 인정된 경우에는 종된 지위에 있는 자에게도 점유가 인정된다. 은행·백화점·회사·대형매장의 금전관리 출납직원, 영업관리를 위임받은 지배인, 민법상의 점유매개자 등이 여기에 해당한다.

> **판례**　① 민법상의 점유보조자라고 할지라도 그 물건에 대하여 사실상 지배력을 행사하는 경우에는 형법상 보관의 주체로 볼 수 있다(81도3396 판결).
> ② 횡령죄에서 말하는 보관이라 함은 민법상의 점유의 개념과는 달라 재물의 현실적인 보관, 즉 사실상의 지배를 가지고 있으면 족한 것으로서 점유보조자도 재물에 대한 사실상의 지배를 가지고 있는 이상 보관자라고 할 것인 바, 이 사건에 있어서 피고인이 비록 동회의 사환에 불과하다 하더라도 동 직원으로부터 교부받은 현금과 예금에서 찾은 돈은 피고인의 사실상 지배하에 있었던 것으로서 피고인은 타인의 재물을 보관하는 자에 해당한다고 할 것이다(68도1222 판결).

(c) 화물운반자의 점유　화물의 운반을 의뢰한 경우에, 화물운반자에게 단독점유를 인정하여 횡령죄를 인정하는 견해($^{김일수·서보학}_{233, 배종대 61/31}$)와, 운반자의 점유를 부정하고 절도죄만 성립한다는 견해($^{박상기, 각론8판}_{253}$)가 대립한다. 의뢰자의 "현실적 지배·감독이 불가능한 경우"에 한하여 운반자의 단독점유를 인정함이 타당하다고 본다(횡령죄설). 판례도 같은 취지에서 화물운반자가 물건에 대한 지배 없이 사실상 소지하고 있음에 불과하다는 특별한 사정이 없는 한 운반자의 단독점유를 인정하고 있다($^{82도2394}_{판결}$).

마) 봉함된 포장물의 점유　우편집배원이 배달 중인 우편물 속에서 현금(소액환)을 꺼내어 가진 경우와 같이 봉함된 포장물을 위탁받은 자가 그 내용물을 영득한 경우 내용물에 대한 점유가 위탁자와 수탁자 중 누구에게 있는지가 문제된다. ① 내용물뿐만 아니라 포장물 전체가 수탁자의 점유에 속하고 이를 영득하면 횡령죄가 성립한다는 견해($^{김종원 183, 임웅 337 이하,}_{오영근 241, 손동권·김재윤 20/2}$), ② 내용물뿐만 아니라 포장물 전체가 위탁자의 점유에 속하고 이를 영득하면 절도죄가 된다는 견해($^{황산덕}_{279}$)도 있다.

그러나 위탁의 취지와 실질적인 위탁관계의 유무에 따라 개별적으로 판단해야 한다. ① 봉함하여(열쇠로 잠그고) 위탁하면 내용물과 포장물 전체는 위탁자의 점유가 되어 이를 영득하면 절도죄가, ② 봉함조치 없이 단순히 관리·의뢰하였다면 수탁자의 점유가 되어 이를 영득하면 횡령죄가, ③ 관리·의뢰도 없이 단지 감시·운반만을 의뢰하였다면 위탁자의 점유가 되어 이를 영득하면 절도죄가 된다고 본다(다수설). 다만 열쇠가 잠긴 용기가 건물에 부착되어 있거나(은행·백화점의 보관함) 이동이 곤란한 대형 철제금고는 열쇠소지자의 점유가 된다(다수설). 판례는 오래전에 포장물 전체는 수탁자가, 내용물은 위탁자가 점유한다고 하고 그 내용물만 영득한 자에게 절도죄를 인정하였다($^{4288\text{형상}375}_{\text{판결}}$).

　3) 재 물　　동산은 물론 부동산과 전기 기타 관리가능한 동력도 객체가 된다.[1] 전화기 무단사용은 재물이 될 수 없다($^{98\text{도}700}_{\text{판결}}$).

> **판례**　　타인의 전화기를 무단으로 사용하여 전화통화를 하는 행위는 전기통신사업자가 제공하는 전화기의 음향송수신기능을 부당하게 이용하는 무형적인 이익에 불과하고 물리적 관리의 대상이 될 수 없어 재물이 아니라고 할 것이므로 절도죄의 객체가 되지 아니한다(98도760 판결).

(3) 행 위

절취하는 것이다.

　1) 절 취　　"절취"란 점유자의 의사에 반하여 재물에 대한 점유를 배제하고 자기 또는 제3자의 지배하에 옮기는 것을 말한다. 따라서 절취는 기존의 점유배제와 새로운 점유취득으로 구성된다. 새장 속의 새를 날아가게 하거나 기르는 동물을 도망가게 하는 것만으로는 (점유취득이 없으므로) 절취가 되지 않는다.

　(a) 점유배제　　점유자의 의사에 반하여 그의 사실상의 지배를 제거하는 것을 말한다. 수단·방법은 묻지 않는다. 행위자가 직접 제거하거나 제3자나 동물을 이용하거나 상관없다. 점유자의 동의가 있으면 절도죄의 구성요건해당성이 배제된다.

　점유배제의 방법으로 기망방법을 사용하더라도 상대방이 착오로 교부하지 않는 한 절도죄가 성립한다. 이 경우 절취인가 편취(사기)인가의 구별은 피해자

---

　1) 전기계량기의 지침을 역회전시켜서 전기요금의 지불을 면하는 행위는 전기절도가 아니라 사기죄를 구성한다.

의 점유이전의 의사가 있는가를 기준으로 판단한다(다수설). 따라서 귀금속을 구입할 것처럼 가장하여 순금목걸이를 건네받은 후 화장실에 다녀온다는 핑계를 대고 도주하거나($^{94도1487}_{판결}$) 옷가게에서 옷을 입어 본 후 도주하는 경우, 책을 빌려보는 척 하다가 가져가거나($^{82도3115}_{판결}$) 자동차를 시운전하는 척하다가 그대로 도망간 경우에는 피해자에게 점유이전의 의사가 없으므로 절취에 해당한다(이른바 책략절도).

형사임을 가장하여 밀수보석을 압수하는데 속은 주인이 이를 묵인하거나 형사임을 가장한 묵시적 기망행위로 주인이 압수권한 있는 자로 오인하여 압수물 수거를 묵인·수인한 것은 직접 교부행위는 아니라도 자의성 있는 재산처분행위로 평가할 수 있으므로 사기죄가 된다고 본다.

(b) **점유취득** 행위자 또는 제3자가 재물에 대한 사실상의 지배를 설정하는 것을 말한다. 점유취득은 피해자의 점유를 배제하고 새로운 점유를 취득한 것이라야 한다. 점유배제와 시간적으로 일치할 필요는 없다. 따라서 달리는 자동차에서 재물을 떨어뜨린 다음 나중에 가져가면 그 때에 점유취득이 된다.

2) **실행의 착수시기**   타인의 점유를 배제하는 행위가 개시된 때 실행의 착수가 있다.

[**절도죄의 실행의 착수시기**] 대법원은 **밀접행위설**에 따라 절취할 재물의 물색행위를 시작하는 등 그에 대한 사실상의 지배를 침해하는 데에 밀접한 행위를 개시한 때에 실행의 착수가 있다(2003도1985 판결)고 하여, 피해자 거실에서 라디오를 절취하려고 선을 건드린 때(66도383 판결), 고속버스 선반위에 놓여진 손가방의 한쪽 걸쇠를 열은 때(83도2432 판결 등), 소매치기가 금품을 절취하기 위하여 양복상의 호주머니 겉을 더듬은 때(84도2524 판결), 자동차 안에 있는 밍크코트를 절취하려고 차 앞문손잡이를 잡아당긴 때(86도2256 판결), 담을 넘어 마당에 들어가 절취할 물건을 찾기 위해 담에 붙어 걸어간 때(89도1153 판결), 다세대주택의 거실을 통하여 안방에 들어가 둘러보다가 절취할 재물을 찾지 못하고 다시 거실로 나와서 두리번거린 때(2003도1985 판결)에 실행의 착수를 인정하였다.

3) **기수시기**   재물에 대한 점유취득이 있으면 기수가 된다(**취득설**, 통설). 판례도 같은 취지이다($^{64도577}_{판결}$). 점유취득이 있느냐의 여부는 재물의 크기·점유형태(지배의 강약)·절취행위의 태양에 따라 개별적으로 판단해야 한다.

① 귀금속·현금과 같이 휴대 또는 쉽게 운반할 수 있는 재물은 손안에 넣거나 주머니·가방에 넣었을 때, 목욕탕에서 금반지를 발견이 곤란한 틈바구니

사이에 은닉한 때 기수가 된다. ② 피아노·냉장고·가구·쌀가마·철근과 같이 쉽게 운반할 수 없는 크고 무거운 재물은 피해자의 지배범위를 벗어날 수 있는 상태가 되었을 때(운반을 위해 자동차에 적재완료한 때) 취득했다고 할 수 있다. 따라서 피아노를 도로나 대문 밖까지 옮긴 것만으로는 아직 기수라 할 수 없다. ③ 엄중하게 감시·관리되고 있는 구역에서는 그 경계를 벗어난 때 취득했다고 해야 한다. 판례는 입목(立木)을 캐낸 때 절도의 기수가 된다고 하였다($\frac{2008도6080}{판결}$).

> **판례** 자동차를 절취할 목적으로 내리막길에 주차된 자동차 안에 들어가 여러 기기를 만지다가 핸드브레이크를 풀자 시동이 걸리지 않은 상태에서 자동차가 10미터 정도 굴러가다 가로수를 들이받고 멈춘 경우에는 절도의 기수에 해당한다고 볼 수 없다(94도1522 판결).

3. 주관적 구성요건

(1) 고 의

타인의 재물에 대한 인식과 절취한다는 사실에 대한 인식·의사가 있어야 한다. 미필적 고의로 족하다. 재물의 타인성과 점유침해(절취)는 규범적 구성요건요소이므로 의미의 인식이 있어야 한다.

(2) 불법영득의 의사

자동차 등 불법사용죄를 제외한 모든 절도죄는 고의 외에 초과 주관적 요소로서 불법영득의 의사가 필요하다는 것이 통설이고 판례의 태도($\frac{2012도1132}{판결}$)이다.

1) **불법영득의 의사의 의의** "불법영득의 의사"란 권리자를 배제하고 타인의 재물을 소유자와 같이 이용 또는 처분하려는 의사를 말한다(소유자의사설).

권리자를 배제하고 타인의 물건을 자기 소유물과 같이 경제적 용법에 따라 이용 또는 처분할 의사라고 하여 "경제적 용법"을 요구하는 견해(경제적 용법설)도 있고, 판례의 대부분은 경제적 용법설에 따르고 있다(2000도3655 판결 등). 그러나 재물은 경제적 가치를 불문하며, 절취한 재물을 어떤 용도로 사용하였느냐는 절도죄의 성립과 관계없으므로 경제적 용법을 따로 요구할 필요가 없다.

2) **불법영득의 대상** 불법영득의 대상(객체)에 대해서 견해가 나뉘어진다.
(a) **물체설** 소유자처럼 처분할 수 있는 성질의 "물체" 그 자체가 영득의

대상이라 한다. 물체설에 의하면 물체 자체는 가치가 없고 물체의 일시사용으로 간접적 이익만 취득하는 경우(예: 예금통장을 취거한 후 예금만 인출하고 곧바로 반환한 때)에는 절도죄를 인정할 수 없다.

(b) **가치설**　물체 그 자체가 아니라 "물체에 화체되어 있는 경제적 가치"가 영득의 대상이고 "이용가치"가 있으면 족하다고 한다. 가치설에 따르면 소유자가 가치 없는 물건으로 방치하거나 경제적 가치가 없는 물건에 대해서는 영득을 인정할 수 없다.

(c) **결합설**　"물체"와 함께 물체가 지니고 있는 "기능가치"가 영득의 대상이 된다는 견해로, 통설이며 판례의 태도($^{2009도9008}_{판결}$)이다. 결합설에 따르면 예금통장 사례와 충전식 (선불)교통카드를 몇 번 사용하고 반납한 때에도 절도죄가 성립한다. 결합설도 기능가치를 영득한다는 문제가 있으나 여기의 기능가치는 사용가치가 아니라 재물의 기능에 본질적으로 결합된 특수한 가치를 의미하므로 물체설과 가치설의 결합을 시정하는 결합설이 타당하다고 본다.[1]

3) **불법영득의사의 내용**　영득의 의사는 소극적 요소로서 권리자를 배제(Enteigung)하는 배제의사와, 적극적 요소로서 소유자 유사의 지위를 획득(Aneigung)하는 향유의사의 두 가지를 요구한다.

(a) **적극적 요소(절도죄와 손괴죄의 구별)**　향유의사는 재물에 대하여 소유자와 유사한 지배를 하여 이용 또는 처분하려는 의사이고 그 목적·동기 여하와 일시적·영구적인가를 묻지 않는다. 향유의사의 유무에 따라 절도죄와 손괴죄가 구별된다. 절취한 음식물의 섭취와 소비·매각·증여·선물제공 등은 향유의사가 있으므로 절도죄가 되지만, 손괴·파괴는 향유의사가 없는 소유권 훼손이므로 영득의사가 없는 손괴죄가 된다.

(b) **소극적 요소(절도와 사용절도의 구별)**　배제의사는 재물에 대한 기존의 소

---

1) 이에 관하여 판례는 타인의 예금통장을 무단사용하여 예금을 인출한 후 바로 예금통장을 반환한 경우, 이로 인한 경제적 가치의 소모가 무시할 수 있을 정도로 경미한 경우가 아닌 이상, 예금통장 자체가 가지는 예금액 증명기능의 경제적 가치에 대한 불법영득의 의사를 인정할 수 있으므로 절도죄가 성립한다고 판시(2009도9008 판결)하면서도, 타인 명의의 신용카드(99도857 판결)나 현금카드(98도2642 판결)를 사용하여 현금자동지급기에서 현금을 인출한 후 위 카드를 곧바로 반환한 때에는 위 카드 자체가 가지는 경제적 가치가 소모되었다고 할 수 없어 위 카드에 대한 불법영득의사가 있다고 볼 수 없다고 판시하였다. 이러한 차이는 예금통장에는 인출한 금액만큼 예금액이 축소 기재되는 반면, 신용카드나 현금카드는 그러한 내용이 드러나지 않기 때문으로 추측해 볼 수 있다.

유자 지위를 배제시키는 의사이다. 배제의사는 영속적 또는 지속적임을 요하므로 배제의사 유무에 따라 가벌적인 절도와 불가벌의 사용절도가 구별된다. 판례도 타인을 꾸짖을 목적($^{72도2812}_{판결}$)이나 화가 나서 혼내줄 의도($^{93도328}_{판결}$)로 타인의 소유물을 가져와 보관하고 있다가 반환한 경우에는 배제의사가 없으므로 절도죄가 성립하지 않는다고 하였다. 다만 일시적인 무단사용이라도 이로 인하여 물건 자체가 가지는 경제적 가치가 상당한 정도로 소모된 경우(예: 자동차 가솔린 다량 소비, 밧데리 완전 소모, 난방용 석유의 장시간 소비 등)와 사용 후 다른 장소에 방치하거나 장시간 또는 장거리 점유하고 있는 경우($^{2012도1132}_{판결}$), 고객이 반환거부한 렌터카를 렌터카 회사직원이 고객 몰래 견인해 간 경우($^{2017도13329}_{판결}$)에는 절도죄가 성립한다.

4. 죄수·타죄와의 관계

1) **죄 수**   죄수는 절취의 수에 따라 결정한다. 하나의 행위로 수인 소유의 수개의 재물을 절취하면 절도의 단순일죄이다(비전속적 법익). 단일한 고의로 시간과 장소가 접착된 상태에서 동일 관리인이 관리하는 방안에서 두 사람의 재물을 절취한 때에도 절도죄 1죄만 성립한다($^{70도1133}_{판결}$).

접속범인 경우에는 수개의 절취가 있어도 포괄일죄가 된다. 예컨대 오후 10시부터 다음날 오전 0시까지 3회에 걸쳐 같은 창고에서 합계 6개의 쌀가마니를 절취하여도 절도죄의 포괄일죄이다. 그러나 같은 사람의 재물이라도 시간적·장소적 간격을 두고 여러 번 절취하면 수개의 절도죄의 경합범이 된다(예: 매일 밤마다 쌀가마니 절취).

2) **타죄와의 관계**   주간에 주거침입하여 절취하면 주거침입죄와 절도죄의 경합범이고, 야간에 주거침입하여 절취하면 야간주거침입절도죄가 된다. 절도를 교사한 후 피교사자로부터 절취장물을 편취하면 절도교사죄와 사기죄의 경합범이 된다.[1] 절도교사자가 절취한 장물을 취득·보관하면 장물취득·보관죄와 절도교사죄의 경합범이 된다. 신용카드를 절취하여 사용한 때에는 신용카드 부정사용죄와 절도죄의 경합범이 된다($^{96도1181}_{판결}$).

---

1) 반면, 절취한 장물인 정을 알면서 제3자가 이를 편취한 때에는 사기죄만 성립한다.

Ⅲ. 야간주거침입절도죄

> **[구성요건·법정형]** 야간에 사람의 주거, 관리하는 건조물, 선박, 항공기 또는 점유하는 방실에 침입하여 타인의 재물을 절취한 자는 10년 이하의 징역에 처한다(제330조).
> 미수범은 처벌한다(제342조).
> 친족상도례 특례규정을 준용하고(제344조), 동력규정을 적용한다(제346조).

(1) 의의·성격

야간에 사람의 주거, 관리하는 건조물, 선박, 항공기 또는 점유하는 방실에 침입하여 타인의 재물을 절취하는 범죄이다. 야간이라는 행위상황에서 범하는 주거침입죄와 단순절도죄의 결합범이며(통설), 침해범·결과범·상태범이다.

(2) 객관적 구성요건

1) 행위상황(야간)   이 죄는 야간에 이루어져야 한다. "야간"이라는 행위상황은 주거침입과 절취행위 중 어느 시점에 있어야 하느냐에 대해서, ① 주거침입과 절취행위 모두가 야간에 있어야 한다는 견해($^{김일수 \cdot 서보학 \ 248,}_{손동권 \cdot 김재윤 \ 20/51}$), ② 절취행위가 야간에 있어야 한다는 견해($^{박상기 \cdot 전지연}_{612}$), ③ 양자 중 어느 하나만 야간에 있으면 충분하다는 견해(다수설), ④ 주거침입이 야간에 있어야 한다는 견해($^{이재상 \cdot 장영민 \cdot}_{강동범 \ 16/69}$)가 대립한다. 판례는 주거침입이 야간에 있어야 한다는 입장이다($^{2011도300 \ 등}_{판결}$).

이 죄는 야간이라는 시간적 제한을 받는 주거침입과 절도의 결합범으로서 주거침입이 절취에 선행하며, 주거침입은 계속범이므로 주거침입이 주간에 있어도 절취가 야간에 있으면 주거침입도 야간까지 계속되어 절취만 야간에 행해질 수 없다. 따라서 적어도 주거침입과 절취의 둘 중 하나가 야간에 이루어지면 족하다고 해야 한다.

야간의 의미에 대해서도, ① 일몰 후 일출 전까지라는 견해(천문학적 해석설), ② 사람의 심리상태와 휴식·평온을 깨뜨리는 불안정기간이라는 견해(심리학적 해석설)가 대립하는데, 통설과 판례는 **천문학적 해석설**을 취하고 있다($^{2015도5381}_{판결}$). 심리적 불안상태는 주간에도 있을 수 있는 것이므로 통설·판례의 태도가 타당하다.

2) 행 위   주거, 관리하는 건조물, 선박, 항공기 또는 점유하는 방실에 침입하여 절취하는 것이다(이에 대하여는 "주거침입죄", "절도죄" 참조).

3) 실행의 착수·기수시기

(a) 실행의 착수   주거침입죄와 절도죄의 결합범이고, 주거침입이 선행하기 때문에 주거침입시에 실행의 착수가 있다($^{2006도2824}_{판결 등}$). 예컨대 야간에 절도범인이 주거에 침입하기 위하여 문 사이로 손을 넣어 빗장을 벗기다가 발각되어 목적을 달성하지 못한 경우는 물론, 일단 침입한 때에는 재물에 대한 물색행위가 없어도 이 죄의 미수가 된다. 그러나 점포 안에 있던 종업원이 주인의 돈을 야간에 절취한 때에는 주거침입 자체가 없으므로 야간주거침입절도죄가 성립하지 않는다($^{76도414}_{판결}$).

(b) 기수시기   기수시기는 절취행위가 종료한 때, 즉 재물취득시이다. 절취행위가 종료한 때에는 주거침입 자체의 미수·기수는 묻지 않는다. 따라서 야간에 길가에서 문을 열고 손을 넣어 방안의 물건을 절취한 때에도 재물을 취득한 것이므로 기수가 된다. 판례는 야간에 카페 내실에 침입하여 적금통장을 절취해 나오던 중 발각되어 돌려준 때에도 이 죄의 기수라고 하였다($^{91도476}_{판결}$).

(3) 주관적 구성요건

야간주거침입 및 절취에 대한 고의와 불법영득의사가 있어야 한다.

IV. 특수절도죄

> [구성요건·법정형]   야간에 문이나 담 그 밖의 건조물의 일부를 손괴하고 제330조(야간주거침입절도죄)의 장소에 침입하여 타인의 재물을 절취한 자는 1년 이상 10년 이하의 징역에 처한다(제331조 제1항).
> 흉기를 휴대하거나 2인 이상이 합동하여 타인의 재물을 절취한 자도 제1항의 형에 처한다(제2항).
> 미수범은 처벌한다(제342조).
> 친족상도례 특례규정을 준용하고(제344조), 동력규정을 적용한다(제346조).

(1) 의의·성격

야간에 문이나 담 그 밖의 건조물의 일부를 손괴하고 주거침입하여 재물을 절취하는 범죄와, 흉기를 휴대하거나 2인 이상이 합동하여 재물을 절취하는 범죄이다. 전자는 폭력성과 범행의 강폭성(强暴性) 때문에, 후자는 행위의 위험성

과 집단성 때문에 불법이 가중된 가중적 구성요건이다. 따라서 이 죄는 야간주
거침입절도의 가중유형($^{제1}_{항}$)과 단순절도의 가중유형($^{제2}_{항}$)을 포함하고 있다.

(2) 객관적 구성요건

1) 야간 손괴 후 주거침입절도(제1항)

(a) 야　간　　이 죄는 야간주거침입절도죄와 손괴죄의 결합범이고, 야간에
문이나 담 그 밖의 건조물의 일부를 손괴하고 주거침입해야 한다. 주간에 문이
나 담 등을 손괴하고 주거침입하여 절취한 때에는 이 죄가 아니라 손괴죄, 주거
침입죄, 절도죄의 경합범이 되며($^{2009도9667}_{판결 참조}$), 야간에 주거침입한 후에 절취하고 나
오면서 건조물의 일부를 손괴한 때에는 야간주거침입절도죄와 손괴죄의 경합범
이 된다. 주간에 손괴하고 야간에 주거침입하여 절취한 경우도 같다.

(b) 문·담 그 밖의 건조물의 일부　　"문·담"은 침입을 방지하기 위하여 설치
된 모든 인위적 시설물을 말한다. "건조물"은 가옥 기타 이와 유사한 건축물로
서 지붕과 주위 벽 또는 버팀기둥이 있고 그 내부에 사람이 출입할 수 있는 토
지의 정착물을 말하며, 주위를 둘러싼 시설을 포함한다. "그 밖의 건조물의 일
부"라고 한 것은 문·담·건조물을 예시한 것에 불과하므로 침입을 방지하기 위
한 잠금장치·도랑 등 시설을 포함한다.

(c) 손　괴　　문이나 담 등의 일부를 물질적으로 훼손하여 그 효용을 해하는
것이다. 손괴는 전부·일부를 묻지 않는다. 야간에 출입문의 환기창문을 뜯고
침입하거나 야간에 출입문을 발로 걷어 차 잠금고리의 아래쪽 부분이 떨어지면
서 출입문이 열린 경우($^{2004도4505}_{판결}$), 잠금장치·방문고리($^{79도1736}_{판결}$)를 뜯고 침입하면 이
죄가 성립하지만, 야간에 열쇠로 잠금장치를 열거나 창문이나 방충망을 분리하
고 들어가는 것($^{2015도7559}_{판결}$)은 문 등에 대한 손괴행위가 없으므로 이 죄가 아니라 야
간주거침입절도죄에 해당한다.

(d) 실행의 착수·기수시기　　실행의 착수시기는 야간에 건조물 등의 일부를
손괴하기 시작한 때이며($^{86도1273}_{판결}$),1) 기수시기는 재물취득시이다.

---

1) 반면, 형법 제331조 제2항의 특수절도(흉기휴대절도·합동절도)에 있어서 주거침입은 그 구성요건이
아니므로 2인 이상이 합동하여 야간이 아닌 주간에 절도의 목적으로 타인의 주거에 침입하였다
하여도 아직 절취할 물건의 물색행위를 시작하기 전이라면 실행의 착수는 인정되지 않는다
(2009도9667 판결).

2) 흉기휴대절도·합동절도(제2항)

(a) **흉기휴대절도**   흉기를 휴대하여 절취하는 특수절도이다.

(aa) **흉 기**   "흉기"란 인명살상이나 물건의 손괴를 목적으로 제작되고 그 목적달성에 적합한 성질의 물건(성질상 흉기)과, 도끼·망치·철봉·곤봉과 같이 본래 다른 용도로 제작된 도구이지만 사람의 살상에 이용될 수 있는 물건으로서 일반인이 위험을 느낄 수 있는 물건(용법상 흉기)을 말한다.

<blockquote>막대기·돌덩이·극히 작은 손칼·새끼줄·수건·장난감 권총은 성질상으로나 용법상 흉기의 적합성을 갖지 않으므로 살상용으로 사용되어도 흉기가 아니다(김성돈 328 같은 취지). 청산가리·염산 등 독극물과 독가스·맹견을 흉기에 포함시키는 견해도 있다(이재상·장영민·강동범 16/76, 박상기·전지연 614 이하, 손동권·김재윤 20/57, 김성돈 328).</blockquote>

(bb) **휴 대**   "휴대"는 몸에 지닌다는 의미이다. 현장에서 범행에 사용할 의사로 몸에 지니고 있어야 한다. 손에 잡고 있거나 호주머니에 지니는 것도 무방하다. 휴대를 소지와 같은 의미로 해석하여 몸가까이 두고 쉽게 잡을 수 있는 위치에 있어도 무방하다는 견해(임웅 364, 손동권·김재윤 20/55)도 있다. 판례도 "휴대"는 소지뿐만 아니라 널리 이용한다는 뜻도 포함한다는 입장(2002도2812 판결)이다. 그러나 형법이 휴대와 소지를 용어상 구별하고 있음에 비추어 휴대는 소지보다 좁은 개념이라고 해야 한다. 몸에 지니고 있음을 상대방에게 인식시킬 필요는 없지만(2007도914 판결) 적어도 외부에서 인식가능한 방법으로 지니고 있어야 한다.

(b) **합동절도**   "합동절도"란 2인 이상이 합동하여 절취하는 특수절도의 유형으로 강학상 합동범이라 한다. 형법상 합동범은 특수절도죄 외에도 특수강도죄(제334조 제2항), 특수도주죄(제146조)가 있으며, 성폭력특례법(제4조)에도 특수강간·특수강제추행·특수준강간·특수준강제추행의 합동범이 있다. 수인이 합동하는 경우에는 현실적 위험성이 크기 때문에 가중규정을 둔 것이다.

2인 이상이 범죄를 실현한다는 점에서 공동정범(제30조)와 유사하므로 공동정범의 "공동하여"와 합동범의 "합동하여"를 어떻게 구별할 것인가가 문제된다.

(aa) **합동범의 본질**   합동범의 본질에 관해서, ① 합동범에 해당하는 범죄는 공모공동정범을 인정한 것이라는 견해(**공모공동정범설**), ② 합동범은 본질상 공동정범과 같지만 집단범에 대한 대책상 특별히 그 형을 가중하기 위해서 합동

이라고 규정한 것이라는 견해(가중적 **공동정범설**), ③ 합동범은 본질상 공동정범이
지만 범행현장에서 시간적·장소적으로 협동하고 있는 경우에는 현실적 위험성
이 증대하므로 불법이 가중된 것이라는 견해(**현장성설**), ④ 합동범은 범행현장에
서 기능적으로 역할분담하는 공동정범의 형태이므로 범행현장 밖에서 배후거물
이나 두목처럼 기능적 행위지배를 인정할만한 정범성의 요건을 구비한 자는 합
동범의 공동정범이 된다는 견해(**현장적 공동정범설**)가 대립하는데, 현장성설이 통
설이고 판례도 일관하여 **현장성설**을 유지하고 있다($^{98도321\ 전원합의체}_{판결\ 등}$).

   형법은 합동과 공동을 구별하고 있으므로 그 의미도 합동은 범행현장에서
함께 협동하는 것이고, 공동은 전체로서 범죄완성에 기여하는 것이라고 구별해
야 한다. 합동은 시간적·장소적 협동이 있어야 하고 공동보다 일층 현실적 실
행성이 요구되므로 현장성설이 타당하다.[1]

   그리고 합동범도 의사연락을 하고 공동실행한다는 점에서 공동정범과 본
질에서 같지만 공동정범은 현장협동 없이도 기능적 행위지배가 있으면 충분함
에 반하여, 합동범은 반드시 범죄현장에서 협동하여 범죄를 실현하는 특수형태
의 공동정범이라는 데에 차이가 있다.

   (bb) 합동절도의 공동정범   합동범에 대한 공동정범을 인정할 수 있느냐
에 대해서, **긍정설**($^{김일수·서보학\ 252,\ 손동권·}_{김재윤\ 20/58,\ 김성돈\ 330}$)과 **부정설**(통설)이 대립하고, 판례는 **긍정설**을
취하고 있다($^{98도321\ 전원합의체\ 판결\ [빼끼주정]}_{사건,\ 2011도2021\ 판결}$).[2]

   합동범은 본질상 공동정범이므로 합동범의 공동정범을 인정할 경우에는
공동정범의 공동정범을 인정하게 된다. 그러나 공동정범에 가공하는 공동정범
은 생각할 수 없다. 공동정범은 총칙에 규정된 확장된 구성요건이므로 각칙상
의 개별범죄를 개념적으로 전제로 해서만 존재할 수 있고, 각칙상의 개별범죄
와 결합되지 않는 공동정범은 존재할 수 없다. 예컨대 합동절도는 특수절도죄

---

1) 판례도, 성폭력특례법에서 규정한 '2인 이상이 합동하여 형법 제299조의 죄를 범한 경우'에 해
   당하려면, 피고인들이 공모하여 실행행위를 분담하였음이 인정되어야 하는데, 범죄의 공동가
   공의사가 암묵리에 서로 상통하고 범의 내용에 대하여 포괄적 또는 개별적인 의사연락이나 인
   식이 있었다면 공모관계가 성립하고, 시간적으로나 장소적으로 협동관계에 있었다면 실행행위
   를 분담한 것으로 인정된다(2016도4618 판결)고 판시하여, 시간적·장소적 협동관계가 필요하다는
   입장이다.
2) 2011도2021 판결은, 피고인이 甲·乙과 공모한 후 甲·乙은 피해자 회사의 사무실 금고에서 현금
   을 절취하고, 피고인은 위 사무실로부터 약 100m 떨어진 곳에서 망을 보는 방법으로 합동하여
   재물을 절취한 경우, 피고인에게 합동절도의 공동정범이 성립한다는 취지의 판결이다.

이므로 특수절도에 공동정범으로 가공하면 바로 특수절도죄가 될 뿐이고 특수
절도죄의 공동정범이 되지 않는다. 따라서 합동절도의 공동정범을 부정하는 통
설이 타당하다.

> **판례**   피고인 등이 비록 특정한 1명씩의 피해자만 강간하거나 강간하려고 하였다 하더
> 라도 사전의 모의에 따라 강간할 목적으로 심야에 인가에서 멀리 떨어져 있어 쉽게 도망할
> 수 없는 야산으로 피해자들을 유인한 다음 곧바로 암묵적인 합의에 따라 각자 마음에 드는
> 피해자들을 데리고 불과 100m 이내의 거리에 있는 곳으로 흩어져 동시 또는 순차적으로 피
> 해자들을 각각 강간한 이상, 그 각 강간의 실행행위도 시간적으로나 장소적으로 협동관계에
> 있었다고 보아야 할 것이므로, 피해자 3명 모두에 대한 특수강간죄 등이 성립된다(2004도2870
> 판결). [이 판결은 원심이 각자 강간행위의 단독범이라고 한 것을 대법원에서 성폭력특례법상
> 의 합동범으로 인정한 사례이다.]

(3) 죄수·타죄와의 관계

1) **포괄일죄**   제1항과 제2항의 범죄방법을 함께 사용한 경우에는 특수절
도죄의 포괄일죄가 된다(^{상상적 경합설은}_{김성돈 330}).[1]

2) **주거침입·손괴와의 관계**   제1항의 죄는 손괴 및 주거침입과 절도의 결
합범이므로 손괴와 주거침입을 포괄하여 이 죄만 성립한다. 제2항의 죄는 주거
침입과 손괴가 그 요건이 아니므로 주간에 건조물의 일부를 손괴하고 침입하여
제2항의 죄를 범한 때에는 주거침입죄·손괴죄는 이 죄와 경합범이 된다(^{2009도9667}_{판결 참조}).
그러나 야간인 때에는 주거침입과 손괴 등을 포괄하여 특수절도죄(포괄일죄)가
된다. 야간에 공무소의 건조물을 파괴하고 이에 침입하여 절취한 때에는 행위
형태(파괴)와 법익(공용건조물)이 다르므로 공용건조물 등 파괴죄(^{제141조}_{제2항})와 이 죄의
경합범이 된다(^{김성돈 331은}_{상상적 경합설}).

---

1) 임웅 367은 흉기휴대절도와 제1항의 죄는 상상적 경합, 합동절도와 제1항의 죄는 포괄일죄가
   된다고 한다.

V. 자동차 등 불법사용죄

> [구성요건·법정형] 권리자의 동의없이 타인의 자동차, 선박, 항공기 또는 원동기장치자전차를 일시 사용한 자는 3년 이하의 징역, 500만원 이하의 벌금, 구류 또는 과료에 처한다(제331조의2).
> 미수범은 처벌한다(제342조).
> 친족상도례 특례규정을 준용한다(제344조).

(1) 의의·성격·보호법익

권리자의 동의없이 타인의 자동차, 선박, 항공기 또는 원동기가 장치된 자전차를 일시 사용하는 범죄이다. 타인의 재물을 일시 사용하는 사용절도는 원칙적으로 처벌하지 않는다. 다만 자동차, 선박, 항공기 또는 원동기장치자전차는 현대생활에서 필수적인 교통수단으로 이용되고 있고, 이에 따라 자동차 등 불법사용이 증가할 것으로 예상되므로 자동차 등의 사용절도를 독립된 범죄유형으로 처벌하기로 한 것이다.

보호법익에 대해서 소유권이라는 견해(이재상·장영민·강동범 16/88, 박상기·전지연 618, 배종대 62/23)와, 사용권이라는 견해(다수설)가 대립한다. 이 죄는 권리자의 동의없이 자동차 등을 일시 사용하는 범죄이며, 사용권은 소유권과 관계없이 침해될 수 있으므로 이 죄는 소유권이 아니라 사용권을 침해한다고 해야 한다. 따라서 소유자라 하더라도 사용권자의 동의없이 무단사용하면 이 죄가 성립한다. 보호받는 정도는 침해범으로서의 보호이며 계속범이다.

(2) 객관적 구성요건

1) 객 체 자동차, 선박, 항공기 또는 원동기장치자전차이다.

"자동차"란 원동기를 이용하여 도로를 운행하는 차를 말한다. 가스·전동기로 움직이는 차도 포함한다.

"선박"이란 수면을 운항하는 교통수단을 말한다. 수중을 운항하는 잠수함은 포함되지 않는다. 수상비행기의 일종인 비행정이 교통수단으로 사용되는 경우에는 여기에 포함된다고 본다.

"항공기"란 사람의 조종에 의하여 공중을 운항하는 기기를 말하며, 크기는 묻지 않는다. 비행기, 비행선, 항공기, 글라이더, 우주선, 우주왕복선을 모두 포함한 개념이며, 교통수단으로 사용되는 항공기에 한정된다.

"원동기장치자전차"란 2륜·3륜을 묻지 않으나 원동기가 부착된 자전차로서(^{도로교통법}_{제2조 제19호}), 총배기량 125cc 이하의 2륜자동차(오토바이) 또는 50cc 미만의 자전차를 말한다.

2) 행 위   권리자의 동의없이 일시사용하는 것이다.

(a) 권리자의 동의   권리자의 동의가 없는 경우에만 성립한다. "권리자"는 자동차 등의 소유자, 점유자, 관리자를 말한다. 권리자의 위임을 받은 사용권자도 포함한다. "동의"는 승낙뿐만 아니라 양해도 포함한다. 권리자의 동의가 있으면 구성요건해당성이 배제된다. 동의는 사전에 있거나 적어도 사용시에 있어야 하며, 반드시 명시적일 필요가 없고, 객관적 사정을 종합하여 추정할 수 있으면 족하다고 본다.

(b) 일시사용   "일시사용"은 권리자의 지배를 일시적으로 배제하고 자동차 등을 "통행수단"으로 이용하는 것을 말한다. 따라서 자동차의 시동만 걸어 보거나, 자동차 안에서 잠을 자거나, 장물을 자동차 안에 은닉한 것만으로는 사용이라 할 수 없다. 일시사용은 처음부터 불법하게 사용을 개시한 경우에 한하고, 정당하게 사용하다가 동의의 범위를 초과하여 사용한 경우는 포함하지 않는다.

이 죄는 계속범이므로 일시사용의 의사로 자동차의 시동을 건 때에 실행의 착수가 있으며, 자동차 등의 사용으로 사용권이 침해된 때에 기수가 되고 그 사용이 끝날 때까지 계속된다.

(3) 주관적 구성요건

타인의 자동차, 선박, 항공기, 원동기장치자전차라는 인식과 권리자의 동의없이 일시사용한다는 고의가 있어야 한다. 미필적 고의로 족하다. 불법영득의 의사는 애당초 필요하지 않다(^{2002도3465}_{판결}).

이 죄는 절도죄에 대하여 보충관계에 있다. 따라서 이 죄는 절도죄가 성립하지 않는 경우에만 성립한다.

VI. 상습절도죄

> **[구성요건·법정형]** 상습으로 제329조 내지 제331조의2(절도, 야간주거침입절도, 특수절도, 자동차 등 불법사용)의 죄를 범한 자는 그 죄에 정한 형의 2분의 1까지 가중한다(제332조).
> 미수범은 처벌한다(제342조).
> 친족상도례 특례규정을 준용하고(제344조), 동력규정을 적용한다(제346조).

(1) 의의·성격

상습절도는 절취를 반복하는 습벽을 가진 범죄자 유형으로서 상습성을 가진 행위자의 신분에 의하여 책임이 가중되는 부진정신분범이다.

(2) 구성요건

상습으로 절도죄, 야간주거침입절도죄, 특수절도죄, 자동차 등 불법사용죄를 범하는 것이므로 이 죄의 특수한 요건은 상습성이다.

1) **상습성**   같은 종류의 범행형태를 반복하는 습벽을 말한다. 같은 종류의 범행형태가 아니면 상습성이 인정되지 않는다. 절도범인이 다시 사기죄를 범하여도 상습범은 아니다. 그러나 단순절도·야간주거침입절도·특수절도는 절취라는 같은 종류의 범행형태이므로 이를 반복한 때에는 상습성이 인정되며, 이 경우 가장 중한 특수절도의 상습범으로 처단해야 한다($^{75도1184}_{판결}$).

상습성은 절취행위를 수회 반복한 사실만으로 결정할 수 없다. 범행의 반복을 통하여 절취의 습벽이 발현되어야 한다. 습벽의 발현이 없이 우발적 동기나 경제적 사정의 급박성으로 절취를 반복하여도 상습범은 아니다($^{84도35\ 등}_{판결}$). 반면 1회의 범행이라도 과거의 범행경력으로 보아 절도의 습벽이 인정되면 상습범이 된다($^{83도156\ 등}_{판결}$).

[판례상의 습벽]   대법원은, ① 오전 5시경부터 6시경 사이에 4회에 걸쳐 절취행위를 반복한 경우(66도566 판결), 전과 7범이 2개월 사이에 10회에 걸쳐 절취행위를 반복한 경우(69도393 판결), 22일 사이에 3회의 특수절도, 2회의 특수절도미수, 1회의 야간주거침입절도와 절도를 범한 경우(75도1184 판결)에 상습성이 있다고 하였다. ② 1회의 범행에 대해서 전과를 고려하여 습벽을 인정하는 판례도 있다(83도1506 판결). 2년 정도의 간격으로 2회의 야간주거침입절도와 특수절도를 범하고 형집행을 종료한 후 다시 약 2년 9개월만에 절취행위를 한 경우(68도1207 판결)에도 상습성을 인정한다. 반면 6년 전에 3회의 전과가 있고 그 형집행종료 3년 후 1회 범한 경우에는 상습성을 부인하였다(87도1371 판결).

상습절도의 범행을 한 자가 추가로 자동차 등 불법사용죄를 범한 경우에 그것이 절도 습벽의 발현이라고 보이는 이상 자동차 등 불법사용은 상습절도에 흡수되어 1개의 상습절도죄만 성립한다($^{2002도429}_{판결}$).

2) **상습범과 누범가중**   절도상습범이 누범인 경우 상습범가중 외에 다시 누범가중을 할 수 있느냐에 대해서 누범가중을 할 수 없다는 견해도 있다. 그러나 상습범과 누범은 그 평가기준이 다르며, 상습범에 대해서 누범가중을 하지 않으면 단순절도의 누범이 상습절도보다 중하게 처단되는 불합리한 결과가 된다. 따라서 상습범에 대하여도 다시 누범가중할 수 있다($^{통설, 94도1391}_{판결}$).

(3) 공범과 죄수

1) **공범관계**   상습범은 부진정신분범이므로 상습자와 비상습자가 공범관계에 있으면, 형법 제33조 단서가 적용된다(다만, 판례는 공범의 성립은 본문을 적용하고, 공범의 처벌만 단서를 적용한다).

2) **죄 수**   상습범은 집합범이므로 범행이 수차 반복된 때에도 포괄일죄가 된다(통설·판례). 따라서 상습범의 수개 반복한 범죄에 대해서 경합범으로 처벌할 수 없다($^{2001도3206}_{판결}$). 단순절도, 야간주거침입절도, 특수절도와 그 미수죄를 상습적으로 반복한 때에는 가장 중한 상습특수절도죄만 성립한다. 다만 상습절도죄를 범한 자가 또다시 상습절도의 목적으로 주간에 주거침입을 하였다가 절도에 이르지 못하고 미수에 그친 경우에는 상습절도죄와 별개로 주거침입죄가 성립한다($^{2015도9049}_{판결}$). 반면 특가법상 상습절도죄[1]의 경우에는 별도로 주거침입죄가 성립하지 않는다($^{2017도4044}_{판결}$).

---

1) 형법상 상습절도 전과도 특가법상 상습절도죄(제5조의4 제5항) 가중처벌 요건인 절도 등의 죄로 "세 번 이상 징역형"을 받은 전과에 포함된다(2021도1349 판결).

[§ 17] 강도의 죄

I. 총 설

(1) 의 의

폭행 또는 협박으로 타인의 재물을 강취하거나 재산상의 이익을 취득하거나 제3자로 하여금 취득하게 하는 행위와, 이에 준하는 행위를 내용으로 하는 범죄이다. 이 죄는 재산죄 중 재물죄·이득죄·영득죄·탈취죄에 속하고, 부차적으로 생명·신체·자유에 대한 죄의 성질도 갖는다.

강도의 죄도 탈취죄라는 점에서 절도죄와 성질이 같으나 재물죄인 동시에 이득죄이고 행위수단으로 폭행·협박을 사용한다는 점에서 순수한 재물죄인 절도죄와 구별되며, 피해자의 생명·신체·자유에 대한 죄의 성질도 가지고 있으므로 친족상도례 규정을 준용하지 않는다.

또 강도의 죄는 반항을 억압할 정도의 폭행·협박으로 상대방의 의사에 반하여 재물 또는 재산상의 이익을 강취하는 범죄라는 점에서 단지 공포심을 생기게 할 정도의 폭행·협박으로 상대방의 하자있는 의사에 의하여 교부행위 또는 처분행위가 있어야 하는 공갈죄와 구별된다.

(2) 보호법익

강도의 죄는 재물에 대한 소유권 및 평온점유와 재산상의 이익을 포함한 재산일반을 기본적인 보호법익으로 한다. 또 강도의 죄 중 폭행 또는 협박을 수단으로 하는 범죄는 의사결정과 의사활동에 대한 자유도 보호법익이 된다. 그리고 인질강도의 죄는 재산죄와 인질강요죄의 결합범이므로 인질에 대한 자유와 피강요자의 의사결정 및 의사활동의 자유도 보호법익이 된다. 보호받는 정도는 침해범으로서의 보호이다(통설).

II. (단순)강도죄

> [구성요건·법정형] 폭행 또는 협박으로 타인의 재물을 강취하거나 기타 재산상의 이익을 취득하거나 제3자로 하여금 이를 취득하게 한 자는 3년 이상의 유기징역에 처한다(제333조).
> 미수범은 처벌한다(제342조).
> 동력규정을 적용한다(제346조).

1. 의의·성격

(단순)강도죄는 폭행 또는 협박으로 타인의 재물을 강취하거나 기타 재산상의 이익을 취득하거나 제3자로 하여금 취득하게 하는 범죄이다. 절도죄와 폭행죄 또는 협박죄의 결합범이며, 재물죄·이득죄·탈취죄·침해범·상태범의 성격을 갖는다.

2. 객관적 구성요건

(1) 주 체

제한이 없다. 직계혈족, 기타의 친족이 주체인 때에도 친족상도례의 규정을 준용하지 않는다.

(2) 객 체

재물 또는 재산상의 이익이다. 재물을 객체로 하는 강도를 재물강취죄, 재산상의 이익을 객체로 하는 강도를 강제이득죄라 하기도 한다.

1) 재 물　타인이 점유하는 타인의 재물이다. 타인이 점유하는 자기의 소유물은 점유강취죄의 객체가 되며, 공무소의 명령에 의하여 타인이 관리하는 자기의 물건은 공무상 보관물무효죄의 객체가 된다.

재물의 개념은 절도죄의 재물과 같다. 찢어진 어음도 어음의 원인채권을 변제받기 위한 증거 내지 수단으로 사용할 수 있으므로 그 어음조각은 재물에 해당한다($^{87도1240}_{판결}$).

2) 재산상의 이익　재산상의 이익은 재물 이외의 재산적 이익을 말한다. 다만 특허권·실용신안권·의장권·상표권·저작권 등 지식재산권도 재산적 이익이지만 이에 대한 침해는 각 특별법에서 처벌하므로 제외된다. 적극적 재산의

증가이건, 소극적 재산의 감소이건, 또 영구적 이익이건 일시적 이익이건 묻지 않는다. 부동산 소유권이전등기를 하게 하는 것도 재산상의 이익이 된다. 재산상의 이익이면 사법상의 유효·무효와 관계없다(**경제적 재산설**). 판례도 같다($^{93도428}_{판결}$). 기타의 내용은 재산상의 이익에서 설명한 바와 같다.

> **판례**   형법 제333조 후단의 강도죄(이른바 "강제이득죄")의 요건이 되는 재산상의 이익이란 재물 이외의 재산상의 이익을 말하는 것으로서, 그 재산상의 이익은 반드시 사법상 유효한 재산상의 이익만을 의미하는 것이 아니고 외견상 재산상의 이익을 얻을 것이라고 인정할 수 있는 사실관계만 있으면 여기에 해당한다. 피고인이 폭행·협박으로 피해자로 하여금 매출전표에 서명하게 한 다음 이를 교부받아 소지하여 신용카드회사들로부터 그 금액을 지급받을 수 있는 상태가 되었다면, 매출전표를 제출하더라도 신용카드회사들이 규약 또는 약관을 들어 그 금액의 지급을 거절할 가능성이 있다 하더라도 외견상 여전히 그 금액을 지급받을 가능성이 있는 상태이므로 결국 피고인들이 "재산상 이익"을 취득하였다고 볼 수 있다(96도3411 판결).

(3) 행 위

폭행·협박으로 재물을 강취(재물강취죄)하거나 재산상의 이익을 취득(강제이득죄)하거나 제3자로 하여금 취득하게 하는 것이다.

1) **폭행·협박**   여기의 폭행·협박은 상대방의 반항을 억압하거나 항거불능하게 할 정도임을 요한다(최협의의 폭행·협박).

(a) **폭 행**   "폭행"이란 유형력의 행사를 말한다. 반드시 사람의 신체에 대한 것임을 요하지 않고, 물건에 대한 유형력이 간접적으로 사람에 대한 것으로 볼 수 있으면 이 죄의 폭행에 해당한다. 따라서 문을 걸어 잠가 피해자를 가두거나 피해자가 타고 가는 승용차를 전복시키는 것도 강도죄의 폭행이 된다. 들고 가는 핸드백을 날치기하는 것은 절도이지만 강제로 빼앗을 때에는 강도죄가 성립한다($^{2007도7601}_{판결}$).

살상행위는 물론, 마취약이나 수면제 복용, 술에 취하게 하여 혼수상태에 빠뜨리는 것도 강도죄의 폭행이 된다(소위 혼수강도). 판례는 신경안정제를 우유에 타서 마시게 하여 졸음에 빠지게 한 경우에 강도죄의 폭행에 해당한다고 판시하였다(84도2324 판결).

(b) **협 박**   "협박"은 해악을 고지하여 공포심을 일으키는 것을 말한다. 현실적으로 해악을 가할 의사나 해악의 실현가능성 유무는 묻지 않는다. 따라서

장난감권총으로 상대방을 협박하여 재물을 빼앗는 것도 강도죄에 해당한다.

(c) **반항억압**   폭행·협박은 상대방의 반항을 억압하거나 항거불능하게 할 정도라야 한다($^{2004도4437}_{판결}$). "반항억압"이란 폭행 또는 협박으로 정신적 또는 신체적 자유를 상실 혹은 저항을 심히 곤란하게 할 정도의 상태를 말한다. 반항능력·반항의사를 완전히 상실시킬 필요가 없으며 예상되는 반항을 억압할 정도로 충분하다. 따라서 마취제·수면제·주류 등을 이용하여 혼수상태에 빠뜨리거나, 피해자의 머리를 때려 기절시킨 경우 등 피해자가 재산을 자의로 처분할 수 없는 상태이면 반항억압이 된다. 폭행·협박을 하였더라도 피해자의 주의를 다른 데로 돌리게 하고 그 사이 재물을 취거한 때에는 폭행죄 또는 협박죄와 절도죄가 성립하고 이 죄는 성립하지 않는다.

반항억압의 여부는 폭행·협박의 객관적 성질에 따라 사회통념에 비추어 객관적으로 판단해야 한다($^{2004도4437}_{판결 참조}$).

[반항을 억압할 정도임을 인정한 판례]   ① 날치기 과정에서 가방을 빼앗기지 않으려고 반항하는 피해자를 5m 가량 끌고 가면서 무릎 등에 상해를 가하고 가방을 빼앗은 경우(2007도 7601 판결), ② 미리 준비한 돌멩이로 피해자의 안면을 1회 강타하여 전치 3주간의 안면부좌상 등을 가하고 가방을 빼앗은 경우(86도2203 판결), ③ 새벽 3시경 피해자의 집에 담을 넘어 들어가 피해자의 얼굴에 길이 약 14cm의 과도를 들이대고 금품을 내놓으라고 협박한 경우(86도931 판결), ④ 피해자를 뒤따라가다가 느닷없이 등을 발로 한번 세게 차서 넘어뜨려 피해자의 얼굴과 왼손에 상해를 가한 후 핸드백을 빼앗은 경우(71도2114 판결), ⑤ 택시운전사의 안면에 주머니칼을 들이대고 금품을 내놓으라고 협박한 경우(67도1283 판결), ⑥ (피해자가 항거불능상태가 아니라 공포심에 빠져있었을 뿐이었다고 생각하더라도) 수인이 피해자를 둘러싸고 폭행과 위협을 가하여 현실적으로 도피나 항거가 불가능한 상태에서 시계를 탈취한 경우(4293형상343 판결) 등은 반항을 억압할 수 있는 정도의 폭행·협박에 해당한다.

[반항을 억압할 정도임을 부정한 판례]   ① 도박자금으로 빌려준 돈을 변제받기 위하여 대낮에 승합차에 태우고 공동묘지로 가서 "경찰서로 가자. 돈을 갚지 않으면 풀어줄 수 없다. 돈을 더 주지 않으면 가만두지 않겠다"고 협박한 경우(2001도359 판결), ② 피해자를 조용한 곳으로 데려간 후 다소의 강제력을 사용하여 사기도박으로 잃은 돈을 억지로 되돌려 받은 경우(92도2884 판결) 등은 반항을 억압할 수 있는 정도의 협박에 해당하지 않는다.

(d) **폭행·협박의 상대방**   폭행·협박의 상대방은 재물의 소유자 또는 점유자일 필요가 없고, 재물강취에 장애가 될 수 있는 제3자라도 무방하다. 제3자는 재물을 보호할 지위에 있음을 요하지 않는다. 10세 정도의 아동도 재물관리능

력이 있으면 폭행·협박의 상대방이 될 수 있다.

　　2) 재물강취　　"강취(强取)"란 반항을 억압할 수 있는 폭행 또는 협박에 의해서 피해자의 의사에 반하여 그 재물을 자기 또는 제3자의 지배하에 옮기는 것을 말한다. 피해자의 반항이 억압되어 있는 사이에 재물을 직접 탈취하거나 피해자가 교부하는 재물을 수령하여도 강취에 해당한다. 또 절취하고 있는 재물의 배타적 지배를 확보하기 위하여 폭행 또는 협박으로 피해자를 제압한 때에도 강취가 된다(소위 표변강도).

　　(a) 폭행·협박의 수단성　　폭행 또는 협박은 재물강취의 수단으로 사용된 것이라야 한다. 폭행 또는 협박이 있어도 재물탈취의 수단으로 사용된 것이 아니면 강취라고 할 수 없다($^{2008도10308}_{판결}$). 강취의 수단으로 사용되었다고 하기 위해서는 폭행 또는 협박과 재물강취가 시간적·장소적으로 관련되어야 한다. 폭행·협박이 있는 장소와 다른 장소에서 재물을 교부받은 경우에는 강도죄가 성립할 수 없다. 예컨대 아파트 열쇠를 강취한 다음날 아파트에 들어가서 재물을 취득하면 열쇠에 대한 강도죄만 성립하고, 재물에 대해서는 절도죄가 성립할 뿐이다.

　　강간한 후 재물탈취의 고의가 생겨 반항이 억압되어 있는 상태를 이용하여 금품을 탈취한 경우, 판례는 강간죄와 강도죄의 경합범을 인정한다($^{77도1350}_{판결}$). 그러나 이 경우의 폭행·협박은 재물강취의 수단이 되었다고 할 수 없으므로 강간죄와 절도죄의 경합범이 된다고 본다. 이에 대해서 강도가 실행에 착수한 후 피해자를 강간하면 강도강간죄가 된다($^{88도1240}_{판결}$).

　　(b) 인과관계　　강취가 있다고 하기 위해서는 폭행 또는 협박에 의한 반항억압과 재물탈취 사이에 인과관계가 있어야 한다. 따라서 반항을 억압할 수 있는 정도의 폭행·협박을 하였으나 피해자가 연민의 정에서 재물을 교부하거나 공포심은 생겼으나 반항이 억압되지 않은 상태에서 재물을 교부한 때에는 강도미수가 된다(다수설). 그러나 반항을 억압할 정도의 폭행·협박이 있었다 하여도 피해자가 모르는 사이에 재물을 취거한 경우에는 인과관계를 인정할 수 없다($^{2008도10308}_{판결}$).

　　강도의사로 반항을 억압할 정도의 폭행·협박을 가하자 피해자가 재물을 그대로 두고 도주하거나 범인의 재물취득을 묵인한 때에도 이를 바로 영득하면 강도죄가 된다.

3) 강제이득   반항을 억압할 수 있는 정도의 폭행 또는 협박에 의하여 재산상의 이익을 취득하거나 제3자로 하여금 취득하게 하는 것이다. 폭행·협박은 재산상의 이익취득의 수단으로 사용되어야 하고, 폭행·협박에 의한 반항억압과 인과관계가 있어야 함은 재물강취의 경우와 같다

(a) 강제이득의 형태   강제이득은 세 가지 형태가 있다. ① 피해자에게 처분을 시켜 취득하는 경우(채무면제, 채무이행연기, 서명된 신용카드 매출전표 교부), ② 정당한 대가없이 피해자에게 의무없는 일을 하게 하는 경우(노무제공, 무임승차용인), ③ 피해자에게 일정한 의사표시를 하게 하는 경우(소유권이전등기나 저당권설정등기 말소의 의사표시)이다. 다만 재산상의 이익은 경제적 이익이라야 하므로 대가를 지급받을 수 없는 단순한 노무제공은 재산상의 이익이라 할 수 없다. 따라서 도망가던 절도범이 자가용 승용차를 정차시켜서 운행하게 하면 강요죄에 해당할 뿐이다.

(b) 이득과 처분행위   재산상의 이익을 취득하는 강제이득에 있어서 피해자의 의사표시나 처분행위는 필요하지 않다(통설). 따라서 채무면탈목적의 채권자살해, 후순위상속자의 선순위상속자살해도 강도살인죄가 된다. 다만 이득이 있다고 하기 위해서는 법률상 또는 사실상 취득한다고 볼 수 있는 개연성은 있어야 하므로 채권자살해의 경우도 상속인의 채권행사가 가능한 때에는 이득이 있다고 볼 수 없다($^{2010도7405}_{판결 등}$). 이에 대해서 반항억압 정도의 폭행 또는 협박으로 택시요금·식사대금을 지급하지 않고 도주하는 경우에는 피해자의 채권행사가 사실상 불가능하므로 강제이득이 될 것이다.

대법원도 택시승객이 요금면탈의 의사로 운전자를 살해하려다 미수에 그치고 도주한 사안에서 강도살인미수죄를 인정하였고(64도310 판결), 택시를 무임승차한 후 택시요금을 요구하는 택시기사를 살해하고 택시기사의 주머니에서 택시 열쇠와 금원을 꺼내어 택시를 운전하고 도주한 경우(85도1527 판결)와 술값의 지급을 요구하는 술집주인을 살해하고 주인이 소지하고 있던 현금을 꺼내어 간 경우(99도242 판결)에 각각 강도살인죄를 인정하였다.

반면, 술값을 적게 지불하고 술집을 나가려다 이를 막는 술집주인과 실랑이를 벌이다가 술집주인을 폭행하여 실신시켰더라도 경찰이 출동할 때까지 술집에 머무르고 있었다면, 불법영득의사를 인정하기 어려워 강도상해죄는 성립하지 않는다고 판시(2020도4539 판결)한 경우도 있다.

4) 실행의 착수·기수시기

(a) **실행의 착수시기** 　재물 또는 재산상의 이익을 강취할 의사로 폭행 또는 협박을 개시한 때에 실행의 착수가 있다(원도2296). 강도의 의사로 타인의 주거에 침입한 것만으로 강도죄의 실행의 착수가 있다고 할 수 없다. 먼저 재물을 탈취하고 이를 확보하기 위하여 폭행 또는 협박을 한 때에도 폭행·협박이 개시된 때에 강도죄의 실행의 착수가 있다. 폭행·협박으로 피해자를 제압한 후 탈취의 사가 생긴 때에는 탈취의사가 생긴 때에 실행의 착수가 있다.

(b) **기수시기** 　재물 또는 재산상의 이익을 취득한 때에 기수가 된다. 탈취한 후 이를 확보하기 위해서 폭행·협박을 가한 때에는 재물취득이 확보된 때에 기수가 된다.

강도죄는 상태범이므로 기수로 된 후의 장물처분행위는 새로운 법익을 침해하지 않는 한 불가벌적 사후행위가 된다. 이에 관하여 판례는 예금통장을 강취한 후 예금자 명의의 예금청구서를 위조하여 예금지급을 받은 경우에 강도죄와 사문서위조죄, 위조사문서행사죄 및 사기죄의 경합범을 인정한다.[1]

3. 주관적 구성요건

폭행·협박으로 타인의 재물 또는 재산상의 이익을 취득한다는 고의가 있어야 한다. 미필적 고의로 충분하다. 고의 외에 불법영득의 의사(재물강취죄)도 있어야 한다. 불법이득의 의사(강제이득죄)는 구성요건행위의 "취득"에 해당하므로 고의의 내용이 된다.

4. 위법성

1) **권리행사와 강취** 　재물을 취득할 수 있는 권리자가 권리실현을 위하여 폭행 또는 협박을 가한 때에는 폭행죄·협박죄는 별론으로 이 죄는 성립하지 않는다는 견해(황산덕 292, 임웅 379)도 있으나 권리행사도 사회통념상 용인되는 범위를 일탈하

---

1) 대법원은 91도1722 판결에서, 예금통장을 강취하고 예금자 명의의 예금청구서를 위조한 다음 이를 은행원에게 제출행사하여 예금인출금 명목의 금원을 교부받은 경우, 강도, 사문서위조, 동행사, 사기의 각 범죄가 성립하고 이들은 실체적 경합관계에 있다고 판시하였다. 그러나 위조사문서행사는 사기죄의 기망수단으로 행하여진 것이므로 위조사문서행사죄와 사기죄는 상상적 경합에 해당한다고 봄이 타당하다(상상적 경합설. 김성돈 395. 이재상·장영민·강동범 18/50, 임웅 343, 김일수·서보학 356, 배종대 68/110, 오영근 322도 같은 취지).

였거나 권리남용인 때에는 강도죄가 성립한다고 본다. 판례도 외상물품대금채권의 회수를 의뢰받고 그 추심과정에서 폭행 또는 협박을 하여 재물 또는 재산상의 이익을 취득하면 강도죄가 성립한다고 하였다($^{95도2385}_{판결}$).

2) **불법재물의 강취**   재물의 점유 자체가 애당초 불법한 경우, 예컨대 도박에서 패한 자가 그 도금(賭金)을 강취하면 강도죄가 성립한다(**경제적 재산설**). 불법원인급여물을 강취한 때에도 같다($^{법률적·경제적 재산설은 강도죄의}_{성립 부정, 김일수·서보학 251}$).

5. 죄수·타죄와의 관계

1) **죄 수**   동일장소·동일기회에 1개의 협박으로 수인으로부터 재물을 강취한 때에는 단순일죄이다. 이 죄는 전속적 법익(자유권)을 침해하므로 수개의 강도죄가 성립하되 법률상 한 개의 행위로 평가될 경우에는 상상적 경합이 된다는 견해($^{김성돈}_{350}$)도 있다.1) 동일기회에 재물과 재산상의 이익을 취득한 때에는 이 죄의 포괄일죄가 된다(택시강도에서 요금면탈과 동시에 운전수의 수입금을 강취한 경우).

2) **타죄와의 관계**   강도죄는 결합범이므로 폭행과 협박은 포괄하여 강도죄 1죄만 성립한다. 절취 후 계속해서 그 집안사람의 재물을 강취하거나 강취한 후 도주하면서 다시 절취한 때에도 이 죄의 일죄이다. 불법감금한 후 강취의 사를 가지고 재물을 강취하면 감금죄와 이 죄의 경합범이 된다($^{2002도4380}_{판결}$).

---

1) 판례는 "강도가 동일한 장소에서 동일한 방법으로 시간적으로 접착된 상황에서 수인의 재물을 강취하였다고 하더라도, 수인의 피해자들에게 폭행 또는 협박을 가하여 그들로부터 그들이 각기 점유관리하고 있는 재물을 각각 강취하였다면, 피해자들의 수에 따라 수개의 강도죄를 구성하는 것이라고 보아야 할 것이다. 다만 강도범인이 피해자들의 반항을 억압하는 수단인 폭행·협박행위가 사실상 공통으로 이루어졌기 때문에, 법률상 1개의 행위로 평가되어 상상적 경합으로 보아야 될 경우가 있는 것은 별문제이다"라고 판시(91도643 판결)하면서도, "강도가 시간적으로 접착된 상황에서 가족을 이루는 수인에게 폭행·협박을 가하여 집안에 있는 재물을 탈취한 경우 그 재물은 가족의 공동점유 아래 있는 것으로서, 이를 탈취하는 행위는 그 소유자가 누구인지에 불구하고 단일한 강도죄의 죄책을 지는 것으로 봄이 상당하다"고 판시(96도1285 판결)하고 있는 바, 이러한 판례의 태도는 수인에 대한 강도범행의 경우에는 원칙적으로 피해자별로 수개의 강도죄가 성립하나, 가족관계와 같이 특수한 관계에 있는 수인에 대한 경우에는 예외적으로 1죄가 성립한다고 해석하고 있는 것으로 이해할 수 있다.

Ⅲ. 특수강도죄

> [구성요건·법정형] 야간에 사람의 주거, 관리하는 건조물, 선박이나 항공기 또는 점유하는 방실에 침입하여 제333조(강도)의 죄를 범한 자는 무기 또는 5년 이상의 징역에 처한다(제334조 제1항).
> 흉기를 휴대하거나 2인 이상이 합동하여 전조(강도)의 죄를 범한 자도 전항의 형과 같다(제2항).
> 미수범은 처벌한다(제342조).
> 동력규정을 적용한다(제346조).

(1) 야간주거침입강도(제1항)

제1항의 야간주거침입강도죄는 단순강도죄와 주거침입죄의 결합범이고, 야간이라는 행위상황에서 이루어져야 한다. 강도라는 점을 제외하면 야간주거침입절도죄에서 설명한 것과 같다. 다만 야간주거침입강도죄의 실행의 착수는 야간주거침입이 아니라 폭행·협박이 개시된 때이다(다수설). 판례는 주거침입시에 실행의 착수를 인정한 것($^{92도917}_{판결}$)과 폭행·협박시에 실행의 착수를 인정한 것($^{91도2296}_{판결}$)이 있다.

> **판례** ① 형법 제334조 제1항 소정의 야간주거침입강도죄는 주거침입과 강도의 결합범으로서 시간적으로 주거침입행위가 선행되는 것이므로 주거침입을 한 때에 본죄의 실행에 착수한 것으로 볼 것인 바, 같은 조 제2항 소정의 흉기휴대 합동강도죄에 있어서도 그 강도행위가 야간에 주거에 침입하여 이루어지는 경우에는 주거침입을 한 때에 실행에 착수한 것으로 보는 것이 타당하다(92도917 판결).
> ② 형법 제334조 제1항·제2항 소정의 특수강도의 실행의 착수는 어디까지나 강도의 실행행위, 즉 사람의 반항을 억압할 수 있는 정도의 폭행 또는 협박에 나아갈 때에 있다 할 것이고, 야간에 흉기를 휴대한 채 타인의 주거에 침입하여 집안의 동정을 살피는 것만으로는 특수강도의 실행에 착수한 것이라고 할 수 없다(91도2296 판결).

(2) 흉기휴대강도·합동강도(제2항)

제2항은 흉기휴대강도와 합동강도를 규정한 것이며, 행위방법의 강폭성·집단성 때문에 단순강도죄보다 불법이 가중된 구성요건이다. 흉기휴대와 합동범은 특수절도의 그것과 같다. 다만 절도범인이 처음에는 흉기를 휴대하지 않았으나 체포를 면탈할 목적으로 폭행·협박을 할 때에 흉기를 사용하게 되면 준

강도죄($^{제335}_{조}$)가 된다($_{73도1553\ 전원합의체\ 판결}^{특수강도의\ 준강도,}$). 성폭력특례법은 특수강도죄를 범한 자가 강간죄, 유사강간죄, 준강간죄, 강제추행죄, 준강제추행죄를 범한 때에 가중처벌한다($^{동법}_{제3조}$).

Ⅳ. 준강도죄

> [구성요건·법정형]   절도가 재물의 탈환에 항거하거나 체포를 면탈하거나 범죄의 흔적을 인멸할 목적으로 폭행 또는 협박한 때에는 제333조(강도죄) 및 제334조(특수강도죄)의 예에 따른다(제335조).
> 미수범은 처벌한다(제342조).
> 동력규정을 적용한다(제346조).

1. 의의·성격

준강도죄는 절도가 재물탈환을 항거하거나 체포를 면탈하거나 범죄의 흔적을 인멸할 목적으로 폭행 또는 협박하는 범죄로서, 절도죄와 폭행죄 또는 협박죄의 결합범이다. 사후강도죄라고도 한다. 준강도죄는 절도범인이 이 죄의 행위를 한 때 강도죄와 같이 취급하는 독립범죄이고 절도죄의 가중구성요건이 아니다.

이 죄의 취급은 "제333조 및 제334조의 예에 따른다". 형법상 모든 점에서 강도죄·특수강도죄와 같이 취급한다는 취지이다. 처벌뿐만 아니라 이 죄에 해당하는 경우에는 강도상해·치상죄, 강도살인·치사죄, 강도강간죄의 적용에 있어서도 강도와 같이 취급한다. 다만 준강도의 행위태양에 따라 단순강도의 기수·미수 또는 특수강도의 기수·미수로 처단될 뿐이다($_{전원합의체\ 판결}^{73도1553}$).

2. 객관적 구성요건

(1) 주 체

1) 절도의 기수·미수범   주체는 모든 절도죄($^{제329조\ 내지}_{제332조}$)의 실행에 착수한 자이다.[1] 재물에 대한 탈환항거를 위해서 폭행·협박을 가하는 경우에는 절도기

---

1) 대법원은 술값의 지급을 요구하는 술집운영자를 유인·폭행하고 도주하여 술값의 지급을 면한 것만으로는 절도의 실행에 착수가 인정되지 아니하여 준강도죄에 해당하지 않는다고 하였다

수인 경우가 많으나 절도의 기수·미수를 묻지 않는다($^{통설, 89도2532}_{판결}$). 절도 실행의 착수 이전의 예비단계에서 폭행·협박을 하더라도 이 죄는 성립하지 않는다. 따라서 절취의사로 야간에 타인의 주거에 침입하였다가 발각되어 폭행·협박을 하면 이 죄(미수)에 해당하지만, 주간에 타인의 주거에 침입하였다가 발각되어 폭행·협박을 한 경우에는 절도죄의 실행의 착수가 없으므로 주거침입죄와 폭행죄의 경합범이 될 뿐이다.

주체가 절도범에 한정되었다는 이유로 신분범이라는 견해($^{박상기 · 전지연}_{628}$)도 있으나 절도죄의 주체는 제한이 없으며, 이 죄의 절도도 결합범의 내용일 뿐이고 일신적 성질인 신분은 아니다.

2) **강도의 주체성**   강도도 이 죄의 주체가 된다(소위 강도의 준강도)는 견해가 있다($^{이형국 Ⅰ 428, 이재상 · 장영민 ·}_{강동범 17/32, 배종대 66/4}$). 절도가 사후적으로 폭행·협박을 하면 준강도가 되는 것과 비교하여 강도가 도품보존을 위하여 사후적으로 폭행·협박한 경우를 단순폭행죄·협박죄로 취급하는 것은 균형이 맞지 않는다는 점이 그 이유이다.

그러나 이 죄의 주체를 절도에 한정하고 있는 법문에 반할 뿐만 아니라 준강도는 폭행·협박을 사용한다는 불법 때문에 강도와 같이 취급하자는 데에 취지가 있으므로 애당초 폭행·협박을 수단으로 하는 강도죄에 대하여 다시 준강도를 인정할 실익도 없다(다수설). 이 경우는 강도죄와 폭행죄 또는 협박죄의 경합범이 된다. 판례도 같은 취지이다($^{92도917}_{판결 참조}$).

3) **절도의 정범**   절도의 교사범·방조범은 절도죄의 구성요건을 구비한 자가 아니므로 이 죄의 주체는 절도의 정범(공동정범)에 한정된다고 해야 한다(통설).

(2) 행 위

폭행 또는 협박을 하는 것이다.

1) **폭행·협박의 정도**   이 죄는 강도죄와 같이 취급하므로 강도죄의 폭행·협박과 원칙적으로 같다. 폭행은 반드시 상해를 야기하는 정도일 필요가 없으며, 협박도 가해자가 현실로 해악을 가할 능력을 가질 필요가 없다. 또 폭행·협박은 현실적으로 상대방의 반항을 억압하였는가, 현실적으로 억압할 수 있었는

(2014도2521 판결). 다만 피고인이 술값의 지급을 면할 의사로 술집운영자를 폭행·협박하여 지급을 면한 때에는 애당초 강도죄(강제이득죄)가 성립할 여지도 있다고 본다.

가도 묻지 않는다($^{81도409}_{판결}$).

[준강도죄의 폭행을 인정한 판례]　① 절도범인이 체포를 면탈할 목적으로 피해자를 떠밀어 콘크리트바닥에 넘어뜨려 상처를 입혀 추적을 할 수 없게 한 경우(91도2267 판결), ② 절도범인이 체포를 면탈할 목적으로 사람을 살해한 경우(87도1592 판결), ③ 절도범이 체포를 면탈할 목적으로 멱살을 잡은 피해자의 얼굴을 주먹으로 때리고 뒤로 밀어 넘어뜨려 10일간의 치료를 요하는 구강내 열창상을 입게 한 경우(85도2115 판결), ④ 절도범인이 추격하여 온 피해자에게 멱살을 잡히자 체포를 면탈할 목적으로 피해자의 얼굴을 주먹으로 때리고, 놓아주지 아니하면 죽여버리겠다고 협박한 경우(82도2838 판결), ⑤ 절도범인이 체포를 면탈할 목적으로 검거하려던 피해자에게 소지 중인 과도를 꺼내어 찌를듯이 위협한 경우(81도409 판결 [협박]), ⑥ 야간에 절도의 목적으로 타인이 경영하는 공장의 담을 넘으려다가 방범대원에게 발각되어 추격을 받자 체포를 면탈할 양으로 주먹으로 방범대원의 얼굴을 강타하여 넘어지게 하는 등 폭행을 가한 경우(68도334 판결), ⑦ 절도범인이 체포를 면탈할 목적으로 피해자의 왼쪽 손바닥을 1회 입으로 깨물어 전치 1주일을 요하는 상해를 입힌 경우(67도1015 판결), ⑧ 피고인이 절도의 현장에서 발각되어 도주하다가 추격하여 온 피해자에 대하여 체포를 면할 목적으로 손전지로 피해자의 오른손을 구타한 경우(66도1108 판결), ⑨ 절도미수범이 도망가던 중 피해자에게 붙잡히자 체포를 면탈할 목적으로 양손으로 피해자의 안면 등을 수회 구타하고 업치락뒤치락 하는 등 폭행을 가한 경우(64도504 판결) 등은 준강도죄의 폭행(협박)에 해당한다.

[준강도죄의 폭행을 부정한 판례]　① 절도범인이 체포에 필요한 정도를 넘어 중상을 입힐 정도의 심한 폭력을 피하기 위하여 엉겁결에 곁에 있던 솥뚜껑을 들어 막아 내려다가 그 솥뚜껑에 스치어 피해자가 상처를 입게 된 경우(90도193 판결), ② 절도범이 피해자에게 옷을 잡히자 체포를 면하려고 충동적으로 저항을 시도하여 잡은 손을 뿌리친 정도의 폭행을 한 경우(85도619 판결) 등은 준강도죄의 폭행에 해당하지 않는다.

　　2) 폭행·협박의 상대방　　폭행 또는 협박은 반드시 절도 피해자에 대해서 행하여질 필요가 없다. 목적 달성에 장애가 될 수 있는 사람이면 체포하여 연행하는 방범대원이나 경비원, 소리를 지르면서 추적하는 사람에 대해서도 이 죄는 성립할 수 있다. 절도의 공범자를 추격하는 사람에 대하여 폭행·협박을 한 경우에도 이 죄가 성립한다.

　　3) 절도의 기회　　폭행·협박은 절도의 기회에 행해져야 한다. "절도의 기회"란 절도의 실행의 착수 후 절취와 시간적·장소적으로 밀접한 연관성이 있는 상태를 말하고,[1] 시간적·장소적 밀착성은 절도사실과 관련성이 있어야 한다.

---

　　1) "절도의 기회"에 관하여 판례는, 절도범인과 피해자 측이 절도의 현장에 있는 경우와 절도에 잇달아 또는 절도의 시간·장소에 접착하여 피해자 측이 범인을 체포할 수 있는 상황, 범인이 범죄의 흔적인멸에 나올 가능성이 높은 상황에 있는 경우를 의미한다는 취지에서 피해자 측이 추적태세에 있는 경우나 범인이 일단 체포되어 아직 신병확보가 확실하다고 할 수 없는 경우

(a) **장소적 밀착성** 폭행 또는 협박은 절도 현장 또는 그 부근에서 행해져야 한다. 현장에서 계속 추적 중에 있는 때에는 다소 거리가 떨어져도 무방하다($^{82도1352}_{판결}$).

(b) **시간적 밀착성** 폭행 또는 협박의 시간적 범위에 관하여, ① 절도의 착수 이후 "기수 직후까지" 행해질 수 있다는 견해($^{이재상·장영민·}_{강동범 17/36}$), ② 절도의 착수 이후 "종료 전까지" 행해져야 한다는 견해($^{김일수·서보학 270 이하,}_{손동권·김재윤 21/25}$), ③ 절도의 착수 이후 절도의 "종료 직후까지" 행해져야 한다는 견해(다수설)가 대립한다. 체포면탈 목적과 증거인멸 목적을 위한 폭행·협박은 절도미수 단계는 물론 범행종료 후에도 가능하다는 것을 전제하고 있으므로 절도의 착수 이후 종료 직후까지 폭행·협박이 있으면 밀착성이 있다는 다수설이 타당하다. 판례도 같다($^{87도1662}_{판결}$).

재물의 물색에도 나아가지 않고 폭행 또는 협박을 하여도 준강도는 아니다. 그러나 현행범의 상태에서 체포된 경우에는 밀착성이 있으므로 절도범인이 체포되었으나 아직 신병확보가 확실하지 않은 단계에서 체포상태를 면하기 위하여 폭행한 경우도 준강도에 해당한다($^{2009도5022}_{판결}$).

> **판례** ① 일단 체포되기는 하였지만 아직 신병확보가 확실하다 할 수 없는 단계에서 체포상태를 면하기 위해서 피해자를 폭행하여 상해를 가한 절도범의 행위는 절도의 기회에 체포를 면탈할 목적으로 폭행하여 상해를 가한 것으로서 강도상해죄에 해당한다(2001도4142 등 판결).
> ② 피해자의 집에서 절도범행을 마친 지 10분 가량 지나 피해자의 집에서 200m 가량 떨어진 버스정류장이 있는 곳에서 피고인을 절도범인이라고 의심하고 뒤쫓아 온 피해자에게 붙잡혀 피해자의 집으로 돌아왔을 때 비로소 피해자를 폭행한 것은 사회통념상 절도범행이 이미 완료된 이후라 할 것이므로 준강도죄가 성립하지 않는다(98도3321 판결).

(c) **절도사실 관련성** 폭행 또는 협박은 절도사실과 연관된 것이라야 한다. 폭행·협박의 상대방은 피해자, 목격자, 현행범체포자, 현장에 파견된 경찰관, 현장에서 추적하고 있는 사람 등 절도사실과 관련을 가지고 있어야 한다. 따라서 범행 직후에 우연히 지나가던 경찰관의 직무질문(불심검문)에서 체포된 자가 폭행 또는 협박을 하더라도 공무집행방해죄의 성립은 별문제로 하고 이 죄는 성립하지 않는다.

에는 절도의 기회에 해당한다고 판시(2009도5022 판결)하였다.

3. 주관적 구성요건

1) 고 의   절취에 대한 고의와 폭행·협박에 대한 인식·의사가 있어야 하고, 불법영득의 의사도 있어야 한다.

2) 목적범   이 죄는 재물탈환의 항거·체포면탈·범죄의 흔적인멸 중 적어도 어느 하나의 목적을 가지고 있어야 하는 목적범이다. ① "재물탈환의 항거"는 탈취한 재물을 탈환당하지 않기 위해서 대항하는 것이다. ② "체포면탈"은 절도의 기수·미수를 묻지 않고 체포에서 이탈하는 것이고, 자기 이외에 공범자의 체포를 면탈하는 것도 포함한다. ③ "범죄의 흔적인멸"은 모든 인적·물적 증거를 인멸 또는 무효로 하는 것이고, 절도의 기수·미수는 묻지 않는다. 증인될 사람을 살해하는 것도 범죄의 흔적인멸이 된다.

4. 미수와 기수의 구별

미수범의 성립시기를 어느 시점으로 볼 것이냐와 관련하여 미수와 기수를 구별하는 기준에 대해서 학설이 대립한다. ① 재물절취의 기수·미수에 따라 이 죄의 기수·미수를 구별하는 **절취행위기준설**(다수설), ② 폭행·협박의 기수·미수에 따라 이 죄의 기수·미수를 결정하는 **폭행·협박기준설**($^{배종대}_{66/15}$), ③ 재물탈취나 폭행·협박 중 어느 하나가 미수로 되면 이 죄의 미수가 되고, 양자 모두 기수로 된 경우에만 이 죄의 기수로 된다는 **결합설**($^{이형국 I 430, 임웅 388, 박상기}_{전지연 633, 오영근 287}$)이 대립한다.

폭행·협박기준설에 의하면 재물을 취득하지 못하였더라도 폭행·협박을 가한 경우 (절도미수의) 준강도가 되어 강도기수죄와 같이 처벌되므로 폭행·협박을 하였으나 재물을 취득하지 못한 강도미수죄와 불균형이 생긴다. 재물취득이 있어도 폭행·협박이 반항억압 정도에 이르지 못하면 애당초 준강도 자체가 성립할 수 없음에도 불구하고 결합설은 준강도미수를 인정하게 되어 불합리하다. 뿐만 아니라 폭행죄는 거동범이므로 기수·미수를 논하는 자체가 무의미하므로 **절취행위기준설**이 타당하다.

대법원은 종래 폭행·협박기준설을 취하였으나($^{69도1353}_{판결}$), 최근 절취행위기준설로 변경($^{2004도5074}_{전원합의체 판결}$)하였다.

> **판례** 형법 제335조에서 절도가 재물의 탈환을 항거하거나 체포를 면탈하거나 죄적을 인멸할 목적으로 폭행 또는 협박을 가한 때에 준강도로서 강도죄의 예에 따라 처벌하는 취지는, 강도죄와 준강도죄의 구성요건인 재물탈취와 폭행·협박 사이에 시간적 순서상 전후의 차이가 있을 뿐 실질적으로 위법성이 같다고 보기 때문이다. 그러므로 피해자에 대한 폭행·협박을 수단으로 하여 재물을 탈취하고자 하였으나 그 목적을 이루지 못한 자가 강도미수죄로 처벌되는 것과 마찬가지로, 절도미수범인이 폭행·협박을 가한 경우에도 강도미수에 준하여 처벌하는 것이 합리적이라 할 것이다. 만일 강도죄에 있어서는 재물을 강취하여야 기수가 됨에도 불구하고 준강도의 경우에는 폭행·협박을 기준으로 기수와 미수를 결정하게 되면 재물을 절취하지 못한 채 폭행·협박만 가한 경우에도 준강도죄의 기수로 처벌받게 됨으로써 강도미수죄와의 불균형이 초래된다. 이러한 준강도죄의 입법 취지, 강도죄와의 균형 등을 종합적으로 고려해 보면 준강도죄의 기수 여부는 절도행위의 기수 여부를 기준으로 하여 판단하여야 한다고 봄이 상당하다(2004도5074 전원합의체 판결).

5. 죄수·공범·타죄와의 관계

1) 죄수·공범 절도가 체포면탈의 목적으로 추격하여 온 수인에게 폭행·협박을 가하면 준강도죄의 포괄일죄이다. 이 경우 그 중 한 사람에게만 상해를 가한 때에도 포괄하여 강도상해죄 일죄만 성립한다($^{2001도3447}_{판결}$). 판례는 특수절도의 범인들이 서로 다른 길로 도주하다가 그 중 1인이 체포면탈의 목적으로 폭행하여 상해결과가 발생한 때에는 다른 범인도 이를 예견할 수 있는 것이라 하여 모든 범인에게 준강도·강도상해죄의 공동정범을 인정한다($^{84도1887\ 등\ 판결.\ 91도2267\ 판결}_{및\ 83도3321\ 판결도\ 같은\ 취지}$).

그러나 공동정범은 공동실행의사의 범위 내에서만 성립하며, 준강도죄·강도상해죄는 절도죄의 결과적 가중범이 아니므로 절도의 고의만 있는 자에게 단순한 예견가능성이 있다는 이유만으로 준강도·강도상해죄의 공동정범을 인정할 수 없다고 본다(통설).

2) 타죄와의 관계

(a) **절도죄와의 관계** 법조경합이 된다는 견해가 다수설이다. 그러나 준강도죄는 절도죄와 폭행죄·협박죄의 결합범이므로 결합범을 구성하는 모든 행위는 포괄하여 준강도죄만 성립한다고 해야 한다.

(b) **공무집행방해죄와의 관계** 절도범인이 체포면탈의 목적으로 경찰관에게 폭행·협박을 한 때에는 준강도죄와 공무집행방해죄의 상상적 경합이 된다. 반

면 강도가 체포면탈의 목적으로 경찰관을 폭행·협박한 때에는 강도죄와 공무집행방해죄의 실체적 경합이 된다(^{92도917}_{판결}).

V. 인질강도죄

> [구성요건·법정형]   사람을 체포·감금·약취 또는 유인하여 이를 인질로 삼아 재물 또는 재산상의 이익을 취득하거나 제3자로 하여금 이를 취득하게 한 자는 3년 이상의 유기징역에 처한다(제336조).
> 미수범은 처벌한다(제342조).
> 동력규정을 적용한다(제346조).

(1) 의의·보호법익

사람을 체포·감금 또는 약취·유인하여 이를 인질로 삼아 재물 또는 재산상의 이익을 취득하거나 제3자로 하여금 취득하게 하는 범죄이다. 체포·감금죄 또는 약취·유인죄와 공갈죄의 결합범이다.

이 죄의 보호법익은 1차적으로 타인의 재산이지만, 인질의 자유와 제3자의 의사결정 및 의사활동의 자유도 부차적인 보호법익이 된다. 보호받는 정도는 침해범으로서의 보호이며 중첩적 다행위범이다.

(2) 객관적 구성요건

1) 주 체   제한이 없다. 미성년자를 보호·감호하는 자도 이 죄의 주체가 될 수 있다. 인질강도범이 13세 미만의 미성년자를 약취·유인하고, ① 재물이나 재산상 이익을 취득하거나 요구한 때, ② 재물이나 재산상의 이익을 취득할 목적이나 살해할 목적으로 미성년자 인질강도를 범한 때, ③ 폭행·상해·감금·유기·가혹행위를 가한 때에는 특가법(^{제5조}_{의2})에 의하여 가중처벌된다.

2) 객 체   체포·감금 또는 약취·유인의 객체는 사람(인질)이며, 이 죄의 객체는 재물 또는 재산상의 이익이다. 인질은 재물 또는 재산상의 이익을 취득하기 위한 수단이다. 여기의 사람은 성년·미성년, 남녀를 묻지 않으며, 체포·감금죄, 약취·유인죄의 객체와 같다. 인질과 재산상의 피해자는 달라도 상관없다.

3) 행 위   사람을 체포·감금 또는 약취·유인하여 이를 인질로 삼아 재물 또는 재산상의 이익을 취득하거나 제3자로 하여금 취득하게 하는 것이다.

(a) 체포·감금·약취·유인 "체포·감금"은 체포·감금죄, "약취·유인"은 약취·유인죄의 그것과 같다. 이 죄도 강도죄의 일종이지만 그 성격이 인질을 미끼로 재물이나 재산상의 이익을 취득하는데 있으므로 약취의 단계에서 행사되는 폭행 또는 협박은 반드시 반항을 억압할 정도임을 요하지 않는다.

(b) 인 질 "인질로 삼아"란 사람을 볼모로 하여 재물이나 재산상의 이익을 취득하기 위한 흥정의 대상으로 삼는 것을 말한다. 흥정은 볼모를 풀어주는 조건으로 재물이나 재산상의 이익을 취득하기 위한 것이므로 정치범이나 노동조합 간부를 석방하라는 조건을 거는 것은 이 죄가 아니라 인질강요죄($^{제324조}_{의2}$)가 문제된다. 인질에 대한 살해나 학대를 중지하기 위한 조건으로 재물이나 재산상의 이익을 취득하는 경우에도 이 죄가 성립한다고 본다.

인질을 풀어주는 대가로 취득하는 것은 재물 외에도 일체의 경제적 이익을 포함한 재산상의 이익이면 족하다. 재물이나 재산상의 이익을 취득하는 자는 인질강도행위를 하는 자 이외의 제3자도 무방하다.

(c) 실행의 착수·기수시기 재물이나 재산상의 이익을 취득한 때에 기수가 되며, 재물 또는 재산상의 이익을 취득할 목적으로 사람을 체포·감금 또는 약취·유인한 때에 실행의 착수가 있다고 본다(결합범).

13세 미만자를 약취·유인한 인질강도의 경우에는 재물 또는 재산상의 이익을 요구만하여도 특가법($^{제5조의2}_{제2항 제1호}$)에 의하여 기수가 된다.

(3) 주관적 구성요건

사람을 체포·감금 또는 약취·유인한다는 사실과 인질을 미끼로 재물 또는 재산상의 이익을 취득한다는 고의가 있어야 한다. 불법영득의 의사도 있어야 하지만 불법이득의 의사는 강도죄와 같이 고의의 내용이 된다.

VI. 강도상해·치상죄

[구성요건·법정형] 강도가 사람을 상해하거나 상해에 이르게 한 때에는 무기 또는 7년 이상의 징역에 처한다(제337조).
미수범은 처벌한다(제342조).
동력규정을 적용한다(제346조).

(1) 의의·성격

강도가 사람을 상해하거나 상해에 이르게 하는 범죄이다. 강도의 기회에 사람에 대한 사상(死傷)의 결과가 수반되기 쉽다는 점을 고려하여 강도죄의 가중유형으로 규정한 것이다. 강도상해죄는 강도죄와 상해죄의 결합범이고, 강도치상죄는 진정결과적 가중범이다.

(2) 구성요건

1) **주 체**   강도행위의 실행에 착수한 모든 강도범인이다. 단순강도, 특수강도, 준강도($^{83도3043}_{판결}$), 인질강도의 범인도 포함하며(해상강도 범인 제외), 강도의 기수·미수는 묻지 않는다($^{87도2492}_{판결}$).

2) **행 위**   상해하거나 상해에 이르게 하는 것이다.

(a) **상 해**   상해에 대한 고의가 있어야 한다. 폭행의 고의로 상해의 결과를 발생시킨 때에는 강도치상죄가 성립한다. 절도가 그 실행 중 또는 실행 직후에 체포면탈의 목적으로 상해를 가한 때에도 강도상해죄가 된다($^{86도264\ 판결}_{[준강도의\ 강도상해]}$).

강도죄는 반항억압 정도의 폭행이 있어야 하므로 가벼운 찰과상 정도는 단순강도의 폭행에 해당하고, 사회통념상 간과할 수 없는 정도, 즉 의사의 치료처치를 요하는 정도의 상해에 해당되어야 이 죄가 성립한다. 판례는 강도상해죄에서의 상해는 신체의 건강상태가 불량하게 변경되고 생활기능에 장애가 초래되는 경우라야 한다($^{2009도5022}_{판결}$)고 하고 있다.

> 대법원은 강도가 머리를 1회 때리고 넘어뜨린 후 발로 가슴을 1회 걷어차서 약 2주간의 치료를 요하는 상해를 입힌 경우에 강도상해죄를 구성하지만(2001도5925 판결), 이마 부분이 긁힌 정도의 부종이 있는 정도의 상처는 치료를 받지 않아도 일상생활에 지장이 없고 자연적으로 치유될 수 있는 경우는 강도상해죄의 상해에 해당하지 않는다(2003도2313 판결)고 하였다.

(b) **치 상**   상해의 고의없이 상해의 결과를 발생시킨 경우이다. 결과적 가중범이므로 강도행위와 치상 사이에 인과관계가 있고 치상에 대한 예견가능성이 있어야 한다. 치상의 결과는 적어도 폭행의 고의로 야기된 것이라야 한다(통설). 따라서 강도의 기회에 폭행의 고의도 없이 과실로 영아를 밟아 상처를 낸 경우에는 강도치상죄가 아니라 강도죄와 과실치상죄의 경합범이 된다.

(c) **상해·치상의 상대방**   강도피해자에 한하지 않고, 체포·추적하는 경찰관

에게 상해·치상의 결과를 야기한 때에도 이 죄가 성립한다($^{96도1108}_{판결 참조}$).

(d) **상해·치상의 발생원인(강도의 기회)**　상해·치상의 결과는 강도의 수단인 폭행·협박에서 직접 발생된 것임을 요하지 않고, 강도의 기회에 범인의 행위에서 발생된 것이면 충분하다(통설·판례). 강도의 기회는 실행에 착수하여 행위종료 직후까지 강도행위와 시간적·장소적으로 밀접한 연관성이 있는 범위를 의미한다. 준강도죄의 "절도의 기회"와 같다.

　대법원은, ① 택시에 승차한 후 택시기사를 위협하여 포박한 후 현금과 신용카드를 빼앗고, 이를 이용해 현금자동지급기에서 현금을 인출하던 중 택시기사가 결박을 풀고 달아나자 쫓아가 피해자를 넘어뜨린 후 소지하고 있던 회칼로 택시기사에게 상해를 가한 경우(2014도9567 판결), ② 강도가 피해자가 운전하는 자동차에 타고 도주하다가 경찰관이 추적해오자 강취 후 약 1시간 20분이 경과한 때에 피해자를 칼로 찔러 상해를 가한 경우(91도2727 판결), ③ 강도범행 후 저항하는 피해자를 30미터쯤 끌고가서 폭행하여 상해를 가한 경우(84도970 판결)에 강도상해죄를 인정하였고, ④ 강도의 폭행·협박으로 극도의 공포심에 사로잡힌 피해자가 창문으로 탈출하다가 상해를 입은 경우(96도1142 판결), ⑤ 택시요금지급을 면할 목적으로 소지한 과도로 운전수를 협박하자 이에 놀란 운전수가 급회전하는 충격으로 과도에 찔려 상처를 입은 경우(84도2397 판결)에는 강도치상죄를 인정하였다.

3) 미수·기수시기　강도상해는 강도의 기수·미수를 불문하고 상해가 미수에 그친 경우에 미수가 된다. 강도치상은 결과적 가중범이므로 치상의 결과가 발생한 때 기수가 된다.

강도치상죄의 미수범도 인정할 수 있느냐에 대하여 1995년 개정형법에서 미수범처벌규정을 두었으므로 결과적 가중범의 미수범을 긍정하는 견해도 있으나 다수설은 부정한다(「형법강의 총론」 "결과적 가중범의 미수" 참조). 개정형법이 강도상해와 치상을 포함하여 미수범처벌규정을 둔 것은 입법의 실수라고 본다. 강도상해죄는 재산죄보다 생명·신체보호에 중점이 있으므로 동일기회에 수인에게 상해를 가한 때에는 강도상해죄의 경합범이 된다($^{91도643}_{판결}$).

Ⅶ. 강도살인 · 치사죄

> [구성요건 · 법정형]   강도가 사람을 살해한 때에는 사형 또는 무기징역에 처한다. 사망에
> 이르게 한 때에는 무기 또는 10년 이상의 징역에 처한다(제338조).
>   미수범은 처벌한다(제342조).
>   동력규정을 적용한다(제346조).

(1) 의의 · 성격

강도가 사람을 살해하거나 사망에 이르게 하는 범죄이다. 강도살인죄는 강도죄와 살인죄의 결합범이며, 강도치사죄는 진정결과적 가중범이다. 재산과 함께 특히 생명보호에 중점을 둔 범죄이다.

(2) 구성요건

1) 주 체   모든 강도범인이다. 강도죄의 실행에 착수한 단순강도죄, 특수강도죄, 준강도죄, 인질강도죄의 범인이며 강도의 기수 · 미수는 묻지 않는다. 해상강도 범인은 제외된다(해상강도살인치사죄 제340조 제3항 참조).

2) 행 위   살해하거나 사망에 이르게 하는 것이다. 살해는 고의가 있는 경우이고, 치사는 살인의 고의 없이 사망의 결과를 발생시킨 경우이다. 폭행이나 상해의 고의로 강도가 피해자를 사망에 이르게 한 때에도 강도치사죄가 성립한다.

사망 또는 치사는 반드시 강도의 수단인 폭행에 의하여 야기된 것임을 요하지 않으며 강도의 기회에 일어나면 족하다. 따라서 강도범행 직후 경찰관에게 체포되어 파출소로 연행되던 중 체포면탈의 의사로 경찰관을 칼로 찔러 사망하게 하였다면 강도살인죄가 된다(96도1108 판결). 그러나 살해 후 상당한 시간이 지난 후 재물을 탈취한 경우는 강도살인죄로 처단할 수 없다(2004도1098 판결).

(a) 탈취의사로 살해 후 재물취득   처음부터 재물탈취 의사로 피해자를 살해한 후 재물을 탈취한 때에는 탈취가 사망의 전후에 있는가를 묻지 않고 강도살인죄가 된다.

(b) 살해 후 탈취의사로 재물취득   살해한 직후 재물탈취 의사가 생겨 이를 영득한 경우에는 살인죄와 점유이탈물횡령죄의 경합범이 된다는 견해가 있으

나, 살인죄와 절도죄의 경합범이 된다고 본다($^{93도2143}_{판결}$).

(c) **채무면탈목적 살해** 채무면탈 목적으로 채권자를 살해한 경우에는 강도살인죄가 성립한다(통설). 다만 사실상 또는 법적으로 채무를 면하거나 이익취득이 가능한 사정이 있어야 하므로, 채무의 존재가 명백할 뿐만 아니라 채권자의 상속인이 존재하고 그 상속인에게 채권의 존재를 확인할 방법이 확보되어 있는 때에는 강도살인죄가 성립하지 않는다($^{2010도7405}_{판결}$).

(3) 미수범

강도살인죄의 미수범은 처벌한다. 강도의 기수·미수와 관계없이 살해행위가 미수에 그친 경우에 강도살인죄의 미수범이 된다. 강도의 미수가 과실로 사람을 사망에 이르게 한 때에 강도치사죄의 미수를 인정하는 견해도 있으나 결과적 가중범의 미수는 부정하는 것이 타당하다.

Ⅷ. 강도강간죄

> [구성요건·법정형] 강도가 사람을 강간한 때에는 무기 또는 10년 이상의 징역에 처한다(제339조).
> 미수범은 처벌한다(제342조).
> 동력규정을 적용한다(제346조).

(1) 의의·성격

강도가 사람을 강간하는 범죄로서 강도죄와 강간죄의 결합범이다. 재산침해와 신체의 완전성 또는 의사결정의 자유 외에도 성적 자기결정의 자유까지 침해하는 범죄이다.

(2) 구성요건

1) **주 체** 모든 강도범인이다. 단순강도, 특수강도, 준강도, 인질강도, 강도상해의 범인이며, 실행에 착수한 자이면 충분하고 그 죄의 기수·미수는 묻지 않는다. 해상강도의 강간에 대해서는 별도의 규정($^{제340조}_{제3항}$)이 있으므로 이 죄의 주체에서 제외된다.

강도가 강간한 때에 성립하므로 강간범인이 강간한 후 재물탈취의 고의가 생겨 피해자의 재물을 탈취한 때에는 강간죄와 강도죄의 경합범이 된다는 판례($^{2010도9630}_{판결}$)와 일부 학설($^{김일수·서보학}_{282}$)이 있으나, 폭행·협박이 재물강취의 수단이 아닌 이상 강간죄와 절도죄의 경합범이 된다고 본다. 이와 달리 강간의 종료 전에 강도행위를 한 때에는 이미 강간종료 전에 강도의 착수가 있으므로 이 죄가 성립한다($^{다수설, 2010도9630}_{판결}$).

> 대법원은 "강도강간죄는 강도라는 신분을 가진 범인이 강간죄를 범하였을 때에 성립하는 범죄이고 따라서 강간범이 강간행위 후에 강도의 범의를 일으켜 그 부녀의 재물을 강취하는 경우에는 강도강간죄가 아니라 강도죄와 강간죄의 경합범이 성립될 수 있을 뿐이나, 강간범이 강간행위 종료전 즉, 그 실행행위의 계속 중에 강도의 행위를 할 경우에는 이 때에 바로 강도의 신분을 취득하는 것이므로 이후에 그 자리에서 강간행위를 계속하는 때에는 강도가 부녀를 강간한 때에 해당하여 강도강간죄를 구성하는 것이다"라고 판시(2010도9630 판결)하여 강도강간죄를 신분범의 일종으로 설시하고 있다. 강도강간죄에서의 강도는 결합범의 부분행위를 의미하므로 이를 일신적 신분이라 할 수 없다(같은 취지 오영근 각론2판 294).

2) 행 위   사람을 강간하는 것이다.

(a) 강 간   "강간"은 협의의 강간($^{제297}_{조}$)과 준강간($^{제299}_{조}$)을 포함한다. 강간은 반드시 폭행·협박의 방법으로 행하여질 필요가 없으며, 강도의 기회에 행해지면 충분하고, 강도피해자와 강간피해자가 일치할 필요도 없으며($^{91도2241}_{판결}$), 재물탈취의 전후를 묻지 않는다($^{86도507}_{판결}$). 다만 강도에 착수도 하지 않고 강간행위를 한 때에는 이 죄가 성립하지 않는다.

(b) 강도가 강간으로 치사(치상)에 이르게 한 경우   강도가 사람을 강간하여 치사(치상)에 이르게 한 경우에, 판례는 강도강간죄와 강도치사(치상)죄의 상상적 경합을 인정하지만($^{88도820}_{판결}$), 사상의 결과가 강도행위로 인한 것이면 강도강간죄와 강도치사(치상)죄의 상상적 경합이, 사상의 결과가 강간으로 인한 것이면 강도강간죄와 강간치사(치상)죄의 상상적 경합이 된다고 본다.

(c) 강도가 강간 후 살해(상해)한 경우   강도가 강간한 후 살해(상해)의 고의가 생겨 살해(상해)한 경우, 강도강간죄와 강도살인죄(강도상해죄)의 상상적 경합이라는 견해($^{이형국 I 439, 이재상·장영민·강동범}_{17/59, 배종대 65/15, 김성돈 369}$)가 있으나, 강도강간의 고의와 살해(상해)의 고의는 전후 별개이고 행위도 수개이므로 강도강간죄와 살인죄의 경합범이라 해야 한다($^{임웅, 400,}_{손동권·김재윤 21/52}$).

(d) 미수·기수   강간행위가 완성됨으로써 기수가 되고, 미수는 강간행위가

미수에 그친 때이며, 강도행위의 기수·미수는 상관없다($\overset{85도2416}{\text{등 판결}}$).

(e) **죄 수**   사람의 전속적 법익을 침해하는 죄이므로 죄수는 피해자의 수에 따라 결정된다.

(3) 특별형법

강도상해·치상죄 및 강도강간죄 또는 그 미수죄로 형을 받고 그 집행이 끝나거나 면제된 후 3년 내에 다시 이들 죄를 범한 때에는 사형, 무기 또는 10년 이상의 징역에 처한다($\overset{\text{특가법}}{\text{제5조의5}}$). 그리고 특수강도($\overset{\text{제334}}{\text{조}}$) 또는 그 미수죄를 범한 자가 강간, 유사강간, 준강간의 죄를 범한 때에도 위와같은 법정형이 적용된다($\overset{\text{성폭력특례법 제3조 제2항.}}{\text{[특수강도강간죄]}}$).

Ⅸ. 해상강도죄, 해상강도상해·치상·살인·치사·강간죄

> **[구성요건·법정형]**   다중의 위력으로 해상에서 선박을 강취하거나 선박 내에 침입하여 타인의 재물을 강취한 자는 무기 또는 7년 이상의 징역에 처한다(제340조 제1항).
>
> 제1항의 죄를 범한 자가 사람을 상해하거나 상해에 이르게 한 때에는 무기 또는 10년 이상의 징역에 처한다(제2항).
>
> 제1항의 죄를 범한 자가 사람을 살해 또는 사망에 이르게 하거나 강간한 때에는 사형 또는 무기징역에 처한다(제3항).
>
> 미수범은 처벌한다(제342조).
>
> 동력규정을 적용한다(제346조).

(1) 의의·성격

해상강도죄는 다중의 위력으로 해상에서 선박이나 선박 안의 재물을 강취하는 범죄이다. 해적죄의 일종이다. 특수강도의 일종이지만 육지에서의 강도행위보다 현저하게 중하게 처벌한다.

공해상에서, ① 내국인이 행한 해적행위($\overset{\text{제3}}{\text{조}}$), ② 내국선박상에서 외국인이 범한 해적행위($\overset{\text{제4}}{\text{조}}$), ③ 외국선박상에서 외국인이 내국인에 대하여 범한 해적행위($\overset{\text{제6}}{\text{조}}$)는 이 조문에 의해서 처벌할 수 있다. 그러나 공해상의 외국선박상에서 외국인이 외국인에 대하여 범한 해적행위(국제법상 해적행위)는 처벌할 수 없다. 해상강도상해·살인·강간죄는 결합범이고, 해상강도치상·치사죄는 진정결과적 가중범이다.

(2) 구성요건

해상강도죄($_{제1항}^{제340조}$)는 주체의 제한이 없으나, 해상강도상해·치상죄($_{항}^{제2}$)와 해상강도살인·치사·강간죄($_{항}^{제3}$)의 주체는 해상강도범인이고, 강도행위의 기수·미수는 묻지 않는다. 해상강도가 사람을 강간하고 계속해서 살해한 경우에는 해상강도강간죄와 해상강도살인죄의 상상적 경합이 되고, 강간 후에 새로이 살해의 고의가 생겨 살해한 경우에는 해상강도강간죄와 살인죄의 경합범이 된다고 본다.

해상강도죄의 객체는 해상에 있는 선박과 선박 내에 있는 타인의 재물이며, 제2항·제3항의 죄의 객체는 타인이다.

해상은 영해와 공해를 묻지 않는다. 다만 이 죄의 성질상 육지의 지배력이 쉽게 미칠 수 있는 하천·호소·항만은 포함하지 않는다. 선박은 그 대소나 종류 여하를 묻지 않으나 적어도 해상을 항행할 수 있어야 한다. 따라서 해상을 항행할 수 없는 보트는 제외된다.

X. 상습강도죄

> [구성요건·법정형] 상습으로 제333조(강도), 제334조(특수강도), 제336조(인질강도) 또는 전조 제1항(해상강도)의 죄를 범한 자는 무기 또는 10년 이상의 징역에 처한다(제341조).
> 미수범은 처벌한다(제342조).
> 동력규정을 적용한다(제346조).

상습으로 강도죄, 특수강도죄, 인질강도죄, 해상강도죄를 범함으로써 성립하고, 행위자의 상습성 때문에 책임이 가중되는 부진정신분범이다. 강도상해·살인·강간죄와 같은 결합범이나 강도치상·치사죄와 같은 결과적 가중범의 범죄유형에 대해서는 상습범 가중처벌규정이 존재하지 않는다. 따라서 이 경우 수개의 범행은 포괄일죄에 해당하지 않고 실체적 경합이 된다($_{판결}^{92도297}$). 판례는 전과사실이 없어도 3개월 사이에 16회에 걸쳐 특수강도행위를 반복하고 수인이 밤중에 칼로 협박하여 피해자를 묶어 놓은 때에는 특수강도의 상습성을 인정한다($_{판결}^{86도778}$).

XI. 강도예비·음모죄

[구성요건·법정형] 강도할 목적으로 예비 또는 음모한 자는 7년 이하의 징역에 처한다(제343조).
동력규정을 적용한다(제346조).

(1) 의의·성격

강도죄의 흉악성과 위험성을 고려하여 실행의 착수 이전의 예비 또는 음모 그 자체를 독립된 범죄형태로 처벌하는 것이다.

(2) 구성요건

주관적 요소로서 강도의 목적이 있어야 한다. 강도는 단순강도, 특수강도, 인질강도, 해상강도를 포함하며 준강도는 제외된다($^{2004도6432\ 판결,\ 준강도포함설은}_{김일수·서보학\ 284}$). 강도의 목적은 확정적임을 요한다.

객관적 요소로서 예비 또는 음모의 사실이 있어야 한다. 단순한 강도계획·강도의 의사표시는 예비·음모라 할 수 없고, 물적 준비행위가 있거나 이를 실현하기 위한 의사가 객관적으로 표명되고, 그것이 강도실행에 이바지할 수 있는 정도라야 한다. 따라서 강도의 목적으로 흉기를 구입하는 준비행위도 강도예비죄가 된다.

제3절 사기와 공갈의 죄

[§ 18] 사기의 죄

Ⅰ. 총 설

(1) 의 의

사기의 죄는 사람을 기망하여 재물을 편취 또는 재산상의 이익을 취득하거나 제3자로 하여금 취득하게 하는 행위와, 이에 준하는 미성년자의 지적 능력부족이나 심신미약의 상태를 이용하여 재물 또는 재산상의 이익을 취득하는 행위를 내용으로 하는 재산범죄이다. 형법은 기망행위 외에 부당이득행위, 편의시설부정이용행위, 컴퓨터 등 정보처리장치를 부정사용하여 재산상의 이익을 취득하는 행위도 사기죄의 유형에 포함시키고 있다.

사기의 죄는 재물과 재산상의 이익을 침해하는 재물죄인 동시에 이득죄이고, 컴퓨터 등 사용사기죄만 순수이득죄이다.

(2) 보호법익

사기의 죄는 개인의 재산적 법익을 침해하는 재산죄이므로 개인의 재산을 보호한다는 데에는 이견이 없다. 다만 사기죄에서 보호하려는 재산의 의미 및 그 범위와, 거래의 진실성(신의성실)도 부차적 보호법익이 되느냐에 관하여 견해가 대립한다.

1) **개별재산설과 전체재산설** 개별재산설은 사기의 죄에서 보호하는 재산은 침해되는 개개의 재산이라 하는데($^{위행근}_{305}$) 대하여, **전체재산설**은 개개의 재산이 아니라 전체로서의 재산(재산가치의 총체)을 보호한다(통설)고 한다. 두 견해는 대가를 지불하고 재산을 편취한 경우에, 개별재산설은 재산상의 손해유무와 관계없이 사기죄가 성립한다는 데 반하여, 전체재산설은 전체재산에 대한 손해가

없으므로 사기죄 성립을 부정한다는 점에서 차이가 있다.

개별재산설에 의하면 재산상의 손해발생이 없어도 사기죄가 성립하므로 사기죄의 성립범위가 확대될 우려가 있다. 따라서 사기죄의 성립범위를 제한하기 위해서는 재산상의 손해발생을 요구하는 **전체재산설**이 타당하다.

2) **거래진실성(신의성실)의 법익성**   거래의 진실성(신의성실)도 사기죄의 부차적 보호법익이 되느냐에 대하여 **긍정설**($^{김종원\ 212,\ 임웅}_{406,\ 배종대\ 67/5}$)과 **부정설**(다수설)이 대립한다. 사기죄에 있어서 거래의 진실성(신의성실)이 보장되는 것은 사기죄가 처벌되는 반사적 효과일 뿐이고, 거래의 진실성(신의성실)위반은 기망행위에 포함되어 있는 재산침해의 행위태양에 불과하므로 부정설이 타당하다.

판례는 백화점이 신상품을 정상가격으로 판매하면서 마치 종전의 높은 가격을 세일기간 중에 특별할인가격으로 판매하는 것처럼 변칙세일한 사건에서 거래상 신의성실의 의무에 비추어 비난받을 정도로 허위고지한 경우는 사기죄의 기망에 해당한다($^{91도2994}_{판결}$)고 하여 신의성실의무위반을 기망행위의 내용으로 파악하고 있다($^{2017도20682}_{판결\ 참조}$).

(3) 보호정도

사기죄의 보호법익을 전체로서의 재산이라고 하면 사기죄는 침해범으로서의 보호가 되며, 재산상의 손해발생이 없으면 사기죄의 미수가 된다.

(4) 친족상도례

사기죄에도 친족상도례 특례규정이 준용된다($^{제354}_{조}$). 이 경우 친족관계가 있어야 하는 피해자는 재산상의 손해를 받은 자이다. 피기망자와 재산상의 손해를 입은 자가 다른 때에는 피기망자와의 친족관계는 필요하지 않다($^{2016도6757}_{판결\ 참조}$).

II. 사기죄

> [구성요건·법정형] 사람을 기망하여 재물의 교부를 받거나 재산상의 이익을 취득한 자는
> 10년 이하의 징역 또는 2천만원 이하의 벌금에 처한다(제347조 제1항).
>   전항의 방법으로 제3자로 하여금 재물의 교부를 받게 하거나 재산상의 이익을 취득하게 한
> 때에도 전항의 형과 같다(제2항).
>   미수범은 처벌한다(제352조).
>   친족상도례 특례규정과 동력규정을 준용한다(제354조).

1. 의의·성격

사람을 기망하여 재물의 교부를 받거나 재산상의 이익을 취득하거나 제3자
로 하여금 재물의 교부를 받게 하거나 재산상의 이익을 취득하게 하는 범죄이
다($^{2017도8849}_{판결}$). 재물죄인 동시에 이득죄이며, 침해범·결과범·상태범의 성격을 가진
범죄이다. 특정경제범죄법에는 사기로 취득한 이익의 가액이 5억원 이상 또는
50억원 이상인 경우에 가중처벌하는 특별규정이 있다($^{동법}_{제3조}$).

2. 객관적 구성요건

(1) 객 체

타인이 점유하는 타인의 재물과 재산상의 이익이다. 재물을 객체로 하는
사기죄를 사기취재죄, 재산상의 이익을 객체로 하는 사기죄를 사기이득죄라 하
기도 한다.

1) 재 물   재물의 개념은 절도죄의 그것과 같이 타인 소유의 타인 점유
물이다. 자기의 소유물과 공무소의 명령에 의하여 타인이 관리하는 물건은 기
망에 의해서 취거하더라도 권리행사방해죄 또는 공무상 보관물무효죄의 객체가
될 수 있어도 사기죄는 성립하지 않는다. 부동산, 장물, 유가증권, 백지위임장,
수출물품수령증, 약속어음, 공정증서, 주권포기각서, 권리이전관계를 증명하는
각서와 백지위임장, 경락허가결정등본 등은 사기죄의 객체인 재물이다.

2) 재산상의 이익   재물 이외의 경제적 가치가 있는 일체의 재산상의 이
익이다(경제적 재산설). 일시적·영구적 이익, 적극적·소극적 이익을 묻지 않는다.
그 이익이 사법상 유효한 이익임을 요하지 않는다(반대: **법률적·경제적 재산설**). 채권

취득, 채무보증, 담보제공, 노무제공, 연고권 취득($^{71도1193}_{판결}$), 비트코인 취득($^{2021도9855}_{판결}$), 근저당권설정취득, 연대보증인이 되게 하는 것($^{94도2132}_{판결}$), 채권추심 승인받는 것($^{83도1520}_{판결}$)은 적극적 이익이다. 채무면제, 채무변제 유예($^{99도1326}_{판결}$), 부동산가압류의 해제($^{2007도5507}_{판결}$), 채무인수 승낙, 민사소송법상의 화해, 소송패소자의 항소취하($^{2000도4419}_{판결}$), 가등기말소($^{2007도9417}_{판결}$), 택시요금 면제는 소극적 이익이 된다. 기타 재산상의 이익에 대해서는 "재산죄의 기초이론" 참조.

3) **공공적 법익과 비재산적 법익**   사기의 죄는 개인의 재산을 보호하는 것이므로 국가적·사회적 법익을 기망적 방법으로 침해하여도 사기죄가 되지 않는다. 따라서 기망수단으로 공과금을 면제받거나 관세를 포탈하여도 조세범처벌법이나 관세법위반으로 처벌될 뿐이고 사기죄가 될 수 없다($^{2008도7303}_{판결}$) 또 사람을 기망하여 재산 이외의 법익을 취득하여도 사기죄는 성립되지 않는다($^{96도2625\ 판결,}_{73도1080\ 판결\ 참조}$). 결혼비용 사취가 없는 사기결혼이나 공무원을 기망하여 인감증명·자동차운전면허증·여권을 교부받아도 사기죄가 될 수 없다.[1] 다만 공적 증명서류의 부정교부가 재산적 가치와 결부되어 재산적 이익취득이 있는 때에는 특별법상의 처벌규정이 없는 한 사기죄가 성립할 수 있다. 보조금사기, 배급사기, 생활보호비 부정수급사기 등이 그 예이다.

(2) 행 위

사람을 기망하여 재물이나 재산상의 이익을 취득하거나 제3자로 하여금 취득하게 하는 것이다. 사기죄가 성립하기 위해서는, ① "기망행위"가 있어야 하고, ② 상대방이 "기망으로 인하여" 착오에 빠져야 하며, ③ "그 착오로 인하여" 재산처분행위가 있어야 하고, ④ 재물을 교부받거나 재산상의 이익취득이 있고, ⑤ 피해자에게 재산상의 손해발생이 있음을 요한다.

1) 기망행위

가) 기망의 의의   "기망"이란 사람을 착오에 빠지게 하는 일체의 행위로서 재산취득의 수단으로 사용된 것을 말한다($^{2017도20682}_{판결\ 참고}$). 이미 착오에 빠져 있는 상태를 이용하는 것도 기망에 해당한다.

---

[1] 반면, 금원 사취목적으로 혼인신고를 한 때에는 사기죄가 성립하며, 이 경우 혼인이 무효이므로 친족상도례 규정이 준용되지 않는다(2014도11533 판결).

> **판례**   ① 사기죄의 요건인 기망은 널리 재산상의 거래관계에서 서로 지켜야 할 신의와 성실의 의무를 저버리는 모든 적극적 또는 소극적 행위를 말하는 것으로서, 반드시 법률행위의 중요부분에 관한 것이어야 할 필요가 없으며, 상대방을 착오에 빠지게 하여 행위자가 희망하는 재산적 처분행위를 하도록 하기 위한 판단의 기초사실에 관한 것이면 충분하다. 기망행위를 수단으로 한 권리행사의 경우 권리행사에 속하는 행위와 수단에 속하는 기망행위를 전체적으로 관찰하여 그와 같은 기망행위가 사회통념상 권리행사의 수단으로서 용인할 수 없는 정도라면 권리행사에 속하는 행위는 사기죄를 구성한다(2015도11200 판결).
> ② 의료인으로서 자격과 면허를 보유한 사람이 의료법에 따라 의료기관을 개설하여 건강보험의 가입자 또는 피부양자에게 국민건강보험법에서 정한 요양급여를 실시하여 국민건강보험공단으로부터 요양급여비용을 지급받았다면, 설령 그 의료기관이 다른 의료인의 명의로 개설·운영되어 의료법 제4조 제2항을 위반하였다 하더라도 그 자체만으로는 국민건강보험법상 요양급여비용을 청구할 수 있는 요양기관에서 제외되지 아니하므로, 달리 요양급여비용을 적법하게 지급받을 수 있는 자격 내지 요건이 흠결되지 않는 한 국민건강보험공단을 피해자로 하는 사기죄를 구성한다고 할 수 없다(2019도1839 판결).

나) 기망의 대상   기망행위의 대상(내용)은 상대방이 재산적 처분행위를 함에 있어서 판단의 기초가 되는 "사실"이다. 즉 사실에 관한 기망임을 요한다. 사실은 객관적으로 증명할 수 있는 과거와 현재의 상태 또는 관계를 말한다. 외적 사실(재물의 품질·대금지급능력)뿐만 아니라 내적 사실(대금지불의사·변제의사)과 심리적 사실(사용용도를 속이는 **용도사기**)도 포함한다($^{95도2828}_{판결}$). 법률행위의 중요부분에 대한 사실임을 요하지 않으며($^{2009도7459}_{판결}$) 사법상 무효 또는 취소가 되어 법률상 실현불가능한 사실도 기망의 대상이 된다.

(a) 장래의 사실   장래의 사실은 기망이 될 수 없다는 견해($^{이재상·장영민·강동범}_{18/13,~손동권·김재윤~22/13}$)도 있다.[1] 그러나 장래의 사실도 과거 또는 현재의 사실과 관련되어 있으면 기망의 내용이 된다고 해야 한다(다수설). 소비대차에 있어서의 지불능력은 장래의 사실이지만 이에 대한 채권자의 현재의 확신은 현재의 사실이 된다.

따라서 돈을 마련할 가망이 없음에도 불구하고 며칠 안에 돈을 지급하겠다고 속이고 물건을 가져간 경우, 개인용도로 사용할 의사로 상대방을 위하여 수사기관에 대한 구명운동비에 쓰겠다고 속이고 돈을 받아낸 경우에도 기망이 된다. 그러나 금원을 대여받으면서 "돈을 융통할 곳이 없다"고 자신의 신용부족 상태를 미리 고지하였다면 피해자가 변제불능의 위험성

---

1) 박상기·전지연 644 이하는, 현재나 과거와 관련된 구체적인 사실 이외에 장래의 사실에 관한 내용도 기망에 포함되지만, 순수한 미래 예측은 사실 주장이 아니므로 원칙적으로 기망행위의 내용에서 제외된다고 한다.

에 대해 기망을 당했다고 보기 어려워 사기죄는 성립하지 않는다(2021도7942 판결).

(b) **가치판단·의견표시** 주관적 가치판단이나 의견진술은 객관적으로 확정(증명)할 수 있는 것이 아니므로 원칙적으로 기망이 될 수 없다는 견해($\binom{\text{이형국 I 450, 이재상·}}{\text{장영민·강동범 18/13}}$)도 있다. 그러나 가치판단에도 사실주장이 포함될 수 있고(예: 감정전문가의 고가품 판단), 주관적 의견진술이 사실의 주장으로 연결되어(예: 증시분석가의 전망 있는 주식이라는 의견) 그것이 사실의 주요내용에 포함되어 있거나 진술자의 전문적 지식이 뒷받침되어 일반인이 사실로 오인할 수 있는 정도이면 기망의 대상이 된다(다수설).

(c) **피해자의 과실경합** 행위자의 거짓말에 피해자의 과실이 경합되어 판단을 그르친 때에도 기망이 될 수 있다($\binom{2008도1697}{\text{판결}}$). 예컨대 골동품을 진품이라고 속였더니 피해자가 자신의 감별을 과신하고 판단을 그르친 때에도 기망이 된다.

다) **과장된 광고·선전** 상거래의 관행상 일반적으로 인정되는 범위 내에서의 과장된 광고·선전은 기망에 해당하지 않는다. 그러나 이 정도를 넘어 구체적으로 증명할 수 있는 사실을 들어 허위광고 하는 것은 기망에 해당한다. 과장된 광고가 기망에 해당하느냐는 신의칙에 반하는가에 따라 판단해야 한다($\binom{2010도7298}{\text{판결}}$).

> **판례** ① 동일한 장소에서 서로 다른 상호로 일반음식점 및 식육점을 동시에 운영하면서, '한우만을 판매한다'는 내용의 광고를 한 것은, 위 광고가 식육점 부분에만 한정하는 것이 아니라 음식점에서 조리·판매하는 쇠고기에 대한 광고로서 위 음식점에서 쇠고기를 취식하는 사람들에게도 한우만을 판매하는 것으로 오인시키기에 충분하므로, 이는 쇠갈비의 품질과 원산지에 관하여 기망이 이루어진 경우로서 그 사술의 정도가 사회적으로 용인될 수 있는 상술의 정도를 넘는 것이어서 기망행위 및 편취의 범의를 인정하기에 넉넉하다(97도1561 판결 [한우만을 판매한다 사건]).
> ② 당해 상품의 가격표에 당해업체에서 일응 정상가격이라고 표시한 가격표를 붙여 매장에 진열하고 매장 안의 광고대에 위 두 가지 가격을 표시한 할인율을 표시해 두어 당해 상품이 종전에 높은 가격에 판매된 사실이 없음에도 종전에는 높은 가격으로 판매되던 것을 특정한 할인판매기간에 한하여 특별히 할인된 가격으로 판매하는 것처럼 허위선전함으로써 소비자들을 유인한 것은, 가격조건에 관하여 기망이 이루어진 경우로서 그 사술의 정도가 사회적으로 용인될 수 있는 상술의 정도를 넘은 것이어서 사기죄의 기망행위에 해당하며, 이러한 변칙할인판매와 소비자들의 구매간의 인과관계가 인정되는 이상, 비록 소비자들이 단순히 할인판매라는 이유만으로 상품을 구입한 것은 아니라고 할지라도 사기죄의 성립에 아무런 영향이 없다(91도2994 판결 [백화점 변칙세일 사건]).

라) 기망의 상대방   기망의 상대방(피기망자)은 재물에 대한 처분행위를 할 수 있는 지위에 있으면 불특정인도 무방하다. 따라서 주인을 대리하여 상품대금을 수수할 수 있는 상점점원과 사기광고에 속은 사람에 대하여 사기죄가 성립할 수 있다. 재산을 처분할 수 있는 미성년자와 심신장애자도 기망의 상대방이 될 수 있다. 그러나 등기공무원을 기망하여 소유권이전등기를 하거나(^{81도944}판결), 병원의 경비원을 속이고 입원환자가 도주하더라도 피기망자가 재산을 처분할 수 있는 지위에 있는 것이 아니므로 사기죄는 성립하지 않는다. 사기죄 간접정범의 피이용자가 피해자로부터 편취한 재물이나 재산상 이익을 전달하는 도구로서만 이용된 때에는 피해자에 대한 사기죄만 성립할 뿐 도구로 이용된 자에 대한 사기죄는 별도로 성립하지 않는다(^{2017도3894}판결).

마) 기망의 수단   기망행위의 수단과 방법은 제한이 없다. 명시적·묵시적이건, 작위·부작위이건, 직접적·간접적이건 묻지 않는다.

(a) **명시적 기망행위**   언어·문서·동작 등 표현수단을 사용하여 적극적으로 허위주장을 하는 것을 말한다.

[**명시적 기망의 예**]   ① 비의료인이 개설한 의료기관이 마치 의료법에 의하여 적법하게 개설된 요양기관인 것처럼 국민건강보험공단에 요양급여비용의 지급을 청구한 경우(2014도11843 판결), ② 인터넷 경매에서 허위 회원계정을 만들어 낙찰금액을 높인 다음 자신이 낙찰받는 방법으로 회원들을 기망하여 경매절차에 참여한 회원들로 하여금 입찰비용을 지출하게 한 경우(2014도9099 판결), ③ 요양급여 대상이 될 수 없는 전화를 통한 진찰을 하고도 요양급여 대상이 되는 내원 진찰을 한 것처럼 가장하여 국민건강보험관리공단에 요양급여비용을 청구한 경우(2011도10797 판결), ④ 공사대금 채권을 허위로 크게 부풀려 유치권에 의한 경매를 신청한 경우(2012도9603 판결), ⑤ 산재보험 요양신청서에 부상 발생경위를 허위로 기재하고 요양신청을 하여 보험금을 지급받은 경우(2007도1780 판결), ⑥ 신용카드 가맹점주가 신용카드회사에 허위의 매출전표를 제출하여 금원을 교부받은 경우(98도3549 판결), ⑦ 회사의 도산이 불가피한 상황에서 재력과시 등의 방법으로 변제자력을 가장하여 대출·지급보증·어음할인을 받은 경우(96도2904 판결), ⑧ 휴대폰 사용자 등에게 음악 및 음성메시지가 도착한 것으로 오인하게 하고 통화버튼을 눌러 접속하게 하여 정보이용료가 부과되게 한 경우(2004도4705 판결), ⑨ 아직 미완성된 개간지를 토지대장상 대지로 변경한 것을 기화로 대지라고 속여 매각한 경우(66도931 판결), ⑩ 도박 당사자의 일방이 우연성을 배제하고 승패수를 조작한 경우(사기도박. 2010도9330 판결), ⑪ 불행을 고지하거나 길흉화복에 관한 어떠한 결과를 약속하고 기도비 등의 명목으로 대가를 교부받은 것이 전통적인 관습이나 종교행위로서의 허용한계를 벗어난 경우(2016도12460 판결), ⑫ 본래의 주민등록번호를 기재했다면 계약을 체결하지 않았을 사정이 있어 주민등록번호를 허위로 기재하여 임대차계약을 체결한 경우(2019도7747 판결), ⑬ 실제로는 암치

료가 가능한 특수약을 개발한 사실이 없음에도 말기 암환자들에게 특수약을 쓰면 암을 완치할 수 있다고 속여 거액을 편취한 경우(2021도2640 판결)에 사기죄가 성립한다.

(b) **묵시적 기망행위** 언어·문서·동작에 의한 의사표시 없이 행위자의 전체적 태도가 설명가치가 있는 일정사항에 대해 암묵적으로 허위의 외관을 표시하는 것을 말한다. 무전취식·무전숙박은 거동에 의한 묵시적 기망의 예이다.

[**묵시적 기망의 예**] ① 대금지불의사나 능력이 없으면서 숙박 또는 음식을 먹고 난 다음 도주하는 무전숙박·무전취식은 주문단계에서 언어 또는 태도로 지불의사에 대한 묵시적 기망이 있고, 주인은 손님을 신뢰하고 숙박 또는 음식제공이라는 처분행위를 하였으므로 사기죄가 성립한다. 그러나 숙박·음식을 먹고 난 후 돈이 없음을 알고 뒷문으로 도주한 때에는 기망행위가 없으므로 사기죄는 성립하지 않는다.1)

대법원은 ② 헌법불합치결정 전에 낙태수술을 한 의사가 이를 숨긴 채 다른 질환 등으로 국민건강보험공단을 속여 요양급여를 청구한 경우(2019도10401 판결), ③ 보험상담원이 단지 계약체결 수수료 수입을 올리기 위하여 1회 보험료를 대납하는 방식으로 보험가입자와 보험계약을 체결하여 보험회사로 하여금 홈쇼핑회사에 수수료를 지급하게 한 경우(2013도9644 판결), ④ 회원증이나 회원카드 등이 위조된 사실을 숨긴 채 판매하여 대금을 지급받은 경우(2009도7459 판결), ⑤ 약속어음을 편취한 후 이를 숨기고 제3자로부터 할인받은 경우(2005도5236 판결), ⑥ 지급기일에 어음이 결제되지 않으리라는 점을 예견하거나 지급될 수 있다는 확신이 없으면서도 이를 고지하지 아니한 채 할인을 받은 경우(97도1095 판결), ⑦ 절취한 장물을 자기 것인냥 담보로 제공하고 돈을 빌린 경우(80도2310 판결), ⑧ 압류사실을 고지하지 않고 동산을 제3자에게 양도담보로 제공한 경우(79도2888 판결), ⑨ 예금통장을 절취한 후 은행원을 기망하여 마치 진실한 명의인이 예금을 찾는 것으로 오신시킨 후 예금을 인출한 경우(74도2817 판결), ⑩ 토지의 일부가 사실상 도로로 사용되고 있음을 고지하지 않은 채 전체 토지를 매도한 경우(71도977 판결)에 사기죄를 인정하였다.

(c) **부작위에 의한 기망** 부작위에 의한 기망도 가능하다(2017도1405 판결 참조). 행위자의 태도로 인하여 착오에 빠졌으면 작위의 묵시적 기망이 되지만, 행위자의 태도와 무관하게 이미 착오에 빠져 있는 자의 착오를 제거해야 할 고지의무 있는 자가 고지의무를 이행하지 않고 그 착오를 이용한 것이면 부작위에 의한 기망이 된다(다수설).

(aa) **부작위 기망의 요건** 부작위에 의한 기망이 성립하기 위해서는, ①

---

1) 이 경우 화장실에 다녀오겠다고 거짓말을 하고 도주한 때에 사기죄가 성립하는가가 문제될 수 있으나, 단지 화장실에 다녀오라고 한 주인의 행위를 재산적 처분행위에 해당한다고 보기 어렵다고 본다. 주인에게는 화장실에 다녀오는 것을 허가할 의사만 있을 뿐, 숙박료나 음식값의 지급을 면하게 해 줄 의사(즉, 처분의사)가 있다고 볼 수는 없기 때문이다. 따라서 사기죄가 성립하지 않는다고 봄이 상당하다.

행위자와 상관없이 스스로 착오에 빠져 있어야 하고, ② 상대방의 착오를 제거해야 할 보증인지위에 있어야 하며, ③ 착오제거를 위한 고지의무(작위의무)가 있고, 고지하지 않은 침묵·묵비가 작위에 의한 기망과 행위태양의 동가치성이 있어야 한다(행위의존적 결과범).

고지의무는 법령(상법 제651조 보험계약상의 고지의무)이나 사실고지가 명시된 계약은 물론, 고의없이 착오를 유발시킨 선행행위가 의사결정의 중요사항인 경우에도 발생할 수 있다.

(bb) 신의성실에 의한 고지의무 인부   상거래에 있어서 신의성실에 의한 고지의무를 인정할 수 있느냐에 대해서 이를 긍정하는 견해(김종원 214)가 있고 판례도 대체로 이를 인정하지만(2017도20682 판결), 부동산이중매매(2008도1652 판결)와 미등기담보설정(84도93 판결), 그림대작사건(2018도13696 판결)에서는 고지의무를 부정한 경우도 있다.

상거래의 당사자는 자신의 영업상태와 대금지급능력에 대해서 상대방에게 진실을 고지해야 할 의무가 없고, 거래당사자의 신용상태에 대해서는 상관습 기타 특별사정이 없는 한 당사자의 책임이라 해야 한다. 따라서 계약당사자 사이에 특별한 신임관계(공동협력관계)가 있고, 고지의무가 계약상 의사결정의 중요사항에 속한다고 볼 수 있는 예외적 상황이 아니면 신의칙상 고지의무는 부정함이 타당하다.

[부작위 기망을 인정한 판례]   ① 빌딩의 경락인이 분양자들과 계약금 및 잔금의 지급유예와 재매입을 보장하는 비정상적인 이면약정을 체결하고 점포를 분양하고도 이를 고지하지 아니한 채 금융기관에서 중도금 대출 명목으로 금원을 지급받은 경우(2005도8645 판결), ② 건물임대인이 근저당권자로부터 경매신청이 있을 것이라는 통고를 받고서도 이를 고지하지 않고 임대차계약을 체결한 경우(2004도4974 판결), ③ 실제로 어업을 영위하지 않았음에도 영위하였던 것처럼 가장하여 보상금을 수령한 경우(2004도1553 판결), ④ 특정 시술을 받으면 아들을 낳을 수 있을 것이라는 착오에 빠져있는 자에게 의사가 시술효과에 관하여 사실대로 고지하지 아니한 채 아들을 낳을 수 있는 시술인 것처럼 가장하여 시술과 처방을 한 경우(99도2884 판결), ⑤ 임대차계약을 체결하면서 임차인에게 임대목적물이 경매진행중인 사실을 알리지 아니한 경우(98도3263 판결), ⑥ 이미 다른 회사에서 같은 용도·성능·이름을 가진 제품이 판매되고 있음을 숨기고 독점판매계약을 체결한 경우(96도1081 판결), ⑦ 토지의 등기명의자가 자신이 진정한 소유자가 아니라는 사실을 고지하지 않은 채 당해 토지의 수용보상금을 수령한 경우(94도1911 판결), ⑧ 토지에 대한 도시계획이 입안되어 있어 장차 협의매수되거나 수용될 것이라는 사정을 매수인에게 고지하지 아니한 채 매도한 경우(93도14 판결), ⑨ 목적물의 소유권 귀속에 관한 분쟁으로 소송계속 중인 사실을 숨기고 이를 매도하여 대금을 교부받은 경우(86도956 판결), ⑩ 임차보증금채권에 대하여 채권압류 및 전부명령이 있는 사실을 고지하지 아니하고 점포를 전대하여 보증금을 교부받은 경우(82도3139 판결), ⑪ 토지에 채무담보를 위한 가등

기와 근저당권설정등기가 경료되어 있는 사실을 고지하지 아니한 채 토지를 매도한 경우(81도 1638 판결), ⑫ 경락허가결정이 된 사실을 고지하지 않은 채 전세놓은 경우(74도164 판결), ⑬ 질병을 앓고 있는 자가 보험약관에 당해 질병에 대한 고지의무를 규정하고 있음을 알면서도 이를 고지하지 않은 채 보험계약을 체결한 직후 그 질병의 발병을 사유로 하여 보험금을 청구한 경우(2007도967 판결), ⑭ 변제의사나 능력이 없음에도 피해자에게 금원 대여를 요청하여 이에 속은 피해자로부터 동인의 배서가 된 약속어음을 교부받아 이를 금융기관에서 할인한 후 그 할인금을 사용한 경우(2007도1033 판결), ⑮ 보험계약 체결 당시 이미 교통사고가 발생하여 치료를 받고 있었을 뿐만 아니라 이로 인해 추가 입원치료를 받거나 보통의 경우보다 입원치료를 더 받게 될 개연성이 농후하다는 사정을 인식하면서도 과거 병력이나 치료이력을 묵비한 채 보험계약을 체결한 경우(2017도1045 판결)에 고지의무 위반으로 인한 부작위에 의한 기망이 된다.

[부작위 기망을 부정한 판례] ① 자동차할부금 채무의 존재를 매수인에게 고지하지 않은 채 중고자동차를 매도한 경우(자동차할부채무는 매수인에게 당연히 승계되지 않는다. 98도231 판결), ② 부동산의 제2매수인에게 제1의 매매계약을 일방적으로 해제할 수 없는 처지에 있음을 고지하지 아니한 채 제2의 매매계약을 체결한 경우(제2매수인과의 매매계약의 효력이나 제2매수인의 권리실현에 장애가 되지 않는다. 91도2698 판결), ③ 매매의 목적이 된 자동차가 채무담보로 대물변제예약이 되어 있는 사실을 고지하지 않은 채 제3자에게 매도한 경우(대물변제예약은 소유권이전등록되기 전까지는 차용원리금을 변제하고 해제할 수 있으므로 매수인이 소유권을 취득하는데 장애가 되지 않는다. 89도 1397 판결), ④ 아파트 신축분양자가 완공 전 자신의 채무변제에 대체하여 아파트를 분양한 후 소유권이전등기를 마치지 아니한 상태에서 분양사실을 고지하지 않고 제3자에게 전세계약을 체결한 경우(소유권이전등기 전에는 아파트 신축자가 원시 취득자로서 법률상 소유자로서 처분할 권한이 있다. 87도1839 판결), ⑤ 당해 부동산이 가등기담보에 제공된 사실을 고지하지 아니한 채 임대하였더라도 부동산의 시가가 임대차보증금과 가등기담보채무액의 합산을 훨씬 초과한 경우(85도326 판결), ⑥ 회사정리절차 개시신청예정임에도 회사 소유 토지를 매도하고 매수인에게 소유권이전 가등기를 설정한 후 회사정리절차를 신청한 경우(84도882 판결), ⑦ 채권을 양도한 사실을 채무자에게 밝히지 아니한 채 채무자로부터 외상대금을 수령한 경우(채권양도 통지 전에는 채무자는 채권자에게 채무변제하면 유효한 변제가 되고 특별사정이 없는 한 채권양수인의 채무지급요구를 거부할 수 있다. 83도2270 판결), ⑧ 대지의 일부가 타인의 소유로 되어 있는 지상건물의 소유자가 대지인도 및 건물철거소송이 제기되어 확정되지 않은 상태에서 제3자에게 임대한 경우(대지 일부가 경락되어도 건물소유주는 계속 사용할 권리가 있다. 78도2211 판결) 등은 부작위에 의한 기망이 되지 않는다.

[이른바 거스름돈 사기] 거스름돈 교부자가 착오로 더 많은 거스름돈을 교부하는 것을 그대로 수령하여 영득하는 것을 넓은 의미의 거스름돈 사기라고 하고, 부작위에 의한 기망이 되느냐의 문제로 논의된다. 여기에는 여러 가지 형태가 있다.

① 거스름돈 교부자가 만원권을 천원권으로 오인하고 있거나 더 많은 거스름돈에 대한 계산착오가 있음을 거스름돈 수령자가 교부 전에 알고 있으면서 영득한 경우, 부작위 기망이 된다는 견해도 있다(2003도4531 판결). 수령자가 자신의 행위와 관계없이 이미 착오에 빠져있음을 기화로 이를 알면서 고지하지 않은 사실은 인정되지만 단지 신의성실에 의한 고지를 하지 않았다는 것만으로 "보증인의 보증의무위반"(작위적 기망과의 동가치성)이 있다고 할 수 없으

므로 점유이탈물횡령죄가 될 뿐이다. ② 수령자가 거스름돈을 수령하면서 천원권 속에 만원권이 있음을 알고 이를 묵비한 채 영득한 경우, 수령자는 착오를 이용한 것으로 볼 수 있으나 단순한 묵비만으로 고지해야 할 보증인의 보증의무가 있다고 할 수 없고, 부작위에 의한 기망이 된다고 하여도 부작위 기망과 교부행위 사이의 인과관계를 인정할 수 없으므로 점유이탈물횡령죄가 된다. ③ 수령자가 수령한 후에 더 많은 거스름돈임을 알았을 경우에는 애당초 기망이 문제될 수 없고, 교부자의 진의에 의한 교부가 아니므로 점유이탈물이 된다.[1] ④ 교부자가 교부한 후 더 많은 거스름돈을 내어 준 것을 알고 수령자에게 최고(催告)하였으나 수령자가 거짓말로 부인한 경우에는 거짓말을 함으로써 기망행위(작위)가 있고, 이에 따라 거짓말을 믿고 그대로 인정함으로써 착오가 있으며, 청구권을 포기하였으면 착오로 인한 처분행위를 인정할 수 있으므로 작위에 의한 사기죄가 성립한다(과다환전 사건).

2) 피기망자의 착오

(a) 착오의 의의   사기죄는 기망행위로 인하여 상대방이 착오에 빠져야 한다. "착오"는 주관적으로 인식한 사실과 객관적 사실의 불일치를 의미하므로 상대방에게 잘못된 인식을 갖게 하거나 이를 계속 유지하게 해야 한다. 적극적 오인, 소극적 부지를 묻지 않는다. 그러나 기망적 방법을 사용하더라도 상대방이 착오를 일으키지 않거나 전혀 모르고 있는 때에는 착오라고 할 수 없다. 즉 착오는 반드시 구체적인 상황에 대한 인식이 있을 것을 요하지 않지만 적어도 일반적인 관념은 있어야 한다(일반관념상의 착오). 예컨대 차장이 차표없이 승차한 사람이 있느냐고 물었을 때 없다고 하거나 가만히 있으면 차장은 모든 승객이 차표를 가졌다고 착오를 일으킨 것이 된다. 착오는 주장한 사실을 상대방이 진실하다고 믿거나 확신할 것까지 요하지 않고 단순히 가능하다고 생각하거나 의문을 가진 정도로 족하다.

> 그러므로 가짜 골동품을 진품으로 진열하였을 때 매수자가 반신반의하면서 구입했다면 착오가 성립할 수 있지만, 진품일 가능성이 희박하다고 생각하면서 요행을 바라고 구입했다면 착오가 있다고 할 수 없다. 역무원 몰래 무임승차하거나 입장권 없이 다른 사람에 끼어 극장 · 공연장에 들어갔더라도 역무원 등의 착오가 없으므로 사기죄는 성립하지 않는다.

그러나 백화점 식품매장 종업원이 유효기간이 경과한 식품에 부착된 포장을 벗겨내고 유효한 새 바코드를 부착하여 판매한 경우(95도2121 판결)는 기망에 의한 사기죄가 된다.

---

1) 판례도 같은 취지에서, 매수인이 착오에 빠져 매매잔금을 초과지급한 사실을 매도인이 잔금을 수령한 이후에 비로소 된 때에는 매도인에게 점유이탈물횡령죄가 될 수 있음은 별론으로 사기죄는 성립하지 않는다고 판시(2003도4531 판결)하였다.

(b) **기망과 착오의 인과관계** 기망과 상대방의 착오 사이에 인과관계가 있어야 한다. 즉 기망 때문에 착오가 생긴 것이라야 한다. 기망과 착오 사이에 인과관계가 없으면 사기미수죄가 될 뿐이다. 기망행위가 착오에 대한 유일한 원인임을 요하지 아니하므로 피해자의 과실이 경합한 때에도 그 인과관계가 부정되지 않는다. 이미 착오에 빠진 자의 착오를 계속 유지시키는 경우에는 상대방의 착오를 제거해야 할 보증인지위에 있어야 한다.

3) **재산처분행위** 사기죄가 성립하기 위해서는 기망행위 외에 피기망자가 착오로 인하여 재산처분행위를 해야 한다. 즉 피기망자와 재산처분행위자가 같아야 처분행위를 인정할 수 있다. 상대방의 착오에 의한 처분행위로 재산을 취득하는 것을 편취(騙取)라고 한다.

(a) **처분행위의 의의** "처분행위"란 하자있는 의사에 의하여 직접 재산상의 손해를 초래하는 작위·부작위 또는 수인을 말한다. 처분행위는 민법상의 개념이 아니라 순수한 사실개념이므로 법률행위는 물론 사실행위도 포함하며, 취소 또는 무효인 법률행위도 상관없다. ① 재물에 대한 처분행위의 예로서는 점유를 이전하는 교부,[1] 물건을 가져가는 것을 묵인 또는 수인하거나 청구권을 행사하지 않는 부작위 등을 들 수 있다. ② 재산상의 이익에 대한 처분행위는 이익을 취득하게 하는 일체의 행위이다. 계약체결, 채무면제의사표시($^{2012도11101}_{판결}$)와 같은 법률행위는 물론 노무제공, 가등기말소($^{2007도9417}_{판결}$), 부동산가압류해제($^{2007도5507}_{판결}$), 청구권불행사($^{2005도9221}_{판결}$)와 같은 사실행위도 포함된다. ③ 부작위에 의한 처분행위는 착오에 빠진 자가 재산을 유지·증가시키는 조치를 취하지 않는 것을 말한다. 청구권이나 권리를 행사하지 않는 것이 그 예이다.

(b) **처분의사** 처분의사는 자신의 행위로 인하여 재물 또는 권리가 타인에게 이전되거나 채무부담이 자신에게 옮겨진다는 데에 대한 인식이다. 처분의사가 있어야 하느냐에 대해서 필요하지 않다는 견해($^{이재상·장영민·강동범 18/31,}_{박상기 각론8판 312}$)도 있다. 그러나 하자있는 의사로 인한 재산이전(사기죄)과 상대방의 의사에 반한 재산이전

---

1) 사기죄에서의 재물의 "교부"는 반드시 재물의 현실의 인도가 필요한 것은 아니며 재물이 범인의 사실상의 지배 아래에 들어가 그의 자유로운 처분이 가능한 상태에 놓인 경우도 포함한다 (2001도1825 판결). 다만, 외관상 재물의 교부에 해당하는 행위가 있더라도, 재물이 범인의 사실상의 지배 아래에 들어가 그의 자유로운 처분이 가능한 상태에 놓이지 않고 여전히 피해자의 지배 아래에 있는 것으로 평가된다면, 그 재물에 대한 처분행위가 있었다고 볼 수 없다(2018도7030 판결).

(절도죄)을 구별하기 위해서는 처분의사가 필요하다고 해야 한다.

판례는 기본적으로 처분의사가 필요하다는 전제에서, 피기망자가 착오에 빠져 어떤 행위를 한다는 인식만 있으면 족하고 그 행위가 가져오는 결과에 대한 인식은 필요없다고 판시(2016도13362 전원합의체 판결)하였다. 그러나 사기와 책략절도를 구별하기 위해서는 피기망자에게 처분결과에 대한 인식이 필요하다고 해야 한다(김성돈 386 이하 같은 취지). 피기망자에게 처분결과에 대한 인식이 필요없는 것으로 해석할 때에는 사기죄 성립 여부가 불분명해지고, 처벌범위 또한 확대될 위험이 있기 때문이다. 따라서 처분결과에 대한 인식까지 있어야 사기죄의 처분의사가 인정된다는 **필요설**이 타당하다(위 2016도13362 전원합의체 판결의 반대의견 참조). 따라서 청원서라고 속여 차용증서에 서명하게 하여도 서명자의 채무부담 인식(처분의사)이 없으면 재산처분행위라고 할 수 없고, 기망하여 주의를 다른 데 돌린 후 그 사이 재물을 취득한 때에는 처분의사가 없으므로 절도죄가 성립한다.

(aa) 처분능력   처분의사는 처분능력을 전제로 한다. 처분능력은 책임능력과 일치하지 않으나 의사능력 없는 유아·정신병자와 같은 심신상실자는 처분행위를 할 수 없다. 따라서 이들을 기망하여 재물을 취득하면 절도죄가 성립한다. 사람을 기망하여 재산을 포기시킨 후 이를 영득하면 포기라는 처분의사가 있으므로 사기죄가 성립한다(통설).

(bb) 자의성   처분의사는 기망으로 인한 하자있는 의사이기는 하지만 자의적인 것임을 요하고, 강요된 경우에는 자의성을 인정할 수 없다. 수사관을 사칭하여 압수명목으로 재물을 취거해 간 경우에 피해자가 거부함에도 취거하였다면 절도죄가 되지만, 압수행위를 묵인하는 데 그쳤다면 점유이전의 자의성이 있는 사기죄를 인정할 수 있다(절도죄설은 배종대 68/47).

(c) **처분효과의 직접성**   재산처분행위는 손해를 발생시키는 직접적인 원인이 되어야 한다. 재산처분행위와 손해발생 사이에 다른 추가적 행위가 개입하여 그 처분행위가 간접적 원인에 지나지 않으면 사기죄는 부정된다. 예컨대 보석반지를 손가락에 끼워보는 척 하다가 그대로 달아나거나(94도1487 판결), 양복을 한번 입어보겠다는 핑계로 이를 교부받아 그대로 달아나는 이른바 **책략절도**(策略竊盜)는 교부행위 이외의 탈취행위(도주)가 개입하여 재산상의 손해가 발생한 것이므로 사기죄가 아니라 절도죄가 성립한다.

(d) **피기망자와 처분행위자**　재산처분행위자는 피기망자와 같은 사람임을 요한다. 양자의 일치를 요구하는 이유는 기망행위 → 상대방의 착오 → 재산상의 처분행위 → 재물·재산상의 이익취득으로 이어지는 사기죄의 연쇄적인 인과관계가 요구되기 때문이다(^{2017도8449}_{판결}). 반면 재산처분행위자와 재산상의 피해자는 일치할 필요가 없다. 따라서 처분행위자가 타인의 재물을 처분한 때에도 사기죄가 성립한다.

(e) **삼각사기와 재산처분권자의 지위**

(aa) **삼각사기의 의의**　피기망자인 처분행위자와 재산상의 피해자가 일치하지 않는 경우를 이른바 "삼각사기"라 한다. 기망자·피기망자(재산처분행위자)·재산피해자의 세 사람 사이에서 사기죄가 이루어진다는 의미에서 삼각사기라고 한다. 소송사기가 대표적인 예이며, 신용카드발행회사·카드사용회원·가맹점 사이에도 삼각사기가 된다.

(bb) **처분행위자와 재산피해자의 관계**　처분행위자와 재산피해자가 일치하지 않는 삼각사기와 선의의 도구를 이용한 절도죄를 구별하기 위해서는 처분행위자가 피해자의 재물을 처분할 수 있는 지위에 있어야 한다. 양자가 어떤 관계가 있을 때에 처분행위자의 지위(삼각사기)를 인정할 수 있느냐가 문제된다.

이에 대하여 ① 처분행위자가 피해자의 재산을 유효하게 처분할 수 있는 법적 권한이 있어야 한다는 **법적 권한설**, ② 계약에 의해서 피해자의 재산을 처분할 수 있는 권한이 있으면 족하다는 **계약관계설**(^{배종대}_{68/56}), ③ 법적 권한이 있는 경우뿐만 아니라 사실상 피해자의 재산을 처분할 수 있는 지위에 있으면 족하다는 **사실적 지위설**(^{통설,} ^{94도1575}_{판결})이 대립한다.

사기죄의 처분행위는 법적으로 유효한 행위나 계약상 인정된 것에 한하지 않고 하자있는 법률행위·사실행위도 포함하므로 처분행위자는 재산을 사실상 관리·보호하는 지위에 있으면 족하다고 해야 한다(사실적 지위설). 따라서 피기망자가 재물처분에 대한 아무런 지위에도 있지 않은 경우에는 피기망자를 이용한 절도죄의 간접정범이 되고, 재물에 대한 사실상의 처분지위에서 피해자를 위하여 처분한 때에는 사기죄(삼각사기)가 성립한다.

(f) **처분행위의 인과관계**　피기망자의 착오와 재산처분행위 사이에도 인과관계가 있어야 한다. 기망행위와 착오 사이뿐만 아니라 피기망자의 착오 때문

에 재산처분이 있었다는 이중적 인과관계가 있어야 사기죄의 기수가 될 수 있다. 처분행위가 있어도 그것이 기망에 의한 착오 때문이 아니라 다른 원인(예컨대 연민의 정)으로 교부한 때에는 사기미수죄가 된다.

(g) **재산교부와 이익취득**   피기망자의 재산처분행위에 의하여 재물을 교부받거나 재산상의 이익을 취득해야 한다. 재물교부로 인해 그 이익이 누구에게 귀속되었는지는 상관없다($^{2008도9985}_{판결}$). 제3자에게 교부받게 하거나 취득하게 하여도 같다($^{2011도15639}_{판결\ 참조}$).

4) **재산상의 손해**

(a) **재산상의 손해의 의의**   "재산상의 손해"란 재산가치의 감소를 의미한다. 재산개념은 경제적 가치의 총체(**경제적 재산설**)를 말하므로 경제적 가치가 있는 사실상의 이익의 감소가 재산상의 손해라 할 수 있다.

(b) **손해발생의 요부**   사기죄가 성립하기 위해서 재산상의 손해발생이 있어야 하느냐에 대해서 견해가 대립한다. ① 기망에 의하여 재물·재산상의 이익제공이 있으면 사기죄가 성립하고 현실적인 손해발생은 요하지 않는다는 **불요설**($^{정영석\ 339,}_{오영근\ 317}$), ② 피기망자의 재산처분행위로 현실적인 손해가 발생해야 사기죄가 성립한다는 **필요설**(다수설), ③ 재물사기에 있어서는 재물의 교부·상실 자체가 재산상의 손해가 되므로 별도의 재산감소는 필요없으나 이익사기에 있어서는 전체재산에 대한 감소가 필요하다는 **이분설**($^{황산덕\ 307,}_{김종원\ 216}$)이 있다. 판례는 대가가 지급되었거나 전체 재산상에 손해가 없다 하더라도 사기죄가 성립한다고 판시($^{2014도9099}_{판결}$)하여 **불요설**의 입장이다.[1]

사기죄의 보호법익이 전체로서의 재산이고 침해범으로서의 보호라고 하는 이상 사기죄의 성립범위를 제한하기 위해서는 필요설이 타당하다고 해야 한다.

(c) **손해판단의 기준**   재산상의 손해는 처분행위의 전후를 총결산하여 재산 전체의 가치가 감소되어야 한다. 피해자에게 달리 법적 구제수단이 있느냐는 손해산정에 고려되지 않는다. 손해산정은 **전체계산원칙**에 따라 객관적·개별적으로 평가해야 한다. 피해자가 교부한 재산과 취득한 가치가 객관적으로 일치하여도 반대급부의 내용이 피해자에게 이용가치가 없거나 미달한 때에는 재산상의 손해가 되며, 피해자가 부담한 의무이행이 경제적 부담을 주거나 본래의

---

1) 이 경우 편취액은 교부받은 금원 전체라고 판시(2017도12649 판결)하였다.

처분행위가 가지고 있는 경제적·사회적 목적이 없어진 때에도 재산상의 손해를 인정할 수 있다. 예컨대 구걸사기·기부금사기·보조금사기와 같이 피해자의 처분행위의 의도인 구걸·기부·보조의 취지와 전혀 다르게 사용되어도 재산상의 손해가 있는 사기죄가 된다.

재산상의 손해는 경제적 관점에서 재산상태의 악화로 볼 수 있는 재산가치의 구체적 위험이 있으면 손해를 인정할 수 있다. 따라서 승차권 없이 승차하거나 지불능력 없는 자와 금전대부계약을 체결한 것만으로도 재산상의 손해를 인정할 수 있다.

사기도박에 있어서 편취이득액은 도박 당일 피해자가 잃은 도금 상당액이며($^{2015도10948}_{판결}$), 입원의 필요성이 적은 환자들에게까지 입원을 권유하고 퇴원을 만류하는 등 장기간의 입원을 유도해 국민건강보험공단에 과도한 요양급여비를 청구한 때에는 일부기간이 실제 입원치료가 필요한 경우라도 입원기간 전체의 요양급여비가 편취이득액에 해당한다($^{2008도4665}_{판결}$).

  5) 실행의 착수·기수시기

  (a) 실행의 착수   실행의 착수시기는 편취의사로 기망행위를 개시한 때이다. 기망행위가 개시되면 족하고 상대방이 착오에 빠졌는가는 묻지 않는다. ① 화재보험금편취의 목적으로 가옥에 방화한 경우에는 보험회사에 보험금 지급을 청구한 때에 실행의 착수가 있다. ② 사기도박의 경우는 상대방에게 도박에 참가할 것을 권유하는 등 기망행위가 개시되면 충분하고 재물교부행위를 개시할 필요가 없다($^{2015도10948}_{판결}$). ③ 소송사기는 소를 제기한 때 실행의 착수가 있으므로 허위채권에 기하여 가압류를 한 때,[1] 소멸한 저당권에 의하여 경매신청을 한 때, 공사대금채권을 허위로 부풀려 유치권에 기한 경매신청을 한 때($^{2012도9603}_{판결}$), 분실수표에 대하여 제권판결을 구하기 위한 공시최고신청을 한 때에 실행의 착수가 있다($^{99도364}_{판결 참조}$).

  (b) 기수시기   재산상의 손해가 발생한 때 기수가 되며 반드시 행위자가 불법한 이익을 취득하였음을 요하지 않는다. 사기죄가 기수로 되기 위해서는 기

---

1) 다만, 판례는 가압류는 강제집행의 보전방법에 불과하고 그 기초가 되는 허위의 채권에 의하여 실지로 청구의 의사표시를 한 것이라고 할 수 없으므로 소의 제기없이 가압류신청을 한 것만으로는 사기죄의 실행에 착수한 것이라고 할 수 없다(82도1529 판결)고 하여 부정하는 입장이다.

망행위 → 착오 → 처분행위 → 재산상의 손해 사이에 연속적인 인과관계가 있어야 하며,[1] 그 사이에 인과관계가 인정되지 않을 때에는 사기죄의 미수가 된다. 그리고 사기죄의 성립 여부는 재물을 교부받을 당시를 기준으로 판단해야 한다 ($^{97도2630}_{판결}$).

　　유가증권을 편취한 경우에는 유가증권을 교부받았을 때(85도2317 판결), 보험사기의 경우는 보험증권을 교부받은 때에 기수가 된다. 다만 보험증권 취득 후 보험사기의사가 생긴 때에는 보험금 청구시에 실행의 착수가 있고, 보험금 취득시에 기수가 된다고 본다. 부동산사기의 경우는 부동산을 현실로 지배하거나 소유권이전등기를 경료한 때 기수가 된다. 전기통신금융사기(보이스피싱)의 경우는 돈을 송금·이체받은 때 기수가 된다. 이 경우 피해자와의 관계에서 위탁·신임관계가 존재하지 아니하므로 보이스피싱사기 범인은 물론 통장제공자(보이스피싱 사기범행의 방조범)에게는 횡령죄가 성립하지 않으며(2017도3045 판결), 범행에 이용되리라는 사정을 알면서도 자기명의 계좌의 접근매체를 범인에게 양도한 사기방조범이 그 계좌로 송금된 피해자의 돈을 임의로 인출하더라도 자신이 범한 사기범행의 실행에 지나지 않으므로 사기범인에 대한 관계에서도 횡령죄는 성립하지 않는다(2017도17494 전원합의체 판결).[2]

3. 주관적 구성요건

1) 고　의　　기망행위·피기망자의 착오·처분행위·손해발생과 이들 상호 간의 인과관계를 인식하고 재산을 취득한다는 의사가 있어야 한다. 미필적 고의로 충분하다. 따라서 대금지급이 불가능하게 될 가능성을 충분히 인식하면서 물품을 납품받은 경우에는 미필적 고의에 의한 사기죄가 성립한다($^{83도340}_{판결}$). 판례는 시세조정된 주식임을 알면서 이를 숨긴 채 담보로 제공하였다면 대출당시 담보가치가 충분하다 하여도 편취의 고의가 있다고 하였다($^{2004도1465}_{판결}$).

차용금의 경우 차용당시에 변제할 의사와 능력이 있었다면 그 후 경제사정의 변화로 변제할 수 없게 되어도 채무불이행이 될 뿐이고 사기죄는 성립하지 않지만($^{2021도7942}_{판결}$), 애당초 변제의사가 없거나 변제능력이 없음에도 불구하고 금전을 차용하거나 물품을 구입한 경우에는 편취의 고의가 인정되어 사기죄가 성립

---

[1] 이에 관하여 대법원은 사기죄가 성립하려면 행위자의 기망행위, 피기망자의 착오와 그에 따른 처분행위, 그리고 행위자 등의 재물이나 재산상 이익의 취득이 있고, 그 사이에 순차적인 인과관계가 존재해야 한다고 판시(2017도8449 판결)하였다.

[2] 다만, 보이스피싱사기범행에 사용된 계좌의 명의자에게 사기(방조)죄의 유죄가 인정되지 않은 때에는 계좌명의자는 통장에 입금된 사기피해금의 보관자의 지위에 있다고 보아야 하므로, 계좌명의인이 그 돈을 영득할 의사로 인출한 경우에는 사기피해자에 대한 관계에서 횡령죄가 성립한다(2017도17494 전원합의체 판결).

한다.1) 단순히 채권추심업무로만 알고 보이스피싱 피해금을 수거·취합해 조직원에게 전달한 때에는 사기방조의 고의가 인정되지 않는다(²⁰²¹도³³²⁰).

2) 불법이득의 의사 사기죄의 불법이득의 의사도 강도죄의 경우와 같이 고의의 내용에 포함된다.

4. 권리행사와 사기죄의 성부

재물을 취득할 수 있는 권리자가 권리행사의 방법으로 기망행위를 사용한 때에 사기죄가 성립하느냐가 문제된다.

1) 학설의 대립 ① 기망행위자에게 영득의 의사가 없으므로 사기죄의 구성요건해당성이 배제된다는 견해(임용 432 이하,배종대 68/109), ② 권리행사가 자구행위의 요건을 구비한 때에만 **위법성이 배제된다는 견해**(유기천 상 247,황산덕 308), ③ 권리행사도 사회통념상 용인할 수 없는 정도이면 권리남용이 되므로 사기죄가 성립한다는 **긍정설**(다수설), ④ 기망으로 취득한 재물·재산상의 이익이 권리범위 내의 것이면 사기죄가 부정되지만 그 범위를 초과한 때에는 분리할 수 있는 객체이면 그 초과부분에 대해서, 분리할 수 없는 객체이면 그 전부에 대해서 사기죄가 성립한다는 **차등설**(김종원 217, 이재상·장영민·강동범 18/44)이 대립한다.

2) 판례의 태도 대법원은 권리행사와 기망행위를 전체적으로 관찰하여 사회통념상 권리행사의 수단으로서 용인할 수 없는 사취수단을 사용한 경우에는 사기죄에 해당한다고 하여(²⁰¹⁵도¹¹²⁰⁰) **긍정설**을 취하고 있다.

3) 결 어 사기죄의 객체가 분리가능한가 아닌가에 따라 사기죄의 성립에 차이를 두는 것은 불합리하고, 정당한 권리행사에 대하여 일률적으로 범죄성립을 부정한다면 정당한 권리실현을 위한 강취행위도 탈취죄의 범죄성을 부정해야 할 것이며, 타인의 재산을 편취한 자에게 영득의 의사가 없다고도 할 수

---

1) 반면, 사업수행과정에서 이루어진 거래에 있어서 기업경영자가 파산에 의한 채무불이행 가능성을 인식할 수 있었더라도 이를 피할 수 있는 가능성이 있다고 믿었고, 계약이행을 위해 노력할 의사가 있었다면, 사기죄의 고의가 있다고 단정할 수 없고(2016도18432 판결), 소비대차 거래에서 대주와 차주 사이의 친척·친지와 같은 인적 관계, 계속적인 거래 관계 등에 의해 대주가 차주의 신용상태를 인식하고 있어 장래의 변제지체나 변제불능에 대한 위험을 예상하고 있었거나 충분히 예상할 수 있는 경우에는 차주가 차용 당시 구체적인 변제의사, 변제능력, 차용조건 등과 관련해 소비대차 여부를 결정지을 수 있는 중요한 사항에 대해 허위사실을 말했다는 등의 다른 사정이 없다면 차주가 그 후 제대로 변제하지 못하였다는 사실만을 가지고 변제능력에 관해 대주를 기망했다거나 차주에게 편취의 고의가 있었다고 단정할 수 없다(2021도7942 판결).

없다. 권리행사의 수단이 사회통념상 용인되는 범위를 이탈한 때에는 그 행위는 위법하다고 해야 하므로 긍정설이 타당하다고 본다("권리행사와 공갈죄" 참조).

5. 죄수·타죄와의 관계

1) 죄 수   1개의 기망행위로 수인을 기망하여 각자로부터 재물을 편취한 때에는 상상적 경합이 된다(통설, 2014도16980 판결). 수인을 각각 기망하여 재물을 편취하면 수죄의 경합범이 된다(2011도769 판결). 같은 사람으로부터 수개의 기망행위로 재물을 편취한 경우에 범죄목적과 범행방법이 다르면 경합범이 된다(89도1309 판결). 1개의 기망행위로 같은 사람으로부터 재물과 재산상의 이익을 편취한 때에는 사기취재죄가 성립하면 사기이득죄는 별도로 논할 필요가 없다. 수개의 선거비용 항목을 허위기재한 하나의 선거비용 보전청구서를 제출하여 선거비용을 과다 보전받아 편취한 때에는 1개의 사기죄만 성립한다(2016도21713 판결).

2) 타죄와의 관계   자기가 점유하는 타인의 재물을 기망수단을 사용하여 영득한 경우 횡령죄만 성립한다(87도2168 판결). 타인의 사무를 처리하는 자가 본인을 기망하여 재산상의 이익을 취득하고 본인에게 손해를 가한 경우에 법조경합(흡수관계)에 의한 **사기죄설**(오영근 321)이 있으나, 사기죄와 배임죄는 그 구성요건을 달리하는 별개의 범죄이므로 **상상적 경합설**이 타당하다(통설, 2002도669 전원합의체 판결). 위조통화(위조문서)를 행사하여 재물을 편취한 경우 위조통화행사죄(위조문서행사죄)와 사기죄의 상상적 경합이 된다.[1]

금융회사 등의 임직원의 직무에 속하는 사항에 관하여 알선 명목으로 금품을 받은 때에는 특정경제범죄법위반(알선수재)죄가 성립하는지 여부와 상관없이 사기죄가 성립한다(2016도6470 판결, 공무원에 관한 2007도10004 판결 같은 취지). 자동차를 매도한 후 미리 부착해 놓은 지피에스(GPS)로 위치를 추적하여 자동차를 절취하였더라도 피고인이 피해자에게 자동차를 인도하고 소유권이전등록에 필요한 일체의 서류를 교부함으로써 피해자가 언제든지 자동차의 소유권이전등록을 마칠 수 있게 된 이상 사기죄는 성립하지 않는다(2015도17452 판결). 보이스피싱사기 범죄단체에 가입한 후 사기범죄의 피해자들로부터 돈을 편취하는 등 그 구성원으로서 활동한 때에는 사기죄 외에 범

---

1) 반면, 대법원은, 위조통화를 행사하여 상대방으로부터 재물을 편취한 경우에 위조통화행사죄와 사기죄가 성립하며, 두 죄는 실체적 경합관계에 있다고 판시(79도840 판결)하여 반대입장이다.

죄단체가입죄가 성립한다($^{2017도86600}_{판결}$).

6. 관련문제

(1) 소송사기

소송사기란 법원에 허위사실을 주장하거나 허위증거를 제출하여 법원을 기망함으로써 승소판결을 받아 상대방으로부터 재산적 이익을 취득하는 것을 말한다. 원고는 물론 피고도 소송사기의 주체가 될 수 있다($^{2003도333}_{판결}$). 피기망자는 법원이지만 피해자는 소송의 상대방이다. 소송사기도 사기죄에 해당한다는 것이 통설·판례($^{2011도7262}_{판결}$)의 태도이다.

1) **소송사기의 성립요건**   ① 법원에 대하여 허위사실을 주장하거나 증거조작을 하는 등 적극적 사술(기망)을 사용해야 한다. 반드시 허위의 증거를 이용하지 않더라도 당사자의 주장이 법원을 기망하기에 충분한 것이라면 족하다($^{2011도7262}_{판결}$). 단순한 부인이나 불리한 사실에 대한 묵비 또는 상대방에게 유리한 증거를 제출하지 않는 것만으로는 기망이 되지 않는다($^{2001도1610}_{판결}$).

> 매매계약서 위조, 변조공문서 제출, 허위의 준비서면과 진술서 제출, 허위지급명령신청(2002도4151 판결) 등은 소송사기에 있어서의 기망에 해당한다.

② 기망에 의한 법원의 판결은 피해자의 처분행위와 같은 효력이 있어야 하고, 판결 내용에 따른 효력이 생기지 않거나 기망자가 권리취득 또는 의무면제를 받는 것이 아니면 사기죄가 성립하지 않는다($^{2013도459}_{판결}$).

> 따라서 사자(死者)를 상대로 한 소송(2000도1881 판결)이나 실제로 존재하지 않는 자를 상대로 한 소송(92도743 판결) 또는 타인과 공모하여 그를 상대로 소송을 제기한 후 의제자백을 받아 소유권이전등기를 경료한 경우(97도2430 판결)에는 판결에 따른 효력이 발생할 수 없으므로 사기죄가 성립하지 않는다.

③ 고의가 있어야 한다. 고의는 제소 당시 권리가 존재하지 않은 사실을 알고 허위사실의 주장이나 거짓증거의 제출로 유리한 재판을 받아 상대방의 재물 또는 재산상의 이익을 취득한다는 인식·의사이다. 단순히 사실을 잘못 인식하였거나 법률적 평가를 잘못하여 권리가 존재한다고 오신하였거나($^{2018도13305}_{판결}$), 사실의 일부를 잘못 인식하여 청구사실의 기재가 사실과 다소 차이가 있는 것만으

로는 사기의 고의를 인정할 수 없다($^{91도2427}_{판결}$).

2) 소송사기의 실행의 착수·기수시기   소송사기의 실행의 착수시기는 법원을 기망할 의사로 소장을 제출한 때($^{93도915}_{판결}$),1) 또는 허위내용의 증거나 답변서·준비서면을 제출한 때($^{97도2786}_{판결}$)이며, 기수시기는 승소판결이 확정된 때이다($^{2005도9858}_{전원합의체 판결}$). 승소판결이 확정되면 족하고, 집행절차가 필요한 것은 아니다.

확정판결에 의하여 소유권이전등기를 경료하였으면 사기죄와 공정증서원본부실기재죄의 경합범이 된다($^{83도188}_{판결}$).

(2) 불법원인급여와 사기죄

사람을 기망하여 반환청구를 할 수 없는 불법원인급여를 하게 한 경우에 사기죄가 성립하느냐가 문제된다. 공무원에게 뇌물로 공여하겠다고 속이고 재물을 편취하거나 마약구입에 사용하겠다고 속이고 금원을 편취한 경우이다.

부정설은 재산상의 손해가 없고, 피해자의 반환청구권도 없으므로 사기죄의 성립을 부정하는데 반하여, **긍정설**은 사법상의 반환청구권은 사기죄의 성부와는 관계가 없고, 기망을 수단으로 재물을 취득하는 행위태양이 위법할 뿐만 아니라 경제적 가치에 손해를 입힌 것도 부정할 수 없으므로 사기죄가 성립한다고 한다. 통설·판례($^{2006도6795}_{판결}$)의 태도이다.

사기죄의 성립여부는 사법상의 반환청구권과 관계없이 형법 독자적으로 판단해야 하고, 재물을 편취하기 위하여 기망수단으로 불법원인급여물을 이용한 것이며, 이를 통해 재물을 취득한 것도 명백하므로 사기죄의 성립을 인정하는 긍정설이 타당하다. 같은 취지로 절도범으로부터 장물을 편취하거나, 매음의사 없이 매음에 응할 것을 가장하여 매음료를 받아 도주한 때에도 사기죄가 성립한다.

(3) 금제품편취와 사기죄

금제품에 대하여 사기죄의 성립을 부정하는 견해, 긍정하는 견해, 소지가 금지된 금제품에 한하여 긍정하는 견해가 대립한다.

---

1) 강제집행절차를 통한 소송사기의 경우에는 집행절차의 개시신청을 하거나, 진행 중인 집행절차에 배당신청을 한 때 또는 허위채권에 기한 공정증서를 집행권원으로 하여 채무자의 소유권이전등기청구권에 대하여 압류신청을 한 때에 실행의 착수가 있다(2014도10086 판결).

재산가치는 법률상 인정 여부와 관계없이 경제적 관점에서 평가해야 하며 (경제적 재산설), 소유금지의 금제품도 무주물이 아니라 국가의 소유에 속하므로 점유금지의 금제품과 구별할 이유가 없다. 따라서 모든 금제품에 대한 사기죄 가 성립한다고 해야 한다.

(4) 매음료면탈과 사기죄

상대를 기망하여 매음한 후 매음료지급을 면탈한 경우, **법률적·경제적 재산 설**은 사기죄의 성립을 부정한다. 지급할 이익이 법률상 보호받을 수 없으므로 재산침해가 있다고 할 수 없고, 매음계약 자체는 공서양속에 반하여 무효이며, 간음행위 자체는 금전환산이 불가능하므로 재산상의 이익이 될 수 없다는 것을 이유로 한다.

사기죄는 사법상의 재산보호와 그 유효·무효에 관계없이 경제적 가치가 있으면 이를 보호할 필요가 있으며, 매음료면탈도 요금지급을 유예한 재산상의 이익이라 할 수 있으므로 사기죄가 성립한다(**경제적 재산설**)고 본다. 판례도 사 기죄의 객체인 재산상의 이익은 반드시 사법상 보호되는 경제적 이익만을 의미 하지 않는다고 하여 사기죄의 성립을 인정하고 있다($\frac{\text{2001도2991 판결}}{\text{[매음료면탈사기]}}$).[1]

7. 신용카드와 사기죄

(1) 총 설

1) 신용카드의 의의   "신용카드"란 이를 제시하면 반복하여 가맹점에서 물품을 구입하거나 용역을 제공받을 수 있는 증표로서 신용카드업자가 발행한 것을 말한다.[2] 신용카드는 카드에 표시된 회원자격과, 가맹점과 회원 사이의 거래대금에 대하여 카드회사가 책임진다는 사실증명에 관한 문서의 일종으로서

---

[1] 매음료면탈과 관련하여 재산적 처분행위가 어느 부분에 인정되는가가 문제된다. 재산상의 이익 이 되는 것은 '정교' 그 자체가 아니라 '정교의 대가'이므로 정교의 대가를 면제해 주는 행위가 있어야 사기죄의 재산적 처분행위가 인정될 수 있다. 판례도 정교 그 자체는 이를 경제적 이익 으로 평가할 수 없는 것이므로 부녀를 공갈하여 그와 정교를 맺었다고 하여도 특단의 사정이 없는 한 이로써 재산상 이익을 갈취한 것이라고 볼 수는 없다고 판시(82도2714 판결)하여 같은 취 지이다.

[2] 여신전문금융업법 제2조 제3호 이하는 신용카드의 의의·종류(직불카드·선불카드)를 규정하고 있 다. 그리고 신용카드는 삼 당사자카드(비씨카드·국민카드 등)와 양 당사자카드(백화점카드)가 있는 데 여기의 신용카드에 포함된다.

재물에 해당하고 유가증권이 아니다($^{99도857}_{판결}$).

2) 신용카드 불법영득·사용   타인의 신용카드를 절취·강취·편취·갈취·횡령하면 각각 그 해당범죄가 성립한다. 또 신용카드(자기띠 기타 부분)를 위조·변조하거나, 위조·변조된 신용카드를 판매 또는 사용하거나, 분실·도난·강취·횡령·편취·갈취된 신용카드(직불카드 포함)를 판매 또는 사용하면 신용카드 위조·변조죄와 신용카드 부정판매죄 또는 신용카드 부정사용죄가 성립한다(여신전문금융업법 제70조 제1항 제1호·제2호·제3호).

(2) 신용카드 부정발급과 사기죄 성부

1) 자기명의 부정발급   신용카드 발급신청자가 발급자격요건과 신용상태에 관하여 허위내용을 기재하고, 대금결제의사와 결제능력을 가장하여 신용카드를 발급받는 경우, 자기명의 신용카드발급신청은 무형위조이므로 문서에 관한 죄에는 해당하지 않지만 발급받은 신용카드 자체에 대한 사기죄가 성립하느냐가 문제된다.

신용카드 자체는 재산적 가치가 경미하지만 신용카드도 재물에 해당하고, 카드를 발급받은 자는 카드회사의 대금지급을 받을 수 있는 지위를 얻어 카드회사에 손해를 끼칠 위험이 발생하기 때문에 이를 편취하는 것은 사기죄에 해당한다는 것이 다수설이다. 판례는 부정발급받은 신용카드를 이용하여 가맹점에서 물품을 구입하고 현금자동지급기에서 현금서비스로 현금을 인출한 행위를 포괄하여 사기죄가 성립한다고 판시($^{95도2466}_{판결}$)하였다.[1]

2) 타인명의 모용의 부정발급   본인 모르게 그 이름을 모용하여 신용카드를 발급받은 경우, 카드발급신청서 작성·제출은 사문서위조죄·위조사문서행사죄가 성립한다. 발급받은 카드 자체에 대한 사기죄도 성립하느냐에 대해서 견해가 대립한다.

카드 자체의 재산적 가치가 경미하여 카드회사에 재산적 손해를 인정할 수 없으므로 사기죄는 성립하지 않는다는 **부정설**도 있다($^{정성근·박광민}_{356}$). 그러나 카드는 재물에 해당하고, 지불의사와 지불능력을 가장한 기망이 있으며, 이로 인해 카

---

1) 95도2466 판결에 대하여, 대법원은 신용카드 부정발급보다는 그 이후의 부정사용에 중점을 두어 포괄하여 사기죄가 성립한다고 보았기 때문에 부정사용을 수반하지 않은 부정발급만으로도 사기죄 성립을 인정한 것으로 단언하기는 어렵다는 견해(배종대 68/79)도 있다.

드를 발급하여 재산적 손해발생의 위험도 있으므로 사기죄를 인정하는 **긍정설**이 타당하다.

판례는 이 경우, 신용카드부정발급 자체에 대해서는 판시하지 않은 채[1] 부정발급받은 타인명의의 신용카드를 이용하여 현금자동지급기에서 현금대출을 받는 때에는 절도죄를, 인터넷 등을 통하여 신용대출을 받는 때에는 컴퓨터 등 사용사기죄를 인정하고 있다($^{2006도3126}_{판결}$).

(3) 자기명의 신용카드 부정사용(물품구입)과 사기죄 성부

1) 자기명의로 정상발급받은 후 부정사용   유효하게 정상적으로 발급받은 카드회원이 대금결제의사나 결제능력 없이 가맹점에서 물품을 구입한 경우(정상발급 후 부정사용), ① 카드가맹점을 피기망자로 하여 카드회사에 재산적 손해를 입히는 삼각사기에 해당하여 사기죄가 성립한다는 견해($^{김성돈}_{403}$)가 있으나, ② 카드사용자는 자기의 신용상태를 고지할 의무(기망행위)가 없으므로 사기죄가 성립할 수 없고 채무불이행이 될 뿐이라고 본다($^{김일수 · 서보학 358, 배종대}_{68/84, 손동권 · 김재윤 22/66}$).

2) 자기명의로 부정발급받은 후 부정사용   자기의 신용상태나 지불의사를 가장하여 부정발급받은 후 대금결제의사와 결제능력 없이 가맹점에서 물품을 구입한 경우(부정발급 후 부정사용), ① 카드발급 당시부터 카드회사를 기망하여 재산상의 손해를 가할 의사가 있었고, 대금결제의사나 결제능력 없이 물품을 구입하는 것은 재물을 편취하는 일련의 과정이므로 묵시적 기망에 의한 사기죄가 성립한다는 견해($^{이재상 · 장영민 · 강동범 18/92, 김일수}_{서보학 358, 임웅 456, 김성돈 402}$)와, ② 가맹점은 카드명의인의 대금결제의사와 능력을 고려하지 않고 결제승인이 떨어지면 카드결제를 하기 때문에 가맹점에 대한 기망행위와 착오를 인정할 수 없어 사기죄 성립을 부정하는 견해가 대립하는데, 긍정설이 타당하다고 본다. 판례는 **긍정설**의 입장에서 신용카드부정발급과 그 후 물품구입 · 현금인출행위 모두 부정발급에 터잡아 이루어진 사기죄의 포괄일죄라 하였다($^{95도2466}_{판결}$).

(4) 타인명의 신용카드 부정사용과 사기죄의 성부

1) 타인의 신용카드 일시사용   타인의 신용카드를 본인 모르게 부정사용한 후 반환한 경우, 카드 자체에 대해서는 불법영득의 의사가 없으므로 절도죄

---

1) 따라서 사기죄 성립 부정설의 입장으로 판단될 여지가 있다.

를 부정하는 것이 다수설·판례($\substack{\text{99도857 판결 [신용카드], }\\\text{2005도7819 판결 [직불카드]}}$)의 태도이다.

2) 불법영득한 타인의 신용카드 부정사용   타인의 신용카드를 습득하거나 절취한 후 카드가맹점에서 정당한 카드명의인으로 가장하여 물품을 구입한 경우에는 "신용카드부정사용죄" 외에도 사기죄가 성립한다는 데에 이견이 없다.[1] 판례도 사기죄를 인정하고 신용카드부정사용죄와 경합범을 인정한다($\substack{\text{96도2715}\\\text{판결}}$). 이 경우 피기망자와 재산처분행위자는 가맹점이고, 피해자는 카드회사 또는 카드의 도난·분실을 해태(15일 이내에 신고하지 않는 한)한 카드회원이 되므로 이른바 삼각사기에 해당한다.

(5) 현금자동지급기 부정사용과 사기죄

1) 자기명의 신용카드 부정사용

(a) 카드 정상발급 후 부정사용   정상 발급된 자기의 신용카드를 사용하여 대금변제의사와 변제능력 없이 현금자동지급기에서 현금을 인출한 경우, ① 현금자동지급기 관리자(은행)의 의사에 반하여 절도죄가 성립한다는 견해($\substack{\text{절도죄설. 김성돈}\\\text{405}}$), ② 카드발급에 기망이 없고, 정당하게 발급된 카드소지자에게 용역을 허용하고 있는 현금자동지급기 사용은 카드회사나 현금자동지급기 관리자의 의사에 반하는 탈취가 될 수 없으므로 절도죄나 사기죄가 성립할 수 없다는 견해($\substack{\text{무죄설. 정성근·박광민 359,}\\\text{김일수·서보학 359, 배종대 68/99}}$)가 대립하는데 무죄설의 취지가 타당하다.

판례는 일시적인 자금궁색 등으로 채무불이행이 된 것이 아니라 채무누적 등으로 변제능력이 없는 상황에서 발급받은 신용카드를 이용하여 현금자동지급기에서 현금서비스를 받은 경우에는 사기죄가 성립한다고 하였다($\substack{\text{2004도6859}\\\text{판결}}$).

(b) 카드 부정발급 후 부정사용   애당초 지불능력과 지불의사를 가장하여 부정발급 받은 후 현금자동지급기에 사용한 경우, ① 현금자동지급기는 카드 부정발급 여부와 상관없이 용역을 제공하므로 현금자동지급기 관리자의 의사에 반한 점유배제가 있다고 할 수 없고, 사람을 기망한 것도 아니므로 무죄가 된다는 견해($\substack{\text{무죄설. 이재상·장영민·}\\\text{강동범 18/93, 오영근 331}}$)와, ② 카드발급시부터 편취의사와 기망이 있었고, 현금자동지급기를 조작하여 이를 실현한 것이므로 사기죄가 성립한다는 견해($\substack{\text{사기죄설. 손동권·김재윤}\\\text{22/66, 김성돈 404}}$)가 대립하는데 사기죄설의 취지가 타당하다고 본다.

---

[1] 신용카드 부정사용에 사용된 매출전표서명·교부행위는 사문서위조·위조사문서행사죄에 해당하지만 신용카드부정사용죄에 흡수된다.

　　판례는 대금결제의사와 결제능력을 속이고 부정하게 카드를 발급받아 현금서비스와 물품구입을 한 경우 포괄하여 사기죄가 성립한다고 하였다(판결95도2466).

　　2) 불법영득한 타인의 신용카드 부정사용　　도난·분실·탈취·횡령한 타인의 신용카드를 현금자동지급기에 사용하면 신용카드부정사용죄(여신전문금융업법제3조 제1항)가 성립하며, 기계에 대한 기망과 착오가 있을 수 없으므로 사기죄는 성립하지 않는다.

　　불법영득한 신용카드와 비밀번호를 사용하여 현금을 인출한 부분에 대해서는, ① "권한 없는 정보를 입력"한 것이고 현금도 재산상의 이익에 포함할 수 있으므로 컴퓨터 등 사용사기죄가 성립한다는 견해(김일수 · 서보학360)도 있으나, 인출한 현금은 재산상의 이익이 아니라 재물이므로 절도죄가 성립한다고 본다(손동권 · 김재윤22/66, 김성돈 406). 판례도 절도죄를 인정한다(판결2003도1178). 타인명의를 모용하여 발급받은 신용카드로 현금을 인출한 경우도 같다(판결2006도3126).

[신용카드 부정사용과 사기죄]

구 분			학 설	판 례
신용카드 부정사용	자기명의 신용카드	정상발급 후 부정사용	무죄(다수설), 사기죄설	
		부정발급 후 부정사용	사기죄(다수설)	사기죄
	타인명의 신용카드	일시사용 후 반환	무죄(다수설)	무죄
		불법영득 후 부정사용	신용카드부정사용죄와 (삼각)사기죄의 경합범	신용카드부정사용죄와 사기죄의 경합범
현금 자동지급기 부정사용 (현금서비스)	자기명의 신용카드	정상발급 후 부정사용	무죄(다수설), 절도죄설	과다부채누적 상태의 발급이 면 사기죄
		부정발급 후 부정사용	사기죄(다수설), 무죄설	사기죄
	타인명의 신용카드	불법영득 후 부정사용	신용카드부정사용죄와 현금인출의 절도죄의 경합범	
		타인명의모용 의 부정사용	신용카드부정사용죄와 현금인출의 절도죄의 경합범	

　　3) 현금카드사용 계좌이체　　절취한 현금카드를 사용하여 타인의 예금액을 자신의 계좌로 이체한 때에는 컴퓨터 등 사용사기죄(제347조의2)가 성립한다. 권한 없

는 자가 컴퓨터에 명령을 입력하는 것은 "권한 없이 정보를 입력"하는 것에 해당하며, 이로 인하여 재산상의 이익을 취득한 것이기 때문이다.

(6) 카드가맹점의 사기죄

카드가맹점이 매출전표를 허위 또는 초과 작성하여 자금을 융통하는 이른바 카드할인은 카드회사에 대한 사기죄가 성립한다(98도3549 판결). 가맹점이 카드명의인 몰래 매출전표금액을 실거래액보다 많게 고치거나 매출전표를 중복하여 만들어 출금한 때에는 사문서위조·변조죄, 위조·변조사문서행사죄와 사기죄의 상상적 경합이 된다.1)

III. 컴퓨터 등 사용사기죄

> [구성요건·법정형] 컴퓨터 등 정보처리장치에 허위의 정보 또는 부정한 명령을 입력하거나 권한 없이 정보를 입력·변경하여 정보처리를 하게 함으로써 재산상의 이익을 취득하거나 제3자로 하여금 취득하게 한 자는 10년 이하의 징역 또는 2천만원 이하의 벌금에 처한다(제347조의2).
> 미수범은 처벌한다(제352조).
> 친족상도례 특례규정과 동력규정을 준용한다(제354조).

(1) 의의·성격

컴퓨터 등 정보처리장치에 허위의 정보 또는 부정한 명령을 입력하거나 권한 없이 정보를 입력·변경하여 정보처리하게 함으로써 재산상의 이익을 취득하거나 제3자로 하여금 취득하게 하는 범죄이다. 재산변동에 관한 사무가 사람의 개입없이 컴퓨터 등에 의하여 기계적·자동적으로 처리되는 경우가 증가함에 따라 이를 악용하여 불법적인 이익을 취하는 행위도 증가하였으나 이들 새로운 유형의 행위는 사람에 대한 기망행위나 상대방의 처분행위 등을 수반하지 않기 때문에 기존 사기죄로는 처벌할 수 없다는 점 등을 고려하여 신설한 규정이다(2013도16099 판결).

이 죄는 컴퓨터 등에 의하여 자동적으로 처리되는 재산권의 득실·변경에 대한 사기죄를 규정한 것이므로 사기죄와 행위태양만이 다를 뿐이고 범죄의 성

---

1) 반면, 판례는 위조사문서행사죄와 사기죄는 실체적 경합관계에 있다는 입장이다(79도840 판결).

질은 사기죄와 같다. 따라서 사무처리과정에서 사람이 개입한 기망행위가 있으면 사기죄가 성립하고 이 죄는 성립하지 않는다. 즉 이 죄는 사기죄에 대한 보충규정이라 해야 한다. 이득죄이고 기망을 수단으로 하지 않는다는 점에서 사기죄와 구별된다.

(2) 보호법익

재산상의 이익을 객체로 하는 이득죄이므로 보호법익은 전체로서의 재산이고, 보호의 정도는 침해범으로서의 보호이다.

(3) 객관적 구성요건

1) 주 체   제한이 없다. 프로그래머, 오퍼레이터(operator), 컴퓨터 정보처리담당자뿐만 아니라 정보처리전산망에 연결되어 있는 외부인도 주체가 될 수 있다. 친족의 예금통장을 절취하여 현금자동지급기에 넣고 조작하는 방법으로 예금을 자신의 계좌로 이체한 경우, 컴퓨터 등 사용사기죄의 피해자는 거래 금융기관이므로 친족상도례가 적용되지 않는다($\frac{2006도2704}{판결}$).

2) 객 체   재산상의 이익이다. 순수한 이득죄이다.

3) 행 위   컴퓨터 등 정보처리장치에 허위의 정보 또는 부정한 명령을 입력하거나 권한 없이 정보를 입력·변경하여 정보처리를 하게 하고 재산상의 이익을 취득하는 것이다.

(a) **컴퓨터 등 정보처리장치**   자동적으로 계산이나 데이터의 처리를 할 수 있는 전자장치를 말한다("컴퓨터 등 업무방해죄" 참조). 다른 기기에 부착되어 자동적으로 정보처리를 하는 네트워크시스템 단말기도 전자장치에 해당한다. 재산죄의 성격에 비추어 정보처리장치의 범위도 재산적 이익의 득실·변경에 관련된 사무처리용 정보처리장치에 한정된다. 따라서 은행의 온라인시스템과 연결된 전자계산기와 현금자동지급기가 여기에 해당한다.

(b) **허위정보·부정명령 입력**

(aa) 허위정보 입력   "허위정보를 입력한다"란 당해 사무처리시스템에 예정되어 있는 사무처리의 목적이나 진실에 반하는 자료를 정보처리장치에 입력시키는 것을 말한다. 금융기관의 온라인시스템에 단말기를 통해 허위 입금데이터를 입력하여 예금원장(預金元帳) 파일의 잔고를 증액시키거나 범용단말기의

프로그램을 변경하여 예금을 인출하고서도 원장파일의 예금잔액이 감소되지 않도록 하는 것이 여기에 해당한다.

　　(bb) 부정명령 입력　　"부정한 명령을 입력한다"란 당해 사무처리시스템에 예정되어 있는 사무처리목적에 비추어 지시해서는 아니될 내용을 입력하는 것을 말한다. 프로그램의 일부 또는 전부의 내용을 부정하게 변경·삭제·추가하여 프로그램을 조작하는 것이다. 예금잔고를 부정하게 증액시키는 프로그램을 만들어 입력시키거나 다른 사람의 계좌에 있는 예금을 단말기조작으로 자신의 계좌로 이체시키는 것이 여기에 해당한다.

　　(c) 권한 없이 정보를 입력·변경

　　(aa) 권한 없는 정보입력　　"권한 없이 정보를 입력한다"란 타인의 진정한 정보를 사용할 수 있는 권한 없이 정보처리장치에 입력시키는 것을 말한다(진정한 정보의 무권한 사용). 예컨대, ① 절취(또는 위조)한 현금카드와 비밀번호를 사용하여 현금지급기에서 타인의 예금액을 자기계좌에 이체하는 경우($^{2008도2440 \; 판결,}_{절도죄 \; 성립 \; 부정}$), ② 해킹·텔레뱅킹·인터넷뱅킹을 이용하여 자신의 계좌로 예금을 이체시켜 재산상의 이익을 취득하는 경우($^{2004도353 \; 판결,}_{절도죄 · 사기죄 \; 성립 \; 부정}$)를 들 수 있다.

　　(bb) 권한 없는 정보변경　　"권한 없이 정보를 변경한다"란 컴퓨터에 저장되어 있는 전자기록이나 처리 내지 전송 중인 데이터를 권한 없이 해킹을 통해 변경하거나 하드웨어 조작으로 정보를 변경시키는 것을 말한다.

　　(d) 정보처리　　"정보처리를 하게 한다"란 입력된 허위정보나 부정한 명령에 따라 데이터의 처리가 이루어지는 것을 말한다. 정보처리장치에 의한 재산처분행위라 할 수 있다. 허위정보나 부정명령의 입력과 정보처리 사이에는 인과관계가 있어야 한다.

　　4) 재산상의 손해　　이 죄도 사기죄의 성격을 가진 침해범이므로 행위자의 재산취득으로 재산상의 손해가 발생해야 한다. 판례는 손해발생을 요하지 않는다고 한다($^{2006도4127}_{판결 \; 참조}$). 정보처리와 재산상의 손해 사이에도 인과관계가 있어야 한다.

　　5) 미수·기수　　컴퓨터에 허위정보나 부정한 명령을 입력하거나 권한 없이 정보를 변경하기 시작한 때에 실행의 착수가 있고, 정보처리의 결과 특정계좌에 돈이 입금되어 권리자에게 재산상의 손해가 발생한 때에 기수가 된다.[1]

---

1) 판례는 "금융기관 직원이 전산단말기를 이용하여 허위의 정보를 입력하는 방법으로 특정계좌

(4) 주관적 구성요건

컴퓨터 등 정보처리장치에 허위정보나 부정한 명령을 입력하거나 권한 없이 정보를 입력·변경하여 정보처리를 하게 한다는 사실과 재산상의 이익을 취득한다는 사실에 대한 인식·의사가 있어야 한다. 미필적 고의로 족하다. 이득의 의사는 고의 내용에 포함되었다고 본다.

(5) 타죄와의 관계

이 죄는 사기죄에 대하여 법조경합의 보충관계에 있다. 허위의 입금데이터를 입력하여 자기의 예금잔고를 증가시킨 다음 예금통장을 이용하여 은행원에 청구하여 현금을 인출하면 은행에 대한 사기죄와 이 죄의 경합범이 된다. 이 경우 증가시킨 예금잔고를 현금카드를 이용하여 현금자동지급기에서 현금으로 인출한 때에는 불가벌적 사후행위가 되어 컴퓨터 등 사용사기죄만 성립한다(²⁰⁰⁴도353 판결).

타인의 재물을 보관하는 자 또는 타인의 사무를 처리하는 자가 이 죄를 범한 때에는 이 죄와 횡령죄 또는 배임죄의 상상적 경합이 된다. 여신전문금융업법상의 신용카드부정사용죄와 이 죄는 법조경합의 흡수관계에 있다.

IV. 준사기죄

[구성요건·법정형] 미성년자의 사리분별력 부족 또는 사람의 심신장애를 이용하여 재물을 교부받거나 재산상의 이익을 취득한 자는 10년 이하의 징역 또는 2천만원 이하의 벌금에 처한다(제348조 제1항).
제1항의 방법으로 제3자로 하여금 재물을 교부받게 하거나 재산상의 이익을 취득하게 한 경우에도 제1항의 형에 처한다(제2항).
미수범은 처벌한다(제352조).
친족상도례 특례규정과 동력규정을 준용한다(제354조).

(1) 의의·성격

미성년자의 사리분별력 부족이나 사람의 심신장애(정신장애)의 상태를 이용

에 돈이 입금되도록 한 경우, 이러한 입금절차를 완료함으로써 장차 그 계좌에서 인출하여 갈 수 있는 재산상 이익을 취득하였으므로 컴퓨터 등 사용사기죄는 기수에 이르렀고, 그 후 그러한 입금이 취소되어 현실적으로 인출되지 못하였다고 하더라도 이미 성립한 이 죄에 어떤 영향이 있다고 할 수 없다"고 판시(2006도4127 판결)하였다.

하여 재물 또는 재산상의 이익을 취득하거나 제3자에게 취득하게 하는 범죄이다. 지적 능력이 부족한 미성년자나 정신장애자에 대하여 처음부터 기망을 사용한 때에는 이 죄가 아니라 사기죄가 성립한다. 따라서 이 죄는 사기죄의 보충적 구성요건이다. 이 죄는 위험범이라는 견해($^{이재상·장영민}_{강동범\ 18/64}$)도 있으나 사기죄와 마찬가지로 재산상의 손해발생을 요구하는 침해범이라 해야 한다(통설).

(2) 구성요건

1) 미성년자의 사리분별력 부족

(a) **미성년자**   "미성년자"는 19세 미만자이다($^{민법}_{제4조}$). 민법의 성년의제규정($^{민법}_{제826조의2}$)에 의해 성년으로 간주되는 미성년자도 이 죄의 미성년자에 해당한다. 모든 미성년자가 아니라 지적 능력이 부족한 미성년자만 여기에 해당한다.

(b) **사리분별력 부족**   "사리분별력"이란 일의 옳고 그름을 나누어 판단하는 능력으로, 이러한 능력이 부족한 경우가 이 죄의 성립요건이다. 기망을 사용하지 않고 유혹만 있어도 처분행위를 하게 할 수 있는 정도의 판단능력을 가진 경우가 여기에 해당한다. 심신장애와 대비하여 구체적 사항에 대해서 지각과 사고능력이 부족하면 충분하다.

2) 사람의 심신장애   여기의 "사람"은 사리분별력이 부족하지 않은 미성년자를 포함하며, 남녀를 구별할 필요도 없다. "심신장애"란 재산거래에 있어서 정신기능의 장애로 인하여 정상적인 판단능력이 없는 상태(재산상의 거래무능력)를 말한다. 심신미약자와 심신상실자도 포함될 수 있으나, 형사책임능력($^{제10조 제1항}_{제2항}$)에 관한 심신장애와 일치하지 않는다. 심신상실의 정도가 심하여 의사능력까지 없는 때에는 처분능력이 없으므로 이러한 자에 대해서는 이 죄가 아니라 절도죄가 성립한다.

3) 이용하여   "이용하여"란 유혹에 빠지기 쉬운 상태를 이용한다는 의미로서 기망행위에 해당하지 않는 정도라야 한다. 적극적인 유혹을 한 경우뿐만 아니라 스스로 재산처분행위를 하도록 한 경우도 이용이 된다. 재물 또는 재산상의 이익취득은 사리분별력이 부족한 미성년자 또는 심신장애인의 처분행위에 의한 것이라야 한다.

V. 편의시설부정이용죄

> [구성요건·법정형] 부정한 방법으로 대가를 지급하지 아니하고 자동판매기, 공중전화 기타 유료자동설비를 이용하여 재물 또는 재산상의 이익을 취득한 자는 3년 이하의 징역, 500만원 이하의 벌금, 구류 또는 과료에 처한다(제348조의2).
> 미수범은 처벌한다(제352조).
> 친족상도례 특례규정과 동력규정을 준용한다(제354조).

(1) 의의·성격

부정한 방법으로 대가를 지급하지 아니하고 자동판매기, 공중전화 기타 유료자동설비를 이용하여 재물 또는 재산상의 이익을 취득하는 범죄이다.[1] 유료자동설비의 보급이 확대되면서 이에 대한 사회적 기능을 보호해야 할 필요성 때문에 범죄로 규정한 것이고, 사기죄와 절도죄로서 처벌할 수 없는 결함을 보충하는 보충적 역할을 한다.

이 죄의 보호법익도 사기죄와 마찬가지로 개인의 재산이며, 보호받는 정도는 침해범으로서의 보호이고 재물죄·이득죄이다.

(2) 객관적 구성요건

1) 객 체 재물 또는 재산상의 이익이다. 다만 이 죄의 성질상 유료자동설비를 이용하여 취득할 수 있는 재물 또는 재산상의 이익에 한정된다고 본다.

2) 행 위 대가를 지급하지 않고 자동판매기, 공중전화, 기타 유료자동설비를 이용하여 재물 또는 재산상의 이익을 취득하는 것이다.

(a) 대가지급 물품구입가액이나 편의시설 이용료에 상당한 금전적 지급을 말한다. 이 죄는 이러한 대가지급을 하지 않고 이용해야 한다. 절취한 타인의 후불식 전화카드로 공중전화를 이용한 경우에는 카드 주인이 요금납부 책임을 부담하므로 "대가를 지급한 이용"에 해당하여 이 죄는 성립하지 않는다 (2001도3625 판결, 「사문서부정행사죄 성립」).

(b) 편의시설 부정이용의 대상은 자동판매기, 공중전화 기타 유료자동설비

---

[1] 헌법재판소는 재판관 전원일치의 의견으로 "건전한 상식과 통상적인 법감정을 가진 사람이라면 편의시설부정이용죄 조항에 의하여 구체적으로 어떠한 행위가 금지되는지 충분히 알 수 있고, 법관이 이를 자의적으로 해석할 염려가 있다고 보기 어려워 죄형법정주의의 명확성원칙에 위반되지 않는다"고 판시(2019도448 결정)하였다.

이다. 이를 총칭하여 편의시설이라 한다.

(aa) 유료자동설비 "유료자동설비"란 지정 주입구에 대가를 지불하면 기계 또는 전자장치가 작동하여 일정한 물건이나 편익을 제공하는 자동기기를 말한다.[1] 유료자동설비는 불특정 다수인이 사용하는 것임을 요하고, 개인적으로 이용하는 유료자동설비는 포함하지 않는다. 따라서 공중전화의 부정이용은 이 죄가 성립하지만 타인의 일반전화나 휴대폰을 몰래 사용하여도 이 죄가 되지 않는다. 현금자동지급기도 유료자동설비이지만 여기의 편의시설은 아니다.

(bb) 자동판매기 "자동판매기"는 금전투입에 응하여 우표·승차권·담배·음료수 기타 물품을 제공하는 자동기계설비를 말한다. 자동설비는 대가를 받을 때에 작동한다는 전제하에서만 이 죄에 해당할 수 있다. 따라서 입장무료인 모임에 출입자를 제한하기 위해 설치한 자동설비를 부정이용하거나, 회원만 출입이 가능한 카드용자물쇠 부착 출입문을 부정한 방법으로 열고 들어갔어도 대가를 지불하는 자동설비가 아니므로 이 죄에 해당하지 않는다.

(c) 부정이용 "부정한 방법으로 이용"이란 정해진 대가지급이 없거나 사용규칙에 위반하여 유료자동설비를 이용하는 것을 말한다. 그 방법은 제한이 없다. 동전유사물 또는 위폐를 사용하거나 부정하게 만든 선급카드(pre-paid card), 변조한 IC카드·텔레폰카드를 자동설비에 주입하여 서비스를 제공받는 것이 그 예이다. 다만 여기의 "이용"은 정상적인 이용방법을 전제한 것이므로, 예컨대 고장난 자동판매기에서 동전을 넣지 않아도 나온 물건을 가져간 경우에는 절도죄가 성립하고, 자동설비를 파괴하고 그 속에 있는 현금이나 물품을 영득한 때에는 절도죄와 손괴죄의 경합범이 된다. 또한 자동개찰구 틈새로 빠져나가 승차하여도 정상적인 이용방법이 아니므로 다른 법령에 의한 제재는 별론으로 이 죄가 성립할 수 없다.

(d) 실행의 착수·기수 부정이용행위를 개시한 때에 실행의 착수가 있으며, 부정이용행위의 결과로 재물 또는 재산상의 이익을 취득한 때에 기수가 된다.

(e) 재산상의 손해 이 죄는 사기죄의 일종이므로 재산상의 손해가 발생해

---

[1] 자동판매기, 공중전화 외에도 동전을 넣어서 자동작동하는 자동보관함, 전자오락기, 자동놀이기구 등 편익을 제공하는 자동설비와 공중교통기관의 자동유료개찰구도 그것이 무인화·자동화되어 있으면 유료자동설비에 해당한다.

야 한다. 기술되지 않은 구성요건요소이다. 부정이용행위와 재물 또는 재산상의
이익취득 및 재산상의 손해발생 사이에 인과관계가 있어야 한다.

(3) 주관적 구성요건

대가를 지불하지 않고 편의시설을 이용한다는 인식과 재물 또는 재산상의
이익을 취득한다는 인식·의사가 있어야 한다. 재물에 대한 불법영득의 의사가
있어야 하지만 재산상의 이익에 대한 불법이득의 의사는 고의 내용에 포함된다
고 본다.

(4) 타죄와의 관계

공중전화카드, IC카드, 선불카드의 자기띠를 조작하여 유료자동설비에 사
용한 경우, 사전자기록변작죄($\frac{제232조}{의2}$)와 편의시설부정이용죄의 경합범이 된다는
견해($\frac{임웅\ 463\ 이하,\ 오영근}{340,\ 김성돈\ 417}$), 편의시설부정이용죄만 성립한다는 견해($\frac{김일수\cdot서보학}{371}$), 사전자기
록변작죄와 편의시설부정이용죄의 상상적 경합이라는 견해($\frac{박상기}{각론8판\ 347}$)가 대립한다.

이 죄는 컴퓨터 등 사용사기죄에 대하여 유료자동시설이 추가된 특별관계
에 있으므로 편의시설부정이용죄만 성립하고 사전자기록변작죄와 경합범이 된
다고 본다.

Ⅵ. 부당이득죄

> **[구성요건·법정형]** 사람의 곤궁하고 절박한 상태를 이용하여 현저하게 부당한 이익을 취
> 득한 자는 3년 이하의 징역 또는 1천만원 이하의 벌금에 처한다(제349조 제1항).
>   제1항의 방법으로 제3자로 하여금 부당한 이익을 취득하게 한 경우에도 제1항의 형에 처한
> 다(제2항).
>   친족상도례 특례규정과 동력규정을 준용한다(제354조).

(1) 의의·성격

사람의 곤궁하고 절박한 상태를 이용하여 현저하게 부당한 이익을 취득하
거나 제3자로 하여금 취득하게 하는 범죄이다. 이 죄는 기망을 사용하여 상대
방을 착오에 빠뜨리는 것이 아니므로 엄밀한 의미에서 사기죄는 아니지만 곤궁
하고 절박한 상태에 있는 상대방의 하자있는 의사를 이용한다는 점에서 사기죄

의 일태양으로 취급한 것이다. 곤궁하고 절박한 상태를 이용하는 개인적 폭리행위를 주된 대상으로 하며, 보호법익은 사기죄와 마찬가지로 개인의 재산이다.

이 죄는 피해자에게 재산상의 위험을 초래하면 충분하다는 **위험범설**(유기천상253, 이재상·장영민·강동범 18/74)도 있으나 부당이득을 취득해야 완성되는 재산범죄이므로 침해범이라 본다(**침해범설**, 다수설).

(2) 객관적 구성요건

1) 사람의 곤궁하고 절박한 상태 "곤궁"은 생활이 매우 가난하고 어려운 상태를 의미하고, "절박"은 매우 다급하고 절실한 상태를 의미한다. 반드시 경제적인 곤궁·절박상태에 한하지 않는다. 생명·신체에 대한 육체적 곤궁·절박상태와 명예·신용에 대한 정신적 곤궁·절박상태는 물론, 심각한 주택난·자금난과 같은 사회적 곤궁·절박상태도 포함될 수 있다. 곤궁·절박상태를 초래하게 된 원인도 묻지 않는다. 본인 스스로 초래한 곤궁·절박상태도 상관없다. 곤궁·절박상태는 객관적으로 존재할 필요가 없고, 상상한 곤궁·절박상태를 이용하는 것으로 족하다.

2) 현저하게 부당한 이익 "부당한 이익"은 급부와 이익 사이에 상당성이 없는 경우를 말한다. 현저하게 부당한가의 여부는 추상적·일반적 판단이 아니라 사회통념 또는 건전한 상식에 따라 구체적·개별적·객관적으로 결정해야 하며, 계약자유 및 신의성실의 원칙과 관련하여 신중하게 판단해야 한다(2010도788 판결).

대법원은 ① 매도담보에 있어서 300만원의 변제에 갈음하여 시가 300만원 상당의 대지와 주택은행융자금 200만원 및 가옥매매대금 100만원, 합계 600만원의 대물변제를 받은 것만으로는 현저하게 부당한 이익을 취득한 것이라고 보기 어렵고(72도1803 판결), ② 재개발사업이 추진되기 오래 전부터 사업부지 내에 토지를 소유하여 온 자가 사업추진회사의 매도 제안을 거부하다가 이를 수용하는 과정에서 인근 토지에 비해 40배가 넘는 가격으로 매도한 경우에도 매도인이 재가발사업이 추진되는 상황을 미리 알고 그 사업부지 내의 토지를 매수한 경우이거나 사업추진회사에 협조할 듯한 태도를 취하여 사업을 추진하도록 한 후에 협조를 거부하는 경우 등과 같이 궁박한 상태에 빠지게 된 데에 적극적으로 원인을 제공하였거나 상당한 책임을 부담하는 경우가 아닌 한 부당이득죄는 성립하지 않는다(2008도8577 판결)고 하였다.

이에 대하여 병원에 갈 여유가 없는 위급환자에게 시가의 수배에 해당하는 가격으로 의약품을 매각하는 폭리매매, 위급환자가 병원에 가는 것을 기화로 현저하게 부당한 택시요금을 취득한 폭리대금, 입원료를 마련하기 위한 위급환자의 곤궁상태를 이용하여 그의 재산을 현저하게 염가로 매수하는 폭리매수, 기타 곤궁상태를 이용하여 크게 불리한 계약승인을 하게 한 때에는 현저하게 부당한 이익을 취득한 것이 될 것이다.

3) 곤궁·절박상태의 이용   곤궁·절박한 상태를 이용하여 현저하게 부당한 이익을 취득해야 한다. "이용하여"란 상대방의 경제적·육체적·사회적 곤궁·절박상태를 이익취득의 기회로 삼는 것을 말하고, 일종의 착취행위에 해당한다. 부당이득을 취득하여 상대방에게 재산상의 손해가 발생한 때에 기수가 된다(침해범).

(3) 주관적 구성요건

곤궁·절박상태를 이용한다는 의사와, 현저하게 부당한 이익을 취득한다는 인식·의사가 있어야 한다. 현저하게 부당한 가격으로 매수하였어도 곤궁·절박상태를 이용한다는 의사가 없으면 이 죄는 성립하지 않는다.

Ⅶ. 상습사기(컴퓨터 등 사용사기·준사기·편의시설부정이용·부당이득)죄

> [구성요건·법정형]   상습으로 제347조 내지 전조(사기, 컴퓨터 등 사용사기, 준사기, 편의시설부정이용, 부당이득)의 죄를 범한 자는 그 죄에 정한 형의 2분의 1까지 가중한다(제351조).
> 미수범은 처벌한다(제352조).
> 친족상도례 특례규정과 동력규정을 준용한다(제354조).

상습으로 사기죄, 컴퓨터 등 사용사기죄, 준사기죄, 편의시설부정이용죄, 부당이득죄를 범한 경우에 가중처벌하는 범죄로, 부진정신분범이다. 이 죄에 있어서 사기의 습벽은 범인이 저지른 사기의 범죄행위를 기초로 판단할 것이고, 반드시 전과사실이 있어야 하는 것은 아니다($^{2009도980}_{판결}$). 단시일 안에 같은 범행을 반복한 때에는 상습성을 인정할 수 있다.

습벽은 동종의 사기범행의 습벽 외에 이종의 습벽에 의한 사기범행을 포함한다($^{99도4797}_{판결}$).

[§ 19] 공갈의 죄

I. 총 설

(1) 의 의

공갈의 죄는 사람을 공갈하여 피해자의 하자 있는 의사에 의하여 재물 또
는 재산상의 이익을 얻거나 제3자로 하여금 이를 얻게 하는 재산죄라는 점에서
사기죄와 같다. 다만 행위수단이 공갈행위(공포심 야기)라는 점에서 기망을 수단
으로 하는 사기죄와 구별된다. 또 공갈죄는 공포심을 이용하여 재물 또는 재산
상의 이익을 취득한다는 점에서 강도죄와 유사하나, 피해자의 반항을 억압할
정도에 이르지 않는 공갈행위를 수단으로 한다는 점에서 강도죄와 정도의 차이
가 있다.

(2) 보호법익

공갈죄는 공갈을 수단으로 공포심을 갖게 하여 타인의 재산을 침해하는 재
산죄이므로 주된 보호법익은 개인의 재산이다. 또 공갈행위를 수단으로 사람의
의사결정 내지 의사활동의 자유를 침해하여 재산을 취득하는 것이므로 의사결
정 및 의사활동의 자유도 부차적인 보호법익이 된다. 이 때문에 피공갈자와 재
산상의 피해자가 일치하지 않는 경우(삼각공갈)에는 재산상의 피해자뿐만 아니
라 자유를 침해당한 피공갈자도 이 죄의 피해자가 된다. 보호받는 정도는 침해
범으로서의 보호이다.

II. 공갈죄

> [구성요건·법정형]   사람을 공갈하여 재물의 교부를 받거나 재산상의 이익을 취득한 자는
> 10년 이하의 징역 또는 2천만원 이하의 벌금에 처한다(제350조 제1항).
> 　전항의 방법으로 제3자로 하여금 재물의 교부를 받게 하거나 재산상의 이익을 취득하게 한
> 때에도 전항의 형과 같다(제2항).
> 　미수범은 처벌한다(제352조).
> 　친족상도례 특례규정과 동력규정을 준용한다(제354조).

1. 의의·성격

사람을 공갈하여 재물의 교부를 받거나 재산상의 이익을 취득하거나 또는 제3자로 하여금 재물의 교부를 받게 하거나 재산상의 이익을 취득하게 하는 범죄이다. 재물죄인 동시에 이득죄이며, 침해범·상태범이다. 특정경제범죄법에는 공갈로 취득한 이익의 가액이 5억원 이상 또는 50억원 이상인 경우에 가중처벌하는 특별규정이 있다(동법 제3조).[1]

2. 객관적 구성요건

(1) 객 체

타인의 재물과 재산상의 이익이다. 타인이 점유하는 자기의 재물에 대해서는 권리행사방해죄는 성립할 수 있어도 공갈죄는 성립할 수 없다. 재산상의 피해자인 타인은 자연인 외에 법인도 포함한다.

재물과 재산상의 이익은 사기죄의 그것과 같다. "재물"은 타인이 점유하는 타인 소유의 재물로서 부동산, 관리할 수 있는 동력, 장물, 금제품, 불법원인급여물을 포함한다. "재산상의 이익"은 적극적·소극적, 영구적·일시적 이익 여부와 종류·태양을 묻지 않는다. 채무이행연기, 소유권이전의 의사표시, 사무위임의 보수계약체결도 재산상의 이익이다. 판례는 부녀를 공갈하여 정교를 맺은 사안에서 정교자체는 매음을 전제로 한 것이 아니면 경제적 이익이 없다는 이유로 재산상의 이익이라고 볼 수 없다고 하였다(82도2714 판결).

> **판례** 공갈죄의 대상이 되는 재물은 타인의 재물을 의미하므로 사람을 공갈하여 자기의 재물을 교부받는 경우에는 공갈죄가 성립하지 아니한다. 그리고 타인의 재물인지는 민법·상법·기타의 실체법에 의하여 결정되는데, 금전을 도난당한 경우 절도범이 절취한 금전만 소지하고 있는 때 등과 같이 구체적으로 절취된 금전을 특정할 수 있어 객관적으로 다른 금전 등과 구분됨이 명백한 예외적인 경우에는 절도피해자에 대한 관계에서 그 금전이 절도범인 타인의 재물이라고 할 수 없다(2012도6157 판결).[2]

---

1) 헌법재판소는 공갈행위로 취득한 재산상의 이득액이 5억원 이상인 경우 형법상의 공갈죄에 비해 가중처벌하는 특정경제범죄법상의 처벌조항에 대하여 재판관 전원일치 의견으로 합헌결정(2019헌바128 결정)하였다.

2) 甲이 乙의 돈을 절취한 다음 다른 금전과 섞거나 교환하지 않고 쇼핑백 등에 넣어 자신의 집에 숨겨두었는데, 피고인이 乙의 지시로 丙과 함께 甲에게 겁을 주어 위 돈을 교부받아 갈취한 경

(2) 행 위

공갈죄가 성립하기 위해서는 ① 공갈행위가 있어야 하고, ② 피공갈자에게 공포심이 생겨야 하며, ③ 피공갈자의 재산처분행위와 ④ 공갈자 또는 제3자의 재물 또는 재산상의 이익취득이 있고, ⑤ 피해자에게 재산상의 손해발생이 있어야 한다(사기죄와 같은 구조).

1) **공 갈**　"공갈"이란 재물을 교부받거나 재산상의 이익을 취득하기 위하여 폭행 또는 협박으로 상대방에게 공포심을 일으키게 하는 일체의 행위를 말한다.

(a) **폭 행**　"폭행"은 사람에 대한 일체의 유형력 행사를 말한다(광의의 폭행). 물건에 대한 유형력의 행사도 이 죄의 폭행이 될 수 있다. 사람의 의사결정과 의사활동에 영향을 주는 심리적 폭력(강제적 폭력)에 한하고 절대적 폭력은 제외된다(다수설). 절대적 폭력은 강도죄의 폭행에 해당한다.

(b) **협 박**　"협박"은 사람에게 공포심을 생기게 하는 해악의 고지로서 상대방이 현실적으로 공포심을 느낄 수 있는 것이라야 한다(협의의 협박). 고지되는 해악은 현재 또는 장래의 사항도 무방하며, 그 내용은 제한이 없다. 생명·신체·자유·명예·신용·재산에 대한 것은 물론 범죄사실을 수사기관에 신고하겠다고 고지하여 그 입막음으로 돈을 받거나 회사의 신용상태 또는 사람의 비밀을 신문에 게재하겠다고 고지하는 때에도 해악고지가 될 수 있다.

(aa) **해악고지 방법**　해악고지의 방법도 제한이 없다. 명시적·묵시적임을 묻지 않으며, 언어·문서·거동·동작에 의하여 위해를 가할 기세를 보여도 협박이 된다. 다만 거동에 의한 해악고지는 상대방에게 해악이 올 것임을 인식시킬 수 있어야 한다. 또 자신의 직업·지위·불량한 성행이나 경력 등 위세를 이용하거나 폭력배와 잘 알고 있다는 위세를 보여 공포심을 줄 수 있다. 해악의 실현가능성과 실현의사의 유무, 고지된 해악내용의 진실 여부와 위법 여부도 묻지않으며, 해악발생이 행위자의 의사로 좌우할 수 있는 것으로 고지되면 족하다($\binom{2000도3245}{판결}$).

우, 위 금전을 타인인 甲의 재물이라고 할 수 없어 폭처법상의 공동공갈죄의 성립을 부정한 사례.

[공갈죄 관련 판례]　대법원은, ① 부실공사에 대한 신문기사에 대하여 해당 건설업체의 반박광고가 있자 신문사 사주 및 광고국장이 그 건설업체 대표이사에게 반박광고에 대한 기자들의 격앙된 분위기를 전달하는 방식으로 사과광고를 게재하도록 하면서 과다한 광고료를 교부하게 한 경우(96도1959 판결), ② 방송사 기자가 부실공사를 방송으로 보도하겠다고 위협하여 무마비조로 금품을 교부받은 경우(91도80 판결), ③ 주인을 협박하여 취직한 종업원이 종업원으로서의 상당한 근로를 제공하지 않은 채 주인으로부터 월급 상당액을 교부받은 경우(91도1755 판결), ④ 피해자의 유혹으로 간통한 자에게 이를 미끼로 협박하여 금원을 교부받은 경우(84도573 판결), ⑤ 피해자의 고용인을 통하여 피해자에게 탈세사실을 국세청이나 정보부에 고발한다고 전한 경우(69도984 판결. 공갈미수), ⑥ 조직폭력배와 잘 알고 있다는 지위를 이용하여 위세를 과시하면서 수시로 공포분위기를 조성하여 호텔직원들로 하여금 숙박료 청구를 단념하게 한 경우(2003도709 판결), ⑥ 폭력조직의 두목·조직원이 영화제작에 투자한 피해자들에게 폭력조직배들의 불량한 성행·경력 등을 이용하여 재물의 교부를 요구한 경우(2004도1565 판결)에 공갈죄를 인정하였다.

반면, ① 가출자의 가족에 대하여 그의 소재를 알려주는 조건으로 보험가입을 요구한 경우(75도2818 판결), ② 소방도로를 무단점용한 사실을 알고 있는 자로부터 약정한 자릿세를 지급받은 경우(84도2289 판결), ③ 폭행을 당하여 비부좌상 등을 입은 자가 종전상처인 비골골절상까지 폭행당시 입은 것으로 믿고 치료비 및 합의금 명목으로 금원을 교부받은 경우(83도3023 판결), ④ 매도인이 매매대금을 지급받기 위하여 매수인을 상대로 하여 당해 토지에 관한 소유권이전등기말소청구소송을 제기하면서 매매대금을 변제받지 못하면 소송을 취하하지 않겠다는 취지를 알린 경우(87도690 판결), ⑤ 조상천도제를 지내지 아니하면 좋지 않은 일이 생긴다고 말하며 천도비용을 요구하여 교부받은 경우(2000도3245 판결), ⑥ 택시를 타고 간 후 목적지가 다르다는 이유로 택시요금의 지급을 면하고자 이를 요구하는 택시기사를 폭행하고 달아난 경우(2011도16044 판결)에는 공갈죄 성립을 부정하였다.

　(bb) **해악고지의 주체**　해악고지는 제3자를 통해서 고지되어도 무방하다. 이 경우에 제3자에 대해서 공갈자가 영향을 줄 수 있는 지위에 있다는 것을 상대방에게 알리거나 상대방이 그러한 사정을 추측할 수 있는 상황이 있어야 한다.

　(c) **폭행·협박의 정도**　폭행 또는 협박은 사람의 의사결정과 활동의 자유를 제한하는 정도로서 충분하고, 반항억압의 정도에 이르지 않아야 한다(2010도13774 판결). 반항억압의 유무는, 행위자와 피해자의 성별·신분·체격과 범행시간과 장소 등 구체적 사정을 종합하여 객관적으로 판단해야 한다. 어떤 행위가 그것만으로 공포심을 일으키기 부족하여도 다른 사정과 결합하여 공포심을 일으킬 수 있으면 공갈행위가 될 수 있다.

　2) **공갈의 상대방**　공갈행위의 상대방(피공갈자)은 재산상의 피해자와 동일인임을 요하지 않는다(2010도13744 판결). 피공갈자와 재산상의 피해자가 다른 경우에는

피공갈자가 피해자의 재산을 처분할 수 있는 사실상·법률상의 권한이나 지위에 있어야 한다($^{2005도4738}_{판결}$). 따라서 처를 공갈하여 그의 남편으로부터 재물을 교부받은 때, 타인의 사무를 처리하는 자를 협박하여 그로부터 본인의 금품을 교부받은 때에도 공갈죄가 성립한다. 피공갈자와 재산상의 피해자가 다른 경우에는 양자 모두와 친족관계가 있는 경우에 친족상도례 특례규정이 적용된다.

3) 재산적 처분행위 피공갈자의 재물교부나 재산상의 이익을 제공하는 처분행위가 있어야 한다. 처분행위는 사기죄의 그것과 같다. 처분행위는 작위·부작위 또는 묵인으로 할 수 있다($^{통설, 2011도16044}_{판결}$). 재산처분행위자와 피공갈자는 같은 사람이어야 한다.

공갈행위와 공포심야기, 재산적 처분행위 사이에 연차적인 인과관계가 있어야 하는 것은 사기죄와 같다. 다른 사정으로 공포심을 가진 자에게 공포심을 유지·확실하게 하여 재산처분행위를 하게 하여도 공갈죄가 성립한다.

4) 재물·재산상의 이익취득 재물을 취득하는 경우에는 재물의 점유를 옮기는 피해자의 재물교부 또는 묵인에 의하여 취득할 수 있다. 재산상의 이익을 취득하는 경우는 재산적 이익에 한하고 비재산적 이익인 때에는 강요죄($^{제324조}_{제1항}$)가 성립할 수 있다. 취득하는 불법이익은 이익취득의 수단·방법이 불법하다는 의미이고, 재산상의 이익 자체가 불법하다는 의미가 아니다.

5) 갈취이득액 공갈행위로 취득한 재산 중에 행위자가 취득할 수 있는 권리가 있는 때에도 그 재산의 가분·불가분을 묻지 않고 취득한 전부에 대해서 공갈죄가 성립한다. 이 경우 대가제공이 있어도 취득한 전부가 공갈이득액이 된다. 후일에 반환할 의사가 있거나 공갈자와 피해자 사이에 유효한 계약이 성립하여도 공갈죄의 성립에 영향이 없다.

6) 재산상의 손해 공갈죄도 사기죄와 마찬가지로 피해자에게 재산상의 손해가 발생해야 한다. 상당한 대가를 지급하여 본인에게 손해가 없어도 이 죄가 성립한다는 견해($^{김종원 223, 오영근}_{348, 정영일 357}$)도 있으나 이 죄는 재산침해범죄이므로 법률의 명시 여부를 불문하고 재산상의 손해발생이 필요하다고 해야 한다(다수설).[1]

---

[1] 판례는 피공갈자의 하자있는 의사에 기하여 이루어지는 재물의 교부 자체가 공갈죄에서의 재산상 손해에 해당하므로 반드시 피해자의 전체 재산이 감소될 필요는 없다는 입장이다(2010도13744 판결).

7) 실행의 착수·기수시기

(a) 실행의 착수시기 공갈의 의사로 폭행 또는 협박이 개시된 때에 실행의 착수가 있다. 상대방이 공포심을 일으켰는가는 묻지 않는다. 제3자를 통해서 해악고지를 전달시킨 때에는 해악고지가 피해자에게 전달된 때($^{69도894}_{판결}$), 간접정범의 형태로 공갈한 경우에는 해악고지가 상대방에게 도달한 때에 실행의 착수가 있다($^{김성돈}_{426}$).

(b) 기수시기 재물취득의 경우에는 피해자의 재산처분행위로 점유이전 또는 소유권이전등기가 경료되거나($^{부동산.}_{92도1506 판결}$), 현실로 인도받은 때($^{동산.}_{2001도1884 판결}$)에 기수가 된다. 재산상의 이익취득의 경우에는 재산상의 이익 내지 형식적 명의를 취득한 때에 기수가 된다. 채권도 이를 취득한 때에 기수가 된다. 판례는 공갈하여 피해자로 하여금 피고인이 지정한 예금구좌에 돈을 입금하게 한 때에 공갈죄는 기수에 이르렀다고 하였다($^{85도1687}_{판결}$).

3. 주관적 구성요건

고의와 불법영득의 의사가 있어야 한다. 이 죄의 고의는 사람을 공갈(폭행 또는 협박)하여 재산을 취득한다는 인식·의사이다. 불법이득의 의사는 고의 내용에 포함되었다고 본다.

4. 권리남용·권리초월과 공갈죄

정당한 권리자가 권리실행의 의사없이 권리행사를 빙자하여 재산을 갈취한 때에는 권리행사라고 할 수 없으므로 공갈죄가 성립한다($^{99도4305}_{판결}$).

정당한 권리자가 권리의 범위를 초과하여 공갈수단으로 재산을 취득한 경우에, 그 권리행사의 수단이 사회통념상 용인될 수 없는 경우에 한하여 취득한 재산의 가분·불가분을 묻지 않고 그 전부에 대해서 공갈죄가 성립한다($^{89도2036 판결. 가분·불가분 구별설은}_{이재상·장영민·강동범 19/16, 임웅 474 이하}$).

5. 권리행사와 공갈죄

정당한 권리자가 공갈수단을 사용하여 권리범위 내의 재산을 취득한 경우에, ① 정당한 권리행사도 그 수단이 사회통념상 용인된 범위를 일탈한 때에는 권리행사 자체가 위법하므로 공갈죄가 성립한다는 **공갈죄설**(정성근·박광민 381, 오영근 349, 손동권·김재윤 23/20, 김성돈 427)
과 ② 재산죄는 정당한 재산권을 보호하는 것으로 위법수단을 사용한 경우에
도 정당한 권리행사에 대해서는 공갈죄가 성립할 수 없고 폭행죄 또는 협박죄
(혹은 강요죄)만 성립한다는 **폭행·협박죄설**(이형국 Ⅰ 479, 이재상·장영민·강동범 19/16, 김일수·서보학 380, 임웅 474)이 대립한다.

판례는 공갈행위가 정당한 권리실현의 수단으로 사용된 경우라고 하여도
그 권리실현의 수단·방법이 사회통념상 허용되는 정도나 범위를 넘는다면 공
갈죄가 성립한다고 판시(2007도6406 판결)하여 일관하여 **공갈죄설**을 취하고 있다.

> **판례**   해악의 고지가 정당한 재산분할의 범위 내에서 또는 피해자와의 약정에 기하여
> 그 권리의 실현수단으로 사용된 경우라고 하여도 그 권리실현의 수단방법이 사회통념상 허용
> 되는 정도나 범위를 넘는 때에는 공갈죄의 실행에 착수한 것으로 보아야 하고, 그것이 구체
> 적으로 사회통념상 허용되는 정도나 범위를 넘는 것인지 여부는 그 행위의 주관적인 측면과
> 객관적인 측면, 즉 추구된 목적과 선택된 수단을 전체적으로 종합하여 판단하여야 한다. 처
> 가 정신질환자인 남편의 보호의무자로서 남편의 재산상의 이익 등 권리보호를 위하여 노력하
> 여야 할 의무(구 정신보건법 제22조 제3항)가 있음에도 이를 저버리고 남편을 정신병원에 입원시
> 킨 상태에서 퇴원을 간절히 바라는 남편의 궁박한 상태를 이용하여 퇴원을 조건으로 재산을
> 이전받은 행위는 사회통념상 허용되는 정도나 범위를 넘는 것으로서 공갈죄를 구성한다(2000
> 도4415 판결).

공갈행위는 폭행·협박이 아니라 폭행·협박을 수단으로 (공포심을 이용) 하
여 재산적 이익을 취득하는 것이므로 재산적 이익취득과 분리하여 공갈행위의
불법성을 논할 수 없다. 따라서 권리행사의 수단·방법이 사회통념상 용인되는
범위를 일탈한 때에는 공갈죄가 성립한다고 본다.

6. 죄수·타죄와의 관계

1) 죄 수   1개의 공갈행위로 같은 피해자로부터 수회에 걸쳐 재물을 교
부받은 때에는 포괄일죄가 된다. 1개의 공갈행위로 수인으로부터 재물을 갈취
한 때에는 수개의 공갈죄의 상상적 경합이 된다. 그러나 1개의 공갈행위로 수
인을 공갈하여 공동으로 점유하는 재물을 갈취하면 1개의 점유를 침해한 단순
일죄가 된다. 같은 피해자에게 수회에 걸쳐 갈취하면 접속범이 아닌 이상 공갈
죄의 경합범이다. 피해자가 수인인 때에는 피해자의 수에 따라 수개의 공갈죄

의 경합범이 된다.

2) 타죄와의 관계

(a) **사기죄와의 관계** 협박과 기망이 하자 있는 의사형성에 우열을 가릴 수 없을 정도로 동질적으로 작용한 때에는 사기죄와 공갈죄의 상상적 경합이 된다. 기망수단을 함께 사용하더라도 공포심 때문에 재산적 처분행위를 한 것이면 공갈죄가 된다.

(b) **장물죄와의 관계** 장물소지자를 공갈하여 그 정을 알면서 장물을 교부받은 때에는 공갈자와 장물죄의 본범 사이에 내적 연관이 없는 한 공갈죄만 성립한다(장물죄 본질에 관한 **결합설**).

(c) **수뢰죄와의 관계** 공무원이 상대방을 공갈하여 재물을 취득한 경우, 직무집행의 의사로 직무와 관련하여 갈취하였으면 수뢰죄와 공갈죄의 상상적 경합이 되고, 직무집행의 의사없이 이를 빙자하여 갈취하였으면 공갈죄만 성립한다($_{94도2528 판결}^{다수설,}$). 이 경우 피공갈자에게 증뢰죄가 성립하느냐에 대해서 긍정설이 있으나 피공갈자는 공갈죄의 피해자로 보아야 하므로 부정함이 타당하다($_{판결}^{94도2528}$).[1]

(d) **현금카드 갈취와 현금인출** 현금카드 소지자를 협박하여 카드를 갈취하고, 피해자의 하자 있는 승낙 하에 현금자동지급기에서 현금을 인출한 일련의 행위는 단일한 예금갈취의사에 의한 계속된 일련의 행위이므로 포괄하여 공갈죄만 성립한다는 것이 판례의 태도이다($_{판결}^{95도1728}$).

(e) **기타 죄와의 관계** 영리목적으로 사람을 약취·유인하여 그 석방의 대가로서 금품을 요구한 때에는 인질강도죄만 성립한다. 도박행위가 공갈의 수단이 된 때에는 공갈죄 외에 도박죄도 성립한다($_{판결}^{2014도212}$).

---

1) 유사한 사안으로, 조사 중인 여성 피의자와 성행위 및 유사성행위를 한 검사에게 대법원은 뇌물수수죄의 유죄판결을 선고(2013도13937 판결)하였으나 상대 여성에 대하여는 입건조차 이루어지지 아니한 경우도 있다.

Ⅲ. 특수공갈죄

> [구성요건·법정형]   단체 또는 다중의 위력을 보이거나 위험한 물건을 휴대하여 제350조
> (공갈)의 죄를 범한 자는 1년 이상 15년 이하의 징역에 처한다(제350조의2).
> 미수범은 처벌한다(제352조).
> 친족상도례 특례규정과 동력규정을 준용한다(제354조).

단체 또는 다중의 위력을 보이거나 위험한 물건을 휴대하여 공갈죄를 범하
는 범죄이다. 2016. 1. 6. 형법 개정시에 신설된 범죄이다. 집단의 위력이나 위
험물을 휴대하여 공갈하는 행위방법의 위험성 때문에 공갈죄보다 형을 가중하
는 가중적 구성요건이며 침해범이다. 단체·다중의 위력을 보이거나 위험한 물
건휴대에 대해서는 "특수상해죄" 참조.

친족상도례 특례규정과 동력규정이 준용된다. 특정경제범죄법에는 특수공
갈로 취득한 이익의 가액이 5억원 이상 또는 50억원 이상인 경우에 가중처벌하
는 특별규정이 있다(동법 제3조).

Ⅳ. 상습공갈죄

> [구성요건·법정형]   상습으로 제347조 내지 전조(공갈, 특수공갈)의 죄를 범한 자는 그 죄
> 에 정한 형의 2분의 1까지 가중한다(제351조).
> 미수범은 처벌한다(제352조).
> 친족상도례 특례규정과 동력규정을 준용한다(제354조).

상습으로 공갈죄와 특수공갈죄를 범한 자에 대해서 상습성이라는 신분으
로 인하여 형을 가중한 부진정신분범이다. 상습에 대하여는 상습상해죄에서 설
명한 바와 같다. 친족상도례 특례규정과 동력규정이 준용된다(제354조). 특정경제범
죄법(제3조)에는 특별가중규정이 있다.

제4절 횡령과 배임의 죄

[§ 20] 횡령의 죄

I. 총 설

(1) 의 의

횡령의 죄는 두 가지 유형이 있다. 하나는 타인의 위탁을 받아 보관하고 있는 타인의 재물을 영득하는 위탁물횡령죄(횡령죄)이고, 다른 하나는 위탁관계 없이 타인이 유실하거나 그 점유를 떠난 타인의 재물을 영득하는 점유이탈물횡령죄이다. 행위객체가 재물이고 타인의 점유를 침해하지 않는 재산죄라는 점에서 모두 횡령죄이지만, 점유이탈물횡령죄는 위탁관계가 없고 신분범이 아니라는 차이가 있다. 따라서 점유이탈물횡령죄는 단순한 재물취득죄의 성질을 가진 영득죄로서 가장 기본적인 재물죄라 할 수 있다.

[**횡령죄와 다른 재산죄의 구별**]　① 위탁물횡령죄와 점유이탈물횡령죄는 타인의 소유권을 침해하는 재물죄라는 점에서 절도죄와 같으나, 타인 점유가 없는 재물을 영득하는 재물죄인 점에서 타인이 점유하는 타인의 재물을 탈취 또는 교부받는 절도죄·강도죄·사기죄·공갈죄와 구별된다. ② 위탁물횡령죄와 배임죄는 타인에 대한 위임신뢰관계를 배반하는 진정신분범이라는 점에서 성질이 같지만, 위탁물횡령죄는 재물만을 그 객체로 하는 재물죄임에 대해서 배임죄는 재산상의 이익을 그 객체로 하는 순수한 이득죄라는 점에서 구별할 수 있다. 그러므로 배임죄와 (위탁물)횡령죄는 일반법과 특별법의 관계에 있다.[1] 다만 위탁된 재물에 대해서 권한을 남용하여 불법사용하는 때에도 배임죄가 성립하는 경우가 있으므로 재물에 대한 배임죄의 성립이 반드시 부정되는 것은 아니다.[2]

---

1) 판례는 (위탁물)횡령죄와 배임죄는 다같이 신임관계를 기본으로 하고 있는 같은 죄질의 재산범죄로서 그 형벌에 있어서도 경중의 차이가 없고 동일한 범죄사실에 대하여 단지 법률적용만을 달리하는 경우에 해당하므로, 검사의 공소장변경이 없더라도 법원은 (위탁물)횡령죄로 기소된 사안을 배임죄로 인정(2008도6982 판결)하거나 배임죄로 기소된 사안을 (위탁물)횡령죄로 인정(99도2651 판결)할 수 있다는 입장이다.
2) 질권자의 위탁을 받아 보관 중인 질물(質物)을 임의로 질물소유자에게 교부한 경우 질권침해를 이유로 배임죄가 성립할 수 있다. 다만 타인에 대한 채무의 담보로 제3채무자에 대한 채권에

292   제2장 재산적 법익에 대한 죄

(2) 본 질

위탁물횡령죄의 본질, 즉 횡령행위의 성질을 어떻게 파악할 것이냐에 대하여 견해가 대립한다.

1) **영득행위설**   횡령죄는 위탁을 받아 보관하고 있는 타인의 재물을 위법하게 영득하거나 불법영득의 의사를 실현하는 데에 그 본질이 있다는 견해이다(통설). 또 위탁자의 신뢰관계를 배반하여 불법영득하는데 본질이 있다는 소위 **절충설**($^{배종대}_{73/8}$)도 표현만 다를 뿐 같은 견해이다.

이에 따르면 보관하는 재물을 일시사용, 손괴, 은닉의 목적으로 배신적 처분을 하여도 불법영득의 의사가 없으면 횡령죄는 성립하지 않는다.

2) **월권행위설**   횡령죄는 위탁을 받아 보관하는 재물에 대하여 그 위탁의 취지에 반하여 권한초월의 처분을 하여 신뢰관계를 배반하는 데에 그 본질이 있다는 견해이다($^{정영석 356,}_{정성근·박광민 386}$). **배신행위설**이라고도 한다.

이 견해를 그대로 관철하면 보관하는 재물을 위탁의 취지에 반하여 일시사용, 손괴, 은닉의 목적으로 처분한 경우에도 횡령죄가 성립한다.

3) **결 어**   영득행위설이나 월권행위설은 타인의 신뢰관계를 배반한다는 점에서는 차이가 없으나 월권행위설이 영득행위설보다 횡령죄의 성립범위가 다소 넓어진다. 횡령죄는 소유권을 보호하는 재물죄이지만 횡령행위 자체가 불법영득의 의사를 실현(표현)하는 행위이므로 **영득행위설**이 타당하다고 해야 한다. 판례는 불법영득의 의사 필요설의 입장에서 **영득행위설**을 취하고 있다.

> **판례**   업무상 횡령죄가 성립하기 위해서는 업무로 타인의 재물을 보관하는 자가 불법영득의 의사로써 업무상의 임무에 위배하여 그 재물을 횡령하거나 반환을 거부하여야 할 것이고, 여기서 불법영득의 의사라 함은 타인의 재물을 보관하는 자가 자기 또는 제3자의 이익을 꾀할 목적으로 업무상의 임무에 위배하여 보관하는 타인의 재물을 자기의 소유인 경우와 같이 사실상 또는 법률상 처분하는 의사를 의미한다(2001도5439 판결).

대하여 권리질권을 설정하고, 질권설정자가 제3채무자에 대한 질권설정 사실을 통지하거나 제3채무자가 이를 승낙한 상태에서 질권설정자가 질권자의 동의없이 제3채무자로부터 질권의 목적인 채권의 변제를 받았더라도 이로써 질권자에 대항할 수 없고 질권자는 여전히 제3채무자에 대하여 직접 채무의 변제를 청구할 수 있으므로 질권자에 대한 관계에서 배임죄는 성립하지 않는다(2015도5665 판결).

(3) 보호법익

횡령의 죄는 타인의 점유에 대한 침해가 없으므로 보호법익은 소유권이다. 보호의 정도는 침해범으로서의 보호이다(다수설). 이에 대해서 위험범이라는 견해(이재상·장영민·강동범 20/1, 임웅 479, 박상기·전지연 670, 손동권·김재윤 24/1, 24/45)도 있고, 판례도 **위험범설**의 입장이다(2010도10500 전원합의체 판결). 횡령죄는 점유침해라는 외부적 형태는 없지만 보관 중인 재물에 대하여 불법영득의 의사가 외부로 표현 또는 실현되는 횡령행위로 인하여 소유권행사(사용·처분 등)가 침해되며, 미수범도 처벌하고 있으므로 **침해범설**이 타당하다고 본다.

횡령의 죄에 대해서도 친족상도례 특례규정과 동력규정이 준용된다(제361조). 친족관계는 행위자와 재물의 소유자 사이에 존재해야 한다. 재물소유자와 위탁자가 다른 경우에는 위탁자와의 친족관계는 요하지 않는다고 본다(소유자·위탁자 쌍방과 친족관계가 있어야 한다는 견해는 김일수·서보학 221 이하, 임웅 522). 판례는 소유자·위탁자 쌍방과의 친족관계를 요구한다(2008도3438 판결).

II. (단순)횡령죄

> [구성요건·법정형] 타인의 재물을 보관하는 자가 그 재물을 횡령하거나 그 반환을 거부한 때에는 5년 이하의 징역 또는 1천500만원 이하의 벌금에 처한다(제355조 제1항).
> 미수범은 처벌한다(제359조).
> 친족상도례 특례규정과 동력규정을 준용한다(제361조).

1. 의의·성격

횡령죄는 타인의 재물을 보관하는 자가 그 재물을 횡령하거나 반환을 거부하는 범죄이다. 순수한 재물죄·영득죄이고, 침해범·상태범의 성격을 가진 범죄이며, 진정신분범·의무범이다. 특정경제범죄법에는 횡령으로 취득한 이익의 가액이 5억원 이상 또는 50억원 이상인 경우에 가중처벌하는 특별규정이 있다(동법 제3조).

2. 객관적 구성요건

(1) 주 체

위탁관계로 인하여 타인의 재물을 보관하는 자이다(2017도17494 전원합의체 판결). 타인의 재물을 보관하는 자만 주체가 되는 진정신분범이다(2014도15182 판결). 공동소유물도 타인의

재물이 된다. 재물의 보관은 법률상의 지배도 포함하므로 법인도 보관자가 될
수 있다. 보관자는 위탁관계에 의한 보관의무가 있으므로 의무범의 성질을 갖
는다. 의무없는 자는 이 죄의 간접정범이 될 수 없고 협의의 공범은 될 수 있다.
신분자는 간접정범이나 부작위범의 형태로 이 죄를 범할 수 있다.

　　1) 보 관　　"보관"이란 위탁관계에 의하여 타인이 맡긴 재물을 사실상 또
는 법률상 지배·관리하는 것을 말한다. 타인이 보관하는 재물은 절도죄, 보관
없이 우연히 자기 지배 하에 들어온 재물은 점유이탈물횡령죄의 대상이 될 뿐이다.

　　가) 점유(지배·관리)　　횡령죄의 보관이라는 점유도 재물에 대한 지배를 의
미한다는 점에서 절도죄의 점유와 기본적으로 같다. 다만 보관이라는 점유는
위탁관계가 있는 점유이고 침해(행위)주체의 신분요소가 되는 점유이므로 배타
력 있는 타인의 사실상의 지배를 의미하는 절도죄의 점유와 차이가 있다. 보관
이라는 점유는 배타력 있는 점유가 아니라 영득의 유혹과 남용의 위험이 강한
점유이고, 사실상의 지배뿐만 아니라 법률상의 지배도 포함한다.

> **판례**　횡령죄의 주체는 타인의 재물을 보관하는 자라야 하고, 타인의 재물인지 아닌지
> 는 민법, 상법, 기타의 실체법에 따라 결정해야 한다. 횡령죄에서 보관이란 위탁관계에 의하
> 여 재물을 점유하는 것을 뜻하므로 횡령죄가 성립하기 위해서는 그 재물의 보관자와 재물의
> 소유자(또는 기타의 본권자) 사이에 법률상 또는 사실상의 위탁신임관계가 존재해야 한다. 이러
> 한 위탁신임관계는 사용대차·임대차·위임 등의 계약에 의해서뿐만 아니라 사무관리·관습·
> 조리·신의칙 등에 의해서도 성립될 수 있으나, 횡령죄의 본질이 신임관계에 기초하여 위탁
> 된 타인의 물건을 위법하게 영득하는 데 있음에 비추어 그 위탁신임관계는 횡령죄로 보호할
> 만한 가치 있는 신임에 의한 것으로 한정함이 타당하다(2014도6992 전원합의체 판결).

　　(a) 사실상 보관자

　　(aa) 점유보조자　　가사(家事)·영업관계로 인하여 타인의 지시를 받아 물건
을 사실상 지배하는 점유보조자($^{민법}_{제195조}$)는 민법상 점유는 인정되지 않지만 위탁관
계가 있으면 횡령죄의 주체인 보관자는 될 수 있다.

　　　화물자동차 운전자가 단독으로 위탁받아 운반 중인 화물의 일부를 영득한 경우(4290형상281
　　판결), 주인의 심부름으로 오토바이 열쇠를 받은 점원이 오토바이를 타고 도주한 경우(86도1093
　　판결)에도 위탁관계에 따른 보관자가 된다.
　　　그러나 민법상의 간접점유(민법 제194조)와 상속에 의한 점유(민법 제193조)는 형법상의 점유로
　　인정되지 않는다.

(bb) 점유매개자   제한물권이나 임대차 기타 위임·고용관계로 타인의 물건을 소지(또는 보관)하게 된 점유매개자도 위탁관계가 있는 보관자가 될 수 있다.

회사·은행의 직원이 회사의 공금을 보관하고 있는 때, 사환에게 단독으로 은행에 돈을 입금시키도록 한 때, 지게꾼에게 단독으로 물건운반을 위탁한 때(82도2394 판결), 소유권보존등기가 없는 건물의 건축허가명의를 수탁한 때(89도1911 판결), 양도한 어업면허권이 아직 자기명의로 되어 있음을 틈타서 어업권손실보상금을 수령한 때(93도1578 판결)에도 횡령죄의 주체가 된다.

(cc) 공동점유   대등관계의 공동점유는 상호 타인점유가 되므로 공동점유자 중 일방은 횡령죄의 보관자가 될 수 없고, 상하주종관계가 있는 공동점유는 원칙적으로 상위점유자만 횡령죄의 보관자가 된다.

(dd) 봉함물의 점유   봉함물의 점유는 실질적인 위탁관계가 있으면 내용물을 포함한 봉함물 전체가 위탁자의 점유가 된다고 본다(다수설. "절도죄의 점유" 참조).

(b) **법률상 보관자**

(aa) 유가증권의 점유   창고증권·선하증권·화물상환증 등 물권적 유가증권은 이를 인도함으로써 재물에 대한 물권적 효력이 생기므로, 그 소지인은 재물에 대한 사실상의 지배는 없지만 임치물을 자유롭게 처분할 지위에 있는 법률상 보관자가 된다.

이에 대하여 채권의 지급담보로 채무자로부터 수표를 교부받은 자는 수표상의 권리를 유효하게 취득한 것이므로 횡령죄의 주체가 되지 않는다(99도4979 판결).

(bb) 은행예금의 점유   금전을 위탁받아 금융기관에 예금한 경우 수탁자는 그 예금에 대한 법률상 보관자가 된다($\frac{2014도11244}{판결}$).

판례   법인 소유의 자금에 대한 사실상 또는 법률상 지배·처분권한을 가지고 있는 대표자 등은 법인에 대한 관계에서 그 자금의 보관자 지위에 있다고 할 것이므로, 법인이 특정 사업의 명목상의 주체로 특수목적법인을 설립하여 그 명의로 자금집행 등 사업진행을 하면서도 자금의 관리·처분에 관하여는 실질적 사업주체인 법인이 의사결정권한을 행사하면서 특수목적법인 명의로 보유한 자금에 대하여 현실적 지배를 하고 있는 경우에는, 사업주체인 법인의 대표자 등이 특수목적법인의 보유자금을 정해진 목적과 용도 외에 임의로 사용하면 위탁자인 법인에 대하여 횡령죄가 성립할 수 있다(2016도17465 판결).

나) **부동산의 보관자**   부동산의 경우에는 부동산을 제3자에게 유효하게 처분할 수 있는 권한을 가진 자가 부동산의 보관자가 된다($\substack{\text{통설, 2005도2413} \\ \text{판결}}$). ① (보존)등기 있는 부동산은 원칙적으로 등기부상 명의인이 사실상의 지배 여부와 관계없이 보관자가 된다. 그러나 부동산 등기서류만 보관한 자는 부동산 보관자가 아니라 타인의 사무를 처리하는 자의 지위에 있을 뿐이다. ② 미성년자의 법정대리인이나 후견인과 법인의 부동산을 사실상 관리하는 법인의 대표이사는 부동산의 보관자가 된다. ③ 부동산 명의수탁자의 지위를 포괄승계한 상속인도 부동산 보관자가 될 수 있다. 다만 그 등기가 무효인 때에는 보관자가 될 수 없다($\substack{\text{2007도1082} \\ \text{판결}}$). ④ 미등기 부동산은 이를 사실상 관리·지배하는 자가 보관자가 된다. ⑤ 공동소유로 등기된 부동산의 타인 지분에 대하여 다른 공동소유자는 보관자가 될 수 없다($\substack{\text{2003도6988} \\ \text{판결}}$).

2) **위탁관계**   재물의 점유는 위탁관계에 의한 것임을 요한다. 보관은 위탁관계에 의한 점유만을 의미한다($\substack{\text{2014도15182} \\ \text{판결}}$).

(a) **사실적 위탁관계**   위탁관계는 사실상의 위탁관계가 있으면 족하다. 위탁이나 수탁할 권한이 있느냐는 상관없다. 소유자와 관계없이 사무관리에 의해서도 위탁관계가 성립할 수 있고, 절도범과 같은 불법점유자도 위탁할 수 있다. 또 위탁관계가 법률상 무효·취소된 때에도 이미 인도된 재물의 점유에 대해서 사실상의 위탁관계는 존재한다.

(b) **위탁관계 발생원인**   위탁관계는 사용대차·임대차·위임·고용 등 계약에 의하여 발생하는 경우가 보통이지만, 후견인·주식회사의 이사와 같이 법률의 규정이나 사무관리와 같은 준법률행위와 조리·신의칙에 의해서도 위탁관계가 생길 수 있다($\substack{\text{2014도6992} \\ \text{전원합의체 판결}}$).

(c) **위탁매각대금**   타인의 부탁으로 물품을 매각한 물품매각대금은 특약 또는 특별사정이 없으면 수령과 동시에 위탁금의 성질을 갖게 되므로 그 매각대금 수령자는 위탁자를 위한 보관자가 된다($\substack{\text{81도2619} \\ \text{판결}}$).

> 매각의뢰를 받고 매각한 다이아반지 판매대금(90도1019 판결), 토지 매각대금 4,700만원 중 3,700만원을 교부받은 매도인이 매수인으로부터 의뢰를 받고 제3자에게 매도한 후 수령한 매각대금(95도1923 판결), 극장 경영자가 입장료에 포함하여 징수한 문화예술진흥기금(96도3155 판결), 제작자 대신 상품의 납품주문을 받아오기로 한 자가 제작자가 제작한 상품을 납품하고

수령한 대금(90도578 판결), 채권추심을 위임받아 추심한 금원(70도2387 판결)은 수령과 동시에 위탁금의 보관자가 되므로 이를 임의 처분하면 횡령죄가 성립한다. 동업재산의 매각대금도 동업자 일방이 임의처분할 수 없으므로 이를 보관 중 임의소비하면 소비금액 전부에 대하여 횡령죄가 성립한다(95도2824 판결).

  3) **불법원인급여와 횡령죄**   불법원인급여물($\substack{민법 \\ 제746조}$)을 교부받은 자도 재물보관자가 되느냐에 대해서 견해가 대립한다. 예컨대 뇌물로 제공하도록 교부된 재물이나 밀수품, 도박자금이나 마약구입자금으로 교부된 현금을 수탁자가 임의처분한 경우에 횡령죄가 성립하느냐이다.

  (a) **횡령죄 부정설**   불법원인급여물에 대하여는 횡령죄가 성립할 수 없다는 견해로 현재의 통설이라 해도 좋다. ① 교부자는 반환청구권을 상실하기 때문에 수탁자는 교부자에게 반환해야 할 의무가 없고, ② 반환청구권이 상실되면 형법이 보호해야 할 소유권도 존재하지 아니하므로 타인의 재물이라 할 수 없다는 것이 그 이유이다.

  (b) **횡령죄 긍정설**   불법원인급여물에 대해서도 횡령죄의 성립을 인정하는 견해($\substack{유기천 상 271; \\ 임웅 509 이하}$)이다. ① 민법상 반환청구를 할 수 없다고 하여 소유권까지 상실되는 것은 아니고, ② 위탁관계는 원인의 불법과 관계없이 성립할 수 있으므로 민법상의 반환청구권 유무와 관계없이 형법 독자적으로 범죄성립을 판단해야 한다는 것이 그 이유이다.

  (c) **절충설(이분설)**   불법원인급여의 경우를 소유권 이전의사가 있는 불법원인급여와 그렇지 않은 불법원인위탁으로 구분하여, ① 불법원인급여의 경우(예: 뇌물제공·선거권자 매수용 금품제공·도박채무변제금)에는 수탁자의 소유물이 되므로 횡령죄가 성립할 수 없으나, ② 불법원인위탁의 경우(예: 절도범의 위탁장물·마약구입자금)에는 급여자에게 소유권은 있으나 보호가치가 없는 위탁관계이므로 횡령죄의 기수범은 될 수 없지만 (보호가치 없는 신뢰관계 배반도) 법익평온상태의 교란 정도의 불법은 존재하므로 횡령죄의 불능미수가 된다는 견해($\substack{김일수· \\ 서보학 291}$)이다.

  (d) **판례의 태도**   기본적으로 부정설을 취하면서($\substack{2017도9254 판결; \\ 2016도18035 판결}$) 예외적으로 불법원인급여에 있어서도 수급자의 불법성이 급여자의 불법성보다 현저히 큰 때에는 급여자의 반환청구를 인정하여 수급자의 횡령죄를 인정한다($\substack{98도2036 \\ 판결}$).

> **판례**　민법 제746조에 의하면, 불법의 원인으로 인한 급여가 있고 그 불법원인이 급여자에게 있는 경우에는 수익자에게 불법원인이 있는지 여부, 수익자의 불법원인의 정도, 그 불법성이 급여자의 그것보다 큰 지 여부를 막론하고 급여자는 불법원인급여의 반환을 구할 수 없는 것이 원칙이나, 수익자의 불법성이 급여자의 그것보다 현저히 큰 데 반하여 급여자의 불법성은 미약한 경우에도 급여자의 반환청구가 허용되지 않는다면 공평에 반하고 신의성실의 원칙에도 어긋나므로, 이러한 경우에는 민법 제746조 본문의 적용이 배제되어 급여자의 반환청구는 허용된다고 해석함이 상당하다(98도2036 판결).[1]

(e) **결　어**　불법원인급여물의 수급자가 이를 반환하지 않을 때에는 급여자는 소유권행사를 할 수 없으므로 사실상 소유권은 상실된다고 보아야 한다($^{99도275}_{판결}$). 긍정설에 의하면 반환의무 없는 자에 대해 결과적으로 반환을 강제하는 것이 되어 법질서 통일성도 기할 수 없다. 민법 제746조의 불법원인급여가 반드시 소유권이전을 전제하고 있는 것이 아니므로 불법원인급여와 불법원인위탁을 구별할 의미도 없다. 또 당사자 사이의 위탁관계는 반드시 적법할 것까지 요하지 않지만 뇌물·밀수·마약구입 등 범죄수단으로 이용되는 위탁까지 법이 보호할 만한 신뢰관계가 있다고 할 수 없으므로 그러한 배신행위에 대해서 형법이 보호할 필요가 없다. 따라서 불법원인급여물에 대한 횡령죄의 성립은 부정해야 한다.

(2) 객　체

자기가 보관하는 타인의 재물이다.

1) 재물의 타인성　타인 소유의 재물에 대해서만 이 죄가 성립한다. 타인은 자기 이외의 자연인·법인·법인격 없는 단체를 포함한다. 조합의 합유물이나 공유물도 구성원 한 사람이 보관 중에 착복하면 이 죄가 성립한다. 1인 회사도 그 대표자에 대해서 타인이다($^{99도1040}_{판결}$).

[재물의 타인성 관련 판례]　① 피해자의 요청으로 피해자의 토지를 담보로 제공하고 수령한 대출금은 피해자의 소유에 속하고(96도106 판결), ② 동업재산인 지입택시를 폐차하면서 새 차를 구입하여 계속 동업하기로 합의하였다면 비록 새 차가 동업자 1인의 명의로 등록되어 있더라도 동업자의 합유에 속하며(82도2467 판결), ③ 당첨되면 분배하기로 하는 묵시적 합의하

---

1) 성매매여성이 받은 화대를 포주가 보관하였다가 절반씩 분배하기로 약정하고도 포주가 보관중인 화대를 임의로 소비한 경우에 화대의 소유권이 성매매여성에게 속한다는 이유로 포주에게 횡령죄를 인정한 사례.

에 구입한 즉석복권 4장을 각각 골라잡아 그 중 2인이 당첨된 경우 그 당첨금은 4인의 공유에 속하고(2000도4335 판결), ④ 임대목적물을 공동으로 임대한 것이라면 그 보증금반환채무는 성질상 불가분채무에 해당하므로 위 임대보증금 잔금은 이를 정산하기까지는 공동소유에 속한다(2001도2095 판결).

그러나 ① 익명조합원이 영업을 위해서 출자한 금전 기타 재산은 영업자의 재산이 되고(71도2032 판결), ② 지입차주(持入車主)가 자동차회사에 지입한 차량(73도550 판결)과 ③ 납입한 지입료(97도1592 판결)는 회사의 소유이며, ④ 신입사원의 입사보증금도 사용자에게 소유권이 이전되고(79도656 판결), ⑤ 프랜차이즈 계약(가맹점 계약)으로 가맹점 주인이 판매한 물품판매대금은 가맹점 주인의 소유이며(98도292 판결), ⑥ 계주가 계원들로부터 수금한 계불입금은 계주에게 소유권이 귀속되고(76도730 판결), ⑦ 채권지급담보를 위해서 채무자로부터 발행·교부받은 수표상의 권리는 채권자에게 귀속하므로(99도4979 판결) 이를 임의처분하여도 횡령죄는 성립하지 않는다.

2) 재 물   횡령죄의 객체는 재물에 한정된다. 재물은 물리적으로 관리할 수 있는 것을 말하며 절도죄의 그것과 같다. 부동산과 관리가능한 동력도 재물에 포함된다($^{2011도832}_{판결}$). 권리 자체는 재물이 아니지만 권리가 화체된 채권증서는 재물이 된다. 따라서 채권증서 자체(재물)를 보관 중에 취득하면 횡령죄가 되지만, 그 증서의 채권을 행사하여 채무자로부터 돈을 변제받으면 (재산상의 이익이 되어) 배임죄가 성립하고 횡령죄는 성립하지 않는다. 주식은 주주의 지위이므로 횡령죄의 객체가 될 수 없지만 주권은 유가증권이므로 횡령죄의 객체가 된다($^{2002도2822}_{판결}$). 타인의 재물과 관련하여 횡령죄의 객체가 문제되는 것은 다음과 같다.

가) 대체물의 위탁   금전·쌀과 같이 종류·품질·수량에 대해서 같은 종류의 다른 것과 대체할 수 있는 대체물을 위탁한 경우에는 위탁의 내용에 따라 나누어 검토해야 한다.

(a) **특정물의 위탁**   대체물이라도 공탁금과 같이 특정물로 위탁받아 임의처분을 할 수 없는 경우에는 위탁자의 소유에 속하므로 이를 수탁자가 임의처분하면 횡령죄가 성립한다. 다만 봉함된 금전은 위탁자의 점유가 되므로 이를 수탁자가 영득하면 절도죄가 된다("봉함된 포장물의 점유" 참조).

(b) **불특정물의 위탁**   불특정대체물의 위탁도 용도·목적이 지정되었느냐에 따라 구별해야 한다.

(aa) **용도·목적이 지정된 불특정물**   일정한 용도·목적이 지정되어 수탁자가 그에 따라 사용하도록 위탁된 대체물(특히 금전)을 임의소비한 경우에 대하

여, ① 금전 기타 대체물은 고도의 유통성, 대체성, 교환수단성 때문에 점유이전이 있으면 동시에 소유권도 이전하므로 배임죄가 성립한다는 **배임죄설**(김종원 228, 이형국 I 490, 이재상·장영민·강동범 20/32, 임웅 512, 오영근 363)과, ② 용도·목적이 지정된 대체물은 재산상의 이익이 아니라 재물이며, 수탁자가 정해진 용도에 사용할 때까지는 위탁자에게 소유권이 유보되어 있으므로 횡령죄가 성립한다는 **횡령죄설**(유기천 상 276, 황산덕 317, 정영석 372, 정성근·박광민 397, 김일수·서보학 296, 박상기 각론8판 376, 손동권·김재윤 24/25, 김성돈 442)이 대립한다.

판례는 일관하여 용도·목적이 지정된 금전 기타 대체물을 수탁자가 임의로 소비하면 횡령죄가 성립한다고 판시(2014도15182 판결)하고 있다.

대법원은 ① 목적·용도를 정하여 위탁된 금전은 정해진 목적·용도에 사용할 때까지는 이에 대한 소유권이 위탁자에게 유보되어 있으므로 수탁자가 이를 위탁취지에 반하여 소비하는 경우(2007도7568 판결), ② 사립학교법상 학교회계 중 특히 교비회계에 속하는 수입을 다른 용도에 사용한 경우(2014도6286 판결), ③ 목욕탕의 임대인이 수도요금 및 전기요금 납부 목적으로 교부한 금원을 임차인이 임의로 소비한 경우(2008도3787 판결), ④ 빌딩관리회사가 빌딩의 구분소유자들로부터 특별수선충당금으로 징수한 금원을 제한된 용도 이외의 목적으로 임의사용한 경우(2003도6988 판결), ⑤ 지입차량의 권리관계에 분쟁이 발생하자 차량을 매각하고 그 매각대금으로 압류된 다른 차량을 회수하여 넘겨주기로 합의하고도 지입차량의 매각대금을 임의소비한 경우(2003도1741 판결). ⑥ 특별약정이 없음에도 환전부탁을 받고 교부받은 돈을 위탁자에 대한 채권에 상계충당한 경우(97도1520 판결). ⑦ 증권회사 경리과장이 은행에 예치되어 있는 신주청약증거금을 증권회사 당좌구좌에 자의로 대체입금시킨 경우(78도2100 판결)에 횡령죄 성립을 긍정하였다.

반면, ① 이미 책정된 예산항목의 유용은 일정한 절차를 거치면 필요경비로 지출이 허용될 수 있었고 항목유용이 엄격히 제한되어 있지 않은 때에는 불법영득의 의사가 없으므로 횡령죄는 성립하지 않고(2001도5439 판결), ② 당사자 사이에 별도의 채권·채무가 존재하여 수령한 금전에 관한 정산절차가 남아 있는 등 위임자에게 반환해야 할 금액을 쉽게 확정할 수 없는 사정이 있으면 정산절차를 거쳐 그 나머지 금액만큼 위임자에게 지급할 의무를 부담하므로 채무자가 이를 임의로 사용하더라도 채무불이행에 지나지 아니하여 횡령죄는 성립하지 않는다(2005도3627 판결)고 하였다.

금전은 금액·가치에 중점이 있다고 하여도 돈 기타 대체물은 재물이라 해야 하고 재산상의 이익이 될 수 없다. 용도지정의 특정재물은 그 사용용도뿐만 아니라 특정이라는 위탁자의 신뢰관계도 함께 고려해야 하므로 **횡령죄설**이 타당하다고 본다.

(bb) 용도·목적이 지정되지 않은 불특정물 소비임치(민법 제702조)와 같이 용도의 지정과 특정 없이 위탁된 임치물의 소유권은 수치인에게 귀속하므로 횡령죄

를 구성하지 않고 채무불이행이 될 뿐이다.

나) 소유권유보부매매(할부판매)　할부판매는 일정기간 분할하여 매매대금을 지불하는 조건으로 매수인이 목적물을 인도받는 것이므로 약관에 따라 대금완납까지는 매도인의 소유가 된다. 따라서 매수인이 대금완납 이전에 임의처분하면 횡령죄가 성립한다. 다만 소유권 귀속에 관한 약관이 없는 경우에는 목적물의 인도와 함께 소유권도 매수인에게 이전된다.

다) 기부금·징수세금·위탁유가증권　① 장학기금·건축헌금·불우이웃돕기 성금(공동모금)과 같은 증여는 수증자에게 소유권이 이전하고, 수증자는 타인의 사무를 처리하는 지위에 있는 것이 아니므로 그 본래의 용도와 다르게 사용하여도 횡령죄나 배임죄의 문제는 생기지 않는다. 이에 대해서 ② 징수한 세금은 징수와 동시에 국가 기타 세금부과권자에게 귀속하며, ③ 위탁된 유가증권(선하증권·창고증권 등)은 위탁자에게 소유권이 유보되어 있으므로 타인을 위하여 증권에 화체되어 있는 재물을 담보로 수탁자 명의로 금전을 차용하여도 이에 대한 소유권은 위탁자에게 귀속하고 이를 소비하면 (업무상)횡령죄가 성립한다.

라) 채권양도　채권양도인이 양도통지 전에 채무자로부터 채권을 추심하여 수령한 돈의 소유권에 대해서, 양도인의 소유라는 견해(배임죄설, 오영근 363, 김성돈 444)와 양수인의 소유로 귀속된다는 견해(횡령죄설, 정성근·박광민 398, 손동권·김재윤 24/28)가 대립한다. 채권양도는 채권 자체가 양수인에게 바로 이전하는 처분행위이고, 양도통지는 채권양도의 성립요건이 아니라 대항요건에 불과하므로 채권양도가 있으면 양수인이 채권자가 된다. 따라서 양도인이 변제받은 금전은 양수인의 소유에 귀속하고 양도인이 이를 소비하면 횡령죄가 성립한다. 대법원도 양수인의 소유에 속한다고 보아 횡령죄를 인정한다(97도666 전원합의체 판결).

마) 이중매매　부동산 매도인이 제1매수인과 매매계약을 체결한 후 등기이전을 경료하기 전에 제2매수인에게 매도하여 등기이전까지 경료하였더라도 횡령죄는 성립하지 않고 제1매수인에 대해서 중도금까지 받은 경우에 제1매수인에 대한 배임죄만 성립한다(2008도3766 판결). 동산 매매에 있어서 동산 매도인의 동산인도의무는 자기의 사무이므로 동산 이중매매는 배임죄가 성립하지 않는다(2008도10479 전원합의체 판결).

판례 ① 매매와 같이 당사자 일방이 재산권을 상대방에게 이전할 것을 약정하고 상대방이 그 대금을 지급할 것을 약정함으로써 그 효력이 생기는 계약의 경우(민법 제563조), 쌍방이 그 계약의 내용에 좇은 이행을 하여야 할 채무는 특별한 사정이 없는 한 '자기의 사무'에 해당하는 것이 원칙이다. 매매의 목적물이 동산일 경우, 매도인은 매수인에게 계약에 정한 바에 따라 그 목적물인 동산을 인도함으로써 계약의 이행을 완료하게 되고 그때 매수인은 매매목적물에 대한 권리를 취득하게 되는 것이므로 매도인에게 자기의 사무인 동산인도채무 외에 별도로 매수인의 재산의 보호 내지 관리행위에 협력할 의무가 있다고 할 수 없다. 동산 매매계약에서의 매도인은 매수인에 대하여 그의 사무를 처리하는 지위에 있지 아니하므로 매도인이 목적물을 매수인에게 인도하지 아니하고 이를 타에 처분하였다 하더라도 형법상 배임죄가 성립하는 것은 아니다(2008도10479 전원합의체 판결).

② 부동산 매매계약에서 중도금이 지급되는 등 계약이 본격적으로 이행되는 단계에 이른 때에는 계약이 취소되거나 해제되지 않는 한 매도인은 매수인의 재산보전에 협력하여 재산적 이익을 보호·관리할 신임관계에 있게 된다. 그때부터 매도인은 배임죄에서 말하는 '타인의 사무를 처리하는 자'에 해당한다고 보아야 한다. 그러한 지위에 있는 매도인이 매수인에게 계약 내용에 따라 부동산의 소유권을 이전해 주기 전에 그 부동산을 제3자에게 처분하고 제3자 앞으로 등기를 마쳐 준 행위는 매수인과의 신임관계를 저버리는 것으로서 배임죄가 성립한다(2017도4027 전원합의체 판결).[1]

(3) 행 위

횡령하거나 반환을 거부하는 것이다.

1) 횡령행위의 의의   "횡령행위"란 객관적으로 인식할 수 있는 방법으로 재물에 대한 불법영득의 의사를 표현 내지 실현하는 행위를 말한다(영득행위설). 불법영득의 의사가 외부에 표현되어야 하고, 단순한 내심의 의사만으로는 횡령이 될 수 없다(통설, 2000도4005 판결 참조).

2) 횡령행위의 태양   "횡령행위"는 ① 법률적 처분행위(매매·증여·대여·교환·저당권설정·가등기설정·양도담보설정·채무변제충당·예금인출·소유권주장의 소송제기), ② 사실적 처분행위(소비·착복·억류·은닉·반출·대출·휴대도주·공유물독점·점유부인·임의사용)를 묻지 않는다.

저당권설정·예금인출·은닉·대출·대여 등은 일시사용도 횡령이 된다. 전질(轉質)도 질권 범위를 초과하여 질권설정자에 대하여 불리한 결과가 생기게 되면 횡령이 된다. 법적 처분에

---

[1] 이중매도로 소유권이전등기청구권 가등기를 경료해 준 경우(2008도3766 판결)나 서면에 의한 증여의사표시 후 이중매도한 경우(2016도19308 판결)에도 배임죄가 성립한다. 반면 대물변제예약에 따라 대물변제하기로 한 부동산을 채무자가 제3자에게 처분하였더라도 형법상 배임죄가 성립하지 않는다(2014도3363 전원합의체 판결).

있어서는 그것의 유효·무효·취소가능성 여부는 횡령죄 성립에 영향이 없다. 판례는 공장재
단 구성기계를 양도담보로 제공한 것은 강행규정인 공장저당법에 위반한 무효이므로 위 기계
에 대하여 다시 근저당권을 설정하더라도 횡령죄는 성립하지 않는다고 하였다(77도2869 판결).

횡령행위는 부작위로도 가능하다. 사법경찰관이 착복의 의사로 피의자가
두고 간 물건에 대하여 영치절차를 밟지 않거나 압수물을 영치한 채 책상서랍
에 그대로 두고 검사에게 송부하지 않은 때에도 횡령죄가 성립한다.

3) 반환거부   "반환거부"는 소유자의 반환요구에 대하여 정당한 사유 없
이 소유자의 권리를 배제하는 의사표시이다($^{2008도8279}_{판결}$). 반환거부는 단순히 반환을
거부하였다는 사실만으로 부족하고 불법영득의 의사를 외부적으로 인식할 수
있는 정도로 표시되어야 한다. 반환거부의 이유·주관적 의사 등을 종합하여 반
환거부행위가 횡령행위와 같다고 볼 수 있어야 한다. 반환거부에 대해서 정당
한 사유(동시이행의 항변, 유치권행사 등)가 있으면 횡령죄는 성립하지 않으나 소유
권을 주장하여 민사소송을 제기한 경우에는 반환거부가 명백한 횡령죄가 된다.

4) 미수와 기수

(a) 기 수   횡령죄의 기수시기에 대해서, ① **표현설**은 불법영득의 의사가 외부적
으로 인식할 수 있도록 표현된 때에 기수가 된다($^{이재상·장영민·강동범}_{20/37, 임웅 519}$)고 하고, ② **실현설**은
불법영득의 의사가 실현된 때에 기수가 된다($^{김종원 255, 정성근·박광민 401, 이형국 Ⅰ 493, 김일수·서보학}_{308, 배종대 74/36, 오영근 372, 손동권·김재윤 24/44, 김성돈 448}$)고
한다. 판례의 대부분은 횡령죄가 위험범이라는 입장에서 **표현설**을 취하고 있다
($^{2002도2219 판결,}_{2004도5904 판결}$).

표현설에 의하면 매매계약 체결이나 매매의사표시(청약)만으로 기수가 된
다. 그러나 횡령죄가 침해범이라고 하는 한, 영득죄의 성질상 영득이 실현된 때
기수가 된다고 본다.

(b) 미 수   행위자가 처음부터 재물을 보관하고 있으므로 사실상 미수를
인정할 수 있느냐에 대해서 견해가 대립한다. ① **표현설**에 의하면 불법영득의
의사가 외부적으로 표현되면 기수가 되므로 미수는 이론상 가능하여도 실제상
인정하기 어렵다. ② **실현설**에 의하면 매매신청 또는 계약만 한 때, 주인의 심부
름으로 수금한 돈을 가지고 도주하던 중에 되돌아오거나 역에서 차표를 사다가
발각된 때 미수가 된다.

횡령죄에 있어서는 보관재물에 대한 객관적 처분행위가 개시되면 그 완료

를 기다리지 않고 기수가 되는 경우가 많다. 하지만 미수범처벌규정이 있을 뿐
만 아니라 횡령죄도 소유권 침해범으로 인정하는 이상 실행의 착수와 기수 사
이에 시간적 간격이 있는 경우에는 실현설의 입장에서 횡령미수죄를 인정해야
할 것이다.

(4) 재산상의 손해

횡령죄를 위험범으로 파악하고 횡령행위도 표현설에 따라 기수여부를 결
정하는 입장에 의하면 재산상의 손해발생은 횡령죄의 요건이 될 수 없다. 그러
나 횡령죄를 침해범으로 파악할 때에는 횡령행위 또는 반환거부에 의하여 소유
자에게 재산상의 손해발생이 있어야 한다.

> 대법원은 타인 소유의 시가 7억 1천여 만원의 부동산에 대하여 채권최고액 2억 6,600만원
> 의 근저당권설정등기를 경료한 사안에서, "형법상 횡령죄는 타인의 재물을 보관하는 자가 재
> 물을 횡령하거나 반환을 거부함으로써 성립하고 재물의 가액이 얼마인지는 문제되지 않는 데
> 비해, 특정경제범죄법상 횡령은 재물의 가액이 5억원 이상이어야 한다. 피고인이 근저당권설
> 정등기를 마치는 방법으로 부동산을 횡령하면서 취득한 이득액은 각 부동산의 시가에서 범행
> 전에 이미 설정된 피담보채무액을 공제한 잔액이 아니라, 각 부동산을 담보로 제공한 피담보
> 채무액 내지는 그 채권최고액이라고 보아야 한다"고 하면서 피고인이 취득한 이득액이 5억원
> 미만이므로 특정경제범죄법을 적용할 수 없다고 판시하였다(2013도2857 판결).

3. 주관적 구성요건

1) 고 의   재물보관자의 지위를 인식하고 보관재물에 대한 횡령 또는 반
환거부를 한다는 인식·의사가 있어야 한다. 미필적 고의로 족하다. 보관자의
지위는 수반인식으로 족하다.

2) **불법영득의 의사**   불법영득의사 필요설에서는 횡령죄에 있어서도 고의
외에 불법영득의사가 있어야 한다는 주장이 많지만, 필요설 중에도 영득행위설
의 입장에서 이 의사는 고의의 내용이 될 뿐이고 불법영득의 의사를 별도로 요
구하지는 않는 견해도 있다(임웅 516, 박상기·전지연 678, 배종대 74/39, 김성돈 450). 횡령죄는 타인의 재물을 영득하
는 데에 본질이 있고, 횡령행위 자체가 불법영득의 의사를 표현 내지 실현하는
행위이므로 불법영득의 의사는 고의의 내용에 포함된 것이라 해야 한다.

> **판례** 　타인의 재물을 보관하는 자가 자기 또는 제3자의 이익을 위한 것이 아니라 재물 소유자의 이익을 위하여 재물을 처분한 때에는 특별한 사정이 없는 한 횡령죄의 불법영득의 의사를 인정할 수 없다. 피고인이 불법영득의 의사를 부인하는 경우에는 불법영득의사를 실현하는 행위로서의 횡령행위가 있다는 사실은 검사가 증명하여야 한다(2014도14777 판결).

4. 죄수·타죄와의 관계

1) **죄　수**　위탁관계의 수를 기준으로 판단해야 한다(통설, 2013도10020 판결). 따라서 1개의 행위로 수인으로부터 위탁받은 재물을 횡령한 때에는 수죄의 상상적 경합이 된다. 1개의 위탁관계로 보관하는 재물을 수개의 행위로 횡령한 때에는 수죄의 경합범이 된다. 그러나 수개의 횡령행위가 위탁관계와 소유자가 같고, 하나의 범의가 계속되어진 같은 행위태양이 이어진 때에는 포괄일죄가 된다 (2005도3431 판결).

　　횡령죄는 상태범이므로 횡령행위가 종료된 후에 행해진 횡령물의 처분행위는 불가벌적 사후행위가 되어 별죄를 구성하지 않는다(2006도4034 판결). 그러나 보관 중이던 타인의 부동산에 근저당권설정등기를 경료함으로써 횡령하였더라도 이후 재차 근저당권을 설정하거나 매각하여 새로운 법익침해의 위험을 추가하거나(2014도12022 판결), 명의수탁자가 신탁받은 부동산의 일부에 대한 토지수용보상금 중 일부를 임의소비하여 횡령하고, 이어 수용되지 않은 나머지 부동산에 전체에 대한 반환을 거부하여 새로운 법익침해를 추가한 때(2010도10500 전원합의체 판결, 2000도3463 판결)에는 별도의 횡령죄가 성립한다.

2) **타죄와의 관계**

(a) **업무상 횡령죄와의 관계**　업무상 보관하던 금전과 개인적 위탁에 의한 보관금을 혼합하여 점유하던 중 이를 횡령한 때에는 양자가 혼합되어 식별 불가능한 상태이면 혼합된 금액 전부에 대해서 업무상 횡령죄만 성립한다.

(b) **사기죄와의 관계**　재물의 보관자가 영득의 의사로 상대방을 기망하여 영득행위를 완성한 때에는 상대방에게 재산적 처분행위를 시킨 것이 아니므로 횡령죄만 성립한다(87도2168 판결). 횡령한 재물을 이용하여 타인을 기망하고 타인의 재물을 편취한 때에는 별도로 사기죄가 성립하고 횡령죄와 경합범이 된다.

(c) **장물죄와의 관계**　장물보관을 위탁받은 자가 이를 영득한 때에는 장물보관죄만 성립한다(통설, 76도3067 판결). 횡령으로 영득한 장물인 정을 알면서 취득한

경우에 장물취득죄가 성립한다는 견해(다수설)와 횡령죄의 공범이 된다는 견해 (이형국 I 495, 이재상·장영민·강동범 20/44, 김성돈 454)가 대립한다. 공범은 공범의 요건을 갖추어야 하므로 단지 장물취득의사로 영득한 행위자를 신분범의 공범이라고 할 수 없다. 장물취득과 동시에 장물취득죄만 성립한다고 해야 한다.

5. 명의신탁부동산의 임의처분과 횡령죄

(1) 명의신탁의 의의와 부동산실명법

1) **명의신탁의 의의**　부동산 명의신탁이란 신탁자와 수탁자 간의 약정에 따라 대내적 관계에서는 신탁자가 소유권을 보유하여 이를 관리·수익하면서 등기부상의 소유명의만 수탁자로 하여 둔 것을 말한다. 명의신탁에 있어서 수탁자가 자기명의로 되어 있는 부동산을 신탁취지에 반하여 제3자에게 임의로 매각(저당권설정)하였을 때 그 제3자에 대한 관계에서 수탁자의 소유라고 할 수 있느냐에 따라 횡령죄의 성립 여부가 결정된다.

2) **부동산실명법**　부동산실명법은 부동산물권을 수탁자 명의로 등기하는 명의신탁 약정은 무효이며, 금지하는 명의신탁 약정에 따라 행해진 부동산 물권변동도 무효라고 규정하고 있다(동법 제4조 제1항). 다만 종중이 보유한 부동산이나 종교단체 명의로 그 산하조직이 보유한 부동산과, 배우자 명의로 등기한 부동산에 대하여는 조세포탈이나 강제집행면탈 또는 법령상 제한을 회피할 목적으로 하지 않는 한 유효한 명의신탁으로 허용하고 있다(동법 제8조).

(2) 부동산명의수탁자의 횡령죄의 성부

1) **명의수탁자의 보관자 지위**　부동산실명법이 허용하는 명의신탁의 경우, 종중보유 부동산과 배우자 명의 부동산을 수탁받은 자는 위탁자의 소유물을 보관하는 지위에 있으므로 이를 임의처분하면 횡령죄가 성립한다. 이에 대하여 부동산실명법이 금지하는 명의신탁은 명의신탁약정이 무효이고, 이에 기초하여 이루어진 부동산 물권변동도 무효가 되므로, 명의수탁자는 위탁자의 소유물을 보관하는 횡령죄의 주체가 될 수 있느냐가 문제된다. 명의신탁의 유형에 따라 검토해야 한다.

2) **2자간 등기명의신탁의 경우**　"2자간 등기명의신탁"이란 부동산소유자

인 신탁자가 수탁자와 명의신탁 약정을 맺고 그 약정에 의하여 수탁자 명의로 등기를 이전하는 경우를 말한다. 이 경우 명의수탁자가 부동산을 임의처분한 때에 횡령죄가 성립하느냐에 대해서 견해가 대립한다.

(a) **부정설**　신탁자가 수탁자에게 부동산실명법에 위반한 불법원인급여를 한 것이므로 수탁자에게 소유권이 귀속하여 횡령죄는 성립하지 않는다고 한다 (박상기·전지연 680, 오영근 368). 부동산실명법위반죄($\frac{제7}{조}$)에 해당될 뿐이다.

(b) **긍정설**　명의신탁약정에 의한 소유권이전등기는 무효이므로 그 부동산의 소유권은 당연히 신탁자에게 귀속하고 수탁자는 부동산 보관자에 해당하여 횡령죄가 성립한다고 한다(다수설).

(c) **판 례**　판례는 종래 부동산실명법의 취지는 명의신탁을 금지하여 부동산거래의 투명성을 확보하는데 있고, 수탁자가 소유권을 취득할 수 있다는 의미가 아니라는 전제 하에서 횡령죄 성립을 긍정하였으나($\frac{99도5227}{판결 참조}$), 최근 신탁자와 수탁자의 관계는 부동산실명법위반죄를 구성하는 불법적인 것일 뿐, 형법상 보호할 만한 가치있는 신임에 의한 것이라고 할 수 없어 신탁자에 대한 관계에서 수탁자를 '타인의 재물을 보관하는 자'의 지위에 있다고 볼 수 없다고 판시($\frac{2016도18761}{전원합의체 판결}$)하여 횡령죄 성립 **부정설**로 그 태도를 변경하였다.

(d) **결 어**　부동산실명법은 명의신탁부동산 등기이전이 무효라고 하였을 뿐이고, 또 수탁자 명의등기를 신탁자(소유자) 명의로 등기하도록 강제하는 규정($\frac{동법 제6조}{제1항}$)을 두고 있으므로 반환청구를 금지한 민법상의 불법원인급여와 성질이 다르다고 해야 한다. 만일 명의신탁부동산 등기이전이 불법원인급여가 된다면 수탁자에 소유권 이전효과를 인정하게 되어 부동산실명법의 취지에 반할 뿐만 아니라 수탁자가 부당이득을 취하는 결과가 된다.

부동산 명의신탁이 무효가 되면 부동산 소유권은 당연히 원래의 실권리자인 신탁자에게 돌아가는 것이므로 횡령죄를 인정하는 다수설이 타당하다. 수탁자에게는 횡령죄 외에 부동산실명법위반죄($\frac{동법 제7조}{제2항}$)가 성립하고 경합범이 된다.

3) 3자간 등기명의신탁의 경우　"3자간 등기명의신탁"이란 甲과 乙이 명의신탁계약을 체결하고, 명의신탁자(甲)가 원권리자(매도인 A)와 부동산매매계약을 체결하면서 매수한 부동산을 직접 수탁자(乙)의 명의로 등기이전하도록 하고 신탁자인 甲으로의 등기이전을 생략한 유형을 말한다. 중간생략등기형 명의신탁이다.

중간생략등기형 명의신탁도 부동산실명법에 따라 甲과 乙의 명의신탁약정은 무효이고, 수탁자 乙 앞으로의 소유권이전등기도 무효가 되므로 부동산의 소유권은 여전히 원권리자인 매도인(A)에게 있다. 이 경우 명의수탁자(乙)가 부동산을 임의처분한 경우 명의신탁자에 대한 배임죄가 성립한다는 견해(김일수·서보학 301 이하)도 있으나 부동산은 타인의 소유이고 신탁에 대한 신뢰관계를 배반한 것이므로 횡령죄가 성립한다고 해야 한다(통설). 문제는 이 경우 횡령죄의 피해자가 명의신탁자인가, 매도인인가에 있다. 즉 누구에 대한 횡령죄가 성립하느냐이다.[1]

(a) **명의신탁자에 대한 횡령죄설** 매도인은 매매대금을 수령하였으므로 사실상 피해가 없고, 실질적 피해자는 매매대금을 지급하였으나 신탁부동산이 제3자에게 처분되어 반환받을 수 없는 명의신탁자(甲)이므로 명의신탁자에 대한 횡령죄가 성립한다는 견해(다수설)이다.

(b) **매도인에 대한 횡령죄설** 명의신탁약정이 무효이기 때문에 소유권은 여전히 매도인에게 남아 있으므로 소유자인 매도인에 대한 횡령죄가 성립한다는 견해(이재상·장영민·강동범 20/29, 박상기·전지연 680은 소유권이 매도인에 있다고 하여 같은 취지이다)이다.

(c) **명의신탁자·매도인에 대한 횡령죄설** 부동산매도인(원소유자 A)은 소유권을 회복하여 신탁자에게 이전시켜야 하지만 수탁자로부터 매수한 제3자에 대하여 소유권주장을 할 수 없고, 명의신탁자(甲)도 매도인의 소유권주장이 불가능함에 따라 역시 소유권을 주장할 수 없으므로 매도인과 신탁자 모두에 대하여 횡령죄가 성립한다는 견해(손동권·김재윤 24/37)이다.

(d) **판 례** 판례는 종래 명의신탁자(甲)에 대한 관계에서 횡령죄가 성립한다는 입장(2010도8556 판결)을 취하여 왔으나, 이후 태도를 변경하여 매도인(A)에 대한 횡령죄 성부에 대하여는 판단하지 않은 채, 명의신탁자(甲)에 대한 횡령죄가 성립하지 않는다고 판시(2014도6992 전원합의체 판결)하였다.[2]

(e) **결 어** 명의신탁약정 자체가 무효이므로 소유권은 원소유자인 매도인(A)에게 돌아가지만 매도인은 매매대금을 수령하였으므로 사실상 피해가 없다.

---

1) 피해자가 누구이냐에 따라 친족상도례 적용여부가 달라진다.
2) 2014도6992 전원합의체 판결에서 대법원은, 횡령죄의 위탁신임관계는 횡령죄로 보호할 만한 가치 있는 신임에 의한 것으로 한정해야 한다는 전제하에 명의수탁자에 대한 관계에서 명의신탁자를 실질적 소유권자라고 평가하는 것은 명의신탁약정을 무효로 한 부동산실명법의 규정과 취지에 반한다는 점에서 명의수탁자를 명의신탁자의 재물을 보관하는 자라 할 수 없어 횡령죄가 성립하지 않는다고 판시하였다.

실질적 피해자는 매매대금을 지급하였으나 신탁부동산이 제3자에게 처분되어 반환받을 수 없는 명의신탁자(甲)이므로 명의신탁자에 대한 횡령죄가 성립한다는 다수설이 타당하다.

 4) 3자간 계약명의신탁의 경우   "3자간 계약명의신탁"이란 신탁자(甲)와 수탁자(乙)가 명의신탁약정을 맺은 후 신탁자의 위임에 따라 수탁자(乙)가 매매계약의 당사자가 되어 원소유자(매도인 A)와 부동산매매계약을 체결하고 수탁자(乙)의 명의로 등기하는 경우를 말한다. 이를 매수위임형 명의신탁이라고도 한다. 매도인(A)은 신탁자(甲)와 수탁자(乙) 사이의 명의신탁사실을 알고 있는 경우(악의)도 있고, 모르는 경우(선의)도 있으므로 경우를 나누어 살펴본다.

 (a) 매도인이 악의인 경우   매도인(A)이 甲·乙 사이의 명의신탁 사실을 알고 있는 경우에는 신탁자(甲)와 수탁자(乙)의 명의신탁약정뿐만 아니라 이 약정에 따라 행해진 수탁자(乙) 명의의 소유권이전등기도 무효가 되므로 부동산의 소유권은 매도인(A)에게 복귀된다. 이 경우 수탁자(乙)가 부동산을 임의처분하면 매도인(A)에 대한 횡령죄가 성립한다는 견해(박상기 각론8판 380), 신탁자에 대한 관계에서 배임죄가 성립한다는 견해(다수설)가 대립한다. 매도인(A)은 이미 매매대금의 수령과 소유권이전등기가 완료된 상태에서 피해자가 될 수 없고, 명의신탁약정은 무효라도 신탁자(甲)와 수탁자(乙) 사이의 사실상의 신임관계는 여전히 존재하므로 수탁자(乙)는 신탁자(甲)에 대한 배임죄만 성립한다는 다수설이 타당하다.

 판례는 이 경우 명의수탁자(乙)가 명의신탁자(甲)나 매도인(A)에 대한 관계에서 '타인의 재물을 보관하는 자' 또는 '타인의 사무를 처리하는 자'의 지위에 있지 않다고 보아 횡령죄와 배임죄의 성립을 모두 부정하였다(무죄설, 2011도7361 판결, 박상기·전지연 682 및 김성돈 459 같은 취지).

 (b) 매도인이 선의인 경우   매도인(A)이 명의신탁임을 모르고 매매계약을 체결한 때에는 명의신탁약정은 무효가 되지만 부동산 소유권이전등기는 유효(부동산실명법 제4조 제2항 단서)하므로 수탁자(乙)는 유효하게 부동산 소유권을 취득한다. 따라서 수탁자(乙)는 타인소유 부동산의 보관자가 아니므로 횡령죄가 성립할 여지가 없다. 판례도 같은 취지이다(2014도6740 판결).

 문제는 신탁자(甲)에 대한 배임죄가 성립하느냐이다. 이에 대해서, ① 배임죄를 인정하면 부동산실명법이 인정하지 않는 명의신탁약정을 사실상 인정하게 되므로 횡령죄뿐만 아니라 배임죄도 성립하지 않는다는 **배임죄부정설**과, ② 명의신탁약정의 무효가 신탁자(甲)와 수탁자(乙)의 사실상의 신임관계까지 무효로 만드는 것은 아니므로 수탁자(乙)는 신탁자(甲)의 사무를 처리하는 자로서 배임죄가 성립한다는 **배임죄설**이 대립하는데 배임죄설이 타당하다고 본다.

판례는 수탁자(乙)는 유효하게 부동산소유권을 취득한 것이고 그 부동산을 처분한 대금도 당연히 수탁자(乙)에게 귀속하므로 신탁자(甲)는 수탁자(乙)에 대하여 부당이득반환청구권을 행사하는 것은 별론으로 부동산과 처분대금의 반환이나 불법행위로 인한 손해배상청구도 할 수 없으며, 수탁자(乙)는 타인의 재산을 보전·관리하는 지위에 있다고 볼 수 없다고 하여 배임죄의 성립까지 부정한다($^{2011도7361}_{판결}$).

(c) **원매도인의 책임과 공범**   계약명의신탁에서 원소유자인 매도인(A)은, ① 악의인 경우에 부동산실명법위반으로 처벌된다. 수탁자(乙)의 처분행위에 가담하지 않는 이상 배임죄의 공범은 부정된다. 이 경우 수탁자(乙)의 매도에 응한 제3의 매수자는 그 사실을 알고 있는 때에 한하여 배임죄의 공범이 될 수 있다($^{제33조}_{본문}$). ② 선의인 경우 원소유자인 매도인(A)은 아무런 책임을 지지 않는다. 명의신탁약정을 알면서 수탁자(乙)의 매도에 응한 제3의 매수자는 배임죄의 공범이 될 수 있다($^{제33조}_{본문}$).

[명의신탁·수탁자의 횡령죄 성부]

구 분			임의처분한 명의수탁자의 죄책(학설·판례)
2자간 명의신탁	다수설		명의신탁자에 대한 횡령죄
	판 례		횡령죄 부정
3자간 명의신탁 (중간생략등기형)	학 설		명의신탁자에 대한 횡령죄설, 매도인에 대한 횡령죄설, 명의신탁자·매도인에 대한 횡령죄설
	판 례		명의신탁자에 대한 횡령죄 성립 부정 (매도인에 대한 횡령죄 성부 언급 없음)
3자간 명의신탁 (계약명의신탁형)	매도인(원소유자) 악의	다수설	명의신탁자에 대한 배임죄
		판 례	횡령죄·배임죄 모두 부정
	매도인(원소유자) 선의	학 설	명의신탁자에 대한 배임죄설과 배임죄부정설
		판 례	횡령죄·배임죄 모두 부정

Ⅲ. 업무상 횡령죄

> [구성요건·법정형] 업무상의 임무에 위배하여 제355조(횡령)의 죄를 범한 자는 10년 이하의 징역 또는 3천만원 이하의 벌금에 처한다(제356조).
> 미수범은 처벌한다(제359조).
> 친족상도례 특례규정과 동력규정을 준용한다(제361조).

(1) 의의·성격

업무상의 임무에 위배하여 자기가 보관하는 타인의 재물을 횡령하는 범죄이다. 위탁관계가 업무로 되어 있다는 점에서 횡령죄에 대하여 책임이 가중되는 가중적 구성요건이며, 보관자라는 신분과 업무자라는 신분이 중복된 이중신분범이다. 침해범·상태범이라는 성격은 (단순)횡령죄와 같다. 특정경제범죄법에는 업무상 횡령으로 취득한 이익의 가액이 5억원 이상 또는 50억원 이상인 경우에 가중처벌하는 특별규정이 있다(특별법제3조).

(2) 구성요건

1) 주 체   업무상 타인의 재물을 보관하는 자이다. 타인의 재물을 보관할 뿐만 아니라 업무상 보관하고 있어야 한다.

(a) 업 무

(aa) 업무의 의의   이 죄의 "업무"도 사회생활상의 지위에서 계속 또는 반복하여 행하는 사무라는 점에서 업무상 과실치사상죄의 업무와 같지만, 사람의 생명·신체에 위험을 수반하지 않고 타인의 재물을 보관하는 내용의 사무라는 점에 차이가 있다. 반드시 직무·직업 또는 영업과 같이 생계유지를 위한 것임을 요하지 않고, 타인을 대신해서 사실상 행하는 사무도 무방하다. 본무·겸무뿐만 아니라 본래의 업무수행과 밀접한 관련성이 있는 부수적 사무도 이 죄의 업무에 해당한다.

(bb) 업무의 근거   법령·계약·관례에 의한 업무도 상관없다. 사실상 위탁관계에 의하여 타인의 재물을 보관하는 지위에 있으면 족하다.

(cc) 업무의 내용   업무의 내용은 공적·사적인 것을 묻지 않으며, 직접 재물보관을 주된 업무로 하는 것임을 요하지 않고, 관례상 타인의 재물을 보관하

고 있으면 족하다. 그러나 일정한 업무에 종사하는 자도 업무와 관계없이 타인의 재물을 보관하는 때에는 업무상 보관이 아니다.

따라서 창고업자·운송업자·수선업자·세탁업자뿐만 아니라 손님 귀중품을 예치받은 목욕탕 주인, 부동산 매매대금을 보관하고 있는 중개인, 유류품 보관센터 직원, 적십자회비를 수금한 동직원도 업무자가 된다.

업무상 보관의 객체는 점유이탈물도 상관없으므로 유실물·유류품을 보관하는 자도 업무상 보관이 된다. 허가·면허를 받지 않은 것과 같이 절차상 부적법한 것도 행위 자체의 본질상 위법한 것이 아니면 이 죄의 업무에 해당한다. 그러나 사회질서에 반하거나 강행법규에 위반하는 등 금지된 행위는 이 업무에 포함되지 않는다.

(dd) 업무자의 지위상실   업무자의 지위는 그 주된 직무상의 지위상실과 동시에 당연히 소멸되지 않는다. 공무원·회사의 직원이 면직되거나 고용관계가 소멸된 후에도 사무인계가 종료할 때까지는 업무상 보관자가 된다(통설, 80도1970 판결).

(b) **위탁관계**   업무상 보관은 업무자가 위탁관계에 의하여 타인의 재물을 보관하는 것이라야 한다. 업무상의 지위로 인하여 당연히 재물을 보관하게 되는 경우도 있고, 위탁자의 위탁행위에 의해서 보관하게 되는 경우도 있다. 전자의 경우 업무자는 일정한 사무에 대해서 임명·위촉하는 자(소속 책임자) 사이에 포괄적인 신뢰관계가 존재한다.

2) 행위·고의   행위는 횡령하거나 반환을 거부하는 것이고, 고의가 있어야 하며, 불법영득의 의사는 고의의 내용이 된다는 것은 횡령죄의 그것과 같다. 업무자의 지위는 수반인식으로 족하다. 업무자가 업무상 보관하는 공금을 본래의 목적 외에 전혀 유용할 수 없는 용도에 지출한 때에도 이 죄가 성립한다.

공금을 소속장관·차관의 취임기념식·환영기념식 비용 또는 선물대금으로 사용하거나(4288형상291 판결), 법적 근거가 없는 상사의 출장여비보조비, 직원들의 후생비로 소비하거나(69도1880 판결) 타인에게 대여한 경우, 재건축조합장이 개인 명의의 손해배상청구소송 변호사선임비용을 조합비용으로 지출한 경우에는 이사회 및 대의원회의 승인을 받았어도(2004도6280 판결) 업무상 횡령죄가 성립한다.
그러나 보관금 유용이 보관자의 권한범위 내에 있거나 사회통념상 시인되는 경우에는 이죄가 성립하지 않는다. 따라서 사찰재산에 대한 관리처분권이 있는 운영책임자가 사찰을 위하여 업무상 보관하던 금원을 사찰의 필요경비, 장학금, 자신의 병원치료비 등의 용도로 사용하거나(99도4699 판결), 주금납입취급은행이 아닌 제3자로부터 금원을 차용하여 주금을 납입하였다가 회사설립등기절차 또는 증자등기절차를 마친 직후 인출하여 위 차용금의 변제에 사용한 경우(2008도10096 판결. 상법상 납입가장죄 성립)에는 업무상 횡령죄가 성립하지 않는다.

(3) 공범관계

업무상 보관자와 단순보관자가 공동점유하는 타인의 재물을 횡령한 때에는 제33조 단서를 적용하여 각각 업무상 횡령죄와 (단순)횡령죄가 성립한다(다수설). 보관자도 업무자도 아닌 자가 이 죄에 가공한 경우, 업무자는 업무상 횡령죄가 성립하지만 비신분자는 제33조 본문을 적용하여 단순횡령죄의 공범이 성립하고, 동조 단서를 다시 적용하여 단순횡령죄의 형을 부과한다는 것이 다수설이다. 판례는 비신분자도 제33조 본문을 적용하여 업무상 횡령죄의 공범이 성립하고, 과형에서만 동조 단서를 적용하여 단순횡령죄의 형으로 처단한다($\binom{2014도15182}{판결}$).

Ⅳ. 점유이탈물횡령죄

> [구성요건·법정형] 유실물, 표류물 또는 타인의 점유를 이탈한 재물을 횡령한 자는 1년 이하의 징역이나 300만원 이하의 벌금 또는 과료에 처한다(제360조 제1항).
> 매장물을 횡령한 자도 전항의 형과 같다(제2항).
> 친족상도례 특례규정과 동력규정을 준용한다(제361조).

(1) 의의·성격

유실물, 표류물, 매장물 기타 점유를 이탈한 타인의 재물을 횡령하는 범죄이다. 위탁관계에 의한 신뢰배반이 없다는 점에서 위탁물횡령죄와 성질을 달리하는 독립된 범죄이며, 침해범($\binom{위험범설은 임웅}{524, 김성돈 466}$)·상태범·비신분범이다.

(2) 구성요건

1) 객 체 타인의 점유를 이탈한 타인의 재물이다. 형법은 유실물, 표류물, 매장물을 예시한 것이므로 이에 한정되는 것은 아니다.

(a) 점유이탈물 "점유이탈물"이란 점유자의 의사에 의하지 않고 그 점유를 벗어난 타인 소유물과, 아직 누구의 점유에도 속하지 않는 타인 소유물을 말한다. 타인의 점유를 이탈한 것이면 충분하고 그것이 자기의 점유 하에 있는가는

묻지 않는다. 따라서 우연히 자기 점유 하에 들어온 재물(바람에 날려온 이웃집 세탁물)도 점유이탈물이 된다. 착오로 점유한 물건(잘못 배달된 우편물, 잘못 인도된 물건, 잘못 계산된 거스름돈), 타인이 놓고 간 물건(전동차·버스 안에 놓고 간 휴대품), 점유자의 지배를 벗어난 가축과 같은 준유실물($^{유실물법}_{제12조}$)도 점유이탈물이다.

타인의 점유를 이탈한 것이면 행위자가 경찰서에 제출할 의사로 습득하여 보관 중인 유실물도 점유이탈물이다. 점유이탈물은 타인의 소유라고 인정될 수 있으면 충분하고, 그 소유권의 귀속이 명백할 필요가 없다. 그러나 무주물(쓰레기통에 버려진 물건)은 점유이탈물이라도 재산죄의 객체가 될 수 없다. 타인의 실력지배가 미치는 장소에 방치된 재물은 그 장소를 지배하는 자의 점유에 속하므로 점유이탈물이 아니다. 예컨대 숙박객이 여관의 화장실·탈의장에 두고 온 시계·지갑은 여관주인의 점유에 속한다. 송금절차의 착오로 자신의 계좌에 잘못 입금된 돈은 점유이탈물이 아니라 자기가 보관하는 타인 소유의 재물이므로 (위탁물)횡령죄의 객체가 된다($^{2010도891}_{판결}$).

(b) 유실물·표류물·매장물

(aa) 유실물   "유실물"이란 잃어버린 물건(분실물)으로서 점유자의 의사에 의하지 않고 그 점유를 이탈하여 아직 누구의 점유에도 속하지 아니하는 물건을 말한다. 부동산은 유실물이 될 수 없다.

(bb) 표류물   "표류물"이란 점유를 이탈하여 바다나 하천에 떠서 흐르고 있는 물건을 말한다. 수중에 가라앉아 있는 물건도 표류물인가에 대하여 부정하는 견해($^{이재상·장영민·강동범}_{20/50, 임웅 527}$)도 있다. "수상에서의 수색·구조 등에 관한 법률"($^{제2조 제12호·}_{제13호}$)은 표류물과 침몰품을 구별하고 있으나 이 죄의 표류물은 이에 구애받을 필요없이 넓은 개념이라 본다. 해난(海難)이나 항공기추락사고로 바다에 떨어진 승객의 휴대품·화물은 수색 중에 있어도 표류물이 된다.

(cc) 매장물   "매장물"이란 토지·해저 또는 건조물 속에 묻혀 있는 물건으로서 점유이탈물에 준하는 것을 말한다. 고분 내에 매장되어 있는 보석·거울·칼 등이 그 예이다(매장문화재에 대해서는 "매장문화재 보호 및 조사에 관한 법률"이 적용된다). 해저에 묻혀 있는 보물도 같다. 매장물은 과거 누군가가 소유하고 있었고, 현재에도 그 소유가 상속인들에게 의해서 계속성이 있으면 그 소유자가 판명되었음을 요하지 않는다.

2) 행 위   횡령하는 것이다.

(a) 횡 령   이 죄의 "횡령"도 영득의 의사로 유실물 등을 자기의 사실상의 지배하에 두는 것을 의미한다. 우연히 자기 점유에 들어온 물건은 영득의사를 표출하는 행위가 있어야 한다. 횡령은 부작위로도 가능하다. 영득의사로 법이 정한 절차를 상당기간 내에 밟지 않으면 이 죄가 성립한다. 이 죄는 상태범이므로 습득한 자기앞수표를 현금과 교환하는 행위는 불가벌적 사후행위가 되어 점유이탈물횡령죄만 성립하고, 사기죄는 성립하지 않는다(79도2948 판결 참조).

대법원은 자전거를 습득하여 소유자가 나타날 때까지 보관을 선언하고 수일간 보관한 때에는 불법영득의사가 없고(4290형상104 판결), 유실물인 줄 알면서 당국에 신고하지 않고 친구집에 운반한 사실만으로는 고의를 인정할 수 없다는 이유로(69도1078 판결) 점유이탈물횡령죄가 성립하지 않는다고 하였다.

(b) 기 수   영득의 의사로 점유이탈물을 자신의 지배 하에 두면 바로 기수가 되고 이 죄의 미수는 처벌하지 않는다. 점유를 이탈한 물건이 도품이라는 것을 알고 영득하여도 이 죄만 성립하고 장물취득죄는 성립하지 않는다. 당초에는 반환 또는 경찰서에 제출할 의사로 습득하였으나 그 후에 영득의사가 생겨 은닉·사용 등 고의를 실현하는 행위를 한 때에는 이 시점에서 기수가 된다.

[§ 21] 배임의 죄

I. 총 설

(1) 의 의

배임의 죄에는 배임죄와 배임수·증재죄의 두 가지 독립된 범죄유형이 있다. 배임죄는 타인의 사무를 처리하는 자가 그 임무에 위배하는 행위로써 재산상의 이익을 취득하거나 제3자로 하여금 이를 취득하게 하여 본인에게 손해를 가하는 범죄이다. 재산상의 이익만을 객체로 하는 순수한 이득죄이다.

배임수·증재죄는 타인의 사무를 처리하는 자가 임무에 관하여 부정한 청탁을 받고 재물 또는 재산상의 이익을 취득하거나(배임수재), 이러한 자에게 부

정한 청탁을 하고 재물 또는 재산상의 이익을 공여(배임증재)하는 범죄이다. 배
임수재죄와 배임증재죄는 필요적 공범관계에 있으며, 재물죄·이득죄의 성질을
갖는다.

(2) 본 질

배임죄의 본질에 대해서는 학설이 대립하고 있는데, 어느 입장을 취하느냐
에 따라 배임죄와 횡령죄의 성립범위가 달라진다.

1) **권한남용설**   타인의 사무를 처리할 법적 처분권한을 가진 자가 그 권
한을 남용하여 타인에게 재산상의 손해를 가하는 데에 배임죄의 본질이 있다는
견해이다. 이에 따르면 타인의 재산을 처분할 법적 대리권이 있는 자만 배임죄
의 주체가 되며, 법률행위에 대해서만 배임죄가 성립한다. 이 견해는 법적 권한
을 남용하는 배임죄와 신뢰관계를 배반하는 사실행위인 횡령죄는 본질적으로
다른 것이므로 두 죄는 택일관계에 있다고 한다.

2) **배신설**   타인의 사무처리자가 신의성실에 따라 사무를 처리해야 할
신뢰관계를 배반하여 본인에게 재산상의 손해를 가하는 데에 배임죄의 본질이
있다는 견해로 우리나라 통설이다. 이에 따르면 법률행위뿐만 아니라 신뢰관계
를 배신하는 사실행위에 대해서도 배임죄가 성립하며, 법적 대리권 없는 자의
배임행위도 인정할 수 있다. 이 견해는 신뢰관계의 배반이라는 점에서 배임죄
와 횡령죄는 같은 성질의 범죄이지만, 재산 일반에 대한 배임죄와 보관하는 개
개 재물에 대한 횡령죄는 일반법과 특별법의 관계에 있다고 한다.

3) **결 어**   권한남용설은 법적 대리권이 없거나 사실행위에 의한 배임행
위 모두를 배제하므로 배임죄의 성립범위를 지나치게 제한[1]할 뿐만 아니라 배
임죄의 요건인 "임무에 위배하는 행위"의 의미를 법적 대리권 남용의 의미로 제
한적 해석을 해야 할 근거도 없다. 따라서 횡령죄와 마찬가지로 본인의 신뢰관
계를 배반하여 손해를 가하는 범죄로 파악하는 **배신설**이 타당하다고 해야 한다.
판례도 **배신설**의 입장에서 "행위자가 대외적 관계에서 타인의 재산을 처분할

---

[1] **권한남용설**에 의하면 대리권 없이 장부에 허위사실을 기재하는 배임행위, 대리권 소멸 후 또는
대리권 없는 감독기관의 배임행위, 간접대리인의 배임행위, 사법상 무효인 법률행위에 의한 배
임행위를 제외하므로 이러한 행위가 횡령죄에도 해당하지 않을 경우에는 배신적 행위의 다수
가 가벌대상에서 제외된다.

적법한 대리권이 있음을 요하지 아니한다"고 하였다($^{97도3219}_{판결}$).

(3) 보호법익

배임죄의 보호법익은 사기죄와 마찬가지로 전체로서의 재산이다. 재산의 내용은 재산상의 이익이다.

보호받는 정도에 관해서는 침해범설과 위험범설($^{추상적\ 위험범설은\ 이재상·장영민·강동범}_{21/1,\ 구체적\ 위험범설은\ 박상기·전지연\ 691}$)이 대립한다. 위험범설은 배임죄의 요건으로 "본인에게 손해를 가한 때"라고 명시한 명문규정에 반하며, 배임의 죄도 재산권을 보호하는 재산죄인 이상 재산에 대한 침해가 있어야 하므로 침해범설이 타당하다(다수설). 판례는 손해발생의 위험이 있어야 하는 위험범설을 취하고 있다($^{99도334}_{판결}$). 배임수·증재죄의 보호법익에 대해서는 "배임수재죄" 참조.

II. (단순)배임죄

> **[구성요건·법정형]** 타인의 사무를 처리하는 자가 그 임무에 위배하는 행위로써 재산상의 이익을 취득하거나 제3자로 하여금 이를 취득하게 하여 본인에게 손해를 가한 때에도 전항 (횡령죄)의 형(5년 이하의 징역 또는 1천500만원 이하의 벌금)과 같다(제355조 제2항).
> 미수범은 처벌한다(제359조).
> 친족상도례 특례규정과 동력규정을 준용한다(제361조).

1. 의의·성격

배임죄는 타인의 사무를 처리하는 자가 그 임무에 위배하는 행위로써 재산상의 이익을 취득하거나 제3자로 하여금 취득하게 하여 본인에게 재산상의 손해를 가하는 범죄이다. 전체로서의 재산을 보호하는 순수한 이득죄이며, 침해범이고(판례는 위험범설), 상태범·의무범·진정신분범이다. 이 죄도 배임으로 취득한 이익의 가액이 5억원 이상 또는 50억원 이상인 경우에 가중처벌한다($^{특정경제범}_{죄법\ 제3조}$).

> **판례** 배임죄는 현실적인 재산상 손해액이 확정될 필요까지는 없고, 단지 재산상 권리의 실행을 불가능하게 할 염려 있는 상태 또는 손해발생의 위험이 있는 경우에 바로 성립되는 위태범이다(99도334 판결).

2. 객관적 구성요건

(1) 주 체

타인의 사무를 처리하는 자만 주체가 되는 진정신분범이다(²⁰¹⁶도3674 판결참조). 신분은 행위시에 있으면 충분하고, 재산상의 손해발생은 그 신분의 소멸 후라도 무방하다. "타인의 사무를 처리하는 자"란 신의성실에 따라 그 사무를 처리할 신뢰관계가 있는 자를 말한다. 회사의 발기인, 업무집행사원, 이사, 감사, 직무대행자, 지배인, 사채권자집회의 대표자 또는 그 결의를 집행하는 자 등의 배임행위에 대해서는 상법상의 특별배임죄가 성립한다(상법 제622조·제623조).

1) 사무의 타인성 타인의 사무처리자라 할 때의 "타인"은 신의성실에 따라 그 사무를 처리해야 할 신뢰관계가 있는 자를 말하며, 자연인·법인·법인격 없는 단체를 포함한다. 자기의 사무는 타인을 위해서 처리하여도 배임죄가 성립하지 않는다. 자기의 사무이면서 동시에 타인의 사무가 본질적 내용이 되는 경우(이중매매 매도인의 등기협력의무, 이중저당 저당권설정자의 협력의무)에는 타인의 사무라고 해야 한다. 판례는 동산 이중매매(²⁰⁰⁸도10479 전원합의체 판결)와 채무담보 목적의 동산 양도담보 제공(²⁰¹⁹도9756 판결)의 경우에 사무의 타인성을 부인하고 있다.

화물상환증을 발행하여 타인의 화물을 수취·보관·인도하는 것은 운송인 자신의 영업사무이지만 화물상환증의 소지인을 대신하여 그의 운송품을 보관하는 행위는 타인의 사무가 된다. 1인 회사의 대표자도 회사에 대한 관계에서는 타인이므로 회사의 사무를 처리하는 자가 된다(83도2330 전원합의체 판결).

[타인의 사무를 인정한 판례] ① 양도담보가 설정된 동산을 점유하는 채무자는 양도담보권자가 담보목적을 달성할 수 있도록 그 동산을 보관할 의무를 부담하고(89도350 판결), ② 채권담보의 목적으로 부동산의 소유권이전등기를 경료받은 채권자(매도담보권자)는 채무자가 변제기일까지 채무를 변제하면 채무자에게 그 소유명의를 환원하여 주기 위하여 그 소유권이전등기를 이행할 의무가 있으며(92도753 판결), ③ 계주는 계금징수 및 순번이 돌아온 계원에게 계금을 지급해야 할 의무가 있고(95도1176 판결), ④ 통관된 수입물품을 인도받은 수입업자는 통관물품에 대한 양도담보권을 가진 신용장개설은행이 담보목적을 달성할 수 있도록 신용장대금 변제시까지 위 물품을 보관할 의무가 있으며(98도2526 판결), ⑤ 기업의 영업비밀을 사외로 유출하지 않기로 서약한 회사직원은 경제적 대가 등을 이유로 경쟁업체에 영업비밀을 유출하는 등의 행위를 하지 않아야 할 의무를 부담하는 자이고(98도4704 판결), ⑥ 채권담보를 위해서 부동산에 가등기를 해 둔 가등기권리자나 소유권이전등기 서류를 임치받은 채권자는 채무자가

채무를 변제할 때까지 목적 부동산이나 해당서류를 보전해야 할 타인의 사무처리자이며(90도 414 판결), ⑦ 증권회사와 고객 사이에 매매거래 위탁계약이 체결되기 이전에는 증권회사는 계좌설정계약시 고객이 입금한 예탁금과 관련하여 고객의 재산관리에 관한 사무를 대행하는 타인의 사무처리자이고(94도1598 판결), ⑧ 미성년자와 친생자·양친자 관계는 존재하지 아니하나 호적상 친모로 되어 있는 자가 친권자로서 친권을 행사해 온 사실이 있다면 그와 미성년자 사이의 상속재산 분할에 있어서는 신의성실의 원칙에 따라 타인의 사무를 처리하는 지위에 있는 자이며(2001도3534 판결), ⑨ 모(母) 명의를 빌려 자동차를 매수하면서 자금을 대출받고 자동차저당권을 설정하여 준 자는 저당권자의 동의없이 제3자에게 위 자동차를 양도담보로 제공하지 아니하여야 할 의무를 부담(2010도11665 판결)하는 타인의 사무처리자이다.

[타인의 사무를 부정한 판례]　① 임대차계약에 따른 임차인의 임대료 지급의무(71도1116 판결), ② 구두로 약정한 증여의 이행의무(76도679 판결), ③ 월부상환 중인 자동차를 제3자에게 매도한 자의 연체 할부금 납부의무(83도2493 판결), ④ 양품점 임차권 양도계약을 체결한 양도인의 명도의무는 민사상 채무에 불과하고(90도1216 판결), ⑤ 음식점 임대차계약에 의한 임차인의 지위를 양도한 자의 명도의무는 양도인으로서 부담하는 자신의 의무이며(91도2184 판결), ⑥ 청산회사의 대표청산인의 채무변제·재산환가처분 등 회사의 청산업무는 청산인 자신의 사무 또는 청산회사의 업무에 속하고 회사 채권자들의 사무처리자가 아니고(90도6 판결), ⑦ 자금투자(甲)와 공사 및 거래행위(乙)를 각각 담당하기로 한 동업계약이 종료된 후 그 정산과정에서 공사 및 거래담당 동업인(乙)이 자신의 채권자에게 채권을 양도한 행위는 乙 자신의 사무일 뿐 타인(甲)의 사무라 할 수 없으며(91도2390 판결), ⑧ 자신소유의 동산에 대하여 점유개정의 방식으로 채권자들에게 이중의 양도담보를 설정해 준 채무자가 이를 임의로 제3자에게 처분하더라도 양도담보권을 선의취득할 수 없는 뒤의 채권자에 대한 관계에서 채무자는 타인의 사무를 처리하는 자에 해당하지 않고(2004도1751 판결), ⑨ 임야를 매수하면서 계약금만 지급하고 미리 소유권을 이전받은 매수인이 일정기간 내에 임야를 담보로 대출을 받아 매도인에게 잔금을 지급하기로 약정한 경우, "대금의 지급은 어디까지나 매수인의 법적 의무로서 행해지는 것"이므로 매수인은 매도인인 타인의 사무를 처리하는 자에 해당하지 않으며(2011도3247 판결), ⑩ 채무자가 대물변제예약을 한 부동산을 제3자에게 처분하였다고 하더라도 약정의 내용에 좋은 이행을 하여야 할 채무는 특별한 사정이 없는 한 "자기의 사무"에 해당하고(2014도3363 전원합의체 판결), ⑪ 아파트 소유권을 취득하는 즉시 임차인이 대항력을 취득할 수 있도록 알려주기로 하였으나, 전세금 전액을 수령하고 소유권을 취득하였음에도 이를 고지하지 않고 제3자에게 근저당권을 설정해 준 경우, 임대인의 의무는 "단순한 채권관계상의 의무에 불과"하여 임대인을 타인의 사무를 처리하는 자로 보기 어렵다(2015도4976 판결). ⑫ 질권설정자가 제3채무자에게 질권설정 사실을 통지하거나 제3채무자가 이를 승낙한 때에는 제3채무자가 질권자의 동의 없이 질권의 목적인 채무를 변제하더라도 이로써 질권자에게 대항할 수 없으므로 이 경우 질권설정자가 채권의 변제를 받았더라도 질권자에 대한 관계에서 배임죄가 성립하지 않으며(2015도5665 판결), ⑬ 법률상 원인관계 없이 자신의 가상지갑에 타인의 가상재산(비트코인)이 이체된 경우, 이체받은 사람이 소유자에 대한 관계에서 '타인의 사무를 처리하는 자'에 해당하지 아니하여 배임죄는 성립하지 않는다(2020도9789 판결).

2) 사무의 재산관련성

(a) 학설의 대립   타인의 사무는 재산관리사무임을 요하는가에 대해서, ①
형법은 사무처리 내용에 아무런 제한을 두고 있지 않으므로 재산관리사무임을
요하지 않는다는 견해(임웅 534, 오영근 386), ② 배임죄는 재산죄이므로 재산관리사무로 한정
해야 한다는 견해(다수설), ③ 반드시 재산적 사무임을 요하지 않으나 적어도 재
산적 이해관계가 있는 사무임을 요한다는 견해(황산덕 326, 정영석 383)가 대립한다.

(b) 판례의 태도   대법원은 "타인의 재산관리에 관한 사무의 전부 또는 일
부를 대행하는" 경우와 "타인의 재산보전에 협력하는" 경우라고 하여(84도2127판결) 다
수설과 같이 재산관리사무로 파악하고 있다.

(c) 결   어   배임죄는 재산상의 이익을 취득하여 본인에게 손해를 가하는
재산죄이며, 배신설에 따른 배임행위의 인정범위 확대를 제한하기 위해서는 재
산관리사무에 한정하는 견해가 타당하다고 본다. 따라서 재산적 손해를 가할
의사가 있어도 의사의 환자수술이나, 형사변호인의 변호업무는 재산관리와 관
계가 없으므로 배임죄의 사무처리가 될 수 없다.

3) 사무처리의 독립성   타인의 사무처리는 사무처리자가 일정한 범위에서
스스로 판단하여 처리할 수 있는 사무처리의 독립성이 있는 경우에 한하여 신
뢰관계의 배신을 인정해야 한다. 사무처리에 대한 독립성의 정도는 사무의 종
류와 내용, 시간적 계속성 등을 종합하여 판단해야 한다. 본인의 지시에 따라
단순한 기계적 사무에 종사하는 자는 독립적 사무처리자가 될 수 없으나, 위탁
을 받거나 사무를 대행하는 자, 위탁받은 자를 보조하는 자로서 어느 정도의 재
량권을 가지고 있는 사실상의 사무담당자이면 사무처리자에 해당한다(99도334판결 참조).

4) 사무의 내용   타인의 사무는 공적·사적인 사무를 묻지 않으며, 계속
적·일시적 사무와 법률적 사무·사실상의 사무도 무방하다. 다만 재산적 이익
을 본질적 내용으로 하는 포괄적 사무라야 한다. 법원의 집행관, 등기공무원,
민사소송대리를 맡은 변호사는 타인의 중요한 재산적 이익에 관련하는 사무처
리자라 할 수 있다.

5) 사무처리의 근거   타인의 사무처리는 타인과 사무처리자 사이에 일정
한 신뢰관계가 있어야 한다. 사무처리의 근거는 두 가지 유형으로 구별할 수
있다.

(a) **법적 신뢰관계**   신뢰관계가 법률(친권자·후견인·파산관재인·집행관·회사대표), 계약 또는 법률행위(위임·고용·임차계약·도급)에서 생기는 경우이다.

(b) **신의칙상 신뢰관계**   신뢰관계가 신의성실의 원칙에 의해서 생기는 경우이다. 사회윤리적 신뢰관계 또는 순수한 사실상의 신뢰관계가 인정되는 경우이다. 다만 사회윤리적 신뢰관계는 타인의 재산상의 이익을 보호해야 할 보증인지위에 있는 자에 한정해야 한다. 따라서 관습·사무관리에 의한 신뢰관계는 일정한 지위에서 의무를 부담하는 경우(예: 대리권 소멸 후의 사무처리)에만 사무처리자의 지위를 인정할 수 있고, 우연히 자기점유에 들어온 점유이탈물의 점유와, 민법상의 사무관리규정에 위반한 모두가 사무처리자의 지위에 있다고 할 수 없다.

> 불륜관계 지속의 대가로 부동산을 증여하기로 한 계약은 선량한 풍속과 사회질서에 반하여 무효이므로 이에 기한 소유권이전등기의무가 인정되지 아니하여 타인의 사무처리자에 해당되지 않으나(86도1382 판결), 주택조합 정산위원회 위원장이 해임되고 후임 위원장이 선출되었는데도 업무인계를 거부하고 있던 중 정산위원회를 상대로 제기된 소송에서 의제자백으로 패소확정판결을 받게 한 사무인계 이전의 사무처리(99도1095 판결)와 학교 경영을 주도하고 학교자금을 보관·관리하는 학교법인 이사 겸 고등학교 교장이 학교재산에 대한 임대차계약을 체결하는 것(99도457 판결)은 타인의 사무처리에 해당한다.

(2) 행 위

임무에 위배하는 행위로써 재산상의 이익을 취득하거나 제3자로 하여금 취득하게 하여 본인에게 손해를 가하는 것이다. 임무위배행위, 재산상의 이익취득, 손해발생의 세 가지 요건을 모두 충족해야 한다.

1) 배임행위   임무에 위배하는 행위로써 법률상 또는 사실상의 신뢰관계를 배반하는 행위를 말한다.[1] 대리권 또는 위임받은 권한을 남용하거나 법률상 또는 사실상의 신뢰관계를 배반하는 임무위반이 있어야 한다. 법률행위의 유효·무효를 묻지 않는다.

---

1) 배임죄에서의 임무위배행위란 처리하는 사무의 내용, 성질 등 구체적 상황에 비추어 법령의 규정, 계약 내용 또는 신의성실의 원칙상 당연히 해야 할 것으로 기대되는 행위를 하지 않거나 당연히 하지 않아야 할 것으로 기대되는 행위를 함으로써 본인과 맺은 신임관계를 저버리는 일체의 행위를 말한다(2016도3674 판결). 따라서 본인과의 신임관계를 저버리는 행위를 하는 경우에도 본인의 동의가 있는 때에는 임무에 위배하는 행위라고 할 수 없다(2012도1352 판결).

> **판례**   배임죄에 있어서 임무위배행위라 함은 형식적으로 법령을 위반한 모든 경우를 의미하는 것이 아니고, 문제가 된 구체적인 행위유형 또는 거래유형 및 보호법익 등을 종합적으로 고려하여 경제적·실질적 관점에서 본인에게 재산상의 손해가 발생할 위험이 있는 행위를 의미한다(2007도4949 전원합의체 판결).

단순한 채무불이행은 배임행위가 될 수 없다($^{2007도7060}_{판결}$). 타인의 재산적 이익이 자기의 반대이익과 상호 급부관계가 있는 채무자(담보물권설정자, 양도계약·임대차계약의 일방, 고용계약·공급계약 일방)는 채무불이행이 될 뿐이고 배임행위가 되지 않는다. 또 동산에 대한 점유개정의 방법으로 이중양도담보를 설정한 경우에 뒤의 양도담보권자는 동산에 대한 선의취득이 불가능하여 배타적으로 자신의 담보권을 주장할 수 없으므로 처음의 양도담보권자에게 어떠한 재산상의 손해의 위험도 발생한다 할 수 없어 배임죄를 구성하지 않는다($^{2006도6686}_{판결}$).

(a) **배임행위의 판단기준**   배임행위는 행위자가 처리해야 할 사무의 성질·내용 등 구체적 사정을 고려하여 그 행위가 신의칙에 비추어 통상의 사무집행의 범위(거래상의 통념)를 일탈하였는가에 따라 판단해야 한다.

[**배임행위의 예**]   가상화폐거래소 대표가 암호화폐 상장 과정에서 편의를 봐주는 대가로 차명 가상지갑을 통해 수억원 상당의 가상화폐를 받은 경우(2020도11188 판결), 지입회사 대표가 지입계약을 체결한 차주의 동의 없이 지입차량을 담보로 저당권을 설정하여 대출을 받은 경우(2018도14365 판결), 특정목적을 위하여 조성된 기금을 목적에 위배하여 사용하거나 부적격자에게 부당지원한 경우(2014도5713 판결), 현저하게 불공정한 가액으로 제3자 배정방식으로 신주를 발행하여 회사에 손해를 입힌 경우(2007도4949 전원합의체 판결), 영업비밀을 유출하지 않을 것을 서약한 회사직원이 대가를 얻기 위하여 경쟁업체에 영업비밀을 유출한 경우(2004도6876 판결), 상호지급보증관계가 있는 회사 간에 보증회사가 변제능력이 없는 피보증회사에 대하여 채권회수책 없이 금원을 대여하거나 예금담보를 제공한 경우(2004도810 판결), 계주가 정당한 사유없이 순번에 해당하는 계원에게 계금을 지급하지 아니한 경우(95도1176 판결), 부동산 양도담보권자가 변제기일 전에 제3자에게 위 부동산에 대한 근저당권을 설정해 준 경우(95도283 판결), 주택에 대한 전세권설정계약을 체결하고 중도금까지 지급받은 자가 임의로 제3자에게 근저당권을 설정해 준 경우(93도2206 판결), 채권담보의 목적으로 부동산의 소유권이전등기를 경료한 채권자가 변제기일 전에 제3자에게 소유권이전등기청구권 보전가등기를 경료해 준 경우(89도1309 판결), 임대차관계 분쟁과정에서 임차인에게 회사가 지급할 금액에 관하여 합의가 이루어졌음에도 회사대표가 임차인에게 고소당한 사건을 두려워한 나머지 회사가 지급할 의무 없는 돈을 권리금 명목으로 추가하여 지급한 경우(83도2928 판결), 새마을금고 이사장이 정관과 규정에 위배하여 대출신청서와 차용금증서를 제출받지 않고 대출이자에 대한 약정도 없이 자

금을 대출해 준 경우(79도2637 판결) 등은 배임행위가 된다.

　반면, 회사의 대표이사가 채무변제능력 상실이 아닌 '채무초과 상태'에 있는 타인에게 회사 자금을 대여하거나 타인의 채무를 회사 이름으로 연대보증하거나 타인의 채무를 위하여 회사 재산을 담보로 제공한 것을 회사에 대한 배임행위로 단정할 수 없고(2013도2858 판결), 방송사 사장이 소속 방송사 조세소송 관련사무를 처리하면서 방송사에 보다 유리한 내용으로 조정안 을 관철하지 못한 것은 방송사에 대한 배임행위에 해당하지 않는다(2010도15129 판결).

　(b) **모험적 거래**　투자·주식매매와 같이 거래가 본인에게 이익 또는 손해가 될 것인지의 전망이 명확하지 않은 투기적 거래를 모험적 거래라 한다. 모험적 거래가 당사자 내부관계에서 금지되어 있는 경우는 배임행위가 되지만 그렇지 않은 경우에는 사무의 성질·내용에 따라 배임죄 성부를 검토해야 한다. 자금부족으로 부진한 기업으로부터 자금회수가 곤란하게 되자 그 회수불가능을 피하기 위한 방편으로 재차 자금대출을 한 때에는 그 정황에 비추어 상당한 회수방법으로 볼 수 있으면 모험적 거래도 허용될 수 있다. 반면 친권자·후견인은 미성년자·피후견인의 재산에 대하여 원칙적으로 모험적 거래를 할 수 없다. 증권회사 직원의 모험적 거래는 사회생활상 일반통념에 따른 업무집행의 범위를 일탈하지 않을 때에만 허용된다고 해야 한다. 따라서 증권회사 직원이 고객이 맡긴 돈으로 임의로 주식을 매입하여 고객에게 손해를 입힌 때에는 배임행위가 된다($^{94도1598}_{판결}$).

　[경영판단원칙]　경영판단원칙(business judgment rule)이란 경영자가 주관적으로 기업의 최대이익을 위하여 성실하게 경영상의 판단을 하였고 그 판단과정이 공정하다고 볼만한 절차적 요건을 갖추었다면 잘못된 판단으로 기업에 손해를 발생하였다고 하더라도 경영자의 판단을 존중하여 그로 인한 책임을 면하도록 하는 법리이다.

　배임죄 성립 여부는 신의칙이나 조리와 같은 추상적 기준으로 임무위배행위를 판단할 때에는 배임죄 성립범위가 확대될 가능성이 있으므로 이를 제한하기 위하여 기업경영판단에 있어서는 임무위배행위와 배임의 고의 인정범위를 제한하는 범위에서 수용하는 경향이 있다. 대법원도 이러한 취지에서 기업경영자에게 배임의 고의가 있었다고 하기 위해서는 문제된 경영상의 판단에 이르게 된 경위와 동기, 판단대상인 사업의 내용, 기업이 처한 경제적 상황, 손실발생의 개연성과 이익획득의 개연성 등 제반 사정에 비추어 자기 또는 제3자가 재산상 이익을 취득한다는 인식과 본인에게 손해를 가한다는 인식 아래 행하여지는 의도적 행위임이 인정되어야 한다고 판시(2018도20655 판결)하여 기업경영자의 배임고의 인정을 제한하고 있다. 나아가 계열회사 사이의 지원행위가 합리적인 경영판단의 재량 범위 내에서 행하여진 것이라고 인정된다면 그 행위는 본인에게 손해를 가한다는 인식 하의 의도적 행위라고 인정하기 어렵다고 판시(2015도12633 판결)하였다.

(c) 배임행위의 수단　작위는 물론, 부작위에 의해서도 배임행위를 할 수 있다. 사무처리자가 고의로 채권행사를 하지 않음으로써 소멸시효에 걸리게 하거나 소송제기를 의뢰받은 자가 고의로 소를 제기하지 아니하여 소멸시효가 완성된 때에는 부작위에 의한 배임이 된다. 그리고 지급능력 없는 타인의 약속어음에 회사명의로 배서하거나($^{99도2781}_{판결}$), 변제능력을 상실한 자에게 회사자금을 대여한 때($^{2012도15585}_{판결}$)에는 작위에 의한 배임이 된다.

2) 이익취득　배임행위로 인하여 재산상의 이익취득이 있어야 한다. 이익취득이 없으면 재산상의 손해가 있어도 배임죄는 기수가 되지 않는다. 재산상의 이익은 경제적 가치가 있는 모든 재화이면 족하므로(경제적 재산설) 성적 향응도 재산적 가치로 환산할 수 있으면 재산상의 이익이 되지만, 사회적 지위나 신분상의 이익은 재산상의 이익이 될 수 없다. 재산상의 이익을 취득한 이상 그 후 변상하였어도 이 죄는 성립한다($^{2011도15052}_{판결}$).

3) 재산상의 손해

(a) 재산상 손해의 의의　배임행위로 인하여 본인에게 재산상의 손해가 발생해야 한다. 재산상의 손해는 본인의 전체재산상태의 감소를 말한다($^{전체계산원칙.}_{2008도3792\ 판결}$). 따라서 손해에 상응하는 반대급부가 있고 전체재산에 대한 감소가 없으면 재산상의 손해는 인정되지 않는다($^{2004도7053}_{판결}$). 기존 재산의 감소(적극적 손해)이건 장래 취득할 수 있는 이익의 상실(소극적 손해)이건 묻지 않는다. 배임행위 자체가 법률상 유효한가도 묻지 않는다($^{91도2963}_{판결}$).

(b) 손해발생의 위험　본인에게 "손해를 가한 때"의 의미에 대해서, ① 침해범설은 재산상의 손해가 발생해야 한다(다수설)는데 대해서, ② 위험범설은 재산상의 손해가 발생한 경우뿐만 아니라 손해발생의 위험이 있는 경우도 포함한다. 판례는 위험범설의 입장에서 손해발생의 위험이 있는 경우도 포함하고 있다($^{2017도6151}_{판결}$).1)

손해발생의 위험까지 포함할 때에는 배임죄의 성립범위가 지나치게 확대되므로 손해발생을 요구하는 법문에 충실한 다수설이 타당하다. 따라서 손해발

---

1) 다만, 손해발생의 위험은 막연한 가능성이 있다는 정도로는 부족하고 경제적인 관점에서 보아 본인에게 손해가 발생한 것과 같은 정도의 구체적인 위험이 야기된 정도에 이르러야 한다고 판시하였다.

생의 위험만 있고 손해발생이 없는 때에는 미수범이 될 뿐이다.

대법원은 금융기관 직원이 대출을 함에 있어 담보를 제공받는 등 상당하고도 합리적인 채권회수조치를 취하지 않은 경우(2012도15585 판결), 신용금고 대표가 예금이 입금된 것처럼 허위거래원장을 작성하고 전산입력한 후 예금통장을 작성·교부한 경우(96도1606 판결), 회사임원이 부당하게 발행한 약속어음의 이행청구가 없어 손해가 구체적으로 발생하지 않은 경우(82도2873 판결), 위조문서에 근거하여 부정대출한 경우(81도3190 판결), 부동산매도인이 차용금 담보조로 그 부동산에 대하여 가등기를 경료해 준 경우(81도3146 판결), 건축인의 피고용인이 공사기성고(工事既成高)를 초과하는 공사대금을 지급한 경우(65도1166 판결)에도 손해발생이 있다고 하였다.

반면, 제3채무자가 질권설정의 사실을 통지받거나 제3채무자가 이를 승낙한 때에는 질권설정자에게 채무를 변제하더라도 이로써 질권자에게 대항할 수 없으므로 질권설정자가 질권의 목적인 채권의 변제를 받은 것만으로는 질권자에게 어떠한 손해를 가하거나 손해발생의 위험을 초래하였다고 볼 수 없고(2015도5665 판결), 전세권설정계약을 맺고 전세금 중도금까지 지급받고도 임의로 제3자에게 근저당권설정등기를 경료해 준 경우에는 당해 부동산의 시가와 근저당권의 채권채고액을 비교하여 담보가치가 상실되었다고 볼 수 없다면 손해발생이 있다고 할 수 없다고 하였다(2001도5790 판결).

4) 미수·기수

(a) **실행의 착수시기** 배임의 고의로 배임행위를 개시한 때($^{2014도9960}_{판결}$), 주식회사의 대표이사가 대표권을 남용하는 등 그 임무에 위배하여 약속어음을 발행한 때($^{2014도1104}_{전원합의체 판결}$)에 이 죄의 실행의 착수가 있다. 부동산 이중매매의 경우는 매도인이 다시 제3자와 매매계약을 체결하고 계약금과 중도금을 수령한 때에 실행의 착수가 인정된다($^{83도2057}_{판결}$).

(b) **기수시기** 배임행위의 결과로서 재산상 손해가 발생한 때 기수가 된다($^{2014도9960}_{판결}$). 부동산 이중매매의 경우는 제3자에게 부동산 소유권이전등기를 경료한 때에, 수표·어음을 발행하는 경우는 제3자에게 이를 교부한 때에, 회사 임직원이 영업비밀을 경쟁업체에 유출하거나 스스로의 이익을 위하여 이용할 목적으로 무단으로 반출한 경우에는 유출·반출한 때에 기수가 된다($^{2014도11876}_{판결}$).

반면 대표이사가 대표권을 남용하여 무효인 약속어음을 발행하였더라도 그 어음이 유통되지 않았다면 회사로서는 어음채무를 부담하지 아니하므로 특별한 사정이 없는 한 기수가 되지 않는다($^{2014도1104}_{전원합의체 판결}$).

3. 주관적 구성요건

자기행위가 임무에 위배된다는 것과, 본인에게 재산상의 손해를 가하고 이익을 취득한다는 인식·의사가 있어야 한다. 이익취득의 의사는 고의에 포함되므로 불법이득의 의사는 별도로 필요하지 않다고 본다. 판례는 불법이득의 의사를 요구하는 입장($^{90도1042}_{판결}$)에서, 본인의 이익을 위한 의사가 있어도 그 의사는 부수적이고 가해의사가 주된 것인 때에는 배임죄의 고의를 인정한다($^{2009도7435}_{판결}$).

4. 공범·타죄와의 관계

(1) 공 범

거래상대방의 대향적 행위의 존재를 필요로 하는 유형의 배임죄에서 배임행위자와 별개의 이해관계를 가지고 독자적으로 거래에 임하는 상대방(수익자)은 배임죄의 공범이 되지 않는다. 다만 상대방이 실행자의 행위가 본인에 대한 배임행위에 해당한다는 점을 인식하면서 배임의 고의가 전혀 없었던 실행자에게 배임행위를 교사하거나 배임행위의 전과정에 관여하는 등 적극 가담한 경우에는 교사범·공동정범이 성립할 수 있다($^{2014도17211}_{판결}$).

(2) 타죄와의 관계

1) 사기죄와의 관계   타인의 사무처리자가 기망적 방법으로 배임행위를 한 경우에는 배임죄와 사기죄의 상상적 경합이 된다($^{2002도669}_{전원합의체 판결}$). 다만 타인의 사무를 처리하는 자가 본인을 기망하여 본인으로부터 별도의 재물을 교부받은 경우에는 재물죄이므로 사기죄만 성립하며($^{82도1910}_{판결}$), 배임행위가 본인 이외의 제3자에 대한 사기죄를 구성하는 경우에는 사기죄와 별도로 배임죄가 성립하고 경합범이 된다($^{2010도10690}_{판결}$).

2) 장물죄와의 관계   채무자로부터 양도담보로 제공받은 물건을 임의로 타인에게 양도하면 배임죄가 성립하지만, 그 물건은 배임행위에 제공된 물건이고 배임행위로 취득한 재산상의 이익이 아니므로 장물이 아니다. 따라서 이러한 사정을 알면서 그 물건을 취득하여도 장물취득죄가 되지 않는다($^{82도2119}_{판결}$). 부동산 이중매매에 있어서 배임행위에 제공된 부동산을 정을 알면서 취득하거나

전득(轉得)한 자도 같다.

5. 이중저당·이중매매와 배임죄

이중저당이란 甲이 乙로부터 돈을 빌리고 (1번)저당권을 설정해 주기로 약속한 후 아직 등기가 경료되지 않았음을 이용하여 丙에게 다시 돈을 빌리고 (1번)저당권설정등기를 경료해 준 경우를 말한다. 이중매매는 甲이 乙에게 부동산을 매도하였으나 아직 소유권이전등기를 경료해 주지 않은 상태에서 丙에게 다시 매도하여 丙에게 소유권이전등기를 경료해 준 경우를 말한다. 후순위 저당권자 또는 후매수인에게 등기해 준 경우라야 하므로 甲이 乙에게 저당권설정등기 또는 소유권이전등기를 해준 때에는 이중저당·이중매매의 문제가 생기지 않고, 금전편취의 의도로 丙으로부터 일정액의 대금도 수령하였다면 丙에 대한 사기죄만 성립할 수 있을 뿐이다. 이중저당·이중매매의 경우에 乙에 대한 배임죄가 성립하느냐의 문제는 각각 나누어 검토한다.

(1) 부동산 이중저당과 배임죄

저당권은 여러 사람에게 순번에 따라 설정해 줄 수 있으므로 이중저당 자체는 법적으로 유효하다. 문제는 선순위저당권자가 되어야 할 乙이 후순위저당권자가 됨으로써 충분한 채권변제를 받지 못할 위험이 있기 때문에 甲은 乙에 대해서 배임죄를 구성하는지가 문제된다.

이중저당이 배임죄가 성립하기 위해서는 甲이 타인의 사무를 처리하는 자의 지위에 있어야 한다. 甲의 저당권설정계약 이행은 자기사무이지만 동시에 乙의 저당권설정등기에 협력해야 할 의무는 타인사무의 성질을 갖는다. 따라서 甲은 乙의 저당권설정사무를 처리하는 자에 해당하고, 신의칙상 성실하게 이에 협력해야 함에도 불구하고 丙에게 저당권설정등기를 경료해 줌으로써 乙에게 재산상의 손해를 가한 배임죄가 성립한다(통설). 다만 이 경우 배임죄가 성립하려면 甲의 저당부동산 가치가 후순위저당권자에 대한 채무변제로 乙에게 손해를 가할 정도가 되어야 하고($^{89도2281}_{판결}$), 丙에게 근저당권을 설정해 준 이후에도 부동산의 담보가치가 남아 있는 경우에는 그 부분을 재산상의 손해에 포함시킬 수 없다($^{2008도9213}_{판결}$).

(2) 부동산 이중매매와 배임죄

부동산 이중매매에 있어서 소유권이전등기가 경료되기 전까지는 매도인의 소유로 남아 있으므로 甲은 타인의 재물보관자가 되지 않고 횡령죄가 성립할 여지도 없다. 또 유효하게 등기를 경료하여 소유권을 취득한 후매수인(丙)에 대하여 사기죄도 성립할 수 없고, 선매수인(乙)과 계약 당시에 이중매매할 의사가 없는 이상 선매수인(乙)에 대한 사기죄도 성립하지 않는다. 결국 매도인(甲)은 선매수인(乙)에 대한 배임죄 성립만 문제된다.[1]

1) 계약금 수령단계   매도인이 계약금을 받은 단계에서는 언제든지 계약금의 배액을 상환하고($\frac{민법}{제565조}$) 계약을 해제할 수 있으므로 매도인은 계약이행의무자에 지나지 않고, 타인의 사무를 처리하는 자가 아니다. 따라서 이 단계에서의 이중매매는 배임죄가 성립하지 않는다($\frac{통설, 2007도379}{판결}$).

2) 중도금(잔금)수령단계   중도금(잔금)까지 받은 매도인은 매수인이 응하지 않으면 계약해제를 할 수 없고 매수인의 소유권취득에 협력해야 할 사무처리 지위가 발생하므로 이 단계에서의 이중매매는 선매수인에 대한 배임죄가 성립한다($\frac{통설, 2017도4027}{전원합의체 판결}$).

이 경우 배임죄의 실행의 착수시기에 관해서, 판례는 제3자(후매수인)와 매매계약을 체결하고 계약금과 중도금을 수령한 때라고 한다($\frac{84도691}{판결}$). 그러나 후매수인이 중도금을 지급하기 전 먼저 등기한 때에는 등기착수시라고 함이 타당하다. 기수시기는 후매수인에 대한 소유권이전등기가 완료된 때이다($\frac{통설, 83도1946 판결}$).

선매수인과의 계약이 무효이거나 해제된 때에는 애당초 배임죄의 문제는 생기지 않는다. 그러나 그 계약해제가 무효이거나 매수인의 잔대금지급을 고의로 할 수 없게 하여(매도인이 잔대금수령을 고의로 회피하여) 계약을 해제한 때에는 배임죄가 성립한다. 이러한 이중매매의 취지

[1] 동산의 이중매매, 예컨대 매도인이 매수인으로부터 중도금을 수령한 이후에 매매목적물인 "동산"을 제3자에게 양도하는 행위가 배임죄에 해당하느냐도 문제된다. 대법원 2008도10479 전원합의체 판결의 다수의견은 "매도인은 매수인에게 계약에 정한 바에 따라 그 목적물인 동산을 인도함으로써 계약의 이행을 완료하게 되고 그때 매수인은 매매목적물에 대한 권리를 취득하게 되는 것이므로, 매도인에게 자기의 사무인 동산인도채무 외에 별도로 매수인의 재산의 보호 내지 관리 행위에 협력할 의무가 있다고 할 수 없다. 동산매매계약에서의 매도인은 매수인에 대하여 그의 사무를 처리하는 지위에 있지 아니하다"고 하여 배임죄의 성립을 부정하였다. 이에 반하여 위 대법원 판결의 반대의견은 "배임죄의 본질에 비추어 동산매매의 경우와 부동산매매의 경우를 달리 취급해야 할 합리적 이유가 없으며, 재산권의 이중매매 또는 이중양도의 전반에 걸쳐 배임죄의 성립을 인정함으로써 거래상 신뢰관계의 보호에 기여하여 온 (종래의) 대법원판례의 의미를 크게 퇴색시키는 것이다"라고 하여 배임죄의 성립을 긍정하였다.

는 가등기설정, 근저당설정, 전세권등기에도 그대로 타당하다.

   3) 악의의 매수인 죄책   이중매매인 정을 알고 매수한 후매수인의 죄책에
대해서, 배임죄로 취득한 재산상의 이익은 장물이 될 수 없으므로 장물취득죄
는 성립할 수 없고, 후매수인이 단순히 정을 알고 있다는 것만으로 배임죄의 공
범이 성립한다고 할 수도 없다. 후매수인이 매도인의 이중매매를 적극적으로
교사 또는 가담한 사실이 있는 때에 한하여 배임죄의 공범이 성립한다고 해야
한다. 판례도 같은 취지이다(^{2010도5972}_{판결}).

Ⅲ. 업무상 배임죄

> [구성요건·법정형]   업무상의 임무에 위배하여 제355조(배임)의 죄를 범한 자는 10년 이
> 하의 징역 또는 3천만원 이하의 벌금에 처한다(제356조).
> 미수범은 처벌한다(제359조).
> 친족상도례 특례규정과 동력규정을 준용한다(제361조).

   업무상 타인의 사무를 처리하는 자가 그 임무에 위배하는 행위로써 재산상
의 이익을 취득하여 본인에게 손해를 가하는 범죄이다. 타인의 사무처리를 업
무로 하는 자는 배임행위를 할 가능성이 높기 때문에 사회적 신뢰를 확보할 취
지에서 가중구성요건으로 규정하였다. 사무처리자라는 신분(진정신분범)과 업무
자라는 신분(부진정신분범)이 요구되는 이중신분범이다. 특정경제범죄법에는 업
무상 배임으로 취득한 이익의 가액이 5억원 이상 또는 50억원 이상인 경우에
가중처벌하는 특별규정이 있다(^{동법}_{제3조}).

   대법원은 업무상 배임죄가 위험범이라는 전제에서, ① 타인을 위하여 도급계약을 체결할
임무가 있는 자가 부당하게 높은 도급계약을 체결하여 본인에게 부당하게 많은 채무를 부담
시킨 경우(99도883 판결), ② 조합여신위원회의 심사·결의를 거쳤더라도 신용조합이사장이 자
기 또는 제3자의 이익을 도모하여 대출한도액을 초과하거나 무자격자에게 대출한 경우(99도
4587 판결), ③ 비상장법인의 대표이사가 시세차익을 얻을 의도로 주식시가보다 현저히 낮은
금액을 전환가격으로 한 전환사채를 발행하고, 제3자 이름을 빌려 이를 인수한 후 전환권을
행사하여 인수주식 일부를 직원들에게 전환가격 상당에 배분한 경우(2001도3191 판결), ④ 직원
이 회사의 영업비밀이나 영업상 중요한 자산인 자료를 적법하게 반출하였다가 퇴사시에 반환
하거나 폐기하지 않은 채 경쟁업체에 유출하거나 스스로의 이익을 위하여 이용할 목적으로

계속 보관한 경우(2015도17628 판결)[1])에 업무상 배임죄가 성립한다고 하였다.

이에 반하여 ⑤ 보험계약 모집인이 회사로부터 자기가 모집한 보험계약이 지급위험성이 크다는 이유로 해약지시를 받았으나 해약 전에 보험사고가 발생하여 보험금을 지급한 경우에 그 모집인이 보험계약을 해약시켜야 할 법적 의무가 없으므로 업무상 배임죄가 성립하지 않는다(85도2144 판결)고 하였다.

Ⅳ. 배임수재죄

> [구성요건·법정형] 타인의 사무를 처리하는 자가 그 임무에 관하여 부정한 청탁을 받고 재물 또는 재산상의 이익을 취득하거나 제3자로 하여금 이를 취득하게 한 때에는 5년 이하의 징역 또는 1천만원 이하의 벌금에 처한다(제357조 제1항).
> 미수범은 처벌한다(제359조).
> 친족상도례 특례규정과 동력규정을 준용한다(제361조).

(1) 의의·성격·보호법익

배임수재죄는 타인의 사무를 처리하는 자가 그 임무에 관하여 부정한 청탁을 받고 재물 또는 재산상의 이익을 취득하는 범죄이다($^{2017도12129}_{판결}$). 공무원의 수뢰죄에 상응하는 것으로서 사적 사무를 처리하는 자의 수재적(收財的) 행위를 처벌하기 위해서 규정한 독립구성요건이다. 재물죄인 동시에 이득죄이며 진정신분범이다.

이 죄의 보호법익에 대해서, ① 사무처리의 청렴성이라는 견해($^{김일수 · 서보학 399,}_{임웅 557,}$ $^{박상기 · 전지연 711,}_{배종대 78/2}$)와, ② 타인의 재산과 사무처리의 공정성 내지 청렴성이라는 견해(다수설)가 대립한다. 판례는 전자의 입장이다($^{97도2042}_{판결}$). 이 죄는 타인의 사무를 공정하고 성실하게 처리하여 타인의 재산을 보호하도록 하는 데에 그 취지가 있다고 해야 하므로 다수설이 타당하다고 본다.

보호정도에 대해서는 위험범이라는 견해($^{오영근 405,}_{김성돈 499}$)도 있으나 재물 또는 재산상의 이익취득이 있어야 하는 침해범이라 해야 한다.

---

1) 이 경우 판례는 직원이 퇴사할 때에 업무상 배임죄는 기수가 되므로, 퇴사 이후에는 더 이상 타인의 사무를 처리하는 자의 지위에 있다고 볼 수 없어, 반환 또는 폐기하지 않은 영업비밀 등을 경쟁업체에 유출하거나 자신의 이익을 위해 이용하더라도 이미 성립한 업무상 배임행위의 실행에 불과하여 부정경쟁방지법 및 영업비밀보호에 관한 법률 위반죄(영업비밀누설 등)에 해당함은 별론으로, 업무상 횡령죄는 성립하지 않으며, 제3자가 유출 또는 이용행위에 가담하였더라도 업무상 배임죄의 공범도 성립하지 않는다고 판시(2017도3808 판결)하였다.

(2) 구성요건

1) 주 체   타인의 사무를 처리하는 자이다(진정신분범). 타인의 사무처리를 업무로 하는가는 묻지 않는다. 사무처리자의 구체적 내용은 기본적으로 배임죄의 그것과 같다. 다만 이 죄는 재산만을 보호법익으로 하지 않기 때문에 재산상의 사무에 국한시킬 필요가 없다.

> 점포의 임대와 관리를 담당하는 회사의 업무과장(83도2447 판결), 주식회사의 이사(99도2165 판결), 방송국 가요담당 프로듀서(91도688 판결), 대학교수(95도2090 판결)도 배임수재죄의 주체가 될 수 있다. 또 감정평가법인의 지점을 독립채산제로 운영하기로 계약한 자가 감정평가업무를 수주하여 그 업무를 처리한 때에도 감정평가법인의 사무를 처리하는 자에 해당한다(2003도7340 판결).

2) 객 체   재물과 재산상의 이익이다.

3) 임무관련·부정청탁

(a) **임무에 관하여**   "임무에 관하여"란 본래의 위탁사무는 물론, 이와 밀접한 관계가 있는 범위 내의 행위에 관하여 라는 의미이다($\frac{2007도3096}{판결}$). 따라서 교사가 교장의 명령을 받아 교복판매점을 지정하는 행위는 본래의 교육사무는 아니지만 그 사무와 밀접한 관계가 있는 임무가 된다.

> 그러나 대학편입학사무와 관련이 없는 학교법인 상무이사가 학생의 편입학과 관련하여 금품을 수수한 경우(81도2646 판결)와 고등학교에서 학생입학사무와 전혀 상관없는 연구부장이 학생의 전입학과 관련하여 부정한 청탁을 받고 금품을 수수한 경우(2003도7970 판결)는 본래의 사무와의 밀접한 관련성이 인정되지 않는다.

(b) **부정한 청탁**   임무에 관하여 "부정한 청탁"을 받을 것을 요건으로 한다. 부정한 청탁을 요건으로 하지 않는 수뢰죄와 다르다. "부정한 청탁"이란 사무처리자에 대하여 그 임무상 사회상규나 신의칙에 반하는 행위를 해 줄 것을 의뢰하는 것을 말하고 배임이 되는 내용의 부정한 청탁이 아니다($\frac{2015도3080}{판결}$). 청탁이 있어도 그것이 부정한 청탁이 아니면 이 죄는 성립하지 않는다($\frac{79도708}{판결 참조}$). 따라서 직무권한 범위 안에서 편의를 보아달라고 하거나 선처를 바란다는 내용의 부탁만으로는 부정한 청탁이라고 할 수 없다($\frac{85도465 \ 판결}{91도61 \ 판결}$). 부정한 청탁이 있으면 족하고 현실적으로 그 임무를 담당하고 있음을 요하지 않는다. 따라서 타인의 사무를 처리하는 자가 그 임무에 관하여 부정한 청탁을 받은 후 사직하여 그 직무를

담당하지 아니하게 된 상태에서 재물을 수수한 경우에도 이 죄가 성립한다
($\frac{97도2042}{판결}$). 반면 타인의 사무처리자의 지위를 취득하기 전에 부정한 청탁을 받은
경우에는 이 죄가 성립하지 않는다($\frac{2009도12878}{판결}$). 청탁은 재산취득시에 묵시적으로
의뢰의 표시가 되어 있어도 무방하다($\frac{88도167}{판결}$). "부정한 청탁을 받고"란 의뢰를 승
낙하는 것을 의미하며 묵시적 승낙도 상관없다.

> **[부정한 청탁의 예]** 대법원은 ① 건설공사 입찰과정에서 입찰평가위원들에게 자사 설계안
> 에 대하여 좋은 점수를 부여해 달라고 청탁한 경우(2009도988 판결), ② 시공사의 지위를 계속
> 유지하고 공사과정에서 유리한 쪽으로 편의를 보아 달라는 취지에서 재건축조합의 총무에게
> 업무추진비로 다액의 금원을 공여한 경우(2008도9602 판결), ③ 세계태권도연맹의 총재 겸 국기
> 원 원장에게 태권도 단체의 주요 보직에 임명해 달라거나 자사를 연맹 공인업체로 지정해
> 달라고 청탁한 경우(2004도6646 판결), ④ 정당의 지구당위원장이 중앙당 당기위원에게 지구당
> 공천비리를 조사하지 말라고 청탁한 경우(96도837 판결), ⑤ 대학교 부총장에게 대학 부속병원
> 부대시설의 운영권 인수자로 우선 추천해 달라고 청탁한 경우(91도2543 판결), ⑥ 의약품수입
> 업자가 환자들이 특정 약을 많이 사 먹도록 해당 의약품이 본래 적응용도 외에 다른 모든
> 병에 잘 듣는 약이라는 원외처방을 해 달라고 종합병원의사에게 청탁한 경우(91도413 판결),
> ⑦ 방송국 프로듀서에게 특정가수의 노래만 자주 방송해 달라고 청탁한 경우(90도2257 판결),
> ⑧ 한전 출장소장에게 현재의 위탁수금사원이 사직하면 그 직위에 자신을 우선적으로 추천
> 해 달라고 청탁한 경우(89도495 판결), ⑨ 은행장이 회수불능이 예상되는 회사로부터 불량대출
> 을 청탁받은 경우(82도2873 판결), ⑩ 건설회사 대표이사가 자기 회사의 발주공사에 파산 직전
> 의 회사를 공사입찰경쟁업체로 지명해 달라는 청탁을 받은 경우(82도735 판결), ⑪ 보험회사
> 지부장이 피보험자의 사망원인에 대한 의심이 있어 내사 중에 있음에도 이와 같은 의심에서
> 벗어나고자 하는 보험금지급신청인으로부터 보험금을 빨리 타게 주면 사례하겠다는 부탁을
> 받은 경우(78도2081 판결), ⑫ 무단벌채 사실을 취재한 신문사 지국장에게 해당기사를 본사에
> 는 송고하지 말아달라고 청탁한 경우(70도1355 판결) 등은 부정한 청탁이라 하였다.

　　4) 취 득　　재물 또는 재산상의 이익을 취득해야 한다. "취득"은 청탁과 관
련성이 있어야 하며 현실적으로 취득해야 한다. 청탁의 대가 또는 그 사례조로 교
부받아야 한다($\frac{2014도17211}{판결}$). 단순한 약속·요구만으로 이 죄가 성립하지 않는다($\frac{98도4182}{판결}$).
다만 상법 등 특별법상의 죄는 약속·요구만으로 성립한다($\frac{상법 제631조, 특정경제범죄법}{제5조 등 참조}$). 취
득 당시에 수재(收財)와 관련된 업무를 담당하고 있음을 요하지 않는다. 반드시
배임행위까지 나아갈 필요도 없다. 청탁 후 배임행위를 하면 이 죄와 배임죄의
경합범이 된다. 판례는 대학교수가 특정 출판사의 교재를 채택해 달라는 청탁
을 받고 교재판매대금의 일부를 받은 때에도 이 죄의 성립을 인정한다($\frac{95도2090}{판결}$).

그러나 편취한 금원을 공동정범자들 사이에 내부적으로 분배한 것에 불과한 때에는 배임수·증재죄가 성립하지 않는다(2015도18795 판결).

> **판례** 타인의 사무를 처리하는 자가 그 임무에 관하여 부정한 청탁을 받고 다른 사람으로 하여금 재물 또는 재산상 이익을 취득하게 한 때에도 그 다른 사람이 부정한 청탁을 받은 자의 사자 또는 대리인으로서 재물 또는 재산상 이익을 취득한 경우나 그 밖에 평소 부정한 청탁을 받은 자가 그 다른 사람의 생활비 등을 부담하고 있었다거나 그 다른 사람에 대하여 채무를 부담하고 있었다는 등의 사정이 있어 그 다른 사람이 재물 또는 재산상 이익을 받음으로써 부정한 청탁을 받은 자가 그만큼 지출을 면하게 되는 경우 등 사회통념상 그 다른 사람이 재물 또는 재산상 이익을 받은 것을 부정한 청탁을 받은 자가 직접 받은 것과 같이 평가할 수 있는 관계가 있다면 배임수재죄가 성립될 수 있다(2017도12129 판결).

(3) 몰수·추징

범인이 취득한 재물은 몰수한다. 몰수하기 불능하거나 재산상의 이익을 취득한 때에는 그 가액을 추징한다(제357조 제3항). 몰수·추징은 필요적이다. 수재자가 증재자로부터 받은 재물을 그대로 가지고 있다가 증재자에게 반환하였다면 증재자로부터 이를 몰수하거나 그 가액을 추징해야 한다(2016도18104 판결). 수인이 공모하여 수수한 때에는 각자가 수수한 금품을 몰수 또는 추징해야 하며, 개별적 몰수 또는 추징이 불가능한 때에는 평등하게 몰수 또는 추징해야 한다.

(4) 특별형법

금융기관의 임직원이 직무에 관하여, ① 금품 기타 이익을 수수·요구 또는 약속한 때, ② 부정한 청탁을 받고 제3자에게 금품 기타 이익을 공여하게 하거나 공여요구 또는 공여약속한 때, ③ 지위를 이용하여 소속 금융기관 또는 다른 금융기관의 임·직원의 직무에 속한 사항의 알선에 관하여 금품 기타 이익을 수수·요구·약속한 때에 가중처벌한다(특정경제범죄법 제5조).

또 "채무자 회생 및 파산에 관한 법률"은, ① 파산관재인 또는 감사위원이 그 직무에 관하여 뇌물을 수수·요구·약속한 경우와, ② 파산채권자, 파산채권자의 대리인 또는 이사가 채권자 집회의 결의에 관하여 뇌물을 수수·요구·약속한 경우에 성립하는 파산수뢰죄를 규정(동법 제655조)하고 있다.

(5) 미수 · 기수

1) 미 수   이 죄의 구성요건은 공무원의 수뢰죄($\frac{제129조}{제1항}$)처럼 동일조문에 기수(수수 · 공여)와 미수(요구 · 약속 · 공여의사표시)의 형태를 규정하지 않고 취득만 규정하고 있으므로 재물을 요구 · 약속 또는 공여의 의사표시만 하고 취득이 없으면 미수가 된다.

2) 기 수   부정한 청탁을 받고 재물 또는 재산상의 이익을 취득한 때에 기수가 된다. 본인에게 재산상의 손해가 발생하였는지 여부는 이 죄의 성립에 영향이 없다($\frac{79도190}{판결}$).

V. 배임증재죄

> [구성요건 · 법정형]   제1항(배임수재죄)의 재물 또는 재산상 이익을 공여한 자는 2년 이하의 징역 또는 500만원 이하의 벌금에 처한다(제357조 제2항).
> 미수범은 처벌한다(제359조).
> 친족상도례 특례규정과 동력규정을 준용한다(제361조).

타인의 사무처리자에게 그 임무에 관하여 부정한 청탁을 하고, 재물 또는 재산상의 이익을 공여하는 범죄이다. 비신분범이며, 배임수재죄와 필요적 공범 관계에 있다($\frac{대항범, 2016도18014}{판결}$). 그러나 수재죄와 증재죄가 같이 처벌받아야 하는 것은 아니다($\frac{90도2257}{판결}$). 재물 · 재산상의 이익의 공여가 증재자에 의해 일방적으로 행해진 때에는 증재죄만 성립한다. 수재자에 대하여는 부정한 청탁이 되어도 증재자에게 부정한 청탁이라고 볼 수 있는 사정이 없으면 이 죄는 성립하지 않는다($\frac{90도2257}{판결}$). 또 타인의 사무를 처리하는 자가 아닌 사람에게 재물을 공여하여도 이 죄는 성립하지 않는다.

공여는 현실적으로 있어야 하며, 공여의 의사표시나 약속만으로는 이 죄의 미수가 된다. 공여가 있는 이상 상대방의 취득 여부는 이 죄의 성립에 영향이 없다. 공여자는 그 신분 여하를 묻지 않으나 사무처리자인 상대방에게 그 임무에 관한 부정한 청탁이 있어야 한다($\frac{79도708}{판결}$). 공여된 재물을 상대방이 취득한 때에는 필요적으로 몰수 또는 추징해야 하며($\frac{제357조}{제3항}$), 취득하지 않은 때에는 임의적 몰수의 대상이 된다($\frac{제48조}{제1항}$).

이 죄와 업무상 배임죄는 별개의 범죄이므로 이 죄를 범한 자도 업무상 배임죄의 공범이 될 수 있다.[1] 금융기관의 임직원에 대한 증재에 대해서도 특정경제범죄법이 적용되는 것은 배임수재죄와 같다(동법 제6조).

---

1) 대법원은, "배임수재죄는 타인의 사무를 처리하는 자가 그 임무에 관하여 부정한 청탁을 받고 재물 등을 취득함으로써 성립하는 것이고 어떠한 임무 위배행위나 본인에게 손해를 가한 것을 요건으로 하는 것이 아닌데 대하여 … 업무상 배임죄는 타인의 사무를 처리하는 자가 그 임무에 위배하는 행위가 있어야 하고 그 행위로서 본인에게 손해를 가함으로써 성립하는 것이나 부정한 청탁을 받거나 금품을 수수한 것을 그 요건으로 하지 않고 있으므로 이들 양 죄는 행위의 태양을 전연 달리하고 있어 일반법과 특별법관계가 아닌 별개의 독립된 범죄라고 보아야 하고, 또 업무상 배임죄의 법정형은 10년 이하의 징역인데 비하여 배임수재죄의 그것은 업무상 배임죄의 법정형 보다 경한 5년 이하의 징역이므로 업무상 배임죄가 배임수재죄에 흡수되는 관계에 있다거나 결과적 가중범의 관계에 있다고는 할 수 없으므로 위 양죄를 형법 제37조 전단의 경합범으로 의율처단하였음은 정당하다"고 판시(84도1906 판결)하였다.

제 5 절 장물에 관한 죄

[§ 22] 장물의 죄

I. 총 설

(1) 의 의

장물의 죄는 장물(臟物)을 취득·양도·운반·보관하거나 이를 알선하는 범죄이다. 장물의 죄는 재산죄 중에서 영득죄에 의하여 타인이 영득한 재물만 객체로 하는 재물죄이며, 영득죄 그 자체 또는 그 범인을 본범(本犯)이라 한다.

장물의 죄는 재산죄의 본범이 영득한 재물을 사후에 처분해 줌으로써 본범의 증거를 인멸해 주는 범인비호적 성격이 있다는 점에서 증거인멸죄·범인은닉죄와 유사한 성격을 가지고 있다. 그러나 형법은 국가의 사법작용을 보호하는 증거인멸죄·범인은닉죄와 구별하여 독립된 재산죄로 규정하고 있다.

한편 절도죄·횡령죄 등 본범은 장물범을 통하여 영득한 재물을 처분할 수 있으므로 장물죄는 본범의 범죄실행을 유발·조장한다는 특수한 위험성이 있기 때문에 절도죄·횡령죄보다 무겁게 처벌한다. 형법이 장물범과 피해자 사이에 친족상도례 규정을 적용하는 것은 장물죄의 재산죄적 성격을, 장물범과 본범 사이에 친족관계가 있을 때에 형을 감경 또는 면제하도록 규정한 것은 장물죄의 범인비호적 성격을 고려한 것이라 할 수 있다(제365조).

(2) 장물죄의 본질

1) 추구권설   장물죄는 본범의 피해자가 점유를 상실한 재물에 대해서 추구·회복하는 것을 곤란하게 하는 데에 본질이 있다는 견해(황산덕 332, 손동권·김재윤 26/7)이다. 여기의 "추구"란 소유권 기타 물권에 의한 반환청구권행사를 말한다. 종래까지의 통설이다.

이에 따르면, ① 본범의 피해자에게 추구권이 없으면 장물성도 상실되므로 불법원인급여물(민법 제746조), 피해자가 취소(민법 제146조) 또는 해지(상법 제651조 단서)할 수 없는 경우, 시효가 완성된 물건(민법 제246조)은 장물이 될 수 없고, ② 장물인 재물과 교환된 대체

장물(수표와 환금된 현금)도 장물 그 자체가 아니므로 이에 대한 추구권행사가 어렵게 된다.

2) **위법상태유지설**   장물죄는 본범의 침해에 의하여 이루어진 위법한 재산상태를 본범 또는 장물점유자와 합의하여 계속 유지·존속시키는 데에 본질이 있다는 견해(월§ 569)이다.

이에 따르면, ① 반환청구권이 없는 불법원인급여물은 장물이 되지만 시효가 완성된 재물은 장물성을 상실하고, ② 대체장물에 대해서는 장물성을 부정하는 것이 일반적이나 긍정설도 있고, 뇌물죄·도박죄·통화위조죄에 의해 취득한 재물에 대해서까지 장물죄의 성립을 확대하는 견해도 있다.

3) **공범설**   장물죄는 본범이 취득한 범죄적 이익에 사후적으로 관여하여 그 이익을 취득하는 데에 본질이 있다는 견해이다. 장물범이 본범의 불가벌적 사후행위에 관여하여 간접적으로 이익을 취득하는 사후공범으로 파악한 것이다.

이에 따르면 장물죄의 요건으로서, ① 이득의 의사가 있어야 하고, ② 추구권 유무와 관계없이 본범의 피해자와 직접적 관련성이 있는 재물이면 불법원인급여물과 대체장물은 물론, 장물을 매각하여 받은 대가장물, 가공으로 본범이 소유권을 취득한 재물에 대해서까지 장물성을 인정한다(현재 주장자 없음).

4) **결어(결합설)**   장물양도죄는 피해자의 반환청구권행사를 곤란하게 하는 행위이므로 추구권설의 취지를 고려한 것이고, 장물의 취득·운반·보관·알선은 위법재산상태를 유지시키는 전형적 행위태양이므로 장물죄는 위법상태유지설을 기본으로 하여 추구권설도 동시에 고려한 결합설에 의해서 그 본질을 파악해야 한다(다수설). 또 타인의 재물을 보관하던 중에 장물인 정을 알고 처분한 경우에는 위법상태유지설에 의하면 본범과의 합의가 없으므로 장물성을 부정해야 하지만 형법이 이 경우도 장물죄를 인정한 것은 추구권설도 고려한 것이라 본다.

종래의 판례는 "영득죄에 의하여 취득한 물건 그 자체만이 장물이고, 피해자에게 그 회복청구권이 없어진 경우에는 장물성을 상실한다"고 하여 추구권설을 취하였으나(71도2296 판결), 그 후 "장물인 정을 모르고 보관하던 중 장물인 정을 알게 되었고, 그 장물을 반환하는 것이 불가능하지 않음에도 불구하고 계속 보관함으로써 피해자의 정당한 반환청구권을 어렵게 하여 위법한 재산상태를 유지시킨 경우에는 장물보관죄에 해당한다"고 판시(87도1633 판결)하여, 추구권설과 위법상태유지설을 결합한 **결합설**을 취하고 있다.

(3) 보호법익

장물의 죄의 보호법익에 대해서 본범의 피해자가 장물에 대하여 가지고 있는 추구권이라는 견해(황산덕 332, 정영석 375, 김종원 248)도 있다. 추구권을 보호한다면 불법원인급여물에 대한 장물죄 성립을 부정해야 하는 결함이 있으므로 본범의 피해자의 재산권을 보호한다고 해야 한다. 다만 재산에 대한 사용·수익·처분권은 이미 본범에 의해서 침해된 것이므로 이 죄는 재산권 자체의 침해보다 그 침해에 따르는 위법한 재산상태를 일층 악화 내지 심화시키지 못하도록 "재산권의 안전"을 보호하는데 중점이 있다고 본다.

보호정도에 대해서 **위험범**이라는 견해(이재상·장영민·강동범 22/4, 임웅 570, 오영근 412)와, 장물알선죄만 추상적 위험범이고 나머지는 **침해범**이라는 견해(김일수·서보학 404, 박상기·전지연 715)도 있으나, 재산권의 내용이 되는 사용·수익·처분권이 계속 악화되면 침해가 되는 것이므로 모두 침해범이라는 견해가 타당하다(정성근·박광민 449, 배종대 79/4, 동동권·김재윤 26/2, 김성돈 506).

II. 장물취득·양도·운반·보관·알선죄

> [구성요건·법정형]   장물을 취득, 양도, 운반 또는 보관한 자는 7년 이하의 징역 또는 1천 500만원 이하의 벌금에 처한다(제362조 제1항).
> 전항의 행위를 알선한 자도 전항의 형과 같다(제2항).
> 친족상도례 특례규정의 준용과 책임감경·면제규정이 있다(제365조).

1. 의의·성격

장물을 취득, 양도, 운반, 보관하거나 이상의 행위를 알선하는 범죄이다. 재물죄이며, 본범조장적·본범비호적 성격을 가진 침해범이다.

2. 객관적 구성요건

(1) 주 체

본범인 정범(공동정범·간접정범)을 제외한 모든 사람이다. 이 죄는 본범이 영득한 재물(장물)의 처분에 관여하는 범죄이므로 자기의 범죄로 영득한 재물의 처분행위는 불가벌적 사후행위가 되어 이 죄를 구성하지 않는다(85도1273 판결). 그러나 본범의 교사자나 방조자는 이 죄의 주체가 될 수 있다.

(2) 객 체

1) 장물의 개념 장물의 개념에 대해서, ① 재산죄에 의해서 영득한 재물로서 피해자가 법률상 추구할 수 있는 것이라는 견해와, ② 재산죄에 의하여 영득한 재물이고, 피해자의 추구권은 개념요소가 아니라는 견해(다수설)가 대립한다. 장물의 "개념"과 장물죄의 "본질(성질)"은 관념상 구별해야 하므로 장물의 개념정의에 추구권이라는 범죄의 성질까지 포함할 필요가 없다. 장물은 장물죄의 본질을 어떻게 파악하든 재산죄에 의하여 영득한 재물이라 해야 한다.

판례는 "영득죄에 의하여 취득한 물건 그 자체($^{98도2579}_{판결}$)" 또는 "재산죄인 범죄행위에 의하여 영득한 물건($^{2004도5904}_{판결}$)"으로 피해자가 추구권을 행사할 수 있는 것이라 하여 ①설에 따른 것이 많다.

2) 장물의 요건

(a) **재물성** 장물은 재물임을 요한다. 재산상의 이익이나 채권·지식재산권 등 권리는 장물이 될 수 없다. 다만 권리가 화체된 증권(유가증권·어음·수표·화물상환증·기차승차권)은 재물이므로 장물이 될 수 있다. 재물인 이상 동산·부동산은 묻지 않으며, 반드시 경제적 가치(교환가치)를 가질 필요도 없다. 다만 장물운반죄는 성질상 가동물에 한한다.

관리할 수 있는 동력도 장물이 될 수 있느냐에 관해서 장물이 될 수 없다는 견해도 있다(주로 유체성설). 그러나 형법 제346조는 주의규정이므로 준용규정의 유무와 관계없이 관리할 수 있는 동력도 장물이 된다고 해석해야 한다($^{다수설,}_{72도971 판결}$).

> **판례** 장물이란 재산죄로 인하여 얻어진 재물(관리할 수 있는 동력도 포함된다)을 말하는 것으로서 영득된 재물자체를 두고 말한다. 따라서 장물을 팔아서 얻은 돈에는 이미 장물성을 찾아 볼 수 없다(72도971 판결).

(b) **본범의 성질** 장물은 타인의 재산범죄에 의하여 영득한 재물임을 요하므로 자기의 재산범죄로 영득한 재물은 별도로 장물죄를 구성하지 않는다.

(aa) **재산범죄** 본범의 재산죄는 절도·강도·사기·공갈·횡령죄 등 형법상의 재산죄뿐만 아니라 특별법상의 재산죄($^{산림법 제116조}_{제117조 위반죄 등}$)도 포함한다(통설). 장물

죄도 재산죄이므로 장물죄의 본범이 될 수 있다. 이를 연속장물이라 한다. 또 배임수재죄의 객체가 재물인 때에는 장물죄의 본범이 된다. 배임죄와 컴퓨터 등 사용사기죄의 객체는 재산상의 이익이므로 제외된다. 손괴죄는 재물의 영득이 없으므로 장물죄의 본범이 될 수 없다.

> 수뢰죄에 의하여 수수한 뇌물, 도박죄에 의하여 취득한 도금(賭金), 통화위조죄·문서위조죄에 의하여 작출된 위조통화·위조문서,[1] 복제한 CD·비디오, 탈세로 취득한 재물, 범죄수단으로 사용된 흉기, 사체 등 영득죄에 의하여 영득한 사체·관내장치물, 행정법규 특히 수렵법이나 수산업법에 위반하여 포획한 새, 동물, 어획물, 임산물단속에관한법률위반죄에 의하여 취득한 임산물 등은 장물이 아니다. 다만 광업법위반으로 채굴한 광물, 장제(葬祭)·신앙의 대상이 아닌 실습용의 사체나 유발(遺髮)은 예외로 장물이 될 수 있다. 판례는 전산조작을 통하여 부정발급한 후 발매기에서 뜯어간 위조된 리프트탑승권(98도2967 판결)과 주식매각대금조로 지급한 회사자금(2004도5094 판결. 횡령행위로 영득)에 대하여 장물성을 인정한다.

　(bb) 재산범죄로 영득　재산죄로 영득한 재물임을 요하고, 재산범죄에 의해서 작성된 물건이나 재산범죄의 수단으로 사용된 재물(흉기)은 장물이 될 수 없다. 따라서 배임죄에 있어서 배임행위에 제공된 이중매매 부동산($^{74도2804}_{판결}$)과 양도담보로 제공된 부동산($^{82도2119}_{판결}$)은 장물이 아니다. 본범이 영득한 재물은 반드시 타인의 재물일 필요가 없다. 타인점유의 자기물건을 영득한 본범(권리행사방해죄)으로부터 그 정을 알면서 증여받은 때에도 장물취득죄가 성립한다($^{부정설은}_{오영근\ 417}$).

　(cc) 본범의 범죄실현단계　장물은 본범의 구성요건에 해당하고 위법한 행위에 의하여 영득한 것임을 요한다(통설). 본범의 행위가 유책하거나 가벌성 내지 처벌요건·소추요건까지 구비할 필요가 없다.

　(dd) 본범과 시간적 관계　장물죄가 성립하기 위해서는 장물죄가 성립하기 이전에 적어도 본범은 종결되어 있어야 한다(장물의 선재성). 본범이 종결되는 시점에 대해서, 본범은 기수가 되어 있어야 한다는 **기수설**(다수설)과, 기수와 관계없이 본범에 의한 재물의 영득이 시간적으로 끝났으면 종결이 된다는 **재물영득설**(이재상·장영민·강동범 22/18, 임웅 573, 박상기 각론8판 427, 오영근 418)이 대립한다.

---

1) 위조문서행사죄에 의해서 취득한 재물은 위조문서의 행사가 사기행위를 포함하여 행사죄 외에 사기죄가 성립할 때에는 장물이 된다. 위조통화행사죄에 의하여 취득한 재물에 대해서는, ① 위화(僞貨)의 행사가 사기행위를 포함하는 경우에 사기죄의 성립을 인정하는 입장에서는 장물성을 인정하지만, ② 이 경우에 사기죄는 위조사문서행사죄에 흡수된다고 보는 입장에서는 장물성을 부정하는 것이 논리적이다.

본범이 미수상태에 있을 때에는 본범의 공범이 될 뿐이므로 본범의 행위는 기수가 되어 있어야 한다는 기수설이 타당하다. 다만 강도살인죄와 같은 결합범은 재물죄 부분이 기수에 달하면 충분하다.

(ee) 보관물의 악의매수자   타인의 재물을 보관하는 자가 그 보관물을 불법매도하는 횡령행위에 그 정을 알면서 매수한 자의 죄책에 관하여, ① **장물취득죄설**, ② 횡령죄의 방조범과 장물취득죄의 **경합범설**(^{김종원}₂₅₀), ③ 횡령죄의 **방조범설**(^{이재상·장영민·강동범 22/18,}_{임웅 573, 오영근 419, 김성돈 512})이 대립한다. 공범(방조범)이 성립하려면 공범의 요건(이중고의, 방조행위)을 갖추어야 하므로 단지 장물취득의사로 영득만 한 자를 신분범의 공범이라 할 수 없다. 매수와 동시에 재물은 장물이 되므로 장물취득죄만 인정함이 타당하다(다수설). 판례도 횡령죄가 기수로 됨과 동시에 횡령행위의 객체는 장물이 된다고 하여(^{2004도5904}_{판결}), **장물취득죄설**을 따르고 있다.

(c) **장물성의 상실**   추구권설은 피해자가 법률상 추구(반환청구)할 수 있는 재물만이, 위법상태유지설은 위법한 재산상태가 유지·존속되는 동안에만 장물이 된다. 두 견해 모두 본범 또는 제3자가 그 재물에 대하여 하자 없이 소유권을 취득한 때에는 장물성을 상실한다.

그리하여 피해자가 본범의 처분에 동의한 경우와, 본범이 상속받은 경우에는 장물성이 상실된다. 본범이 대외관계에서 소유자로서의 처분권을 가지고 처분한 재물도 장물이 아니다. 민법상 제3자가 선의취득(^{민법}_{제249조})한 재물도 장물성이 상실된다. 다만 도품·유실물인 때에는 도난 또는 유실된 날로부터 2년간은 장물이 된다(^{민법 제250조}_{참조}). 가공(加工)에 의하여 소유권이 가공자에게 귀속한 때(^{민법}_{제259조})에도 장물성은 상실한다. 다만 다소 가공한 사실이 있더라도 재물의 동일성이 유지되어 가공자의 소유로 귀속되지 아니한 때에는 장물성은 상실되지 않는다. 예컨대 시가 20만원의 금반지를 가공료 1만원에 그 형태를 변형한 경우가 이에 해당한다. 부합(^{附合. 민법}_{제256조 이하})·혼화(^{混和. 민법}_{제258조})에 의하여 소유권이 상실된 경우와, 시효취득으로 제3자가 소유권을 취득한 경우도 장물성을 상실한다.

(aa) 민법상 취소할 수 있는 경우   본범이 사기·공갈로 재물을 취득하여 피해자가 민법상 취소할 수 있는 경우에도 장물이 된다. 그러나 피해자가 취소기간을 경과하여 취소할 수 없게 되었거나(다만 **위법상태유지설**은 장물성 인정) 소유권을 포기한 때에는 장물성이 상실된다.

(bb) 불법원인급여물   불법원인급여물의 장물성 인정에 대해서, **추구권설**에서는 피해자의 반환청구권이 인정되지 않는다는 이유로 장물성을 부정하는 견해($^{황산덕\ 335,}_{김종원\ 251}$)와 긍정하는 견해($^{정영석}_{379}$)가 있다. **위법상태유지설**에서는 반환청구권 유무와 관계없이 장물성을 인정한다. **결합설**도 같다. 불법원인급여물에 대해서 사기죄·공갈죄·강도죄를 인정한다면 이를 영득한 재물의 장물성도 당연히 인정해야 한다. 이러한 취지는 금제품에 대해서도 그대로 타당하다.

(d) **재물의 동일성**   장물은 재산범죄에 의해서 영득한 재물 그 자체이거나 그것과 동일성이 인정되어야 한다.

(aa) **원형의 변경**   어느 정도 원형을 변경하여도 재물의 동일성을 잃지 않은 경우에는 여전히 장물이 된다. 예컨대 귀금속의 원형을 변경하여 금괴로 만든 때, 도벌한 목재를 제재·반출한 때, 자동차 부속품을 **빼내어** 다른 자동차에 끼운 때에도 장물성을 잃지 않는다. 그러나 장물을 저당잡힌 전당표는 장물 그 자체가 아니며 장물과 동일성도 없으므로 장물이 될 수 없다($^{73도58}_{판결}$).

(bb) **복사물의 장물성**   절취한 기업비밀문서, 입시문제, 영화필름, 녹음테이프를 복사한 복사물·복사문서는 절취한 재물 자체가 아니므로 장물이 아니다.

(cc) **대가장물**   장물의 대가로서 얻은 재물에 대해서 **공범설**은 장물성을 인정하지만 **추구권설**은 반환청구권이 없기 때문에, **위법상태유지설**은 본범이 영득한 재물에 대해서만 위법상태가 유지되기 때문에 장물성을 부인한다.

대가장물은 본범이 영득한 재물 그 자체가 아니며 동일성도 없으므로 장물이 아니라고 해야 한다. 그러므로 장물의 매각대금($^{72도971}_{판결}$), 장물인 금전으로 매입한 보석·TV·시계는 장물이 아니다. 다만 대가물이라도 별개의 재산범죄로 취득한 때에는 장물이 될 수 있다. 예컨대 절취한 재물의 매각행위가 사기죄를 구성할 경우에는 사기죄에 의하여 취득한 장물이 된다($^{80도2155}_{판결}$).

(dd) **환전통화**   장물인 통화를 다른 통화로 환전한 경우(달러를 원화로 환전하거나 1만원권을 1천원권으로 교환)에 장물성을 인정할 수 있느냐에 대해서, ① 통화를 환전하여도 그것은 통화의 변경이라 할 수 없다는 이유로 장물성을 인정하는 견해(다수설)와, ② 위법상태유지설에 의하지 않는 한 장물의 범위를 확대한다는 이유로 장물성을 부정하는 견해($^{김일수 · 서보학\ 412,\ 배종대\ 80/6,}_{임웅\ 574,\ 오영근\ 420}$)가 대립한다.

금전을 영득하는 것은 물체 그 자체보다 가치취득의 성질이 강하고, 행위자가 취득한 가치총액은 그 금전을 환금한 경우에도 동일성을 인정할 수 있으므로 장물성을 인정하는 것이 타당하다. 자기앞수표를 현금과 교환하거나, 절취한 돈을 은행에 예금하였다가 찾은 경우도 마찬가지이다.

대법원은 현금과 자기앞수표를 예금하였다가 동일액수의 현금 또는 수표로 인출한 경우에 장물성을 인정한다(98도2579 판결, 2004도353 판결). 반면 컴퓨터 등 사용사기죄의 범행으로 예금채권(재산상의 이익)을 취득한 다음 자기의 현금카드를 사용하여 현금자동지급기에서 인출한 경우, 그 인출된 현금은 장물이 될 수 없다고 판시(2004도353 판결)하였다.

(ee) 수표와 교환된 현금　절취·편취한 수표를 은행에 제시하여 현금지급을 받은 경우에 장물이 되느냐에 대하여 **긍정설**(다수설)과 **부정설**이 대립한다. 편취한 수표를 환급하는 행위는 단순한 사후처분이 아니라 새로운 사기행위로 보아야 하므로 새로운 기망행위(현금교환)에 의하여 편취한 재물로서 장물이 된다고 해석해야 한다. 절취·강취·갈취한 예금통장을 이용하여 현금을 인출한 때에도 새로운 사기죄에 의한 장물이 된다($^{74도2817 \text{ 판결 [절도], } 90도1176}_{\text{판결 [강도], } 79도489 \text{ [공갈]}}$).

(3) 행　위
장물을 취득, 양도, 운반, 보관하거나 이러한 행위를 알선하는 것이다.

1) 취　득　"취득"이란 점유이전에 의하여 재물에 대한 사실상의 처분권을 얻는 것을 말한다. 취득이 있다고 하기 위해서는 점유이전과 사실상의 처분권을 획득해야 한다.

(a) **점유이전**　점유이전은 현실적으로 인도가 있어야 하고 약속이나 계약성립만으로 취득하였다고 할 수 없다. 장물자체의 직접 인도뿐만 아니라 장물을 임의처분할 수 있는 간접적 점유취득도 인도가 된다. 따라서 자물쇠로 잠겨진 금고의 열쇠를 취득하거나 위탁물의 상환증을 인도받아도 취득이 된다.

(b) **사실상의 처분권**　취득은 점유이전 외에도 사실상의 처분권을 획득해야 한다. 사실상의 처분권을 획득한다는 점에서 운반, 보관과 구별된다. 매도담보·소비대차·증여로 취득한 때에도 취득이 된다. 그러나 보관, 손괴, 임대차, 사용대차로 인도받거나 본범을 위하여 일시 사용목적으로 장물을 건네받은 때($^{2003도1366}_{\text{판결}}$)에는 취득이라고 할 수 없다.

(c) **취득방법**　유상·무상을 묻지 않는다. 매수·교환·채무변제·대물변제·

이자부 소비대차·매도담보의 명의를 취득하는 것은 유상취득이고, 증여를 받거나 무이자 소비대차로 교부받는 것은 무상취득이다. 장물인 음식물을 본범과 같이 먹는 것은 독자적인 처분권을 취득한 것이 아니므로 장물이라 할 수 없지만 혼자 먹는 것은 취득이 된다.

취득은 제3자를 통해서 전매방식으로 취득하여도 장물이라는 정을 알면서 취득하면 취득죄가 된다. 장물이라는 정(知情)은 장물을 수수할 때에 있으면 충분하고 계약 당시에 알고 있어야 하는 것은 아니다($^{4292형상496}_{판결}$). 따라서 취득 후에 장물이라는 정을 안 때에는 취득죄는 성립하지 않는다($^{2004도6084}_{판결}$). 취득은 본범이 기수가 된 후가 아니면 성립하지 아니하므로 예컨대 절도현장에서 탈취하고 있는 재물의 일부를 무상으로 얻었다 하여도 절도죄의 공범이 될 뿐이다.

2) 양 도　"양도"란 장물인 정을 알지 못하고 취득한 후 그 정을 알면서 제3자에게 교부하는 것을 말하고 유상·무상을 묻지 않는다.

양도의 의사표시나 계약성립만으로 부족하고 현실적으로 점유이전이 있어야 하는 것은 취득의 경우와 같다. 이 경우 양도의 상대방(讓受人)이 장물인 정을 알고 있었는가는 문제되지 않는다.

장물인 정을 알고 취득한 자가 이를 제3자에게 양도한 경우에는 취득죄가 성립하면 양도행위는 불가벌적 사후행위가 되므로 장물취득죄만 성립한다($^{통설, 93도213}_{판결}$).

3) 운 반　"운반"이란 장물의 소재를 장소적으로 이전하는 것을 말한다. 거리의 장단을 문제되지 않으나 장물에 대한 피해자의 추구·회복이나 본범의 위법상태유지·존속에 영향을 미칠 정도의 것임을 요한다. 유상·무상을 묻지 않는다. 본범 또는 장물취득자의 양해 또는 추정적 승낙에 의한 것임을 요한다. 본범 또는 장물취득자의 의사에 반하거나 몰래 운반한 경우에는 절도죄 등 다른 범죄가 성립한다.

운반약속이나 운반인수계약만으로 부족하고 사실상 운반행위가 있어야 운반죄가 성립한다. 장물인 정을 알지 못한 자가 운반 도중에 그 정을 알고 계속하면 정을 안 이후의 운반행위만 운반죄를 구성한다. 운반계속 중에 불심검문으로 목적지까지 가지 못하더라도 운반죄는 기수가 된다.

운반의 방법은 제한이 없다. 장물을 스스로 소지하거나 적재한 트럭에 동승할 필요가 없다. 정을 모르는 타인으로 하여금 운반하게 하면 이 죄의 간접정범이 된다. 절취한 자동차임을 알면서 운전해 준 때에도 장물운반죄가 성립한다($^{98도3030}_{판결}$). 그러나 절취한 자동차의 뒷좌석에 편승하는데 그쳤거나($^{83도1146}_{판결}$), 피해자에게 반환하기 위하여 피해자의 집에 운반하는 경우에는 운반죄가 되지 않는다.

장물취득자가 이를 다른 장소로 운반하는 것은 불가벌적 사후행위가 된다. 그러나 제3자가 본범과 공동하여 장물을 운반하면 제3자는 운반죄를 구성한다($^{98도3030}_{판결}$).

4) 보 관　"보관"이란 위탁을 받아 타인을 위하여 재물을 자기의 점유하에 두는 것을 말한다. 유상·무상을 묻지 않는다. 질물(質物)이나 임금의 담보로 받았거나 임대차, 사용대차, 임치를 위해서 받은 때에도 보관이 된다.

보관의 인수계약만으로는 부족하고 현실적으로 수취해야 한다. 장물인 정을 모르고 보관하였다가 후에 그 정을 알고 보관을 계속하면 그 때부터 보관죄가 된다($^{87도1633}_{판결}$). 다만 중도에서 반환이 불가능하거나 질권 등 선의취득의 효력으로 점유할 권한을 갖게 된 때에는 보관죄는 성립하지 않는다($^{2004도6084}_{판결}$). 장물보관자가 장물을 취득하거나 횡령한 때에는 장물취득죄만 성립한다. 타인의 증거를 인멸하기 위해 장물을 은닉한 때에는 장물보관죄와 증거인멸죄의 상상적 경합이 된다.

5) 알 선　"알선"이란 장물의 취득, 양도, 운반, 보관의 행위를 매개·주선하는 것을 말한다. 매개·주선은 매매, 교환, 질입 등 법률상의 처분은 물론, 운반, 보관 등 사실상의 처분도 포함한다. 어느 경우이건 본범 또는 장물취득자와 합의가 있거나 그의 추정적 승낙이 있어야 한다. 알선행위의 유상·무상을 묻지 않는다. 직접적이든 타인을 개입시켜 간접적으로 알선하든 상관없다. 매매 등 법률행위를 알선하는 경우에는 알선자 자신의 명의로 하든 본인 명의나 대리인 명의로 하든 상관없다.

알선죄의 기수시기에 관해서, ① 알선행위만 있으면 기수가 된다는 **알선행위설**($^{김일수·서보학}_{415}$), ② 알선만으로는 부족하고 취득, 양도, 보관 등의 계약이 성립해야 기수가 된다는 **계약성립설**($^{정성근 576, 이형국}_{457, 임웅 581}$), ③ 알선의 결과 점유의 이전까지 있어야 한다는 **점유이전설**(다수설)이 대립한다. 판례는 아직 계약체결이 없더라도 사실상 알선행위만 있으면 기수가 된다고 한다($^{2009도1203}_{판결}$).

장물죄는, ① 거동범이나 위험범이 아니라 침해범으로 보는 이상 계약성립 이나 알선행위만으로 추구·회복을 곤란하게 하는 행위라고 보기 어렵고, ② 점 유이전까지 되어야 위법상태가 유지·존속되었다고 할 수 있으며, ③ 다른 행위 태양이 모두 점유이전을 요건으로 하는 것과 균형상 점유이전설이 타당하다고 본다. 장물을 운반, 보관 중에 알선의뢰를 받고 알선한 경우에는 알선죄만 성립 한다(불가벌적 사전행위).

3. 주관적 구성요건

1) 고 의   장물인 정을 알고 취득, 양도, 운반, 보관 또는 알선한다는 인 식과 의사가 있어야 한다.

(a) 지정의 정도   장물인 정을 아는 지정은 확정적 인식일 필요가 없고, 장 물일지도 모른다는 의심있는 정도의 미필적 인식으로 충분하다($^{2004도5904}_{판결}$). "지정 (知情)"은 어떤 재산범죄에 의해서 취득한 재물이라고 알면 족하고, 범죄의 종류· 범행일시·피해품목 등을 상세히 알 필요가 없다. 판례는 인적사항을 확인하고 적정가격으로 귀금속을 매입한 때에는 장물인 정을 알았다고 볼 수 없다고 하 였다($^{83도3014}_{판결}$).

(b) 지정의 시기   원칙적으로 실행행위시에 지정이 있어야 하지만 행위태양 에 따라 달라질 수 있다. 계속범의 성질을 가진 운반죄, 보관죄에 있어서는 행 위시에 지정이 없어도 행위개시 이후에 장물인 정을 알았으면 그 때부터 지정 이 성립한다. 알선죄에 있어서는 알선행위시에 지정이 있어야 하고, 장물수수시 에 비로소 장물임을 알게 된 때에는 알선죄가 되지 않는다. 취득죄에 있어서는 취득시에 지정이 있어야 한다. 따라서 매수에 의한 인도나 증여를 받은 뒤에 알 게 된 때에는 취득죄가 되지 않는다($^{2004도6084}_{판결}$). 다만 취득 후에 정을 알고 이를 타 인에게 양도하면 양도죄가 되며, 매매계약시에는 그 정을 몰랐으나 그 후 인도 받을 때에 정을 알고 취득하면 그 때부터 취득죄가 된다($^{4292형상496}_{판결}$).

2) 불법영득의사의 인정여부   고의 외에 불법영득의 의사가 필요하다는 견해($^{김일수·서보학 416}_{이하, 배종대 80/28}$)와 이를 부정하는 견해(다수설)가 대립한다. 추구권 행사의 곤란 화 내지 위법상태의 유지라는 본질에 비추어 불법영득의 의사는 별도로 인정할 필요가 없다고 본다.

4. 타죄와의 관계

1) 본범과의 관계 장물죄는 타인이 불법하게 영득한 재물에 대해서만 성립하므로 본범의 공동정범 상호간에는 본범 외에 장물죄는 성립하지 않는다. 본범의 교사자·방조자는 본범의 교사·방조죄 외에 장물죄도 성립한다($^{69도692}_{판결}$).

2) 본범 이외의 재산죄와의 관계 장물인 정을 알면서 이를 절취·강취한 경우에 절도죄·강도죄만 성립하고, 정을 알면서 장물을 편취·갈취하거나 장물인 점유이탈물을 취득하여도 사기죄·공갈죄·점유이탈물횡령죄만 성립한다. 장물보관자가 그 장물을 횡령한 때에는 새로운 법익침해가 없으므로 장물죄만 성립한다($^{2003도8219}_{판결}$). 장물을 알선하여 그 정을 모르는 매수인으로부터 대금을 사취한 경우 알선죄만 성립한다(代金詐欺는 알선행위의 당연한 결과)는 견해도 있으나 알선죄와 사기죄의 경합범이 된다고 본다.

5. 친족간의 특례

1) 장물범과 본범의 피해자 장물죄를 범한 자와 본범의 피해자 사이에 직계혈족, 배우자, 동거친족, 동거가족 또는 그 배우자인 신분관계가 있는 때에는 그 형을 면제하고, 그 외의 친족인 신분관계가 있을 때에는 고소가 있어야 공소를 제기할 수 있다($^{제365조}_{제1항}$).

2) 장물범과 본범 장물죄를 범한 자와 본범 사이에 직계혈족, 배우자, 동거친족, 동거가족 또는 그 배우자인 신분관계가 있는 때에는 그 형을 감경 또는 면제한다. 단 신분관계가 없는 공범에 대해서는 예외로 한다($^{제2}_{항}$).

Ⅲ. 상습장물죄

> **[구성요건·법정형]** 상습으로 전조(장물취득·양도·운반·보관·알선)의 죄를 범한 자는 1년 이상 10년 이하의 징역에 처한다(제363조 제1항).
> 친족상도례 특례규정을 준용한다(제365조).

장물죄의 본범조장적 성격을 고려하여 상습적으로 장물죄를 범하는 자에게 형을 가중한 부진정신분범이다. 상습성에 대해서는 상습절도죄의 그것과 같다. 장물알선의 전과없이 단 2번의 장물알선 사실만으로 장물알선의 상습범이 될 수 없다(^{72도1472}_{판결}). 대법원은 상습범을 포괄일죄로 취급하므로 장물취득죄도 상습장물알선죄와 포괄일죄가 된다(^{73도184}_{8 판결}). 이 죄도 친족상도례가 적용된다.

Ⅳ. 업무상과실·중과실 장물죄

> [구성요건·법정형] 업무상 과실 또는 중대한 과실로 인하여 제362조(장물취득·양도·운반·보관·알선)의 죄를 범한 자는 1년 이하의 금고 또는 500만원 이하의 벌금에 처한다(제364조).
> 친족상도례 특례규정을 준용한다(제365조).

업무상 과실 또는 중과실에 의하여 장물을 취득, 양도, 운반, 보관 또는 알선하는 범죄이다. 형법은 업무상 과실 또는 중과실에 의하여 "제362조의 죄를 범한 자"라고 규정하여 양도의 경우까지 포함하고 있으나 과실양도는 생각하기 어렵다. 업무자만 과실장물죄의 불법을 행할 수 있으므로 진정신분범이다.

전당포나 고물상과 같이 중고품 취급업무에 종사하는 자는 장물을 취급하기 쉽다는 점을 고려하여 그 업무처리상의 주의의무를 요구하고 일반인의 중과실과 같이 취급한 것이다. 업무상 과실로 장물을 보관하고 있다가 처분한 행위는 업무상 과실장물보관죄의 불법평가에 포함되고 별도로 횡령죄를 구성하지 않는다(^{2003도8219}_{판결}). 이 죄도 친족간의 특례규정이 준용된다(^{제365}_조).

[업무상 주의의무를 인정한 판례] ① 고물상의 점원이 고물매입을 할 때에는 매도인의 신분·직업·연령·거동·원래가격·물품내용·출처·현시가 등에 관하여 신중한 주의를 다하여야 하고, 매도인이 제시하는 가주소·가성명을 기재하는 것은 업무상 주의의무에 위반한 것이다(4293형상316 판결). ② 전당포주가 물품을 전당잡고자 할 때는 전당물주의 주소·성명·직업·연령과 그 물품이 출처·특징, 전당잡히려는 동기, 그 신분에 상응한 소지인지의 여부 등을 알아보아야 할 업무상의 주의의무가 있다 할 것이고, 이를 게을리하여 장물인 정을 모르고 전당잡은 경우에는 비록 주민등록증을 확인하였다 하여도 그 사실만으로 업무상 과실장물취득죄의 죄책을 면할 수 없다(84도2732 판결). ③ 금은방을 운영하는 자가 귀금속류를 매수함에 있어 매도자의 신원확인절차를 거쳤다고 하여도 장물인지의 여부를 의심할만한 특별한 사정이 있거나 매수물품의 성질과 종류 및 매도자의 신원 등에 좀 더 세심한 주의를 기울였다면 그 물건이 장물임을 알 수 있었음에도 불구하고 이를 게을리하여 장물인 정을 모르고 매수하여 취득한 경우에는 업무상과실장물취득죄가 성립한다 할 것이고, 매도자의 인적사항과 신분, 물건의 성질과 종류 및 가격, 매도자와 그 물건의 객관적 관련성, 매도자의 언동 등 일체의 사정을 참작하여 판단하여야 한다(2003도348 판결).

제 6 절 손괴에 관한 죄

[§ 23] 손괴의 죄

I. 총 설

(1) 의 의

손괴의 죄는 타인의 재물, 문서 또는 전자기록 등 특수매체기록을 손괴 또는 은닉 기타의 방법으로 그 효용을 해하는 범죄가 기본형태이지만, 이 외에 공익건조물을 파괴하거나 토지의 경계표를 손괴·제거 또는 경계를 인식불가능하게 하는 것도 포함하고 있다. 행위의 성질상 재물을 대상으로 하는 순수한 재물죄이며, 재물을 영득하는 것이 아니라 재물 그 자체의 효용가치를 해하는 재산죄인 점에서 영득죄와 구별된다.

재물에 대한 손괴는 다른 범죄를 실행하는 수단으로 사용되는 경우가 있다. 이 경우의 손괴는 그 범죄의 행위태양이므로 별도로 손괴죄를 구성하지 않는다. ① 재물에 대한 손괴행위가 일정한 목적을 위해서 행해진 경우(제109조, 제327조), ② 특수한 객체에 대해서 행해진 경우(제141조, 제161조, 제187조), ③ 일정한 구성요건을 실현하기 위한 불법가중적 행위수단이 된 경우(제331조 제1항, 제195조, 제146조), ④ 결과에 대해서 특수한 위험성이 있는 경우(제185조, 제186조)에는 각각 그 죄를 구성한다.

(2) 보호법익

모든 손괴의 죄에 공통되는 보호법익은 재물의 효용 내지 이용가치이다. 재물의 효용과 이용가치도 소유권의 내용이 되므로 넓게 소유권을 침해하는 범죄라 할 수 있지만, 이 죄는 소유권 자체를 직접 보호하는 것이 아니라는 점에서 다른 재산죄와 구별된다. 손괴의 죄는 서로 객체를 달리하는 재물손괴죄, 공익건조물파괴죄, 경계침범죄의 세 가지 독립범죄가 구별되어 있으므로 그 개별범죄의 구체적인 보호법익도 차이가 있다.

1) **재물손괴죄의 보호법익**   재물손괴죄는 소유권의 이용가치를 해하는 범죄이므로 보호법익은 "소유권의 이용가치"이다. 중손괴죄($\frac{제368}{조}$)는 소유권의 이용가치 외에 생명·신체도 보호법익이 된다.

2) **공익건조물파괴죄의 보호법익**   공익건조물파괴죄는 자기의 소유물에 대해서도 성립하므로 보호법익은 소유권과 관계없이 공익에 제공되어 있는 "공익건조물의 효용에 대한 공공의 이용가치"이다.

3) **경계침범죄의 보호법익**   경계침범죄의 보호법익은 부동산의 이용가치가 아니라 "토지경계의 명확성"이다(통설).

(3) 보호의 정도

손괴의 죄 모두는 결과범 형식으로 규정하고 있으므로 침해범으로서의 보호이다(통설). 다만 중손괴죄($\frac{제368조}{제1항}$)는 생명·신체의 위험발생을 요구하는 구체적 위험범이다.

II. 재물·문서 등 손괴죄

> [구성요건·법정형]   타인의 재물, 문서 또는 전자기록 등 특수매체기록을 손괴 또는 은닉 기타 방법으로 기 효용을 해한 자는 3년 이하의 징역 또는 700만원 이하의 벌금에 처한다(제366조).
> 미수범은 처벌한다(제371조).
> 동력규정을 준용한다(제372조).

(1) 의의·성격

타인의 재물, 문서 또는 전자기록 등 특수매체기록을 손괴 또는 은닉하거나 기타 방법으로 그 효용을 해하는 범죄이다. 재물죄·훼기죄·침해범·상태범의 성격을 가진 범죄이다.

폭처법은 2인 이상의 공동재물손괴($\frac{제2}{조}$)와 재물손괴를 목적으로 단체나 집단을 구성하거나 이에 가입 또는 구성원으로 활동한 경우($\frac{제4}{조}$)에 가중처벌한다.

(2) 객관적 구성요건

1) **객 체**   타인의 재물, 문서 또는 전자기록 등 특수매체기록이다.

(a) 재 물   "재물"은 유체물뿐만 아니라 물리적으로 관리가능한 동력도 포함한다($\frac{제372}{조}$). 동산·부동산을 불문하므로 건조물이나 공익건조물도 포함한다. 다만 공익건조물을 파괴한 때에는 공익건조물파괴죄($\frac{제367}{조}$)가 성립한다. 이 죄의 재물은 물건의 종류·성질·경제적 교환가치를 불문한다. 다만 이용가치 내지 효용가치가 전혀 없는 것은 제외된다. 타인의 동물·가축도 재물에 포함된다.

(b) 문 서   이 죄의 "문서"는 공용서류 등 무효죄($\frac{제141조}{제1항}$)의 서류·문서에 해당하지 않는 모든 문서를 말한다. 사문서는 물론 공문서도 공무소에서 사용하는 공용서류에 해당하지 않으면 이 죄의 객체가 된다. 사문서는 사문서위조죄($\frac{제231}{조}$)와 달리 반드시 권리·의무나 사실증명에 관한 것임을 요하지 않는다. 자기명의의 사문서도 타인소유이면 이 죄의 객체가 된다. 특정인에게 의사를 전달하는 편지는 물론, 도화·유가증권도 포함한다.

(c) 특수매체기록   "특수매체기록"이란 정보처리장치의 정보처리에 의해 작성된 기록을 말한다. "전자기록(전자기록과 자기기록)"도 포함한다("컴퓨터 등 업무방해죄" 참조).

"특수매체기록"은 전자기록을 포함한 특수매체기록 그 자체(데이터의 기록)이며 그 기록을 담고 있는 매체물이 아니다. 따라서 컴퓨터 디스켓이나 레이저 디스크와 같은 기록을 담은 매체물을 손괴하거나 컴퓨터 하드웨어를 파손한 때에는 특수매체기록의 손괴가 아니라 재물손괴에 해당한다. 또 마이크로필름 기록은 문자축소 내지 기계적 확대에 의한 재생에 불과하므로 문서의 일종이며, 영상기록·사진은 재물의 일종이므로 이를 손괴하면 문서손괴 또는 재물손괴에 해당한다.

(d) 타인의 소유   이 죄의 재물, 문서, 특수매체기록은 타인의 소유물이라야 한다. 타인은 국가·법인·법인격 없는 단체·개인을 포함한다. 타인과 공동으로 소유하는 재물도 이 죄의 타인의 재물에 포함된다($\frac{2021도6934}{판결}$). 실재하지 않는 단체나 허무인은 타인에 해당하지 않는다. 자기의 소유물은 제외되므로 타인의 권리 또는 점유의 목적이 된 자기의 소유물을 손괴하는 때에는 권리행사방해죄($\frac{제323}{조}$)나 공무상 보관물무효죄($\frac{제142}{조}$)가 성립할 뿐이다. 타인의 소유물이면 자기가 점유하는 재물, 문서, 특수매체기록도 객체가 된다($\frac{84도2290}{판결}$). 자기소유 토지에 타인이 권원 없이 경작한 농작물(묘목, 立稻)도 타인 소유물이므로 그 농작물을 파헤친 때에는 이 죄가 성립한다($\frac{70도82}{판결}$). 타인의 무허가건물도 이 죄의 객체가 될

수 있다($^{2004도434}_{판결}$).

타인소유의 문서는 작성명의가 자기이든 타인이든 상관없이 타인의 문서가 된다. 따라서 타인에게 교부한 자기명의의 영수증, 약속어음, 문서를 찢거나 문서의 내용을 고치면 이 죄가 성립한다. 공유의 재물, 문서는 공유자 상호간에 타인의 재물, 문서로 취급한다.

2) 행 위   손괴 또는 은닉 기타 방법으로 그 효용을 해하는 것이다.

(a) 손 괴   "손괴"란 재물, 문서 또는 특수매체기록의 전부나 일부에 유형력을 행사하여 물질적 훼손을 하거나 매체기록의 전부 또는 일부를 소거·변경하여 그 본래의 효용을 해하는 일체의 행위를 말한다. 반드시 중요부분을 훼손할 필요가 없고, 간단히 수리할 수 있는 정도의 경미한 것이라도 상관없다. 본래의 목적에 따라 사용할 수 없도록 하는 것도 손괴에 해당한다($^{2016도9219}_{판결}$). 그러나 유형력의 행사가 있어도 효용을 증대시키거나 효용감소 없이 재물의 기능을 방해한 것만으로는 손괴라 할 수 없다.

전자기록 등 특수매체기록의 손괴는 기록 그 자체를 없애버리거나 변경하는 것을 말한다. 기록매체물을 파손하는 것은 재물손괴가 된다.

[손괴에 해당하는 사례]   문서에 첨부된 인지를 떼어 내거나 장부의 일부를 뜯어버린 경우, 사법경찰관이 적법하게 작성된 참고인 진술조서를 찢어버린 경우(76도2196 판결), 명도받은 토지의 경계에 설치해 놓은 철조망과 경고판을 치워버린 경우(82도1057 판결), 사육의뢰를 받은 자가 가축에게 사료를 주지 않아 굶어 죽게 하거나, 우물 속에 오물을 넣는 경우, 광고를 붙여 벽을 더럽히거나, 자동차 타이어 바람을 빼어 버린 경우, 약속어음의 발행인이 소지인으로부터 어음을 교부받아 수취인란에 타인의 이름을 추가로 기입하여 배서의 연속성을 상실하게 한 경우(84도2802 판결), 광고물 위에 다른 광고물을 부착하거나, 타인의 광고용 간판을 백색페인트로 도색하여 광고문안을 지워 버린 경우(91도2090 판결), 래커 스프레이를 사용하여 회사건물 외벽과 일층벽면에 낙서한 경우(2007도2590 판결), 식사 도중 반찬과 찌개에 침을 뱉어 아내가 먹지 못하게 한 경우(2021도6934 판결)는 모두 손괴가 된다. 그러나 경리장부를 이기하는 과정에서 누계가 잘못된 부분을 찢은 경우(88도1296 판결)와, 회사건물에 계란 30여 개를 투척한 경우(2007도2590 판결)는 손괴가 되지 않는다.

(b) 은 닉   "은닉"이란 재물, 문서, 특수매체기록의 소재를 불명하게 하여 그 발견을 곤란 또는 불가능하게 함으로써 그 효용을 해하는 것을 말한다. 은닉은 반드시 범인의 점유로 이전함을 요하지 않는다. 피해자가 점유하는 장소에 숨겨두고 발견하기 곤란하게 하는 것도 은닉이 된다. 문서(매출계산서)의 반환을

거부함으로써 그 용도에 따라 사용할 수 없는 상태를 만드는 것도 은닉에 해당한다($^{71도1576}_{판결}$).

(c) **기타 방법의 효용침해** 손괴, 은닉 이외의 방법으로 재물, 문서 등의 이용가치나 효용을 해하는 일체의 행위이다. 사실상 또는 감정상 그 물건의 본래의 용법에 따라 사용할 수 없는 상태에 이르게 한 행위를 포함한다. 예컨대 음식용의 냄비·술병에 방뇨하여 기분상 다시 사용할 수 없게 한 경우, 자동문을 자동으로 작동하지 않고 수동으로만 개폐가 가능하게 하여 자동잠금장치로서 역할을 할 수 없도록 한 경우($^{2016도9219}_{판결}$), 우물물을 송수하는 고무호스에 물이 통하지 못하게 한 경우($^{70도2378}_{판결}$), 문서의 내용은 변경하지 않고 임의로 명의인을 정정한 경우($^{67도416}_{판결}$)도 효용을 해한 것이 된다. 주차된 승용차 앞뒤에 철근과 콘크리트 주조물 등으로 막아 움직일 수 없게 하여 일시적으로 승용차를 사용할 수 없게 한 경우($^{2019도13764}_{판결}$)와 같이 일시 이용할 수 없는 상태로 만드는 것도 포함한다($^{2014도13083}_{판결}$).

기타의 방법으로 특수매체기록의 효용을 해하는 행위는 새로운 프로그램을 입력하여 본래의 정보를 사용할 수 없게 하거나 기록에 다른 내용을 추가하거나 삭제하여 기록내용을 변경하는 것과, 컴퓨터를 사용하지 못하게 전원을 단전시키거나 바이러스를 감염시켜 전산자료를 사용할 수 없도록 하는 것 등이 있다.

(d) **실행의 착수·기수시기** 재물 등의 효용을 해하는 행위를 개시한 때 실행의 착수가 있고, 재물 등의 효용가치의 감소나 효용을 해하는 상태가 발생한 때 기수가 된다.

(3) 주관적 구성요건

타인의 문서, 재물이나 특수매체기록에 대한 이용가치의 전부 또는 일부를 해한다는 인식·의사가 있으면 고의가 인정된다. 미필적 고의로 족하다. 판례는 고장난 공중전화기라 생각하고 파출소에 신고하기 위하여 전화선코드를 빼고 이를 떼어버린 것은 손괴의 고의가 있다고 보기 어렵다고 판시하였다($^{86도941}_{판결}$). 과실재물손괴는 원칙적으로 불가벌이지만 도로교통법 제151조(업무상 과실 또는 중과실 건조물 등 손괴)와, 군형법 제73조(과실 군용시설 등 손괴 등)에 예외가 있다.

(4) 위법성

정당화사유가 있으면 위법성이 배제된다. 타인의 사주로 공격해 오는 맹견을 사살한 때에는 정당방위가 된다. 농경지의 침수피해를 막기 위해 부득이 다른 제방을 절단한 경우 긴급피난이 된다. 피해자의 승낙에 의한 재물, 문서, 특수매체기록의 손괴는 구성요건해당성이 배제된다.

그러나 토지소유자가 타인이 심어둔 나무나 채소를 함부로 뽑아버리거나 관할관청의 허가없이 가설한 위법시설물을 적법한 절차에 따르지 않고 임의로 제거하는 것은 위법성이 배제되지 않는다.

(5) 타죄와의 관계

1) 문서변조죄와의 관계   "타인명의"의 문서의 효력과 내용을 변경하면 문서변조죄, "자기명의"의 타인점유 문서의 효력만 일부 또는 전부 훼손시키면 문서손괴죄가 된다. 연명으로 된 문서의 명의자 중 1인의 서명을 말소하거나 명의인을 추가하면 문서손괴가 된다.

2) 기타 죄와의 관계   타인의 사무처리자가 위탁보관 중인 재물을 손괴하면 배임죄와 이 죄의 상상적 경합이 된다. 증거인멸이 동시에 재물손괴가 되면 증거인멸죄와 이 죄의 상상적 경합이 된다. 편지개봉 후에 이를 은닉하면 비밀침해죄와 이 죄의 상상적 경합이 된다. 컴퓨터 등 정보처리장치나 특수매체기록을 손괴하여 업무를 방해한 때에는 손괴죄는 컴퓨터 등 업무방해죄에 흡수된다(법조경합의 흡수관계).

Ⅲ. 공익건조물파괴죄

[구성요건·법정형] 공익에 공하는 건조물을 파괴한 자는 10년 이하의 징역 또는 2천만원 이하의 벌금에 처한다(제367조).
미수범은 처벌한다(제371조).
동력규정을 준용한다(제372조).

(1) 의의·성격

"공익"에 사용되는 건조물을 파괴하는 범죄이다. 형법은 "공용"의 건조물,

선박, 기차 또는 항공기의 파괴에 대해서는 제141조 제2항(공용건조물 등 파괴죄)에 별도로 규정하고, "공익"건조물 파괴에 한하여 재물손괴죄의 독립구성요건으로 규정하였다. 건조물 이외의 공익에 공하는 선박, 기차, 항공기 등을 제외한 이유는 분명하지 않다. 따라서 이러한 객체에 대한 파괴는 사람이 현존하는 때에는 제187조(기차 등 전복죄)에 의해서 처벌되는 경우를 제외하고는 재물손괴죄를 적용할 수밖에 없다. 침해범·상태범·결과범이다.

(2) 구성요건

1) 객 체   공익에 공하는 건조물이다. "건조물"이란 가옥 기타 이에 유사한 건축물을 말한다. 지붕이 있고 담벼락 또는 기둥으로 지지되고 토지에 정착하여 그 내부에 사람이 출입할 수 있는 것임을 요한다(주거침입죄의 "건조물" 참조). 기둥 위에 마룻대만 올려놓은 것, 지붕 또는 담벼락이 없는 것, 제방·교량·전선주(전신주)·기념비·분묘 등은 건조물이 아니다. 그러나 건조물의 요건을 갖춘 것이면 공사중인 미완성의 건물도 건조물에 해당한다.

"공익에 공"하는 건조물이란 공공의 이익을 위하여 사용되는 건조물을 말하며 그 소유자는 국가·공공단체·개인소유(자기소유)라도 상관없다. 국가소유의 국유재산대부계약에 의해서 개인이 사용하는 건조물은 여기에 해당하지 않는다. 이에 대하여 개인소유라도 교회당과 같은 것은 공익건조물이 된다.

공익건조물이라고 하기 위해서는 건조물의 사용목적이 공익을 위한 것이고 현실적으로 일반인의 공익에 사용하고 있어야 한다. 공설실내체육관, 공원과 고속도로 휴게소, 마을회관, 공회당, 사립학교 건물, 정거장 대합실, 지하철 승강장 등이 그 예이다. 건조물에 사람이 현존하는 여부는 묻지 않는다. 일반인의 공익에 사용되는 건조물이면 입장권 소지자에 한하여 출입이 허용되어도 공익건조물이 된다(시민극장·공공실내수영장). 공무소에서 사용하는 건조물은 공용건조물 등 파괴죄($\frac{제141}{조}$)의 객체가 되므로 제외된다. 국회도서관·법원도서관은 한정된 사람만이 이용할 수 있는 공무소 사용의 건조물이다. 문화재보호법에서 지정된 건조물을 손괴한 때에는 이 죄의 규정을 준용하여 처벌하되 그 정한 형의 2분의 1까지 가중한다($\frac{동법}{제94조}$).

2) 행 위   파괴이다. "파괴"도 물리적으로 훼손하여 재물의 효용을 해한

다는 점에서 손괴와 같으나 손괴보다 훼손의 정도가 큰 것이다. 즉 건조물의 중요 구성부분을 훼손하여 용도에 따라 사용할 수 없게 하거나 간단히 수리할 수 없을 정도로 사용불가능하게 하는 것을 말한다.

파괴의 방법 여하는 묻지 않는다. 다만 화력을 사용하여 파괴한 때에는 공익건조물방화죄($^{제165}_{조}$), 일수(溢水)의 방법으로 파괴한 때에는 공익건조물일수죄($^{제178}_{조}$)가 성립하므로 화력·일수의 방법 이외의 모든 방법으로 파괴할 수 있다. 공익건조물을 파괴할 의사로 행위하였으나 파괴에 이르지 못하였거나 단순한 손괴정도에 그쳤다면 재물손괴죄가 아니라 이 죄의 미수범이 된다.

Ⅳ. 중손괴죄·손괴치사상죄

> [구성요건·법정형] 전2조(재물·문서 등 손괴, 공익건조물파괴)의 죄를 범하여 사람의 생명 또는 신체에 대하여 위험을 발생하게 한 때에는 1년 이상 10년 이하의 징역에 처한다(제368조 제1항).
> 제366조(재물·문서 등 손괴) 또는 제367조(공익건조물파괴)의 죄를 범하여 사람을 상해에 이르게 한 때에는 1년 이상의 유기징역에 처한다. 사망에 이르게 한 때에는 3년 이상의 유기징역에 처한다(제2항).
> 동력규정을 준용한다(제372조).

일반재물손괴죄와 공익건조물파괴죄를 범하여 사람의 생명 또는 신체에 위험을 발생하게 하거나 사상의 결과를 일으키는 범죄이다. 제1항의 중손괴죄는 부진정결과적 가중범이고 구체적 위험범에 해당하며, 제2항의 죄 중 손괴치사죄는 진정결과적 가중범이고, 손괴치상죄는 부진정결과적 가중범이다.

주체는 재물·문서손괴죄, 공익건조물파괴죄를 범한 자 또는 그 미수범이다. 그러나 생명·신체에 대한 위험이 신체상해로 인하여 야기된 때(치명상을 가한 때)에는 상해의 결과가 이미 발생한 것이므로 중손괴죄가 아니라 손괴치상죄에 해당한다.

중손괴죄는 손괴의사 외에 생명·신체에 대한 위험유발을 인식한 때에도 성립한다. 손괴치사죄는 손괴의 고의와 사망의 결과에 대한 예견가능성이 있어야 하고, 손괴치상죄는 손괴의 고의 외에 상해의 결과에 대한 고의 또는 예견가능성이 있어야 한다. 손괴행위와 사망·상해의 결과 사이에 인과관계도 있어야 한다.

V. 특수손괴죄

> [구성요건·법정형] 단체 또는 다중의 위력을 보이거나 위험한 물건을 휴대하여 제366조
> (재물·문서 등 손괴)의 죄를 범한 때에는 5년 이하의 징역 또는 1천만원 이하의 벌금에 처한
> 다(제369조 제1항).
>   제1항의 방법으로 제367조(공익건조물파괴)의 죄를 범한 때에는 1년 이상의 유기징역 또는
> 2천만원 이하의 벌금에 처한다(제2항).
>   미수범은 처벌한다(제371조).
>   동력규정을 준용한다(제372조).

행위태양의 위험성이 크기 때문에 재물손괴죄 또는 공익건조물파괴죄에 대하여 불법이 가중된 가중적 구성요건이다. 단체·다중의 위력을 보이거나 위험한 물건휴대에 관해서는 특수상해죄($^{제258조}_{의2}$)의 그것과 같다.

VI. 경계침범죄

> [구성요건·법정형] 경계표를 손괴, 이동 또는 제거하거나 기타 방법으로 토지의 경계를
> 인식불능하게 한 자는 3년 이하의 징역 또는 500만원 이하의 벌금에 처한다(제370조).
>   동력규정을 준용한다(제372조).

(1) 의의·성격
토지의 경계를 손괴, 이동 또는 제거하거나 기타 방법으로 토지의 경계를 인식불능하게 하여 토지에 관한 권리관계의 안정을 해하는 범죄이다. 토지에 관한 권리관계의 안정을 확보하는 것은 사회질서를 유지하는 방법도 되지만 주로 사권(私權)을 보호하는 데에 필요한 것이므로 손괴죄의 일종으로 규정하여 토지경계의 명확성을 보호하고 있다. 침해범·상태범이며, 미수범은 처벌하지 않는다.

재물손괴죄가 그 재물에 대한 권리 자체(특히 그 이용가치)를 보호하는 것임에 대하여, 경계침범죄는 토지에 대한 권리범위의 명확성을 보호한다는데 차이가 있다. 그러므로 토지매각시에 일시적으로 경계표를 이동하여 자기의 토지를 넓게 보여서 유리하게 매각하려고 한 때에는 인접토지 자체에 대한 손괴죄는

성립하지 않으나 경계침범죄는 성립할 수 있다.

(2) 객관적 구성요건

1) 주 체   제한이 없다. 반드시 경계에 인접하고 있는 일방의 토지권리자 또는 그 이해관계인일 필요가 없고 제3자도 무방하다.

2) 객 체   토지의 경계이다. 경계표를 손괴, 이동 또는 제거하는 것은 토지의 경계를 인식불능하게 하는 행위를 예시한 것이다(통설).

(a) 토 지   여기의 "토지"는 지상의 토지뿐만 아니라 하천·호수와 늪도 포함하며, 해역도 어업권의 구획이 문제되는 때에는 여기에 포함된다고 본다.

(b) 경 계   "경계"란 권리자를 달리하는 토지의 경계선(토지에 대한 권리의 장소적 범위를 구분하는 선)을 의미한다. ① 권리는 소유권에 한하지 않으며 지상권·저당권 등 물권과 임차권과 같은 채권도 포함한다. ② 사법상의 토지경계뿐만 아니라 도·시·군·읍·면의 공법상의 경계도 포함한다. 따라서 장래 분할상속받게 될 토지의 경계도 무방하다. ③ 경계는 법률상 정당한 경계가 아니라 사실상의 경계를 의미하므로($^{2008도8973}_{판결}$), 관습상 일반적으로 승인된 경계, 권한 있는 기관에 의하여 확정된 경계, 당사자의 명시·묵시의 합의에 의해서 정해진 경계는 법률상 권리와 일치하지 아니하여도 상관없다($^{99도480}_{판결}$). ④ 경계는 객관적으로 경계로서 통용될 수 있는 것이라야 한다. 재판에 의해서 확정된 경계위치로 경계표를 이동하는 경우는 이 죄를 구성하지 않는다. ⑤ 토지의 경계는 경계표 또는 이에 준하는 것에 의하여 인식할 수 있는 것이라야 하고, 인위적 경계이건 자연적 경계(自然木, 流水)이건 묻지 않는다.

3) 행 위   경계표를 손괴, 이동 또는 제거하거나 기타 방법으로 경계를 인식불능하게 하는 것이다.

(a) 경계표   "경계표"란 권리자를 달리하는 토지의 경계를 표시하기 위해서 토지에 설치된 공작물·입목(立木) 등의 표지를 말한다. ① 토지에 현출된 것이건 땅속에 매몰된 것이건 묻지 않으며, 자기가 설치하였건 아니건 상관없고, 무주물이라도 무방하다. 처음부터 경계표로 설치된 것은 물론 기존의 물건을 경계표로 사용하는 것도 무방하다. ② 경계설정의 권한 없는 자가 설치한 경계표도 어느 정도 객관적으로 경계로서 통용되어 사실상 경계를 표시하는 것이면

경계표가 된다. 종래부터 존재하는 경계표 시설이 실제 경계선과 다소 상이한 점이 있어도 경계표가 된다. ③ 경계표는 토지에 정착하여 그 위치에서 경계를 표시하는 물건이면 족하고, 부동이거나 땅속에 박혀 있을 필요는 없다.

경계표의 재료·구조·상태 여하는 묻지 않는다. 다만 용이하게 변질·붕괴되거나 용해되어 원형을 보존하지 못하는 물건은 경계표가 될 수 없다. 경계표는 반드시 그 표시하는 경계선상에 있어야 할 필요가 없다. 예컨대 어느 지점에서 일정한 거리에 있는 지점을 경계선으로 정하고 그 기준지점에 경계표를 설치해도 무방하다.

(b) **손괴·이동·제거** "손괴"는 경계표를 물질적으로 훼손하는 것이며, "이동"은 원래의 위치로부터 다른 장소로 옮기는 것이고, "제거"는 원래의 설치된 장소로부터 취거해 버리는 것을 말한다.

(c) **기타 방법** 손괴, 이동, 제거 이외의 방법으로 이에 준하는 것을 말한다. 반드시 경계표에 대한 것임을 요하지 않으나 경계표에 준하는 것에 대한 행위가 있어야 한다. ① "경계표에 준하는 것"이란 토지에 정착하여 경계를 나타내는 것으로서 어느 정도 항구적이고 가시적인 대상물을 말한다. ② 손괴, 이동, 제거에 준하는 행위가 있어야 한다. 물리적인 방법에 한하며, 본래의 경계표를 그대로 두고 그와 동일한 경계표를 다른 위치에 설치하여 어느 것이 기존의 경계표인지 식별곤란하게 하는 것도 이 죄를 구성한다.

> 경계에 흐르는 유수의 방향을 바꾸어 놓거나 경계로 되어 있는 도랑(溝)을 매립하는 경우, 고저로 되어 있는 토지의 경계를 깎아내려 같게 만들거나 언덕을 깎아내려 인접토지에 석축을 쌓은 경우(80도225 판결), 타인의 토지경계에 임의로 건축물을 설치하는 경우가 기타 방법에 해당한다.
> 그러나 이미 설치된 담벽의 연장선상에 추가로 담벽을 설치하여 경계를 보다 확실하게 한 경우(92도1682 판결)나 신축건물의 2층 처마가 옆집의 지붕위로 나오게 한 경우(83도1533 판결)는 경계침범죄가 되지 않는다.

(d) **경계의 인식불가능** 이 죄가 성립하기 위해서는 토지의 경계를 인식불가능하게 해야 한다(통설). 경계표를 손괴, 이동, 제거하여도 경계를 인식불가능하게 하지 않는 한 재물손괴죄에 해당하는 것은 별론으로 이 죄는 성립하지 않는다.

경계를 인식불가능하게 하는 것은 종래의 사실상의 경계에 관한 것이므로 지적도 열람이나 측량에 의하여 정확한 경계인식이 가능하다 할지라도 이 죄의 성립에 영향이 없다. 토지의 경계 전부에 대해서 인식불가능하게 할 필요가 없고 그 일부에 대해서도 이 죄는 성립한다.

(3) 주관적 구성요건

토지의 경계를 인식불가능하게 한다는 인식·의사가 있어야 한다. 토지의 경계라는 것을 알지 못한 때에는 재물손괴죄가 성립하는 것은 별론으로 이 죄는 성립하지 않는다. 정당한 경계가 아니라고 믿고서 원래의 경계를 인식불가능하게 하고 새로운 경계를 설치하더라도 이 죄의 고의는 부정되지 않는다.

(4) 죄수·타죄와의 관계

1) 죄 수   이 죄가 성립하면 재물손괴죄는 이 죄에 흡수된다(다수설). 이 죄의 죄수는 경계의 수를 표준으로 결정한다. 그리고 경계의 수를 정할 때에는 인접하는 토지경계의 한쪽 끝에서 다른 쪽 끝까지를 1개의 경계로 본다. 따라서 경계가 1개이면 수개의 경계표를 손괴·이동·제거하여도 일죄가 되며, 경계가 수개이면 1개의 경계표를 손괴·이동·제거하여도 수죄가 된다(_{수개의 경계를 침범하더라도 포괄일죄의 요건을 갖춘 경우에는 1죄가 될 수 있다는 견해로는 김성돈 536}).

2) 타죄와의 관계   타인의 인접토지를 영득할 의사로 경계를 인식불가능하게 하고 불법점거한 경우에, 절도죄설(^{황산덕 341, 오영근 각론2판 574}), 경계침범죄설(^{이재상·장영민·강동범 23/30, 김일수·서보학 335, 박상기 각론8판 441, 김성돈 536}), 경계침범죄와 절도죄의 상상적 경합설(^{정영석 390, 김종원 267, 정성근 597, 임웅 599, 정영일 467})이 대립한다. 부동산절도를 인정하는 입장에서는 절도죄설 또는 상상적 경합설을, 이를 부정하는 입장에서는 경계침범죄설을 주장하는 것이 논리적이다. 부동산절도를 인정하는 것이 타당하므로 보호법익이 다른 이 죄는 절도죄와 상상적 경합이 된다고 본다.

제 7 절   권리행사를 방해하는 죄

[§ 24] 권리행사방해의 죄

I. 총 설

권리행사를 방해하는 죄는 타인의 점유 또는 권리의 목적이 된 자기의 물건 또는 전자기록 등 특수매체기록에 대한 권리자의 권리행사를 방해하거나, 공권력에 의한 강제집행을 면할 목적으로 채권자의 채권을 해하는 범죄이다. 제37장의 권리행사를 방해하는 죄 중에는 의사결정 및 신체활동의 자유를 침해하는 강요죄와 인질강요죄, 인질상해·살해죄 등도 함께 규정하고 있으나 이러한 범죄들은 재산죄인 권리행사방해죄와 그 성격이 다르므로 분리해서 자유에 관한 죄에서 다루었다. 권리행사방해의 죄는 소유권 이외의 재산권, 즉 제한물권과 채권을 보호하기 위한 범죄라는 점에서 일반의 재산권과 구별되지만 광의의 재산죄에 속한다.

II. 권리행사방해죄

> **[구성요건·법정형]**   타인의 점유 또는 권리의 목적이 된 자기의 물건 또는 전자기록 등 특수매체기록을 취거, 은닉 또는 손괴하여 타인의 권리행사를 방해한 자는 5년 이하의 징역 또는 700만원 이하의 벌금에 처한다(제323조).
> 친족상도례 특례규정을 적용한다(제328조).

1. 의의·보호법익

타인의 점유 또는 권리의 목적이 된 자기의 물건 또는 전자기록 등 특수매체기록을 취거, 은닉, 손괴하여 타인의 권리행사를 방해하는 범죄이다. 자기의

재물을 취거, 은닉, 손괴한다는 점에서 타인의 재물을 절취·손괴하는 절도죄·
손괴죄와 구별된다.

보호법익은 점유권·제한물권(용익물권·담보물권)과 채권(임차권·사용대차권)이
다. 보호받는 정도는 추상적 위험범으로서의 보호이고 거동범이다.

2. 객관적 구성요건

(1) 주 체

자기의 물건을 타인에게 제한물권 또는 채권의 목적물로 제공한 소유자이다.
소유자 아닌 제3자는 주체가 될 수 없다(^{통설. 반대설은 이재상·}_{장영민·강동범 24/3}). 판례도 같다(^{2019도14623}_{판결}). 물건
의 소유자가 아닌 사람은 형법 제33조 본문에 따라 소유자의 권리행사방해 범행
에 가담한 경우에 한하여 공범이 될 수 있을 뿐이다(^{2017도4578}_{판결}). 재물소유자는 누구
라도 자기물건을 담보물로 제공할 수 있으므로 신분범은 아니다(^{진정신분범설은 김일수·}_{서보학 422, 배종대 87/2}).

(2) 객 체

타인의 점유 또는 권리의 목적이 된 자기의 물건 또는 전자기록 등 특수매
체기록이다.

1) **자기의 물건**   자기의 물건이나 자기의 전자기록 등 특수매체기록에 대
해서만 성립한다. "자기의 물건"이란 자기의 소유물을 말한다. 타인의 소유물은
일반 재산죄의 객체가 될 뿐이다. 자기와 타인이 공동점유하는 자기 소유물과
공범자와 공동소유하는 물건은 자기물건이 되므로 이 죄의 객체가 된다. 회사
대표이사가 대표이사 직무집행으로 타인이 점유하는 회사물건을 취거(^{91도1170}_{판결})하
거나 렌트카 회사가 대여차량을 강제회수한 때(^{88도410}_{판결})에는 이 죄가 성립한다.

그러나 자기와 공범자가 아닌 타인의 공동소유물은 타인 물건으로 취급되
므로 이 죄의 객체가 되지 않는다. 판례도 배우자 명의로 명의신탁된 부동산
(^{2005도626}_{판결}), 매도담보로 제공한 재물(^{82도1829}_{판결}), 특약없이 택시회사에 지입(持入)한 자신
의 자동차(^{2000도5767}_{판결})는 타인 소유 또는 택시회사 소유에 속하므로 이 죄는 성립하
지 않는다고 하였다. 공무소의 명령으로 타인이 관리하는 자기 물건에 대해서
는 공무상 보관물무효죄(^{제142}_조)가 적용되므로 이 죄의 객체에서 제외된다.

물건은 재산죄에 있어서 재물과 같은 의미로서 부동산도 포함한다(통설).

다만 은닉은 성질상 동산에 한정해야 할 것이다.

2) **전자기록 등 특수매체기록**　"전자기록 등 특수매체기록"은 자기 소유에 한한다. "전자기록"은 전자적 기록·자기적 기록을 포함하며, "특수매체기록"에는 전자적 기록 외에 광기술이나 레이저기술을 이용한 기록도 포함한다. 그러나 마이크로필름과 디스크 자체는 물건의 일종이고 기록에 해당하지 않는다.

3) **관리가능한 동력**　이 죄는 동력규정의 준용규정이 없으므로 관리할 수 있는 동력은 이 죄의 물건에 해당하지 않는다는 견해(^{유체성설. 손동권·김재윤}_{28/4, 김성돈 539})도 있다. 그러나 이 죄의 물건도 재물과 같은 의미이며, 동력규정은 주의규정에 지나지 아니하므로 이를 제외해야 할 이유가 없다고 본다(다수설).

4) **타인의 점유**

(a) **타 인**　"타인"은 자기 이외의 모든 자연인을 말한다. 법인은 소유의 주체는 되지만 점유의 주체는 될 수 없다.

(b) **점 유**　"점유"는 물건에 대한 사실상의 지배를 말한다. 이 죄의 점유는 보호객체로서의 점유이므로 침해대상 및 침해주체로서의 점유와 구별된다. 이 죄의 점유는 적법한 권원(權原)에 의한 점유뿐만 아니라 적어도 평온한 점유 내지 이유있는 점유가 개시되었으면 일단 이 죄에 의해서 보호되어야 한다(^{2008도6578 판결은 분쟁해결시까지}_{잠정적으로 보호할 가치있는 점유라 한다}). 즉, 권원 또는 평온한 점유가 개시된 이상 후에 소유자에게 반환해야 할 사정 때문에 부적법한 점유가 되었다 하여도 적법한 절차에 따라 반환할 때까지는 이 죄의 점유로 보호해야 한다. 그러나 이러한 점유도 될 수 없는 절도범인의 점유는 애당초 이 죄의 점유에 해당할 수 없다.

> **판례**　권리행사방해죄에서의 보호대상인 '타인의 점유'는 반드시 점유할 권원에 기한 점유만을 의미하는 것은 아니고, 일단 적법한 권원에 기하여 점유를 개시하였으나 사후에 점유권원을 상실한 경우의 점유, 점유권원의 존부가 외관상 명백하지 아니하여 법정절차를 통하여 권원의 존부가 밝혀질 때까지의 점유, 권원에 기하여 점유를 개시한 것은 아니나 동시이행항변권 등으로 대항할 수 있는 점유 등과 같이 법정절차를 통한 분쟁해결시까지 잠정적으로 보호할 가치있는 점유는 모두 포함된다고 볼 것이며, 다만 절도범인의 점유와 같이 점유할 권리없는 자의 점유임이 외관상 명백한 경우는 포함되지 아니한다(2008도6578 판결).

점유의 원인은 묻지 않는다. 법적 근거가 있음을 요하지 않고, 계약 또는 유언의 효과로서 점유가 개시되어도 상관없다. 또 질권, 저당권, 유치권, 용익물권 등 물권에 기하거나 임차권, 사용대차권과 같은 채권에 기하거나 묻지 않는다.

5) **권리의 목적**　타인의 권리의 목적이 된 자기 물건이라야 한다. "권리의 목적이 된" 것이란 타인의 제한물권(질권·저당권·유치권·용익물권)이나 채권(임차권·사용대차권)의 목적이 되어 있는 것을 말한다. 채권의 목적이 된 물건은 반드시 점유를 수반함을 요하지 아니하므로 여기의 타인은 법인, 법인격 없는 단체도 포함하며 타인의 점유가 없는 경우도 포함된다(^{90도1958}_{판결}). 따라서 정지조건부 대물변제예약이 되어 있는 물건이나 가압류된 물건도 이 죄의 객체가 된다. 그러나 점유를 내용으로 하지 않는 순수한 채권·채무관계는 여기에 포함되지 않는다(^{71도926}_{판결}).

(3) 행　위

취거, 은닉 또는 손괴하여 타인의 권리행사를 방해하는 것이다.

1) **취거·은닉·손괴**　"취거"란 점유자의 의사에 반하여 점유자의 지배를 배제하고 자기 또는 제3자의 지배로 옮기는 것을 말한다. 점유자의 의사에 반해야 하므로 점유자의 하자 있는 의사에 의한 교부는 취거가 되지 않는다(^{87도1952}_{판결}). 그러나 기망에 의한 경우에도 상대방이 착오에 빠져있는 틈을 타서 그 물건을 가져가면 취거가 된다(책략취거). "은닉"이란 물건의 소재의 발견을 불가능하게 하거나 현저하게 곤란한 상태에 두는 것을 말한다. "손괴"란 물건의 전부 또는 일부에 대하여 물질적으로 훼손·멸각시키거나 기타 방법으로 그 효용(용익적·가치적 효용)을 해하는 것을 말한다. 이 죄의 행위는 취거, 은닉, 손괴에 한정되므로, 예컨대 타인의 권리의 목적이 된 자기소유의 토지를 제3자에게 소유권이전등기한 것은 배임죄의 성부는 별론으로 이 죄에 해당하지 않는다.

2) **권리행사방해**　"권리행사를 방해한다"는 것은 타인의 권리행사가 방해될 우려가 있는 상태에 이른 것을 말하며, 현실로 권리행사가 방해되었음을 요하지 않는다(^{2017도2230}_{판결}). 즉 이 죄는 방해의 위험이 있는 상태에 이르면 완성되는 추상적 위험범이고 그 미수는 불가벌이다.

　　대법원은, 공장근저당권이 설정된 선반기계를 이중담보로 제공하기 위하여 다른 장소로 옮긴 때에는 공장저당권행사를 방해할 우려가 있다는 점에서(94도1439 판결), 저당권이 등록되어 있는 차량을 구입하여 사업자등록만 되어 있는 렌트카 회사의 명의로 이전등록한 후 곧바로 차량을 제3자에게 처분·인도하여 그 차량의 소재를 파악할 수 없게 하고, 지자체로부터 자동차대여 사업자등록의 취소처분을 받아 차량에 대한 저당권등록마저 직권말소되도록 한 때에는 저당권의 목적이 된 자동차의 소재를 파악하는 것을 현저하게 곤란하게 하거나 불가능하게 하였다는 점에서(2017도2230 판결) 각각 권리행사방해죄 성립을 긍정하였다.

3. 주관적 구성요건

타인의 점유 또는 권리의 목적이 된 자기의 물건 또는 전자기록 등 특수매체기록이라는 인식과 이를 취거, 은닉 또는 손괴하여 권리행사를 방해한다는 고의가 있어야 한다. 미필적 고의로 족하다. 주체가 소유자이므로 불법영득의 의사는 애당초 필요하지 않다.

4. 친족간의 범행

이 죄에는 친족간의 특례규정이 적용된다($^{제328}_{조}$). ① 직계혈족, 배우자, 동거친족, 동거가족 또는 그 배우자 간의 권리행사방해죄는 그 형을 면제한다($^{제1}_{항}$). ② 제1항 이외의 친족간에 권리행사방해죄를 범한 때에는 고소가 있어야 공소를 제기할 수 있다($^{제2}_{항}$). ③ 전2항의 친족관계가 없는 공범에 대하여는 전2항을 적용하지 아니한다($^{제3}_{항}$).

Ⅲ. 점유강취죄 · 준점유강취죄

> [구성요건 · 법정형] 폭행 또는 협박으로 타인의 점유에 속하는 자기의 물건을 강취한 자는 7년 이하의 징역 또는 10년 이하의 자격정지에 처한다(제325조 제1항).
> 타인의 점유에 속하는 자기의 물건을 취거하는 과정에서 그 물건의 탈환에 항거하거나 체포를 면탈하거나 범죄의 흔적을 인멸할 목적으로 폭행 또는 협박한 때에도 제1항의 형에 처한다(제2항).
> 미수범은 처벌한다(제3항).

(1) 의의 · 성격 · 보호법익

점유강취죄는 폭행 또는 협박으로 타인의 점유에 속하는 자기의 물건을 강취하는 범죄이고, 준점유강취죄는 타인의 점유에 속하는 자기의 물건을 취거하는 과정에서 그 물건의 탈환에 항거하거나 체포를 면탈하거나 범죄의 흔적을 인멸할 목적으로 폭행 또는 협박하는 범죄이다. 재산죄와 폭행죄 또는 협박죄의 결합범으로서 자기 소유물에 대한 강도죄·준강도죄라 할 수 있다.

이 죄는 폭행 또는 협박을 수단으로 타인의 제한물권을 침해하는 재산죄의 성질을 가지고 있으므로 보호법익은 사람의 자유(신체의 자유와 의사결정의 자유)와 제한물권이다. 보호받는 정도는 침해범으로서의 보호이다.

(2) 구성요건

1) **점유강취죄(제1항)**   객체는 타인이 점유하는 자기의 물건에 한한다. 자기의 소유물에 대한 강도죄(재물강취죄)라 할 수 있으므로 폭행, 협박, 강취는 강도죄의 그것과 같다. 따라서 폭행, 협박은 상대방의 반항을 억압할 정도에 이를 것을 요한다. 영득죄가 아니기 때문에 애당초 불법영득의 의사는 문제되지 않는다.

공무소의 명령으로 타인이 관리하는 자기의 물건을 폭행 또는 협박으로 강취한 경우에도 이 죄가 성립한다. 공무상 보관물무효죄(제142조)는 폭행·협박을 수단으로 한 경우를 포함하지 않기 때문이다. 이 죄를 범하여 사람에게 사상의 결과를 발생시킨 경우에는 강도치사상죄에 대응하는 규정이 없으므로 이 죄와 폭행치상죄 내지 폭행치사죄의 경합범이 될 뿐이다.

2) **준점유강취죄(제2항)**   자기의 물건에 대한 준강도죄라 할 수 있으므로 폭행 또는 협박도 준강도죄의 그것과 같이 반항을 억압할 정도임을 요한다. 다만 폭행, 협박은 취거하는 과정에서 행해져야 한다. 즉 취거행위와 폭행 또는 협박은 시간적·장소적으로 근접성이 인정되어야 한다. 따라서 취거현장이나 추적 중에 행해지면 충분하다. 폭행, 협박을 받은 자와 점유자가 일치할 필요가 없다. 이 죄는 목적범이고, 목적 달성 여부는 이 죄의 성립에 영향이 없다.

3) **미수범**   점유강취죄·준점유강취죄의 미수범은 처벌한다. 준점유강취죄의 기수·미수를 정하는 기준에 대해서 **재물취거행위설, 폭행·협박죄설, 결합설**이 대립하지만 준강도죄의 경우와 마찬가지로 재물취거의 기수·미수를 기준으로 결정해야 한다. 따라서 체포를 면하기 위해서 폭행을 가하였으나 물건을 취거하지 못한 때에 준점유강취죄의 미수가 된다.

Ⅳ. 중권리행사방해죄

> **[구성요건·법정형]** 제325조(점유강취, 준점유강취)의 죄를 범하여 사람의 생명에 대한 위험을 발생하게 한 자는 10년 이하의 징역에 처한다(제326조).

점유강취죄, 준점유강취죄를 범하여 사람의 생명에 대한 위험을 발생하게 한 경우에 불법과 책임이 가중되는 가중적 구성요건이고, 점유강취죄, 준점유강취죄의 부진정결과적 가중범이다. 따라서 생명의 위험발생에 대한 과실이 있는 경우뿐만 아니라 고의가 있는 경우에도 이 죄가 성립한다.[1]

보호법익은 생명·신체의 안전과 제한물권이며, 보호받는 정도는 구체적 위험범으로서의 보호이다.

점유강취·준점유강취로 인하여 사상의 결과가 발생한 경우에 대한 처벌규정이 없기 때문에 이 경우는 점유강취죄·준점유강취죄와 폭행치사상죄의 경합범으로 처벌할 수밖에 없다. 사람의 생명에 대한 위험발생은 "중상해죄", 그 밖의 구성요건에 대해서는 "점유강취죄, 준점유강취죄" 참조.

Ⅴ. 강제집행면탈죄

> **[구성요건·법정형]** 강제집행을 면할 목적으로 재산을 은닉, 손괴, 허위양도 또는 허위의 채무를 부담하여 채권자를 해한 자는 3년 이하의 징역 또는 1천만원 이하의 벌금에 처한다(제327조).

(1) 의의·보호법익

강제집행을 면할 목적으로 재산을 은닉, 손괴, 허위양도 또는 허위의 채무를 부담하여 채권자를 해하는 범죄이다.

이 죄는 채권자의 채권일반을 보호하는 것이 아니라 국가의 "강제집행이 임박해 있는 채권자의 채권"을 보호법익으로 한다(2015도9883 판결). 보호받는 정도는 추상적 위험범으로서의 보호이고(통설, 2008도198 판결) 거동범, 목적범이다.

---

1) 형법은 강요죄(제324조)를 범하여 생명에 대한 위험을 발생시킨 경우도 함께 규정(제326조)하고 있으나, 재산죄적 성격을 갖는 범죄인 점유강취죄·준점유강취죄(제325조)의 가중구성요건부분에 한하여 중권리행사방해죄가 성립하고, 자유에 대한 범죄인 강요죄(제324조)의 가중구성요건부분은 중강요죄에 해당한다고 봄이 타당하다.

(2) 객관적 구성요건

1) 주 체   이 죄는 채권자의 채권을 보호하므로 채무자가 주체가 된다는 데는 이견이 없다. 제3자도 주체가 될 수 있느냐에 대해서, ① 채무자 이외의 제3자는 주체가 될 수 없다는 견해(진정신분범설, 김일수·서보학 429, 임웅 609, 박상기 각론8판 445 이하)와, ② 채무자 이외의 제3자도 주체가 될 수 있다는 견해(다수설)가 대립한다. 형법은 독일 형법처럼 "자기(즉 채무자)의 재산"으로 한정하지 아니하므로 채무자에 국한할 필요가 없다는 다수설이 타당하다. 따라서 채무자의 법정대리인, 채무자인 법인의 기관, 채무자의 대리인과 재산관리인은 물론, 채무자의 처나 가족, 채무자인 회사의 경리담당직원 등 채권·채무와 관련 있는 제3자도 주체가 될 수 있다. 판례는 채무자 아닌 자의 공동정범을 인정하고 있으나 비신분범의 공동정범인지는 명백하지 않다(82도1987 판결). 이 죄는 자수범이 아니므로 타인을 이용한 간접정범도 가능하다.

> **판례**   부동산의 1번 가등기권자와 제3취득자 甲이 채무자인 부동산 소유자의 이익을 위하여 후순위 채권자들에 의한 강제집행을 막고자 甲이 그 부동산을 매수하고 그 매매대금의 일부로 그 부동산의 가등기권자에 대한 채무를 변제하되 일단 가등기권자 명의로의 소유권이전의 본등기를 경료하여 다른 채권자들의 가압류 및 강제경매의 기입등기를 직권말소케 하는 일련의 등기절차를 거치기로 상호 간에 사전에 협의·공모하였다면 가등기권자는 채무자의 강제집행면탈죄에 가담하였다 할 것이므로 설사 가등기권자 자기의 채권담보의 실행책으로 소유권이전의 본등기를 하고 또 甲이 정당한 가격으로 그 부동산을 매수하였다 할지라도 채무자의 강제집행면탈죄의 공범으로서의 죄책을 면할 수 없다(82도1987 판결).

2) 객 체   재산이다. 여기의 "재산"은 민사집행법상 강제집행 또는 보전처분의 대상이 될 수 있는 것(2016도19982 판결)이면 동산, 부동산, 채권(임차권) 기타 지식재산권(특허권, 실용신안권 등), 권리(기대권, 특허, 실용신안을 받을 수 있는 산업재산권)도 포함한다. 제3자간 등기명의신탁에 의하여 명의수탁자 명의로 소유권이전등기를 마친 경우 부동산 매도인의 선의·악의를 불문하고 신탁자는 그 부동산의 소유권을 취득하지 못하므로 부동산은 명의신탁자에 대한 강제집행이나 보전처분의 대상이 될 수 없고(2010도4129 판결), 부적법하게 개설된 의료기관은 요양급여비용 전부를 청구할 수 없어 위 의료기관의 채권자로서도 요양급여비용 채권을 대상으로 하여 강제집행 또는 보전처분의 방법으로 채권의 만족을 얻을 수 없으므로 요양급여비용 채권은 이 죄의 객체가 되지 않는다(2016도19982 판결). 채무자의 재

산에 한하느냐에 대해서 판례는 채무자의 재산에 한정하고 있다(²⁰⁰⁶ᵈᵒ⁸⁷²¹).

3) 행 위

(a) 은닉·손괴·허위양도·허위의 채무부담

(aa) 은 닉 "은닉"이란 강제집행권자에 대해서 재산의 발견을 불가능하게 하거나 곤란하게 하는 것을 말하고, 재산소재를 불명하게 하는 것뿐만 아니라 집행관의 면전에서 반출하여 그 소유관계를 불명하게 하는 것도 포함한다.

> 대법원은, 강제집행을 면할 목적으로 선순위 가등기권자 앞으로 소유권이전 본등기를 한 경우(98도4558 판결), 채무자 소유동산을 타인소유로 사칭하고 제3자 이의의 소를 제기하여 강제집행정지결정을 받아 그 집행을 저지한 경우(92도1653 판결), 사업자등록의 사업자 명의를 변경함이 없이 사업장에서 사용하는 금전등록기의 사업자 이름만을 변경한 경우(2003도3387 판결)도 은닉에 해당한다고 하였다. 반면 채무자가 제3자 명의로 되어 있던 사업자등록을 또 다른 제3자 명의로 변경한 것만으로는 이 죄의 은닉에 해당하지 않는다(2012도2732 판결).

(bb) 손 괴 "손괴"란 재물을 물질적으로 훼손하거나 재산의 가치를 감소시켜 그 효용을 해하는 일체의 행위를 말한다.

(cc) 허위양도 "허위양도"란 실제로 양도의 진의가 없음에도 불구하고 양도한 것처럼 가장하여 소유명의를 변경하는 것을 말한다. 유상·무상은 묻지 않는다. 허위양도에 한하므로 진실한 양도인 때에는 강제집행을 면할 목적이 있어도 이 죄를 구성하지 않는다(²⁰⁰⁰ᵈᵒ¹⁴⁴⁷).

> 가장매매하거나 가옥대장상의 소유자 명의를 허위로 변경한 경우(68도677 판결), 임차권 명의를 제3자에게 허위이전한 경우(71도319 판결), 허위채권의 담보로서 부동산소유권이전등기를 한 경우(80도2403 판결)는 허위양도에 해당한다.

(dd) 허위채무부담 "허위의 채무를 부담한다"란 채무가 없음에도 불구하고 제3자에게 채무를 부담하는 것처럼 가장하는 것을 말한다. 진실한 채무부담인 때에는 이 죄가 성립하지 않는다. 제3채무자에게 가등기를 해 준 것만으로 허위채무라 할 수 없고, 장래 발생할 조건부채권담보로 근저당권을 설정하여도 이 죄에 해당하지 않는다(⁹⁶ᵈᵒ¹⁵³¹).

(b) 채권자의 권리침해 채권자의 권리를 해하는 것이라야 한다. 채권자의 권리를 해할 일반적 위험이 있으면 충분하고 현실적으로 침해되었음을 요하지 않는다(²⁰¹²ᵈᵒ³⁹⁹⁹ 통설, 판결). 채권자를 해할 위험이 있느냐는 행위시를 기준으로 구체적

상황을 고려하여 판단해야 하며, 채무자에게 채권확보를 할 수 있는 충분한 재산이 있으면 채권자를 해한 것으로 볼 수 없다.

그러나 허위양도로 인하여 약간의 잉여재산이 남아 있는 것만으로 이 죄의 성립에 영향이 없다($^{89도2506}_{판결}$). 미수는 처벌하지 않으며, 추상적 위험범이므로 실행(종료)미수는 이 죄의 기수가 된다.

4) 강제집행을 받을 객관적 상태   이 죄가 성립하기 위해서는 재산을 은닉, 손괴, 허위양도, 허위채무부담이 있다는 것만으로 부족하고, "강제집행을 받을 객관적 상태"가 존재해야 한다($^{2016도19982}_{판결}$).[1] 기술되지 않는 구성요건요소이다. 민사집행법에 의한 강제집행, 가압류, 가처분 등의 집행이 임박해 있는 객관적 상태를 말한다. 예컨대 채권확보를 위하여 소송·가압류신청을 제기할 기세를 보이거나($^{2009도875}_{판결}$), 피해자가 치료비청구를 하면서 관계기관에 진정을 하고 있거나($^{78도2370}_{판결}$), 채무초과 상태의 약속어음이 부도가 난 경우($^{96도2091}_{판결}$)에는 강제집행이 임박한 객관적 상태가 있다고 할 수 있다.

(3) 주관적 구성요건

1) 고 의   강제집행이 임박해 있는 객관적 상태를 예견하면서 재산을 은닉, 손괴, 허위양도 또는 허위의 채무를 부담한다는 고의가 있어야 한다. 미필적 고의로 족하다.

2) 목적범   강제집행을 면할 목적이 있어야 한다. 강제집행을 면할 목적이란 강제집행의 실효를 거둘 수 없게 하려는 목적을 말한다. 목적이 있으면 족하고 목적달성 여부는 묻지 않는다.

(4) 공범관계

강제집행을 면할 목적으로 허위양도하거나 허위채무를 부담시키려는 자로부터 그 사정을 알면서 허위양도를 받거나 허위의 채권자가 된 자는 이 죄의 공범 또는 공동정범이 된다.

(5) 죄수·타죄와의 관계

수인의 채권자들 각자의 강제집행이 예상되는 경우에 재산을 은닉 또는 허

---

1) 그러나 "담보권 실행 등을 위한 경매"를 면탈할 목적으로 재산을 은닉하는 등의 행위는 강제집행면탈죄의 규율대상에 포함되지 않는다(2014도14909 판결).

위양도 하였다면 채권자 별로 수개의 강제집행면탈죄의 상상적 경합이 된다
(²⁰¹⁰도⁴¹²⁹판결). 타인의 재물을 보관하던 중 영득의 의사로 은닉하여 횡령죄가 성립하
면 강제집행면탈의 결과가 생겼어도 강제집행면탈죄는 성립하지 않는다(²⁰⁰⁰도¹⁴⁴⁷판결).

제 3 장

사회적 법익에 대한 죄

제1절 공공의 안전과 평온에 관한 죄

[§ 25] 공안을 해하는 죄

I. 총 설

(1) 의 의

공안을 해하는 죄는 사회공동생활의 안전과 평온을 해하는 범죄이다. 안전한 사회생활을 유지하기 위해서는 사회 평온이 전제되어야 하므로 이를 위태롭게 하는 행위를 처벌하기 위해서 범죄단체조직죄, 소요죄, 다중불해산죄, 전시공수계약불이행죄 및 공무원자격사칭죄를 규정하고 있다. 다만 전시공수계약불이행죄와 공무원자격사칭죄는 사회공동생활의 안전·평온과는 직접 관계가 없는 범죄이므로 국가적 법익에 대한 죄로 보는 것이 타당하다.

(2) 본질·보호법익

형법은 공안을 해하는 죄를 국가적 법익에 대한 죄 가운데 배열하고 있으나 일정한 지역에 살고 있는 불특정 또는 다수인의 사회공동생활의 평온과 안전을 위태롭게 하는 사회적 법익을 보호하기 위한 범죄라고 해야 한다(통설).

범죄단체조직죄, 소요죄, 다중불해산죄의 보호법익은 사회공동생활의 평온과 안전이다(통설). 보호받는 정도에 관해서 **구체적 위험범설**($^{배종대}_{89/6}$)도 있으나 **추상적 위험범설**이 타당하다(통설). 범죄단체조직·가입이나 다중의 폭행·협박·손괴는 그 행위 자체만으로 사회공동생활의 평온을 해할 위험성이 있으며, 구성요건도 공동생활의 위험발생을 요구하고 있지 않기 때문이다.

II. 범죄단체조직죄

> [구성요건·법정형]   사형, 무기 또는 장기 4년 이상의 징역에 해당하는 범죄를 목적으로
> 하는 단체 또는 집단을 조직하거나 이에 가입 또는 그 구성원으로 활동한 사람은 그 목적한
> 죄에 정한 형으로 처벌한다. 다만, 형을 감경할 수 있다(제114조).

1. 의의·성격

사형·무기 또는 장기 4년 이상의 징역에 해당하는 범죄를 목적으로 하는
단체 또는 집단을 조직하거나 이에 가입 또는 그 구성원으로 활동하는 범죄이
다. 일종의 조직범죄라 할 수 있고, 다수의 행위자가 같은 목표를 향해 공동협
력하는 필요적 공범(집단범)이며, 추상적 위험범·거동범이다.

범죄를 목적으로 하는 단체 또는 집단을 조직·가입하거나 그 구성원으로
활동하는 자체는 일종의 예비행위 또는 음모행위에 불과하지만 조직범죄의 특
수한 범죄적 위험성을 사전에 제거하기 위하여 특별히 처벌하기로 한 것이다.

2. 객관적 구성요건

(1) 사형·무기 또는 장기 4년 이상의 징역에 해당하는 범죄

여기의 "범죄"는 형법전에 규정된 범죄뿐만 아니라 특별법에 규정된 범죄
도 포함하며, 법정형이 "사형·무기 또는 장기 4년 이상의 징역에 해당하는 범
죄"라야 한다. 다만 반국가단체를 조직하거나 이에 가입하는 집단범죄(국가보안
법상의 반국가단체구성·가입죄)는 제외해야 한다.

(2) 단체 또는 집단

"단체"란 공동목적을 가진 특정다수인의 계속적인 결합체를 말한다. 공동
목적을 가진 단체가 되기 위해서는 단체를 주도하는 자의 지시에 따라 상호통
일된 의사로 행동할 수 있는 최소한도의 조직화된 통솔체계를 갖추고 있어야
한다(예: 선·후배로 뭉쳐 그들 특유의 규율에 따른 통솔이 이루어진 경우). "집단"이란
공동목적을 가진 다수 자연인의 결합체로서 일정한 계층적 구조(우두머리·간부·
단순가담자 등)에 따른 역할분담이 가능한 범죄집단을 말하고, 계속적인 집단일

이 죄는 다중에 의하여 폭행, 협박 또는 손괴를 한다는 특수한 위험성 때문에 단순한 폭행·협박·손괴죄에 비하여 불법이 가중된 것이며, 다중에 의한 폭행·협박·손괴가 적어도 한 지방의 안전과 평온을 해할 정도에 이르러야 한다는 점에서 특수상해죄, 특수폭행죄, 특수협박죄, 특수손괴죄와 구별된다.

(2) 객관적 구성요건

1) **주 체** 집합한 다중의 구성원 개인이고 다중 자체가 아니다(다수설). 따라서 집합한 다중의 구성원이면 누구든지 이 죄의 주체가 될 수 있다.

(a) **다 중** "다중"이란 다수인의 집합체를 말한다. 어느 정도의 다수인이 다중이 되느냐에 대해서는 인원수뿐만 아니라 집단구성원의 성질(남녀, 조직적인 훈련 여부 등), 집단의 목적·시기·장소, 흉기류 소지 여부 등을 종합적으로 고려하여 한 지방의 평온과 안전을 해할 수 있는 정도의 다수인이라고 해야 한다(규범적 평가기준설).

(b) **집 합** "집합"이란 다수인이 일정한 장소에 모여 집단을 형성하는 것을 말하며 반드시 일정한 장소적 결합을 본질로 한다. 조직적일 필요가 없고 단순한 오합지졸이나 주모자가 없어도 무방하며, 애당초 폭행·협박·손괴를 할 목적으로 집합할 필요도 없고, 집합의 동기·목적 여하도 묻지 않는다.

2) **행 위**

(a) **폭행·협박·손괴** 행위는 폭행, 협박 또는 손괴의 행위를 하는 것이다. "폭행"은 사람 또는 물건에 대한 일체의 유형력의 행사를 말하고, "협박"은 공포심을 생기게 할 의사로 해악을 고지하는 일체의 행위를 말한다(가장 넓은 의미의 폭행·협박). 상대방이 공포심을 가졌느냐와 상관없고 해악고지의 상대방도 개인, 공중, 특정인, 불특정인임을 묻지 않는다. "손괴"는 타인의 재물에 대한 물질적 훼손 또는 효용가치를 해하는 일체의 행위이다. 다만 여기의 폭행·협박·손괴는 적극적인 행위임을 요하고, 단순한 소극적인 저항이나 연좌농성, 바리케이트 설치 정도는 이 죄의 폭행·협박에 해당하지 않는다.

폭행·협박·손괴는 다중의 집합에 의한 합동력으로써 행해져야 한다. "합동력"이란 집단 그 자체의 행위로 인정되는 것을 말하고 다중 속의 개개인의 행위가 아니다. 집합한 다중의 전부 또는 일부가 합동력을 이용한 것이면 처음부터 이러한 행위를 하였는가 중도에서 하게 되었는가를 묻지 않으며, 다중에 참가한 자 모두가 이러한 행위를 해야 하는 것도 아니다.

　　(b) 폭행·협박·손괴의 정도　폭행, 협박, 손괴는 다중의 합동력에 의하여 적어도 한 지방의 평온과 안전을 해할 정도의 위험성이 있으면 충분하고 현실로 그러한 결과가 발생됨을 요하지 않는다(추상적 위험범).

(3) 주관적 구성요건

　　이 죄의 고의가 있다고 하기 위해서는 다중이 집합하여 다중의 합동력으로 폭행·협박·손괴하려는 공동의 의사가 있어야 한다(다수설). 공동의 의사는 다중이 집합하여 다중의 합동력으로 폭행·협박·손괴를 하려는 의사를 말한다. 따라서 공동의 의사없이 다중이 집합한 것을 이용하여 다수인이 폭행·협박하여도 특수폭행죄 또는 특수협박죄가 성립할 뿐이다. 그리고 공동의 의사는 군중 속의 각자 개인의 의사이므로 반드시 확정적일 필요가 없고 미필적 공동의사로 충분하다.

　　공동의 의사는 의사의 연락·교환이나 사전의 모의·계획이 있을 필요가 없고, 평온하게 집합한 다중이 집합 후에 공동의 의사를 가지게 되어도 무방하다.

(4) 공범규정의 적용문제

　　1) 집단구성원　　이 죄는 애당초 다수인의 행위를 예정하고 있는 필요적 공범이므로 집단을 형성한 구성원 상호간에는 총칙상의 공범규정을 적용할 여지가 없다.

　　2) 집단 밖에서 관여한 자　　타인을 권유하여 집단에 참가하게 한 자, 자금이나 정보를 제공하여 소요행위를 집단 밖에서 도와주는 관여자는 교사나 방조가 될 수 있으나 공동정범규정은 적용할 수 없다(다수설)고 해야 한다.

(5) 타죄와의 관계

　　이 죄가 성립하면 특수폭행죄, 특수협박죄, 특수손괴죄는 이 죄에 흡수된다. 그 밖의 범죄는 이 죄와 상상적 경합이 된다는 견해(유기천 하 263, 이재상·장영민·
강동범 25/22, 손동권·김재윤 30/15)도 있으나, 이 죄의 형보다 중한 죄에 해당하는 살인·방화·강도죄 등의 경우에만 이 죄와 상상적 경합이 되고 그 외에는 이 죄에 흡수된다고 본다(다수설). 따라서 공무집행방해, 주거침입, 건조물손괴도 이 죄에 흡수된다.

Ⅳ. 다중불해산죄

> **[구성요건·법정형]** 폭행, 협박 또는 손괴의 행위를 할 목적으로 다중이 집합하여 그를 단속할 권한이 있는 공무원으로부터 3회 이상의 해산명령을 받고 해산하지 아니한 자는 2년 이하의 징역이나 금고 또는 300만원 이하의 벌금에 처한다(제116조).

(1) 의의·성격

폭행, 협박 또는 손괴의 행위를 할 목적으로 다중이 집합하여 이를 단속할 권한이 있는 공무원으로부터 3회 이상의 해산명령을 받고 해산하지 아니하는 진정부작위범이다. 다중이 폭행·협박 또는 손괴의 행위를 할 목적으로 집합하였지만 아직 그 실행이 없는 소요죄의 예비단계의 행위를 독립범죄로 규정한 것이다. 필요적 공범(집단범)이고, 공공의 평온과 안전을 보호법익으로 하며, 추상적 위험범·목적범·계속범·거동범이다.

(2) 객관적 구성요건

1) **주 체**　폭행·협박 또는 손괴의 행위를 할 목적으로 집합한 다중의 구성원이다.

2) **행 위**　단속할 권한이 있는 공무원으로부터 3회 이상의 해산명령을 받고 해산하지 아니하는 것이다.

(a) **단속권한이 있는 공무원**　"단속할 권한이 있는 공무원"이란 해산명령권을 가진 공무원(관할 경찰관 등)을 말하고, 해산명령은 법령에 근거를 가질 것을 요한다.

(b) **3회 이상의 해산명령**

(aa) **해산명령**　"해산명령"은, ① 권한있는 공무원의 적법한 명령임을 요한다. 집합한 다중에 대해서 발해야 하며, 다중의 구성원이 인식할 수 있는 상황에서 전달된 것임을 요한다. 구성원이 그 공무원으로부터 직접 들어서 알게 되었건 타인의 고지로 간접적으로 알게 되었건 상관없다. ② 해산명령은 "3회 이상" 받아야 한다. 3회 이상이란 최소한 3회 이상을 말하며, 각 회의 명령 사이에는 해산에 필요한 시간적 간격을 두어야 한다(연이은 해산명령은 1회명령).

(bb) **해 산**　"해산"이란 집합한 다중의 임의적인 분산을 의미한다. 다중이

집합한 채로 장소를 이동하거나 퇴거하는 것은 해산이 아니다. 범죄가 성립한 후에 체포를 면하기 위하여 도주하더라도 해산이 될 수 없다. 다중 중의 일부만 이 해산한 때에는 해산하지 않은 자에 대해서만 이 죄가 성립한다.

　　(c) 기수시기　　해산명령을 3회 이상 받고 해산하지 아니함으로써 기수가 된다. 즉 해산하지 않는 부작위 그 자체가 기수로 되는 진정부작위범이고 거동 범이다. 3회째의 명령으로 해산하지 않았어도 4회 내지 5회째의 명령(최종 해산 명령, 최후통첩)에 따라 해산하였다면 이 죄는 성립하지 않는다(통설).

(3) 주관적 구성요건

　　다중이 집합하고 있다는 사실과 공무원의 해산명령을 받고 있음을 인식하고 해산하지 않는다는 고의가 있어야 한다. 그리고 고의 이외에 폭행·협박 또는 손괴의 행위를 할 목적이 있어야 하는 목적범이다. 목적달성 여부는 묻지 않는다. 목적은 다중이 집합할 당시부터 있음을 요하지 않으나 최소한 해산명령 이전까지는 있어야 한다.

V. 전시공수계약불이행죄

> [구성요건·법정형]　전쟁, 천재 기타 사변에 있어서 국가 또는 공공단체와 체결한 식량 기타 생활필수품의 공급계약을 정당한 이유없이 이행하지 아니한 자는 3년 이하의 징역 또는 500만원 이하의 벌금에 처한다(제117조 제1항).
> 　전항의 계약이행을 방해한 자도 전항의 형과 같다(제2항).

(1) 의의·성격

　　전쟁, 천재 기타 사변에 있어서 국가 또는 공공단체와 체결한 식량 기타 생활필수품의 공급계약을 정당한 이유없이 이행하지 아니하거나 이러한 계약이행을 방해하는 범죄이다. 국가비상사태시에 국민의 곤궁상태를 악용하는 모리행위(謀利行爲)를 방지하고 생활필수품의 원활한 공급으로 국민생활의 안정을 도모하려는 데에 입법의 취지가 있다.

　　제1항의 죄는 진정신분범·진정부작위범·의무범이고, 제2항의 죄는 비신분범·작위범이며, 양자 모두 추상적 위험범·거동범이다.

(2) 구성요건

제1항의 주체는 국가 또는 공공단체와 식량 기타 생활필수품의 공급계약을 체결한 자(진정신분범)인 반면, 제2항의 주체는 누구든지 계약이행을 방해할 수 있으므로 아무런 제한이 없다.

행위는 전쟁, 천재 기타 사변 등 국가비상시라는 행위상황에서 정당한 이유없이 공급계약의 이행을 하지 않거나(부작위) 그 이행을 방해(작위)하는 것이다. 계약불이행 또는 계약이행의 방해가 있으면 결과발생의 유무와 관계없이 범죄는 완성된다. "정당한 이유"는 계약이행을 기대할 수 없는 경우를 의미하고, 계약이행을 방해하는 방법 여하는 묻지 않는다.

VI. 공무원자격사칭죄

> **[구성요건·법정형]** 공무원의 자격을 사칭하여 그 직권을 행사한 자는 3년 이하의 징역 또는 700만원 이하의 벌금에 처한다(제118조).

(1) 의의·성격

공무원의 자격을 사칭하여 그 직권을 행사하는 범죄이다. 이 죄는 공공의 안전을 해하는 죄라고 하기 보다 오히려 공무방해적 범죄로서의 성격을 갖는다. 따라서 보호법익은 공직으로 수행되는 "국가기능의 진정성에 대한 신뢰"라고 본다. 추상적 위험범·거동범이다.

(2) 구성요건

공무원의 자격을 사칭하고 다시 그 직권을 행사하는 두 가지 요건을 구비해야 하며, 고의가 있어야 한다.

1) **공무원의 자격사칭**   여기의 "공무원"은 국가 또는 지방공무원과 특별법상의 공무원을 포함한다. 공무원임용령($^{제43}_{조}$)에 의하여 임용권자가 채용한 임시직원도 여기의 공무원에 해당한다($^{73도884}_{판결}$). 다만 여기의 공무원은 어떤 직권을 행사할 수 있는 공무원임을 요한다.

"자격을 사칭하여"란 자격 없는 자가 공무원의 자격을 가진 것처럼 타인의 오신시키는 일체의 행위를 말한다. 비공무원이 공무원이라고 사칭하는 경우는 물론, 공무원이 다른 공무원의 자격을 사칭하는 경우도 포함한다. 자격사칭의 방법에는 제한이 없다. 자기 자신이 스스로 사칭하였음을 요하지 않으며, 부작위에 의한 사칭도 가능하다.

    2) 사칭한 직권행사   "직권을 행사한다"란 그 사칭한 공무원의 직무에 관한 권한을 행사하는 것을 말한다. 직권행사를 한 것이 사칭한 그 공무원의 직권에 속하지 않을 때에는 이 죄는 성립하지 않는다. 단순한 사칭에 그치고 직권행사가 없는 때에는 경범죄(관명사칭죄)에 해당할 뿐이다(^{경범죄처벌법 제3조}_{제1항 제7호}).

[자격사칭죄 부정판례]   대법원은 ① 청와대 민원비서관을 사칭하여 전화국장에게 시외전화 선로의 고장수리를 하라고 한 경우(72도2552 판결), ② 중앙정보부 직원을 사칭하여 대통령의 사진액자가 파손된 사실에 자인서를 작성·제출하라고 한 경우(77도2750 판결), ③ 합동수사반원을 사칭하여 채권을 추심하는 경우(81도1955 판결) 등에 대해서 그 공무원의 직무에 관한 권한행사가 아니라고 하여 공무원자격사칭죄의 성립을 부정하였다.

(3) 타죄와의 관계

    사기죄, 절도죄, 문서위조죄 등과 공무원자격사칭죄는 상상적 경합이 된다. 따라서 경찰의 자격을 사칭하여 운전자로부터 범칙금을 받은 때에는 이 죄와 사기죄의 상상적 경합이 된다. 공무원이 자기의 직권과 관계없는 타인의 직권을 행사하여 금품을 수수한 때에는 공무원자격사칭죄만 성립하고 직무관련이 없는 수뢰죄는 성립하지 않는다. 경우에 따라 공무원자격사칭죄와 사기죄의 상상적 경합이 되는 경우가 있을 것이다.

[§ 26] 폭발물에 관한 죄

I. 총 설

(1) 의의·본질

    폭발물을 사용하여 공중의 생명, 신체 또는 재산을 침해하거나 위태롭게 하여 사회공동생활의 안전을 해하거나 공안을 문란하게 하는 범죄이다. 형법은 이 죄를 국가적 법익에 대한 죄로 배열하고 있으나 이 죄는 폭발물을 사용하여

사회공공생활의 안전과 공안을 문란하게 하는 전형적인 공공위험범이므로 사회
적 법익에 대한 죄에 해당한다.

(2) 보호법익

사회공동생활의 안전과 평온 외에 불특정 또는 다수인의 생명·신체 또는
재산의 안전도 부차적인 보호법익이 된다. 보호받는 정도에 대해서 침해범으로
서의 보호라는 견해($^{오영근}_{474}$)도 있으나 이 죄는 구성요건결과로서 생명·신체·재산
을 해하거나 공안을 문란하게 할 것임을 요구하고 있으므로 구체적 위험범이라
고 해야 한다(통설).

Ⅱ. 폭발물사용죄

> **[구성요건·법정형]** 폭발물을 사용하여 사람의 생명, 신체 또는 재산을 해하거나 그 밖에
> 공공의 안전을 문란하게 한 자는 사형, 무기 또는 7년 이상의 징역에 처한다(제119조 제1항).
> 미수범은 처벌한다(제3항).

(1) 의의·성격

폭발물을 사용하여 사람의 생명, 신체 또는 재산을 해하거나 그 밖에 공공
의 안전을 문란하게 하는 공공위험범이다. 보호받는 정도에 관해서 추상적 위
험범이라는 견해($^{유기천}_{하\ 268}$)도 있으나 구체적 위험범이라 해야 한다.

(2) 객관적 구성요건

1) **폭발물의 사용**   "폭발물"이란 점화나 일정한 자극을 가하면 급격한 팽
창에 의하여 폭발작용을 하는 고체·액체 또는 가스 등의 물체로서 그 파괴력이
적어도 공공의 안전을 해할 정도의 위력을 가진 물체를 말한다($^{2011도17254}_{판결}$). 예컨대
다이나마이트·니트로글리세린·아세틸렌가스 등 폭발물로 사용되는 화약과, 수
류탄·지뢰·시한폭탄과 같은 폭발물이 여기에 해당한다.

다만, 여기의 폭발물은 법적·규범적 개념이고 화학적 개념이 아니므로 오
락용 폭약이나 화염병(화염병은 "화염병 사용 등의 처벌에 관한 법률" 적용), 소총발
사는 여기의 폭발물이 아니다. 핵에너지는 핵분열과 핵융합에 의해 발생하는
것이므로 원자핵폭발은 이 죄의 폭발물과 구별해야 한다(다수설). 방사선 또는

방사성 물질은 제172조의2(방사선·방사성물질방류죄)의 적용대상이 된다.

"폭발물을 사용하여"란 폭발가능성이 있는 물체를 그 용법에 따라 폭발시키거나 폭발할 수 있는 상태에 두는 것을 말한다.

2) 공공의 안전 문란   "공공의 안전을 문란하게 한"다란 폭발물을 사용하여 한 지방의 공공의 안전을 교란하게 할 정도에 이른 것을 말한다. 사람의 생명·신체·재산을 해하는 것은 공공의 안전 문란의 예시로 볼 수 있다.

3) 기수시기·미수   폭발물을 폭발시켜 사람의 생명·신체·재산을 해하였거나 공공의 안전을 문란하게 하였을 때 기수가 된다(구체적 위험범). 폭발물을 사용하였으나 폭발되지 않았거나 폭발되었어도 공공의 안전을 문란하게 하지 못한 때에는 미수범이 된다.

(3) 주관적 구성요건

폭발물을 사용한다는 사실과 생명·신체 또는 재산을 해하거나 공공의 안전을 문란하게 한다는 사실에 대한 고의가 있어야 한다. 구체적 위험범이므로 생명·신체·재산에 대해 구체적 위험결과의 발생이나 공공의 안전을 문란하게 한다는 구체적 위험결과의 발생에 대한 고의도 있어야 한다.

(4) 죄 수

고의로 폭발물을 사용하여 사람을 사망하게 하거나 상해·손괴의 결과가 발생한 경우, 이 죄와 살인죄·상해죄·손괴죄의 상상적 경합이 된다는 견해 (김일수·서보학 450,/박상기 각론8판 466)도 있으나 그러한 결과는 구체적 위험에 해당하므로 폭발물사용죄만 성립한다고 본다(법조경합의 보충관계).

III. 전시폭발물사용죄

> [구성요건·법정형]   전쟁, 천재지변 그 밖의 사변에 있어서 제1항(폭발물사용)의 죄를 지은 자는 사형이나 무기징역에 처한다(제119조 제2항).
> 미수범은 처벌한다(제3항).

전쟁, 천재지변 그 밖의 사변에 있어서 폭발물사용죄를 범한 경우에 "전쟁, 천재지변 그 밖의 사변에 있어서"라는 행위상황으로 인하여 불법이 가중된 범죄이다. 휴전 중이라도 전시에 해당한다는 판례가 있다($\frac{4289형상217}{판결}$).

Ⅳ. 폭발물사용예비·음모·선동죄

> **[구성요건·법정형]** 전조 제1항, 제2항(폭발물사용, 전시폭발물사용)의 죄를 범할 목적으
> 로 예비 또는 음모한 자는 2년 이상의 유기징역에 처한다. 단, 그 목적한 죄의 실행에 이르기
> 전에 자수한 때에는 그 형을 감경 또는 면제한다(제120조 제1항).
> 　전조 제1항, 제2항의 죄를 범할 것을 선동한 자도 전항의 형과 같다(제2항).

폭발물사용죄와 전시폭발물사용죄를 범할 목적으로 예비, 음모 또는 선동
하는 범죄이다. 실행에 이르기 전에 자수한 때에는 필요적 감면사유가 된다.

행위는 폭발물사용죄를 범할 목적으로 예비, 음모 또는 선동하는 것이다.
① "예비"란 폭발물을 사용하기 위한 준비행위이며, ② "음모"는 위의 죄를 실행
하기 위한 2인 이상의 합의를 말한다. ③ "선동"이란 타인의 정당한 판단을 잃
게 하여 범죄실행의 결의를 하게 하거나 이미 결의한 자의 결의를 조장하도록
자극을 주는 것을 말한다. 상대방의 결의를 조장·자극하면 족하고 이에 따라
결의하였음을 요하지 않는다는 점에서 교사와 구별된다.

선동의 방법은 구두·문서·도서 기타 행동으로도 가능하다. 폭발물사용죄
를 범할 목적으로 예비·음모를 하도록 외부에서 이를 교사 또는 방조하여도 공
동정범을 제외하고 교사범·방조범은 인정할 수 없다($\frac{75도1549}{판결 참조}$).

Ⅴ. 전시폭발물제조 등 죄

> **[구성요건·법정형]** 전쟁 또는 사변에 있어서 정당한 이유없이 폭발물을 제조, 수입, 수출,
> 수수 또는 소지한 자는 10년 이하의 징역에 처한다(제121조).

전쟁 또는 사변에 있어서 정당한 이유없이 폭발물을 제조, 수입, 수출, 수
수 또는 소지하는 범죄이다. 폭발물제조, 수입, 수수 등의 행위도 원래 폭발물
사용죄의 예비행위에 해당하지만 형법은 이를 독립된 범죄로 규정한 것이다.

"정당한 이유없이"란 법률의 규정에 의하지 아니하거나 국가기관의 허가

없이 임의로 하였다는 의미이다. "제조"란 폭발물을 새로 만드는 것을 말한다. "수입, 수출"에 관해서는 "위조·변조통화행사 등 죄"($^{제207조}_{제4항}$) 참조. "수수"란 주고받는 행위를 말하며 유상·무상임을 묻지 않는다. "소지"는 목적물을 자기의 사실상의 지배하에 두는 것으로 점유보다 넓은 개념으로 본다. 따라서 반드시 자신이 사실상 소지함을 요하지 않는다. 소지의 원인은 묻지 않으며 타인을 위한 소지도 가능하다.

[§ 27] 방화와 실화의 죄

I. 총 설

(1) 의 의

방화죄는 불(火)을 놓아 건조물을 불태우거나 물건을 불태워 공공의 위험을 발생하게 하는 공공위험범이며, 실화죄는 과실로 인하여 건조물 또는 물건을 불태워 공공의 위험을 발생하게 하는 공공위험범이다. 방화죄와 실화죄를 협의의 방화죄라 하고, 이외에 진화방해죄, 폭발성물건파열죄, 가스·전기 등 방류죄, 가스·전기 등 공급방해죄도 준방화죄라 하여 방화죄에 준하여 처벌하고 있다.

방화와 실화의 죄의 특칙으로서 자기소유에 속하는 물건이라도 압류 기타 강제처분을 받거나 타인의 권리 또는 보험의 목적물이 된 때에는 타인의 물건으로 간주하는 규정($^{제176}_{조}$)을 두고 있다.

(2) 보호법익

방화죄와 실화죄의 보호법익에 대해서, ① 공공의 안전과 평온만 보호법익이고 재산죄(손괴죄)와 아무런 관계가 없다는 **공공위험범설**($^{이재상·장영민}_{강동범 \ 27/8}$), ② 공공의 안전과 평온을 기본적인 보호법익으로 하지만 개인의 재산도 부차적인 보호법익이 된다는 **이중성격설(통설)**이 대립한다.

형법의 방화죄는, ① 일반의 위험범처럼 단순한 공공의 위험만 있으면 처벌하는 것이 아니라 불에 타 재산이 훼손되는 결과발생을 요구하고 있으며, ②

방화행위의 목적물이 자기소유물인가 타인소유물인가에 따라 법정형에 차이를 두고 있으므로 재산죄의 성격도 동시에 가진 것이라 해야 한다. 따라서 방화죄는 기본적으로 공공위험범이지만 재산죄의 성격도 가진 이중성격설이 타당하다. 판례도 같다($\binom{82도2341}{판결}$).

(3) 보호의 정도

방화죄는 기본적으로 공중의 생명·신체·재산에 대한 위험한 행위를 처벌하는 공공위험범이므로 위험범으로서의 보호이다. 다만 공공의 위험발생을 요하지 않는 현주건조물방화($\binom{제164}{조}$), 공용건조물방화($\binom{제165}{조}$), 타인소유의 일반건조물방화($\binom{제166조}{제1항}$)의 죄는 추상적 위험범이고, 공공의 위험발생까지 요구하는 자기소유의 일반건조물방화($\binom{제166조}{제2항}$), 일반물건방화($\binom{제167}{조}$), 폭발성물건파열($\binom{제172조}{제1항}$)의 죄는 구체적 위험범이다(통설).

II. 현주건조물 등 방화죄

> [구성요건·법정형] 불을 놓아 사람이 주거로 사용하거나 사람이 현존하는 건조물, 기차, 전차, 자동차, 선박, 항공기 또는 지하채굴시설을 불태운 자는 무기 또는 3년 이상의 징역에 처한다(제164조 제1항).
>
> 미수범은 처벌한다(제174조).
>
> 자기의 소유에 속하는 물건이라도 압류 기타 강제처분을 받거나 타인의 권리 또는 보험의 목적물이 된 때에는 본장(방화·실화의 죄)의 규정의 적용에 있어서 타인의 물건으로 간주한다(제176조).

1. 의의·성격

불을 놓아 사람이 주거로 사용하거나 사람이 현존하는 건조물, 기차, 전차, 자동차, 선박, 항공기, 지하채굴시설을 불태우는 범죄이다. 추상적 위험범이면서 일종의 결과범이다.

2. 객관적 구성요건

(1) 객 체

사람이 주거로 사용하거나 사람이 현존하는 건조물, 기차, 전차, 자동차,

선박, 항공기 또는 지하채굴시설이다.

1) 사 람   여기의 사람은 범인(공범자 포함) 이외의 모든 자연인을 말한다. 범인의 가족·동거인도 공범자가 아닌 이상 여기의 사람에 포함된다. 그 건조물의 소유권이 누구에게 있는가는 묻지 않는다. 범인이 단독으로 사용하는 경우에는 일반건조물방화죄($^{제166}_{조}$)의 건조물에 해당한다.

2) 주거로 사용   "주거"의 의미에 대해서, ① 사람의 기와침식(起臥寢食)의 장소로서 일상 사용하는 장소라는 견해($^{손동권·김재윤}_{32/8}$)와, ② 사람이 일상생활을 영위하기 위하여 점거하는 장소이면 충분하고 반드시 기와침식에 사용하는 장소일 필요는 없다는 견해(다수설)가 대립한다. 주거침입죄처럼 주거와 관리하는 건조물, 점유하는 방실을 구별하지 아니하므로 다수설이 타당하다. 주거는 처음부터 주거용으로 건조되었음을 요하지 않는다. 토굴이나 차량도 어느 정도의 주거로서의 설비가 있으면 주거가 된다(이른바 주거차량. Wohnwagen).

"주거사용"이란 사실상 주거로 이용하고 있는 상태를 말한다. 일정한 계절에만 사용하는 별장, 학교나 공장의 숙직실, 술집의 객실도 주거사용에 해당한다. 주거사용은 건조물의 전부일 필요가 없고 그 일부에 주거사용 부분이 있으면 그 건조물 전체가 주거사용이 된다. 이러한 건조물의 주거에 사용되지 않는 부분만을 불태울 의사로 방화한 때에도 이 죄가 성립한다($^{67도925}_{판결}$). 주거로 사용하는 건조물이면 방화 당시에 사람이 현존할 필요가 없다.

3) 사람이 현존   주거사용 이외의 건조물(전차, 자동차, 선박, 항공기, 지하채굴시설)은 방화 당시에 사람이 현존해야 한다. "사람이 현존한다"란 범인 이외의 자가 방화 당시 건조물 등의 내부에 있음을 말한다. 주거로 사용하지 않는 빈집에 방화 당시에 사람이 있으면 사람이 현존하는 건조물이 된다. 또 주거자가 모두 살해된 직후(주거자가 연탄가스로 모두 사망한 직후) 이를 모르고 방화한 경우에는 제166조(일반건조물방화죄)의 목적물에 해당한다고 본다. 그러나 범인이 가족 모두를 살해하고 방화한 경우에는 이 죄에 해당한다.

4) 건조물   "건조물"이란 가옥 기타 이에 유사한 공작물로서 지붕이 있고 담벼락 또는 기둥으로 지지되어 사람이 그 내부에 출입할 수 있는 구조물을 말한다. ① 주거침입죄의 건조물에는 주택을 포함하지 않지만 이 죄의 건조물에는 주택은 물론, 점포·창고·학교·관공서·사무소·공회당·토막굴도 포함한다.

② 건조물은 어느 정도 지속성을 가지고 토지에 정착된 것임을 요한다. 건조물의 용도는 묻지 않으며 건축공사 사무실, 임시지휘소, 토목공사 가건물, 관광지의 방갈로, 천막집도 건조물에 해당한다(통설). 그러나 레져용 텐트, 동물사육용 우리, 쓰레기 헛간, 공중전화 박스는 일반건조물($^{제166}_{조}$)에 해당한다.1)

5) 기차·전차　"기차"란 증기기관, 가솔린·디젤기관 등의 동력으로 궤도 위를 진행하는 차량을 의미한다. "전차"란 전기를 동력으로 하여 궤도 위를 진행하는 차량을 말하고 전동차·모노레일이 그 예에 해당한다. 또 케이블카와 같이 가선(加線)에 의해서 운행되는 것도 사람이 현존하는 때에 한하여 이 죄의 객체가 된다. 주거용이 아니고 사람의 현존하지도 않으면 일반건조물방화죄($^{제166}_{조}$)의 객체가 된다.

6) 자동차·선박·항공기　"자동차"는 원동기를 이용하여 궤도나 가선이 아닌 육상에서 운행되는 차량을 말하며, "선박"은 수면에서 운행되는 교통기관으로서 그 용도·형상·대소는 묻지 않는다. "항공기"는 사람의 조종에 의하여 공중을 항행하는 기기로서 비행기·비행선·글라이더 등이 이에 해당한다. 주거용이거나 사람이 현존할 때에만 이 죄의 객체가 된다.

7) 지하채굴시설　"지하채굴시설"이란 광물을 채취하기 위한 지하설비를 말하고 그 설비의 적법 여부를 묻지 않는다. 행위 당시 사람이 현존해야 한다.

(2) 행　위

불을 놓아(방화) 불태우는 것이다.

1) 방　화　"방화(放火)"란 화력을 이용하여 일정한 목적물을 불태우기 위한 원인을 주는 행위를 지칭한다. 직접적으로 목적물에 방화하거나 매개물을 이용해서 방화할 수 있으며 부작위의 방법으로도 가능하다. 예컨대, 소화의무자가 용이하게 소화(消火)할 수 있는데도 그대로 방치하여 목적물을 불태우는 경우에도 방화행위에 해당할 수 있다. 화재 현장에 있는 일반인이 소화협력요구에 불응하는 것은 경범죄처벌법($^{제3조 \ 제1항}_{제29호}$)에 해당한다.

2) 착수시기　목적물 또는 매개물(가재도구)에 발화 또는 점화한 때이다

---

1) 대법원은, 지붕과 문짝, 창문이 없고 담장과 일부 벽체가 붕괴되어 사실상 기거·취침에 사용할 수 없는 상태에 놓인 철거대상 폐가는 형법 제166조의 일반건조물이 아닌 제167조의 일반물건에 해당한다고 하였다(2013도3950 판결).

(2001도6641 판결, 통설). 현주건조물방화의 목적으로 빈집 기타 물건에 점화하여 이를 불태운 이상 건조물에 연소(延燒)되지 아니하여도 현주건조물방화죄의 미수범이 된다.

3) **기수시기** 방화죄와 실화죄의 구성요건결과는 불에 탄 것이다. 불에 탄 결과가 발생함으로써 기수가 된다. "불에 탄" 것이란 화력에 의한 건조물·물건의 훼손을 의미하지만 어느 정도의 훼손이 불에 탄 것으로 되느냐에 대해서는 견해가 대립한다.

(a) **독립연소설** 불이 방화의 매개물(가재도구 등)을 떠나서 목적물(건물의 지붕·천정·벽·마루)에 옮겨져 독립하여 연소(燃燒)할 수 있는 상태에 이르게 된 때 불에 탄 결과가 인정되고 기수가 된다는 견해이다(이재상·장영민·강동범 27/23, 박상기 전지연 744, 손동권·김재윤 32/13). 불에 탄 결과의 발생을 요구하지 않는 독일 형법의 통설이지만 불에 탄 결과의 발생까지 요구하는 형법의 취지에 맞지 않는다.

(b) **효용상실설** 독립연소로는 부족하고 목적물의 중요부분이 소실되어 그 본래의 효용을 상실한 때에 불에 탄 결과가 인정되고, 기수가 된다는 견해이다(유기천 하 24, 정영석 121). 방화죄의 구성요건결과인 불에 탄(훼손)이라는 결과 자체는 손괴죄의 손괴정도로 족함에도 불구하고 화력을 사용한 경우에 한하여 중요부분의 소실과 효용상실까지 요구하는 이유가 불분명하다.

(c) **중요부분연소개시설** 목적물의 중요부분에 연소가 개시된 때에 불에 탄 결과가 인정되고 기수가 된다는 견해이다(황산덕 110, 이형국 II 41, 정영일 512). 중요부분이 무엇을 말하는지 애매하며 실제로는 독립연소설과 차이가 없다는 문제가 있다.

(d) **일부손괴설** 목적물의 중요부분이 불에 탈 필요가 없고 손괴죄의 손괴의 정도로 일부손괴가 있는 때에 불에 탄 결과가 인정되고 기수가 된다는 견해이다(정성근·박광민 523 이하, 임웅 650 이하, 김성돈 573).[1] 방화죄를 손괴죄와 같이 취급한다는 비판이 있다.

(e) **이분설** 현주건조물방화죄와 같은 추상적 위험범은 독립연소설에, 자기소유 일반건조물방화죄와 같은 구체적 위험범은 중요부분연소개시설에 따르는 견해이다(김일수·서보학 463, 배종대 98/15). 이 견해는 독립연소설과 중요부분연소개시설의 문제점을 모두 가지고 있다.

---

1) 오영근 483은 종전 규정상의 '소훼'에 가장 가까운 것은 일부손괴라고 하면서도 2020년 형법 개정으로 '소훼한'이 '불태운'으로 변경됨에 따라 '훼손'이라는 의미가 문언상 사라져 버렸다는 점에서 기수시기에 관하여는 독립연소설에 가깝게 표현되었다고 언급하고 있다.

(f) 결 어　공공위험범은 구성요건행위의 개시가 있으면 실행의 착수를 인정할 수 있지만 방화죄는 방화행위 이외에 구성요건결과로서 불에 탄 결과를 요구하고 있으므로 기수시기는 불에 탄 결과를 기준으로 판단해야 한다. 적어도 목적물이 훼손되거나 그 일부가 손괴되지 않는 한 불에 탄 결과를 생각할 수 없다. 목적물의 일부 손괴가 있는 때에 불에 탄 결과가 인정된다는 일부손괴설이 타당하다. 불에 타서 일부 손괴가 있는 때에 불에 탄 결과를 인정한다고 해서 방화죄를 손괴죄로 취급한다고 할 수 없다. 판례는 기본적으로 **독립연소설**의 입장을 취하고 있다($^{2006도9164}_{판결}$).

3. 주관적 구성요건

1) 고 의　불을 놓아 주거에 사용되거나 사람이 현존하는 건조물 등을 불태운다는 인식·의사가 있어야 한다. 미필적 인식으로 충분하다. 판례는 절취한 후 증거를 인멸하기 위하여 도품이 들어 있던 용기(궤; 櫃)를 불태울 목적으로 그 용기 내에 석유를 주입하여 점화한 결과 건물에 연소된 경우에도 건조물방화의 고의를 인정하였다($^{4287형상47}_{판결}$).

2) 착 오　① 방화의 목적물이 형법에 규정된 목적물에 해당하지 않는다고 오신한 경우(토굴은 주거가 될 수 없다고 오신한 경우)에는 위법성의 착오로 고의가 부정되지 않는다. ② 목적물인 건조물이 주거로 사용되지 않는다거나 사람이 현존하지 않는다고 오신한 경우에는 제15조 제1항에 의하여 일반건조물방화죄의 죄책을 부담한다.

4. 위법성

현주건조물의 주거자 모두의 승낙을 받고 방화한 때에는 일반건조물방화죄에 해당할 것이며($^{반대설 이재상·장영민·}_{강동범 27/13}$), 일반건조물이나 물건소유자의 승낙을 받고 방화한 경우에는 자기소유물방화죄에 해당한다.

5. 특별규정

이 장의 규정의 적용에 있어서 자기소유의 물건이라도 압류 기타 강제처분을 받거나 타인의 권리 또는 보험의 목적물이 된 때에는 타인의 물건으로 간주한다($\substack{제176 \\ 조}$). 강제처분은 국세징수법에 의한 체납처분, 강제경매절차에서의 압수, 형사소송법상의 몰수물의 압수를 포함하며, 타인의 권리의 목적이 된 물건은 저당권, 전세권, 질권, 임차권의 목적이 된 물건을 말한다.

6. 죄수·타죄와의 관계

1) 죄 수   공공위험범의 죄수는 공공의 안전이라는 보호법익을 기준으로 결정해야 한다. ① 1개의 방화 행위로 수개의 (현주)건조물을 불태운 때에도 1개의 (현주건조물)방화죄가 성립한다. ② 동일구역 내의 수개의 건조물에 대하여 차례로 방화한 때에도 1개의 방화죄만 성립한다. ③ 1개의 방화행위로 적용법조를 달리하는 건조물과 물건을 불태운 때에는 가장 중한 죄의 포괄일죄가 된다. ④ 현주건조물을 불태울 목적으로 이에 인접한 비현주건조물에 방화한 때에는 현주건조물방화의 착수가 있는 것이므로 현조건조물에 연소되지 않아도 현주건조물방화죄의 미수범이 된다.

2) 타죄와의 관계   ① 건조물 내에서 사람을 살해한 후 범죄의 흔적을 인멸할 의사로 방화한 때에는 보호법익이 다르고 별개의 고의로 실행한 것이므로 이 죄와 살인죄, 사체손괴죄의 경합범이 된다. ② 보험금을 편취할 목적으로 건조물에 방화한 때에는 보험금 청구를 하였으면 사기죄(또는 사기미수죄)와 이 죄는 경합범이 되고, 보험금 청구 전이라면 방화죄만 성립한다.

Ⅲ. 현주건조물 등 방화치사상죄

> [구성요건·법정형]   제1항(현주건조물방화)의 죄를 지어 사람을 상해에 이르게 한 경우에는 무기 또는 5년 이상의 징역에 처한다. 사망에 이르게 한 경우에는 사형, 무기 또는 7년 이상의 징역에 처한다(제164조 제2항).

(1) 의의·성격

현주건조물 등 방화죄를 지어(범하여) 사람을 상해나 사망에 이르게 한 경우에 성립하는 부진정결과적 가중범이다($\substack{96도485 \\ 판결}$). 공공의 안전 외에 사람의 생명·신체도 보호하는 침해범(결과범)이다($\substack{추상적 \ 위험범설은 \\ 김성돈 \ 576}$).

(2) 구성요건

여기의 사람은 범인(공범자 포함) 이외의 사람을 말한다. 따라서 방화로 인하여 공동정범에게 사상의 결과가 발생하여도 이 죄가 성립하지 않는다. 결과적 가중범이므로 결과적 가중범의 성립요건을 구비해야 한다. 즉 방화와 사람의 사상 사이에 인과관계가 있어야 하며 그 결과에 대한 고의가 있거나 과실이 있어야 한다. 사상의 결과는 소사(燒死)한 경우뿐만 아니라 연기로 질식사하거나 붕괴되는 건조물에 압사나 화재쇼크로 인한 때에도 인과관계는 인정된다. 사람을 살해할 의사로 현주건조물에 방화한 경우에도 이 죄가 성립한다. 판례는 이 경우 현주건조물방화치사죄만 인정하고($^{2020도15103}_{판결 참조}$), 다만 강도살인죄와 같이 현주건조물방화치사죄 보다 법정형이 중한 죄에 해당하는 경우에는 두 죄의 상상적 경합을 인정한다($^{98도3416}_{판결}$).[1]

Ⅳ. 공용건조물 등 방화죄

> [구성요건·법정형] 불은 놓아 공용으로 사용하거나 공익을 위해 사용하는 건조물, 기차, 전차, 자동차, 선박, 항공기 또는 지하채굴시설을 불태운 자는 무기 또는 3년 이상의 징역에 처한다(제165조).
> 미수범은 처벌한다(제174조).

불을 놓아 공용으로 사용하거나 공익을 위해 사용하는 건조물 등을 불태우는 추상적 위험범이다. 이 죄의 목적물은 사람의 주거에 사용하지 않거나 사람이 현존하지 않는 것이라야 한다. 제164조(현주건조물방화죄)의 목적물과는 택일관계에 있으며, 공용으로 사용하거나 공익을 위해 사용하는 건조물도 사람의 주거에 사용하거나 사람이 현존하면 이 죄가 아니라 현주건조물방화죄가 성립한다.

"공용으로 사용한다"는 것은 국가 또는 공공단체에서 사용되는 것을 말하며, "공익을 위해 사용한다"는 것은 일반공중의 이익을 위하여 사용되는 것을

---

[1] 존속살해죄의 법정형이 개정되기 전에 대법원은 같은 취지에서 존속살해의 고의로 현주건조물에 방화하여 직계존속을 살해한 때에는 현주건조물방화치사죄 외에 존속살해죄가 성립하고 두 죄의 상상적 경합이 된다고 판시(96도485 판결)하였다.

말한다. 공용으로 또는 공익을 위해 사용하는 이상 소유자가 누구인가는 문제
되지 않는다.

V. 일반건조물 등 방화죄

> **[구성요건·법정형]** 불을 놓아 제164조(현주건조물방화)와 제165조(공용건조물방화)에 기
> 재한 외의 건조물, 기차, 전차, 자동차, 선박, 항공기 또는 지하채굴시설을 불태운 자는 2년
> 이상의 유기징역에 처한다(제166조 제1항).
> 자기 소유인 제1항의 물건을 불태워 공공의 위험을 발생하게 한 자는 7년 이하의 징역 또는
> 1천만원 이하의 벌금에 처한다(제2항).
> 제1항의 미수범은 처벌한다(제174조).

불을 놓아 현주건조물과 공용건조물에 해당하지 않는 일반건조물, 기차,
자동차, 선박, 항공기 또는 지하채굴시설을 불태우는 범죄이다.

이 죄는 목적물이 타인의 소유에 속하는 일반건조물방화죄($\frac{제166조}{제1항}$)와 범인의
소유에 속하는 자기소유 일반건조물방화죄($\frac{제}{항}$)로 구분된다. 전자는 제167조 제
1항(일반물건방화죄)의 불법이 가중된 추상적 위험범이고, 후자는 제167조 제2항
(자기소유 일반물건방화죄)의 불법이 가중된 범죄로서 "공공의 위험이 발생"해야
하는 구체적 위험범이다. 두 죄 모두 사람의 주거에 사용하지 않거나 사람이 현
존하지 않아야 하고 공용으로 또는 공익을 위해 사용되지 않아야 한다.

자기소유 일반건조물방화죄에서 "자기소유에 속한다"란 범인의 소유와 공
범자의 소유에 속하는 것도 포함한다. 소유자가 방화에 동의한 경우와 무주물
인 경우에는 자기소유에 준한 것으로 본다(통설). 반면에 자기소유에 속하는 건
조물 등이라도 압류 기타 강제처분을 받거나 타인의 권리 또는 보험의 목적물
이 된 때에는 타인의 건조물 등으로 간주된다($\frac{제176}{조}$).

VI. 일반물건방화죄

> [구성요건·법정형] 불은 놓아 제164조부터 제166조까지(현주건조물방화, 공용건조물방화, 일반건조물방화)에 기재한 외의 물건을 불태워 공공의 위험을 발생하게 한 자는 1년 이상 10년 이하의 징역에 처한다(제167조 제1항).
> 제1항의 물건이 자기 소유인 경우에는 3년 이하의 징역 또는 700만원 이하의 벌금에 처한다(제2항).

불을 놓아 현주건조물방화죄, 공용건조물방화죄, 일반건조물방화죄에 기재된 이외의 일반물건 등을 불태워 공공의 위험을 발생하게 하는 범죄이다. 제1항은 타인소유의 일반물건방화죄이고, 제2항은 자기소유의 일반물건방화죄이다.

이 죄는 현주·공용·일반건조물 등 방화죄의 보충적 규정으로서 제164조부터 제166조까지의 목적물을 제외한 일체의 물건이 목적물로 된다. 이에 대한 방화는 공공의 위험이 발생해야 하는 구체적 위험범이다. 이 조문에 해당하는 죄는 미수범처벌규정이 없으므로 목적물을 불태웠어도 공공의 위험발생이 없으면 이 죄는 성립하지 않고, 다만 타인 소유물을 불태운 때에는 재물손괴죄가 성립한다.

자기소유물건을 타인물건으로 간주하는 규정(제176조)은 이 죄에도 적용된다.

VII. 연소죄

> [구성요건·법정형] 제166조 제2항(자기소유건조물방화) 또는 전조 제2항(자기소유물건방화)의 죄를 범하여 제164조(현주건조물방화), 제165조(공용건조물방화) 또는 제166조 제1항(일반건조물방화)에 기재한 물건에 연소한 때에는 1년 이상 10년 이하의 징역에 처한다(제168조 제1항).
> 전조 제2항(자기소유물건방화)의 죄를 범하여 전조 제1항(일반물건방화)에 기재한 물건에 연소한 때에는 5년 이하의 징역에 처한다(제2항).

자기소유건조물이나 자기소유일반물건에 대한 방화가 예상외로 확대되어 현주·공용 또는 타인소유 건조물이나 타인소유 일반물건에 연소한 경우를 중하게 처벌하는 결과적 가중범이고 구체적 위험범이다.

"연소(延燒)"란 행위자가 예견하지 않았던 물체에 불이 옮겨 붙어서 불탄 것을 말한다. 이 죄는 자기소유건조물방화죄나 자기소유물건방화죄가 성립함을 전제로 인정되므로 이 죄가 성립하기 위해서는 자기소유의 건조물·물건 등이 불에 탔을 뿐만 아니라 이로 인하여 공공의 위험이 발생해야 한다. 결과적 가중 범이므로 중한 결과에 대해서 과실이 있는 경우에만 이 죄가 성립하며, 고의가 있는 때에는 애당초 제164조부터 제165조까지의 죄와 제166조 제1항 또는 제167조 제1항의 죄가 성립한다.

자기소유물건을 타인물건으로 간주하는 규정($^{제176}_{조}$)은 이 죄에도 적용된다.

Ⅷ. 진화방해죄

> [구성요건·법정형]　화재에 있어서 진화용의 시설 또는 물건을 은닉 또는 손괴하거나 기타 방법으로 진화를 방해한 자는 10년 이하의 징역에 처한다(제169조).

(1) 의의·성격

화재시에 진화용의 시설 또는 물건을 은닉 또는 손괴하거나 기타 방법으로 진화를 방해하는 범죄이다. 방화행위는 없으나 화재시의 진화방해는 방화에 준하기 때문에 준방화죄라 한다. 추상적 위험범이고 거동범이다.

(2) 객관적 구성요건

1) 행위상황　　이 죄는 화재에 있어서라는 행위상황 하에서만 성립한다. "화재에 있어서"란 공공의 위험이 발생하였거나 그 위험이 발생할 정도의 연소상태가 있는 것을 말하며, 화재가 이미 발생한 경우는 물론 화재가 발생하고 있는 경우도 포함한다. 화재의 발생원인은 방화·실화·천재지변임을 묻지 않는다.

2) 객　체　　진화용의 시설 또는 물건이다. "진화용의 시설 또는 물건"이란 소화활동에 사용되는 기구를 말한다. 예컨대, 화재경보기·소화전·소화용저수시설·소화기·소화용망루·소방자동차·소화용호스 등 소방용으로 마련된 시설과 기구이다. 본래 소방용으로 제작된 물건에 한하며, 일반공중용의 통신시설이나 수도와 같이 일시적으로 소방용으로 사용된 시설·기구는 포함되지 않는다. 진화용의 시설·물건의 소유관계는 묻지 않는다. 따라서 범인의 소유도 객관적으로 소화활동에 사용될 수 있는 상태에 있으면 객체가 된다.

3) 행 위　은닉 또는 손괴하거나 기타 방법으로 진화를 방해하는 것이다. "은닉"이란 진화용의 시설이나 물건의 발견을 불가능 또는 곤란하게 하는 행위를 말하고, "손괴"란 물질적으로 훼손하여 그 효용을 해하는 일체의 행위를 말한다. 소화용호스에 구멍을 뚫거나 절단하는 행위가 그 예이다. "기타 방법에 의한 진화방해"란 은닉·손괴 이외의 방법으로 소화활동을 방해하는 일체의 행위를 말한다. 소방관·경찰관 등 법률상 진화의무 있는 자가 화재보고를 하지 아니하는 부작위에 의한 방해도 가능하다. 그러나 단순한 진화협력요구에 불응한 것만으로 부작위에 의한 진화방해가 되지 않는다(경범죄처벌법 제3조 제1항 제29호에 해당).

이 죄는 추상적 위험범·거동범이므로 진화방해가 될 만한 은닉·손괴 기타 방법의 행위가 있으면 곧 기수가 되며 현실로 진화방해의 결과가 발생할 것을 요하지 않는다. 따라서 미수범은 처벌하지 않는다.

Ⅸ. 실화죄

[구성요건·법정형]　과실로 제164조(현주건조물방화) 또는 제165조(공용건조물방화)에 기재한 물건 또는 타인 소유인 제166조(일반건조물방화)에 기재한 물건을 불태운 자는 1천500만원 이하의 벌금에 처한다(제170조 제1항).
　과실로 자기 소유인 제166조(일반건조물방화)의 물건 또는 제167조(일반물건방화)에 기재한 물건을 불태워 공공의 위험을 발생하게 한 자도 제1항의 형에 처한다(제2항).

(1) 의의·성격

과실로 현주건조물, 공용건조물 또는 타인소유의 일반건조물 등을 불태우거나(제1항), 자기소유의 일반건조물 또는 일반물건 등을 불태워 공공의 위험을 발생하게 하는(제2항) 범죄이다. 공공위험범이며, 제1항의 실화죄는 추상적 위험범이고 제2항의 실화죄는 구체적 위험범이다.

(2) 구성요건

1) 객 체　제1항의 죄의 객체는 방화죄의 그것과 같다. 제2항의 죄의 객체에 자기소유의 일반건조물과 일반물건 등이 포함된다는 데에는 이견이 없다. 타인소유의 일반물건 등이 제2항의 죄의 객체가 될 수 있느냐에 대해서, 대법원의 다수의견은 이를 긍정하는데 반하여(94도32 전원합의체 결정), 반대의견은 이를 부정하고

있다.

> 판례   형법 제170조 제2항에서 말하는 "자기의 소유에 속하는 제166조 또는 제167조에 기재한 물건"이라 함은 "자기의 소유에 속하는 제166조에 기재한 물건 또는 자기의 소유에 속하든, 타인의 소유에 속하든 불문하고 제167조에 기재한 물건"을 의미하는 것이라고 해석하여야 하며, 제170조 제1항과 제2항의 관계로 보아서도 제166조에 기재한 물건(일반건조물 등) 중 타인의 소유에 속하는 것에 관하여는 제1항에서 규정하고 있기 때문에 제2항에서는 그 중 자기의 소유에 속하는 것에 관하여 규정하고, 제167조에 기재한 물건에 관하여는 소유의 귀속을 불문하고 그 대상으로 삼아 규정하고 있는 것이라고 봄이 관련조문을 전체적·종합적으로 해석하는 방법일 것이고, 이렇게 해석한다고 하더라도 그것이 법규정의 가능한 의미를 벗어나 법형성이나 법창조행위에 이른 것이라고는 할 수 없어 죄형법정주의의 원칙상 금지되는 유추해석이나 확장해석에 해당한다고 볼 수는 없다(94모32 전원합의체 결정의 다수의견).

생각건대, ① 일반건조물실화죄는 자기소유·타인소유를 구별하지 아니하므로 경한 자기소유 일반물건실화만 처벌하고 중한 타인소유 일반물건실화를 처벌에서 제외한다고 할 수 없고, ② 제170조의 실화죄 중 추상적 위험범은 제1항에, 구체적 위험범은 제2항에 구별하여 규정한 것이므로 제166조는 자기소유 건조물만을, 제167조는 자기물건·타인물건 모두 구체적 위험범으로 규정하였다고 해야 한다. 따라서 **긍정설**이 타당하다고 본다.

2) 과실범   주의의무를 위반하여 목적물이 불에 탄 결과(추상적 위험범)나 불에 탄 결과와 공공의 위험발생(구체적 위험범)을 인식하지 못하였거나 인용이 없어야 한다. 즉 제1항의 실화죄는 불에 탄 결과가, 제2항의 실화죄는 불에 탄 결과와 공공의 위험이 발생해야 한다. 타인의 과실과 경합한 때에도 이 죄가 성립한다.

X. 업무상실화·중실화죄

> [구성요건·법정형]   업무상 과실 또는 중대한 과실로 인하여 제170조(실화)의 죄를 범한 자는 3년 이하의 금고 또는 2천만원 이하의 벌금에 처한다(제171조).

업무상 또는 중대한 과실로 인하여 실화죄를 범하는 범죄이다. 업무상 실화죄는 일반인에 비하여 업무자의 예견가능성이 크기 때문에 그 책임이 가중된 것(부진정신분범)임에 대하여, 중실화죄는 주의의무위반의 정도가 현저하여 불법이 가중된 것이다.

여기의 "업무"란 이 죄의 성질상 화재의 위험이 수반되는 업무를 말한다. 따라서 주유소와 같이 화재의 위험이 많은 업무, 화기를 취급하는 사람과 같이 화재를 일으키지 않도록 특히 주의해야 할 의무와 화재방지 그 자체를 업무내용으로 하는 업무 등에 한정된다(통설).

중대한 과실이란 조금만 주의를 하였다면 결과발생을 예견할 수 있었음에도 불구하고 부주의로 이를 예견하지 못한 경우를 말한다. 중실화의 경우에는 형사책임 이외에 민사상 손해배상책임도 부담한다("업무상 과실·중과실치사상죄" 참조).

[중과실 인정 판례] ① 성냥불로 담배를 붙인 다음 그 성냥불이 꺼진 것을 확인하지 아니한 채 휴지가 들어 있는 플라스틱 휴지통에 던진 것은 중대한 과실이 있는 경우에 해당한다(93도135 판결). ② 2.5평 넓이의 주방에 설치된 보일러에 연탄을 갈아 넣음에 있어서 연탄의 연소로 보일러가 가열됨으로써 주변의 가열접촉물에 인화될 것을 쉽게 예견할 수 있음에도 불구하고 보일러로부터 5 내지 10cm쯤 거리에 가연물질을 그대로 두고 신문지를 구겨서 보일러 공기조절구를 막아 놓은 채 그 자리를 떠나버려 화재가 발생하였다면 중과실에 해당한다(88도855 판결).

XI. 폭발성물건파열죄

[구성요건·법정형] 보일러, 고압가스 기타 폭발성 있는 물건을 파열시켜 사람의 생명, 신체 또는 재산에 대하여 위험을 발생시킨 자는 1년 이상의 유기징역에 처한다(제172조 제1항). 미수범은 처벌한다(제174조).

(1) 의의·성격

보일러, 고압가스 기타 폭발성 있는 물건을 파열시켜 타인의 생명, 신체 또는 재산에 대하여 위험을 발생시키는 범죄이다. 폭발성 있는 물건의 파괴력은 화력에 의한 파괴력에 준하기 때문에 준방화죄의 예로 처벌하고 있다. 그러나 폭발성 있는 물건의 파열은 방화와 성격이 다르므로 오히려 폭발물에 관한 죄의 장(제6장)에 함께 규정하는 것이 타당할 것이다.

보호법익은 폭발물사용죄(제119조)와 마찬가지로 공공의 안전과 개인의 생명,

신체 및 개인과 공공의 재산이며, 보호받는 정도는 구체적 위험범으로서의 보호이고, 미수범도 처벌한다.

(2) 객관적 구성요건

1) 객 체   보일러·고압가스 기타 폭발성 있는 물건이다. "보일러"는 밀폐된 강판제의 용기 안에서 물을 끓여 높은 온도의 증기를 발생시키는 장치이다. 가정용 보일러와 공장에서 사용하는 보일러를 포함한다. "고압가스"는 고압에 의하여 압축 또는 액화된 기체를 말한다. 압축가스·액화가스·아세틸렌가스가 그 예이다. "기타 폭발성 있는 물건"이란 급격한 파열에 의하여 물건 등을 파괴하는 성질을 가진 물질을 말하고, 폭발물사용죄에 있어서의 폭발물에 해당하지 않는 것을 말한다. 석유탱크·가스탱크·도시가스·폭약 기타 인화성이나 폭발성 있는 화학물질이 그 예이다.

2) 행 위   파열이다. "파열"이란 물체의 급격한 팽창력을 이용하여 폭발에 이르게 하는 것을 말하고, 파열행위로 인하여 사람의 생명, 신체 또는 재산에 대한 위험이 발생한 때 기수가 된다. 폭발성 있는 물건을 파열시키는 행위를 직접 개시한 때에 실행의 착수가 있다.

XII. 폭발성물건파열치사상죄

> [구성요건·법정형]   제1항(폭발성물건파열)의 죄를 범하여 사람을 상해에 이르게 한 때에는 무기 또는 3년 이상의 징역에 처한다. 사망에 이르게 한 때에는 무기 또는 5년 이상의 징역에 처한다(제172조 제2항).

폭발성물건파열죄를 범하여 사람을 상해에 이르게 하거나 사망에 이르게 하는 결과적 가중범이다. 치사죄는 진정결과적 가중범이지만 치상죄는 부진정결과적 가중범이다.

XIII. 가스·전기 등 방류죄·방류치사상죄

> [구성요건·법정형] 가스, 전기, 증기 또는 방사선이나 방사성 물질을 방출, 유출 또는 살포시켜 사람의 생명, 신체 또는 재산에 대하여 위험을 발생시킨 자는 1년 이상 10년 이하의 징역에 처한다(제172조의2 제1항).
> 제1항의 죄를 범하여 사람을 상해에 이르게 한 때에는 무기 또는 3년 이상의 징역에 처한다. 사망에 이르게 한 때에는 무기 또는 5년 이상의 징역에 처한다(제2항).
> 제1항의 미수범은 처벌한다(제174조).

(1) 의의·성격

제1항의 죄는 가스, 전기, 증기 또는 방사선이나 방사성 물질을 방출, 유출 또는 살포시켜 사람의 생명, 신체 또는 재산에 위험을 발생시키는 구체적 위험범이고, 제2항의 죄는 제1항의 죄를 범하여 사상의 결과를 발생시키는 결과적 가중범이다. 치상죄는 부진정결과적 가중범이고, 치사죄는 진정결과적 가중범이다.

(2) 구성요건

객체는 가스, 전기, 증기 또는 방사선이나 방사성 물질이다. "방사선"이란 전자파 또는 입자선 중 직접 또는 간접으로 공기를 전리(電離. 전기로 분리)하는 능력을 가진 것을 말한다(원자력안전법 제2조 제7호). "방사성 물질"이란 핵연료물질, 사용후 핵연료, 방사선동위원소, 원자핵분열생성물을 말한다(동조 제5호).

행위는 방출·유출 또는 살포하는 것이다. "방출"이란 가스·전기·증기·방사선 등 이온화물질을 외부로 노출시키는 것을 말하며, "유출"이란 가스·증기 등 기체를 밀폐된 용기 밖으로 새어 나가게 하는 것을 말한다. "살포"는 분말상태나 미립자상태의 방사성 물질을 흩어 뿌리거나 방사성 물질을 방치하여 분말 또는 미립자가 자연히 흩어지도록 버려두는 것을 말한다.

방출·유출·살포죄는 미수범을 처벌하는 구체적 위험범이므로 행위로 인하여 사람의 생명·신체 또는 재산에 대한 위험이 발생한 때에 기수가 되며, 방출·유출 등의 행위를 개시한 때에 실행의 착수가 있다.

XIV. 가스·전기 등 공급방해죄·공급방해치사상죄

> [구성요건·법정형]   가스, 전기 또는 증기의 공작물을 손괴 또는 제거하거나 기타 방법으로 가스, 전기 또는 증기의 공급이나 사용을 방해하여 공공의 위험을 발생하게 한 자는 1년 이상 10년 이하의 징역에 처한다(제173조 제1항).
> 공공용의 가스, 전기 또는 증기의 공작물을 손괴 또는 제거하거나 기타 방법으로 가스, 전기 또는 증기의 공급이나 사용을 방해한 자도 전항의 형과 같다(제2항).
> 제1항 또는 제2항의 죄를 범하여 사람을 상해에 이르게 한 때에는 2년 이상의 유기징역에 처한다. 사망에 이르게 한 때에는 무기 또는 3년 이상의 징역에 처한다(제3항).
> 제1항과 제2항의 미수범은 처벌한다(제174조).

가스, 전기 또는 증기의 공작물을 손괴 또는 제거하거나 기타 방법으로 가스, 전기 또는 증기의 공급이나 사용을 방해하여 공공의 위험을 발생하게 하는 범죄이다. 이 죄는 화력에 의한 것은 아니지만 파괴력에 있어 폭발성물건파열죄에 준하는 위력을 가진 공공위험범이다.

① 제1항의 죄는 객체가 비공용의 가스, 전기 또는 증기의 공작물이며 공공의 위험이 발생해야 하는 구체적 위험범이다. ② 제2항의 죄는 객체가 공공용의 가스, 전기 또는 증기의 공작물이며 추상적 위험범이다. ③ 제3항의 죄는 제1항과 제2항의 죄를 범하여 사람에게 사상의 결과를 발생시킨 때에 성립하는 결과적 가중범이다. 치상죄는 부진정결과적 가중범이고, 치사죄는 진정결과적 가중범이다.

XV. 과실폭발성물건파열 등 죄

> [구성요건·법정형]   과실로 제172조 제1항(폭발성물건파열), 제172조의2 제1항(가스·전기 등 방출·유출·살포), 제173조 제1항(가스·전기 등 공급방해)과 제2항(공공용가스·전기 등 공급방해)의 죄를 범한 자는 5년 이하의 금고 또는 1천500만원 이하의 벌금에 처한다(제173조의2 제1항).
> 업무상 과실 또는 중대한 과실로 제1항의 죄를 범한 자는 7년 이하의 금고 또는 2천만원 이하의 벌금에 처한다(제2항).

제1항의 죄는 과실로 폭발성물건파열죄, 가스·전기 등 방출·유출·살포

죄, 가스·전기 등 공급방해죄, 공공용의 가스·전기 등 공급방해죄를 범한 과
실범이며, 제2항의 죄는 이상의 범죄를 업무상 또는 중대한 과실로 범한 경우
에 책임을 가중한 업무상과실·중과실범이다. 폭발물범죄가 대부분 기계조작
미숙이나 기술자의 안정감 소홀로 야기되는 경우가 많기 때문에 준실화적 성
격을 가지고 있다.

XVI. 방화 등 예비·음모죄

> [구성요건·법정형] 제164조 제1항(현주건조물방화), 제165조(공용건조물방화), 제166조
> 제1항(타인소유 일반건조물방화), 제172조 제1항(폭발성물건파열), 제172조의2 제1항(가스·전
> 기 등 방출·유출·살포), 제173조 제1항(가스·전기 등 공급방해)과 제2항(공공용가스·전기 등
> 공급방해)의 죄를 범할 목적으로 예비 또는 음모한 자는 5년 이하의 징역에 처한다. 단, 그 목
> 적한 죄의 실행에 이르기 전에 자수한 때에는 형을 감경 또는 면제한다(제175조).

현주건조물방화죄, 공용건조물방화죄, 타인소유 일반건조물방화죄, 폭발성
물건파열죄, 가스·전기 등 방출·유출·살포죄와 가스·전기 등 공급방해죄, 공
공용가스·전기 등 공급방해죄를 범할 목적으로 예비·음모하는 범죄이다. 예비·
음모한 후 실행에 착수한 때에는 기수 또는 미수죄만 성립한다(불가벌적 사전행위).

[§ 28] 일수와 수리에 관한 죄

I. 총 설

(1) 의의·본질

일수와 수리에 관한 죄는 일수죄(溢水罪)와 수리방해죄(水利妨害罪)로 대별할
수 있다. 일수죄는 수력의 파괴적 작용을 이용하여 공공의 안전을 해하는 공공
위험범이라는 점에서 방화죄와 본질이 같다. 수리방해죄는 둑을 무너뜨리거나
수문을 파괴하거나 그 밖의 방법으로 수리를 방해하는 수리권침해범죄로서 반
드시 공공위험범은 아니다. 하지만 수리방해죄도 물을 이용한 범죄이고 수리권

의 대부분은 다수인의 공유에 속하며, 수리방해행위가 일수의 위험을 수반하는 경우도 있기 때문에 일수에 관한 죄와 함께 규정한 것이다.

(2) 보호법익

일수죄의 기본적인 보호법익은 공공의 안전이지만 부차적으로 개인의 재산도 보호한다. 보호받는 정도는 추상적 위험범으로서의 보호이고, 자기소유건조물일수죄와 일반건조물과실일수죄는 구체적 위험범으로서의 보호이다. 수리방해죄의 보호법익은 수리권이며 추상적 위험범으로서의 보호이다.

Ⅱ. 현주건조물 등 일수죄·일수치사상죄

> [구성요건·법정형]   물을 넘겨 사람의 주거에 사용하거나 사람이 현존하는 건조물, 기차, 전차, 자동차, 선박, 항공기 또는 광갱을 침해한 자는 무기 또는 3년 이상의 징역에 처한다(제177조 제1항).
> 제1항의 죄를 범하여 사람을 상해에 이르게 한 때에는 무기 또는 5년 이상의 징역에 처한다. 사망에 이르게 한 때에는 무기 또는 7년 이상의 징역에 처한다(제2항).
> 미수범은 처벌한다(제182조).

(1) 의의·성격

제1항의 죄는 물을 넘겨 사람의 주거에 사용하거나 사람이 현존하는 건조물, 기차, 전차, 자동차, 선박, 항공기 또는 광갱[1]을 침해(물에 잠기게 하여 손괴·훼손)하는 범죄로서 침해의 결과가 있어야 하는 추상적 위험범이다. 제2항의 죄는 현주건조물 등 일수로 인하여 사람을 사상에 이르게 한 결과적 가중범이다. 일수치상죄는 부진정결과적 가중범이므로 상해의 결과에 대하여 고의가 있어도 성립한다. 반면 일수치사죄는 진정결과적 가중범이다.

(2) 구성요건

객체는 현주건조물 등 방화죄의 객체와 같다. 행위는 물을 넘겨(溢水) 현주건조물 등을 침해(浸害)하는 것이다. ① "물을 넘겨"란 제한되어 있는 물의 자연

---

1) 광갱(鑛坑)이란 광물을 채취하기 위한 지하설비로서 현주건조물방화죄(제164조)에서 규정한 지하채굴시설을 의미한다. 2020. 12. 8. 형법 개정시에 현주건조물방화죄 조항은 지하채굴시설로 변경되었으나, 현주건조물일수죄(제177조) 조항은 그대로 유지되었다. 법 개정시에 누락된 것으로 보인다.

력을 해방시켜 그 경계 밖으로 범람하게 하는 것을 말한다. 그 물이 유수이건 저수이건 묻지 않으며, 물을 넘기는 수단·방법도 제한이 없다. 따라서 둑을 무너뜨리거나 수문을 파괴하는 것도 일수에 해당한다. ② "침해"란 물에 잠기어 (浸) 목적물의 전부 또는 일부에 대한 효용을 상실 또는 감소시키는 것을 의미한다(통설). 반드시 전부 손괴나 중요부분의 효용상실임을 요하지 않으며 목적물이 유실되었을 필요도 없다. 기타 "현주건조물 등 방화죄" 참조.

물을 넘기는 행위와 목적물의 침해 사이에는 인과관계가 있어야 한다. 물을 넘기는 행위시에 실행의 착수가 있고, 목적물이 물에 잠기어 훼손 또는 일부 손괴가 있는 때 기수가 된다. 침해결과가 발생하지 않으면 미수범이 된다.

물을 넘긴다는 사실과 목적물을 침해한다는 고의가 있어야 한다. 공공의 위험발생은 인식할 필요가 없다.

Ⅲ. 공용건조물 등 일수죄

> **[구성요건·법정형]** 물을 넘겨 공용 또는 공익에 공하는 건조물, 기차, 전차, 자동차, 선박, 항공기 또는 광갱을 침해한 자는 무기 또는 2년 이상의 징역에 처한다(제178조).
> 미수범은 처벌한다(제182조).

물을 넘겨 공용 또는 공익에 공하는 건조물, 기차, 전차, 자동차, 선박, 항공기 또는 광갱을 침해하는 추상적 위험범이다. 공용건조물 등 방화죄에 대응하는 일수죄이다("공용건조물 등 방화죄" 참조).

Ⅳ. 일반건조물 등 일수죄

> **[구성요건·법정형]** 물을 넘겨 전2조(현주건조물일수·공용건조물일수)에 기재한 이외의 건조물, 기차, 전차, 자동차, 선박, 항공기 또는 광갱 기타 타인의 재산을 침해한 자는 1년 이상 10년 이하의 징역에 처한다(제179조 제1항).
> 자기의 소유에 속하는 전항의 물건을 침해하여 공공의 위험을 발생하게 한 때에는 3년 이하의 징역 또는 700만원 이하의 벌금에 처한다(제2항).
> 제176조(타인의 권리대상이 된 자기의 물건)의 규정은 본조의 경우에 준용한다(제3항).
> 제1항의 미수범은 처벌한다(제182조).

물을 넘겨 현주건조물·공용건조물 이외의 건조물, 기차, 전차, 자동차, 선박, 항공기 또는 광갱이나 기타 타인의 재산을 침해(浸害)하는 범죄이다. 제1항의 죄는 일반건조물 등 방화죄에 대응하는 추상적 위험범이며, 제2항의 죄는 자기소유건조물 등 방화죄에 대응하는 구체적 위험범이다. 소유자가 없거나 소유자가 침해에 동의한 때에는 자기물건과 같이 취급해야 한다. 제1항·제2항의 객체가 자기의 소유에 속하는 물건이라도 압류 기타 강제처분을 받거나 타인의 권리 또는 보험의 목적물이 된 때에는 타인물건으로 간주한다(^{제179조 제3항,} _{제176조}). 제1항의 타인소유의 일반건조물 등 일수죄에 한하여 미수범을 처벌한다.

V. 방수방해죄

> **[구성요건·법정형]** 수재에 있어서 방수용의 시설 또는 물건을 손괴 또는 은닉하거나 기타 방법으로 방수를 방해한 자는 10년 이하의 징역에 처한다(제180조).

수재(水災)에 있어서 방수용의 시설 또는 물건을 손괴 또는 은닉하거나 기타 방법으로 방수(防水)를 방해하는 범죄로서 진화방해죄에 대응하는 것이고, 추상적 위험범·거동범이다. 따라서 이 죄의 본질과 구성요건도 진화방해죄의 그것과 동일하게 해석해야 한다. 다만 두 죄는 행위상황을 달리하고 객체가 방수용이라는 점에 차이가 있을 뿐이다.

"수재"란 물로 인한 사람의 생명·신체·재산에 대한 재해를 말하고, "수재에 있어서"란 ① 수재가 이미 발생한 때뿐만 아니라 수재발생의 위험이 있는 상태를 포함한다. 예컨대, 홍수로 하천이 범람하거나 둑이 무너져 침해(浸害)의 위험이 발생한 경우이다. 이 죄의 행위상황이다. ② 수재발생의 원인 여하는 묻지 않으며, 자연재해·인재는 물론 과실일수나 불가항력적 수재로 인한 경우도 포함한다.

행위는 방수용의 시설 또는 물건을 손괴 또는 은닉하거나 기타 방법으로 방수를 방해하는 것이다. ① "방수용의 시설 또는 물건"이란 방수(防水)하기 위하여 제작된 일체의 시설과 물건을 말하며, 그것이 석조·목조·철조·천 등 재료나 구조 여하는 묻지 않는다. 또 소유관계도 묻지 않으므로 사유·공유이건 자기 또는 타인의 소유이건 상관없다. ② "방수"란 수재를 예방하거나 이미 발생한 수재를 약화·방지하는 것을 말하고, 방수활동·방수시설을 포함한다. ③ "방수의 방해"는 현실로 방해의 결과가 발생하였음을 요하지 않으며 방수활동을 방해하는 행위가 있음으로써 족하다. ④ 방해방법은 손괴·은닉은 물론, 폭행·협박·위력·유혹 기타의 방법으로 할 수 있으며, 방수의무자의 부작위에 의한 방수방해도 가능하다.

추상적 위험범이므로 방수방해만 있으면 기수가 되며, 방해의 결과발생이나 공공의 위험발생까지 요하지 않는다(통설). 미수는 불가벌이다.

Ⅵ. 과실일수죄

> [구성요건·법정형] 과실로 인하여 제177조(현주건조물일수) 또는 제178조(공용건조물일수)에 기재한 물건을 침해한 자 또는 제179조(일반건조물일수)에 기재한 물건을 침해하여 공공의 위험을 발생하게 한 자는 1천만원 이하의 벌금에 처한다(제181조).

과실로 인하여 현주건조물 또는 공용건조물 등 일수죄에 기재된 물건을 침해(浸害)하거나 일반건조물 등 일수죄에 기재한 물건을 침해하여 공공의 위험을 발생하게 하는 범죄이다. 전단은 추상적 위험범이고, 후단은 구체적 위험범이다. 단순실화죄에 대응하는 과실범이다. 형법은 과실에 의한 재물손괴죄는 처벌하지 않지만 실화처럼 일수에 있어서는 수력의 파괴력이 크다는 점을 고려하여 과실일수를 처벌하기로 한 것이다. 이 죄의 행위는 과실로 인하여 물을 넘겨 건조물·물건 등을 침해하는 것이다.

Ⅶ. 일수예비·음모죄

> [구성요건·법정형] 제177조 내지 제179조 제1항(현주건조물일수, 공용건조물일수, 타인소유 일반건조물일수)의 죄를 범할 목적으로 예비 또는 음모한 자는 3년 이하의 징역에 처한다(제183조).

현주건조물 등 일수죄, 공용건조물 등 일수죄, 타인소유의 일반건조물 등 일수죄를 범할 목적으로 예비 또는 음모하는 범죄이다. 다만, 방화죄의 경우와 구별하여 자수자에 대한 감면규정을 두지 않은 것은 입법의 불비라고 본다.

Ⅷ. 수리방해죄

> [구성요건·법정형] 둑을 무너뜨리거나 수문을 파괴하거나 그 밖의 방법으로 수리를 방해
> 한 자는 5년 이하의 징역 또는 700만원 이하의 벌금에 처한다(제184조).

(1) 의의·보호법익

둑을 무너뜨리거나 수문을 파괴하거나 그 밖의 방법으로 수리(水利)를 방해하는 범죄이다. 보호법익은 타인의 수리권($^{2001도404}_{판결}$)이고 추상적 위험범이다(통설).

(2) 구성요건

1) 객 체   둑 또는 수문이다. "둑"이란 물의 일출(溢出. 넘쳐 흐름)이나 유출을 막기 위해 축조된 토목건축물을 말하고, "수문"은 저수지·댐 등에 저장된 물의 유입·유출량을 조절하기 위해 설치된 시설물을 말한다.

2) 행 위   둑을 무너뜨리거나 수문을 파괴하거나 그 밖의 방법으로 수리(물의 이용)를 방해하는 것이다. 이 죄는 피해자에게 수리권, 즉 현존하는 수리의 이익이 있을 경우에만 성립한다($^{4293형상522}_{판결}$). ① "수리"란 관개·목축·수차·발전 등 일체의 물의 이용을 말한다. 물은 자연유수·인공유수를 묻지 않는다. 다만 교통에 이용되는 수로는 일반교통방해죄($^{제185}_{조}$)의 객체가 되며, 수도에 의한 먹는 물의 이용도 수도불통죄($^{제195}_{조}$)에 의하여 보호될 뿐이다($^{2001도404}_{판결 참조}$). 수도 이외의 먹는 물의 이용은 이 죄의 수리에 포함된다. ② 수리권의 근거는 법령·계약 외에 관습에 의한 경우도 포함한다($^{2001도404}_{판결}$). ③ "파괴"란 수문의 담수량 조절기능을 상실·감소시키는 일체의 손괴행위를 말한다. 다만 단순한 손괴의 정도로는 부족하고 그 규모가 큰 경우라야 파괴라고 할 수 있다($^{오영근}_{510}$). ④ "그 밖의 방법의 수리방해"는 수로를 폐쇄 또는 변경하거나 저수를 유출시키는 등 수리를 방해하는 일체의 행위를 말한다. 그러나 삽으로 흙을 떠올려 유수의 물줄기를 막거나($^{73도2594}_{판결}$), 생활하수의 배수관을 토사로 막은 경우($^{2001도404}_{판결}$)에는 수리방해가 있다고 할 수 없다. ⑤ 이 죄에 해당하지 않는 개천·도랑 그 밖의 물길의 흐름에 방해될 행위를 한 자는 경범죄처벌법($^{제3조}_{제17호}$)에 의해 처벌된다. ⑥ 수리방해만 있으면

기수가 되며 방해의 결과가 현실로 발생하였음을 요하지 않는다.

[§ 29] 교통방해의 죄

Ⅰ. 총 설

(1) 의의·본질

교통도로나 교통기관 등 공공의 교통설비를 손괴 또는 불통하게 하여 교통을 방해하는 범죄이다. 이 죄도 공공의 교통안전을 해할 뿐만 아니라 나아가 이로 인하여 불특정 또는 다수인의 생명·신체 또는 재산에 위험까지 야기시키는 이중의 위험을 야기하는 공공위험범에 해당한다.

(2) 보호법익

보호법익에 대해서, ① 공중의 교통안전이라고 하는 견해($\binom{황산덕 117,}{정영석 138}$), ② 일반의 교통방해죄는 공중의 교통안전이지만 교통방해치사상죄는 공중의 교통안전과 불특정 또는 다수인의 생명·신체·재산의 안전을 보호한다는 견해($\binom{손동권·김재윤 34/1,}{김성돈 595 이하}$), ③ 공중의 교통안전과 불특정 또는 다수인의 생명·신체·재산의 안전을 보호한다는 견해(다수설)가 대립한다. 판례는 ①설의 입장이다($\binom{2017도11408}{판결}$).

이 죄는 단지 교통의 안전만 목적으로 하는 도로교통법과 달리 교통사고로 초래될 수 있는 공중의 생명·신체·재산까지 보호한다고 보는 것이 공공위험범의 성격에 부합하므로 다수설이 타당하다. 보호받는 정도는 추상적 위험범으로서의 보호이다.

Ⅱ. 일반교통방해죄

> [구성요건·법정형] 육로, 수로 또는 교량을 손괴 또는 불통하게 하거나 기타 방법으로 교통을 방해한 자는 10년 이하의 징역 또는 1천500만원 이하의 벌금에 처한다(제185조).
> 미수범은 처벌한다(제190조).

(1) 의의·성격

육로, 수로 또는 교량을 손괴 또는 불통하게 하거나 기타 방법으로 교통을 방해하는 범죄이다.[1] 교통방해죄의 기본적 구성요건이며, 추상적 위험범($^{2017도11408}_{판결}$)·거동범이다. 계속범으로서의 성격을 갖는다.[2]

(2) 구성요건

1) 객 체 육로, 수로 또는 교량이다. "육로"란 공중의 왕래에 사용되는 육상도로를 말한다. ① 사실상 공중이나 차마(車馬)가 자유롭게 왕래에 사용하고 있는 공공성을 지닌 육상의 도로이면 족하다($^{2017도1056}_{판결}$). 따라서 농가의 경운기·리어카가 통행하는 농로도 일반 공중의 왕래에 공용되고 있으면 육로에 해당한다($^{95도1475\ 판결,}_{2007도7380\ 판결}$). 그러나 공로에 출입할 수 있는 다른 도로가 있는 상태에서 토지 소유자로부터 일시적인 사용승낙을 받아 통행하거나 토지 소유자가 개인적으로 사용하면서 부수적으로 타인의 통행을 묵인한 장소에 불과한 것은 육로에 포함되지 않는다($^{2016도12563}_{판결}$). ② 공중의 왕래에 사용되는 도로이면 노면의 폭이나 통행인의 다과와 관리자나 소유자가 누구인가는 묻지 않으나($^{2007도7717}_{판결}$), 개인의 저택 통로나 음식점진입로($^{2009도13376}_{판결}$), 목장용지 내 임도($^{2005도7573}_{판결}$)와 같이 방문객의 통행에만 이용되는 통로는 포함되지 않는다.

"수로"란 선박의 항해에 사용되고 있는 하천·운하·해협·호소 등을 말한다. 공해상의 해로도 포함해야 한다(통설).

"교량"이란 하천·호소(호수와 늪)·계곡 등에 가설한 시설물로서 공중의 왕래에 사용되는 다리를 말하며, 교량의 형태·대소·재질과 소유자 여하는 묻지 않는다. 육교도 포함되지만 궤도의 일부가 되는 철교는 제외된다.

2) 행 위 손괴 또는 불통하게 하거나 기타 방법으로 교통을 방해하는 것이다. "손괴"란 교통을 방해할 수 있는 정도의 물질적 훼손을 말하며, 반드시 전부의 손괴일 필요가 없다. "불통하게" 하는 것은 유형의 장애물을 사용하여 왕래를 방해하는 일체의 행위를 말하며, 그 방법은 묻지 않는다. "기타 방법"은

---

1) 교통방해죄에 대하여 헌법재판소는 재판관 전원일치로 합헌결정하였다(2012헌바194 결정).
2) 교통방해의 상태가 계속되는 한 위법상태는 계속 존재한다. 따라서 교통방해를 유발한 집회에 참가한 경우, 참가 당시 이미 다른 참가자들에 의해 교통의 흐름이 차단된 상태였다고 하더라도 교통방해를 유발한 다른 참가자들과 암묵적·순차적으로 공모하여 교통방해의 위법상태를 지속시켰다고 평가할 수 있다면 일반교통방해죄가 성립한다(2017도1056 판결).

손괴·불통 이외의 교통을 방해할 수 있는 일체의 방법을 말하고, 폭력으로 통행을 차단하거나 허위표지를 세워 통행하지 못하게 방해하는 것도 여기에 포함될 수 있다.

> 도로의 토지 일부 소유자가 도로의 중간에 바위를 놓아 두거나 이를 파헤치는 경우(2001도6903 판결), 야간에 편도 3차로 중 길가쪽 2개 차로에 차량과 간이테이블 수십 개를 이용하여 포장마차를 설치하고 영업한 경우(2006도4662 판결), 주민들에 의하여 공로로 통하는 유일한 통행로로 오랫동안 이용되어 온 폭 2m의 골목길을 자신의 소유라는 이유로 폭 50 내지 70cm 가량만 남겨두고 담장을 설치하여 주민들의 통행을 현저히 곤란하게 한 경우(94도2112 판결)에 일반교통방해죄가 성립한다. 추모제에 참석한 뒤 다른 집회 참가자들과 함께 질서유지선을 넘어 방송차량을 따라 도로 전 차로를 점거하면서 행진하고, 이를 제지하는 경찰과 대치하면서 도로에서 머물다가 귀가한 때에는 일반교통방해죄의 공모공동정범이 성립한다(2017도9146 판결). 적법한 신고를 하고 도로에서 집회나 시위를 하는 경우에는 신고범위를 현저히 일탈하는 등 특별한 사정이 없는 한 일반교통방해죄는 성립하지 않지만(2006도755 판결), 당초에 신고한 범위를 현저히 벗어나거나 집시법상의 조건을 중대하게 위반하여 도로교통을 방해함으로써 통행을 불가능하게 하거나 현저하게 곤란하게 한 경우(2017도11408 판결)에는 일반교통방해죄가 성립한다.

3) **교통방해** 이상의 방법으로 교통을 방해해야 한다. "교통방해"란 교통을 불가능하게 하거나 현저히 곤란하게 하는 것을 말한다($\frac{2017도1056}{판결}$). 방해상태가 있으면 기수가 되며, 현실로 방해의 결과가 발생하였거나 공공의 위험이 발생하였음을 요하지 않는다($\frac{추상적 위험범,}{2017도1056 판결}$). 따라서 집회참가자가 4분 남짓의 아주 짧은 시간동안 도로를 점거했다 하더라도 교통방해사실이 인정된다면 이 죄가 성립한다($\frac{2015도13782}{판결}$). 그러나 도로에 차벽이 설치되어 교통의 흐름이 완전히 차단된 때에는 비록 다수인이 도로를 점거하더라도 교통방해의 추상적 위험조차 발생하지 않는다($\frac{2017도11408}{판결}$). 교량 등을 손괴 내지 불통하게 하거나 교통을 방해하는 행위에 착수하였으나 이를 완성하지 못한 때에는 미수범이 된다.

4) **고 의** 교통을 방해할 수 있는 정도의 사실을 인식하고 손괴·불통·방해행위를 한다는 고의가 있어야 한다. 미필적 고의로서 족하다. 공공의 위험 발생에 대한 인식은 필요없다. 그러나 집회 참가자가 다른 시위대와 함께 도로행진을 하며 교통을 방해하였더라도 단순 참가했을 뿐, 행진이 집회 주최 측이 사전신고한 내용에 배치되는 것이라는 점을 알지 못하였다면 일반교통방해죄로 처벌할 수 없다($\frac{2018도11349}{판결}$).

III. 기차·선박 등 교통방해죄

> [구성요건·법정형] 궤도, 등대 또는 표지를 손괴하거나 기타 방법으로 기차, 전차, 자동차, 선박 또는 항공기의 교통을 방해한 자는 1년 이상의 유기징역에 처한다(제186조).
> 미수범은 처벌한다(제190조).

(1) 의의·성격

궤도, 등대 또는 표지를 손괴하거나 기타 방법으로 기차, 전차, 자동차, 선박 또는 항공기의 교통을 방해하는 범죄로서 일반교통방해죄보다 불법이 가중된 구성요건이며 추상적 위험범이다.

(2) 구성요건

1) 객 체   궤도, 등대 또는 표지이다. "궤도"란 여객 또는 화물수송을 위해 지상에 부설한 궤조(軌條. 레일)를 말하며(궤도운송법 제2조 제1호), 도시철도법상의 철의 궤도는 물론, 궤조와 구조상 불가분의 관계에 있는 침목(枕木)·궤조의 이음쇠판·철교나 궤도터널도 궤도에 포함된다. "등대"란 선박의 안전한 항해를 위하여 항로의 방향을 판단하도록 시설한 등화를 말하며 그 소유 여하는 묻지 않는다. "표지"란 교통의 신호 기타 안전교통을 위하여 제작된 설치물로서 공설·사설임을 묻지 않는다.

2) 행 위   손괴하거나 기타 방법으로 교통을 방해하는 것이다. 교통을 방해하는 객체를 제외하고는 일반교통방해죄와 같다. 궤도상에 석괴·목재 등 장애물을 놓아 두는 행위, 등대의 등화를 끄는 행위, 교통신호를 가리거나 신호등의 불을 끄거나 허위등대를 만드는 행위도 교통방해가 된다. 교통을 불가능하게 하거나 현저히 곤란하게 하는 상태가 나타나면 기수가 되며, 현실로 교통방해의 결과가 발생하였거나 공공의 위험이 발생할 필요는 없다.

Ⅳ. 기차 등 전복죄

[구성요건·법정형] 사람이 현존하는 기차, 전차, 자동차, 선박 또는 항공기를 전복, 매몰, 추락 또는 파괴한 자는 무기 또는 3년 이상의 징역에 처한다(제187조).
미수범은 처벌한다(제190조).

(1) 의의·성격

사람이 현존하는 기차, 전차, 자동차, 선박 또는 항공기를 전복, 매몰, 추락 또는 파괴하는 범죄이다. 사람이 현존하는 기차 등을 전복, 매몰, 추락, 파괴한 때에는 공공의 위험을 해하는 정도가 현저히 증가되므로 기차·선박 등 교통방해죄보다 특히 형을 가중한 추상적 위험범이다.

(2) 구성요건

1) 객 체   사람이 현존하는 기차, 전차, 자동차, 선박 또는 항공기이다.

(a) **사람의 현존**   "사람이 현존하는"이란 행위 당시에 범인 이외의 사람이 기차, 전차 등의 내부에 현존하고 있는 것을 말한다. 현주건조물 등 방화죄에 있어서의 사람의 현존과 같은 의미이다. ① 여기의 사람도 범인 이외의 모든 자연인을 말하며, 현존하는 사람이 반드시 승객일 필요가 없고, 기관차에 기관사만 타고 있어도 사람이 현존하는 기차, 전차가 된다. ② 사람이 현존하는 시기에 대해서는 결과발생시에 현존함을 요하지 않고 실행행위를 개시할 때에 사람이 현존하고 있으면 족하다(통설).[1]

(b) **기차·전차·자동차·선박·항공기**   객체는 방화죄의 그것과 같다. 현재 운행 중인 기차, 전차, 자동차 등은 물론, 일시적으로 그 기능이 정지된 경우에도 이 죄의 객체가 된다. 따라서 차고에 들어가 있거나 정차·정박 중인 기차, 선박도 포함한다.

2) 행 위   전복, 매몰, 추락 또는 파괴하는 것이다. "전복"이란 기차·전차 등 궤도차를 탈선시켜 뒤집어 엎거나 넘어가게 하는 것이다. 단순히 탈선시킨 것만으로는 아직 전복이라 할 수 없다. "매몰"이란 흙더미에 묻히게 하거나

---

1) 따라서 사람이 현존하는 선박에 대해 매몰행위의 실행을 개시하고 그로 인하여 선박을 매몰시켰다면 매몰의 결과발생시에 사람이 현존하지 않았거나 범인이 선박에 있는 사람을 안전하게 대피시켰더라도 선박매몰죄는 기수가 된다(99도4688 판결).

선박을 수중에 침몰시키는 것을 말하고 좌초시킨 것은 매몰이라 할 수 없다. 매몰의 의사로 좌초하게 한 때에는 이 죄의 미수가 되고, 좌초로 인하여 선박이 파괴된 때에는 파괴죄에 해당한다. "추락"이란 자동차나 항공기가 높은 곳에서 아래로 떨어지는 것은 말한다. "파괴"란 교통기관으로서의 기능의 전부 또는 일부를 불가능하게 할 정도로 그 중요부분을 훼손하는 것을 의미하고 단순한 손괴는 포함하지 않는다(통설, 2008도11921 판결). 반드시 공중의 생명·신체·재산에 위험이 생길 정도의 손괴임을 요하지 않는다.

3) 고 의   행위시에 기차, 전차 등에 사람이 현존한다는 것을 인식하고 그 객체를 전복, 매몰, 추락, 파괴한다는 인식·의사가 있어야 한다. 현존하는 사람을 사상에 이르게 한다는 등 공공의 위험발생은 인식할 필요가 없다(99도4688 판결).

(3) 타죄와의 관계

업무상 과실자동차파괴죄(제189조 제2항)와 이 죄는 보호법익, 객체, 행위태양을 달리하므로 일반법과 특별법의 관계가 아니라 각각 독립된 범죄이다. 보험금 사취의 목적으로 보험에 가입된 선박을 침몰시킨 후 보험금을 지급받은 경우에는 사기죄와 선박매몰죄의 경합범이 된다.

V. 교통방해치사상죄

> [구성요건·법정형]   제185조 내지 제187조(일반교통방해, 기차·선박 등 교통방해, 기차 등 전복)의 죄를 범하여 사람을 상해에 이르게 한 때에는 무기 또는 3년 이상의 징역에 처한다. 사망에 이르게 한 때에는 무기 또는 5년 이상의 징역에 처한다(제188조).

일반교통방해죄, 기차·선박 등 교통방해죄, 기차 등 전복죄를 범하여 사람을 사상에 이르게 하는 범죄이다. 치사죄는 진정결과적 가중범이지만 치상죄는 부진정결과적 가중범이다(통설).

치사의 경우에는 사망에 대해서 예견가능성이 있어야 하고, 치상의 경우에는 상해에 대하여 과실이 있는 경우뿐만 아니라 고의가 있는 경우도 포함한다. 기본범죄가 기수로 된 경우뿐만 아니라 미수행위로 인하여 치사·치상의 결과가 발생하여도 이 죄가 성립한다. "사람의 사상"은 교통기관 내에 현존하는 사람뿐만 아니라 보행자나 부근에서 일하던 사람이나 공범자가 사상한 때에도 이 죄에 해당한다.

기차 등 전복죄와 이 죄를 범하여 사람을 상해에 이르게 한 경우를 동일한 법정형으로 처벌하도록 규정하여 결과적 가중범의 중한 결과를 형에 반영하지 않은 것은 부당하므로 입법론상 재고를 요한다.

VI. 과실교통방해죄

> [구성요건·법정형] 과실로 인하여 제185조 내지 제187조(일반교통방해, 기차·선박 등 교통방해, 기차 등 전복)의 죄를 범한 자는 1천만원 이하의 벌금에 처한다(제189조 제1항).

과실로 인하여 일반교통방해죄, 기차·선박 등 교통방해죄, 기차 등 전복죄를 범하는 과실범이다. 교통방해죄의 공공위험성이 크다는 점을 고려하여 과실범을 처벌하기로 한 것이다. 과실범이므로 과실범의 일반적 성립요건을 구비해야 한다.

VII. 업무상과실·중과실 교통방해죄

> [구성요건·법정형] 업무상 과실 또는 중대한 과실로 인하여 제185조 내지 제187조(일반교통방해, 기차·선박 등 교통방해, 기차 등 전복)의 죄를 범한 자는 3년 이하의 금고 또는 2천만원 이하의 벌금에 처한다(제189조 제2항).

업무상 과실 또는 중과실로 인하여 교통을 방해하는 범죄로, 그 행위자가 업무자이거나 중대한 과실 때문에 과실교통방해죄에 비하여 형을 가중한 것이다. 여기의 업무도 사람의 사회생활상의 지위에서 계속 또는 반복하여 종사하는 사무로서 업무상 과실치사상죄의 그것과 같다. 다만 이 죄의 성질상 직접 또는 간접으로 기차, 전차, 자동차, 선박 등의 교통에 종사하는 자의 업무라고 해야 한다(^{97도1740}_{판결}). 또 업무상 과실로 자동차 등 전복죄(^{제187}_조)를 범한 경우에 그 자동차는 피고인 이외의 사람이 현존하는 자동차를 지칭한다.

과실의 유무는 개별적으로 판단해야 하고, 선박충돌사고의 경우 한쪽에 과실이 있다 하여 반드시 다른 쪽에 과실이 없다고 단정할 수 없으며($^{71도2386}_{판결}$), 피해자측에 과실이 있다는 이유만으로 자기의 과실책임을 면할 수 없다. 또 공동과실자가 있는 때에도 자기의 업무상의 주의의무위반에 대한 책임을 면할 수 없다.

Ⅷ. 교통방해예비·음모죄

[구성요건·법정형]　제186조(기차·선박 등 교통방해) 또는 제187조(기차 등 전복)의 죄를 범할 목적으로 예비 또는 음모한 자는 3년 이하의 징역에 처한다(제191조).

교통방해의 죄 중에서 기차, 전차, 자동차, 선박, 항공기의 교통을 방해하는 죄와, 사람이 현존하는 기차, 전차, 자동차, 선박, 항공기를 전복, 매몰, 추락, 파괴하는 죄를 범할 목적으로 예비 또는 음모하는 범죄이다("살인예비·음모죄" 참조).

제 2 절   공공의 신용에 관한 죄

[§ 30] 문서에 관한 죄

Ⅰ. 문서에 관한 죄의 일반론

1. 형법에 있어서의 문서보호

현대생활에 있어서 문서와 전자기록 등 특수매체기록은 각종의 사회생활 관계를 명확하게 하고 그 내용을 증명하는 기능을 수행한다. 형법은 문서와 특수매체기록의 이러한 사회적 기능을 중요시하여 문서 등의 진정에 대한 공공의 신용을 보호하기 위하여 문서에 관한 죄를 규정하고 있다. 다만, 형법은 모든 종류의 문서를 보호대상으로 하는 것이 아니라 공문서, 공전자기록과 법적 거래에 있어서 권리·의무 또는 사실증명에 관련되는 사문서, 전자기록만 한정하여 보호하고 있다.

문서에 관한 죄의 보호법익은 문서의 진정에 대한 공공의 신용이다(통설, 2016도 2081 판결). 이를 좀 더 구체적으로 표현하면, "문서를 통한 법적 거래 내지 문서의 증명력에 대한 확실성과 신용"이라 할 수 있다. 보호받는 정도는 추상적 위험범으로서의 보호이다.

2. 문서에 관한 죄의 본질

(1) 형식주의와 실질주의

문서에 관한 죄는 진실에 반하는 허위의 문서작출을 처벌하는 범죄이다. 여기의 "허위"는 문서의 작성명의에 대한 허위인가 문서의 내용에 대한 허위인가에 대해서 두 가지 입법형식이 있다.

1) 형식주의   문서위조 등 죄는 문서의 "성립의 진정"을 보호대상으로 한

다는 전제에서, 타인의 명의를 모용 또는 사칭하여 그 타인명의의 문서를 작성하는 행위만 처벌하는 입법형식(독일 형법 제267조)이다. 즉 문서의 작성명의에 허위가 있는 "부진정문서"만 문서위조 등 죄로 처벌하고 문서의 내용이 허위인가는 묻지 않는다.

2) 실질주의   문서위조 등 죄는 문서에 표시된 "내용의 진실"을 보호대상으로 한다는 전제에서, 문서의 내용을 허위로 작성하는 행위만 처벌한다는 입법형식(프랑스 형법 제441-1조)이다. 즉 문서의 내용이 허위로 작성된 "허위문서"만 문서위조 등 죄로 처벌하고 문서작성명의의 허위여부는 묻지 않는다.

3) 형법의 태도   우리 형법은 작성명의에 허위가 있는 경우는 공문서와 사문서를 묻지 않고 모두 처벌하고(제225조, 제231조), 작성명의에는 허위가 없으나 내용이 허위인 경우에는 공문서에 한하여 처벌하며(제227조), 사문서는 예외적으로 허위진단서 등 작성죄(제233조)만 처벌하고 있다. 따라서 형법은 형식주의를 원칙으로 하면서 실질주의를 예외적으로 인정하고 있다고 해야 한다(통설).

(2) 유형위조와 무형위조

문서에 대한 위조행위를 처벌하는 경우, 그 "위조"는 타인의 명의를 위조한 것인가 문서의 내용을 위조한 것인가에 대해서 형식주의와 실질주의는 각각 다른 위조개념을 정립한다.

1) 유형위조   문서작성의 정당한 권한 없이 타인명의의 문서를 불법으로 작성하는 "명의위조"를 위조라고 한다. 즉 문서의 작성자가 타인의 명의로 문서를 작성하는 것이 유형위조이다. 문서의 명의인과 문서작성자가 다른 사람인 부진정문서작성이다.

2) 무형위조   문서의 작성명의에는 거짓이 없으나 진실에 반하는 허위내용의 문서를 작성하는 "내용위조"를 위조라고 한다. 즉 본인이 자기명의로 문서를 작성하면서 "허위문서"를 작성하는 것이 무형위조이다. 문서명의인과 문서작성자가 같은 사람인 허위문서작성이다.

3) 형법의 태도   형식주의를 원칙으로 하는 우리 형법에서는 유형위조는 공문서·사문서 구별없이 모두 처벌하고 있으나, 무형위조에 대해서는 위조라는 용어 대신 허위"작성"이라 하여 공문서는 허위작성 일반을 처벌하지만 사문서

는 문서내용의 진실성을 특히 보호할 필요가 있는 경우(허위진단서 등 작성)에만 예외적으로 허위작성을 처벌하고 있다. 따라서 우리 형법은 원칙적으로 사문서의 무형위조를 처벌하지 않는다고 할 수 있다.

3. 문서의 개념

(1) 문서의 의의

문서[1]란 문자 또는 이를 대신하는 일정한 부호를 사용하여 사람의 관념 또는 의사가 화체되어 있는 물체[2]를 말한다. 광의의 문서에는 문자로 표현된 협의의 문서 외에 상형적 부호로 표현된 도화가 있다. 문서는 법률관계나 사회생활상 중요사실을 증명할 수 있는 것이라야 하고($_{10468\ 판결}^{통설,\ 2011도}$), 문서의 개념적 요소로서 영속적 기능, 증명적 기능, 보장적 기능을 요구한다.

(2) 문서의 개념요소

1) **영속적 기능**   문서는 사람의 관념 또는 의사가 물체에 화체되어 외부적으로 표시된 것으로서 어느 정도 영속성이 있어야 한다.

(a) **관념·의사의 표시**   문서는 사람의 관념 또는 의사를 외부적으로 표시하는 물체이다. ① 여기의 "관념·의사"는 사법상의 효과의사보다 넓은 개념으로서, 사법상의 의사표시를 포함하여 널리 사람의 사상이나 관념 또는 감정을 표시한 물체는 모두 문서가 된다. ② 문서의 본질은 문서 속에 화체되어 있는 관념 또는 의사의 표시에 있으므로 단순한 증거기호물에 불과한 번호표, 인물이나 사물의 동일성만 표시하는 명찰·문패·물품예치표, 신발표, 제조상품의 일련번호, 상품포장에 찍힌 회사표시 등은 문서가 아니다. ③ 텔레타이프나 전자적 기계에 의해서 자동적으로 외적 상황이 기록되는 기계적 기록은 직접 사람의 관념이나 의사를 표시한 것이 아니므로 자동차의 주행미터기, 택시요금미터기, 전기·수도·전화통화료의 사용미터기, 환경오염전광판, 고속도로 상황안내판의 기록은 문서가 아니다.

---

1) 여기의 문서는 문서위조죄의 행위객체인 문서를 말한다. 형법에서 문서를 행위의 객체나 그 수단으로 사용하는 범죄는 문서위조죄 외에도 음란문서반포죄(제243조)·문서손괴죄(제366조)·비밀침해죄(제316조)·공무상 비밀침해죄(제140조 제2항) 등이 있고, 유가증권(제214조)도 일종의 문서에 속한다. 각 범죄에서의 문서의 개념은 범죄의 본질과 보호법익에 따라 달리 해석된다.
2) 원본 및 기계적 방법에 의한 복사본을 포함한다(2011도10468 판결).

필름·마이크로필름·비디오테이프·환등기필름·컴퓨터 입력자료와 같이 시각영상을 통해 스크린에 상영되는 의사표시는 기록인쇄물로 출력된 경우가 아니면 문서가 아니다(전자기록은 특수매체기록에 해당).

(b) **관념·의사표시의 방법과 정도**   문자는 물론, 부호에 의한 표시도 무방하다. "문자"는 외국의 문자도 무방하며 반드시 문장의 형식을 갖추어야 할 필요도 없다. 따라서 우체국의 일부인·등기필증·백지위임장·수하물인환증 등 생략문서(省略文書)도 일정한 관념 또는 의사를 해득할 수 있으면 문서가 된다. 현재 사용하는 문자뿐만 아니라 과거에 사용했던 설형(楔形)문자(바빌로니아의 쐐기모양 문자)를 사용한 것도 읽을 수 있는 것이면 문서가 된다.

"부호"는 문자를 대신하여 뜻을 나타낼 수 있고 시각을 통해 읽을 수 있는 기호를 말하고 반드시 발음적 부호일 필요가 없다($\frac{2011도10468}{판결 참조}$). 따라서 전산부호·속기용부호·맹인의 점자를 사용한 것도 문서이다.

관념 또는 의사의 표시정도는 구체적으로 표시된 것이라야 하고, 단순히 추상적인 사상을 표시한 시·소설 등 예술작품이나 저작물은 문서가 아니다(저작권법의 보호대상). 반드시 법률상의 형식이 완비되어 있음을 요하지 않고 무효인 의사표시를 기재한 것도 문서가 된다.

[**서명과 낙관의 문서성**]   예술작품에 표시된 예술가의 서명(署名)과 낙관(落款)은 생략문서에 해당한다는 견해(이재상·장영민·강동범 32/12)도 있으나, 형법은 인장과 서명을 인장에 관한 죄의 객체로 명시(제238조)하고 있을 뿐만 아니라 낙관 그 자체는 사실을 증명하는 것이 아니므로 문서에는 해당하지 않는다고 해야 한다(통설).

(c) **관념·의사표시의 영속성**   문서는 관념 또는 의사가 물체상에 표시되어 어느 정도 계속적인 상태에 있어야 하며 그 내용을 시각적으로 이해할 수 있는 것이라야 한다. 반드시 영구적일 필요는 없으나 판자 위에 수서(水書)로 쓴 문자, 흑판에 백묵으로 쓴 문자는 문서가 아니다. 영속성이 인정되는 이상 물체에 표시하는 방법에는 제한이 없으며, 물체도 반드시 종이(紙)일 필요가 없다.

염료를 사용하여 천·피혁에 글씨를 염색하거나 실(糸)을 사용하여 자수를 놓거나, 약품을 사용하여 목재·금속판을 태워 글씨를 현출시킨 것도 문서가 된다. 그러나 음반·레코드·녹음테이프와 같이 청각에 의해 내용을 파악할 수 있는 것은 문서가 아니다. 문서의 내용을 저장한 전자 파일이나 그 파일을 실행시켜 컴퓨터 모니터 화면에 나타낸 문서의 이미지는 계속적으로 물체상에 고정된 것으로 볼 수 없으므로 형법상 문서에 관한 죄의 객체인 문서에 해당하지 않는다(2017도19499 판결).

2) 증명적 기능   문서에 의하여 표시된 내용은 법률관계 또는 사회생활상 중요한 사항을 증명할 수 있고 증명하기 위한 것이라야 한다. 문서의 증명적 기능이 인정되기 위해서는 객관적 증명능력과 주관적 증명의사가 있어야 한다.

(a) 증명능력   문서에 표시된 내용은 법률관계 또는 사회생활상 중요한 사항을 증명할 수 있어야 한다. ① "법률관계"란 권리의무의 발생·유지·변경·소멸·확정에 관련되어 있는 것을 말하고, 공법관계·사법관계를 불문한다(매매계약서·은행출금표·주민등록발급신청서·예금청구서·고소장 등). ② "사회생활상 중요한 사항"이란 권리의무 이외의 사항으로서 사실증명에서 사용될 수 있는 것을 말한다(신분증명서·추천서·안내장·이력서·영수증·현금보관증·유언서 등).

그러나 단지 사상만을 표시하고 있는 소설·시가와 단순한 예술작품인 서화나 개인의 일기장·연애편지·축하편지·비망록·강의초안 등은 권리의무나 사실증명에 관한 것이 아니므로 문서가 아니다.

[진정문서에 대한 증명성]   문서의 증명능력은 문서의 명의인과 작성자가 일치하는 진정문서에 대해서만 인정되는가에 관해서 다수설은 문서의 증명능력은 진정문서를 전제로 한다는 데 반하여, 소수설은 부진정문서도 장래의 소송절차에서 위조·변조사실의 입증에 사용될 수 있으므로 증명능력이 있다고 한다(오영근 572 이하, 김성돈 656).

문서의 명의인과 작성자가 일치하지 않는 부진정문서를 작성하는 것은 문서에 관한 범죄로서 증거자료는 될 수 있지만 부진정문서 그 자체는 문서위조죄의 객체가 될 수 없으므로 다수설이 타당하다. 판례는 행사할 목적으로 다른 조작을 가함이 없이 문서원본을 그대로 컬러복사한 사본을 원본인 것처럼 행사한 경우에 사문서위조죄와 위조사문서행사죄를 인정한다(2016도2081 판결).

(b) 증명의사   문서는 법률관계 또는 사회생활상의 중요한 사실관계를 증명하기 위한 증명의사에 기하여 작성된 것이라야 한다. "증명의사"는 확정적 의사라야 하고 작성자의 서명 유무와 관계없다. 시한부로 작성된 것도 증명의사는 있다.

(c) 목적문서와 우연문서   "목적문서"는 애당초 증명의사를 가지고 작성된 문서(모욕·명예훼손이 기재된 범죄문서)이고, "우연문서"는 사후에 증명의사가 생긴 문서(범죄사실 입증용으로 압수 또는 법원에 제출된 개인편지·비망록)를 말한다. 공문서는 항상 목적문서에 해당하며, 사문서는 양자 모두 포함될 수 있다.

3) 보장적 기능   문서는 관념 또는 의사를 표시한 주체인 명의인이 있어야 하고 명의인이 없으면 문서가 될 수 없다. 명의인은 문서에 나타나 있는 의사표시의 내용을 보증하는 (책임을 지는) 기능을 한다. 따라서 투서나 전단 등과 같은 익명의 사상표현은 문서가 아니다.

(a) **명의인**   명의인은 문서의 작성자와 반드시 일치하는 것은 아니다. 명의인은 자연인에 한하지 않고 법인이나 법인격 없는 단체도 무방하나 특정되어야 한다. 특정된 이상 반드시 문서에 명의인의 성명표시나 서명·날인이 있을 필요가 없으며, 문서의 내용·형식·필적 등으로 누가 명의인인지를 판별할 수 있으면 족하다($^{2008도6895}_{판결}$). 문서의 진정한 작성명의자가 누구인지는 문서의 표제나 명칭만이 아니라 문서의 형식과 외관은 물론 문서의 종류, 내용, 일반 거래에서 그 문서가 가지는 기능 등 제반 사정을 종합적으로 참작하여 판단해야 한다($^{2015도17777}_{판결}$).

(b) **사자·허무인 명의의 문서**   명의인은 실재함을 요하지 않는다. 사자나 허무인 명의의 문서도 일반인이 진정문서로 오신할 수 있으면 문서의 진정에 대한 공공의 신용은 저해될 수 있으므로 공문서·사문서를 묻지 않고 문서에 관한 죄의 객체가 된다($^{통설, 2002도18}_{전원합의체 판결}$). 다만 누가 보더라도 허무인 명의의 문서임이 애당초 명백한 경우(예: 세종대왕의 명의를 사용한 문서)에는 문서위조죄에 해당하지 않는다.

(c) **복본·등본·초본·사본의 문서성**   문서는 명의인의 관념 또는 의사를 표시한 물체 그 자체라야 하고 원본임을 요한다. 따라서 사본(寫本)·등본(謄本)·초본(抄本)은 사본·등본·초본이라는 취지의 인증문(認證文)이 없으면 문서라고 할 수 없다(통설).

복본(複本)은 명의인이 일정한 증명을 하기 위하여 애당초 수통의 문서로 작성한 것이기 때문에 법적 거래에서 의사표시의 기능이 있는 한 문서에 해당한다(음식점의 음식차림표, 호텔숙박요금표, 상품구입안내서 등). 그러나 법적 거래에서 애당초 원본의 복제라고 할 수 없는 것은 문서가 아니다(신문사에 제출한 광고문 자체는 원본이지만 신문에 기재된 결혼광고, 입장표명은 복제가 아니다).

(d) **사진복사본의 문서성**   복사기나 사진기, 모사전송기(Fax) 등을 사용하여 기계적 방법으로 원본을 복사한 사진복사문서(Fotokopie)가 문서위조죄의 객체

인 문서에 해당하는가에 대해서 종래까지 논란이 있었으나, 1995년 형법개정에서 복사문서의 문서성을 인정하는 규정($^{제237조}_{의2}$)을 두었으므로 더 이상 부정설은 의미가 없다. 판례는 사본을 복사한 재사본의 문서성도 인정한다($^{2000도2855}_{판결}$).

(3) 도 화

도화란 문자 이외의 상형적(象形的) 부호에 의하여 기재자의 관념 내지 의사가 물체에 화체되어 표현된 것을 말한다($^{2011도10468}_{판결}$). 토지경계도·설계도·지적도나 상해의 부위를 명백히 하기 위한 인체도가 여기에 해당한다. 도화도 광의의 문서이므로 영속적 기능·증명적 기능·보장적 기능이 있어야 한다. 따라서 증명적 기능이 없는 단순한 미술작품으로서의 회화(繪畵)는 도화에 해당하지 않는다. 화가의 낙관을 위조하여 쓰거나 가짜 인장을 날인한 회화를 작성한 경우에는 인장·서명위조죄에 해당하고 문서·도화위조죄가 되지 않는다. 담뱃갑의 표면에 그 담배의 제조회사와 담배의 종류를 구별·확인할 수 있는 특유의 도안이 표시되어 있는 경우에는 그 담뱃갑은 문서 등 위조죄의 대상인 도화에 해당한다($^{2010도2705}_{판결}$).

4. 문서의 종류

(1) 공문서와 사문서

1) **공문서** "공문서"란 공무소 또는 공무원이 그의 직무에 관하여 작성한 문서를 말한다($^{2015도15842}_{판결}$). 외국의 공무소·공무원이 작성한 문서는 공문서가 아니다($^{98도164 등}_{판결 참조}$). 직무권한은 반드시 법률상 근거가 있음을 요하지 않고 명령·내규 또는 관례에 의한 경우도 포함되며($^{2015도9010}_{판결}$), 일반인으로 하여금 공무원 또는 공무소의 권한 내에서 작성된 것이라고 오신할 만한 형식·외관을 구비하면 족하다($^{2018도19043}_{판결 참조}$). 따라서 공무원 또는 공무소의 직인(職印)이 없더라도 공문서가 될 수 있으며($^{4291형상359}_{판결}$), 공증사무 취급이 인가된 공증인·공증인가법무법인·합동법률사무소 명의로 작성된 공증에 관한 문서도 공문서에 해당한다($^{92도1064}_{판결 참조}$). 그러나 지방세 수납업무 일부를 담당하는 시중은행이나 은행직원은 공무소·공무원이 아니므로 세금수납영수증도 공문서가 아니다($^{95도3073}_{판결}$).

2) **사문서** "사문서"란 사인(私人)의 명의로 작성된 문서를 말한다. 형법은

모든 사인명의의 문서를 사문서위조죄의 객체로 하지 않고 권리의무에 관한 사
문서와 사실증명에 관한 사문서에 한하여 문서위조죄의 객체로 하고 있다. 사
문서의 명의인은 내·외국인을 불문한다.

(2) 전체문서·결합문서·복합문서·개별문서

1) 전체문서   "전체문서"란 하나하나의 독립된 의사표시의 문서가 계속적
으로 다수 결합하여 그 전체가 통일된 독자적 의사표시의 내용을 구성하는 문
서를 말한다. 예금통장·상업장부·우편저금통장·형사기록 등이다.

2) 결합문서   "결합문서"란 의사표시를 내용으로 하고 있는 문서가 검증
의 목적물과 결합되어 하나의 통일된 증명내용을 가지는 문서를 말한다. 사진
을 첨부한 증명서나 기존 문서에 대한 인증(認證), 등기권리증에 날인된 "등기
필" 인증이 있는 문서이다.

3) 복합문서   1통의 용지 또는 수통의 용지에 2개 이상의 다른 문서가 병
존되어 있는 경우를 "복합문서"라 한다. 일부는 권리의무에 관한 문서이고 나머
지 일부는 사실증명에 관한 문서(차용증서·전세계약서에 제3자의 입회인 서명·날
인), 공문서와 사문서가 결합된 문서(사적인 사실확인서에 공증인의 인증)가 복합문
서이다. 각각 그 일부의 성질에 따라 공문서 또는 사문서로 취급한다. 공증인의
인증이 있는 사서증서(私署證書)의 사실내용 기재부분의 일부를 변조하면 사문
서변조죄가 성립한다($^{2003도2144}_{판결}$).

4) 개별문서   "개별문서"란 전체문서나 결합문서와 구별하기 위한 것으
로, 개별적인 의사가 표시된 독립된 문서를 말한다. 보통의 일반문서는 대체로
개별문서라 할 수 있다.

5) 진정문서·부진정문서·허위문서·생략문서·목적문서·우연문서   이에 관
하여는 "문서의 본질, 문서의 영속적 기능과 증명적 기능" 각각 참조.

II. 사문서 등 위조·변조죄

> **[구성요건·법정형]**   행사할 목적으로 권리·의무 또는 사실증명에 관한 타인의 문서 또는 도화를 위조 또는 변조한 자는 5년 이하의 징역 또는 1천만원 이하의 벌금에 처한다(제231조).
>
> 미수범은 처벌한다(제235조).
>
> 복사문서 등 사본도 문서·도화로 본다(제237조의2).

1. 의의·성격

행사할 목적으로 권리·의무 또는 사실증명에 관한 타인의 문서 또는 도화를 위조 또는 변조하는 범죄이다. 타인의 명의를 모용하여 문서를 작성하는 유형위조이다. 문서에 관한 죄 중에서 가장 기본적인 범죄이다. 목적범이고 추상적 위험범이다.

2. 객관적 구성요건

(1) 주 체

제한이 없으므로 공무원도 주체가 될 수 있다.

(2) 객 체

권리·의무 또는 사실증명에 관한 "타인명의"의 문서 또는 도화이다. 사문서 중에서도 권리·의무 또는 사실증명에 관한 문서(진정문서)만 이 죄의 객체가 된다(다수설). 모든 위조죄의 위조문서는 범행의 결과로 만들어진 행위자의 작품에 불과하므로 이 죄의 객체가 아니다.

1) 권리·의무에 관한 문서·도화   권리·의무의 발생·존속·변경 또는 소멸의 효과가 생기게 하는 것을 의사표시의 내용으로 하는 문서 또는 도화를 말한다. 권리·의무는 사법상의 것이든 공법상의 것이든 묻지 않으며, 반드시 법률상의 문서에 국한하지 않는다.

[권리·의무에 관한 문서의 예]   권리·의무에 관한 문서로서, ① 재산관계에 관한 계약서·청구서·진정서·증서·위임장, ② 신분관계(혼인·출생·입양)에 관한 신고서, 여권발급·주민등록발급·인감증명교부 등의 신청서, ③ 민사·형사소송에 관한 변론재개신청서·지급명령

이의신청 취하서·등기신청서류, ④ 그 외에 영수증·전보의뢰서·은행출금표·예금통장·예금청구서·보험증서·주식회사의 보고서와 결의서·회사의 촉탁사령서 등을 들 수 있다.

2) 사실증명에 관한 문서·도화   권리·의무에 관한 문서 이외의 문서로서 사회생활상 거래의 중요한 사실을 증명하는 문서 또는 도화를 말한다. 직접 법률적 관계가 있는 것이 아닐지라도 적어도 법률적으로 관련을 가질 가능성이 있으면 족하다.

[사실증명에 관한 문서의 예]   추천장·인사장·안내장·이력서·단체의 신분증·광고의뢰서·후보자 추천의 신문광고 원본·기부금 찬조자의 방명록·신용장에 날인된 은행의 접수일부인(77도1879 판결), 사립학교 발행의 각종 증명서(83도154 판결), 세금영수필 통지서에 날인된 소인(95도1269 판결), 담배갑의 도화(2010도2705 판결), 회사의 상업장부·각종 영수증 등을 들 수 있다.

그러나 사상 또는 관념이 표시되지 않고 사물의 동일성만 표시하는 명함·문찰·신발표, 컴퓨터 모니터 화면에 나타나는 이미지(2017도19499 판결)는 사문서위조·변조죄의 객체가 아니다.

(3) 행 위

위조 또는 변조하는 것이다.

1) 위 조   위조란 작성권한 없이 "타인의 명의를 모용(거짓사용)"하여 그 타인명의의 문서를 작성하는 것을 말한다. 즉 부진정문서를 작성하는 유형위조이다. 이를 분설하면 다음과 같다.

가) 작성권한 없는 자   "작성권한 없는 자"란 타인명의의 문서를 작성할 정당한 권한이 없는 자를 말하며, 정당한 권한의 유무는 법규·계약·관례에 따라 당사자의 의사를 고려하여 개별적으로 판단해야 한다.

(a) 명의인의 승낙   명의인의 유효한 승낙을 받은 경우에는 명의의 모용이 되지 않고 이 죄의 구성요건해당성이 부정된다(양해). 사임한 법인이사는 법인의 명의를 사용할 수 없다($\frac{2008도11040}{판결}$). 승낙은 명시·묵시임을 묻지 않고 추정적 승낙으로도 가능하지만($\frac{2014도781}{판결}$), 사전에 있어야 하며 사후 승낙인 때에는 위조가 된다($\frac{2007도2714}{판결}$).

(b) 명의인의 포괄적 위임   문서작성에 대하여 포괄적인 위임을 받아 위임의 취지에 따라 본인명의로 허위내용의 사문서를 작성한 경우에는 본인의 무형위조에 해당하여 위조죄의 위조가 아니다.

채권의 변제책임을 부담하는 대신 가등기담보권을 양수한 자가 양도인 명의의 가등기말소
신청서를 작성한 경우(83도2650 판결), 대금수령을 위임받아 예금청구서를 작성한 경우(84도115
판결), 연대보증인이 될 것을 승낙한 자를 돈 빌린 차주로 기재한 경우(84도1566 판결), 이사회
의 출석 및 의결에 관한 권한을 위임하고 불참한 이사들이 이사회에 참석하여 의결권을 행
사한 것처럼 이사회회의록을 작성한 경우(85도1732 판결) 등은 위조가 아니다.

(c) **명의인의 위임범위 초월** 위임의 범위를 초월하여 본인명의(위임자 이름)
로 문서를 작성하면 위조가 된다. 위임의 취지에 반하여 본인명의의 문서를 작
성한 경우에도 위조가 된다(93도1091 판결, 통설).

위임된 권한을 초월하여 의사에 반한 위임자 명의의 사문서를 작성한 경우(96도3191 판결),
문서기안자가 작성권한의 위임이나 결재없이 권한을 초월하여 작성권자 명의의 문서를 작성
한 경우(96도2234 판결), 공동대표이사로 법인등기를 하기로 위임받았음에도 단독대표이사로 법
인등기한 것과 같이 위임의 취지에 반하여 본인명의의 문서를 작성한 경우(93도1091 판결), 백
지의 건축주명의변경신청서를 받아 보관하던 중 그 위임의 취지에 반하여 타인 명의로 신청
서를 작성·제출한 경우(83도2408 판결), 상대방이 사실혼 관계를 청산하였음에도 혼인신고서에
상대방의 도장이 찍혀 있음을 기화로 일방적으로 혼인신고서를 작성·제출한 경우(87도399 판
결), 회사를 인수하면서 회사 대표이사의 명의를 계속 사용하기로 승낙을 받은 자가 사기범행
의 목적으로 위 회사에 근무한 바 없는 제3자의 재직증명서 등 허위의 문서를 작성한 경우
(2005도6088 판결)는 위조에 해당한다.

(d) **대리권·대표권과 문서작성** 대리권·대표권자가 권한의 범위 내에서 본
인(위탁자)명의의 문서를 작성하는 것은 위조가 아니다. 문제되는 것은 다음과
같다.

(aa) **무권대리** 대리권(대표권) 없는 자가 대리인(대표자)임을 표시하여 본
인명의의 문서를 작성하는 경우 자격모용에 의한 문서작성죄(제226조, 제232조)가 성립한다
는 것이 다수설이다. 그러나 자격모용의 문서작성죄는 자격없이 자기명의로 문
서를 작성하는 것이므로 본인명의로 작성한 경우는 사문서위조가 된다고 본다
(김일수·서보학 576 이하, 김성돈 661).

(bb) **월권대리** 대리권(대표권) 있는 자가 권한을 초월하여 권한 밖의 사항
에 대하여 본인명의의 문서를 작성하면 사문서위조죄가 성립한다는 견해
(김일수·서보학 577 이하, 김성돈 660)와, 자격모용에 의한 문서작성죄가 성립한다는 견해(다수설)가 대립
한다. 대리인(대표자) 자격의 자기명의로 작성하였을 때에만 자격모용(資格冒用)
에 의한 문서작성죄에 해당하고, 본인의 명의로 작성한 때에는 사문서위조죄가

성립한다고 해야 한다. 판례도 권한초월의 문서작성은 작성권한을 일탈한 사문서위조죄에 해당한다고 하였다($^{2010도690}_{판결}$).

(cc) 권한남용 대리권(대표권)자가 그 권한의 범위 내에서 권한을 남용하여 본인명의의 허위의 문서를 작성한 경우는 권한범위 내의 무형위조에 해당하므로 문서위조죄는 될 수 없다($^{2010도690}_{판결}$).

나) 타인명의의 모용 "타인의 명의를 모용"한다는 것은 타인(명의인)의 명의를 사칭하여 마치 그 명의인이 작성한 것처럼 허위로 꾸미는 것을 말한다. 타인명의를 사칭하였으면 족하고 문서의 기재내용이 진실인가의 여부는 문제가 되지 않는다(유형위조). 협박범이 가짜 폭발물을 택배로 발송하면서 본인을 감출 의도에서 숙부의 회사주소를 발신지로, 숙모의 이름을 발신인으로 기재한 것은 사문서위조에 해당한다($^{2017도14992}_{판결}$).

명의인이 반드시 실재할 필요가 없다. 일반인에게 진정문서로 오신하게 할 염려가 있으면 사자·허무인 명의의 문서도 문서위조죄의 객체가 된다($^{통설, 2010도}_{1025 판결 참조}$)($^{[유가증권]}_{위조죄}$). 명의인의 성명도 반드시 문서에 기재되어 있을 필요가 없다.

> **판례** 작성명의자의 승낙이나 위임없이 그 명의를 모용하여 토지사용에 관한 책임각서를 작성하면서 작성명의인의 서명이나 날인없이 단지 피고인 자신의 이름으로 보증인란에 서명·날인한 것만으로는 작성명의자가 작성한 진정한 각서로 오신하기에 충분한 정도의 외관과 형식을 갖춘 완성된 문서라고 보기에 부족하다(95도2221 판결).

다) 문서의 작성 위조는 타인의 명의를 모용하는 것으로 부족하고 문서를 작성해야 한다. "문서의 작성"이란 작성자가 명의인의 의사에 반하여 문서를 만들어 내는 것을 말한다(부진정문서 작출).

(a) 문서작성의 방법 문서작성의 방법은 제한이 없다.

(aa) 새로운 문서작성 날인이 없는 예금청구서를 권한 없이 작성하는 경우와 같이 "새로운 문서를 작출(作出)"하는 것이 위조의 기본형태이다. 사진복사 과정을 조작하여 원본과 다른 복사본을 만든 경우($^{2000도2855}_{판결}$), 위조문서 원본을 제3자가 전자복사하여 그 사본을 만드는 경우($^{96도785}_{판결}$), 해산등기를 마쳐 법인격이 소멸된 법인명의의 사문서를 작성한 경우($^{2003도4943}_{판결}$)가 그 예이다. '문서가 원본인지

여부'가 중요한 거래에 있어서 문서의 원본을 그대로 컬러복사기로 복사한 경우도 마찬가지이다($^{2016도2081}_{판결}$).

(bb) 기존문서이용위조   기존문서를 이용하는 위조(문서작성)는 세 가지 형태가 있다. ① 기존의 미완성문서에 가공하여 그 문서를 완성시키는 경우이다. 위탁의 취지에 반하여 백지를 보충하는 이른바 백지위조(白紙僞造)가 그 예이다. ② 기존의 진정문서를 변경하는 경우이다. 증명서의 성명을 고쳐 별개의 문서를 작성하였다고 볼 수 있는 경우($^{2003도3729}_{판결}$), 졸업증명서에 누락된 성명을 기재한 경우($^{62도113}_{판결}$), 타인의 주민등록증이나 운전면허증에 붙어 있는 사진을 떼어내고 자기의 사진을 붙인 경우($^{2000도2855}_{판결}$)가 그 예이다. ③ 무효가 된 문서에 가공하여 새로운 증명력을 가진 문서를 작출하는 경우이다. 학원수강증의 일자를 유효기간 내로 변경한 경우, 유효기간이 경과한 문서의 발행일자를 정정한 경우($^{80도2126}_{판결}$)가 그 예이다.

(cc) 간접정범   문서의 작성은 간접정범으로도 가능하다. 예컨대, 명의인으로 하여금 마치 다른 내용의 문서인 것처럼 오인하게 하여 그 문서에 서명·날인을 받거나 인장을 찍게 만든 경우($^{83도1036}_{판결\ 참조}$)이다.

(b) **문서작성의 정도**   문서작성(위조)의 정도는 문서의 형식과 내용면에서 반드시 완전할 것을 요하지 않으며, 일반인이 진정문서로 오신할만한 정도의 형식과 외관을 갖추고 있으면 충분하고($^{2016도2081}_{판결}$), 반드시 서명이나 날인이 있어야 하는 것은 아니다($^{2010도2705}_{판결}$).

라) 미수·기수   위조의사를 확정적으로 문서에 표시하는 위조행위(문서작성)의 개시가 있는 때 실행의 착수가 있고, 일반인으로 하여금 진정문서라고 오신할 정도의 가짜문서가 작출된 때 기수가 된다. 공공의 신용이 침해되거나 명의인에게 구체적인 손해가 발생할 것을 요하지 않는다.

2) **변 조**   "변조"란 정당한 권한 없이 이미 진정하게 성립된 타인명의의 문서내용을 그 동일성을 해하지 않을 정도로 변경을 가하는 것을 말한다. 이를 분설하면 다음과 같다.

(a) **권한 없는 자**   변조는 기존의 진정문서에 변경을 가할 권한 없는 자의 행위라야 한다. 권한 있는 자가 위임의 범위를 넘어서 임의로 변경하는 경우에도 변조가 된다($^{82도2300}_{판결}$).

(b) **타인명의의 진정문서**   변조의 대상이 되는 문서는 이미 진정하게 성립된 타인명의의 진정문서라야 한다($^{통설, 2014도14924}_{판결 참조}$). 이미 성립되어 있는 것이라도 부진정문서나 위조문서는 변조의 대상이 될 수 없으며($^{2005도4764}_{판결}$), 타인소유의 자기명의 문서에 변경을 가하는 행위도 변조가 아니라 문서손괴죄가 성립한다. 변조의 대상이 되는 문서의 내용은 반드시 진실에 합치되거나 적법·유효할 필요가 없으며, 내용이 무효인 경우에도 변조의 대상이 될 수 있다.

(c) **동일성을 해하지 않을 정도의 변경**   변조는 기존문서의 동일성을 해하지 않을 정도의 변경을 가하는 것이라야 한다($^{2014도14924}_{판결}$). 즉 비본질적 부분 또는 중요하지 않은 부분을 변경해야 한다. 본질적 부분(명의인의 표시)이나 중요부분을 변경하여 새로운 증명력을 가진 별개의 문서를 작출하면 변조가 아니라 위조가 된다.

> **[본질적 부분 변경의 예]**   인감증명서의 사용용도란의 기재를 변경한 경우(85도1490 판결), 결재받은 문서에 새로운 사항을 첨가·기재한 경우(70도116 판결), 문서에 첨부된 도면을 떼어내고 새로 작성한 도면을 가철한 경우(81도81 판결), 민사소송에서 사실입증에 사용할 목적으로 보관 중인 영수증 위의 "할부금" 기재부분 옆에 임의로 부동산 표시로서 "733-19번지"라고 써 넣은 경우(94도2092 판결)는 본질적 부분의 변경이 아니므로 변조가 된다.
>
> 이에 반하여 미완성 서면에 가필하여 문서를 완성시키거나 백지위임장의 취지에 반하여 백지보충을 한 경우, 추천장에 기재된 피추천인의 성명을 바꾸는 것은 위조가 된다.

한편, 명의인의 승낙없이 명의인에게 유리하게 변경하거나($^{84도2422}_{판결}$), 법규에 어긋나는 기재내용을 법규에 맞도록 변경·기재한 경우($^{70도1509}_{판결}$), 회의록에 기재된 이사의 서명거부사유와 서명부분을 이사장이 임의로 삭제한 경우($^{2016도120954}_{판결}$)도 문서변조가 된다. 그러나 문서의 내용이 아닌 자구수정이나 문서내용에 영향을 미치지 않는 사실을 기재하는 것만으로 변조가 되지 않는다($^{81도2055}_{판결}$).

(d) **변조의 방법**   변조의 방법은 제한이 없다. 기존문서의 문자나 부호를 삭제하거나 삭제부분에 다른 문자나 부호를 기입하거나 임의로 명의인에게 유리하게 변경한 것도 변조가 된다.

(e) **미수·기수**   변조의사가 확정적으로 문서에 표시되는 변조행위의 개시가 있는 때 실행의 착수가 있고, 문서에 변경을 가하여 일반인이 종전의 문서와 다른 증명력을 가진 문서로 오신할 수 있는 변조행위가 완료된 때에 기수가 된다.

3. 주관적 구성요건

1) 고 의 타인명의의 문서라는 인식을 하고, 권리·의무 또는 사실증명에 관한 문서를 위조 또는 변조한다는 인식과 의사가 있어야 한다.

2) 목 적 행사할 목적이 있어야 하는 목적범이다. "행사할 목적"이란 위조 또는 변조한 문서를 진정문서로서 효력을 발생시킬 목적을 말하며, 여기의 행사는 위조문서행사죄의 "행사"와 같은 의미가 아니다. 따라서 본래의 용법에 따른 진정문서로 사용할 목적이 없더라도 진정문서로서의 효용을 가지도록 할 목적이 있으면 충분하다. 행사할 목적은 적어도 확정적인 인식이 있어야 한다 (다수설). 판례는 문서변조죄에 있어서 행사할 목적이란 변조된 문서를 진정한 문서인 것처럼 사용할 목적을 말하는 것으로 적극적 의욕이나 확정적 인식을 요하지 아니하고 미필적 인식이 있는 것으로 족하다는 입장이다($^{2004도788}_{판결}$).

4. 죄수·타죄와의 관계

1) 죄 수 문서에 관한 죄의 죄수를 결정하는 기준에 관해서, ① 문서에 기재된 명의인의 수에 따라 결정하는 판례($^{87도564}_{판결}$), ② 문서의 수에 따라 결정하는 견해($^{정영석}_{181}$), ③ 보호법익을 기준으로 하면서 문서작성 행위와 의사도 고려하여 결정하는 견해($^{정성근\ 724,\ 이재상·장영민}_{강동범\ 32/46,\ 배종대\ 113/17}$)가 대립한다.

위조행위·문서·문서작성의사·보호법익은 그 모두가 구성요건요소이거나 구성요건을 떠나서 생각할 수 없으므로 구성요건표준설에 따라 죄수를 결정함이 타당하다. 따라서 하나의 행위로 수인명의 사문서를 위조하면 단순일죄 ($^{판례는\ 상상적\ 경합설.}_{87도564\ 판결}$), 1개의 사문서에 위조와 변조를 함께 하면 포괄하여 위조죄만 성립하고, 1개의 문서에 공문서위조와 사문서위조가 동시에 행해진 때에는 공문서위조 1죄만 성립한다(특별관계).

> **판례** 피고인이 예금통장을 강취하고 예금자 명의의 예금청구서를 위조한 다음 이를 은행원에게 제출·행사하여 예금인출금 명목의 금원을 교부받은 경우에는 강도·사문서위조·위조사문서행사·사기의 각 범죄가 성립하고 이들은 실체적 경합관계에 있다(91도1722 판결).

2) 타죄와의 관계   ① 위조사문서행사죄와의 관계에 대해서, 두 죄의 경합범이 된다는 견해(다수설), 상상적 경합이 된다는 견해(^{이재상·장영민·강동범}
30/15, 배종대 113/17), 원칙적으로 법조경합 중 보충관계로 보아 위조문서행사죄만 성립한다는 견해(^{임웅})가 대립한다. 그러나 위조가 반드시 행사를 위한 수단이 되는 것은 아니므로 두 죄는 독립범죄로 각각 성립한다는 경합범설이 타당하다. 판례도 **경합범설**이다(^{91도1722}
판결). ② 타인이 소유하고 있는 자기명의 문서의 내용을 임의로 변경하면 문서손괴죄가 성립한다. 반대로 타인명의로 된 자기소유 문서를 임의로 변경하면 문서변조죄가 성립한다. ③ 타인명의의 문서나 타인의 성명을 모용한 위조문서를 만들어 수사기관에 무고한 때에는 이 죄와 무고죄의 상상적 경합이 된다(통설). ④ 위조사문서에 다시 위조인장을 사용한 때에는 인장위조죄는 사문서위조죄에 흡수된다(불가벌적 수반행위).

5. 몰 수

위조·변조된 문서는 공문서·사문서 모두 임의적 몰수의 대상이 된다(^{제48조}
제1항). 다만 위조문서라도 선의의 제3자를 보호하기 위하여 그 효력을 인정할 필요가 있을 때에는 몰수할 수 없다. 문서 또는 도화의 일부가 몰수의 대상인 때에는 그 부분을 폐기한다(^{제48조}
제3항). 문서의 주요 부분이 위조 또는 변조된 경우에 진정한 부분만으로 독립하여 효력을 가지지 못할 때에는 그 전부를 몰수할 수 있다.

Ⅲ. 자격모용사문서작성죄

> **[구성요건·법정형]** 행사할 목적으로 타인의 자격을 모용하여 권리·의무 또는 사실증명에 관한 문서 또는 도화를 작성한 자는 5년 이하의 징역 또는 1천만원 이하의 벌금에 처한다(제232조).
> 미수범은 처벌한다(제235조).
> 복사문서 등 사본도 문서·도화로 본다(제237조의2).

행사할 목적으로 타인의 자격을 모용하여 권리·의무 또는 사실증명에 관한 문서 또는 도화를 작성하는 범죄이다. 대리권(대표권) 없는 자가 타인을 대리할 자격(대표자격)이 있는 것처럼 가장하여 "그 자격의 자기명의"로 문서 또는 도화를 작성하는 경우를 처벌하기 위한 것이다. 예컨대, 대리권이 없는 甲이 乙의 대리인으로서 자기의 성명을 부기한 문서, 즉 "乙 대리인 甲"의 문서를 작성하는 경우가 자격모용의 문서작성이다. 일반인으로 하여금 명의인의 권한 내에서 작성된 문서라고 믿게 할 수 있는 정도의 형식과 외관을 갖추고 있으면 이죄가 성립한다($^{2017도14560}_{판결}$). 대리·대표"자격만 모용"하여 그 자격의 "자기명의"로 작성한다는 점에서 문서작성의 권한 없이 "타인명의를 모용"하여 그 "타인명의"의 문서를 작성하는 사문서위조죄와 구별된다. 자격과 명의까지 모용한 경우는 이 죄가 아니라 사문서위조죄가 된다.

이 죄도 문서의 진정에 대한 공공의 신용을 보호법익으로 한다($^{2017도14560}_{판결}$).

Ⅳ. 사전자기록위작·변작죄

> [구성요건·법정형] 사무처리를 그르치게 할 목적으로 권리·의무 또는 사실증명에 관한 타인의 전자기록 등 특수매체기록을 위작 또는 변작한 자는 5년 이하의 징역 또는 1천만원 이하의 벌금에 처한다(제232조의2).
> 미수범은 처벌한다(제235조).
> 복사문서 등 사본도 문서·도화로 본다(제237조의2).

(1) 의의·성격

사무처리를 그르치게 할 목적으로 권리·의무 또는 사실증명에 관한 타인의 전자기록 등 특수매체기록을 위작(僞作) 또는 변작(變作)하는 범죄이다. 보호법익은 전자기록 등 특수매체기록의 진실성에 대한 공공의 신용이다. 추상적 위험범이며 목적범이다.

(2) 객관적 구성요건

1) **객 체** 권리·의무 또는 사실증명에 관한 타인의 전자기록 등 특수매체기록이다. 권리의무와 사실증명은 사문서위조·변조죄의 그것과 같다.

이 죄의 "타인"은 특수매체기록의 특성상 명의인이 없거나 불분명한 경우가 많고, 전자기록이 타인점유로 이전한 후에도 변경가능하므로 작성명의인뿐만 아니라 소유자·소지자를 포함한 넓은 의미로 해석해야 한다(다수설).

(a) **전자기록** "전자기록"이란 일정한 기록매체에 전자적·자기적 방식으로

수록 또는 보존되어 있는 "기록"을 말하며, 원칙적으로 컴퓨터 등 사용사기죄의 그것과 같다. 전자기록이 아닌 음반(LP)이나 콤팩트디스크 등에 기록된 음성신호는 여기의 기록이 아니다. 다만 컴퓨터의 기억장치 중 하나인 램(RAM)에 올려진 전자기록은 이 죄의 객체가 된다($\binom{2000도4993}{판결}$).

(b) **특수매체기록**   "특수매체기록"은 광기술이나 레이저기술을 이용하여 광디스크에 수록된 "기록"을 말한다. 컴퓨터 등 사용사기죄의 그것과 같다. 다만 기록은 어느 정도 영속성을 가져야 하므로 영속성이 없는 모니터에 화상형태로 존재하는 데이터나 통신 중의 데이터와 중앙처리장치(CPU)에 의하여 처리 중인 데이터는 이 죄의 객체가 될 수 없다.1) 마이크로필름도 문자의 기계적 축소 또는 확대에 불과하기 때문에 이 죄의 객체가 될 수 없다.

2) **행 위**   위작 또는 변작이다.

(a) **위작·변작**   위작·변작은 문서위조죄의 위조·변조에 상응하는 용어이다. 전자기록은 가시성과 가독성이 없고 작출과정도 문서작성과 다르기 때문에 용어를 달리하였다. "위작"이란 권한 없이 기록을 만들어 저장·기억시키는 행위(유형위작)를 말하고, "변작"이란 기존의 기록내용을 동일성을 해하지 않는 범위 내에서 부분적으로 말소하거나 고쳐서 변경하는 행위(유형변작)를 말한다. 모두 권한 없는 자의 유형위조에 해당하는 행위이다.

(b) **권한 없는 무형위조**   권한 없는 자의 무형위조(무형위작)도 이 죄에 포함되느냐에 대해서 **부정설**($\binom{김일수·서보학}{각론7판 747}$)과 **긍정설**(다수설)이 대립한다. 전자기록을 작성·입력하는 표시주체에 의한 보장적 기능이 없는 전자기록의 특성상 기록작성권자가 업무주의 사무처리를 그르치게 할 목적으로 위작·변작하는 예외적인 경우에만 무형위조를 인정할 수 있다고 본다. 판례는 전자기록의 생성에 관여할 권한이 없는 사람이 전자기록을 작출하거나 전자기록의 생성에 필요한 단위정보를 입력하는 경우 또는 시스템의 설치·운영 주체로부터 단위정보의 입력권한을 부여받은 사람이 그 권한을 남용하여 허위정보를 입력함으로써 시스템 설치·운영 주체의 의사에 반하는 전자기록을 생성하는 경우는 '위작'에 해당한다고 판시($\binom{2019도11294}{전원합의체 판결}$)하였다.

(c) **미수·기수**   기수시기는 기록에 대한 위작·변작을 종료한 때이다. 위

---

1) 통신 중의 데이터와 처리 중인 데이터는 정보통신망법 제49조 및 제71조의 보호대상이다.

작·변작행위를 종료하지 못한 때 미수범이 된다. 사전자기록의 위작·변작은 특수매체기록의 손괴도 수반되지만 이 죄에 흡수된다(법조경합).

(3) 주관적 구성요건

1) 고 의   권리·의무 또는 사실증명에 관한 타인의 전자기록 등 특수매체기록을 위작 또는 변작한다는 인식과 의사가 있어야 한다.

2) 목 적   사무처리를 그르치게 할 목적이 있어야 한다. "사무처리를 그르치게 할 목적"이란 위작 또는 변작된 전자기록이 사용됨으로써 전자적 방식에 의한 정보의 생성·처리·저장·출력을 위해 구축·설치한 시스템을 운영하는 개인 또는 법인의 사무처리를 잘못되게 할 목적(2019도11294 전원합의체 판결)으로서 문서죄의 행사할 목적에 상응하는 것이다. 다만 문서위조죄와 달리 전자기록의 특성상 단순한 사용·행사의 목적을 넘어 "증명작용에 실질적인 해를 발생시킬 목적"이 있어야 한다. 따라서 데이터를 기존의 방식과 다른 방식으로 저장하기 위하여 기존 데이터에 수정·변경을 가하거나 기존의 데이터 처리방식보다 능률적인 사무처리를 위하여 데이터에 변경을 가한 경우는 사무처리를 그르치게 할 목적이 없으므로 이 죄에 해당하지 않는다.

V. 허위진단서 등 작성죄

> [구성요건·법정형]   의사, 한의사, 치과의사 또는 조산사가 진단서, 검안서 또는 생사에 관한 증명서를 허위로 작성한 때에는 3년 이하의 징역이나 금고, 7년 이하의 자격정지 또는 3천만원 이하의 벌금에 처한다(제233조).
> 미수범은 처벌한다(제235조).
> 복사문서 등 사본도 문서·도화로 본다(제237조의2).

(1) 의의·성격

의사, 한의사, 치과의사 또는 조산사가 진단서, 검안서 또는 생사에 관한 증명서를 허위로 작성하는 범죄이다. 사문서의 무형위조를 처벌하는 유일한 예외규정이다. 진정신분범, 추상적 위험범이다.

(2) 객관적 구성요건

1) 주 체   의사, 한의사, 치과의사, 조산사에 한정된다(진정신분범). 또 형법 이전의 특별의무자만 범할 수 있는 의무범이다.

이 죄에 대해서 신분자는 비신분자를 이용하여 간접정범으로 범할 수 있으나 비신분자는 신분자를 이용한 간접정범이 될 수 없다는 이유로 부진정자수범 (일용/753) 또는 진정자수범(이재상·장영민·강동범/32/57, 배종대 114/7)이라는 견해도 있다. 그러나 의사가 정을 모르는 다른 의사나 간호사를 이용하여 허위의 진단서를 작성하게 할 수 있으므로 (소위 진정)자수범은 아니다. 이 죄는 진정신분범이기 때문에 의사 아닌 자의 간접정범이 부정되는 것이고 범죄의 자수성 때문이 아니므로 자수범은 아니라고 해야 한다.

2) 객 체   진단서, 검안서 또는 생사에 관한 증명서이다.

(a) **진단서**   의사, 한의사, 치과의사 등이 진찰의 결과에 대한 판단을 표시하여 사람의 건강상태를 증명하기 위하여 작성하는 문서이다(2014도15129/판결). 건강진단서·상해진단서가 일반적이지만 명칭은 소견서로 표시되어도 무방하다(89도2083/판결). 그러나 허위로 입퇴원확인서를 작성하였더라도 이 죄는 성립하지 않는다(2012도3173/판결).

(b) **검안서**   의사가 사체에 대해서 사망의 사실(死因·死期·사망장소 등)을 의학적으로 확인한 결과를 기재한 문서를 말한다. 변사체의 검시에 참여한 의사가 작성한 사체검안서, 사체를 부검한 의사가 작성한 사망원인 등에 관한 감정서가 이에 해당한다. 사람의 신체에 대한 검안의 결과를 기재한 것도 여기에 해당한다는 견해(이재상·장영민·강동범 32/58)가 있으나 이는 진단서에 해당한다고 본다(다수설).

(c) **생사에 관한 증명서**   사람의 출생 또는 사망에 관한 사실 또는 사망의 원인을 증명하는 일종의 진단서를 말한다. 출생확인서·사망진단서가 그 예이다.

3) 행 위   허위로 작성하는 것이다. 작성권한 있는 자가 허위내용을 기재하여 허위문서를 작성하는 무형위조이다.

(a) **허위작성**   여기의 "허위"란 객관적으로 진실에 반하는 것을 말한다. 주관적으로 허위라고 생각하였어도 객관적으로 진실한 내용이면 허위가 아니다 (2014도15129/판결 참조). 허위작성의 대상은 사실에 관한 것이든, 판단에 관한 것이든 불문한다. 따라서 현재의 진단명과 증상에 관한 것은 물론 진찰결과로서 발생가능한 합병증과 향후 치료에 대한 소견을 기재한 것도 포함된다(2014도15129/판결). 타살로 인정

되는 사체에 대해 자살로 기재하거나($^{2001도1319}_{판결}$) 진찰결과 안정가료가 필요없다고 인식하면서도 안정가료를 요한다고 기재하거나 단순한 타박상을 골절상이라고 기재하는 것은 허위작성에 해당한다. 또 의사가 진찰한 사실이 없음에도 불구하고 진단서를 작성하는 경우도 이 죄에 해당한다. 그러나 진찰을 소홀히 하였거나 착오를 일으켜 오진함으로써 진실과 다른 내용의 진단서를 작성한 때에는 이 죄가 성립하지 않는다($^{2004도3360}_{판결}$).

  (b) 기수시기 진단서, 검안서 또는 생사에 관한 증명서가 작성됨으로써 기수가 되고, 그 후 이를 공무소 기타에 제출하였느냐의 여부는 이 죄의 성부에 영향이 없다. 공무소에 제출한 경우에는 허위작성진단서행사죄와 경합범이 된다. 이 죄의 미수범은 처벌한다.

(3) 주관적 구성요건

  의사의 신분(수반인식)과 진단서·검안서·생사증명서를 작성한다는 사실을 인식하고 허위내용을 기재한다는 고의가 있어야 한다. 미필적 인식으로 족하다($^{2014도15129}_{판결}$). 행사할 목적이 있음을 요하지 않는다. 오진으로 인한 진단서 작성은 고의가 있다고 할 수 없다.

(4) 타죄와의 관계

  국립의료원에 근무하는 공무원인 의사가 허위진단서를 작성한 경우, 허위공문서작성죄만 성립한다는 견해($^{손동권·김재윤}_{39/103, 김성돈 678}$)와, 이 죄와 허위공문서작성죄($^{제227}_{조}$)의 상상적 경합이 된다는 견해가 대립한다. 공문서는 사문서와 특별관계에 있기 때문에 허위공문서작성죄만 성립한다고 본다. 판례도 허위공문서작성죄만 성립한다고 하였다($^{2003도7762}_{판결}$). 의사가 환자를 직접 진찰하지 않은 채 진단서 등을 작성·교부하거나 허무인을 상대로 진단서 등을 작성·교부한 때에는 의료법위반죄가 성립한다($^{2020도13899}_{판결}$).

VI. 공문서 등 위조·변조죄

> [구성요건·법정형]   행사할 목적으로 공무원 또는 공무소의 문서 또는 도화를 위조 또는
> 변조한 자는 10년 이하의 징역에 처한다(제225조).
> 미수범은 처벌한다(제235조).
> 복사문서 등 사본도 문서·도화로 본다(제237조의2).

(1) 의의·성격

행사할 목적으로 공무원 또는 공무소의 문서 또는 도화를 위조 또는 변조
하는 범죄이다. 공문서는 사문서보다 신용성과 증명력이 강할 뿐만 아니라 피
해정도도 크기 때문에 가중처벌하기로 한 것이다. 그 밖에는 사문서위조·변조
죄의 성격과 같다.

(2) 객관적 구성요건

1) 주 체   아무런 제한이 없으므로 공무원·비공무원을 불문한다. 공무원
이라도 그 권한 밖의 공문서를 임의로 작성하거나 자신의 집무집행과 관계없는
다른 공무원 명의의 공문서를 작성하면 이 죄가 성립한다. 공문서 작성을 보조
하는 공무원($^{96도424}_{판결}$) 또는 보충기재의 권한만 위임받은 공무원($^{84도368}_{판결}$)이 작성권자
의 결재없이 임의로 작성권자 명의로 허위내용의 공문서를 작성하거나 문서 작
성권한 없는 공무원이 작성권자의 결재를 받지 않은 채 작성권자의 직인을 보
관하는 담당자를 기망하여 직인을 날인하도록 한 경우($^{2016도13912}_{판결}$)에도 이 죄가 성
립한다.

> **판례**   어느 문서의 작성권한을 갖는 공무원이 그 문서의 기재사항을 인식하고 그 문서
> 를 작성할 의사로써 이에 서명날인 하였다면 그 문서의 성립은 진정하며 여기에 하등 작성
> 명의를 모용한 사실이 있다고 할 수는 없으므로 공무원 아닌 자가 관공서에 허위내용의 증
> 명원을 제출하여 그 내용이 허위인 정을 모르는 담당공무원으로부터 그 증명된 내용과 같은
> 증명서를 발급받은 경우, 공문서위조죄의 간접정범으로 의율할 수는 없다(2000도938 판결).

2) 객 체   공무소 또는 공무원이 그의 명의로 작성해야 할 문서 또는 도
화이다.

가) 공문서   "공문서"란 공무소 또는 공무원이 자기명의로 직무에 관하여

작성한 문서를 말한다. 즉 작성명의인이 공무소 또는 공무원인 문서이고, 직무
권한 내에서 직무와 관련하여 작성한 목적문서이다.

(a) 공무소 "공무소"란 공무원이 직무를 수행하는 관청·관서를 말한다. 물
적 시설인 건조물이 아니라 국가 또는 공공단체의 의사를 결정하는 기관, 즉
"관청으로서의 공무소"를 의미한다.

> 공무소는 공법상의 행정관청이나 행정청과 같은 행정기관보다 넓은 개념이다. 모든 국가기
> 관과 공공단체, 특별법상의 공사·국책은행 등 공무에 관해 의사를 결정하고 표시할 수 있는
> 기관을 포함한다. 다만 공문서의 작성주체인 공무소는 특별히 관청의 의사표시에 관한 문서
> 작성권을 가진 자(예: 기관의 장·의장·위원장·문서작성 서기 등)에 한정된다(국회의원당선통지서, 사법시
> 험합격통지서 등).

(b) 공무원 "공무원"은 국가 또는 공공단체의 공무담당자 또는 공법상의
근무관계에 있는 자로서 공직을 수행하는 지위에 있는 공무담당자를 말한다.

> [공무소·공무원 이외의 공문서 작성명의인] 공증인·집행관, 각종 중재의원, 법무법인·합
> 동법률사무서 등도 특별법상 인정된 공문서 작성의 주체가 된다. 판례도 구 간이절차에의한
> 민사분쟁사건처리특례법에 의하여 공증인가 합동법률사무소가 작성한 사서증서에 관한 인증
> 서는 공문서라고 하였다(92도1064 판결). 그러나 계약 등에 의하여 공무와 관련된 업무의 일부
> 를 대행하는 경우는 법률에 의하여 공무원 또는 공무소로 의제되는 때를 제외하고는 공무원
> 또는 공무소가 될 수 없다(2015도15842 판결).

(c) 직무상 작성문서 "직무에 관하여 작성한 문서"란 직무권한 내에서 직무
와 관련하여 작성한 문서를 말한다. ① 공문서의 작성권한은 법령·내규 또는
관례에 의한 경우도 포함되며(2015도9010 판결), 일반인으로 하여금 공무원 또는 공무소
의 권한 내에서 작성된 것이라고 오신할만한 형식·외관을 구비하면 족하다
(2018도19043 판결 참조). ② 직무상 작성된 문서이면 관공서 외부나 내부자에 대한 것(징계결정
문·훈시보고서)이나 공법관계·사법관계로 작성된 것임을 묻지 않는다. 허위신청
에 의한 부실기재로 등기공무원이 작성한 등기필증도 공문서이다. 그러나 공무
원의 사직원은 공문서가 아니다.

(aa) 허무인 명의·폐지된 공무소의 공문서 작성명의인은 실재함을 요하
지 않는다. 공무원·공무소가 작성한 것으로 믿을만한 형식·외관을 갖추었으면
사자·허무인 명의라도 상관없다(2010도1025 판결). 또 공무소·공무원이 작성한 문서이면

그 공무소가 폐지되거나 공무원의 지위가 상실된 이후에도 공문서로서의 성질을 잃지 않는다.

(bb) 외국공무소의 문서　외국의 공무소 또는 공무원이 작성한 문서는 공문서가 아니다. 홍콩에서 발행된 국제운전면허증은 사문서이다($^{98도164 등}_{판결 참조}$). 그러나 국제협약·조약에 의해 국내에서도 동일한 효력을 갖는 외국 공문서는 이 죄의 객체가 된다고 본다(예: 미국 발급의 국제운전면허증).

(cc) 공·사병존문서　하나의 문서에 개인과 공무원이 각각 작성한 복합문서(공·사병존문서)를 말한다. 예컨대 등기설정계약서에 "등기필"의 공인(公印)을 날인한 경우는 등기설정을 공인한 내용을 증명하는 공·사병존문서로서 공문서가 된다. 개인이 작성·신청한 인감증명도 같다($^{85도1490}_{판결}$).

그러나 공립학교 교사가 자신의 인적 사항과 전출희망을 기재한 교원실태조사카드에 학교장의 의견이 첨가된 경우에는 교사명의 부분은 전출희망의 개인의사표시이므로 이 부분은 공문서가 되지 않는다($^{91도1733}_{판결}$).

[공문서의 예]　주민등록증, 주민등록등본, 인감증명서, 면장명의 주거표·주거표 이송부, 한국은행국고 잔액증명서, 호적등본, 토지대장, 증인신문조서, 교도소 의무과장 명의의 진단서, 경찰서 명의로 전문을 기입한 전보의뢰서, 우체국의 금전출납부, 공립학교장 발행의 저금수령증, 철도청 역직원 발행의 화물통지서, 납세증명서, 시재산 처분의 대가로 작성한 시장명의의 영수증, 지방의회 의사록, 가옥대장, 전출증명서, 외국인등록증명서, 선거투표통지서 및 투표통지 재교부서, 우체국의 일부인(日附印), 검사발행의 피의자출석요구서 등이 공문서이다. 금융감독원장 명의의 '금융감독원 대출정보내역',[1] 국·공립병원장 발행의 진단서(87도1443 판결)나 국·공립학교장 발행의 졸업장·학위증명서, 공무소의 사경제적 사무관련 문서에 대해서 판례는 공문서라고 하고 있다. 그러나 지방세 수납업무를 담당하는 은행이 발행한 세금수납영수증은 공문서가 아니다.

나) 공도화　공무소 또는 공무원이 그 명의로 직무권한 내에서 작성한 도화이다. 그 의의와 요건은 공문서에 준한다. 공무소가 발행한 지적도, 도시계획도, 임시환지를 표시한 경지정리확정지구 원도 등이 그 예이다. 판례는 인락조서(認諾調書)에 첨부된 도면도 공도화라 하였다($^{2000도3033}_{판결 참조}$).

---

1) 대법원은, 금융감독원의 집행간부 및 직원을 형법이나 그 밖의 법률에 따른 벌칙을 적용할 때에 공무원으로 의제하도록 규정한 금융위원회법 제69조는 금융감독원장 등이 지위를 남용해 범법행위를 한 경우는 물론 제3자가 금융감독원장 등에 대해 범법행위를 한 경우도 적용된다고 하면서, 금융감독원장 명의의 문서를 위조·행사한 행위는 사문서위조죄, 위조사문서행사죄가 아니라 공문서위조죄, 위조공문서행사죄에 해당한다고 판시(2020도14666 판결)하였다.

3) 행 위   위조 또는 변조이다. 사문서위조·변조죄의 그것과 같다 ($\frac{2018도19043}{판결\,참조}$). 다만 평균 수준의 사리분별력을 갖는 사람이 조금만 주의를 기울여 살펴보면 공무원 또는 공무소의 권한 내에서 작성된 것이 아님을 쉽게 알아볼 수 있을 정도로 공문서로서의 형식과 외관을 갖추지 못한 경우에는 공문서위조 에 해당하지 않는다($\frac{2019도8443}{판결}$).

대법원은 타인의 주민등록증에 붙어 있는 사진을 바꿔 붙인 경우(2000도2855 판결)와 공문서 의 유효기간과 발행일자를 정정하고 그 부분에 작성권자의 직인을 찍은 경우(80도2126 판결)에 는 공문서위조죄를 인정하였고, 발급된 인감증명의 사용용도기재를 고친 경우(85도1490 판결)와 건축허가서에 첨부된 설계도면을 바꿔치기 한 경우(81도81 판결), 인터넷을 통하여 출력한 등 기사항전부증명서 하단의 열람 일시 부분을 수정테이프로 지우고 복사한 경우(2018도19043 판 결)에는 공문서변조죄를 인정하였다.
한편, 자신의 주민등록증 비닐커버 위에 검은색 볼펜으로 주민등록번호를 덧기재하고 출생 연도만 "71"을 "70"으로 고쳐 투명테이프를 붙인 경우는 주민등록증 자체를 변경한 것이 아 니며 변조방법도 조잡하여 공문서에 대한 공공의 위험을 초래할 정도에 이르지 못하여 공문 서변조에 해당하지 않으며(97도30 판결), 인감증명서 사용용도란의 기재를 변경한 경우(2004도 2767 판결)나 이혼의사확인서등본에 간인으로 연결된 이혼신고서를 떼어내고 다른 이혼신고를 작성하여 호적관서에 제출한 경우(2006도7777 판결)는 공문서변조죄 내지 변조공문서행사죄에 해당하지 않는다고 하였다.

(3) 주관적 구성요건
고의와 행사할 목적이 있어야 한다.

Ⅶ. 자격모용공문서작성죄

[구성요건·법정형]   행사할 목적으로 공무원 또는 공무소의 자격을 모용하여 문서 또는 도화를 작성한 자는 10년 이하의 징역에 처한다(제226조).
미수범은 처벌한다(제235조).
복사문서 등 사본도 문서·도화로 본다(제237조의2).

행사할 목적으로 공무원 또는 공무소의 자격을 모용하여 문서 또는 도화를 작성하는 범죄이다. 자격모용에 의한 사문서작성죄에 대한 불법가중구성요건이 고 추상적 위험범·목적범이다.
"자격을 모용하여 공문서를 작성한다"란 특정 공무원 또는 공무소의 자격·지위만 모용(사칭)하여 그 자격의 자기명의로 직무상 작성된 공문서의 외관을 가진 문서를 만드는 것을 말한다. 작성권한이 없는 자가 그 권한을 사칭하여 작성하였다는 점에서 공문서위조죄($\frac{제225}{조}$)와 같으나 공문서위조죄는 공무원의 명의를 모용한 것임에 대하여 이 죄는 공무원의 자격만 모용한다는 점이 다르다. 예컨대, 비공무원 甲이 자기명의로 모 지방법원판사라는 자격·지위를 사칭(지방법원판사 甲)하여 구속영장을 작성하는 경우, 甲구청장 A가 乙구청장으로 전보된 후 甲구청장의 권한에 속하는 건축허가에 관한 기안용지 결재란에 사칭한 자격의 자기명의(甲구청장 A)로 서명한 경우($\frac{92도2688}{판결}$)이다. 공무원의 자격뿐만 아니라 그 명의까지 모용하여 공문서를 작성한 때에는 이 죄가 아니라 공문서위조죄가 성립한다. 기타의 요건은 공문서위조·변조죄와 같다.

Ⅷ. 공전자기록위작·변작죄

> [구성요건·법정형]　사무처리를 그르치게 할 목적으로 공무원 또는 공무소의 전자기록 등 특수매체기록을 위작 또는 변작한 자는 10년 이하의 징역에 처한다(제227조의2).
> 미수범은 처벌한다(제235조).
> 복사문서 등 사본도 문서·도화로 본다(제237조의2).

사무처리를 그르치게 할 목적으로 공무원 또는 공무소의 전자기록 등 특수매체기록을 위작 또는 변작하는 범죄이다. 사전자기록위작·변작죄에 비하여 불법이 가중된 구성요건이다. 행위객체가 공무원 또는 공무소의 전자기록 등 특수매체기록이라는 점을 제외하면 사전자기록위작·변작죄와 같다. 다만 공문서는 허위작성(무형위조)까지 처벌하므로 공전자기록 등의 무형위조도 처벌된다고 본다. 판례도 경찰관이 고소사건을 처리하지 아니하였음에도 불구하고 경찰범죄정보시스템에 그 사건을 검찰에 송치한 것으로 허위사실을 입력한 경우에 공전자기록위작죄의 "위작"에 해당한다고 하였다($\frac{2004도6132}{판결}$).

IX. 허위공문서 등 작성죄

> [구성요건·법정형] 공무원이 행사할 목적으로 그 직무에 관하여 문서 또는 도화를 허위로 작성하거나 변개한 때에는 7년 이하의 징역 또는 2천만원 이하의 벌금에 처한다(제227조).
> 미수범은 처벌한다(제235조).
> 복사문서 등 사본도 문서·도화로 본다(제237조의2).

(1) 의의·성격

공무원이 행사할 목적으로 그 직무에 관하여 문서 또는 도화를 허위로 작성하거나 변개(變改)하는 범죄이다. 공문서는 사문서에 비하여 사회적 신용성과 증명력이 크기 때문에 사문서와 다르게 허위내용의 문서작성(무형위조)까지도 처벌하기 위한 규정이다. 진정신분범·의무범·목적범이다.

(2) 보호법익

공문서의 증명력에 대한 확실성과 신용성(내용의 진실에 대한 공공의 신용)을 보호한다는 점은 공문서위조죄와 같다. 보호의 정도는 추상적 위험범으로서의 보호이다.

(3) 객관적 구성요건

1) 주 체   직무상 공문서 또는 공도화를 작성할 권한이 있는 공무원이다 (진정신분범). 비공무원은 제33조 본문에 의해서 공범이 될 수 있을 뿐이다. 비신분자는 신분자를 이용하여 간접정범이 될 수 없다는 이유로 이 죄를 부진정자수범이라고 하는 견해(₇₅₆^{임웅})도 있으나 허위진단서작성죄와 마찬가지로 자수범은 아니라고 해야 한다.

공무원이라 할지라도 문서의 작성권한이 없는 자는 허위공문서작성죄의 주체가 될 수 없다. 따라서 사법경찰의 권한이 없는 관세청 행정서기보가 피의자신문조서를 작성하거나(73도1854 판결), 민원사무를 보조하는 동주민센터 임시직원이 소재증명서를 작성하는 경우(76도1682 판결)에는 허위공문서작성죄가 성립할 수 없다. 전투비행단 체력단련장 관리사장이 부대 내 골프장 전동카트 설치와 관련하여 전투비행단장의 결재를 받지 아니하였음에도 결재를 받은 것처럼 단장명의의 직인 담당자를 기망하여 수정합의서에 날인하게 한 때에도 허위공문서작성죄가 아니라 공문서위조죄가 성립한다(2016도13912 판결). 이에 대해서 작성권한이 있는 공무원이 권한의 범위 내에서 권한을 남용하여 자기명의로 허위공문서를 작성한 경우에는 공문서

위조죄가 아니라 허위공문서작성죄가 성립한다. 따라서 국립대학교 편입학고사 면접위원장이 구술면접고사에 참석하지 않은 면접위원의 채점표와 평가서를 조교로 하여금 허위로 작성하여 제출하게 한 때에는 허위공문서작성죄가 성립한다(2021도1215 판결).

작성권한 있는 공무원과 문서의 명의인은 반드시 일치할 필요가 없으므로 명의인이 따로 있어도 그를 대리하여 전결권을 위임받은 자, 명의인의 대리권을 가진 자도 이 죄의 주체가 된다. 따라서 증명서작성권을 위임받은 말단 공무원이 원본과 대조함이 없이 원본대조필을 날인한 경우에도 이 죄가 성립한다($_{판결}^{80도3180}$).

그러나 공문서에 보충기재할 권한만 위임받은 공무원이나 말단 공무원이 작성권자의 직인을 사용하여 허위공문서를 작성하거나($_{판결}^{96도424}$), 작성권 있는 공무원이 권한 밖의 사항에 대해서 허위내용을 작성한 경우는 이 죄가 아니라 공문서위조죄가 성립한다.

2) 객 체　공무소 또는 공무원이 직무에 관하여 작성한 문서 또는 도화이다. "직무에 관한 문서·도화"란 공무원이 직무권한의 범위 내에서 직무권한에 속하는 사항을 공무소 또는 공무원의 명의로 작성한 문서·도화를 말하며, "직무권한"은 법률에 근거가 있는 것은 물론, 명령·내규 또는 업무관례에 따라 직무권한의 범위가 정해진 것도 포함한다($_{판결}^{2015도9010}$). 직무에 관한 문서이면 대외적인 문서이건 대내적인 품의서이건 묻지 않는다.

합동법률사무소 명의로 작성된 공증서(74도2715 전원합의체 판결), 사법경찰관 작성의 피의자신문조서(74도2855 판결 참조), 노동청장의 위촉을 받은 검정위원이 작성한 기능검정시험의 실기채점표(76도2522 판결), 건축법에 따라 건축사무기술검사원으로 위촉된 건축사가 작성한 준공검사조서(80도177 판결), 국립대학 교수가 대학교 연구사업에 참여하여 작성한 연구보고서(2003도1154 판결) 등은 모두 공문서에 해당한다.

3) 행 위　허위내용의 문서 또는 도화를 작성 또는 변개하는 것이다.

(a) 허위작성　"허위로 작성"한다란 작성권한 있는 자가 그 권한의 범위 내에서 진실에 반하는 허위내용을 기재하는 것을 말한다. 따라서 ① 작성권 있는 공무원이 공정증서원본에 허위내용을 기재한 때에는 공정증서원본부실기재가 아니라 허위공문서작성이 된다. 반면 작성권한 없는 자의 문서작성은 문서위조(유형위조)이며, 그 내용이 허위인 때에도 허위공문서작성이 아니라 공문서위조

가 된다. ② 작성권한자가 작성한 허위문서이면 명의는 누구라도 상관없으므로 대리권 또는 대표권을 가진 자가 본인명의로 허위문서를 작성해도 이 죄가 성립한다. 또 권한의 범위 내에서 문서를 작성한 것이면 권한을 남용한 경우에도 허위공문서작성이 된다.

(aa) 허 위   "허위"란 내용이 진실(객관적 사실)에 합치되지 않는 것을 말하며($^{2015도9010}_{판결}$), 사실에 관한 것뿐만 아니라 의견과 판단에 관한 것도 포함한다. 기재내용은 객관적 사실과 일치되어도 실제로 검사하지 않고 검사한 것처럼 기재하였다면 허위문서작성이 된다.

(bb) 작성방법   허위문서의 작성방법에는 아무런 제한이 없다. 작위는 물론 부작위에 의해서도 허위문서를 작성할 수 있다. 예컨대 출납부에 고의로 수입사실을 기재하지 않거나 의사록에 회의전말의 일부를 기재하지 않음으로써 회의의 전후내용을 가장하는 경우가 그 예이다.

[**허위공문서작성죄를 인정한 판례**]   ① 가옥대장에 무허가건물을 허가받은 건물로 기재한 경우(83도1458 판결), ② 가옥대장의 기재와 다른 내용을 기재한 가옥증명서를 발행한 경우(73도395 판결), ③ 준공검사를 하지 않고 준공검사조서에 준공검사를 하였다고 기재한 경우(82도3063 판결), ④ 인감증명서를 발부하는 공무원이 대리인에 의한 신청임에도 본인이 직접 신청하는 것으로 기재한 경우(85도758 판결), ⑤ 경찰서 보안과장이 일련번호가 동일한 음주운전적발보고서에 다른 사람의 음주운전사실을 기재하게 한 경우(95도1706 판결), ⑥ 소유권이전등기와 근저당권설정등기의 신청이 동시에 이루어졌음에도 고의로 근저당권설정등기를 기입하지 않은 채 소유권이전등기를 기재한 등기부등본을 발급한 경우(96도1669 판결)에는 허위공문서작성죄가 성립한다.

[**허위공문서작성죄를 부정한 판례**]   ① 고의로 법령을 잘못 적용하여 공문서를 작성하였으나 그 법령적용의 전제가 된 사실관계에 대한 내용에 거짓이 없는 경우(2002도4293 판결), ② 당사자로부터 뇌물을 받고 적용해서는 안되는 조항을 적용하여 과세표준을 결정하고 세금을 산출하였으나 허위내용의 기재가 없는 경우(96도554 판결)에는 허위공문서작성죄가 성립하지 않는다.

(b) **신고에 의한 허위문서작성**   공문서의 내용이 비공무원(또는 작성권한 없는 공무원)의 허위신고에 의하여 기재되는 경우에는 두 가지로 나누어 판단해야 한다.

(aa) 실질적 심사권이 있는 경우   가옥대장·토지대장 등과 같이 공무원이 신고내용에 대해서 실질적 심사권을 가진 경우에는 그 신고내용이 허위임을 알면서도 이를 기재하였다면 허위공문서작성죄가 성립한다.

(bb) **형식적 심사권만 있는 경우**　　등기부·가족관계등록부(호적부) 등과 같
이 형식적 심사권만 있는 경우에, ① 일정한 형식과 요건을 구비한 신고만 있으
면 담당공무원은 문서를 작성해야 할 직무상의 의무가 있으므로 허위신고 그대
로 기재하여도 이 죄가 성립하지 않는다는 **부정설**($^{정영석}_{174}$), ② 형식적 심사권만 있
어도 신고내용이 허위임을 알았을 때에는 공무원은 기재를 거부할 수 있고, 허
위내용이 기재되면 공문서에 대한 공공의 신용은 저해되므로 이 죄가 성립한다
는 **긍정설**(다수설)이 대립한다.

　　등기는 개인재산에 대한 국가의 공증(公證)행위이므로 공문서의 신용을 보
호하기 위해서는 등기공무원은 허위내용의 기재를 거부할 수 있다는 긍정설이
타당하다. 판례는 호적공무원이 허위신고임을 알면서 허위기재한 경우에 이 죄
를 인정한다($^{77도2155}_{판결}$). 다만 판례 중에는 공부기재사항이나 사실의 확인·증명이
아닌 허가사항에 대해서는 이 죄의 성립을 부정한 경우도 있다($^{2000도1858}_{판결}$).

　　(c) **수사·공판기록과 허위진술**　　진술자의 허위진술임을 알면서 수사기록·
공판기록에 그대로 기재한 것은 진술 그대로 기재한 적법한 조서의 작성이므로
이 죄에 해당하지 않는다. 그러나 사법경찰관이 진술자를 교사하여 진실을 은
폐하는 허위진술의 청취서를 작성한 때에는 이 죄를 구성한다.

　　(d) **변　개**　　"변개(變改)"란 작성권한 있는 공무원이 진정하게 작성된 기존문
서의 내용을 허위로 고치는 것(변경)을 말한다. 진정문서에 대한 변개이므로 허
위공문서·부진정공문서 등 위조문서는 변개의 대상이 될 수 없다. 진정하게 작
성된 기존문서의 내용을 변경한다는 점에서는 유형위조의 변조와 유사하지만
작성권한 있는 자의 변개(변경)라는 점에서 변조와 구별된다.

　　(e) **기수시기**　　작성권한 있는 자가 허위내용을 기재한 때(작성의 경우), 또는
기존의 진정문서의 내용을 허위로 변경한 때(변개의 경우)에 기수가 된다. 문서로
서의 형식과 요건을 구비하고 있는 이상 명의인의 날인이 있음을 요하지 않으
며, 이로 인한 실해(實害)의 발생 유무도 묻지 않는다. 하나의 공문서에 작성자
가 2인 이상 있는 때에는 그 중 1인의 작성행위가 완료되면 다른 자의 서명·날
인이 없어도 그 1인의 공문서작성행위는 기수가 된다. 공문서에 허위기재는 하
였으나 아직 작성명의인을 표시하지 못한 때에는 이 죄의 미수범이 된다.

(4) 주관적 구성요건

고의 외에 행사할 목적도 있어야 한다(목적범). 공문서의 내용이 허위라는 것과 그 직무에 관한 것이라는 인식을 하고 작성 또는 변개할 의사가 있어야 고의가 인정된다. 다만 단순히 잘못 기재하거나 부주의로 기재를 누락한 경우($^{82도1617}_{판결}$), 선례나 업무상의 관행에 따라 기재한 경우($^{82도1026}_{판결}$), 잘못 기재한 것이 통상 있을 수 있는 사소한 차이에 불과한 경우($^{85도327}_{판결}$)에는 허위작성의 고의가 있다고 할 수 없다.

(5) 간접정범 인정여부

공문서를 작성할 권한 있는 공무원이 작성권한 없는 자를 이용하거나 작성권한 있는 다른 공무원을 이용하여 허위공문서를 작성하게 한 경우에는 모두 이 죄의 간접정범이 성립한다는 데에 이견이 없다. 문제는 작성권한 없는 자가 작성권자를 이용한 경우에도 이 죄의 간접정범이 될 수 있느냐이다.

1) 비공무원이 작성권자를 이용한 경우   비신분자인 일반인은 간접정범 형식으로 이 죄를 범할 수 없다. 이 죄는 진정신분범·의무범이므로 비신분자는 이 죄의 정범적격이 없기 때문이다. 다만 비신분자는 형법 제33조 본문의 적용에 따라 공동정범과 공범은 성립할 수 있다.

> 판례는 종래 공무원에게 허위사실을 기재한 증명원을 제출하여 그 정을 모르는 공무원으로부터 증명을 받은 경우에 허위공문서작성죄의 간접정범을 인정하였으나(4286형상39 판결), 그 후 태도를 변경하여 공정증서원본부실기재죄가 성립되는 경우를 제외하고는 일관하여 허위공문서작성죄의 성립을 부정하고 있다(4292형상645 판결, 2000도398 판결).

2) 공문서작성보조자가 작성권자를 이용하는 경우   공문서의 기안을 담당하는 보조공무원이 허위공문서를 작성·기안하여 그 정을 모르는 상사의 결재를 받아 공문서를 완성한 경우, ① 기안담당보조자는 사실상 또는 실질적으로 공문서를 작성하고 있으므로 단순한 비공무원과 구별하여 간접정범이 될 수 있다는 **긍정설**(유기천 하 157, 황산덕 143, 정성근·박광민 603, 배종대 114/23, 손동권·김재윤 39/52)과, ② 작성권한이 없는 자는 진정신분범의 간접정범이 될 수 없다는 **부정설**(이재상·장영민·강동범 32/73, 김일수·서보학 605, 박상기·전지연 792, 김성돈 685. 임웅 763은 위계에 의한 공무집행방해죄가 성립한다고 한다)이 대립한다.

기안담당 공무원은 공문서의 명의인은 아니지만 사실상 또는 실질적으로

공문서를 작성하는 공무원이고, 문서의 기안·작성은 보조자가 하고 여기에 상
사가 서명·날인함으로써 완전한 공문서로서의 효력이 생기며, 작성권한도 업무
관례에 따라 직무집행의 권한으로 작성되면 족하므로 이 죄의 "공무원"을 반드
시 작성권한 있는 명의인이라고 좁게 해석해야 할 필요가 없다. 다만, 무형위조
가 성립하기 위해서는 문서의 작성자가 동시에 명의인이어야 하므로 작성보조
자는 이 죄의 직접정범이 될 수 없고 그 정을 모르는 상사를 이용한 간접정범
이 된다고 해야 한다.[1] 긍정설이 타당하다고 본다.

판례는 기안담당공무원의 간접정범을 일관하여 인정하고 있다(90도1912 판결, 2011도1415 판결). 다만 아래 판례는 기안담당 공무원이 적극적으로 상사의 착오를 일으켜 결재받은 것이므로 기안담당자에 대해 위계에 의한 공무집행방해죄($^{제137}_{조}$)를 인정한 것이고, 기안담당자의 허위공문서작성죄 간접정범을 부정한 것은 아니다.

> **판례** 출원에 대한 심사업무를 담당하는 공무원이 출원인의 출원사유가 허위라는 사실
> 을 알면서도 결재권자로 하여금 오인·착각·부지를 일으키게 하고, 그 오인·착각·부지를
> 이용하여 인·허가처분에 대한 결재를 받아낸 경우에는 출원자가 허위의 출원사유나 허위의
> 소명자료를 제출한 경우와는 달리 더 이상 출원에 대한 적정한 심사업무를 기대할 수 없게
> 되었다고 할 것이어서 그와 같은 행위는 위계로써 결재권자의 직무집행을 방해한 것에 해당
> 하므로 위계에 의한 공무집행방해죄가 성립한다(96도2825 판결).

(6) 타죄와의 관계

허위공문서를 작성하는 행위가 동시에 직무유기에 해당하는 때에는 법조
경합에 의하여 직무유기죄는 이 죄에 흡수되어 별도로 성립하지 않는다(2002도5004 판결). 이와 달리 기존의 직무위배의 위법상태를 은폐하기 위한 것이 아니라 그와 관
련된 다른 권리를 노려 허위공문서를 작성한 때에는 이 죄와 직무유기죄의 경
합범이 된다(2002도5004 판결).

---

[1] 이와는 달리 직무상 보조자라도 상사의 지시에 의하지 않고 함부로 상사의 명의를 사용하여 문
서를 작성하였다면 허위공문서작성죄의 간접정범이 아니라 공문서위조죄를 구성한다.

X. 공정증서원본 등 부실기재죄

> **[구성요건·법정형]** 공무원에 대하여 허위신고를 하여 공정증서원본 또는 이와 동일한 전자기록 등 특수매체기록에 부실의 사실을 기재 또는 기록하게 한 자는 5년 이하의 징역 또는 1천만원 이하의 벌금에 처한다(제228조 제1항).
>
> 공무원에 대하여 허위신고를 하여 면허증, 허가증, 등록증 또는 여권에 부실의 사실을 기재하게 한 자는 3년 이하의 징역 또는 700만원 이하의 벌금에 처한다(제2항).
>
> 미수범은 처벌한다(제235조).
>
> 복사문서 등 사본도 문서·도화로 본다(제237조의2).

(1) 의의·성격

공무원에 대하여 허위신고를 하여 공정증서원본이나 이와 동일한 전자기록 등 특수매체기록에 부실의 사실을 기재 또는 기록하게 하거나 면허증, 허가증, 등록증 또는 여권에 부실의 사실을 기재하게 하는 범죄이다($\frac{2014도2415}{판결\ 참조}$).

이 죄의 성격에 대해서, ① 공무원을 이용한 허위공문서작성죄의 간접정범이라는 견해($\frac{황산덕}{144}$)도 있으나, ② 비신분자는 허위공문서작성죄의 간접정범은 불가능하므로 특별히 처벌할 필요가 있는 공정증서원본에 한정하여 그 간접정범 형태의 독립범죄를 규정한 것이라는 다수설이 타당하다(특별한 간접무형위조). 판례도 같은 취지이다($\frac{70도1044}{판결\ 참조}$).

허위공문서작성죄는 작성권한이 있는 공무원만 범죄의 주체가 되는 진정신분범이므로 이러한 신분이 없는 자가 허위 여부를 알지 못하는 공무원을 이용한 경우에는 간접정범이 성립하지 않는다. 또 허위공문서작성의 고의가 없는 공무원은 구성요건해당성이 없으므로 이에 가담한 공범도 성립할 수 없다. 그렇다고 해서 특별한 신빙력을 가진 공정증서원본 등 중요한 공문서에 부실의 사실을 기재하게 한 행위까지 불문에 붙일 수도 없으므로 공정증서원본 등에 한정하여 비공무원의 허위공문서작성죄의 간접정범 형태를 특별범죄로 규정한 것이고, 공무원의 허위공문서작성죄보다 법정형을 경하게 하였다.

(2) 보호법익

공정증서원본과 이와 동일한 특수매체기록이나 면허증, 허가증, 등록증, 여권 등의 진실성에 대한 공공의 신용이며($\frac{2019도16592}{판결}$), 추상적 위험범이다.

(3) 객관적 구성요건

1) 주 체   제한이 없다. 공무원도 주체가 될 수 있다. 다만 그 신청을 받

은 작성권한 있는 공무원은 이 죄의 주체가 될 수 없다. 정을 알면서 부실기재
한 공무원은 허위공문서작성죄의 주체이고 허위신고자는 그 교사범이 된다.

2) 객 체　　공정증서원본 및 이와 동일시되는 전자기록 등 특수매체기록
과 면허증, 허가증, 등록증 또는 여권이다.

(a) 공정증서원본

(aa) 공정증서　　"공정증서"란 공무원이 직무상 작성하는 문서로서 권리·
의무에 관한 사실을 증명하는 공문서를 말한다($^{87도2696}_{판결}$). "권리·의무"는 공법상·
사법상의 것을 묻지 않으며 사법상이 권리·의무는 재산상의 권리·의무 외에
신분상의 그것도 포함한다.

　　화해조서·가족관계등록부·부동산등기부·선박등기부·상업등기부·법인등기부(92도1654 판
결) 등이 공정증서원본에 해당한다. 그러나 권리·의무관계를 증명하는 것이 아니라 단순히
사실증명을 목적으로 작성된 주민등록부·인감대장·토지대장·가옥대장·임야대장·선박원
부·선거인명부 등의 원본이나 시민증·주민등록증은 공정증서원본이 아니다.

(bb) 공정증서의 원본　　공정증서는 원본만이 이 죄의 객체가 된다. 여기
의 "원본"이란 공정증서 자체를 말하고 공정증서의 정본($^{2001도6503}_{판결}$), 등본·사본·초
본은 이 죄의 객체가 될 수 없다. 공정증서원본은 허위신고에 의하여 부실사실
을 그대로 기재할 수 있는 성질의 증서라야 하고, 신고내용의 채택 여부가 재량
에 속하는 수사기관의 각종 진술조서·감정인의 감정서·소송상의 각종 조서 등
은 이 죄의 객체가 될 수 없다. 법원의 판결원본과 지급명령원본은 공정증서이
지만 증명을 직접목적으로 하지 않고 주로 처분문서의 성격을 가지므로 이 죄
의 객체가 아니다.

　　구 간이절차에의한민사분쟁사건처리특례법에 의하여 합동법률사무소 명의로 작성된 공정증
서는 공정증서원본에 해당하지만(74도2715 전원합의체 판결), 공증인법상의 공증인이 인증한 사서
증서(私書證書)는 단순히 사실을 증명하는 문서에 불과하므로 공정증서원본이 아니다(84도1217
판결). 또 단순히 채권양도가 있다는 사실을 증명하는 공정증서는 채권의 존재사실 자체에 관
한 증명이 아니므로 채권양도인·양수인의 허위신청 내용을 기재하여도 공정증서원본부실기
재죄가 성립하지 않는다(2001도5414 판결).

(b) **공정증서원본과 동일한 전자기록 등 특수매체기록**　　전자적 기록 또는 광
기술을 이용한 특수매체기록으로서 공정증서원본과 동일한 효력과 기능을 가진

것을 말한다. 예컨대 공무소에서 보관하는 전산화한 부동산등기파일, 자동차등록파일, 가족관계등록부(호적)파일, 국세청의 세무자료파일, 특허원부 등이 이에 해당한다.

(c) **면허증**   "면허증"이란 특정된 기능을 가진 특정인에게 그 기능을 수행할 수 있는 권리를 부여하기 위하여 공무소 또는 공무원이 작성하여 교부하는 증명서를 말한다. 의사면허증·약사면허증·침사자격증($^{76도1709}_{판결}$)·수렵면허증·자동차운전면허증 등이 그 예이다. 그러나 단순히 일정한 자격이 있음을 표시한 시험합격증·교사자격증은 면허증이 아니다.

(d) **허가증**   "허가증"이란 특정인에게 일정한 영업이나 사업을 허가하였다는 사실을 증명하는 공문서로서 공무소가 작성하여 교부하고 이를 교부받은 자가 비치하거나 휴대해야 하는 것을 말한다(요식업·주류판매의 영업허가증, 자동차·선박 등의 영업허가증).

(e) **등록증**   "등록증"이란 일정한 자격을 취득한 자에게 그 활동에 상응하는 권리를 부여하기 위하여 공무원 또는 공무소가 작성하는 증서를 말한다(변호사·변리사·공인회계사·법무사·공인중계사·전문의·세무사·감정평가사·통관사 등의 등록증). 사업자등록증은 사업할 수 있는 자격·요건을 갖추었음을 인정하는 것이 아니므로 여기의 등록증에 해당하지 않는다($^{2003도6934}_{판결}$).

(f) **여 권**   공무소가 여행자를 위하여 발행하는 여행허가장을 말한다(외국여행자의 여권·가석방된 자의 여행허가증). 여권법에는 동법에 위반한 자를 처벌하고 있으므로 허위사실을 기재한 여권신청서를 제출하여 여권을 발급받은 때에는 이 죄와 여권법위반죄의 상상적 경합이 된다($^{73도2334}_{판결}$).

3) **행 위**   공무원에 대하여 허위신고를 하여 부실의 사실을 기재하게 하는 것이다.

(a) **공무원**   여기의 "공무원"은 공정증서의 원본 등에 신고사항을 기재 또는 특수매체기록할 수 있는 권한을 가진 공무원을 말한다. 신고를 접수하는 민원창구에 접수시킨 때에도 공무원에게 신고한 것이 된다. 공무원은 기재사실이 부실임을 알지 못해야 한다. 신고받은 공무원이 부실의 사실임을 알면서 기재한 때에는 허위공문서작성죄가 성립하고 허위신고자는 그 공범으로 처벌된다($^{제33조}_{본문}$).

(b) **허위신고** "허위신고"는 일정한 사실의 존부에 대해서 진실에 반하는 신고를 말한다. 신고내용이 허위인 경우뿐만 아니라 신고인의 자격을 사칭하는 경우도 포함한다.

신고의 방법에는 제한이 없다. 대리인을 통하여 신고하든 구두나 서면, 자기명의 또는 타인명의로 신고하든 묻지 않는다. 반드시 신고 또는 기재사항이 불법한 것일 필요도 없다. 법원을 기망하여 확정판결을 받고 이에 기하여 등기신청을 하거나($^{95도1967 판결,}_{행사죄와 경합범}$), 화해조서의 내용이 허위임을 알면서 등기신청을 하여도($^{80도1584}_{판결}$) 허위신고에 해당한다.

> **[허위신고의 예]** 등기명의인이 아닌 자가 명의인의 자격을 모용하여 명의이전등기를 신청한 경우, 타인의 대리인이라고 사칭하여 공무원에게 일정한 기재사항을 신청한 경우, 사자명의로 소유권보존등기를 신청한 경우(68도1596 판결), 주금(株金)을 가장납입하고 마치 주식인수인이 납입을 완료한 것처럼 신고한 경우(87도2072 판결), 부동산을 매도한 사실이 없음에도 마치 매도한 것인냥 등기신청을 한 경우(4293형상685 판결), 허위내용의 주식납입금 보관증서를 첨부하여 주식발행총수에 관한 변경등기를 신청한 경우(80도2303 판결), 확정판결의 내용이 진실에 반하는 것임을 알면서도 이에 기하여 등기공무원에게 등기신청을 한 경우(95도1967 판결), 실제 채권·채무관계가 존재하지 않는데도 허위의 채무를 가장하고 이를 담보한다는 명목으로 허위의 근저당권설정등기를 마친 경우(2014도2415 판결) 등은 모두 허위신고에 해당한다.

(c) **부실사실의 기재·기록** "부실의 사실을 기재 또는 기록"하게 한다란 중요부분에서 객관적 진실에 반하는 사실을 기재 또는 기록하게 하는 것을 말한다. 공정증서원본에 기재된 사항이 부존재하거나 외관상 존재하더라도 무효에 해당하는 하자가 있는 경우($^{2006도8488}_{판결}$)가 대표적 예이다. 그러나 기재절차에 하자가 있다 하여도 기재 또는 기록내용의 중요부분이 당사자의 의사($^{71도2417 판결,}_{[가장매매]}$)나 실체권리관계($^{98도105}_{판결}$)와 부합하는 경우에는 부실기재·기록이 아니다.

> **[부실의 기재를 긍정한 판례]** ① 종중명의의 소유권보존등기를 하면서 종중대표자를 허위로 등재한 경우(2005도4790 판결), ② 부동산의 매수인과 매도인 사이에 부동산 소유권이전에 관한 물권적 합의가 없는 상황에서, 매수인이 소유권이전등기신청에 관한 대리권이 없이 단지 소유권이전등기에 필요한 서류를 보관하고 있을 뿐인 법무사를 기망하여 매수인 명의의 소유권이전등기를 신청하게 한 경우(2005도9402 판결), ③ 당초부터 진실한 주금납입으로 회사의 자금을 확보할 의사없이 형식상 또는 일시적으로 주금을 납입하고 이 돈을 은행에 예치하여 납입의 외형을 갖추고 주금납입증명서를 교부받아 설립등기나 증자등기의 절차를 마친 다음 바로 그 납입한 돈을 인출한 경우(2003도7645 전원합의체 판결), ④ 타인의 부동산을 자기 또는 제3자의 소유라고 허위신고하여 소유권이전등기를 경료한 후 그 부동산에 관하여 자기

또는 당해 제3자 명의로 채권자와의 사이에 근저당권설정등기를 경료한 경우(97도605 판결), ⑤ 부부관계를 설정할 의사없이 중국 내 조선족 여자들의 국내취업을 위한 입국을 목적으로 형식상 혼인신고를 한 경우(96도2049 판결), ⑥ 공동대표이사로 법인등기를 하기로 하여 이사회의 사록 작성 등 그 등기절차를 위임받았음에도 단독대표이사 선임의 이사회의사록을 작성하여 단독대표이사로 법인등기한 경우(93도1091 판결)에 대해서 부실기재를 긍정하였다.

[부실의 기재를 부정한 판례] ① 주식회사의 신주발행이 판결로써 무효로 확정되기 이전에 그 신주발행사실을 담당공무원에게 신고하여 법인등기부에 기재하게 한 경우(2006도8488 판결), ② 재건축조합 임시총회의 소집절차나 결의방법이 법령·정관에 위반되어 임원개임결의가 사법상 무효라고 하여도 실제로 총회에서 임원개임결의가 있었고 이에 따라 임원변동등기를 마친 경우(2004도3584 판결), ③ 양도인이 허위의 채권에 관하여 그 정을 모르는 양수인과 실제로 채권양도의 법률행위를 하고 공증인에게 그러한 채권양도의 법률행위에 관한 공정증서를 작성하게 한 경우(2001도5414 판결), ④ 소유권이전등기나 보존등기에 절차상 하자가 있거나 등기원인이 실제와 다르다 하더라도 그 등기가 실체적 권리관계에 부합하는 유효한 등기인 경우(98도105 판결), ⑤ 1인 주주회사에 있어서 1인 주주가 상법 소정의 형식적 절차를 거치지 않고 특정인을 이사의 지위에서 해임하였다는 내용을 법인등기부에 기재하게 한 경우(95도2817 판결), ⑥ 등기명의인이 부동산의 진실한 소유자가 아니어서 그 명의의 등기가 원인무효임을 알면서 그로부터 가장매수하고 이를 원인으로 소유권이전등기를 경료한 경우(91도1164 판결), ⑦ 해외이주의 목적으로 일시 이혼하기로 하고 이혼신고를 한 경우(76도107 판결), ⑧ 권리·의무와 관계없는 예고등기를 말소한 경우(72도1966 판결), ⑩ 명의신탁에 의한 등기원인을 매매라고 기재하는 경우(80도1323 판결 참조)에 대해서 부실기재를 부정하였다.

중간생략등기가 이 죄에 해당하느냐에 대해서 **긍정설**($^{임웅\ 772,}_{오영근\ 602}$)이 있으나 부정설이 다수설이다. 등기부의 기재내용은 당사자의 의사 및 실체법률관계와 합치되므로 특별법위반죄의 성립은 별론으로 이 죄의 성립은 부정해야 한다. 판례도 같다($^{69도826\ 판결,}_{80도1323\ 판결}$).

(d) **인과관계** 공무원에 대한 허위신고와 부실사실의 기재·기록 사이에는 인과관계가 있어야 한다. 공무원이 부실기재에 대한 주의의무위반이 있으면 인과관계를 인정할 수 있다.

(e) **실행의 착수·기수시기** 실행의 착수시기는 공무원에게 허위신고를 한 때이며, 허위신고에 의하여 공정증서원본 등에 부실의 기재·기록을 한 때에 기수가 된다. 부실의 기재·기록이 된 후 이해관계인의 추인이 있거나 기록내용이 객관적 권리관계와 일치되어도 이 죄는 성립한다($^{2007도2714}_{판결}$).

(4) 주관적 구성요건

신고사실이 허위임을 인식하고 이를 신고하여 부실의 기재를 하게 한다는 인식·의사가 있어야 한다. 부실의 기재·기록이 있어도 이에 대한 인식이 없으면 고의는 부정된다. 행사할 목적은 필요없다.

[부실기재의 고의를 부정한 판례] ① 부친이 적법하게 취득한 토지인 것으로 알고 실체관계에 부합하게 하기 위하여 소유권보존등기를 경료한 경우(95도2468 판결), ② 사망한 남편과 동명이인의 부동산을 남편의 부동산으로 알고 자신의 명의로 상속을 원인으로 한 소유권이전등기를 경료한 경우(94도2679 판결), ③ 임시주주총회를 개최하여 절차에 따라 임기만료 전의 대표이사의 해임을 결의하고 임기만료로 인한 퇴임으로 변경등기한 경우(93도1033 판결)는 부실기재의 고의가 없다.

(5) 타죄와의 관계

등기부에 부실의 사실을 기재하게 하고 그 부실기재등기부를 등기소에 비치하게 하면 이 죄와 부실기재공정증서원본행사죄의 경합범이 된다. 법원을 기망하여 승소판결을 받고 그 확정판결에 의한 허위신고로 소유권이전등기를 경료한 때에도 사기죄와 이 죄의 경합범이 된다($^{83도188}_{판결}$).

XI. 위조·변조·작성 등 사문서행사죄

> **[구성요건·법정형]** 제231조 내지 제233조(사문서위조·변조, 자격모용사문서작성, 사전자기록위작·변작, 허위진단서 등 작성)의 죄에 의하여 만들어진 문서, 도화 또는 전자기록 등 특수매체기록을 행사한 자는 그 각 죄에 정한 형에 처한다(제234조).
> 미수범은 처벌한다(제235조).
> 복사문서 등 사본도 문서·도화로 본다(제237조의2).

(1) 의의·성격

사문서위조·변조죄에 의하여 위조 또는 변조되거나 자격모용에 의한 사문서작성죄로 작성된 사문서·사도화 또는 의사 등에 의하여 작성된 허위진단서·검안서 등과 위작, 변작된 특수매체기록을 행사하는 범죄로서 문서행사죄의 기본적 구성요건이다. 추상적 위험범이고 거동범이다.

(2) 구성요건

1) **주 체** 제한이 없다. 반드시 사문서를 위조·작성 또는 위작한 범인이 행사함을 요하지 않는다. 사문서를 위조·변조·작성한 범인이 행사한 때에는

사문서위조·변조·작성죄와 이 죄의 경합범이 된다.[1)]

2) 객 체   위조·변조 또는 자격모용에 의하여 작성된 사문서·사도화나 허위로 작성된 허위진단서·검안서·생사에 관한 증명서 또는 위작·변작된 전자기록 등 특수매체기록이다. 행사할 목적없이 위조·변조·위작·변작된 사문서나 전자기록·전자복사기의 복사본도 이 죄의 객체가 되지만 필사본(베껴쓴 것)은 이 죄의 객체가 될 수 없다.

3) 행 위   행사하는 것이다.

(a) 행사의 의의   문서의 "행사"란 위조·변조 또는 작성된 사문서 등을 진정문서 또는 내용이 진실한 기록인 것처럼 사용하는 것을 말한다. 특수매체기록의 행사는 위작·변작된 기록을 입력·출력·수정할 수 있는 상태에 두면 행사가 된다. 행사는 위조 등 사문서의 "기능적 이용"을 의미하므로 위조문서를 위조문서로, 허위문서를 허위문서로 사용하는 행위는 행사라 할 수 없다. 따라서 문서위조 여부를 증명하는 자료로 위조문서를 수사기관에 증거로 제출하는 것은 행사가 아니다.

(b) 행사의 방법   제한이 없으며, 제시·교부·송부·비치·열람 등 상대방이 그 내용을 인식할 수 있는 상태에 두는 것이면 족하다. 따라서 상대방이 현실로 문서내용을 보았음을 요하지 않으며($^{2004도4663}_{판결}$), 행사의 결과 현실로 실해가 발생하거나 실해발생의 위험이 있을 필요도 없다. 문맹자·시각장애인에게 교부하거나 위조된 차량통행증을 승용차에 붙이고 주차장에 들어가는 것도 행사가 된다. 또 위조된 문서를 모사전송의 방법으로 제시하거나 컴퓨터에 연결된 스캐너로 읽어들여 이미지화한 파일 자체는 문서가 아니지만($^{2007도7480}_{판결 참조}$) 이를 전송하여 컴퓨터 화면상에서 보게 하는 행위는 행사가 된다($^{2019도8443}_{판결}$). 행사는 타인의 행위를 이용하는 간접정범의 형태로도 가능하다.

(c) 행사의 상대방   행사의 상대방도 특별한 제한이 없다. 위조문서의 작성명의인도 위조의 정을 모른다면 행사의 상대방이 될 수 있다($^{2004도4663}_{판결}$). 일반인에게 제시·교부하건 우연히 교통경찰관에게 제시하건 상관없다. 다만 행사의 상

---

1) 캐나다 시민권자가 캐나다에서 위조사문서를 행사한 경우에 위조사문서행사죄는 형법 제5조에 열거된 죄에 해당하지 않고, 위조사문서행사를 형법 제6조의 대한민국 또는 대한민국 국민의 법익을 직접적으로 침해하는 행위라고 볼 수도 없으므로 재판권이 인정되지 않는다(2011도6507 판결).

대방은 위조문서·허위문서의 정을 알지 못하는 자임을 요한다. 따라서 위조문서를 공범자에게 제시·교부하더라도 행사가 아니며($^{2011도14441}_{판결}$), 위조문서임을 밝혀서 제시한 경우에도 행사라 할 수 없다.

　(d) 기수시기　행사는 제시·교부·비치 등에 의하여 상대방이 그 내용을 인식할 수 있는 상태에 둠으로써 기수가 되며($^{2004도4663}_{판결}$), 그 후 범인이 문서를 철회하였거나 열람할 수 없도록 하였더라도 행사죄의 성립에는 영향이 없다. 위조문서를 우편발송하는 경우에는 도달된 때에 기수가 된다($^{2004도4663}_{판결}$). 비치에 의한 행사는 열람이 가능한 일정한 장소에 비치함과 동시에 기수가 되며, 반드시 공개장소에 비치할 필요가 없다.

XII. 위조·변조·작성 등 공문서행사죄

> [구성요건·법정형]　제225조 내지 제228조(공문서위조·변조, 자격모용공문서작성, 공전자기록위작·변작, 공정증서원본부실기재)의 죄에 의하여 만들어진 문서, 도화, 전자기록 등 특수매체기록, 공정증서원본, 면허증, 허가증, 등록증 또는 여권을 행사한 자는 그 각 죄에 정한 형에 처한다(제229조).
> 　미수범은 처벌한다(제235조).
> 　복사문서 등 사본도 문서·도화로 본다(제237조의2).

위조·변조한 공문서·공도화, 자격모용에 의한 공문서, 허위작성공문서, 부실기재한 공정증서원본·면허증·등록증·여권, 위작·변작된 공전자기록 등을 행사하는 범죄이다. 위조·변조사문서행사죄에 상응하는 것으로서 사문서행사죄보다 불법이 가중된 구성요건이다.

주체에는 제한이 없으므로 공무원·일반인 모두 주체가 될 수 있다. 객체는 위에 열거한 공문서·공도화·공정증서원본 등이며, 반드시 위법·유책한 행위에 의해서 만들어진 것임을 요하지 않고 구성요건에 해당하는 행위에 의하여 만들어진 것이면 미수에 그친 행위나 불가벌의 과실행위에 의하여 만들어진 것이라도 무방하다($^{김성돈}_{695}$). 부실기재공정증서의 원본이 아닌 정본은 법원직원에게 교부하여도 행사죄가 되지 않는다($^{2001도6503}_{판결}$). 행사는 사문서 등 행사죄의 행사에 상응하며 단지 휴대·소지하고 다니는 것은 행사가 아니다($^{4289형상240}_{판결}$). 또 권한 없는 자

가 임의로 인감증명서 사용용도란(부동산소유권이전용이 아닌 경우)의 기재를 고쳐
썼다고 하더라도 공문서의 새로운 증명력을 작출한 것이 아니므로 공문서변조
죄나 변조공문서행사죄가 성립하지 않는다($^{2004도2767}_{판결}$). 행사는 타인의 행위를 이용
하는 간접정범의 형태로도 가능하다($^{2011도14441}_{판결 참조}$).1) 예컨대 정을 모르는 등기공무원
의 직무상의 행위를 이용하여 부실기재한 등기부를 등기소에 비치하게 하는 경
우이다.

XIII. 사문서 등 부정행사죄

> **[구성요건·법정형]**   권리·의무 또는 사실증명에 관한 타인의 문서 또는 도화를 부정행사
> 한 자는 1년 이하의 징역이나 금고 또는 300만원 이하의 벌금에 처한다(제236조).
> 복사문서 등 사본도 문서·도화로 본다(제237조의2).

권리·의무 또는 사실증명에 관한 타인의 문서 또는 도화를 부정행사하는
범죄이다. 문서부정행사죄의 기본적 구성요건이고 추상적 위험범이다.

객체는 권리·의무 또는 사실증명에 관한 타인의 "진정문서·도화"이다. 전
자기록 등 특수매체기록은 객체가 아니다. 판례는 절취한 타인의 후불식 전화
카드를 공중전화기에 넣어 사용한 경우에도 이 죄가 성립한다고 하였다($^{2002도461}_{판결}$).

"부정행사"란 진정하게 성립된 타인의 사문서·사도화를 사용할 "권한 없는
자"가 문서명의자로 가장하여 문서 "본래의 용도"에 따라 사용하는 것을 말한
다. 사용할 권한 있는 자가 본래의 사용목적 이외의 다른 사실을 직접 증명하는
데 사용하는 경우도 부정행사가 되느냐에 대해서 **부정설**이 다수설이지만 판례
는 **긍정설**을 취한다($^{2007도629}_{판결}$). 타인의 학생증이나 신분증을 도서관 출입용에 사용
하는 경우는 부정행사가 되지만, 보관하고 있는 현금보관증이 자기 수중에 있
다는 사실 자체를 증명하기 위한 증거로 법원에 제출하는 것은 부정행사에 해
당하지 않는다($^{84도2999}_{판결}$).

부정행사의 방법은 행위자 스스로 하건 제3자를 이용하여 하건 묻지 않는

---

1) 간접정범을 통한 위조문서행사범행에 도구로 이용된 자라 하더라도 문서가 위조된 것임을 알
지 못하는 사람에게 행사한 경우에는 위조문서행사죄가 성립한다(2011도14441 판결).

다. 이 죄의 미수는 처벌하지 않는다(공문서 등 부정행사죄 미수범을 처벌하는 것과 구별된다).

> **판례**   전화카드의 경우 그 자기띠 부분은 카드의 나머지 부분과 불가분적으로 결합되어 전체가 하나의 문서를 구성하므로, 전화카드를 공중전화기에 넣어 사용하는 경우 비록 전화기가 전화카드로부터 판독할 수 있는 부분은 자기띠 부분에 수록된 전자기록에 한정된다고 할지라도, 전화카드 전체가 하나의 문서로서 사용된 것으로 보아야 하고 그 자기띠 부분만 사용된 것으로 볼 수는 없으므로 절취한 전화카드를 공중전화기에 넣어 사용한 것은 권리·의무에 관한 타인의 사문서를 부정행사한 경우에 해당한다(2002노461 판결).

XIV. 공문서 등 부정행사죄

> [구성요건·법정형]   공무원 또는 공무소의 문서 또는 도화를 부정행사한 자는 2년 이하의 징역이나 금고 또는 500만원 이하의 벌금에 처한다(제230조).
> 미수범은 처벌한다(제235조).
> 복사문서 등 사본도 문서·도화로 본다(제237조의2).

(1) 의의·성격

공무원 또는 공무소의 문서 또는 도화를 부정행사하는 범죄이다. 이 죄는 사용권한자와 용도가 특정되어 작성된 공문서 또는 공도화를 사용권한 없는 자가 사용권한이 있는 것처럼 가장하여 부정한 목적으로 행사하거나 사용권한 있는 자가 정당한 용법에 반하여 부정하게 행사하는 경우에 성립한다($^{2018도2560}_{판결}$). 사문서부정행사죄에 비하여 불법이 가중된 구성요건이다. 추상적 위험범이고, 공무원·비공무원 모두가 주체가 될 수 있는 비신분범이다.

이 죄는 공문서 등에 대한 공공의 신용 등을 보호하려는데에 입법취지가 있으므로, 공문서 등에 대한 공공의 신용 등을 해할 위험이 있으면 범죄가 성립하지만, 그러한 위험조차 없는 경우에는 범죄가 성립하지 않는다($^{2018도2560}_{판결}$).

(2) 구성요건

1) 객 체   이미 "진정하게 성립"된 공문서·공도화이다. 위조 또는 변조된 공문서·공도화를 부정행사한 때에는 이 죄가 아니라 위조·변조공문서행사죄($^{제229}_{조}$)에 해당한다.

자신의 사진과 지문까지 부착되어 있는 타인성명의 주민등록증을 발급받아 소지하다가 검문경찰관에게 제시한 경우도 공문서부정행사죄에 해당한다고 본다(임용 780, 배종대 114/43). 판례도 이러한 경우 주민등록증에 부착된 사진과 기재된 성명은 같은 사람이라는 사실을 증명하는 용도로 사용한 공문서부정행사죄라고 하였다(82도1297 판결).

이에 대해서 **허위작성공문서행사죄 성립설**(박상기 각론8판 546, 손동권·김재윤 39/75, 김성돈 698), **부실기재등록증행사죄 성립설**(김일수·서보학 각론7판 784)이 있다. 그러나 허위공문서작성죄는 공무원의 무형위조이므로 작성공무원이 허위임을 모르고 작성한 것을 허위작성공문서라 할 수 없고, 주민등록증 자체는 공정증서원본에 해당하는 등록증이 아니므로 부실기재 등록증이라 할 수 없다.

3) 행 위 부정행사이다. 사문서부정행사죄의 그것과 같다. "부정행사"는 사용목적이 특정되어 있는 공문서를, ① 사용권한이 없는 자가 사용권한이 있는 것처럼 가장하여 부정한 목적으로 행사하는 경우와, ② 사용권한이 있는 자가 그 정당한 용법에 반하여 부정하게 행사하는 경우로 나누어 검토해야 한다.

(a) **사용권 없는 자의 용도내 사용** 사용권한 없는 자가 용도에 따라 사용한 경우에 이 죄가 성립한다는 데에는 이견이 없다. 예컨대 타인의 여권이나 운전면허증(2000도1985 전원합의체 판결), 주민등록증을 출입국관리공무원이나 검문경찰관에게 자기 것인 양 제시하여 사용하는 경우이다.

(b) **사용권 없는 자의 용도외 사용** 사용권한 없는 자의 용도외 사용이 이 죄에 해당하느냐에 대하여 **긍정설**(박상기·전지연 802, 임용 782, 오영근 613)과 **부정설**이 대립하는데, 후자가 다수설이라 할 수 있다. 부정행사죄의 행사는 본래의 용도에 따라 사용하는 것이므로 용도외 사용은 부정행사가 아니라고 본다. 판례도 공문서의 경우에는 사문서의 경우와 달리 본래의 사용용도로 사용한 것이 아니라 하여 **부정설**을 취하고 있다(2002도4935 판결).

(c) **사용권 있는 자의 용도외 사용** 사용권한 있는 자의 용도외 사용이 이 죄에 해당하는가에 대하여도 긍정설(임용 781)과 부정설이 대립한다. 긍정설에 의하면 사용권한 없는 자의 용도외 사용에 대해서 이 죄의 성립을 부정하면서 사용권한 있는 자의 용도외 사용을 이 죄에 해당한다고 해석하는 것은 균형이 맞지 않을 뿐만 아니라 부정행사의 본질은 "사용권한 없는 자의 용도내 사용"에 있으

므로 **부정설**이 타당하다고 본다. 판례는 **긍정설**을 취하고 있다(^{98도1701} 판결).

　　운전면허증은 운전면허를 받은 사람이 운전면허시험에 합격하여 자동차의 운전이 허락된 사람임을 증명하는 공문서로서, 운전면허증에 표시된 사람이 운전면허시험에 합격한 사람이라는 "자격증명"과 이를 지니고 있으면서 내보이는 사람이 바로 그 사람이라는 "동일인 증명"의 기능을 동시에 가지고 있으므로, 제3자로부터 신분확인을 위하여 신분증명서의 제시를 요구받고 다른 사람의 운전면허증을 제시하거나(2000도1985 전원합의체 판결), 자동차를 임차하면서 타인의 운전면허증을 자신의 것인 양 자동차 대여업체 직원에게 제시한 경우(98도1701 판결)에는 공문서부정행사죄가 성립한다.

　　반면, 주민등록등본이나 신원증명서는 그 사용권한자가 특정되어 있다고 할 수 없고 그 용도도 다양하며, 반드시 본인이나 세대원만이 사용할 수 있는 것이 아니므로, 타인의 주민등록등본을 그와 아무런 관련 없는 사람이 마치 자신의 것인 것처럼 행사하거나(99도206 판결), 타인의 신원증명서를 동의 없이 사용하였더라도 그것이 문서 본래의 취지에 따른 용도에 합치되는 경우(93도127 판결)에는 공문서부정행사죄가 성립하지 않는다. 또 자동차운전자가 운전 중 경찰공무원으로부터 면허증의 제시를 요구받고 다른 사람의 운전면허증을 촬영한 이미지 파일을 휴대전화화면으로 보여준 것은 운전면허증의 특정된 용법에 따른 행사라고 볼 수 없어 공문서부정행사죄에 해당하지 않는다(2018도2560 판결).

[§ 31] 통화에 관한 죄

I. 총 설

(1) 의 의

　　통화에 관한 죄는 행사할 목적으로 통화를 위조·변조하거나 위조·변조한 통화를 행사, 수입, 수출 또는 취득하거나 통화유사물을 제조하는 행위를 처벌하는 범죄이다. 오늘날 모든 경제생활과 유통거래는 통화를 중심으로 영위되고 있으므로 경제적 질서를 유지하고 유통거래의 안전을 확보하기 위해서 통화의 위조·변조 등 행위를 다른 위조·변조죄에 비하여 무겁게 처벌하고, 외국통화 위조·변조는 물론 외국인의 국외범(^{제5조}_{제4호})까지 처벌대상으로 하고 있다. 그리고 통화발행권은 국가가 독점하고 있으므로 통화위조죄는 그 성립의 진정에 관한 위조·변조만 범죄가 되고 그 내용의 허위 여부는 문제가 되지 않는다.

　　통화에 관한 죄는 유가증권에 관한 죄와 함께 문서에 관한 죄의 특수한 경우에 해당하므로 통화에 관한 죄가 성립하는 경우에는 문서에 관한 죄는 별도로 성립하지 않는다(법조경합의 특별관계).

(2) 보호법익

보호법익은 통화의 진정에 대한 거래상의 안전과 공공의 신용이다(통설). 여기에 부가하여 국가의 통화발행권(통화고권)이나($^{손동권·김재윤}_{37/1}$), 통화발행권과 불특정인의 재산상태의 위험까지 부차적 법익으로 보는 견해($^{황산덕}_{122}$)도 있다. 그러나 형법은 국가의 통화발행권과 관계없는 외국통화(특히 외국통용 외국통화)의 위조·변조를 처벌하고 있고, 불특정인의 재산상태 위험은 통화에 대한 거래상의 신용이 저해되는 부수적 효과에 불과하므로 보호법익은 어디까지나 통화의 진정에 대한 거래상의 안전과 공공의 신용이라 해야 한다.

보호받는 정도는 추상적 위험범으로서의 보호이고, 위조·변조통화취득죄는 결과범으로 본다.

II. 내국통화위조·변조죄

> **[구성요건·법정형]** 행사할 목적으로 통용하는 대한민국의 화폐, 지폐 또는 은행권을 위조 또는 변조한 자는 무기 또는 2년 이상의 징역에 처한다(제207조 제1항).
> 미수범은 처벌한다(제212조).

(1) 의의·성격

행사할 목적으로 통용하는 대한민국의 화폐, 지폐 또는 은행권을 위조 또는 변조하는 범죄이다. 목적범, 추상적 위험범, 거동범이다.

(2) 객관적 구성요건

1) **객 체** 통용하는 대한민국의 화폐, 지폐 또는 은행권이다. 이를 총칭하여 통화라 한다. 위조통화는 통용될 수 없으므로 위조통화를 다시 위조·변조한 것은 객체가 될 수 없다.

(a) **통 화** "통화"란 국가 또는 발행권한이 있는 기관이 발행하고 금액이 표시된 지불수단으로서 강제통용력이 인정된 교환의 매개물을 말한다. 금액표시가 없거나 통용기간이 경과하여 교환 중인 구화(舊貨)는 강제통용력이 없으므

로 통화가 아니다.

형법은 통화의 종류를 화폐·지폐·은행권으로 열거하고 있다. ① "화폐"란 금속화폐인 경화(硬貨)를 말한다. 제조한 재료에 따라 금화·은화·백동화·청동화·니켈화가 있으나 우리나라에서 통용되는 화폐는 주화(동전)가 있을 뿐이다. ② "지폐"란 정부 기타 발행권자에 의해 발행된 화폐대용의 증권(법정화폐)을 말한다. ③ "은행권"이란 정부의 인허를 받은 특정 은행이 발행하는 화폐대용의 증권을 말하며 넓은 의미에서 지폐의 일종이다. 우리나라는 한국은행만이 은행권을 발행할 수 있다(한국은행법 제47조). 현재 대한민국의 통화에는 한국은행권과 주화밖에 없다.

(b) **통 용** "통용"이란 법률에 의하여 강제통용력(강제에 의한 교환의 매개물로서의 효력)이 인정되어 있는 것을 말한다. 강제통용력 없이 사실상 사용되고 있는 유통과 구별된다. 고화(古貨)나 폐화(廢貨)는 사실상 유통되고 있어도 통용력이 상실된 것이므로 통화가 아니다. 또 수집대상이 되는 기념주화는 강제통용력이 인정된 것이면 통화에 해당하지만 단순히 판매용으로 제작된 것(한국조폐공사법 제11조 제1항 제6호)은 통화라 할 수 없다.

2) **행 위** 위조 또는 변조하는 것이다.

(a) **위 조** "위조"란 통화발행권이 없는 자가 진정통화(眞正通貨)의 외관을 가진 물건을 만드는 것을 말한다. 통화발행권은 정부 또는 법률로 정한 발행권자에 제한되어 있으므로 그 이외의 자가 진정통화로 오인할 만한 유사한 물건을 제작하는 것이 위조이다. 통화위조는 오직 성립의 진정에 대해서만 위조가 있을 뿐이고 내용의 허위는 문제되지 않으므로 문서위조죄·유가증권위조죄의 위조와 같은 의미가 아니다.

(aa) 위조방법 제한이 없다. 고화나 폐화를 이용하여 새로운 통화를 제작하건, 필서(筆書)·사진·인쇄 또는 복사의 방법에 의하건 상관없다. 진화(眞貨)를 재료로 사용하여 만든 것도 진화와 동일성이 없으면 위조가 된다.

(bb) 진화의 존부 위조의 대상이 되는 진정통화가 존재할 필요도 없다. 통화발행이 예정되어 있는 경우에는 위화를 진화로 오인할 염려가 있기 때문이다(통설). 진정통화보다 높은 가치를 가진 위화를 만들어내는 것도 위조가 된다.

(cc) 위조의 정도 위조의 정도는 일반인이 진정통화로 오신할 수 있는

정도의 외관을 가지고 있으면 충분하고($^{2011도7704}_{판결}$), 반드시 진화와 식별이 불가능할 정도로 정교하게 만들 것까지 요하지 않는다($^{85도570}_{판결 참조}$). 진화로 혼동할 수 있는 정도이면 종이질·크기·문자·색채·인장·기호가 진화와 유사해야 하는 것도 아니다.

그러나 10원짜리 주화의 표면에 백색의 약칠을 하여 100원짜리 주화와 색채가 같도록 변경만 하거나(79도639 판결), 일만원권 지폐의 앞뒷면을 흑백색으로 전자복사하여 비슷한 크기로 자른 정도(86도255 판결)로는 객관적으로 진화로 오신시킬 정도에 이른 것이라 할 수 없다.

(b) **변 조** "변조"란 진정통화에 가공하여 그 가치를 변경하는 것을 말한다. 변조는 기존의 진정통화에 가공하여 진화의 외관이나 동일성이 상실되지 않을 정도로 변경해야 한다. 따라서 폐화를 용해하여 진화와 같은 위화를 만들거나 진화를 재료로 사용하여 새로운 별개의 위화를 만들면 변조가 아니라 위조가 된다(2개의 100원짜리 동전으로 500원짜리 동전을 만든 경우). 즉 변조는 같은 종류의 화폐(같은 가액의 주화, 같은 가액의 지폐) 사이에서만 인정되며 다른 종류의 화폐 사이에는 위조만 가능할 뿐이다.

(aa) **변조의 방법** 변조의 방법에는, ① 통화의 모양과 문자를 고쳐서 그 가액을 변경하는 경우(1,000원짜리 은행권을 10,000원으로 숫자를 고침)와, ② 명목가치는 변경하지 않고 진화의 주변이나 일부를 손괴하여 그 실제가치를 삭감시키는 경우(금화를 감량하여 그 실제가치를 감소시킴) 두 가지가 있다.

(bb) **변조의 정도** 변조의 정도도 위조와 마찬가지로 일반인으로 하여금 진정통화로 오신하게 할 정도로 족하다.

그러나, 일본 자동판매기에 투입하여 500엔 짜리 주화처럼 사용할 목적으로 500원짜리 주화의 표면일부를 깎아내어 손상을 가하였더라도 그 크기와 모양 및 대부분의 문양이 그대로 남아 있는 경우(2000도3950 판결), 미화 1달러 및 2달러 지폐를 희귀화폐인 것처럼 만들기 위하여 발행년도, 발행번호, 미국 재무부를 상징하는 문양, 재무부장관의 사인, 일부 색상을 고친 경우(2003도5640 판결)에는 기존 통화의 명목가치나 실질가치가 변경되었다거나 객관적으로 보아 일반인으로 하여금 기존 통화와 다른 진정한 화폐로 오신하게 할 정도의 새로운 물건을 만들어 낸 것으로 보기 어려워 통화변조에 해당하지 않는다.

(c) **미수·기수** 위조·변조행위를 개시한 때 실행의 착수가 있고, 진화로 오인하게 할 정도에 이르지 못한 때에 미수가 된다. 추상적 위험범이므로 위

조·변조행위가 종료한 때 기수가 된다(실제상으로 종료미수는 기수가 된다). 이 죄의 예비·음모도 처벌한다. 다만 자수자의 필요적 감면규정이 있다($^{제213}_{조}$).

(3) 주관적 구성요건

통용하는 대한민국의 화폐·지폐 또는 은행권을 위조 또는 변조한다는 고의가 있어야 하며 행사할 목적이 있어야 한다(목적범). 행사할 목적이란 위조·변조한 통화를 진화로서 유통하게 하려는 목적을 말한다. 단지 신용을 돋보이는 과시용의 의도만 있거나($^{2011도7704}_{판결}$), 학교의 교재나 진열용의 표본으로 사용할 목적은 이 죄의 행사의 목적이 될 수 없다. 자기 스스로 유통에 두는 경우뿐만 아니라 타인을 개입시켜 진정통화로 유통에 놓게 할 목적인 때에도 행사할 목적이 된다.

(4) 죄수 및 타죄와의 관계

여러 종류의 통화를 각각 다른 기회에 위조한 때에는 각 종류마다 통화위조죄가 성립한다. 그러나 동일기회에 인쇄기 등으로 수개의 통화를 위조한 때에는 포괄하여 1개의 통화위조죄가 성립한다. 통화를 위조한 후 이를 행사한 때에는, ① 이 죄와 위조통화행사죄의 경합범이 된다는 견해(다수설)와, ② 목적범에 있어서는 목적 달성시까지 하나의 행위가 된다는 이유로 이 죄와 행사죄의 상상적 경합이 된다는 견해($^{이재상·장영민·강동범}_{30/15, 배종대 107/9}$)가 대립한다. 위조·변조행위가 종료하면 기수가 되며, 목적범의 목적 달성 여부는 범죄기수·완성에 아무런 영향을 주지 못하므로 **경합범설**이 타당하다고 해야 한다.[1]

Ⅲ. 내국유통외국통화위조·변조죄

> [구성요건·법정형] 행사할 목적으로 내국에서 유통하는 외국의 화폐, 지폐 또는 은행권을 위조 또는 변조한 자는 1년 이상의 유기징역에 처한다(제207조 제2항).
> 미수범은 처벌한다(제212조).

---

1) 헌법재판소는 "형법 제207조에 규정된 죄를 범한 사람은 사형 무기 또는 5년 이상의 징역에 처한다"고 규정한 개정 전 특가법 제10조는 형법조항의 구성요건 이외에 별도의 가중적 구성요건 표지가 없음에도 형법조항보다 형을 가중하고 있어 형벌체계상의 균형을 잃은 것으로서 평등원칙에 위반된다고 하여 위헌결정하였다(2014헌바224 등 결정).

행사할 목적으로 내국에서 유통하는 외국의 화폐·지폐 또는 은행권을 위조 또는 변조하는 범죄이다. 내국통화위조·변조죄의 성격과 같다.

객체는 내국에서 유통하는 외국의 화폐·지폐 또는 은행권이다. 즉 내국유통의 외국통화이다. "내국"이란 대한민국 영역 내를 말한다. "유통"이란 사실상 거래의 지급수단으로 사용되는 것을 말하며,[1] 통용과 구별되는 개념이다. 본국에서 강제통용력을 가질 필요도 없다. 유통의 범위는 대한민국영역 전체에서 유통됨을 요하지 않고 일부 지역에서 유통하는 것으로 족하다. 사실상 유통되고 있으면 국내에서 그 사용이 금지되어 있는가는 문제되지 않는다. "외국"은 국제법상 승인된 국가이거나 우리나라와 국교가 수립된 것임을 요하지 않는다.

Ⅳ. 외국통용외국통화위조·변조죄

> **[구성요건·법정형]** 행사할 목적으로 외국에서 통용하는 외국의 화폐, 지폐 또는 은행권을 위조 또는 변조한 자는 10년 이하의 징역에 처한다(제207조 제3항).
> 미수범은 처벌한다(제212조).

행사할 목적으로 외국에서 통용하는 외국의 화폐·지폐 또는 은행권을 위조 또는 변조하는 범죄이다.

객체는 외국에서 통용하는 외국의 통화이다. "외국에서 통용한다"란 외국에서 강제통용력을 가진 것을 말한다. 외국통화라도 그 본국에서 강제통용력을 잃었을 때에는 이 죄의 객체가 될 수 없고($^{2012도2249}_{판결}$), 내국유통외국통화 위조·변조죄에 해당할 수 있다.

---

[1] 대법원은, 신권과 교환가능한 스위스 구권화폐인 진정화폐는 국내 은행에서 환전할 수 있어도 이는 지급수단이 아니라 외국환매매거래의 대상인 상품과 유사한 것이므로 내국에 유통하는 화폐라 볼 수 없다고 판시(2002도3340 판결)하였다.

V. 위조·변조통화행사 등 죄

> [구성요건·법정형]   위조 또는 변조한 전3항(내국통화·내국유통외국통화·외국통용외국통화위조·변조) 기재의 통화를 행사하거나 행사할 목적으로 수입 또는 수출한 자는 그 위조 또는 변조의 각 죄에 정한 형에 처한다(제207조 제4항).
> 미수범은 처벌한다(제212조).

(1) 의의·성격

위조 또는 변조한 내국통화, 외국통화를 행사하거나 행사할 목적으로 수입 또는 수출하는 범죄이다. 이 죄 중에서 수입·수출죄는 목적범이다. 추상적 위험범, 거동범이다.

(2) 객관적 구성요건

1) 객 체   위조 또는 변조한 내국통화와 내국유통 및 외국통용의 외국통화이다. 객관적으로 일반인으로 하여금 진정통화로 오신하게 할 정도이면 족하고, 그 위조의 정도가 반드시 진정통화와 흡사하거나 일반인이 쉽게 그 진부를 판결하기 불가능한 정도임을 요하지 않는다($\substack{85도570 \\ 판결}$). 위조통화는 재물의 일종이므로 재산죄의 객체도 될 수 있다.

2) 행 위   행사·수입 또는 수출이다.

(a) 행 사   "행사"란 위조 또는 변조된 통화를 진정통화로 유통되도록 하는 것을 말한다. ① 진정통화로 유통시킬 것을 요하므로 단순히 진열장에 비치하거나 자기의 신용력을 보이기 위하여 제시 또는 열람시키는 것만으로 행사가 되지 않는다. ② 통화로 유통시키는 이외의 목적으로 교부하는 것도 행사라 할 수 없다. 따라서 위조통화를 명목가치 이하의 상품으로 매매하는 것은 진화로 유통시킨 것이 아니므로 행사가 아니다. 그러나 위조통화를 진정통화로 화폐수집상에게 판매하는 것은 수집상이 진화로 유통시킬 가능성이 있기 때문에 행사에 해당한다. ③ 진정통화로 유통시킨 이상 유상·무상임을 묻지 않는다. 채무변제, 진화와 교환, 증여·기부하는 것도 행사가 된다. ④ 위화의 사용방법이 위법하여도 유통시킨 이상 행사가 된다. 따라서 강도나 인질범에게 위화를 주거나 도박자금으로 사용한 때에도 행사가 된다. ⑤ 유통시킴에 있어 상대방에게 진정통화임을 알릴 필요가 없고 진정통화인양 사용하면 족하다. 자동판매기에

투입하거나 정을 모르는 심부름꾼에게 물건을 사오라고 교부하는 것(간접정범)도 행사에 해당한다. 위조통화임을 알고 있는 자가 유통시킬 것을 예상하고 교부하면 행사가 된다($^{2002도3340}_{판결}$).

(b) **수입·수출** "수입"이란 외국에서 국내로 반입하는 것을 말하며, "수출"은 국내에서 국외로 반출하는 것을 말한다. 수입은 양륙(揚陸)시(육로로 국경선을 넘은 때, 해로는 양륙한 때, 공로로 항공기에서 하역한 때)를, 수출은 이륙시를 기준으로 기수시기를 결정해야 한다. 일시 우리나라를 통과하는 경우에도 일단 양륙된 이상 수입이 된다.

(3) 주관적 구성요건

행사죄는 위조 또는 변조한 통화를 유통에 둔다는 고의가 있어야 하며, 수입·수출죄는 고의 이외에 다시 행사할 목적이 있어야 한다.

(4) 죄수·타죄와의 관계

1) **죄 수** 수개의 위화를 일괄행사하거나 일괄하여 수입 또는 수출한 경우에는 1개의 행사죄만 성립한다.

2) **타죄와의 관계**

(a) **통화위조와의 관계** 통화위조·변조죄와 행사죄의 관계에 대하여 **불가벌적 사전행위설**($^{배종대,}_{임웅 695}$), **불가벌적 사후행위설**($^{흡수관계, 김일수·}_{서보학 541}$)[1]이 있으나 양자는 실체적 경합관계로 본다(다수설). 위조통화수입·수출죄와 행사죄도 같다.

(b) **사기죄와의 관계** 위조 또는 변조된 통화를 행사하여 재물을 편취한 경우에, ① 사기죄는 위조·변조통화행사죄에 흡수된다는 견해($^{유기천 하 211,}_{오영근 547}$), ② 두 죄의 법익이 다르므로 행사죄와 사기죄의 상상적 경합이 된다는 견해(다수설)가 대립한다. 판례는 실체적 경합이라 하고 있다($^{79도840}_{판결}$). 두 죄는 보호법익이 다를 뿐만 아니라 행사와 기망행위는 하나의 동일한 행위로 행한 것이므로 **상상적 경합설**이 타당하다. 위조통화를 자동판매기에 투입하여 재물을 취득한 때에도 편의시설부정이용죄와 상상적 경합이 된다.

---

1) 다만 김일수·서보학 541은 행사행위가 위조행위시 의도했던 범행계획에 상응하는 경우에는 법조경합의 흡수관계이지만, 행사행위가 선행하는 위조행위에 상응하지 않고 새로운 종류의 결단에 의하여 이루어진 경우에는 실체적 경합이 된다고 한다.

VI. 위조·변조통화취득죄

> [구성요건·법정형]　행사할 목적으로 위조 또는 변조한 제207조 기재의 통화(내국통화·
> 내국유통외국통화·외국통용외국통화)를 취득한 자는 5년 이하의 징역 또는 1천500만원 이하
> 의 벌금에 처한다(제208조).
> 　미수범은 처벌한다(제208조).

(1) 의의·성격

행사할 목적으로 위조 또는 변조한 대한민국의 통화나 내국유통 또는 외국
통용외국통화를 취득하는 범죄이다. 목적범이고 결과범이다.

(2) 구성요건

1) 객　체　　제207조에 기재된 위조 또는 변조한 대한민국의 화폐, 지폐,
은행권과 외국의 화폐, 지폐, 은행권이다.

2) 행　위　　취득하는 것이다. "취득"이란 자기의 점유로 옮겨 처분권을 획
득하는 일체의 행위를 말하며, 유상·무상임을 묻지 않는다. 취득의 방법·원인
여하도 묻지 않는다. 교환·증여·선물·사례비조로 취득한 경우는 물론, 절취·
편취·도박 등 범죄행위로 취득한 경우에도 위화의 정을 알고 있는 한 취득죄가
성립한다. 그러나 공범자 사이에 위화를 주고받는 것은 취득에 해당하지 않는다.

점유이탈물횡령도 취득에 해당한다. 위탁물횡령은 점유이전이 수반되지 않
는 것이므로 취득이 될 수 없다고 해야 한다(다수설). 위화를 취득하기 위한 행
위를 개시한 때에 실행의 착수가 있고, 점유이전으로 취득한 때 기수가 된다.

3) 고의·목적　　위조 또는 변조된 통화임을 알면서 취득하면 고의가 인정
된다. 나아가 행사할 목적이 있어야 한다. 타인을 위한 단순한 보관의사·운송
의사만으로 행사할 목적이 있다고 할 수 없다. 고의와 행사할 목적은 늦어도 취
득시까지 있어야 한다.

(3) 죄수·타죄와의 관계

1) 죄　수　　동일한 기회에 수개의 위조통화를 취득하면 전체로서 1개의
취득죄가 성립한다. 위조통화를 취득한 후 이를 행사한 경우 법조경합의 보충
관계로 위조통화행사죄만 성립한다는 견해도 있으나 취득죄와 행사죄의 실체적

경합이 된다고 본다(다수설).

　　2) 위조통화의 절취　　위조통화임을 알면서 이를 절취(또는 편취)한 경우 취득죄만 성립한다는 견해도 있으나 금제품도 재물이므로 취득죄와 절도죄(또는 사기죄)의 상상적 경합이 된다고 본다(다수설).

Ⅶ. 위조통화취득 후 지정행사죄

> [구성요건·법정형]　　제207조에 기재한 통화(위조·변조된 내국통화외국통화)를 취득한 후 그 사정을 알고 행사한 자는 2년 이하의 징역 또는 500만원 이하의 벌금에 처한다(제210조).

위조 또는 변조된 통화(내국통화·외국통화)임을 알지 못하고 취득한 후에 그 사정을 알고 행사하는 범죄이다. 이 죄는 취득죄보다 경하게 처벌하고 있는데, 이는 그 동기가 유혹적이고 기대가능성이 적다는 점을 고려한 것이다. 이 죄도 다른 행사죄와 같이 추상적 위험범이라 해야 한다.

행위는 위조통화라는 사정을 모르고 취득한 후에 알면서 행사하는 것이다. 애당초 사정을 알고 취득한 후에 행사한 때에는 위조통화취득죄와 위조통화행사죄의 경합범이 된다. 이 죄의 "취득"은 적법한 취득임을 요하지 않고 위법한 취득도 상관없다(통설). "행사"란 위조통화행사죄의 그것과 같다.

이 죄의 고의는 위조·변조한 내·외국의 "통화라는 인식"과, 이를 "행사한다"는 인식과 의사가 있어야 한다. 위조통화에 대한 확실한 최고도의 인식을 요하는 "지정고의"가 있는 때에 이 죄의 고의를 인정하는 견해($\binom{김일수 · 서보학}{544}$)가 있으나, 단순히 위조통화라는 사정을 아는 것만으로 이 죄의 고의가 있다 할 수 없고, 이 죄의 고의에 한해서 최고도의 확실성을 요구해야 할 필요도 없으므로 일반의 고의개념과 구별되는 지정고의를 인정할 이유가 없다.

Ⅷ. 통화유사물제조 등 죄

> [구성요건·법정형]   판매할 목적으로 내국 또는 외국에서 통용하거나 유통하는 화폐, 지폐 또는 은행권에 유사한 물건을 제조, 수입 또는 수출한 자는 3년 이하의 징역 또는 700만원 이하의 벌금에 처한다(제211조 제1항).
> 전항의 물건을 판매한 자도 전항의 형과 같다(제2항).
> 미수범은 처벌한다(제212조).

(1) 의의·성격

판매할 목적으로 내국 또는 외국에서 통용·유통하는 통화에 유사한 물건을 제조·수입 또는 수출하거나 이를 판매하는 범죄이다. 이 죄는 진정통화에 대한 공신력을 침해할 위험성이 적다는 점을 고려하여 위조·변조의 경우보다 경하게 처벌한다. 목적범이고 추상적 위험범·거동범이다.

(2) 구성요건

1) 객 체   내국 또는 외국에서 통용하거나 유통하는 화폐·지폐 또는 은행권에 유사한 물건이다. 이를 총칭하여 통화유사물이라 한다. "유사한 물건"이란 통화와 유사한 외관을 갖추었으나 일반인으로 하여금 진정통화로 오인하게 할 정도에 이르지 않는 모조품을 말한다. 진정통화로 오인하게 할 정도에 이르면 위조가 되며, 이러한 정도에 이르지 않을 때에만 통화유사물이 된다.

2) 행 위   제조, 수입, 수출 또는 판매하는 것이다. "제조"란 통화발행권이 없는 자가 위조의 정도에 이르지 않는 통화유사물을 만드는 것을 말한다. "판매"란 불특정 또는 다수인에게 유상으로 양도하는 것을 말한다. 불특정 또는 다수인을 상대로 할 의사가 있는 때에는 1인에 대한 1회의 유상양도도 판매에 해당한다. "수입·수출"은 위조·변조통화행사 등 죄($\binom{제207조}{제4항}$)의 그것과 같다.

3) 고의·목적   이 죄의 고의는 통화유사물을 제조, 수입, 수출 또는 판매한다는 인식·의사이다. 고의 외에도 판매할 목적도 있어야 한다. 통화유사물의 제조와 수출·판매(또는 수입·판매)는 실체적 경합이 된다.

IX. 통화위조 · 변조예비 · 음모죄

> **[구성요건·법정형]** 제207조 제1항 내지 제3항(내국통화·외국통화 위조·변조)의 죄를 범할 목적으로 예비 또는 음모한 자는 5년 이하의 징역에 처한다. 단, 그 목적한 죄의 실행에 이르기 전에 자수한 때에는 그 형을 감경 또는 면제한다(제213조).

내국통화위조 · 변조죄, 내국유통 외국통화위조 · 변조죄, 외국통용 외국통화 위조 · 변조죄를 범할 목적으로 예비 또는 음모하는 범죄이다. 이 죄의 성격에 관해서 예비 · 음모를 독립된 구성요건으로 규정한 것이라는 견해(**독립범죄설**)도 있다. 그러나 우리 형법은 예비의 행위태양을 명시하지 않고 있으므로[1] 독립된 구성요건으로 이해할 수 없고, 기본범죄의 발현형태에 불과한 기본적 구성요건의 수정형식이라 함(**범죄발현형태설**)이 타당하다(「형법강의 총론」 "예비죄" 참조).

통화위조 · 변조죄를 범할 목적으로 예비 · 음모한 자가 실행의 착수에 이르기 전에 자수한 때에는 그 형을 감경 또는 면제한다. 위조 · 변조통화의 유통을 사전에 방지하기 위한 형사정책적 고려에서 필요적 감경 · 면제로 규정하였다.

[§ 32] 유가증권 · 우표 · 인지에 관한 죄

I. 총 설

(1) 의 의

행사할 목적으로 유가증권을 위조 · 변조 또는 허위작성하거나 위조 · 변조 · 허위작성한 유가증권을 행사 · 수입 또는 수출하는 범죄이다. 유가증권의 일종인 우표와 인지를 위조 · 변조하거나 위조 · 변조한 우표 · 인지를 행사하는 죄도 여기에 함께 규정하고 있다. 부정수표 발행에 대해서는 특별법인 부정수표단속법이 있다.

유가증권은 본래 권리 · 의무에 관한 문서의 일종이므로 이에 관한 죄는 문

---

1) 독일 형법 제149조와 일본 형법 제153조는 예비에 해당하는 구체적인 행위태양을 특별히 규정하고 있으므로 통화위조죄의 예비행위를 독립된 구성요건으로 이해하는 것이 통설이다.

서위조죄의 특별범죄에 해당한다. 한편 유가증권은 경제거래의 중요한 교환 또는 지급수단으로 사용되어 유통성에 있어서 통화에 유사한 성질도 가지고 있으므로 이 죄는 통화위조죄에 준하는 범죄라고 할 수 있다. 따라서 외국의 유가증권도 대한민국의 그것과 동일하게 보호하고 외국인의 국외범까지 형법을 적용한다(제5조 제5호).

(2) 보호법익

보호법익은 유가증권, 우표, 인지에 대한 공공의 신용과 거래의 안전이며, 보호받는 정도는 추상적 위험범으로서의 보호이다. 다만 위조 또는 변조인지·우표취득죄와 인지·우표유사물판매죄는 결과범으로 본다.

II. 유가증권위조·변조죄

> [구성요건·법정형] 행사할 목적으로 대한민국 또는 외국의 공채증서 기타 유가증권을 위조 또는 변조한 자는 10년 이하의 징역에 처한다(제214조 제1항).
> 미수범은 처벌한다(제223조).

(1) 의의·성격

행사할 목적으로 대한민국 또는 외국의 공채증서 기타 유가증권을 위조 또는 변조하는 범죄이다. 유가증권위조죄의 기본적 구성요건이며, 목적범·추상적 위험범·거동범이다.

(2) 객관적 구성요건

1) 객 체   대한민국 또는 외국의 공채증서 기타 유가증권이다.

가) 공채증서   "공채증서"란 국가 또는 지방자치단체에서 발행하는 국채·공채 또는 지방채의 증권으로서 유가증권의 일종이다.

나) 유가증권   "유가증권"이란 재산적 권리가 화체된 증권으로서 증권상에 화체된 권리의 행사나 처분을 하기 위해서는 그 증권의 점유를 필요로 하는 것을 말한다(2007도3394 판결).

(a) 유가증권의 요건   유가증권은 증권에 재산권이 화체되어 있어야 하고, 권리행사와 처분을 하기 위해서는 증권의 점유가 있어야 한다.

(aa) 재산권의 화체증권　유가증권은 증권에 재산권이 화체되어 있어야 한다. 유가증권에 화체된 재산권은 채권·물권·사원권 기타의 권리임을 묻지 않으며, 기명식·무기명식·지시식 증권을 포함한다. ① 권리가 아닌 공법상의 지위·권한을 표시한 단순한 자격증서(국적증서·경로우대증·임명장·영업허가장)와, 법률관계의 존부·내용을 증명하는 증거증권(물품구입증·영수증·차용증서·매매계약서)은 유가증권이 아니다. ② 권리가 문서화되어 작성된 증권이 아니라 증권 자체가 금전가치를 가지는 가치증권(지폐·우표·인지)도 유가증권이 아니다. 다만 어음·수표와 공채는 발행인과 상대방 사이에 권리 또는 채권·채무관계를 내용으로 하는 유가증권이라 할 수 있다.

(bb) 증권의 점유　권리행사나 처분을 하기 위해서 증권을 점유하고 있어야 한다. 증서의 점유가 권리행사의 요건이 되지 않는 면책증권(공중접객업소 발행의 신발표·물품보관증·정기예탁금증서·우편예금통장·무기명정기예금증서)은 유가증권이 아니다.[1]

(cc) 신용카드의 유가증권성　신용카드가 유가증권이냐에 대하여 **긍정설**($^{박상기·전지연}_{768}$)이 있으나 **부정설**이 통설이다. 신용카드는 신용구매와 금융편의를 받을 수 있지만 카드 자체에 재산권이 화체된 것은 아니므로 유가증권이 아니라고 해야 한다. 판례는 공중전화카드에 대해서는 재산권이 화체된 유가증권성을 인정하지만($^{97도2483}_{판결}$), 신용카드는 유가증권이 아니라고 하였다($^{99도857}_{판결}$).

(dd) 사법상의 무효불문　유가증권은 민·상법상 유효한 것임을 요하지 않고, 유가증권으로서 요건의 흠결로 무효인 경우라도 일반인으로 하여금 유효한 유가증권이라고 오신시킬 수 있는 정도의 외관을 갖추고 있으면 이 죄의 객체가 된다. 따라서 수표요건을 구비하지 못하여 실체법상 무효인 수표($^{72도1769}_{판결}$)나, 주권(株券)의 기재요건을 모두 구비하고 대표이사의 날인만 없는 주권($^{74도294}_{판결}$)과 같이 필요적 기재사항을 결하여 상법상 무효인 것도 유가증권에 포함된다. 위조된 유가증권도 이 죄의 유가증권에 해당하므로 타인이 위조한 백지약속어음을 구입하여 백지보충하여 약속어음을 완성하면 이 죄를 구성한다($^{82도677}_{판결}$).

[유가증권의 종류]　법률상의 유가증권과 사실상의 유가증권이 있다. 전자는 수표·어음·

---

1) 판례는, 정기예탁금증서는 면책증권에 불과하여 증서의 점유가 예탁금반환채권을 행사함에 있어 그 조건이 되는 것이 아니라는 점에서 유가증권이 아니라고 판시(84도2147 판결)하였다.

주권·사채권·화물상환증·선하증권·창고증권·질입증권과 같이 법률상 일정한 형식을 필요로 하는 유가증권을 말하며, 후자는 기차승차권(개찰 전은 유가증권이나 개찰 후는 증거증권이다)· 개찰 전의 지하철승차권·공중전화카드(97도2483 판결)·할부구매전표(95도20 판결)·회원용 리프트탑승권(98도2967 판결)·복권·경마투표권·백화점상품권·극장입장권·관람권·양도성예금증서(CD)·증권에 의해 신용구매권리가 인정된 신용판매회사의 쿠폰과 같이 법률상의 형식을 요구하지 않는 유가증권을 말한다. 그러나 신용조합의 출자증서·보험증권은 유가증권이 아니다.

(b) **유가증권의 발행자**   자연인·법인·국가 또는 공공단체를 묻지 않는다. 허무인 명의라도 외형상 일반인으로 하여금 진정하게 작성된 것이라고 오신시킬 정도이면 유가증권이 된다($\substack{통설, 71도905 \\ 판결}$). 명의인이 있는 경우에도 반드시 특정되어 있을 필요가 없으며, 유가증권에 사용한 명칭이 본명이 아니라 별명 기타 거래상 본인으로 인식되는 칭호를 사용해도 무방하다($\substack{96도527 \\ 판결}$). 외국발행의 유가증권도 이 죄의 유가증권이다.

(c) **유통성 유무**   유가증권의 대부분은 유통성이 있지만, 유가증권이 문서에 비해 특별취급을 받는 이유는 유통성 때문이 아니라 재산권이 화체된 증권이라는 점에 있으므로 유통성은 유가증권의 필요요건이 아니다($\substack{통설, 2007도 \\ 3394 판결}$). 따라서 유통성이 없는 개찰 전의 철도·지하철승차권, 경마투표권도 유가증권이다.

2) **행 위**   위조 또는 변조하는 것이다. 이 죄의 위조·변조는 기본적 증권행위에 대한 것이므로 배서·인수 등의 부수적 증권행위의 기재사항위조·변조죄($\substack{제214조 \\ 제2항}$)의 위조·변조와 구별해야 한다.

(a) **위 조**   "위조"란 작성권한 없는 자가 타인명의를 모용 또는 사칭하여 유가증권을 작성하는 것을 말한다(유형위조에 해당).

(aa) 작성권한의 모용   유가증권을 작성할 권한 없는 자가 타인명의를 모용하여 작성한 경우에 유가증권위조가 된다. 작성권한 없이 정당한 대리권 있는 자의 이름을 모용(대리방식)하거나 허무인을 정당한 대리권자로 표시하여 증권을 작성하여도 이 죄가 성립한다.

(bb) 대리권한 초월   대리인·대표자가 그 대리권·대표권의 범위를 초월하여 유가증권을 작성하는 경우, 대리인·대표자 자격모용인가 타인명의 모용인가에 따라 구별해야 한다. 대리인·대표자 명의로 작성하면 "자격"만 모용한 것이므로 자격모용유가증권작성죄가, 대리인·대표자격을 준 본인 또는 회사명의로 작성하면 "명의"를 모용한 것이므로 유가증권위조죄가 성립한다.

(cc) 대리권 남용   대리권·대표권의 포괄적 권한범위 내에서 권한을 남용하여 본인 또는 회사명의의 유가증권을 작성하면 이 죄의 위조가 아니라 사안에 따라 배임죄 또는 허위유가증권작성죄(제216조)가 성립할 수 있다.

(dd) 위조의 방법   제한이 없다. 기망하여 타인으로 하여금 약속어음 용지에 발행인으로 서명·날인하게 한 후 마음대로 어음요건을 기재하여 어음을 완성한 때에는 간접정범에 의한 위조가 된다. 그러나 발행권자를 기망하여 이미 금액 기타 내용이 기재된 수표용지에 날인하게 하고 이를 취득한 때에는 수표발행 자체에는 착오가 없으므로 유가증권위조가 아니라 수표를 편취한 사기에 해당한다.

찢어진 타인의 약속어음을 조합하거나(74도3442 판결), 약속어음의 액면란에 보충권의 범위를 초월한 금액을 기입하거나(89도1264 판결), 타인이 위조한 백지약속어음을 구입하여 백지보충하여 약속어음을 완성하거나(82도677 판결), 발행인의 서명날인이 있는 백지당좌수표의 소지인이 보충권의 목적이나 한도를 넘어 보충함으로써 새로운 당좌수표를 발행하거나(99도1205 판결), 폐공중전화카드의 자기기록 부분에 전자정보를 기록하여 사용가능한 공중전화카드를 만드는 경우(97도2483 판결)는 유가증권위조가 된다(부정설은 오영근 각론2판 708, 김성돈 637).

(b) 변 조   "변조"란 이미 진정하게 성립된 타인명의의 유가증권의 내용을 권한 없이 증권의 동일성을 해하지 않는 범위에서 변경을 가하는 것을 말한다.

(aa) 진정하게 성립된 유가증권   변조는 이미 진정하게 성립된 유가증권의 발행일자·액면·지급인의 주소 등을 임의로 변경하는 것이다. 변경된 내용의 진실 여부와 변경된 기재의 유효 여부도 묻지 않는다. 이에 대해서 유가증권의 용지에 필요사항을 임의로 기재하여 새로운 유가증권을 만들거나 이미 실효된 유가증권을 가공하여 유효한 유가증권으로 작성하는 것은 변조가 아니라 위조에 해당한다. 이미 위조·변조된 기재사항을 다시 권한 없이 변경한 경우는 유가증권변조죄가 성립하지 않는다(2005도4764 판결 [위조 후 변경], 2020도3809 판결 [변조 후 변경]. 긍정설은 김성돈 638).

(bb) 타인명의의 유가증권 내용변경   변조는 타인명의의 유가증권의 내용을 권한 없이 변경하는 것이다. 타인이 소유한 자기명의의 유가증권에 대하여는 변조는 있을 수 없고 허위유가증권작성죄나 문서손괴죄에 해당할 뿐이다. 그러나 자기명의의 유가증권이라도 타인이 배서한 후에 증권의 문언을 변경하는 것은 제214조 제2항(유가증권의 기재사항변조죄)의 변조에 해당한다(이 점에서

문서위조죄의 변조와 다르다). 간접정범에 의한 변조도 가능하다.

(cc) 위조와의 구별   변경을 가하더라도 유가증권의 동일성이 유지되면 변조가 되며, 동일성이 유지되지 않으면 위조가 된다.

(3) 주관적 구성요건

유가증권을 위조 또는 변조한다는 고의가 있어야 하고 행사할 목적이 있어야 한다. 여기의 행사할 목적이란 진정한 유가증권으로 사용할 목적을 말한다. 반드시 유가증권 본래의 용법에 따라 사용할 목적일 필요가 없으며, 유통시킬 목적임을 요하지도 않는다.

(4) 죄수·타죄와의 관계

1) 죄 수   원칙적으로 위조된 유가증권의 수를 기준으로 결정한다. 하나의 유가증권에 수개의 위조 또는 변조가 있어도 포괄일죄가 된다. 그러나 동일한 일시와 장소에서 수개의 유가증권을 위조한 경우에는 수죄의 상상적 경합이 된다. 하나의 유가증권의 기본적 증권행위($\frac{제214조}{제1항}$)와 부수적 증권행위($\frac{동조}{제2항}$)에 대한 위조 또는 변조가 있는 경우에는 유가증권 위조·변조죄만 성립하고, 제2항의 기재사항위조·변조죄의 적용은 배제된다(법조경합 보충관계).

2) 타죄와의 관계   타인의 인장·기명·서명 등을 사용하여 유가증권을 위조 또는 변조하여 행사한 때에는 인장위조죄·행사죄는 이 죄에 흡수된다. 절취 또는 횡령한 유가증권의 용지를 이용하여 이를 위조한 때에는 절도죄 또는 횡령죄와 이 죄의 경합범이 된다. 수표를 위조 또는 변조한 때에는 특별법인 부정수표단속법($\frac{제5}{조}$)이 우선 적용된다. 다만 수표내용의 기재사항(부수적 증권행위)의 위조·변조는 부정수표단속법이 아니라 유가증권기재사항위조·변조죄($\frac{제214조}{제2항}$)에 해당한다.

Ⅲ. 유가증권기재사항위조·변조죄

> [구성요건·법정형]   행사할 목적으로 유가증권의 권리·의무에 관한 기재를 위조 또는 변조한 자도 전항(유가증권위조·변조)의 형(10년 이하의 징역)과 같다(제214조 제2항).
> 미수범은 처벌한다(제223조).

유가증권의 권리·의무에 관한 기재사항을 위조 또는 변조하는 목적범이다.

"유가증권의 권리·의무에 관한 기재"란 배서·인수·보증 등 부수적 증권행위의 기재사항을 말한다. 따라서 이 죄의 위조는 기본적 증권행위가 진정하게 성립된 후에 그 부수적 증권행위에 대하여 작성명의를 모용하는 것이다. 예컨대 자기가 발행한 수표에 대하여 배서를 위조하거나, 진정하게 작성된 어음에 타인 명의를 모용하여 배서 또는 지급일을 변경하는 경우이다.

변조도 진정하게 성립된 유가증권에 대해서 그 부수적 증권행위에 속한 사항의 내용을 변경하는 것이다. 자기명의의 유가증권에 타인이 배서한 다음에 발행인이 증권의 기재사항 중 발행일자나 수취일자 등을 변경하는 것도 변조에 해당한다($^{2001도6553}_{판결}$).

Ⅳ. 자격모용유가증권작성죄

> **[구성요건·법정형]** 행사할 목적으로 타인의 자격을 모용하여 유가증권을 작성하거나 유가증권의 권리 또는 의무에 관한 사항을 기재한 자는 10년 이하의 징역에 처한다(제215조). 미수범은 처벌한다(제223조).

행사할 목적으로 타인의 자격을 모용하여 유가증권을 작성하거나 유가증권의 권리 또는 의무에 관한 사항을 기재하는 추상적 위험범이다.

1) **타인자격의 모용** "타인의 자격을 모용하여"란 타인의 대리·대표자격 없는 자가 대리·대표인 것처럼 그 자격을 사칭하는 것을 말한다(유형위조).

이 죄는 대리·대표자격이 없는 경우에만 성립한다. 처음부터 그러한 자격이 없는 무권대리뿐만 아니라 가지고 있던 자격을 상실한 자, 대리인·대표자가 권한을 초월하거나 권한 밖의 사항에 대해서 자기명의의 유가증권을 작성한 경우에도 자격모용이 된다.

그러나 대리권 또는 대표권이 있는 자가 권한을 남용하여 본인 또는 회사 명의의 유가증권을 발행한 때에는 이 죄가 성립하지 않는다($^{2014도17894}_{판결}$). 또 작성권한 있는 회사의 대표이사가 은행과 당좌거래약정이 되어 있는 전 대표이사 명의로 수표를 발행하거나($^{74도1684}_{판결}$), 타인의 명칭을 거래상 자기를 표시하는 명칭으로 사용하여 온 경우 그 타인명의로 어음을 발행한 때에도 자기의 어음행위이므로 모두 이 죄를 구성하지 않는다($^{82도296}_{판결}$).

대법원은 직무집행정지 가처분결정으로 직무집행의 권한이 없게 된 대표이사가 그 권한 밖의 사항을 대표이사 명의로 유가증권을 작성한 경우(87도145 판결), 실질적으로 대표이사의 권한을 행사하는 전임 대표이사가 후임 대표이사의 승낙을 받고 자기명의의 명판을 사용하여 약속어음을 발행한 경우(90도577 판결)에 자격모용에 의한 유가증권작성죄의 성립을 인정한다.

2) 유가증권의 작성　　유가증권을 작성한다는 것은 유가증권을 발행하는 것과 같이 기본적 증권행위를 한다는 의미이다.

3) 유가증권의 권리·의무에 관한 사항 기재　　이는 배서·인수·보증과 같은 부수적 증권행위를 말한다.

V. 허위유가증권작성죄

> [구성요건·법정형]　행사할 목적으로 허위의 유가증권을 작성하거나 유가증권에 허위
> 사항을 기재한 자는 7년 이하의 징역 또는 3천만원 이하의 벌금에 처한다(제216조).
> 미수범은 처벌한다(제223조).

행사할 목적으로 허위의 유가증권을 작성하거나 유가증권에 허위사항을 기재하는 범죄이다. 작성권한 있는 자가 유가증권에 허위내용이나 허위사항을 기재하는 범죄이다(무형위조에 해당).

"허위의 유가증권을 작성"한다란 작성권한 있는 자가 명의를 모용함이 없이 자기명의로 유가증권에 허위내용을 기재하는 것을 말한다. 유령회사 명의의 약속어음을 발행하거나 발행일자를 실제보다 소급하여 기재하는 것이 그 예이다. 대리인·대표자가 권한의 범위 내에서 권한을 남용하여 본인명의로 허위의 유가증권을 발행한 때에도 이 죄가 성립한다.

"허위사항을 기재"한다란 작성권한 있는 자가 진정하게 성립된 기존의 유가증권에 진실에 반하는 사항을 기재하는 것을 말한다. 허위기재사항은 기본적 증권행위에 속하거나 부수적 증권행위(배서·인수·보증)에 속하거나 상관없다. 다만 배서인의 주소만을 허위기재하는 등 허위의 기재가 권리관계에 아무런 영향을 미치지 않는 사항인 때에는 이 죄에 해당하지 않는다. 작성권한자를 기망하여 허위내용의 유가증권을 작성하게 하여 이를 교부받는 것과 같이 간접정범으로도 가능하다.

[허위유가증권작성 긍정 판례]　① 지급은행과 전혀 당좌거래사실이 없거나 과거의 거래가 정지되었음에도 불구하고 이러한 사유가 없는 것 같이 가장하여 수표를 발행한 경우(4289형상 128 판결), ② 실재하지 않음에도 불구하고 실재하는 회사로 가장하여 그 회사명의로 약속어음을 발행한 경우(70도2389 판결), ③ 주권발행의 권한을 위임받은 자가 그 발행일자를 소급하여 주권을 발행한 경우(73도2041 판결), ④ 약속어음의 작성을 위임받은 자가 위탁자인 발행인 이름 아래 자기의 인장을 날인한 경우(74도2594 판결), ⑤ 화물을 인수하거나 확인하지도 않고 수출면장만을 확인한 채 실제로 선적한 사실이 없는 화물을 선적하였다는 내용의 선하증권을 발행한 경우(95도803 판결)에 허위유가증권작성죄가 성립한다.

[허위유가증권작성 부정 판례]　① 원인채무관계가 존재하지 않음에도 약속어음을 발행한 경우(76도4132 판결), ② 주권발행전에 주식을 양도받은 자에게 주권을 발행한 경우(81도1935 판결), ③ 약속어음의 발행인이 그 발행을 위하여 은행에 신고되지 않은 발행인의 다른 인장을 날인한 경우(2000도883 판결), ④ 자기앞수표의 발행인이 수표의뢰인으로부터 수표자금을 입금받지 않고 자기앞수표를 발행한 경우(수표효력에는 영향이 없다. 2005도4528 판결)에는 권리의 실체관계에 허위가 없으므로 허위유가증권작성죄가 성립하지 않는다.

VI. 위조·변조유가증권행사 등 죄

> **[구성요건·법정형]**　위조, 변조, 작성 또는 허위기재한 전3조(유가증권위조·변조, 유가증권기재사항위조·변조, 자격모용유가증권작성, 허위유가증권작성) 기재의 유가증권을 행사하거나 행사할 목적으로 수입 또는 수출한 자는 10년 이하의 징역에 처한다(제217조).
> 미수범은 처벌한다(제223조).

위조·변조·작성 또는 허위기재한 유가증권을 행사하거나 행사할 목적으로 수입 또는 수출하는 범죄이다. 수입·수출죄는 목적범이다. 위조통화행사 등 죄에 상응하는 것으로 추상적 위험범이다.

객체는 제214조 내지 제216조의 객체인 위조·변조·작성 또는 허위기재된 유가증권이다. 복사한 위조유가증권에 대해서 판례는 이 죄의 유가증권은 위조 또는 변조된 유가증권의 "원본"을 말하며 전자복사기 등을 사용하여 기계적으로 복사한 사본은 이에 해당하지 않는다고 하였다(2008도10678 판결). 복사문서의 문서성을 인정한 형법 제237조의2를 주의규정이 아니라 특별규정으로 볼 때에는 유가증권 원본이 아닌 기계적으로 복사한 사본은 이 죄에 해당하지 않는다고 본다.

> **판례**   위조유가증권행사죄에 있어서의 유가증권이라 함은 위조된 유가증권의 원본을
> 말하는 것이지 전자복사기 등을 사용하여 기계적으로 복사한 사본은 이에 해당하지 않는다.
> 사문서위조죄는 그 명의자가 진정으로 작성한 문서로 볼 수 있을 정도의 형식과 외관을 갖
> 추어 일반인이 명의자의 진정한 사문서로 오신하기에 충분한 정도이면 성립하는 것이고, 반
> 드시 그 작성명의자의 서명이나 날인이 있어야 하는 것은 아니나, 일반인이 명의자의 진정한
> 사문서로 오신하기에 충분한 정도인지 여부는 그 문서의 형식과 외관은 물론, 그 문서의 작
> 성경위, 종류, 내용 및 일반거래에 있어서 그 문서가 가지는 기능 등 여러 가지 사정을 종합
> 적으로 고려하여 판단하여야 한다(2008도10678 판결).

1) 행 사   "행사"란 위조·변조·작성 또는 허위기재한 유가증권을 진정
하게 작성·기재된 유가증권으로 사용하는 것을 말한다. 반드시 유가증권 본래
의 용법에 따라 유통시킬 것을 요하지 않는다. 이 점에서 위조통화행사죄보다
범위가 넓고 위조문서행사죄와 같다. 따라서 유가증권을 친족에게 보여주기 위
해서 진정한 것으로 "교부"하거나, 타인에게 어음할인의뢰를 위하여 "열람"시키
는 경우, 자기의 자산·영업상태에 대한 신용을 얻기 위하여 타인에게 "제시·우
송"하거나, 증거자료로서 법원에 "제출·송부"하는 경우, 위조유가증권의 정을
알고 행사할 목적이 있는 자에게 교부하거나($^{81도2492}_{판결}$), 위조상품권을 오락기에 투
입해 놓고 상품이 배출되도록 하는 경우($^{2007도769}_{판결}$)는 모두 행사에 해당한다. 공범
상호간에는 행사가 되지 않는다($^{2010도12553}_{판결}$). 타인이 진정한 유가증권으로 인식·열
람할 수 있는 상태에 둠으로써 기수가 된다.

2) 수입·수출   위조·변조통화행사 등 죄의 그것과 같다.

3) 고의·목적   행사의 경우에는 고의로서 족하지만 수입 또는 수출의 경
우에는 고의 이외에 다시 행사할 목적이 있어야 한다.

4) 행사죄와의 관계   유가증권을 위조·변조하거나 허위작성한 후 이를
행사한 경우 상상적 경합이 된다는 견해가 있으나 실체적 경합이 된다고 본다
(다수설). 위조유가증권을 행사하여 재물을 편취하면 사기죄와 이 죄의 상상적
경합이 된다.

Ⅶ. 인지·우표위조·변조죄

> [구성요건·법정형] 행사할 목적으로 대한민국 또는 외국의 인지, 우표 기타 우편요금을 표시하는 증표를 위조 또는 변조한 자는 10년 이하의 징역에 처한다(제218조 제1항).
> 미수범은 처벌한다(제223조).

행사할 목적으로 대한민국 또는 외국의 인지, 우표 기타 우편요금을 표시하는 증표를 위조 또는 변조하는 범죄이다. 인지·우표도 유가증권의 일종이지만 유가증권보다는 통화에 가깝다는 특수성을 고려하여 별도의 규정을 둔 것이다. 추상적 위험범, 목적범이다.

객체는 대한민국 또는 외국의 인지, 우표 또는 우편요금을 표시하는 증표이다. "인지"는 '민사소송 등 인지법'이 정한 바에 따라 일정한 수수료 또는 인지세를 납부하는 방법으로 첨부·사용하도록 하기 위해 정부 기타의 발행권자가 일정한 금액을 권면에 표시하여 발행한 증표를 말한다. "우표"란 정부 기타 발행권자가 일반인에게 우편요금의 납부용으로 첨부·사용하도록 하기 위해 일정한 금액을 액면에 표시하여 발행한 증표를 말한다. "우편엽서"도 여기에 포함된다. "기타 우편요금을 표시하는 증표"는 우표 이외의 우편요금을 표시하는 스탬프형 증표(요금별납 표지)가 여기에 해당한다.

행위는 위조 또는 변조하는 것이며 유가증권위조·변조죄의 그것과 같다. 고의 외에도 행사할 목적이 있어야 한다.

Ⅷ. 위조·변조인지·우표행사 등 죄

> [구성요건·법정형] 위조 또는 변조된 대한민국 또는 외국의 인지, 우표 기타 우편요금을 표시하는 증표를 행사하거나 행사할 목적으로 수입 또는 수출한 자도 제1항(인지·우표위조·변조죄)의 형(10년 이하의 징역)과 같다(제218조 제2항).
> 미수범은 처벌한다(제223조).

위조 또는 변조된 대한민국 또는 외국의 인지, 우표 기타 우편요금을 표시하는 증표를 행사하거나 행사할 목적으로 수입 또는 수출하는 범죄이다. 위조·변조유가증권행사 등 죄(제217조)에 상응하는 범죄이고, 수입·수출죄는 목적범이다. 여기의 행사란 위조 또는 변조된 대한민국 또는 외국의 우표 등을 진정한 우표 등으로 사용하는 것을 말한다. 반드시 우편요금의 납부로 사용하는 것뿐만 아니라 우표수집의 대상으로 매매하는 경우도 포함한다($^{88도1105}_{판결}$).

Ⅸ. 위조·변조인지·우표취득죄

> **[구성요건·법정형]**　행사할 목적으로 위조 또는 변조한 대한민국 또는 외국의 인지, 우표 기타 우편요금을 표시하는 증표를 취득한 자는 3년 이하의 징역 또는 1천만원 이하의 벌금에 처한다(제219조).
> 　　미수범은 처벌한다(제223조).

행사할 목적으로 위조 또는 변조한 대한민국 또는 외국의 인지, 우표 기타 우편요금을 표시하는 증표를 취득하는 범죄이다. 위조·변조통화취득죄($^{제208}_{조}$)에 상응하는 범죄이다. 위조 또는 변조한 인지, 우표, 우편요금을 표시하는 증표라는 정을 알고 취득해야 하며, 행사할 목적이 있어야 하는 결과범이다.

Ⅹ. 인지·우표소인말소죄

> **[구성요건·법정형]**　행사할 목적으로 대한민국 또는 외국의 인지, 우표 기타 우편요금을 표시하는 증표의 소인 기타 사용의 표지를 말소한 자는 1년 이하의 징역 또는 300만원 이하의 벌금에 처한다(제221조).

행사할 목적으로 대한민국 또는 외국의 인지, 우표 기타 우편요금을 표시하는 증표의 소인(消印) 기타 사용의 표지를 말소하는 추상적 위험범이다. "소인을 말소하게 한다"는 것은 인지, 우표에 진정하게 찍혀 있는 소인의 흔적을 소멸시켜서 그 인지, 우표 기타 우편요금의 표시증표를 다시 진정한 것으로 사용할 수 있게 하는 일체의 행위를 말하며 그 방법 여하는 묻지 않는다. 고의 외에 행사할 목적이 있어야 하는 목적범이다.

XI. 인지·우표유사물제조 등 죄

> **[구성요건·법정형]** 판매할 목적으로 대한민국 또는 외국의 공채증서, 인지, 우표 기타 우편요금을 표시하는 증표와 유사한 물건을 제조, 수입 또는 수출한 자는 2년 이하의 징역 또는 500만원 이하의 벌금에 처한다(제222조 제1항).
> 전항의 물건을 판매한 자도 전항의 형과 같다(제2항).
> 미수범은 처벌한다(제223조).

판매할 목적으로 대한민국 또는 외국의 공채증서, 인지, 우표 기타 우편요금을 표시하는 증표와 유사한 물건을 제조, 수입 또는 수출하거나 이를 판매하는 범죄이다.

"증표와 유사한 물건"이란 일반인으로 하여금 진정한 공채증서, 인지, 우표라고 오신하게 할 정도의 외관을 구비하지 못한 모조품을 말한다. 행위는 제조·수입 또는 수출하거나 판매하는 것이다. 제조는 공채증서, 인지, 우표에 유사한 물건을 만드는 것이고, 판매는 불특정 또는 다수인에게 유상양도하는 것이고 결과범으로 본다. 수익의 유무는 묻지 않는다. 판매할 목적이 있어야 하는 목적범이다.

XII. 유가증권위조·변조예비·음모죄

> **[구성요건·법정형]** 제214조(유가증권위조·변조, 유가증권기재사항위조·변조), 제215조(자격모용 유가증권작성)와 제218조 제1항(인지·우표 위조·변조)의 죄를 범할 목적으로 예비 또는 음모한 자는 2년 이하의 징역에 처한다(제224조).

유가증권위조·변조죄, 기재사항위조·변조죄, 자격모용에 의한 유가증권작성죄와 인지·우표위조·변조죄를 범할 목적으로 예비 또는 음모하는 범죄이다. 유가증권에 관한 죄 중에서 유형위조에 해당하는 죄에 대해서만 예비 또는 음모를 처벌하고 있다. 통화에 관한 죄의 경우와 달리 자수에 대한 필요적 감경·면제규정이 없다.

[§ 33] 인장에 관한 죄

I. 총 설

(1) 의 의

인장에 관한 죄는 행사할 목적으로 인장, 서명, 기명 또는 기호를 위조 또는 부정사용하거나 위조 또는 부정사용한 인장, 서명, 기명, 기호를 행사하는 범죄이다. 인장, 서명 등은 특정인의 인격을 상징하므로 문서 기타의 물건과 특정인 사이에 연결을 맺게 하여 그 동일성을 증명하는 기능을 갖는다.

인장에 관한 죄는 문서나 유가증권을 위조하는 수단으로 사용하는 경우가 많기 때문에 문서위조죄 또는 유가증권위조죄가 성립할 때에는 인장에 관한 죄는 여기에 흡수되어 이 죄를 구성하지 않는다. 한편, 인장, 서명 등은 문서나 유가증권과 관계없이 그 자체가 독립적으로 존재의의를 갖는 경우도 많다(사실증명이나 인증). 따라서 인장에 관한 죄는, ① 인장, 서명 등을 이용한 문서·유가증권의 위조, 변조가 따로 범죄로 되지 않는 경우, ② 인장, 서명 등을 위조·부정사용한 자와 문서 또는 유가증권을 위조한 자가 서로 다른 경우, ③ 인장, 서명 등이 문서·유가증권과 관계없이 독자적 의의를 가지는 경우에 한하여 독립하여 성립한다.

(2) 보호법익

보호법익은 인장, 서명, 기명, 기호 등의 진정에 대한 공공의 신용이다. 인장, 서명 등의 성립의 진정만 보호하고 그 내용의 진실 여부는 묻지 않는다. 이 점에서 통화위조죄와 같다. 보호받는 정도는 추상적 위험범으로서의 보호이다.

II. 사인(私印) 등 위조·부정사용죄

> [구성요건·법정형]   행사할 목적으로 타인의 인장, 서명, 기명 또는 기호를 위조 또는 부정사용한 자는 3년 이하의 징역에 처한다(제239조 제1항).
> 미수범은 처벌한다(제240조).

1. 의의·성격

행사할 목적으로 타인의 인장, 서명, 기명 또는 기호를 위조 또는 부정사용하는 범죄이다. 인장 등의 성립의 진정을 보호하기 위한 기본적 구성요건이다. 목적범, 추상적 위험범이고, 부정사용은 거동범이다.

2. 구성요건

(1) 객 체

타인의 인장, 서명, 기명 또는 기호이다.

1) 타 인   "타인"이란 공무원 또는 공무소 이외의 사인(私人)을 말하며, 자기와 그 공동정범자를 제외한 사람을 말한다. 자연인뿐만 아니라 법인·법인격 없는 단체도 포함한다. 명의인이 실재함을 요하지 않고 사자·허무인도 포함한다(통설). 판례는 사자명의의 인장위조는 성립하지 않는다($^{82도2064}_{판결}$)고 하였으나, 이 판례는 사자·허무인 명의의 문서위조·변조를 인정($^{2002도18}_{전원합의체 판결}$)하기 이전의 판례이다. 또 중국 국적자가 중국에서 대한민국 국적의 주식회사 인장을 위조한 것은 대한민국 또는 대한민국국민에 대하여 죄를 범한 경우($^{제6}_{조}$)에 해당하지 아니하므로 재판권이 인정되지 않는다($^{2002도4929}_{판결}$).

2) 인 장   "인장(印章)"이란 특정인의 인격(주체)과 그 동일성을 증명하기 위하여 사용되는 일정한 상형(象形)을 말한다. 상형은 반드시 문자 또는 성명일 필요가 없고, 별칭·약칭·도형도 무방하며, 지장(指章)·무인(拇印)도 인장에 해당한다. 인장의 의미와 관련하여 문제되는 것은 다음과 같다.

(a) 인영과 인과   "인영(印影)"이란 일정한 사항을 증명하기 위하여 물체상에 현출시킨 문자 기타 부호의 영적(影跡)을 말하며, "인과(印顆)"란 인영을 현출시키는 데에 필요한 문자 기타 부호를 조각한 물체(도장)를 말한다. 인장은 인영을 의미한다는 견해($^{유기천 하}_{216 이하}$)도 있으나 인영뿐만 아니라 인과를 포함한다고 해야 한다(통설). 형법은 인장의 부정사용(이 때의 인장은 인과를 의미)과 부정사용한 인장의 행사(이 때의 인장은 인영을 의미)를 구별하고 있으며, 인과의 위조 그 자체로서도 진정한 인영에 대한 공공의 신용을 해할 위험성이 있기 때문이다.

(b) 생략문서와의 구별   생략문서도 일정한 관념 또는 의사를 해독할 수 있

는 것이면 문서가 된다. 따라서 물체에 찍힌 인장이 인격의 동일성 이외에 다른 사항까지 증명할 수 있으면 인장이 아니라 문서라고 해야 한다(예: 백지위임장·입장권·수하물인환증·우편물수령시각증명서·은행의 출금표와 지급전표·등기필증·임대차 확정일자인·택배배달증명서는 문서이다).

(aa) 우체국 일부인 우편물에 찍힌 우체국 일부인(日附印)에 대해서 공무소의 인장이라는 견해(^{유기천 학}₂₁₇)도 있다. 우체국의 일부인은 일정한 년·월·일에 우편물을 인수하였음을 증명하는 것이고, 동시에 우편물에 부착된 우표의 효력을 무효화시키는 의사표시이므로 우체국의 서명이 있는 공문서(생략문서)라 해야 한다. 같은 취지로 신용장에 날인된 은행의 접수일부인도 생략문서(사문서)이다.

판례도 신용장에 날인된 은행의 접수일부인(^{77도1879}_{판결})과 구청 세무계장 명의의 소인(^{95도1269}_{판결})은 (생략)문서라고 하였다.

(bb) 서화의 낙관 서화에 표시된 예술가의 낙관·아호인·서명은 자기의 작품이라는 의사를 표시한 생략문서에 해당한다는 견해(^{이재상·장영민}_{강총법 32/12})도 있으나 형법은 인장과 서명을 인장위조의 객체로 별도로 명시하고 있고, 낙관·아호인 그 자체는 예술가의 인격의 동일성을 표시함으로써 부수적으로 자기 작품을 확인하기 위한 것이므로 인장이라 해야 한다(통설).

(c) **인장의 증명대상** 인장은 반드시 권리·의무의 증명에 관한 것임을 요하지 않으나 적어도 거래상 의미가 있는 사실을 증명하기 위하여 사용된 것이라야 한다. 따라서 사원, 명승지의 기념스템프는 인장이 될 수 없다.

3) **서 명** "서명"이란 특정인이 자기를 표시한 문자로서 성명 기타 호칭을 표기한 것을 말한다. 단지 성 또는 이름만을 표시하거나 상호 또는 거래상 사용되는 약호·옥호·아호 기타 부호문자를 사용하여 본명과 동일한 지칭을 한 것이면 모두 서명에 해당한다. 서명은 자필서명(自署)에 한하고, 자필서명을 조각한 고무도장이나 나무도장을 사용해도 서명이다. 서명도 거래상 의미가 있는 증명을 하는 것이라야 하므로 운동선수·영화배우의 싸인은 서명에 해당하지 않지만 서도(書圖)의 서명은 이 죄의 서명에 해당한다.

4) **기 명** "기명"이란 서명과 같이 특정인이 자기를 표시한 문자로서 자서(自署) 이외의 것을 말한다. 대필이나 인쇄 등에 의하여 특정인의 성명·호칭

을 표시한 것이 기명에 해당한다.

5) 기 호   "기호"는 물건에 압날하여 그 동일성을 증명하는 문자 또는 부호이다. 기호와 인장과의 구별에 관해서는, ① 사용되는 물체를 기준으로 하여 문서에 압날하여 증명에 사용하는 것은 인장이고, 상품·생산품·서적 등에 압날하는 것은 기호라고 하는 **물체표준설**($^{정영석}_{182}$)과, ② 증명하는 목적을 기준으로 하여 사람의 동일성을 증명하는 것은 인장이고, 기타의 사항을 증명하는 것은 기호라고 하는 **목적표준설**(통설)이 대립한다.

인장은 특정된 사람과 그 인격의 동일성을 증명하는 데에 본질이 있으므로 증명의 목적을 기준으로 구별하는 **목적표준설**이 타당하다. 따라서 검인(檢印)·장서인(藏書印) 등은 인장이 아니라 기호라고 해야 한다. 형법은 인장과 기호의 위조를 동일한 법정형으로 처벌하고 있으므로 해석상 논쟁의 실익은 없다.

(2) 행 위
위조 또는 부정사용이다. 즉 형법은 인장 등 위조에 대해서는 위조와 부정사용의 유형위조만 처벌한다.

1) 위 조   "위조"란 권한 없이 타인의 인장, 서명, 기명 또는 기호를 작출하거나 물체상에 현출 내지 기재하는 것을 말한다. ① 권한 없는 경우뿐만 아니라 대리권 또는 대표권을 가진 자가 그 권한 이외의 무권대리행위로 서명·압날하는 경우도 위조가 된다(문서부정행사에서 권한 없는 자의 부정사용과 구별된다). ② 방법 여하도 묻지 않는다. 인과 또는 영적을 현출시키는 물체를 제조하거나 기존의 진정한 인영을 재료로 하여 새로운 증명력을 가진 인영을 현출시키는 것(전자복사)도 위조가 된다. ③ 위조의 정도는 문서위조의 그것과 같이 일반인으로 하여금 실재인의 진정한 인장·서명으로 오신하게 할 정도의 외관을 구비한 것이면 허무인·사자의 인장·서명이라도 무방하다. 판례는 일단 조서말미에 타인명의의 서명을 한 경우에는 비록 간인이나 무인이 끝나지 않았고 조사자의 서명날인이 완료되지 아니하여 피의자신문조서가 완성되지 않았다 하더라도 명의인의 진정한 서명으로 오신할 수 있으므로 서명위조가 된다($^{2005도4478}_{판결}$)고 하였다.

2) **부정사용**   "부정사용"이란 진정하게 만들어진 인장·서명 등을 권한 없이 사용하거나(무권행위) 권한 있는 자가 그 권한을 남용하여(월권행위) 부당하게

사용하는 것을 말한다. 즉 부정사용은 진정하게 만들어진 인장·서명 등을 "권한 없는 자나 권한 있는 자"가 "부당하게 사용"하여 그 사용의 진정을 해하는 것이므로 "권한 없는 자"가 권한 있는 자를 가장하여 "문서의 용도에 따라 사용"하는 문서의 부정행사와 다르다. ① 부정사용이 있으면 타인이 현실로 열람하였거나 권한 있는 사용이라고 오신하였을 필요는 없다. ② 인장·기호의 경우 인영 또는 영적을 물체상에 현출시킨 것만으로는 인장부정사용의 예비에 지나지 않고, 열람할 수 있는 상태에 이르러야 부정사용이 된다.

　3) 주관적 요소　　고의와 행사할 목적이 있어야 한다. 고의는 타인의 인장, 서명, 기명, 기호라는 것과 그 사용이 자기의 권한에 속하지 않고 사용의 진정을 거짓한다는 것을 인식하고 위조·부정사용할 의사가 있어야 한다. 행사할 목적에는 행위자 자신의 행사할 목적뿐만 아니라 타인으로 하여금 행사시킬 목적도 포함된다.

> **판례**　　형법 제238조 제1항에 의하면 행사할 목적으로 공기호인 자동차등록번호판을 위조한 경우에 공기호위조죄가 성립하고, 여기서 '행사할 목적'이란 위조한 자동차등록번호판을 마치 진정한 것처럼 그 용법에 따라 사용할 목적을 말한다. '위조한 자동차등록번호판을 그 용법에 따라 사용할 목적'이란 위조한 자동차등록번호판을 자동차에 부착하여 운행함으로써 일반인으로 하여금 자동차의 동일성에 관한 오인을 불러일으킬 수 있도록 하는 것을 말한다(2015도1413 판결).

3. 타죄와의 관계

　인장, 서명 등의 위조 또는 부정사용이 유가증권위조 또는 문서위조의 수단으로 행해진 때에는 유가증권위조 또는 문서위조에 흡수된다. 절취한 인장을 매각, 양도, 손괴하는 행위는 불가벌적 사후행위가 되지만, 절취한 인장을 부정사용하면 각각 별죄를 구성한다. 인장·서명 등의 위조죄와 행사죄도 실체적 경합이 된다.

Ⅲ. 위조사인 등 행사죄

> **[구성요건·법정형]** 위조 또는 부정사용한 타인의 인장, 서명, 기명 또는 기호를 행사한 때에도 전항(사인 등 위조·부정사용죄)의 형(3년 이하의 징역)과 같다(제239조 제2항).
> 미수범은 처벌한다(제240조).

위조 또는 부정사용한 타인의 인장, 서명, 기명 또는 기호를 행사하는 범죄이다. "행사"란 위조된 인장, 서명, 기명 또는 기호를 진정한 것처럼 또는 권한 있는 자의 정당한 사용처럼 그 용법에 따라 사용하는 것을 말한다(부정사용과 구별). 공범자 이외의 자에게 사용해야 한다. 타인이 열람할 수 있는 상태에 두거나 인과를 날인하여 일반인이 열람할 수 있는 상태에 이른 때에 행사가 있다. 타인이 현실로 열람하였거나 인식하였음을 요하지 않는다.

Ⅳ. 공인(公印) 등 위조·부정사용죄

> **[구성요건·법정형]** 행사할 목적으로 공무원 또는 공무소의 인장, 서명, 기명 또는 기호를 위조 또는 부정사용한 자는 5년 이하의 징역에 처한다(제238조 제1항).
> 미수범은 처벌한다(제240조).

행사할 목적으로 공무원 또는 공무소의 인장, 서명, 기명 또는 기호를 위조 또는 부정사용하는 범죄이다. 사인 등 위조·부정사용죄보다 불법이 가중된 구성요건이다. 그 밖의 성격은 사인 등 위조·부정사용죄와 같다.

공무원 또는 공무소의 인장, 서명 등은 공무원이 공무상 사용하는 모든 인장, 서명 등과, 공무소가 그 사무와 관련하여 문서에 사용하는 인장, 서명 등을 말한다. ① 청인(廳印)·서인(署印)·직인(職印)·계인(契印) 등은 공무소의 인장에 해당한다. ② 공무원이 공무상 사용하는 인장은 사인(私印)이건 인인(認印)이건 묻지 않는다. ③ 공무원의 서명은 공무원이 신분을 명시한 서명을 말한다. ④ 공기호는 공무원 또는 공무소가 대상물의 동일성을 증명하기 위하여 사용하는 문자 또는 부호를 말한다. 담배갑에 표시된 전매청 명의의 기호,1) 자동차등록

---

1) 판례는 "전매청 명의의 기호를 사용하여 '파랑새' 포장지를 제조한 것은 본조(제238조 제1항)에 해당한다"고 판시(4290형상294 판결)하였다.

번호판($^{96도3319}_{판결}$), 택시미터기의 검정납봉의 봉인($^{82도138}_{판결}$) 등이 공기호에 해당한다.

V. 위조공인 등 행사죄

> [구성요건·법정형] 위조 또는 부정사용한 공무원 또는 공무소의 인장, 서명, 기명 또는 기호를 행사한 자도 전항(공인 등 위조·부정사용죄)의 형(5년 이하의 징역)과 같다(제238조 제2항).
> 미수범은 처벌한다(제240조).

위조 또는 부정사용한 공무원 또는 공무소의 인장, 서명, 기명 또는 기호를 진정한 것처럼 그 용법에 따라 사용하는 범죄로서, 위조사인 등 행사죄에 대한 가중적 구성요건이다.

행사는 공범자 이외의 자에게 사용하는 것이라야 한다($^{80도1472}_{판결}$). 절취한 타인의 차량등록번호판을 떼어내어 이를 렌트카에 부착(공기호부정사용)하고 운행하면 공기호부정사용죄와 부정사용공기호행사죄의 실체적 경합이 되고($^{2006도5233}_{판결}$), 절도죄의 불가벌적 사후행위에 해당하지 않는다($^{2007도4739}_{판결}$).

제 3 절 공중의 건강에 관한 죄

[§ 34] 먹는 물에 관한 죄

I. 총 설

(1) 의 의

먹는 물에 관한 죄는 사람의 일상생활에서 먹는 물로 사용되는 물 또는 그 수원(水源)에 오물이나 독물 기타 건강을 해하는 물질을 넣거나 수도 기타의 시설을 손괴 그 밖의 방법으로 불통하게 하여 안전한 먹는 물의 보존과 공중의 먹는 물 사용을 위태롭게 하는 공공위험범이다.

(2) 보호법익

먹는 물에 관한 죄의 보호법익은 일반 공중의 건강이고, 보호받는 정도는 결과적 가중범(먹는 물 혼독치사상죄)을 제외하고는 추상적 위험범으로서의 보호이다.[1]

II. 먹는 물 사용방해죄

> [구성요건·법정형] 일상생활에서 먹는 물로 사용되는 물에 오물을 넣어 먹는 물로 쓰지 못하게 한 자는 1년 이하의 징역 또는 500만원 이하의 벌금에 처한다(제192조 제1항).

(1) 의의·성격

일상생활에서 먹는 물로 사용되는 물에 오물을 넣어 먹는 물로 쓰지(사용하지) 못하게 하는 범죄로서 먹는 물에 관한 죄의 기본적 구성요건이다. 추상적

---

[1] 형법전 외에도 공중건강에 관한 특별법 중 "보건범죄 단속에 관한 특별조치법", 공중위생관리법, 감염병예방법, 결핵예방법은 국민보건을, "후천성면역결핍증 예방법"은 국민건강을 보호법익으로 명시하고 있는데, 용어는 다르지만 모두 공중의 건강을 보호한다.

위험범·거동범이다.

(2) 구성요건

1) 주 체   제한이 없다. 일상생활에서 먹는 물로 사용되는 물이면 그 소유자도 주체가 될 수 있다.

2) 객 체   일상생활에서 먹는 물로 사용하기에 적합할 정도의 청결한 물이다. 소유자·관리자가 누구인가는 문제되지 않으며, 자연수·인공수·유수·저수도 묻지 않는다. 수질검사나 수질적합판정 여부와 관계없다. 다만 청량음료수는 여기에 해당하지 않는다(식품위생법 제4조, 제7조 참조). 먹는 물로 사용되는 물이면 공업용 기타의 용도에 사용되고 있어도 무방하다.

"일상생활에서 먹는 물로 사용"된다란 불특정 또는 다수인이 계속 반복하여 먹는 물로 사용하는 것을 말한다. 가정의 음료저장 용기나 사무실 음료저장기에 담겨진 물이나 일가족이 먹는 물로 사용하기 위해 받아 놓은 물통의 물도 객체가 된다. 그러나 먹기 위해 컵·찻잔에 담아둔 물과 관개용수·공업용수·세탁이나 목욕에 전용되는 물과 산속 옹달샘이나 계곡에 흐르는 물과 같이 일시적으로 이용되는 물은 포함되지 않는다

3) 행 위   오물을 넣어 먹는 물로 쓰지 못하게 하는 것이다.

① "오물"이란 물을 더럽혀 먹는 물로 쓰기(사용하기)에 지장을 줄 수 있는 독물 이외의 일체의 물질을 말한다. 대소변·동물의 배설물·쓰레기·비누 세숫물 등이 그 예이다. ② "넣다"란 어떤 물질을 섞어 넣는 것은 물론이고 우물바닥의 흙을 들추어 물을 흐리게 하여 먹지 못하게 하는 것도 포함한다. ③ "먹는 물로 쓰지 못하게 한다"란 먹는 물로서 사용할 수 없게 하는 것을 말한다. 보통인의 감정을 기준으로 판단하여 먹는 물로 쓰기에 장애를 받는 정도로 족하다. 먹는 물로 쓸 수 없게 된 원인은 물리적·화학적으로 혼탁하게 하였건 감정적·심리적으로 불결한 느낌을 갖게 하였건 불문한다. 따라서 약수물에 냄새나는 음식찌꺼기를 버리거나 유색 식음료를 풀어 우물물을 불쾌한 색으로 만들거나 소변을 보아 불쾌감을 느끼게 하여 먹는 물로 이용할 수 없게 하는 경우도 이 죄에 해당할 수 있다. 오물을 넣었으나 먹는 물로 쓸 수 없는 정도에 이르지 않으면 경범죄처벌법(제3조 제1항 제10호)에 해당한다.

Ⅲ. 먹는 물 유해물혼입죄

> [구성요건·법정형] 제1항(먹는 물 사용방해죄)의 먹는 물에 독물이나 그 밖에 건강을 해하는 물질을 넣은 사람은 10년 이하의 징역에 처한다(제192조 제2항).
> 미수범은 처벌한다(제196조).
> 이 죄를 범할 목적으로 예비 또는 음모한 자는 2년 이하의 징역에 처한다(제197조).

사람이 일상생활에 먹는 물로 사용하는 물에 독물이나 그 밖에 건강을 해하는 물질을 넣는 범죄이다. 독물 등 유해물을 넣는다는 행위방법의 위험성 때문에 불법이 가중된 것이며, 먹는 물 사용방해죄에 대하여는 특별법의 관계에 있고 추상적 위험범이다.

행위는 독물 그 밖에 건강을 해하는 물질은 넣는 것이다. "독물"이란 적은 양이 인체에 흡수되어도 그 화학적 작용으로 사람의 건강을 해할 수 있는 물질을 말한다. 청산가리·염산·비소·불화수소산·농약 등을 예로 들 수 있다. "그 밖에 건강을 해하는 물질"이란 사람이 먹으면 건강에 장애를 줄 만한 유해물을 말한다. 방사능·산업폐기물·석유화학물질이 그 예이다. 병균과 같은 생물체를 넣는 것도 여기에 해당한다.

Ⅳ. 수돗물 사용방해죄

> [구성요건·법정형] 수도를 통해 공중이 먹는 물로 사용하는 물 또는 그 수원에 오물을 넣어 먹는 물로 쓰지 못하게 한 자는 1년 이상 10년 이하의 징역에 처한다(제193조 제1항).

(1) 의의·성격

수도를 통해 공중이 먹는 물로 사용하는 물 또는 그 수원에 오물을 넣어 먹는 물로 쓰지 못하게 하는 범죄이다. 먹는 물 사용방해죄의 가중적 구성요건이고 추상적 위험범이다.

(2) 구성요건

1) 객 체   수도를 통해 공중이 먹는 물로 사용하는 물 또는 그 수원이다. "수도(水道)"란 먹는 물로 사용하는 물을 공급하기 위한 인공적 설비를 말하

고 공공적 설비, 사설(私設)을 묻지 않는다. 천연수로를 이용하여 인공설비를 한 것도 수도에 해당하지만 대나무관이나 비닐호스를 통해 자연유수만 공급하는 것은 일반 먹는 물에 해당한다. 반드시 영구적인 설비임을 요하지 않고 일시적 목적으로 시설된 것도 수도가 될 수 있다. 수도인 이상 반드시 적법절차를 거쳐 가설되었음을 요하지 않으며, 법령·관습에 의하여 수도로 용인되어 있을 필요도 없다.

"공중이 먹는 물로 사용하는 물"이란 인공설비에 의하여 불특정 또는 다수인이 먹는 물로 쓸 수 있도록 현재 공급 중에 있는 물을 말하고 이미 공급이 끝나 개인집의 물통에 담겨진 물은 이 죄의 객체가 아니다. 자기 가족만이 이용하는 전용수도도 먹는 물 사용방해죄($^{제192조}_{제1항}$)에 해당하고 이 죄의 객체가 아니다.

"수원(水源)"이란 수도에 유입되기 이전의 수류 또는 저수지·정수지의 물을 말한다. 취수장으로부터 저수지·정수장에 이르는 수로의 물은 수원에 해당하지만 취수장으로 흐르는 물과 상수원 보호구역의 물은 이 죄의 객체가 아니다.

2) 행 위   오물을 넣어 먹는 물로 쓰지 못하게 하는 것이다. 먹는 물 사용방해죄의 행위와 같다. 추상적 위험범이므로 먹는 물로 쓰지 못하게 하면 족하고, 사람의 건강에 장애를 주었는가는 범죄의 성립에 영향이 없다.

V. 수돗물 유해물혼입죄

> [구성요건·법정형]   제1항(수돗물 사용방해죄)의 먹는 물 또는 수원에 독물 그 밖에 건강을 해하는 물질을 넣은 자는 2년 이상의 유기징역에 처한다(제193조 제2항).
> 미수범은 처벌한다(제196조).
> 이 죄를 범할 목적으로 예비 또는 음모한 자는 2년 이하의 징역에 처한다(제197조).

수도를 통해 공중이 먹는 물로 사용하는 물 또는 그 수원에 독물 그 밖에 건강을 해하는 물질을 넣는 범죄이다. 이 죄는 먹는 물 사용방해죄($^{제192조}_{제1항}$)에 대하여 행위객체의 위험성이 크다는 이유로 불법이 가중되었을 뿐만 아니라 수돗물 사용방해죄($^{제193조}_{제1항}$)에 대하여 행위방법이 독물 그 밖에 유해물질을 넣는 것이므로 이중으로 불법이 가중된 것이다. 수돗물 사용방해죄의 성격과 같다.

VI. 먹는 물 혼독치사상죄

> [구성요건·법정형]   제192조 제2항(먹는 물 유해물혼입) 또는 제193조 제2항(수돗물 유해물혼입)의 죄를 지어 사람을 상해에 이르게 한 경우에는 무기 또는 3년 이상의 징역에 처한다. 사망에 이르게 한 경우에는 무기 또는 5년 이상의 징역에 처한다(제194조).

먹는 물 유해물혼입죄와 수돗물 유해물혼입죄를 지어(범하여) 사람을 사상에 이르게 하는 결과적 가중범이다. 치사죄는 진정결과적 가중범이고, 치상죄는 부진정결과적 가중범이다. 사상의 결과가 발생하면 제192조 제2항과 제193조 제2항의 기본범죄가 미수에 그친 때에도 이 죄가 성립한다(다수설).

VII. 수도불통죄

> [구성요건·법정형]   공중이 먹는 물을 공급하는 수도 그 밖의 시설을 손괴하거나 그 밖의 방법으로 불통하게 한 자는 1년 이상 10년 이하의 징역에 처한다(제195조).
> 미수범은 처벌한다(제196조).
> 이 죄를 범할 목적으로 예비 또는 음모한 자는 2년 이하의 징역에 처한다(제197조).

공중이 먹는 물을 공급하는 수도 그 밖의 시설을 손괴하거나 그 밖의 방법으로 불통하게 하는 범죄이다. 객체가 수도 그 밖의 시설이고, 행위태양이 손괴 그 밖의 방법으로 불통하게 한다는 점에서 먹는 물 사용방해죄에 대해 이중으로 불법이 가중된 추상적 위험범이다.

객체는 공중이 먹는 물을 공급하는 수도 그 밖의 시설이다. "수도"는 먹는 물을 공급하는 인공적 시설을 말하며 수돗물 사용방해죄의 객체와 같다. 사인(일반개인)이 절차를 밟지 않고 임의로 가설한 수도도 이 죄의 객체가 된다. "그 밖의 시설"은 수도 이외에 공중이 먹는 물을 공급하는 시설로서 공중이 이용하는 우물도 포함한다.

행위는 손괴 그 밖의 방법으로 불통하게 하는 것이다. "손괴"는 불통방법의 예시이고, "불통하게 한다"란 손괴 이외의 방법으로 수도의 유통을 방해하여 먹는 물의 공급을 불가능하게 하는 것을 말한다. 급수단절도 불통의 방법이 된다. 공급이 불가능하게 할 정도에 이르지 않은 때에는 경범죄처벌법($^{제3조\ 제1항}_{제10호}$) 또는 수도법($^{제83조 \ 제1호,}_{제85조 \ 제9호 \ 등}$)의 적용을 받을 수 있다. 수도관을 단절해 가면 절도죄와 이
죄의 상상적 경합이 된다. 사설수도를 설치한 시장번영회가 수도요금을 체납한
회원에게 사전경고까지 하고 단수하였다면 위법성이 배제된다($^{77도103}_{판결}$). 불통의 결
과가 발생해야 기수가 되고, 손괴가 있었으나 공급불가능이 되지 않으면 미수
가 된다.

> '환경범죄 등의 단속 및 가중처벌에 관한 법률'(제3조)은 사람의 생명·신체, 상수원 또는
> 자연생태계 등에 유해한 환경오염 또는 환경훼손을 초래하는 오염물질 불법 배출, 오염물질
> 불법배출치사상 등에 대해서 가중처벌하고 있다.

[§ 35] 아편에 관한 죄

I. 총 설

(1) 의의·보호법익

아편에 관한 죄는 아편을 흡식하거나 아편 또는 아편흡식기구를 제조, 수
입, 판매 또는 소지하는 범죄이다. 아편[1]은 의학상의 치료약으로 사용되기도
하지만 이를 함부로 사용하여 중독되었을 때에는 금단현상으로 사람의 건강뿐
만 아니라 정신까지 마비시키게 되며, 나아가서 국민의 건전한 생활까지 퇴폐
하게 하여 각종 범죄를 일으키는 원인이 되기도 한다.

아편에 관한 죄의 보호법익은 일반공중의 건강이며, 보호받는 정도는 추상
적 위험범으로서의 보호이고, 아편흡식장소제공죄는 결과범이다.

(2) 몰수·추징

본장(아편에 관한 죄)에 제공된 아편, 몰핀이나 그 화합물 또는 아편흡식기구
는 몰수한다. 몰수하기 불능한 때에는 그 가액을 추징한다($^{제206}_{조}$).

---

1) 아편·몰핀은 대표적인 마약의 하나로서 향정신성의약품, 대마와 함께 마약류에 해당하고, 아편
   과 관련된 범죄는 "마약류 관리에 관한 법률"(제2조 제2호)이 적용된다.

II. 아편흡식죄

> [구성요건·법정형] 아편을 흡식하거나 몰핀을 주사한 자는 5년 이하의 징역에 처한다(제 201조 제1항).
> 미수범은 처벌한다(202조).

아편을 흡식하거나 몰핀을 주사하는 범죄이다. 아편에 관한 죄의 기본적 구성요건이고 추상적 위험범이다.

객체는 아편 또는 몰핀이다. 여기의 "아편"은 양귀비의 액즙이 응결된 것과 흡식할 수 있도록 가공된 제조아편(아편연)과 그 원료인 생아편(아편연토)을 포함한 것으로 의약품 이외의 것을 말한다. "아편을 흡식"한다란 아편을 호흡기 또는 소화기를 통하여 신체 내에 소비하는 것을 말하며, 의학적인 약용으로 흡식 또는 주사한 때에도 의사의 적법한 처방에 의한 것이 아니면 이 죄가 성립한다. "몰핀"은 양귀비·아편·코카 잎에서 추출되는 알카로이드("마약류 관리에 관한 법률" 제2조 제2호 라목) 계통의 합성물을 말한다.

아편을 흡식하거나 몰핀을 주사하기 위해서는 이를 소지하는 것이 당연히 예상되므로 아편흡식죄만 성립하고 소지죄는 이에 흡수된다(다수설). 그러나 아편·몰핀 또는 아편흡식기구를 소지하고 있었던 자가 그 후에 흡식·주사한 때에는 이 죄와 소지죄의 경합범이 된다(통설).

III. 아편흡식장소제공죄

> [구성요건·법정형] 아편흡식 또는 몰핀 주사의 장소를 제공하여 이익을 취한 자도 전항 (아편흡식죄)의 형(5년 이하의 징역)과 같다(제201조 제2항).
> 미수범은 처벌한다(202조).

아편흡식 또는 몰핀 주사의 장소를 제공하여 이익을 취득하는 범죄이다. 성질상 아편흡식죄의 방조에 해당하는 행위를 독립범죄로 규정한 것이고, 결과범·상태범의 성질을 갖는다.

이 죄는 장소제공에 의하여 이익취득의 결과가 발생하였음을 요한다. 반드시 재산상의 이익에 한하지 않는다. 이익취득이 있는 때 기수가 된다. "마약류 관리에 관한 법률"은 마약사용을 위한 장소제공행위를 가중처벌하고 있으므로 _(동법 제60조
제1항 제1호) 아편흡식장소제공죄의 이익취득이라는 요건은 전혀 무의미하다.

Ⅳ. 아편 등 소지죄

> [구성요건·법정형] 아편, 몰핀이나 그 화합물 또는 아편흡식기구를 소지한 자는 1년 이하의 징역 또는 500만원 이하의 벌금에 처한다(제205조).

아편·몰핀이나 그 화합물 또는 아편흡식기구를 소지하는 범죄이다. 이 죄는 아편흡식이나 몰핀의 주사를 하기 위한 예비행위를 독립된 구성요건으로 규정한 감경적 구성요건이다.

객체는 아편·몰핀이나 그 화합물 또는 아편흡식기구이다. 판매의 목적 없이 소지한 때에만 이 죄가 성립하며, 판매목적이 있으면 제198조(아편 등 판매목적 소지죄)와 제199조(아편흡식기 판매목적 소지죄)의 죄가 성립한다. 따라서 단순한 소지 그 자체로서 이 죄는 성립하며, 반드시 소지자 자신이 흡식하기 위하여 소지함을 요하지 않는다. "마약류 관리에 관한 법률"(_{제59조 제1항
제5호})은 판매할 목적 없는 단순한 마약소지행위를 1년 이상의 유기징역으로 처벌한다.

Ⅴ. 아편 등 제조·수입·판매·판매목적소지죄

> [구성요건·법정형] 아편, 몰핀 또는 그 화합물을 제조, 수입 또는 판매하거나 판매할 목적으로 소지한 자는 10년 이하의 징역에 처한다(제198조).
> 미수범은 처벌한다(202조).

(1) 의의·성격

아편, 몰핀 또는 그 화합물을 제조, 수입 또는 판매하거나 판매할 목적으로 소지하는 범죄이다. 아편흡식·몰핀주사 등의 근원적 행위에 대하여 가중처벌하는 규정이다. 추상적 위험범이고 소지죄는 목적범이다.

(2) 구성요건

객체는 아편, 몰핀 또는 그 화합물이다. "그 화합물"이란 아편, 몰핀 이외의 모든 화학적 합성물인 마약류를 말한다. 헤로인도 그 화합물이다.

행위는 제조, 수입, 판매 또는 판매할 목적으로 소지하는 것이다. "제조"란 아편·몰핀 또는 그 화합물을 만드는 것이고, "수입"이란 국외로부터 국내에 반입하는 것이다. 육로의 경우에는 국경선을 넘은 때, 해로의 경우에는 육지에 양륙되었을 때, 항공기에 의한 경우에는 항공기에서 지상에 운반된 때에 기수가 된다(통설). "판매"란 계속 반복의 의사로 유상양도하는 것을 말하며, 이로 인하여 현실적으로 수익이 있었음을 요하지 않는다. "소지"란 자기의 사실상의 지배하에 두는 것을 말하며, 소지의 형태와 원인 여하는 묻지 않는다. 따라서 타인을 위하여 소지하건 불법으로 탈취하여 소지하건 모두 여기에 해당한다. 다만판매할 목적 없이 소지한 때에는 아편 등 소지죄($\frac{제205}{조}$)가 성립할 뿐이다.

아편, 몰핀 또는 그 화합물임을 인식하고 이를 제조, 수입, 판매 또는 소지한다는 고의가 있어야 한다. 소지의 경우에는 고의 이외에 판매할 목적이 있어야 하는 목적범이다.

VI. 아편흡식기구제조·수입·판매·판매목적소지죄

> **[구성요건·법정형]** 아편을 흡식하는 기구를 제조, 수입 또는 판매하거나 판매할 목적으로 소지한 자는 5년 이하의 징역에 처한다(제199조).
> 미수범은 처벌한다(202조).

아편을 흡식하는 기구를 제조, 수입, 판매하거나 판매할 목적으로 소지하는 범죄이다. 이 죄는 아편을 흡식하기 이전의 아편흡식을 조장하는 방조행위에 대해서 형을 가중하는 가중적 구성요건이다. 추상적 위험범이고 판매목적아편흡식기소지죄는 목적범이다.

객체는 아편을 흡식하는 기구이다. "아편을 흡식하는 기구"란 특별히 아편흡식에 사용하기 위하여 제조된 기구를 말한다. 흡식을 위해 제조된 기구이므로 아편흡식에 사용되더라도 이를 위해 제조된 것이 아니면 여기에 포함되지않는다. 따라서 아편을 주사하기 위한 주사기는 아편흡식기구가 아니다. 그러나생아편을 흡식할 수 있는 기구는 여기에 해당할 수 있다.

행위는 제조, 수입, 판매 또는 판매할 목적으로 소지하는 것이다.

VII. 세관공무원의 아편 등 수입·수입허용죄

> [구성요건·법정형]   세관의 공무원이 아편, 몰핀이나 그 화합물 또는 아편흡식기구를 수입하거나 그 수입을 허용한 때에는 1년 이상의 유기징역에 처한다(제200조).
> 미수범은 처벌한다(202조).

세관의 공무원이 아편, 몰핀이나 그 화합물 또는 아편흡식기구를 수입하거나 그 수입을 허용하는 추상적 위험범이다. 수입죄는 일반인의 수입죄($\binom{제198조·}{제199조}$)에 대하여 세관공무원이라는 신분으로 인하여 불법이 가중된 부진정신분범이라는 것이 다수설이다. 그러나 수입죄는 부진정신분범이지만 수입허용죄는 직권을 이용하여 직무를 위배한 세관공무원만 범할 수 있으므로 진정신분범이라 본다($\binom{정성근·박광민}{673,\ 오영근\ 537}$).

주체는 세관공무원이다. 여기의 세관공무원은 세관에 있는 공무원 중 수입에 관한 사무에 종사하는 공무원만을 말한다. 객체는 아편, 몰핀이나 그 화합물 또는 아편흡식기구이다. 행위는 수입하거나 수입을 허용하는 것이다. "수입을 허용"한다란 명시적 또는 묵시적으로 수입을 허가, 승인, 묵인하는 것을 말한다. 작위뿐만 아니라 부작위로 행할 수 있다. 수입이 기수가 된 때에 수입허용도 기수가 된다. 수입허용죄는 일종의 방조행위를 독립구성요건으로 규정한 것이므로 총칙상의 공범규정을 적용할 수 없고, 수입자는 수입죄로 처벌될 뿐이고 수입허용죄의 공범이 되지 않는다.

VIII. 상습아편흡식·소지·제조·수입·판매죄

> [구성요건·법정형]   상습으로 전5조(아편흡식, 아편흡식장소제공, 아편 등 소지, 아편 등 제조·수입·판매·판매목적 소지, 아편흡식기 제조·수입·판매, 판매목적 소지, 세관공무원의 아편 등 수입·수입허용)의 죄를 범한 때에는 각 조에 정한 형의 2분의 1까지 가중한다(제203조).

상습으로 아편에 관한 죄와 그 미수범을 범하는 가중적 구성요건이다.

제 4 절 사회의 도덕에 관한 죄

[§ 36] 성풍속에 관한 죄

Ⅰ. 총 설

성풍속에 관한 죄는 성생활에 관련되는 성도덕 내지 성풍속을 해하는 범죄로서 성풍속범이라 한다. 형법에 규정된 성풍속에 관한 죄는 음행매개죄, 음란물반포 등 죄, 공연음란죄가 있다. 간통죄($^{개정전}_{제241조}$)는 헌법재판소의 위헌결정($^{2011헌가31}_{등 결정}$)으로 삭제되었다. 인간의 성(性)과 관련된 범죄를 총칭하여 강학상 성범죄라고 한다(광의의 성범죄). 성풍속에 관한 죄의 보호법익은 개별범죄마다 차이가 있다.

형법은 성범죄를 크게 세 가지로 나누어 보호하고 있다. 첫째, 애정을 기초로 하는 개인의 성생활의 자유를 침해하는 행위로부터 개인의 성적 자기결정의 자유를 보호하는 협의의 성범죄로서, "강간과 추행의 죄"라 하여 개인적 법익에 대한 죄로 규정하고 있다. 성폭력특례법도 같다. 둘째, 사회일반의 건전한 성도덕을 보호하는 성풍속범죄로서 "성풍속에 관한 죄"라 하여 사회적 법익에 대한 죄로 규정하고 있다. 성매매처벌법도 여기에 해당한다. 셋째, 미성년자를 성욕의 객체나 도구로 이용하는 행위로부터 건전한 성적 발육을 보호하는 범죄로서 개별적으로 규정하고 있다. 미성년자의제강간·추행죄(제305조)와 아동·청소년성보호법, 청소년보호법, 아동복지법 등에서 청소년의 성적 매매·알선, 미성년자에 대한 음란물죄, 청소년이용 음란물제작·배포 등을 처벌하고 있다.

Ⅱ. 음행매개죄

[구성요건·법정형] 영리의 목적으로 사람을 매개하여 간음하게 한 자는 3년 이하의 징역 또는 1천500만원 이하의 벌금에 처한다(제242조).

(1) 의의·성격·보호법익

영리의 목적으로 사람을 매개하여 간음하게 하는 범죄이다. 보호법익은 주로 사회일반의 성풍속 내지 건전한 성도덕이지만 사람의 성적 자기결정의 자유도 부차적인 보호법익이 된다. 보호받는 정도는 침해범으로서의 보호이다 ($\binom{\text{다수설. 추상적 위험범설은}}{\text{임웅 816, 김성돈 709}}$). 결과범·목적범이고, 성풍속범·영업범의 성격을 갖는다.

(2) 구성요건

1) 주 체　제한이 없다. 남녀를 불문하며 부모·남편과 보호·감독자도 주체가 될 수 있다. 보호·감독자가 아동·청소년을 성매매의 대상으로 하게 하면 가중처벌한다($\binom{\text{아동·청소년성보호법 제14조 제1항}}{\text{제3호, 성매매처벌법 제18조 제1항 제3호}}$). 매개되어 간음행위를 한 사람과 그 상대방은 일종의 필요적 공범이지만 이 죄의 주체가 될 수 없고 매개자만 처벌한다.

2) 객 체　사람이다. 남녀, 혼인 여부는 묻지 않는다. 다만 객체가 미성년자인 경우 아동·청소년성보호법($\binom{\text{제14}}{\text{조}}$) 및 아동복지법($\binom{\text{제17조 제2호,}}{\text{제71조}}$)에 의하여 가중처벌한다.

3) 행 위　행위는 사람을 매개하여 간음하게 하는 것이다.

(a) 매 개　"매개"란 사람을 간음에 이르도록 알선하는 일체의 행위를 말한다. 간음 알선이 아니라 미팅주선이나 파티를 개최하는 것만으로는 매개라 할 수 없다. 반드시 총칙상의 교사행위일 필요도 없다. 따라서 그 사람에게 간음의 의사가 있었는가도 문제되지 않는다. 매개행위에 폭행 또는 협박은 포함되지 않는다. 폭행·협박이 수반된 매개행위는 경우에 따라 강간죄 또는 위력에 의한 간음죄가 될 수 있다.

(b) 간 음　"간음"이란 배우자(사실혼관계 포함) 이외의 자와의 성교행위를 말한다. 간음은 매개에 의해서 이루어져야 하고, 간음이 아니라 추행을 하게 한 경우는 여기에 해당하지 않는다. 간음은 성매매행위임을 요하지 않으며, 타인의 첩이 되도록 매개하는 것도 포함한다.

4) 주관적 요소　목적범이므로 고의 이외에 영리의 목적이 있어야 한다. 고의는 음행을 매개하여 간음하게 한다는 인식·의사이다. "영리의 목적"이란 재산적 이익을 취득할 목적을 말한다. 일시적·영구적 이익임을 묻지 않으며, 제3자에게 취득하게 할 목적이 있어도 상관없다.

(3) 죄수·타죄와의 관계

1) 죄 수　간음이 있을 때마다 1죄가 성립한다. 시간과 장소를 달리하여 수회의 간음이 있으면 경합범이 된다. 다만 접속범에 해당하는 때에는 포괄일죄로 본다.

2) 타죄와의 관계　폭행·협박이 수반된 매개행위로 간음한 때에는 경우에 따라 강간죄 또는 위력에 의한 간음죄가 될 수 있다.

III. 음화 등 반포·판매·임대·공연전시·공연상영죄

> [구성요건·법정형]　음란한 문서, 도화, 필름 기타 물건을 반포, 판매 또는 임대하거나 공연히 전시 또는 상영한 자는 1년 이하의 징역 또는 500만원 이하의 벌금에 처한다(제243조).

(1) 의의·성격·보호법익

음란한 문서, 도화, 필름 기타 물건을 반포, 판매 기타 임대하거나 공연히 전시 또는 상영하는 범죄이다.

보호법익은 사회일반의 선량한 성도덕 내지 성풍속이며, 보호받는 정도는 추상적 위험범으로서의 보호이다. 반포·판매·임대행위는 즉시범, 공연전시·상영행위는 계속범이다.

(2) 구성요건

1) 객 체　음란한 문서, 도화, 필름 기타 물건이다. 이를 통칭하여 음란물이라 한다. 문서, 도화, 필름은 음란물의 예시이다.

(a) 음란성　"음란성"은 규범적 구성요건요소이므로 규범적 가치척도에 의한 보완해석이 필요하다(2013도6345 판결 참조).

(aa) 음란의 개념　"음란"이란 일반 보통사람의 성욕을 자극하여 성적 흥분을 유발하고 정상적인 성적 수치심을 해하여 선량한 성적 도의관념에 반하는 것을 말한다(통설, 2016도8783 판결).

(bb) 음란성 판단기준　음란성은 행위자의 주관과 관계없이 사회통념에 따라 객관적으로 판단해야 하며, 판단기준은 사회일반의 성인(평균인)에 두어야 한다(통설, 2019도14056 판결).

(cc) 음란성 판단방법   표현물의 음란성 여부는 문서·작품의 일부분만을 떼어서 판단할 것이 아니라 전체적 흐름의 내용과 표현방법, 독자나 관람자에게 준 전체적 인상, 표현된 사상과 서술형식, 예술성, 사상성에 의한 성적 자극의 완화 등 전체를 관련시켜서 판단해야 한다(전체적 판단방법. 2003도2911 판결 참조).

> **판례**   표현물의 음란 여부를 판단함에 있어서는 당해 표현물의 성에 관한 노골적이고 상세한 묘사·서술의 정도와 그 수법, 묘사·서술이 그 표현물 전체에서 차지하는 비중, 거기에 표현된 사상 등과 묘사·서술의 관련성, 표현물의 구성이나 전개 또는 예술성·사상성 등에 의한 성적 자극의 완화 정도, 이들의 관점으로부터 당해 표현물을 전체로서 보았을 때 주로 그 표현물을 보는 사람들의 호색적 흥미를 돋우느냐의 여부 등 여러 점을 고려하여야 하며, 표현물 제작자의 주관적 의도가 아니라 그 사회의 평균인의 입장에서 그 시대의 건전한 사회 통념에 따라 객관적이고 규범적으로 평가하여야 한다(2003도2911 판결).

(b) 예술작품·학술서와 음란성

(aa) 상대적 음란성이론   상대적 음란성이란 빈딩(Binding)에 의해서 주장된 것으로, 작품의 내용뿐만 아니라 작가나 출판자의 의도, 광고·선전·판매의 방법, 독자·관람자가 학자·예술가인가 일반인인가 등의 부수사정에 따라 음란성 여부를 상대적으로 판단해야 한다는 이론을 말한다.

그러나 ① 동일한 작품이 학자·예술가에 공개되었느냐 일반에게 보여주었느냐에 따라 음란성이 증감되거나 달라진다고 할 수 없고, ② 이 이론은 학술서와 작품의 예술성이라는 객관적·사회적 가치를 고려하지 않고 있으므로 음란성 여부를 이에 따라 판단할 수는 없다고 본다(통설). 다만 음란성 판단은 사회 윤리적 가치관에 따라 다를 수 있고, 전체적 판단방법에 따르면 음란하지 않더라도 음란한 부분만 분리 복사·제작한 때에는 음란성이 인정될 수 있으므로 음란성 "판단방법"은 상대적으로 행해질 수 있지만(판단방법의 상대성), 이것과 상대적 음란성이론은 구별해야 한다.

판례는 명화집에 실려 있는 고야의 작품 "나체의 마야" 그림을 성냥갑에 복사하여 제조·시판한 경우, 일반인의 성적 정서와 선량한 사회풍습을 해칠 가능성이 있는 때에는 음란성을 가질 수 있다고 하여 음화제조·판매죄가 성립한다고 하였으나, 이 판결이 상대적 음란성이론에 따른 것은 아니다.

판례　침대 위에 비스듬히 위를 보고 누워 있는 천연색 나체화 카드 사진이 비록 명화집에 실려 있는 그림이라 하여도 이것을 예술·문학·교육 등 공공의 이익을 위하여 이용하는 것이 아니고, 성냥갑 속에 넣어서 판매할 목적으로 그 카드 사진을 복사·제조하거나 시중에 판매하였다면, 이는 그 명화를 모독하여 음화화시켰다 할 것이므로 음화제조·판매죄에 해당한다(70도1879 판결).

(bb) 예술작품·학술서　　헌법(제22조제1항)은 학문과 예술의 자유를 보장하고 있으므로 학술서·예술작품 등도 음란성 평가의 대상이 될 수 있느냐에 대하여, ① 학술성·예술성과 음란성은 그 구별의 차원을 달리하는 개념이며, 학술서·예술작품도 공중에게 음란성을 제공할 수 있는 특권을 가질 수 없으므로 당연히 음란성이 부정되지 않는다는 통설·판례(2003도2911 판결)와, ② 학문과 예술은 기존관념을 깨뜨리고 발전해 나가는 데에 본질이 있으므로 성풍속이라는 기존관념으로 법관이 이를 평가할 성질이 아니라고 하여 음란성 평가의 대상에서 제외해야 한다는 소수설(이재상·장영민·강동범 36/16, 임웅 831)이 있다.

　대법원은 사진의 전체적인 구성이 예술성보다 선정적 측면을 강조하여 주로 독자의 호색적 흥미를 돋구는 것은 음란도화에 해당한다고 하였다(97도937 판결 [오랜지걸 사건]).

　순수한 교육목적의 성에 대한 교육서, 과학교재(생식기도해)나 순수한 예술작품은 음란성을 인정할 수 없지만, 성적 표현이 원초적으로 묘사되어 관능적 쾌락을 추구하는 등 일반인의 지배적 사회윤리의식에 현저히 반하여 선량한 풍속을 위태롭게 할 만한 음란문서는 형법적 평가의 대상이 된다고 해야 한다.

　(c) 문서·도화·필름 기타 물건　　"문서, 도화, 필름"은 비밀침해죄(제316조)와 문서위조죄(제225조이하)의 그것과 원칙적으로 같은 개념이지만 계속적 기능과 증명적 기능은 요하지 않고, 공공의 신용에 대한 보호라는 제한도 없이 음란한 것이면 족하다는 점에 차이가 있다. 문서, 도화, 필름은 예시에 불과하며, 성행위의 장면을 찍은 사진과 필름 또는 이러한 장면을 그린 그림도 도화에 해당한다. "기타 물건"에는 성적 행위를 표현하는 조각품, 음반, 녹음테이프, 비디오테이프 등이 있다.

　컴퓨터프로그램 파일은 전자적 부호·음성정보와 같이 유체성이 없으므로 음란물이라 할 수 없다(98도3140 판결). 컴퓨터 등 통신매체를 통하여 음란한 파일을 송신하는 행위는 정보통신망법(제74조 제1항 제2호), 성폭력특례법(제13조)에 의하여 처벌할 수밖에 없다.

2) 행 위   반포, 판매, 임대 또는 공연히 전시 또는 상영하는 것이다.

(a) 반포·판매·임대   "반포"란 불특정 또는 다수인에게 무상으로 교부하는 것을 말한다. 특정인의 의뢰를 받고 음란사진을 복제하여 그 의뢰자에게 교부한 때에는 반포에 해당하지 않는다(유상이면 판매죄). 반포는 현실로 인도되어야 하므로 우송하였으나 아직 도달하지 않았으면 반포죄가 되지 않는다(미수는 불가벌). "판매"는 불특정 또는 다수인에게 유상으로 양도하는 것을 말한다. 반드시 매매·교환에 의할 필요가 없고 술값 대신 음화를 주거나 회원에게 기관지 기타 자료로 배부한 때에도 대가관계가 인정되면 판매죄에 해당한다. 판매도 현실로 인도되어야 한다. "임대"란 유상으로 대여하는 것을 말한다. 반드시 영업적으로 행할 필요가 없다.

> 성폭력특례법 제14조(카메라 등 이용촬영죄)에서 규정한 반포와 제공의 의미에 관하여, '반포'는 불특정 또는 다수인에게 무상으로 교부하는 것을 말하고, 계속적·반복적으로 전달하여 불특정 또는 다수인에게 반포하려는 의사를 가지고 있다면 특정한 1인 또는 소수의 사람에게 교부하는 것도 반포에 해당할 수 있다. '제공'은 '반포'에 이르지 아니하는 무상 교부행위를 말하며, '반포'할 의사 없이 특정한 1인 또는 소수의 사람에게 무상으로 교부하는 것은 '제공'에 해당한다(2016도16676 판결). 다만 촬영의 대상이 된 피해자 본인은 '제공'의 상대방인 '특정한 1인 또는 소수의 사람'에 포함되지 않는다(2018도1481 판결). 이 경우 촬영자와 반포 또는 제공 등의 행위(판매·임대·전시·상영)를 한 자는 동일인일 필요가 없다(2016도6172 판결).

(b) 공연전시·공연상영   "공연히 전시"하는 것은 불특정 또는 다수인이 관람할 수 있는 상태에 두는 것을 말한다(2008도10914 판결). 반드시 동시에 다수인에게 보일 필요가 없으며 순차로 관람하게 해도 무방하다. 유상·무상임을 묻지 않으며 현실로 불특정 또는 다수인이 관람하였음도 요하지 않는다. 녹음테이프를 재생하여 방송하는 것도 여기에 해당한다.

"공연히 상영"하는 것이란 필름 등 영상자료를 화면에 비추어 불특정 또는 다수인에게 보여주는 것을 말한다. 영사기, 환등기, 투사기, VTR 등을 이용하여 상영하면 족하다. 그러나 실물전시는 상영이 아니며, 특정 소수인 앞에서의 상영은 공연상영이 아니다.

> **판례**   음란한 부호 등이 전시된 웹페이지에 대한 링크(link)행위는 이로 인하여 불특정 다수인이 별다른 제한없이 음란한 부호 등에 바로 접할 수 있는 상태가 실제로 조성되었다면 공연전시에 해당한다(2001도1335 판결).

3) 고 의   음란한 문서·도화 기타 물건을 반포·임대·전시한다는 인식·의사가 있어야 한다. 전시와 상영의 경우에는 "공연히" 한다는 인식도 있어야 한다.

4) 공 범   반포·판매죄는 교부·양도의 상대방이 있어야 하는 대향범이지만 형법은 이들을 처벌하지 않으므로 이 죄의 공범(교사범·방조범)으로 처벌되지 않는다($\frac{2002도1696}{판결 참조}$). 음란문서를 번역하여 출판한 때에는 번역자와 출판자는 이 죄의 공동정범이 될 수 있다.

Ⅳ. 음화 등 제조·소지·수입·수출죄

> **[구성요건·법정형]**   제243조(반포·판매·임대·공연전시·공연상영)의 행위에 공할 목적으로 음란한 물건을 제조, 소지, 수입 또는 수출한 자는 1년 이하의 징역 또는 500만원 이하의 벌금에 처한다(제244조).

(1) 의의·성격·보호법익

반포, 판매, 임대나 공연전시 또는 상영에 제공할 목적으로 음란한 물건을 제조, 소지, 수입 또는 수출하는 범죄이다. 음화 등 반포·판매·임대·전시·상영죄의 예비단계에 해당하는 행위를 독립된 범죄로 규정한 목적범이다.

보호법익은 사회일반의 선량한 성도덕 내지 성풍속이며, 추상적 위험범·거동범이다.

(2) 구성요건

객체는 음란한 물건이다. 여기의 "음란한 물건"은 음화 등 반포죄의 물건보다 넓은 개념으로 음란한 문서, 도화, 필름까지 포함한다. 판례는 남성성기확대기구인 해면체비대기($\frac{78도2327}{판결}$)와 여성용 자위기구나 돌출콘돔($\frac{2000도3346}{판결}$)은 성욕을 자극·흥분시키는 음란한 물건이 아니라고 하였으나, 남성용 자위기구인 모조여성

성기("체이시")는 성욕을 자극·흥분시키는 음란한 물건이라 하였다($^{2003도988}_{판결}$).

행위는 제조, 소지, 수입 또는 수출하는 것이다. "제조"는 음란한 물건을 만드는 것이고, "소지"는 자기의 사실상의 지배하에 두는 것을 말한다.[1] 목적범이므로 목적 없는 단순한 소지는 죄가 되지 않지만 목적이 있는 이상 반드시 휴대하고 있을 필요가 없고 자택에 두고 있어도 소지죄가 된다. 수입은 국외에서 국내로 반입하는 것이다.

> **판례** 아동·청소년의 동의가 있다거나 개인적인 소지·보관을 1차적 목적으로 제작하더라도 '아동·청소년이용음란물제작'에 해당한다. 피고인이 직접 아동·청소년의 면전에서 촬영행위를 하지 않았더라도 아동·청소년이용음란물을 만드는 것을 기획하고 타인으로 하여금 촬영행위를 하게 하거나 만드는 과정에서 구체적인 지시를 하였다면, 특별한 사정이 없는 한 아동·청소년이용음란물 '제작'에 해당한다. 이러한 촬영을 마쳐 재생이 가능한 형태로 저장이 된 때에 제작은 기수에 이르고 반드시 피고인이 그와 같이 제작된 아동·청소년이용음란물을 재생하거나 피고인의 기기로 재생할 수 있는 상태에 이르러야만 하는 것은 아니다. 이러한 법리는 피고인이 아동·청소년으로 하여금 스스로 자신을 대상으로 하는 음란물을 촬영하게 한 경우에도 마찬가지이다(2018도9340 판결).

V. 공연음란죄

> **[구성요건·법정형]** 공연히 음란한 행위를 한 자는 1년 이하의 징역, 500만원 이하의 벌금, 구류 또는 과료에 처한다(제245조).

(1) 의의·성격·보호법익

공연히 음란한 행위를 하는 범죄이다. 음란물죄($^{제243조}_{제244조}$)가 음란한 물건에 대한 일정한 행위태양을 처벌하는 범죄임에 대하여, 이 죄는 음란한 행위 그 자체를 처벌하는 거동범이며, 행위상황으로 공연성을 요구한다는 특색이 있다. 보호법익은 사회일반의 선량한 성도덕 내지 성풍속이며 추상적 위험범이다.

(2) 구성요건

1) 행 위 공연히 음란한 행위를 하는 것이다.

---

1) 아동·청소년이용음란물 제작자가 그 음란물을 소지한 경우, 아동·청소년성보호법상의 음란물 소지죄는 음란물제작·배포죄에 흡수된다(2021도2993 판결).

(a) **공연성** "공연히"란 불특정 또는 다수인이 인식할 수 있는 상태를 말한다(명예훼손죄의 "공연성" 참조). 폐쇄된 공간에서 결합된 수인 사이에는 공연성이 부정되지만 집안에서의 음란행위라도 외부에서 쉽게 볼 수 있도록 개방되어 있으면 공연성은 인정되며, 반대로 거리에서 숨어서 또는 한적한 오솔길에서 음란행위를 한 때에는 공연성이 있다고 할 수 없다. 인식할 수 있는 가능성이 있으면 족하고 불특정 또는 다수인이 이를 인식하였는가는 묻지 않는다.

(b) **음란행위** 사람의 성욕을 자극 또는 흥분시키는 것으로 보통인의 성적 수치심을 해하고 선량한 성적 도의관념에 반하는 행위[1]를 말한다(음화 등 반포죄의 "음란의 개념" 참조).

음란행위는 동성간 또는 남성이나 여성이 단독으로 할 수 있으므로 반드시 남녀간의 성행위임을 요하지 않는다. 부부간의 성행위도 공연히 행하면 음란행위가 된다. 나체를 보여주거나 유방의 노출이나 키스하는 것 또는 목욕탕에 들어가거나 나체 모델이 되는 것만으로 음란행위라 할 수 없다. 음란한 말(음담)은 음란행위라 할 수 없으나 밝은 무대에서 아무 것도 몸에 걸치지 않은 부녀가 성행위를 묘사하는 자세를 보여주는 것(스트립쇼)은 음란행위가 될 수 있다.

대법원은 ① 공중 앞에서 음부까지 노출된 나체상태에서 성행위를 갈구하는 장면을 연기한 경우(96도980 판결 [연극 미란다 사건]), ② 요구르트 제품 홍보를 위하여 여성 누드모델들이 관람객이 있는 자리에서 알몸에 밀가루를 바르고 나와서 요구르트를 몸에 뿌려 밀가루를 벗겨내고 음부·유방이 노출된 상태에서 무대를 돌며 관람객을 향해 요구르트를 던진 경우(2005도1264 판결), ③ 고속도로에서 승용차를 손괴하거나 타인에게 상해를 가하는 등의 행패를 부리던 자가 이를 제지하려는 경찰관에 대항하여 공중 앞에서 알몸으로 성기를 노출하고 나체시위를 한 경우(2000도4372 판결), ④ 나체 여인의 조각상 앞에서 하의와 속옷을 내려 하반신을 노출한 경우(2019도14056 판결)에 음란행위를 인정하였으나, ⑤ 말다툼을 한 후 항의표시로 엉덩이를 노출시킨 경우(2003도6514 판결), ⑥ 남성이 낭심이 도드라져 보이는 타이트한 의상을 입고 시내 커피숍을 돌아다녔더라도 특별히 성적 부위를 노출하거나 성적 행위를 묘사하지 않았고 커피숍 영업을 방해하지 않은 경우(2018도241 판결)에는 음란행위에 해당하지 않는다고 하였다.

2) 고 의 공연히 행한다는 인식뿐만 아니라 음란한 행위를 한다는 인식과 의사가 있어야 한다. 음란에 대한 의미의 인식도 있어야 한다. 미필적 고의

---

1) 판례는 "공연음란죄에서의 '음란한 행위'라 함은 일반 보통인의 성욕을 자극해 성적 흥분을 유발하고 정상적인 성적 수치심을 해하여 성적 도의관념에 반하는 행위를 가리키는 것이고, 그 행위가 반드시 성행위를 묘사하거나 성적인 의도를 표출할 것을 요하는 것은 아니다"라고 판시(2019도14056 판결)하였다.

로 족하다. 공연성에 대한 착오는 구성요건착오로 고의가 부정된다. 이 죄를 경
향범으로 보는 견해(김일수·서보학 512,
김성돈 717)도 있으나 여기의 음란의 경향은 고의에 포함되
어 있으므로 경향범은 아니라고 본다(다수설,
2003도6514 판결).

(3) 공범·죄수·타죄와의 관계

1) 공 범　음란행위의 공연(公演)이 있을 것을 알면서 극장이나 무대를
제공한 자는 이 죄의 방조범이 된다.

2) 죄 수　1회의 출연 중에 여러 번 음란행위를 하였어도 포괄일죄가
된다. 각각 다른 다수의 관객 앞에서 수차례의 음란행위(국부노출)를 하여도 영
업범에 해당할 때에는 포괄일죄라 함이 타당하다.

3) 타죄와의 관계　강제추행죄를 공연히 범한 경우 강제추행죄와 이 죄
는 죄질을 달리하므로 두 죄의 상상적 경합이 된다(다수설). 여러 사람의 눈에
뜨이는 곳에서 알몸을 지나치게 내놓거나 가려야 할 곳을 내어놓아 다른 사람
에게 부끄러운 느낌이나 불쾌감을 준 때에는 경범죄처벌법(제3조 제1항
제33호)에 해당한다.

[§ 37] 도박과 복표에 관한 죄

I. 총 설

(1) 의 의

도박과 복표에 관한 죄는 우연한 사정에 의하여 재물 또는 재산상 이익의
득실을 결정하는 범죄로, 형법은 도박하거나 도박하는 장소나 공간을 개설하거
나 복표를 발매·중개 또는 취득하는 행위를 범죄로 규정하고 있다. 광의의 도
박죄에는 복표에 관한 죄도 포함된다.

(2) 보호법익

보호법익은 국민일반의 건전한 근로관념과 공공의 미풍양속 내지 사회의
경제적 도덕질서이다(통설, 84도1043
판결 참조). 보호받는 정도는 추상적 위험범으로서의 보호
이고 거동범이다.

II. 도박죄

> **[구성요건·법정형]** 도박을 한 사람은 1천만원 이하의 벌금에 처한다. 다만, 일시오락 정도에 불과한 경우에는 예외로 한다(제246조 제1항).

(1) 의의·구성요건

재물 또는 재산상의 이익을 걸고서 도박하는 범죄이다. 도박죄의 기본적 구성요건이며 필요적 공범으로 대향범이다.

1) 주 체　제한이 없다. 도박은 성질상 2인 이상의 사이에서만 행하여질 수 있으므로 필요적 공범의 내부가담자 모두가 처벌되는 주체가 된다.

2) 객 체　재물 또는 재산상의 이익이다. 금전뿐만 아니라 부동산과 채권도 도박죄의 객체가 될 수 있고, 가액의 다소나 교환가치의 유무도 묻지 않는다. 도박현장에 재물 또는 재산상의 이익이 있을 것도 요하지 않으며, 그 가액이 애당초 확정되어 있을 필요도 없고 승패가 결정된 경우에 확정할 수 있으면 족하다.

3) 행 위　도박하는 것이다. "도박"이란 당사자가 서로 재물 또는 재산상의 이익을 걸고 우연한 승부에 의하여 그 득실을 결정하는 것을 말한다. 도박의 방법·태양 여하는 묻지 않는다.

(a) **우연성**　"도박"은 재물 또는 재산상 이익의 득실이 도박가담자 모두의 우연에 의해서 결정되는 것이라야 한다. "우연"이란 당사자가 확실히 예견하지 못하거나 자유로이 지배할 수 없는 경우를 말한다. 당사자에게 주관적으로 불확실하면 족하고 객관적으로 불확실할 필요가 없다($^{2013도13231}_{판결}$). 주관적으로 불확실한 인식을 한 것이면 장래의 사실에 한하지 않고 과거 또는 현재의 사실에 대해서도 우연성을 가지고 도박할 수 있다. 우연성에 의하여 결정되는 재물 또는 재산상 이익의 득실은 경제적으로 정당한 이익이 아니라야 한다. 따라서 생명과 화재 또는 교통사고에 대비한 보험가입계약은 도박이 될 수 없다.

(b) **편면적 도박**　사기도박과 같이 우연성이 당사자 일방에게만 있는 경우를 편면적 도박이라 한다. 사기도박은 당사자 일방이 사기의 수단으로 승패를 지배하는 것이므로 도박의 우연성이 결여되어 도박이 될 수 없고 사기도박자의

사기죄만 성립한다(^{통설, 2010도9330}_{판결}).

　(c) **경기의 도박성**   "경기"란 우연성이 아니라 당사자의 육체적·정신적 능력이나 기능·기량과 숙련의 정도에 따라 그 승패가 결정되는 것을 말한다. 당구·골프·씨름 등 운동경기나 장기·바둑·화투·마작·유료 온라인보드게임(^{2002도6303}_{판결}) 등 오락게임이 그 예이다. 경기에 의한 도박을 인정할 것이냐에 대해서, ① 다수설은 승패가 완전히 우연에 의해서 결정될 필요가 없고, 당사자의 기능·기량이 승패에 다소 영향을 미치고 있어도 우연성이 지배되고 있으면 도박에 해당한다고 함에 반하여, ② 소수설은 우연성에 의해서 승패가 결정되는 경우에만 도박이 되므로 당사자의 기능·기량에 의해서 승패가 결정되는 경우는 도박이 아니라고 한다(^{이재상·장영민·강동범 37/12,}_{손동권·김재윤 43/5, 김성돈 721}).

　당사자의 기능·기량이 승패의 결정에 다소 영향을 미치는 경우의 모두를 도박에서 배제한다면 사실상 도박은 거의 있을 수 없다고 해야 하므로 승패의 결정이 기능·기량에 의해서 좌우되는 경우에만 도박이 아니라고 해야 한다. 판례도 "당사자의 능력이 승패의 결과에 영향을 미친다고 하더라도 다소라도 우연성의 사정에 의하여 영향을 받게 되는 때에는 도박죄가 성립할 수 있다"고 하여 다수설과 같은 입장이다(^{2013도13231 판결 [사설경마 사건],}_{2006도736 판결 [내기골프 사건]}).

　(d) **기수시기**   추상적 위험범·거동범이므로 도박행위의 착수가 있으면 바로 기수가 된다. 따라서 예컨대, 화투도박에서 화투장을 배부하기 시작한 때 기수가 된다. 승패가 결정되거나 현실로 재물의 득실이 있음을 요하지 않는다. 이죄의 미수는 처벌하지 않는다.

(2) 위법성배제사유

　도박행위가 일시오락의 정도에 불과한 때에는 위법성이 배제되어 이 죄가 성립하지 않는다(^{제246조 제1항}_{단서}).

　1) **일시오락의 정도**   어느 정도를 일시오락이라 할 것이냐에 대해서, ① 재산적 가치가 근소하여 이를 방임해도 사회에 큰 영향을 미치지 않을 정도라야 한다는 견해(^{정영석 204, 박상기·}_{전지연 818})도 있지만, ② 일률적으로 판단할 수 없고 도박의 시간과 장소, 가액, 도박자의 사회적 지위(직업)와 재산정도, 도박의 동기, 도박재물의 용도와 그 흥미성 등을 종합적으로 참작하여 객관적으로 결정해야 한다

(^{통설, 89도1992}
판결 참조). 판례는 도박죄를 처벌하지 않는 외국 카지노에서의 도박이라는 사정만으로 그 위법성이 배제된다고 할 수 없다고 판시($^{2002도2518}_{판결}$)하였다.

2) 금전도박의 오락성   도박행위의 객체가 금전인 때에도 일시오락이 되느냐에 대해서, ① 금전을 거는 것은 성질상 일시오락이라 할 수 없으므로 액수의 다과를 묻지 않고 이 죄가 성립한다는 견해($^{정영석}_{205}$)가 있으나, ② 금전을 거는 때에도 그것이 승패결정의 흥미를 북돋우기 위한 방법인 경우에는 일시오락으로 보아야 한다(통설).

> 판례는 돈을 걸로 내기 골프를 한 경우에는 도박에 해당한다고 하였으나(2006도736 판결), 같은 동네에 거주하는 사람들끼리 딴 돈으로 음식이나 술값을 내기로 하고 소액의 판돈으로 화투도박을 한 경우(83도2545 판결), 학창시절부터 오랜기간 알고 지낸 친한 친구들끼리 소액의 판돈으로 약 13여분에 걸쳐 카드도박을 한 경우(2020도6007 판결)에는 일시오락의 정도에 불과하다고 하였다.

(3) 죄수 및 타죄와의 관계

같은 일시에 동일한 장소에서 동일한 도박을 계속한 때에는 도박참가자의 변동이 있어도 1개의 도박죄가 된다. 도박개장자가 스스로 도박에 가담한 때에는 도박죄와 도박개장죄의 경합범이 된다(통설). 또 도박행위가 공갈의 수단이 되었더라도 두 죄는 그 구성요건과 보호법익을 달리하므로 경합범이 된다($^{2014도212}_{판결}$).

Ⅲ. 상습도박죄

> [구성요건·법정형]   상습으로 제1항(단순도박)의 죄를 범한 사람은 3년 이하의 징역 또는 2천만원 이하의 벌금에 처한다(제246조 제2항).

(1) 의의·구성요건

상습으로 재물 또는 재산상 이익을 걸고 도박하는 범죄이다. 단순도박죄에 대하여 상습성 때문에 책임이 가중되는 가중적 구성요건이며 부진정신분범이다.

1) 상습성의 의의   "상습"이란 반복하여 도박행위를 하는 습벽을 말한다.

반드시 동종·동일방법에 속한 도박을 하는 습벽일 필요가 없다. 이러한 습벽이 있는 한 횟수, 기간의 장단, 영업성의 유무는 묻지 않는다.

2) 상습성의 판단 도박의 전과와 도박사실의 반복, 시간적 간격 등 제반 사정을 종합적으로 고려하여 상습성을 판단해야 한다. 전과가 없는 때에도 단시일 내에 수차에 걸쳐 도박을 하였다면 상습성은 인정될 수 있다($^{95도955}_{판결}$). 직업적으로 도박하는 도박꾼임을 요하지 않으며, 따로 직업이 있어도 상습도박이 될 수 있다.

(2) 공범·죄수

상습자와 비상습자가 공범관계에 있는 경우에는 상습자는 상습도박죄가 성립하고 비상습자는 단순도박죄가 된다. 이 결론은 제33조를 적용하거나(통설), 필요적 공범의 내부가담자에 대해서 총칙의 공범규정을 적용하지 않는다고 하여도 결과는 같다.

상습도박죄는 구성요건이 수개의 행위를 예상하고 있는 집합범이므로 수회에 걸쳐서 도박한 때에도 전체를 포괄하여 1개의 상습도박죄만 성립한다(통설). 상습성 있는 자가 도박과 도박방조를 한 때에도 상습도박죄만 성립한다($^{84도195}_{판결}$).

Ⅳ. 도박장소 등 개설죄

> [구성요건·법정형] 영리의 목적으로 도박을 하는 장소나 공간을 개설한 사람은 5년 이하의 징역 또는 3천만원 이하의 벌금에 처한다(제247조).

(1) 의의·성격

영리의 목적으로 도박하는 장소나 공간을 개설하는 범죄이다. 이 죄는 도박행위를 교사하거나 준비시키는 예비행위에 불과하지만 형법은 이를 독립범죄로 하여 단순도박죄보다 가중처벌하고 있다. 추상적 위험범이고 목적범·계속범이다.

(2) 구성요건

1) 행 위 도박하는 장소나 공간을 개설하는 것이다.

(a) **도박하는 장소·공간의 개설**   "도박하는 장소나 공간을 개설"한다는 것은 스스로 도박의 주재자가 되어 그 지배하에 도박의 장소나 공간을 개설하는 것을 말한다. 주체는 제한이 없으므로 상습자임을 요하지 않는다. 주재자가 되지 않고 단순히 도박의 장소 또는 공간을 제공함에 그친 때에는 도박죄의 방조범이 될 뿐이다.

도박하는 장소의 설비정도는 묻지 않으며 임시적 개설도 무방하다. 인터넷상에 도박할 수 있는 사이버공간을 제공한 경우도 이에 해당한다.

인터넷에서 고스톱 대회를 개최하면서 참가자들로부터 참가비를 받고 입상자들에게 상금을 지급한 경우(2001도5802 판결), 유료낚시터를 운영하는 자가 입장료 명목으로 요금을 받고 낚시를 하게 한 후 손님들이 낚은 물고기에 부착된 번호에 따라 경품을 지급한 경우(2008도10582 판결), 성인PC방 운영자가 손님들로 하여금 컴퓨터에 접속하여 인터넷 도박게임을 하고 게임머니의 충전과 환전을 하도록 하면서 게임머니의 일정금액을 수수료 명목으로 받은 경우(2008도3970 판결)에 도박장소개설죄를 인정하였다.

도박장소의 개설이 허용되는 베트남에서 대한민국 국민이 도박장소를 개설한 경우, 우리 형법으로 처벌할 수 있는가에 관하여 판례는, 내국인의 외국에서 한 행위가 우리나라의 국가안전보장·질서유지 또는 공공복리와는 무관한 경우에는 형법 제20조의 '법령에 의한 행위' 또는 '사회상규에 반하지 아니하는 행위'에 관한 규정을 유추적용해 위법성이 조각되는 것으로 해석하는 것이 헌법에 부합하지만, 그 도박장이 주로 한국인 관광객이나 교포를 유치해 운영된 것이라면 도박장개장죄로 처벌해야 한다고 판시(2018도10042 판결)하였다.

(b) **기수시기**   영리의 목적으로 도박장소 등을 개설하면 기수가 되며, 현실로 도박이 행하여짐을 요하지 않는다.

판례   피고인이 가맹점을 모집하여 인터넷 도박게임이 가능하도록 시설 등을 설치하고 도박게임 프로그램을 가동하던 중 문제가 발생하여 더 이상의 영업으로 나아가지 못한 경우, 실제로 이용자들이 도박게임 사이트에 접속하여 도박한 사실이 없더라도 도박장개장죄는 이미 기수에 이르렀다고 볼 것이다(2008도5282 판결).

2) 영리의 목적   이 죄가 성립하기 위해서는 고의 이외에 영리의 목적이 있어야 한다(목적범). 영리의 목적이란 재산상의 이익을 얻을 목적을 말한다. 여기의 재산상의 이익은 도박을 하는 자로부터 입장료·수수료 등의 명목으로 도박장소 등 개설의 대가를 얻는 것을 말하며 도박을 통해서 얻게 되는 것을 의미하지 않는다. 영리의 목적이 있으면 족하고 현실로 이득을 얻었는가, 징수한 대

가를 술값 등에 소비하여 이득이 남지 않았는가는 이 죄의 성립에 영향이 없다.

(3) 죄 수

도박장소 등을 개설한 자가 수회 연속하여 손님으로부터 수수료를 징수하여도 일죄가 된다. 그러나 별개의 의사로 일시·장소를 달리하여 개설한 때에는 경합범이 된다. 도박장소 등의 개설을 방조한 자는 이 죄의 방조범이 되며 따로 도박방조죄는 성립하지 않는다.

Ⅴ. 복표발매죄

> [구성요건·법정형] 법령에 의하지 아니한 복표를 발매한 사람은 5년 이하의 징역 또는 3천만원 이하의 벌금에 처한다(제248조 제1항).

(1) 의의·성격

법령에 의하지 아니한 복표를 발매하는 범죄이다. 복표의 발행·취득도 우연성에 의하여 그 승패가 결정된다는 점에서 광의의 도박에 해당하지만 형법은 이를 별도로 규정하여 처벌하기로 한 것이다.[1] 필요적 공범(대향범)이며 추상적 위험범이다.

(2) 구성요건

1) 객 체　　법령에 의하지 아니한 복표이다.

(a) 복 표　　"복표"란 발매자가 미리 특정한 표찰(컴퓨터프로그램 등 정보처리 능력을 가진 장치에 의한 전자적 형태를 포함한다)을 이용하여 여러 사람으로부터 재물 등을 모아 추첨 등의 방법으로 당첨자에게 재산상의 이익을 주고 다른 참가자에게 손실을 주는 것을 말한다("사행행위 등 규제 및 처벌 특례법" 제2조 제1항 제2호 가목 참조). 다른 참가자의 손실없이 상품구매에 부가하여 이익을 제공하는 경품권이나 사은권은 추첨으로 당첨자를 결정하여도 복표가 아니다. 판례는 이른바 "광고복권"은 이 죄의 복표에 해당한

---

1) 2013. 4. 5. 형법 개정에 따라 복표발매로 인한 수입이 범죄단체의 운영자금으로 사용된다는 점을 고려하여 복표발매죄가 "국제연합 초국가적 조직범죄 방지협약"의 대상범죄가 될 수 있도록 법정형을 "5년 이하의 징역 또는 3천만원 이하의 벌금"으로 상향하였다. 이 외에도 복권(복표)을 발행한 때에는 특별법인 "사행행위 등 규제 및 처벌 특례법"(제2조 제1항 제2호 가목, 제30조 제1항)이 적용되므로 형법의 복표발매죄가 적용되는 경우는 거의 없다.

다고 하였다($^{2003도5433}_{판결}$).

　도박과 복표는 다음의 세 가지 점에서 차이가 있다. ① 도박은 추첨 이외의 우연한 방법에
의해서 재물의 득실이 결정되는데 반하여, 복표는 추첨에 의하여 손익이 결정되는 것이고,
② 도박은 재물의 소유권이 승패가 결정될 때까지 승자에게 이전되지 않음에 반하여, 복표는
재물제공이 있으면 소유권이 발행자에게 이전되며, ③ 도박은 당사자 모두가 재물득실의 위
험을 부담하는데 반하여, 복표는 구매자만 위험을 부담한다.

　(b) 법령에 의하지 않을 것　복표는 법령에 의하지 아니한 것일 때에만 이
죄의 객체가 된다. 따라서 사회에서 공인된 복표는 제20조의 정당행위에 해당
하여 위법성이 배제된다.
　2) 행　위　　발매하는 것이다.
　"발매"는 구매자로 하여금 추첨 기타 방법으로 요행의 이익을 얻게 하려고
복표를 유상으로 양도하는 것을 말한다.

Ⅵ. 복표발매중개·취득죄

> **[구성요건·법정형]**　제1항(복표발매죄)의 복표발매를 중개한 사람은 3년 이하의 징역 또
> 는 2천만원 이하의 벌금에 처한다(제248조 제2항).
> 　제1항의 복표를 취득한 사람은 1천만원 이하의 벌금에 처한다(제3항).

　법령에 의하지 아니한 복표발매를 중개하거나 발매한 복표를 취득하는 것
이다. 발매중개죄는 성질상 방조행위에 해당하지만 형법은 이를 독립된 범죄유
형으로 처벌하도록 규정한 필요적 공범(대향범)이다.
　"중개"는 발매자와 구매자의 중간에서 매매를 알선하는 것이다. 직접적·간
접적이건, 보수가 있건 없건 묻지 않는다. 취득죄는 점유이전뿐만 아니라 소유
권이전도 포함하며 유상·무상을 묻지 않는다.

[§ 38] 신앙에 관한 죄

I. 총 설

(1) 의 의

신앙에 관한 죄는 종교의식·사체·분묘 등에 대한 종교생활의 평온과 종교 감정을 침해하는 범죄이다. 국교를 인정하지 않는 우리나라는 종교(신앙)의 자유 가 보장되어 있으므로($^{헌법}_{제20조}$) 일정한 범위 내에서 종교생활의 평온과 종교감정만 형법적으로 보호($^{2007도5296}_{판결}$)하고 종교 그 자체는 형법적으로 보호하지 않는다.

(2) 보호법익

신앙에 관한 죄에는 신앙 내지 종교감정과 무관한 사체에 관한 죄도 포함 하고 있으므로 보호법익은 범죄에 따라 구별하여 파악해야 한다. ① 장례식·예 배 등 방해죄는 종교행사의 자유와 종교생활의 평온을, ② 사체 등 오욕죄와 분 묘발굴, 사체손괴·영득죄는 종교감정(숭경의 감정)을, ③ 변사체검시방해죄는 공 무집행을 보호법익으로 한다.

보호받는 정도에 대해서 장래식·예배 등 방해죄와 사체오욕죄는 추상적 위험범·거동범이고, 분묘발굴죄와 사체손괴·영득죄는 침해범이며, 변사체검시 방해죄는 추상적 위험범·거동범이다.

II. 장래식 등 방해죄

> **[구성요건·법정형]** 장례식, 제사, 예배 또는 설교를 방해한 자는 3년 이하의 징역 또는 500만원 이하의 벌금에 처한다(제158조).

(1) 의의·성격

장례식, 제사, 예배 또는 설교를 방해하는 범죄이다. 종교행사의 자유와 종 교생활의 평온을 보호하기 위한 추상적 위험범이다.

(2) 구성요건

1) 객 체　장례식, 제사, 예배 또는 설교이다. 이 외의 교회 내에서의 회합, 정치적·학술적 강연을 위한 집회나 바자회·결혼식은 이 죄의 객체가 되지 않는다. 이 규정 이외의 의식에 대한 방해행위는 경우에 따라 업무방해죄나 경범죄처벌법(제3조 제1항/제13호)에 의하여 처벌될 수 있다.

(a) **장례식**　사자(死者)를 장사지내는 의식을 말한다. 반드시 종교적 의식일 필요가 없으며(민간 습속도 장례의식에 포함) 사체가 존재할 것도 요하지 않는다. 사자가 아닌 사태(死胎)나 기타 동물에 대한 의식은 포함되지 않는다.

(b) **제 사**　사자에 대한 추모 등의 의식을 말한다. 윤리적 관습에 의한 의식(문중시제·마을의 서낭당제)뿐만 아니라 종교적 의식(석존대제·종묘대제)도 포함된다. 그러나 단오제·율곡제·춘향제 등 문화행사는 제사가 아니다.

(c) **예 배**　종교단체의 관례와 형식에 따라 신이나 교조(敎祖)에게 기도하고 숭경하는 종교의식을 말한다. 예배장소는 문제되지 않는다. 교회나 불당에서의 예배, 기도원이나 선박에서의 예배, 야외예배, 옥외의 감사절 예배도 포함된다. 예배라고 하기 위해서는 다수인이 참여해야 하므로 혼자서 보고 있는 예배는 포함되지 않는다. 결혼예배·영결예배도 종교적 관례와 형식에 따라 진행되면 예배에 속한다. 사교단체도 종교단체에 해당하느냐에 대해서 긍정설(오영근 각론2판/827, 김성돈 728)이 있으나 제외함이 타당하다(정성근·박광민 700,/김일수·서보학 523)고 본다.

> 대법원은 정식절차를 밟지 아니하여 설교가 거부된 위임목사가 행하는 설교와 예배인도를 방해한 경우에도 예배·설교방해죄가 성립한다고 하였으나(71도1465 판결, 2000도2312 판결), 소속 교단을 탈퇴한 교인들이 아무런 예고없이 기존 교회 예배당으로 다시 들어와 찬송가를 부르면서 예배당을 비워달라는 교인들의 요구를 거부한 행위 등은 보호되는 예배로 볼 수 없다고 하였다(2006도4773 판결).

(d) **설 교**　종교상의 종지(宗旨)·교의(敎義)를 해설하거나 설명하는 것을 말한다. 종교행정·종교정치·종교학술에 관한 연설이나 강연과 전도행위는 제외된다고 본다.

2) 행 위　방해하는 것이다.

"방해"란 장례식, 제사, 예배 또는 설교의 평온과 진행에 지장을 주는 일체의 행위를 말한다. 방해의 방법은 묻지 않는다. 폭행·협박에 의한 방해뿐만 아니라 소음을 내거나 혼란에 빠뜨리는 것도 방해에 해당한다. 반드시 내부에서의 방해일 필요가 없고 외부에서의 방해와 일시적 방해도 방해에 해당한다.

> 장례식을 집행하기 위하여 파 놓은 묘혈(墓穴)을 메우거나 묘혈을 파지 못하게 방해하여 장례식을 지연시킨 경우와 목사·승려를 감금하여 장례식을 진행하지 못하게 방해한 경우에도 이 죄를 구성한다. 후자의 경우는 이 죄와 감금죄의 상상적 경합이 된다.

방해는 구체적인 장례식, 예배, 설교 등을 대상으로 행해져야 하므로 문서를 반포하여 종교를 비방하거나 예배자의 수를 감소시킨 때에는 방해가 있다고 할 수 없지만, 그 집행과 시간적으로 밀접불가분한 관계에 있는 준비단계에서 방해행위가 있으면 이 죄가 성립한다($^{2007도5296}_{판결}$).

장례식, 제사 등의 방해행위가 있으면 기수가 되며, 종교적 의식이 현실로 방해된 결과가 발생하였음을 요하지 않는다.

Ⅲ. 시체 등 오욕죄

> [구성요건·법정형] 시체, 유골 또는 유발을 오욕한 자는 2년 이하의 징역 또는 500만원 이하의 벌금에 처한다(제159조).

(1) 의의·성격

시체, 유골 또는 유발을 오욕하는 범죄이다. 사자(死者)에 대한 사회일반의 종교감정(사회일반의 敬畏와 존경의 감정)을 보호하는 추상적 위험범·거동범이고, 유족의 종교감정을 보호하는 것이 아니다.

(2) 구성요건

1) 객 체 시체, 유골 또는 유발이다.

(a) 시 체 "시체"란 사자의 시신을 말하고, 시체의 전부뿐만 아니라 일부도 포함된다. 인체의 형태를 갖춘 사태도 시체에 포함된다(통설). "장사 등에 관한 법률"($^{제2조}_{제1호}$)은 임신 4개월 이상의 사태도 시체에 포함시키고 있다. 시체에 부착된 금이빨이나 금속뼈와 같은 인공가공물도 시체에 포함되지만 시체에서 분리된 금이빨과 혈액은 시체 또는 그 일부라 할 수 없다.

(b) 유골·유발   "유골"이란 화장 기타의 방법으로 백골이 된 시체의 일부분을 말하며, 사자를 제사·추념하기 위하여 보존의 대상으로 한 것에 한한다. "유발(遺髮)"은 사자를 제사·추념하기 위하여 보존하는 모발이다. 학술표본으로 된 것은 이 죄의 객체가 아니다.

2) 행 위   오욕하는 것이다. "오욕"이란 폭행 기타 유형력의 행사에 의한 모욕적인 행위를 말한다. 시간(屍姦)하거나 시체에 침을 뱉거나 방뇨하는 행위가 여기에 해당한다. 그러나 단순한 언어에 의한 모욕은 여기의 오욕이라고 할 수 없다.

Ⅳ. 분묘발굴죄

> [구성요건·법정형]   분묘를 발굴한 자는 5년 이하의 징역에 처한다(제160조). 미수범은 처벌한다(제162조).

(1) 의의·성격

분묘를 발굴하는 범죄이다. 분묘의 평온을 유지하여 사자에 대한 종교감정을 보호하기 위한 침해범이다. 판례는 인륜도덕 내지 종교적 감정 또는 종교감정의 공서양속을 보호한다고 한다($\frac{71도1727}{판결}$).

(2) 구성요건

1) 객 체   분묘이다. "분묘"란 사람의 시체, 유골, 유발을 매장하여 사자를 제사 또는 추념하는 장소를 말한다($\frac{89도2061}{판결}$). 인체의 형태를 갖춘 사태가 매장된 장소도 분묘에 해당한다. 묘표(墓標)의 유무는 묻지 않으나 묘표가 있어도 시체, 유골[1] 등이 매장되어 있지 않으면 분묘가 아니다. 분묘에 대한 소유권자·관리자가 현존함을 요하지 않으며, 시체나 유골이 토괴화되었거나 사자가 누구인지 불명하더라도 현재 제사·숭경하고 종교적 예의의 대상이 되어 있고 이를 수호·봉사하는 자가 있으면 분묘가 된다($\frac{89도2061}{판결}$). 또 반드시 적법하게 매장된 분

---

1) 분묘를 개장하여 토괴화한 유골을 화장하여 다시 묻는 경우에도 그 시설이 자연장(무덤이 아닌 바다나 산 등에 시체나 유골 등을 돌려보내는 장송방법)의 요건을 갖추었다는 등의 사정이 없는 한 제사나 예배 또는 기념의 대상으로 삼기 위하여 만든 분묘에 해당한다(2010도5112 판결).

묘임을 요하지 않고, 암매장된 분묘도 이 죄의 객체가 된다($^{76도2828}_{판결}$). 그러나 고분과 같이 제사의 대상이 아니면 분묘라 할 수 없다.

　2) 행 위　　발굴하는 것이다. "발굴"이란 복토(覆土)의 전부 또는 일부를 제거하거나 묘석 등을 파괴·해체하여 분묘를 훼손하는 것을 말한다. 분묘훼손의 정도에 대해서, 분묘 내의 관이나 시체·유골 등이 외부에서 인식될 수 있어야 한다는 **외부인지설**(통설)과, 반드시 관 또는 시체가 현출될 필요가 없다는 **복토제거설**이 대립한다. 판례는 **복토제거설**을 취하고 있다($^{4294형상539}_{판결}$). 이 죄의 미수범을 처벌하는 취지에 비추어 외부인지설이 타당하다고 본다.

(3) 위법성배제사유

　분묘의 발굴이 법에 근거한 때에는 위법성이 배제된다. 검증·감정을 위한 발굴이 여기에 해당한다. 또 분묘를 개장·이장 또는 수선하기 위하여 관리자·수호봉자자의 동의를 얻어 발굴하는 경우도 위법성이 배제된다($^{2007도8131}_{판결}$). 그러나 토지구획사업의 시행자로부터 분묘이장의 명령을 받아 개인이 발굴한 경우에는 분묘주의 승낙이 없는 한 이 죄가 성립한다($^{77도3588}_{판결}$).

V. 시체 등 손괴·영득죄

> [구성요건·법정형]　시체, 유골, 유발 또는 관 속에 넣어 둔 물건을 손괴, 유기, 은닉 또는 영득한 자는 7년 이하의 징역에 처한다(제161조 제1항).
> 　분묘를 발굴하여 제1항의 죄를 지은 자는 10년 이하의 징역에 처한다(제2항).
> 　미수범은 처벌한다(제162조).

(1) 의의·성격

　시체, 유골, 유발 또는 관 속에 넣어 둔 물건을 손괴, 유기, 은닉 또는 영득하거나($^{제1}_{항}$), 분묘를 발굴하여 이상의 행위($^{제2}_{항}$)를 하는 범죄이다. 사회일반의 종교적 감정을 보호하기 위한 침해범이다.

(2) 시체·관속물건 등 손괴·영득죄(제1항)

　1) 주 체　　제한이 없다. 사자의 후손과 시체, 유골 등에 대하여 처분권을 가진 자도 주체가 될 수 있다.

2) 객 체   시체, 유골, 유발 또는 관 속에 넣어 둔 물건이다.

시체, 유골, 유발은 시체 등 오욕죄의 그것과 같다. "관 속에 넣어 둔 물건" 이란 사자를 추념하기 위하여 시체와 같이 관 속에 넣어 둔 일체의 부장물을 말한다.

3) 행 위   손괴, 유기, 은닉 또는 영득하는 것이다.

(a) 손 괴   여기의 "손괴"란 종교적 감정을 해할 정도의 물질적인 훼손 내지 파괴를 말한다. 효용가치를 해할 것을 요하지 아니하므로 재물손괴죄의 그것과는 의미가 다르다. 이장하면서 그 자연적 태세를 변경하여 전체 유골에서 일부를 분리하면 손괴에 해당한다($^{4290형상148}_{판결}$).

(b) 유 기   여기의 "유기"도 종교적·사회적 관례상 매장이라고 인정되는 방법에 의하지 않고 시체, 유골 등을 방기하는 것을 말하고, 시체, 유골 등의 장소적 이전을 요하지 않는다(유기죄와 구별). 매장할 작위의무 있는 자가 시체를 그대로 방치하는 부작위에 의한 유기도 이 죄의 유기가 된다. 매장할 의무 없는 자는 단순한 방치만으로 유기가 될 수 없으므로 타인을 살해하고 시체를 현장에 방치하여도 살인죄 이외에 시체유기죄는 따로 성립하지 않지만, 살해 후 시체를 다른 장소에 옮겨서 유기하면 살인죄와 시체유기죄의 경합범이 된다($^{97도1142}_{판결}$).

(c) 은 닉   "은닉"이란 시체, 유골 등의 발견을 불가능하게 하거나 심히 곤란하게 하는 일체의 행위를 말한다. 예컨대 살인의 범죄 흔적을 인멸하기 위하여 시체를 매몰하거나 집 마루 밑에 숨기거나 바다 밑에 가라앉히는 것은 모두 은닉에 해당한다. 그러나 시체발견을 곤란하게 할 목적으로 피해자를 인적이 드문 장소로 유인하거나 실신한 피해자를 끌고 가서 그 곳에서 살해하고 그대로 도주한 경우에는 살인죄 이외에 별도로 시체은닉죄가 성립하지 않는다($^{86도891}_{판결}$).

(d) 영 득   시체, 유골 등을 불법하게 점유하는 것을 말한다. 점유취득의 방법은 묻지 않는다. 또 절취·편취에 의한 취득도 영득이 되며, 시체영득자로부터 재차 취득하는 것도 영득에 해당한다. 해부목적으로 의과대학에 기증된 시체는 이 죄의 객체가 아니지만 재산죄의 객체가 될 수 있다. 그러나 사자에 대한 숭경의 대상이 되는 시체, 유골, 유발은 소유의 대상이 아니므로 재물이 될 수 없다.

관 속 물건은 재물성이 있으므로 이를 절취 또는 강취하면 이 죄와 절도죄 또는 강도죄의 상상적 경합이 된다(다수설).

(3) 분묘발굴 시체 등 손괴·영득죄(제2항)

분묘를 발굴하여 시체, 유골, 유발 또는 관 속에 넣어 둔 물건을 손괴, 유기, 은닉 또는 영득하는 범죄이다. 이 죄는 분묘발굴죄와 시체 등 손괴·영득죄의 결합범이다. 따라서 분묘발굴죄가 성립하지 않으면 이 죄도 성립할 수 없다. 분묘를 발굴하여 시체를 영득한 타인으로부터 그 시체를 영득하면 시체영득죄만 성립할 뿐이다.

VI. 변사체검시방해죄

[구성요건·법정형] 변사자의 시체 또는 변사로 의심되는 시체를 은닉하거나 변경하거나 그 밖의 방법으로 검시를 방해한 자는 700만원 이하의 벌금에 처한다(제163조).

(1) 의의·성격

변사자의 시체 또는 변사의 의심이 있는 시체를 은닉 또는 변경하거나 기타 방법으로 검시를 방해하는 범죄이다. 이 죄는 범죄수사를 방해하는 공무방해죄로서의 성질을 가지고 있으며, 종교적 감정을 보호하기 위한 신앙에 관한 죄와 관련이 없는 규정이다. 추상적 위험범·거동범이다.

(2) 구성요건

1) 객 체   변사자의 시체 또는 변사의 의심이 있는 시체이다.

"변사자"란 자연사 또는 일반의 병사가 아닌 사인불명의 사망으로서 범죄로 인한 사망의 의심이 있는 사자를 말한다. 판례도 부자연한 사망으로서 그 사인이 분명하지 않은 자라고 판시하고 있다($^{2003도1331}_{판결}$).

2) 행 위   이 죄의 기본적 행위는 "검시방해"이며, 변사체에 대한 은닉, 변경 그 밖의 방법은 검시방해의 태양이다. "은닉"은 변사체의 소재를 불분명하게 하여 그 발견을 곤란하게 하는 일체의 행위이다. 매장도 은닉에 해당한다. "변경"은 시체의 원상을 변화시키는 행위로서 시체의 외형적 변화를 가져오는 것은 물론, 내부적 변화를 일으키는 것도 변경이 된다. "그 밖의 방법"이란 은

닉, 변경 이외의 방법으로 검시활동을 방해하는 일체의 행위로서, 화장은 물론, 폭행 또는 협박으로 검시작업을 위협하거나 저지하는 것도 포함된다. "검시(檢視)"란 사망원인(死因)이 범죄로 인한 것인지를 판단하기 위하여 수사기관이 변사자의 상황을 조사하는 것을 말하며, 수사처분인 검증이 아니라 수사단서에 지나지 않는다. 따라서 수사처분인 검증은 여기의 검시가 아니다. 범죄의 의심이 있는 때에 행하는 사법검시와 전염병사의 의심이 있는 때에 행하는 행정검시는 이 죄의 검시에 해당한다.

검시방해는 구성요건결과가 아니라 행위태양이므로 검시를 방해할 위험이 있는 방해가 있으면 기수가 되고 현실로 방해결과가 발생할 필요가 없다(추상적 위험범).

이 죄는 공무방해죄의 성격을 가진 범죄이므로 검시관을 폭행·협박하여 검시작업을 방해한 경우에는 공무집행방해죄만 성립한다고 본다.

제 4 장

국가적 법익에 대한 죄

제 1 절   국가의 기능에 관한 죄

[§ 39] 공무원의 직무에 관한 죄

I. 총 설

(1) 직무범죄의 의의

공무원의 직무에 관한 죄는 공무원이 직무를 위배하거나 직권을 남용하여 국가기능의 공정을 해하거나, 뇌물을 수수함으로써 국가의 기능을 부패시키는 범죄이다. 공무원이 범죄의 주체가 되는 공무원범죄이며, 공무원의 직무와 관련된 범죄이므로 강학상 직무범죄라 한다. 다만 증뢰죄는 공무원범죄는 아니지만 공무원의 직무와 관련된 범죄이기 때문에 뇌물죄에 포함하여 규정하고 있다.

(2) 보호법익

직무범죄의 보호법익은 국가의 기능이다. 다만 직무범죄에는 여러 종류의 범죄가 포함되어 있으므로 보호법익의 구체적 내용은 개별범죄에 따라 파악해야 한다.

(3) 공무원의 개념과 범위

일반적으로 공무원이라 함은 광의로는 국가 또는 공공단체의 공무를 담당하는 모든 자를 의미하며, 협의로는 국가 또는 공공단체와 공법상 근무관계에 있는 모든 자를 말한다($^{96도1258}_{판결}$). 여기에는 선출직 의원($^{96도1258 \ 판결}_{지방의회의원}$)이나 임시직 수습 공무원도 포함된다. 다만 ① 공법상의 공무원이라도 단순한 기계적·육체적 노무에 종사하는 고용직 공무원(환경미화원·공원·인부·사환)은 직무범죄의 주체인 공무원에서 제외된다(통설).[1] ② 우편집배원의 직무는 단순한 기계적·육체적 노무가 아니라 정신적·지능적 판단이 요구되는 직무이며, 특히 우편업무의 공

---

1) 집행관사무소사무원(2010도14394 판결)과 건축위원회위원(2012도5692 판결)도 마찬가지이다.

정성이 요구되는 직무이므로 우편집배원도 여기의 공무원에 포함된다(통설). ③ 공법인의 직원도 행정기관에 준하는 지위가 인정되면 공무원에 포함되며, 중앙약사심의위원회 소분과위원회 위원($^{2000도4593}_{판결}$), 도시계획위원회 위원($^{96도1703}_{판결}$)과 사병인 군인($^{69도1214}_{판결}$)도 공무원에 해당한다.

(4) 직무범죄의 종류

형법에 규정된 공무원의 직무범죄는 직무위배의 죄, 직권남용의 죄, 뇌물의 죄의 세 가지 군으로 크게 나눌 수 있다. 이 세 가지 군을 관점에 따라 분류하면 다음과 같이 유형화할 수 있다.

1) **일반직무범죄와 특수직무범죄**　일반직무범죄는 모든 공무원이 범할 수 있는 직무범죄로서, 직무유기죄, 뇌물죄, 공무상 비밀누설죄, 직권남용죄가 여기에 해당한다.

특수직무범죄는 구성요건이 예정하고 있는 특수한 직무에 종사하는 공무원만이 범할 수 있는 직무범죄로서, 불법체포·감금죄, 폭행·가혹행위죄, 피의사실공표죄, 선거방해죄가 여기에 해당한다.

2) **진정직무범죄와 부진정직무범죄**　진정직무범죄는 공무원만이 범죄의 주체가 될 수 있고 비공무원은 단독으로 범죄의 주체가 될 수 없는 직무범죄를 말한다. 직무유기죄, 수뢰죄, 공무상 비밀누설죄, 선거방해죄가 여기에 해당한다.

부진정직무범죄는 비공무원도 일정한 행위유형의 일반범죄를 범할 수 있지만 같은 행위를 공무원이 범한 때에는 불법이 가중되는 직무범죄를 말한다. 불법체포·감금죄, 폭행·가혹행위죄가 대표적인 예이다. 부진정직무범죄도 공무원만이 범죄주체가 될 수 있는 직무범죄라는 점에서는 진정직무범죄와 같다.

(5) 특별가중규정

공무원이 직권을 이용하여 형법 제7장(공무원의 직무에 관한 죄) 이외의 죄를 범한 때에는 그 죄에 정한 형의 2분의 1까지 가중한다. 단 공무원의 신분에 의하여 특별히 형이 규정된 때에는 예외로 한다($^{제135}_{조}$). 공무원이 직권을 이용한 경우에는 그 피해도 클 뿐만 아니라 국가의 권위도 크게 손상될 것이므로 일반인의 범죄행위와 비교하여 형을 가중하는 데에 그 취지가 있다.

II. 직무유기죄

> **[구성요건·법정형]**   공무원이 정당한 이유없이 그 직무수행을 거부하거나 그 직무를 유기
> 한 때에는 1년 이하의 징역이나 금고 또는 3년 이하의 자격정지에 처한다(제122조).

(1) 의의·성격·보호법익

공무원이 정당한 이유없이 직무수행을 거부하거나 직무를 유기하는 범죄
이다. 국민전체의 봉사자인 공무원은 직무에 관해서 성실의무와 직장이탈금지
의무가 있으며($^{국가공무원법}_{제56조·제58조}$), 이 의무에 위반하여 직무를 태만하게 되면 국가공무원
법상 징계대상이 된다($^{동법}_{제78조}$). 형법은 이러한 징계대상이 되는 모든 직무의무위반
을 처벌하는 것이 아니라 직무유기행위로 인하여 국가기능이 저해될 위험이 있
고, 국민에게 피해를 야기시킬 가능성이 높은 경우에 한하여 처벌하고 있다
($^{2013도229}_{판결}$). 직무유기죄는 진정신분범, 진정직무범죄이고 계속범이다($^{97도675}_{판결 참조}$).

국가의 기능을 보호법익으로 하며, 보호받는 정도는 구체적 위험범으로 본
다($^{다수설. 추상적 위험범설은 임웅 906 이하, 박상기·}_{전지연 814, 오영근 694, 김성돈 766 이하}$). 판례도 **구체적 위험범설**의 취지이다($^{2010도13694}_{판결 참조}$).

(2) 구성요건

1) 주 체   공무원만이 범할 수 있는 진정신분범이다. 공증인, 사법연수원
생, 청원경찰, 군의 사병도 주체가 될 수 있다. 판례는 병가 중인 공무원의 경우
에는 구체적인 작위의무 내지 국가기능의 저해에 대한 구체적인 위험성이 있다
고 할 수 없어 이 죄의 주체가 될 수 없다고 하였다($^{95도748}_{판결}$).

2) 행 위   직무수행을 거부하거나 직무를 유기하는 것이다.

(a) 직 무   "직무"는 공무원이 그 지위에 따라 수행해야 할 공무원법상의
본래의 직무 또는 고유한 직무로서, 공무원이 맡은 바 직무를 그때에 수행하지
않으면 실효를 거둘 수 없는 구체적인 직무에 한정된다(통설). 따라서 직무의 내
용은 법령에 근거가 있거나 특별한 지시·명령이 있어야 하며, 공무원이라는 신
분관계로 인하여 부수적·파생적으로 발생하는 직무(예: 형사소송법 제234조 제2항
에 의한 고발의무)는 여기에 포함되지 않는다. 무단결근이나 단순한 직무태만도
같다(징계처분의 대상).

(b) 직무수행의 거부   "직무수행을 거부"한다란 능동적으로 직무를 수행해

야 함에도 불구하고 이를 수행하지 않는 것을 말한다. 직무수행의 거부가 진정
부작위범에 해당한다는 견해(김일수·서보학 627, 손동권·김재윤 48/11)도 있으나 부작위뿐만 아니라 작위(서
류접수공무원이 도착서류를 반송하는 행위)로서도 가능하다고 본다(다수설).

(c) **직무유기** "직무를 유기"한다란 직무에 관한 의식적인 방임 내지 포기나
직장이탈 등 정당한 사유 없이 직무를 수행하지 않는 경우를 말한다(2017헌마1179 결정 참조).
따라서 공무원이 태만·분망(奔忙)·착각 등으로 인하여 직무를 성실히 수행하지
않는 경우나 형식적으로 또는 소홀히 직무를 수행한데 불과한 경우는 직무유기
가 되지 않는다(2020도13384 판결). 직무집행이 있으면 법정절차를 이행하지 않았거나 내
용이 부실하여도 이 죄는 성립하지 않는다(2013도229 판결). 직무유기도 부작위뿐만 아
니라 작위(수행해서는 안될 사안을 적극적으로 수행)로도 가능하고, 유기는 그 상태
가 계속될 것을 요하므로 계속범에 해당한다(97도675 판결). 판례는 직무유기죄를 부진
정부작위범으로 파악하고 있다(2015도1456 판결 참조).

[**직무유기를 인정한 판례**] ① 세관공무원이 밀수품 양륙을 묵인한 경우(4291형상105 판결), ②
담당직원이 운전정지처분을 받은 자동차에 대해 이를 묵인하고 다시 번호판을 교부한 경우
(72도969 판결), ③ 세무공무원이 소득세과세자료가 은닉되어 있음을 발견하고도 이를 방치한
경우(83도1653 판결), ④ 소속대의 수송관 겸 출납관이 신병치료를 이유로 상부의 승인없이 업
무일체를 계원에게 맡겨두고 확인감독마저 하지 않은 경우(85도2471 판결), ⑤ 가축검사원으로
재직하는 공무원이 퇴근시 소 계류장의 시정·봉인조치를 취하지 않고 그 관리를 도축장 직
원에게 방치한 경우(90도191 판결), ⑥ 학생군사교육단의 당직사관이 당직근무 중 사관후보생
및 애인과 술을 마시고 화투놀이를 한 다음 애인과 함께 자고 난 뒤 교대할 당직근무자에게
당직근무의 인계·인수없이 퇴근한 경우(90도2425 판결), ⑦ 농지사무를 담당하고 있는 군직원
이 농지불법전용사실을 알게 되었으면서도 아무런 조치를 취하지 않은 경우(92도3334 판결), ⑧
경찰관이 방치된 오토바이를 오토바이상회 운영자에게 보관시키고도 경찰관 스스로 소유자를
찾아 반환하도록 처리하거나 상회 운영자에게 반환 여부를 확인하지 않은 경우(2001도6170 판
결), ⑨ 경찰관이 불법체류자의 신병을 출입국관리사무소에 인계하지 않고 훈방하면서 인적사
항조차 기재해 두지 않은 경우(2005도4202 판결), ⑩ 교장이 소속 교사의 성추행 사실을 보고받
고도 교육청에 보고하지 않고, 경찰 신고 등의 조치도 취하지 않은 경우(2017도16443 판결)에 직
무유기를 인정하였다.

[**직무유기를 부정한 판례**] ① 시청 양정계 직원이 보관중인 정부양곡의 조사를 형식적으로
또는 소홀히 함으로써 수량부족을 발견하지 못한 경우(69도932 판결), ② 공무원이 신축건물에
대한 착공 및 준공검사를 마치고 관계서류를 작성함에 있어 그 허가조건 위배사실을 숨기기
위하여 허위의 복명서를 작성·행사한 경우(72도722 판결), ③ 시청 건축과 직원이 건축 중인
건축물의 중간검사를 시행함에 있어서 현장검사는 하였으나 콘크리트 기둥 밑에 파일 60개

를 시공하였는지의 여부는 콘크리트 기초부분을 파보지 아니하고는 알아 낼 수 없었으므로 공사감리자에게 전화로 문의하여 설계대로 파일이 시공되었다는 확인을 받고 "위반사항 없이 설계도대로 시공중이므로 공사를 계속할 수 있음"이라는 내용의 중간검사보고서를 작성 제출한 경우(81도2538 판결), ④ 사법경찰관리가 경미한 범죄혐의사실을 검사에게 인지보고하지 않고 훈방한 경우(82도117 판결), ⑤ 예비군 중대장이 소속 예비군대원의 훈련불참사실을 알면서도 훈련불참사실을 은폐할 목적으로 당해 예비군대원이 훈련에 참석한 양 허위내용의 학급편성명부를 작성·행사한 경우(82도2210 판결), ⑥ 일직사관이 근무장소 부근에서 유사시에는 깨어 직무수행에 임할 수 있는 상황하에 잠을 잔 경우(83도3260 판결), ⑦ 교도소 호송지휘관과 감독교사가 호송교도관들을 지휘하여 재소자의 호송계호업무를 수행함에 있어서 성실하게 그 직무를 수행하지 않은 잘못으로 집단도주사고가 발생한 경우(91도96 판결), ⑧ 통고처분이나 고발을 할 권한이 없는 세무공무원이 그 권한자에게 범칙사건 조사결과에 따른 통고처분이나 고발조치를 건의하는 등의 조치를 취하지 않은 경우(96도2753 판결), ⑨ 경찰관이 압수물을 범죄혐의 입증에 사용하도록 하는 등의 적절한 조치를 취하지 아니하고 피압수자에게 돌려주어 증거인멸죄를 범한 경우(2005도3909 전원합의체 판결), ⑩ 교사 해임처분취소 행정소송의 항소심에서 패소한 교육감이 검찰의 소송지휘에 따라 상고는 제기하면서도, 부작용을 염려하여 집행정지 인용결정에 대한 즉시항고는 포기한 경우(2017헌마1179 결정), ⑪ 주민이 제기한 건축물 시공 관련 민원에 대해 관계 공무원이 현장조사를 하지 않았더라도 의식적으로 관련 업무를 방임하거나 포기한 것으로 볼 수 없는 경우(2020도13384 판결)는 직무유기가 인정되지 않는다.

(d) **정당한 이유없이** "정당한 이유없이"란 법률의 규정에 의하지 않거나 일반적 업무규칙·예규·관행을 벗어나 자의적으로 위법·불공정하게 직무를 처리한 것을 말한다.

(e) **위험결과** 구체적 위험범이므로 직무유기로 국가기능을 저해시킬 만한 구체적 위험이 야기된 때 기수가 된다. 행위와 위험야기 사이에 인과관계가 있어야 한다.

(f) **주관적 요소** 직무수행을 거부하거나 의식적으로 포기 또는 방임한다는 인식·의사가 있어야 한다. 따라서 직무집행과 관련하여 태만·분망·착각 기타 일신상의 사유로 부당한 결과를 초래한 것만으로 고의가 성립하지 않는다($^{2010도13694}_{판결}$). 공무원신분에 대해서는 수반인식으로 족하다.

(3) 특별규정

폭처법($^{제9조}_{제1항}$)은 사법경찰관리의 특수한 직무유기에 대하여, 특가법($^{제15}_{조}$)은 범죄수사의 직무에 종사하는 공무원의 특수한 직무유기(특수직무유기)에 대하여 가중처벌하는 특별규정을 두고 있다.[1]

---

1) 이와 같은 특별법상의 가중처벌 규정에 대하여 옥상옥의 규정이므로 폐지해야 한다는 견해로

(4) 타죄와의 관계

공무원이 위법사실을 적극적으로 은폐할 목적으로 허위공문서를 작성·행사하는 경우에 직무유기죄는 허위공문서작성죄 및 허위작성공문서행사죄에 흡수된다($^{2002도5004}_{판결}$).[1] 경찰관이 검사로부터 범인을 검거하라는 지시를 받고도 적절한 조치를 취하지 않고 오히려 전화로 도피하라고 권유한 경우($^{96도51}_{판결}$), 경찰관이 지명수배 중인 범인을 발견하고도 직무상 의무에 따른 적절한 조치를 취하지 아니하고 오히려 범인을 도피하게 한 경우($^{2015도1456}_{판결}$)에는 범인도피죄만 성립하고 직무유기죄는 별도로 성립하지 않는다. 직무위배의 위법상태가 범인도피행위 속에 포함되어 있기 때문이다. 또 경찰관이 압수한 압수물을 범죄 혐의의 입증에 사용하도록 하는 등의 적절한 조치를 취하지 아니하고 부하직원을 통해 압수물을 돌려준 경우에도 증거인멸죄만이 성립하고 직무유기(거부)죄는 따로 성립하지 않는다($^{2005도3909}_{전원합의체 판결}$).

공무원이 뇌물을 받고 그 대가로 직무를 유기한 때에는 행위의 부분적 동일성에 의하여 수뢰후 부정처사죄와 이 죄의 상상적 경합이 된다. 또 공무원이 직무유기를 한 후 대가를 지급받은 경우에는 직무유기죄와 (사후)수뢰죄의 경합범이 된다($^{2001도6170}_{판결 참조}$).

> **판례**   공무원이 어업허가를 받을 수 없는 자라는 사실을 알면서도 그 직무상의 의무에 따른 적절한 조치를 취하지 않고 오히려 부하직원으로 하여금 어업허가 처리기안문을 작성하게 한 다음 스스로 중간결재를 하는 등 위계로써 농수산국장의 최종결재를 받았다면, 직무위배의 위법상태가 위계에 의한 공무집행방해행위 속에 포함되어 있는 것이라고 보아야 할 것이므로 이 경우 작위범인 위계에 의한 공무집행방해죄만이 성립하고 부작위범인 직무유기죄는 따로 성립하지 아니한다(96도2825 판결).

는 오영근 695.

1) 그러나 허위공문서를 작성·행사한 것이 위법사실을 적극적으로 은폐하려 한 것이 아니라면 직무유기죄가 성립하고 경합범이 된다(92도3334 판결).

Ⅲ. 피의사실공표죄

[구성요건·법정형] 검찰, 경찰 그 밖에 범죄수사에 관한 직무를 수행하는 자 또는 이를 감독하거나 보조하는 자가 그 직무를 수행하면서 알게 된 피의사실을 공소제기 전에 공표한 경우에는 3년 이하의 징역 또는 5년 이하의 자격정지에 처한다(제126조).

(1) 의의·성격·보호법익

검찰, 경찰 그 밖에 범죄수사에 관한 직무를 수행하는 자 또는 이를 감독하거나 보조하는 자가 그 직무를 수행하면서 알게 된 피의사실을 공소제기 전에 공표하는 범죄이다.

보호법익은 국가의 범죄수사권과 피의자의 명예(인권)이다. 추상적 위험범이고, 진정신분범, 진정직무범죄, 거동범이고 의무범의 성격을 갖는다.

(2) 구성요건

1) 주 체 검찰, 경찰 그 밖에 범죄수사에 관한 직무를 수행하는 자와 이를 감독하거나 보조하는 특수공무원이다. 범죄수사의 직무를 수행하는 검사·검찰수사관·사법경찰관, 조서 작성에 참여하는 검찰주사·사법경찰리, 이를 감독하는 검사장 등이다. 검사가 청구한 영장을 심사하여 구속영장을 발부한 법관도 강제수사에 대한 사법적 통제를 하고 있으므로 이 죄의 주체가 된다.

2) 객 체 직무를 수행하면서 알게 된 피의사실이다. 직무행위 자체와 직무행위의 외형을 갖춘 행위와 관련하여 알게 된 피의사실을 포함한다. 직무와 관련없이 알게 된 사실은 포함되지 않는다. 피의사실은 형사피의사실로서 고소장·고발장·범죄인지서와 체포나 구속영장 등에 기재된 사실을 포함하며, 반드시 허위의 사실임을 요하지 않는다.

3) 행 위 공소제기 전에 피의사실을 공표하는 것이다. "공표"란 불특정 또는 다수인에게 그 내용을 알리는 것을 말한다. 공연히 알릴 것을 요하지 않으며, 특정 1인에게 알린 때에도 이로 인하여 불특정 또는 다수인이 알 수 있었을 때에는 공표가 된다. 피의자의 가족이나 변호인에게 알리는 것은 공표에 해당하지 않는다.

공표의 방법에는 제한이 없으므로 신문기자의 기록열람을 묵인하는 부작위로도 가능하다. 공표는 공소제기 전에 해야 한다. "공소제기 전"은 이 죄의 행위상황이다. 따라서 공소제기 이후에는 피의사실을 공표하여도 이 죄를 구성하지 않는다. 피의사실을 공표함으로써 곧바로 기수가 되고 불특정 또는 다수인이 인식하였음을 요하지 않는다.

(3) 위법성

피해자의 승낙은 이 죄의 성립에 영향이 없다. 수사상 필요에 의하여 피의자를 공개수배하는 경우에도 공공의 이익이라는 이유만으로 위법성이 배제되는 것은 아니다($^{2001다49692}_{판결}$).

Ⅳ. 공무상비밀누설죄

> **[구성요건·법정형]**   공무원 또는 공무원이었던 자가 법령에 의한 직무상 비밀을 누설한 때에는 2년 이하의 징역이나 금고 또는 5년 이하의 자격정지에 처한다(제127조).

(1) 의의·성격·보호법익

공무원 또는 공무원이었던 자가 법령에 의한 직무상 비밀을 누설하는 범죄이다. 보호법익은 비밀누설로 인하여 위협을 받게 되는 국가의 기능이고($^{통설,}_{2021도2486 판결}$), 추상적 위험범, 진정신분범, 진정직무범죄, 거동범이며, 의무범의 성질을 갖는다.

(2) 구성요건

1) 주 체   공무원 또는 공무원이었던 자이다. 국가의 기능은 현직공무원뿐만 아니라 퇴직공무원의 비밀누설에 의해서도 위태롭게 될 수 있기 때문이다.

2) 객 체   법령에 의한 직무상 비밀이다. 여기의 "비밀"은 일반적으로 알려져 있지 않은 사항으로서 그것을 알리지 않는 것이 특히 국가나 공공단체에 이익이 되는 것을 말한다. "직무상 비밀"이란 이 죄의 주체가 직무와 관련하여 알게 된 비밀을 말하며 다른 공무원의 직무에 관한 비밀도 포함한다.

"법령에 의한 비밀"은 법령에 의하여 특히 비밀로 할 것이 요구되는 사항에 한한다(통설). 판례는 법령의 근거가 없어도 실질적으로 비밀로서 보호할 가치가 있는 것이라면, 정치·군사·외교·경제·사회적 필요에 따라 비밀로 된 사항은 물론 정부나 공무소 또는 국민이 객관적·일반적인 입장에서 외부에 알려지지 않는 것에 상당한 이익이 있는 사항도 이 죄의 비밀에 해당한다고 판시($^{2014도11441}_{판결}$)하여 그 범위를 넓히고 있다.

> 대법원은 공무원선발시험의 구술시험 문제(70도562 판결), 시 청사 이전에 관한 도시계획시설 결정 사실과 이전부지 위치(80도2822 판결), 수사진행 중인 사건의 자료확보 내역 및 해당 사안이나 피의자의 죄책과 신병처리에 대한 정보(2004도5561 판결), 형사사건에 제출된 증거정보(2005도4843 판결), 지방자치단체의 수의계약 예정가격(2006도7171 판결), 대통령 당선인 비서실 소속 공무원이 대통령 당선인을 위하여 중국에 파견할 특사단 추천 의원을 정리한 문건(2018도2624 판결), 검사가 수사의 대상, 방법 등에 관하여 사법경찰관리에게 지휘한 내용을 기재한 수사지휘서(2014도11441 판결) 등은 공무상 비밀이라고 하였다. 교수회의를 통해 결정된 성악과 입시지정곡도 홈페이지 공지 전까지는 공무상 비밀에 해당한다(2017도11523 판결).

3) 행 위 누설하는 것이다. "누설"이란 비밀사항을 제3자에게 알리는 것을 말한다. 어렴풋이 알고 있는 자에게 확실히 알리는 것도 누설에 해당한다. 이미 알고 있는 사람에게 알리는 것은 누설이 아니다(통설). 또 공무원이 직무상 알게 된 비밀을 그 직무와의 관련성이나 필요성에 기해 해당 직무집행과 관련 있는 다른 공무원에게 직무집행의 일환으로 전달한 경우, 비밀을 전달받은 공무원이 직무집행과 무관하게 제3자에게 누설할 것으로 예상되는 등 국가기능에 위험이 발생하리라 볼 만한 특별한 사정이 인정되지 않는 한 비밀누설에 해당하지 않는다($^{2021도2486}_{판결}$).

누설의 방법에는 제한이 없으므로 서류열람을 묵인하는 부작위로도 가능하다. 누설함으로써 곧바로 기수가 되며 구체적인 위험이 발생해야 하는 것은 아니다.

(3) 타죄와의 관계

시험을 관리하는 공무원이 돈을 받고 시험문제를 알려 준 경우에는 이 죄와 수뢰후 부정처사죄의 상상적 경합이 된다($^{70도562}_{판결}$). 공무원이 직무상 지득한 비밀을 누설하여 재물 또는 재산상의 이익을 취득하거나 제3자로 하여금 취득하게 한 경우에는 '부패방지 및 권익위원회의 설치와 운영에 관한 법률'상의 업무상 비밀이용죄($^{제86}_{조}$)가 성립하고 공무상 비밀누설죄는 이에 흡수된다.[1]

---

1) 다만, 2022. 5. 19. '공직자의 이해충돌 방지법' 시행 이후에는 동법 위반죄(제27조 제1항)가 성립한다. 동법의 시행으로 '부패방지 및 권익위원회의 설치와 운영에 관한 법률' 제7조 및 제86조는

V. 직권남용죄

> [구성요건·법정형] 공무원이 직권을 남용하여 사람으로 하여금 의무없는 일을 하게 하거나 사람의 권리행사를 방해한 때에는 5년 이하의 징역, 10년 이하의 자격정지 또는 1천만원 이하의 벌금에 처한다(제123조).

(1) 의의·성격·보호법익

공무원이 직권을 남용하여 사람으로 하여금 의무없는 일을 하게 하거나 사람의 권리행사를 방해하는 범죄이다. 이 죄는 공무원이 일반적 직무권한에 속하는 사항에 관하여 직권의 행사에 가탁(평계)하여 실질적·구체적으로 위법·부당한 행위를 한 경우에 성립한다($\frac{2020도12583}{판결}$). 보호법익은 국가기능의 공정한 행사이며 추상적 위험범이다.

이 죄의 성격에 대해서 공무원이라는 신분으로 인하여 강요죄($\frac{제324}{조}$)보다 책임이 가중된 부진정신분범이라는 견해($\frac{배종대}{154/1}$)가 있으나, 보호법익뿐만 아니라 폭행 또는 협박을 행위수단으로 사용하지 않는다는 점에서 강요죄와 다르므로 독립된 진정신분범(진정직무범죄)이라 해야 한다(다수설). 따라서 공무원이 직권을 남용하여 폭행·협박으로 권리행사를 방해한 경우에는 이 죄와 강요죄의 상상적 경합이 된다.

(2) 구성요건

1) 주 체   공무원이다. 이 죄의 성질상 일정한 행위를 명하고 필요하면 이를 강제할 수 있는 직무를 행하는 공무원(예: 경찰·검찰·집행관·세관원·철도공안원·마약감시원·환경감시원·근로감독관·산림보호원·교도소장·소년원장 등)에 한정된다고 본다(통설). 이에 대해서 판례는 직권남용죄의 직권은 직무권한을 의미하는 것이므로 강제력 수반이 없어도 장관($\frac{2002도6251}{판결}$), 대통령비서실 비서관($\frac{92도116}{판결}$), 시장($\frac{2010도11884}{판결}$), 구청장($\frac{2013도2444}{판결}$)은 주체가 된다고 한다.

2) 행 위   직권을 남용하여 사람으로 하여금 의무없는 일을 하게 하거나 권리행사를 방해하는 것이다.[1]

삭제된다(부칙 제7조 제1항).
1) 직권남용죄에서 '공무원이 직권을 남용하여(A)'는 '사람으로 하여금 의무 없는 일을 하게 한 것 (B)' 또는 '사람의 권리행사를 방해한 것(C)'과는 구별되는 별개의 범죄성립요건이므로, 직권남

(a) **직권남용**   직권의 남용을 행위수단으로 하므로 폭행 또는 협박만을 수단으로 하는 강요죄와 다르다. "직권을 남용하여"란 형식상 일반적인 직무권한에 속하는 사항에 대하여 부당한 목적이나 부당한 방법으로 직무 본래의 취지에 반하여 행사하는 것을 말한다. 형식적·외형적으로는 직무집행처럼 보이지만 그 실질은 정당한 권한 이외의 행위를 하는 경우이다(^{2020도12583}
판결). 따라서 형식상의 일반적 직무권한이 없거나 직무와 상관없는 개인적 친분에 의한 행위에 대해서는 이 죄가 성립하지 않는다(통설).

재정경제부장관이 국장을 통해 은행장에게 개인용도의 대출금을 요구하거나(2002도6251 판결), 시의 자치행정국장이 업무담당자에게 허가요건을 갖추지 못한 주택허가신청을 허가하도록 한 경우(2004도2899 판결)는 직권남용이 되지만, 대통령경호실장이 대통령의 별도 주거지를 마련하기 위하여 시장이나 장관에게 공용청사부지 지정을 요청한 경우(94도128 판결)는 일반적 직무권한 내의 행위가 아니므로 직권남용죄가 성립하지 않는다.

(b) **의무없는 일의 강요**   "의무없는 일을 하게 한다"란 법령상 일정한 작위의무가 없는 자에게 이를 하게 하는 것을 말한다. 전혀 의무없는 자는 물론, 의무있는 자라 할지라도 그 의무의 태양을 변경하여 하게 하는 것도 포함한다. 따라서 불법으로 과중한 납세의무를 과하거나 필요 없는 조건을 부가하거나 의무이행의 시기를 단축시키는 것은 모두 이 죄에 해당한다. 정기상납이나 명절떡값 또는 전별금 명목으로 관내업소에 금품을 강요하는 것이 그 예이다. 그러나 공무원이 자신의 직무권한에 속하는 사항에 관하여 실무담당자로 하여금 그 직무집행을 보조하는 사실행위를 하도록 하더라도 이는 공무원 자신의 직무집행으로 귀결될 뿐이므로 원칙적으로 의무 없는 일을 하게 한 때에 해당한다고 할수 없다(^{2020도12583}
판결).

대법원은 ① 장관이 부하공무원을 통해 이전 정부에서 임명된 산하 공공기관 임원들에게 사표제출을 강요하고 공모직 채용과정에서 청와대가 추천한 후보자가 임명되도록 개입한 경우(2021도13541 판결), ② 기무사령관이 2년여 동안 실무 담당자인 대북첩보계 계원들 및 예하부대 사이버 전담관들에게 온라인 여론조작 트위터 활동을 하도록 지시한 경우(2021도2030 판결), ③ 국정원장이 재임기간 동안 불법사찰을 위해 국정원 내 공작팀을 운영하고 야권의 유력 정치인 및 민간인 등을 미행·감시하도록 소속 직원들에게 지시한 때(2020도12583 판결)에는 모두

───

용죄가 성립하기 위해서는 A 요건 외에 B 또는 C 요건이 충족되어야 한다. 따라서 예컨대 상급자가 직권을 남용하여 하급자에게 의무 없는 일을 하게 한 경우에는 각각의 요건(A와 B)을 모두 충족한 때에 한하여 직권남용죄가 성립한다(2018도2236 전원합의체 판결 참조).

법률상 의무없는 일을 하게 한 때에 해당하여 각각 포괄하여 직권남용죄가 성립한다고 한 반면, ④ 치안본부장이 국립과학수사연구소 법의학과장에게 고문치사자 사인에 관하여 기자간담회에 참고할 메모를 작성하도록 요구한 것은 직권남용죄에 해당하지 않는다고 하였다(90도2800 판결).

(c) **권리행사방해** "권리행사를 방해"한다란 법령상 인정되어 있는 권리를 행사하지 못하게 방해하는 것을 말한다. 경찰관의 부당한 영업정지명령이나 담당공무원의 부당한 인·허가 거부로 권리행사나 권리발생을 방해하는 것이 그 예이다. 다만 권리행사의 방해는 권리의 현실적인 행사가 방해되어야 하므로 고발사건을 검사가 불기소하였다는 사실만으로 권리행사가 방해되었다고 할 수 없다.

(d) **기수시기** 의무없는 일을 하게 된 때 또는 권리의 현실적 행사가 방해된 때에 기수가 된다($^{2007도9287}_{판결}$). 이로 인하여 국가기능의 공정이 침해되었음을 요하지 않는다. 예컨대 도청장치를 하였다가 뜯겨서 도청을 하지 못한 경우 도청당하지 않을 권리의 침해가 없으므로 이 죄가 성립하지 않는다($^{75도2665}_{판결}$). 이 죄의 미수는 불가벌이다.

VI. 불법체포·감금죄

> [구성요건·법정형] 재판, 검찰, 경찰 기타 인신구속에 관한 직무를 행하는 자 또는 이를 보조하는 자가 그 직권을 남용하여 사람을 체포 또는 감금한 때에는 7년 이하의 징역과 10년 이하의 자격정지에 처한다(제124조 제1항).
> 미수범은 처벌한다(제2항).

(1) 의의·성격·보호법익

재판, 검찰, 경찰 기타 인신구속에 관한 직무를 행하는 자 또는 이를 보조하는 자가 그 직권을 남용하여 사람을 체포 또는 감금하는 범죄이다. 특수한 권력적 지위에 있는 특수직공무원은 수사 내지 조사과정에서 직권남용에 의한 고문 등 인권침해의 우려가 많다는 점을 고려한 처벌규정이다.

이 죄의 성격에 대해서는, ① 일반인의 체포·감금죄에 대하여 책임이 가중되는 부진정신분범이라는 다수설과, ② 일반인의 체포·감금죄의 보호법익과 성격을 달리하는 특수직무범죄로서 독립된 진정신분범이라는 견해(정성근·박광민 727, 이재상·장영민·강동범 43/34, 손동권·김재윤 48/28)

가 대립한다. 이 죄는 국가기능의 공정을 보호하는 직무범죄이므로 일반인의 체포·감금죄와 범죄의 성격을 달리한다는 **진정신분범설**이 타당하다고 본다.

보호법익은 인신구속에 관한 국가기능의 공정한 행사이며, 부차적으로 개인의 신체활동의 자유도 보호한다. 침해범이고 계속범이다.

(2) 구성요건

1) **주 체**   재판, 검찰, 경찰 기타 인신구속에 관한 직무를 행하는 자 또는 이를 보조하는 자이다. "기타 인신구속에 관한 직무를 행하는 자"란 교도소장, 구치소장, 소년분류심사원장, 소년원장, 산림보호공무원, 선장 등을 말한다. 따라서 특별사법경찰관도 포함한다. "이를 보조하는 자"란 법원·검찰의 서기나 사법경찰리, 군사경찰[1] 하사와 같이 법령에 의하여 그 직무상 보조자의 지위에 있는 자를 말한다. 그러나 현행범을 체포한 사인(私人)은 여기에 포함되지 않는다. 집행관도 이 죄의 주체가 된다는 판례(68도1218 판결)가 있지만 집행관은 인신구속에 관한 직무권한이 없으므로 이 죄의 주체가 될 수 없다고 본다.

2) **행 위**   직권을 남용하여 체포·감금하는 것이다. 직권을 남용해야 하므로 직권과 관계없이 또는 직권의 범위를 벗어난 체포·감금은 일반체포·감금죄를 구성한다. 피해자의 승낙이 있어도 이 죄는 성립한다. 이 죄를 범하여 사람을 사상에 이르게 한 때에는 특가법(제4조의2)에 의해 가중처벌한다.

경찰관이 법정절차에 의하지 아니하고 피의자를 경찰서 보호실에 구금하는 경우(70도2406 판결), 구속영장 없이 피의자를 구속하거나 임의동행한 피의자를 조사 후 귀가시키지 않고 경찰서의 조사실·보호실에 유치하는 경우(85모16 결정), 즉결심판의 피의자를 유형·무형의 억압을 하여 귀가요청을 묵살하고 대기실에 10분 내지 20분간 있게 한 경우(97도877 판결)에는 불법체포·감금죄가 성립한다.

VII. 폭행·가혹행위죄

[구성요건·법정형]   재판, 검찰, 경찰 그 밖에 인신구속에 관한 직무를 수행하는 자 또는 이를 보조하는 자가 그 직무를 수행하면서 형사피의자나 그 밖의 사람에 대하여 폭행 또는 가혹한 행위를 한 경우에는 5년 이하의 징역과 10년 이하의 자격정지에 처한다(제125조).

---

1) 2020. 2. 4. 군사법원법 개정으로 헌병이라는 용어가 군사경찰로 변경되었다(동법 제46조 제1호 참조).

(1) 의의·성격·보호법익

재판, 검찰, 경찰 그 밖에 인신구속에 관한 직무를 수행하는 자 또는 이를 보조하는 자가 직무를 수행하면서 폭행 또는 가혹행위를 하는 범죄이다. 보호법익은 인신구속에 관한 국가기능의 공정한 행사이며 부차적으로 개인의 신체의 건재성도 보호한다. 보호받는 정도는 폭행·가혹행위 그 자체로 이 죄가 완성되는 추상적 위험범이고, 거동범의 일종이며(통설), 직무범죄이다. 다수설은 부진정신분범이라 하고 있으나 불법체포·감금죄의 성격과 마찬가지로 직권을 남용하는 독립된 진정신분범이라고 본다.

(2) 구성요건

1) 주 체   재판, 검찰, 경찰 그 밖에 인신구속에 관한 직무를 수행하는 자 또는 이를 보조하는 자이다. 불법체포·감금죄의 주체와 같다.

2) 객 체   형사피의자나 그 밖의 사람이다. "그 밖의 사람"은 형사피고인, 증인, 참고인 등 수사·재판상 조사의 대상이 된 자뿐만 아니라 행정경찰상 (산림, 해양, 철도, 환경, 노동 등)의 감독·보호를 받는 자 또는 그 관계인을 포함하며, 교도소, 구치소, 소년원 등에 수용된 자도 이 죄의 객체가 된다.

3) 행 위   직무를 수행하면서 폭행 또는 가혹행위를 하는 것이다. "직무를 수행하면서"는 이 죄의 행위상황이다. 직권남용의 경우는 직접적인 직무행위는 아니라도 직무와 시간적·사항적·내적 관련이 있는 것이면 직무를 수행하면서에 해당한다.

"폭행"은 사람의 신체에 대한 유형력의 행사이며(협의의 폭행), 수단·방법은 제한이 없다. "가혹한 행위"란 폭행 이외의 방법으로 육체적 또는 정신적으로 고통을 가하는 일체의 행위를 말한다("중체포·감금죄" 참조). 여자의 옷을 벗겨 수치심을 일으키거나 추행·간음 등의 음행행위를 하는 유형적 방법과, 음식을 주지 않거나 잠을 자지 못하게 하는 등 무형적 방법도 여기에 해당한다. 다만 구속된 자를 간음한 때에는 이 죄와 피구금자간음죄(제303조 제2항)의 상상적 경합이 된다. 피해자의 승낙은 이 죄의 성립에 영향이 없다.

(3) 특별형법

이 죄를 범하여 사람을 사상에 이르게 한 때에는 가중처벌한다(특가법 제4조의2). 수감

중이거나 구금된 사람을 추행한 때에는 성폭력특례법($\frac{제10조}{제2항}$)이 적용되며, 군법무관, 군검사,[1] 군수사기관의 수사요원이 학대·가혹행위를 한 때에는 군형법($\frac{제62}{조}$)이 우선 적용된다.

Ⅷ. 선거방해죄

> **[구성요건·법정형]** 검찰, 경찰 또는 군의 직에 있는 공무원이 법령에 의한 선거에 관하여 선거인, 입후보자 또는 입후보자 되려는 자에게 협박을 가하거나 기타 방법으로 선거의 자유를 방해한 때에는 10년 이하의 징역과 5년 이상의 자격정지에 처한다(제128조).

(1) 의의·성격·보호법익

검찰, 경찰 또는 군의 직에 있는 공무원이 법령에 의한 선거에 관하여 선거인, 입후보자 또는 입후보자 되려는 자에게 협박을 가하거나 기타의 방법으로 선거의 자유를 방해하는 범죄이다. 이 죄는 선거 자체의 적정한 진행을 보호하는 것이 아니라 선거권·피선거권의 자유로운 행사 내지 그 선거권을 보호하기 위한 범죄이며, 이 죄의 주체도 특수공무원으로 한정되어 있으므로 직권남용죄의 특별유형에 해당한다(통설). 추상적 위험범, 진정신분범, 진정직무범죄이다.

(2) 구성요건

주체는 검찰, 경찰 또는 군의 직에 있는 공무원에 한정된다. 군의 직에 있는 공무원에는 군인 외에 군무원도 포함된다.

행위는 법령에 의한 선거에 관하여 선거인, 입후보자 또는 입후보자되려는 자에게 협박을 가하거나 기타 방법으로 선거의 자유를 방해하는 것이다. 법령에 의한 선거에 한하므로 법령에 의하지 않는 공공단체와 사적 단체의 선거는 포함하지 않는다. "입후보자되려는 자"란 정당의 공천을 받으려는 자 또는 입후보등록절차를 밟고 있는 자 등을 말한다.

방해의 수단·방법은 제한이 없으며 반드시 불법한 방법일 필요도 없다. 작위·부작위를 불문한다. 선거의 자유를 방해하는 행위를 하면 기수가 되며, 현실로 방해의 결과가 발생하였음을 요하지 않는다.

---

[1] 2016. 1. 6. 군사법원법 개정(2017. 7. 7. 시행)으로 검찰관이라는 용어가 군검사로 변경되었다(동법 제37조 참조).

이 죄는 직권남용죄의 특별규정이므로 두 죄가 경합할 때에는 선거방해죄가 우선 적용된다. 공직선거법(제237조 제2항,제238조)은 검사, 경찰공무원, 군인에 대하여 가중처벌한다.

[§ 40] 뇌물의 죄

I. 뇌물죄 일반론

1. 총 설

뇌물죄란 공무원 또는 중재인이 직무행위의 대가로 부정한 이익을 취득하거나 공무원·중재인에게 부정한 이익을 제공하는 범죄를 말한다. 뇌물죄는 뇌물을 받는 수뢰죄와 뇌물을 주는 증뢰죄가 있다. 증뢰죄는 공무원범죄는 아니지만 공무원의 직무범죄와 관련성이 있을 뿐만 아니라 수뢰죄와 증뢰죄는 서로 대향관계에서 성립하는 것을 보통이므로 함께 규정하고 있다.

2. 뇌물죄의 본질·보호법익

뇌물죄의 본질에 대해서는 두 가지 기본적인 법사상이 있다. ① 일정한 직무행위의 대가로 뇌물을 수수하기만 하면 직무의무에 위반이 없어도 뇌물죄로 처벌하는 로마법 사상에서는 직무행위의 불가매수성을 보호법익으로 본다. 이에 대해서, ② 직무의무에 위반하는 부정한 행위로 뇌물을 수수한 경우에만 뇌물죄로 처벌하는 게르만법 사상에서는 직무행위 자체의 순수성 내지 불가침성을 보호법익으로 본다.

우리 형법은 부정한 직무행위가 있었는가를 묻지 않고 뇌물을 수수, 요구, 약속만 하면 수뢰죄가 성립하는 것을 원칙으로 하고, 부정한 직무행위가 있는 경우에는 형을 가중하고 있으므로 로마법 사상을 기본으로 하면서 게르만법 사상을 가미하고 있다고 할 수 있다. 따라서 뇌물죄의 주된 보호법익은 직무행위의 불가매수성이라고 해야 한다. 한편 직무행위가 매수되면 직무 자체의 공정성이 침해될 위험성이 있을 뿐만 아니라 직무행위에 대한 사회일반의 신뢰도 훼손되므로 직무행위의 공정과 이에 대한 사회일반의 신뢰도 부차적 보호법익이 된다고 본다(종합설). 보호의 정도는 추상적 위험범으로서의 보호이다.

판례는 종래까지 뇌물죄의 보호법익을 "직무행위의 불가매수성"이라고 하였으나(^{84도1139}_{판결}) 최근에는 "직무집행의 공정과 이에 대한 사회의 신뢰 및 직무행위의 불가매수성"이라고 하여 **종합설**을 취하고 있다(^{2018도20832}_{판결}).

3. 수뢰죄와 증뢰죄의 관계

(1) 필요적 공범관계 여부

수뢰죄와 증뢰죄의 관계를 필요적 공범으로 볼 것이냐에 대해서 세 가지 견해가 대립한다.

1) **필요적 공범설**　뇌물죄는 수뢰자와 증뢰자의 협동을 필요로 하므로 두 죄는 1개의 범죄의 양면에 불과하고, 다만 범인의 신분 유무에 따라 형의 경중을 달리하는 필요적 공범이라 한다(^{김성돈}₇₈₅).

2) **독립범죄설**　수뢰죄는 신분범으로서 공무원의 직무위배죄임에 대하여, 증뢰죄는 공무원의 직무위반을 유혹하는 비신분범이므로 양자는 성질이 다른 별개의 독립범죄라 한다(^{황산덕 51;}_{정영석 46;}).

3) **이원설**　뇌물죄 가운데 수수, 공여, 약속은 상호 협동·공존관계에서 성립하는 필요적 공범이지만, 요구와 공여 의사표시는 일방적 의사표시만으로 성립할 수 있도록 규정한 독립범죄라 한다(다수설).

4) **결 어**　필요적 공범이 되려면 범죄의 성질상 2인 이상이 실행행위에 관여해야 한다. 수수, 공여, 약속의 경우는 상호 협동·공존관계에서만 성립할 수 있으므로 필요적 공범이고, 요구와 공여 의사표시는 일방적 의사표시만으로도 성립할 수 있으므로 상호협력관계가 없는 한 독립범죄가 된다고 본다.

　　대법원은 뇌물수수죄에 대해서 필요적 공범이라 하고(70도2536 판결), 뇌물공여죄가 성립한다고 해서 반드시 상대방의 뇌물수수죄가 성립되어야 하는 것은 아니라고 하고 있는데(2013도9003 판결), 이 취지는 뇌물에 대한 고의가 없고, 상대방의 협동·공존관계가 없는 경우라고 이해할 수 있다.

(2) 공범규정의 적용범위

1) 필요적 공범의 경우   수뢰죄와 증뢰죄가 필요적 공범관계에 있는 경우에는 총칙상의 공범규정이 적용되지 아니하므로 공무원은 수뢰죄, 증뢰자는 증뢰죄가 성립한다. 이 경우 외부가담자가 수뢰자에 가담하면 제33조 본문에 의해서, 증뢰자에 가담하면 공범일반이론(종속성)에 의해서 공동정범·교사범·방조범이 성립한다. 판례도 외부가담자의 공범을 인정한다(^{91도3191}_{판결}).

2) 독립범죄의 경우   뇌물요구죄에 대하여 공무원 아닌 자가 가담한 때에는 제33조 본문이 적용되어 가담형태에 따라 요구죄(수뢰죄)의 공동정범·교사범·방조범이 된다(통설). 뇌물공여의 의사표시에 가담한 타인에 대해서는 제33조를 적용할 수 없으나 역시 관여형태에 따라 공여죄의 공동정범·교사범·방조범이 된다(공범의 종속성이론).

4. 뇌물의 개념

뇌물은 모든 뇌물죄에 공통되는 본질적 요소(수뢰행위의 객체 또는 수단)로서 직무와 관련하여 받은 일체의 부정한 이익을 말한다(통설).

(1) 직무관련성

1) 직 무   "직무"란 공무원 또는 중재인이 그 지위에 따라 본래 취급해야 할 일체의 집무를 말한다. 직접 법령에 정해진 직무는 물론이고, 지령·훈령·내규·행정처분에 의한 직무와, 상사의 지휘·감독을 받아 공무를 취급하는 종속적·보좌적 직무도 포함한다(^{2010도10910 판결,}_{2017도12346 판결 참조}).

법령상 공무원의 일반적(추상적)인 직무권한에 속한 것이면 충분하고 현재 구체적으로 담당하고 있는 사무임을 요하지 않는다. 따라서 과거에 담당하였거나 장래에 담당할 사무도 무방하다(^{2013도9003}_{판결}). 또 직무에 관하여 독립된 결재권을 가져야 할 필요가 없으며, 결재권자를 보좌하여 영향을 줄 수 있는 직무도 상관없다(^{2010도17797}_{판결}). 직무행위의 적법·위법 여부와 작위·부작위도 묻지 않는다. 사법경찰관이 고의로 수사를 중지하는 것은 부작위에 의한 직무행위가 된다.

2) 직무에 관하여   뇌물은 공무원 또는 중재인의 직무와 관련된 이익이라야 한다. "직무에 관하여"란 직무행위 자체에 대한 것뿐만 아니라 직무와 밀접한 관계가 있는 행위도 포함한다(^{2010도17797}_{판결}). 뇌물성을 인정하는 데 특별히 의무위

반 행위나 청탁의 유무 등을 고려할 필요가 없고, 금품수수 시기와 직무집행 행위의 전후를 가릴 필요도 없다($^{2017도12346}_{판결}$). 그러나 직무와 관계없는 단순한 사적인 행위에 대한 이익은 직무장소에서 행해진 경우에도 뇌물이 아니다.

3) 직무와 밀접한 관계있는 행위 직무상의 지위를 이용하거나 그 직무에 기한 세력을 기초로 공무의 공정에 영향을 줄 수 있는 행위를 말한다. ① 자기와 동일한 권한을 가지고 있는 공무원에게 권유·청탁하는 경우, ② 직무권한은 다르지만 소관사무에 관한 의견이 사실상 존중되고 결정권자의 판단에 영향을 미칠 수 있는 경우, ③ 기관 구성원 사이에 사실상 권한위임을 받거나 공조하여 사무를 취급하는 경우, ④ 공무원 본래의 직무집행에 대한 준비행위인 경우, ⑤ 조언적 행정지도를 하는 경우는 직무와 밀접한 관계가 있는 행위라 할 수 있다.

4) 공무원의 전직과 뇌물죄 공무원이 추상적 직무권한을 달리하는 다른 직무로 전직한 후에 전직 전의 직무와 관련하여 뇌물을 수수한 경우에도 전직 전의 직무에 대한 공정과 이에 대한 사회일반의 신뢰를 보호할 필요가 있으므로 직무관련성은 인정된다(통설).

[직무관련성으로 수뢰죄를 인정한 판례] 대법원은, ① 주식인수에 많은 노력을 기울여 준 데 대한 대가나 앞으로 감독관청의 실무책임자로서 계속적인 선처를 바란다는 취지에서 보험회사 대표이사가 제공하는 금원을 재무부의 보험과장이 수취한 경우(83도830 판결), ② 부하직원의 비행을 묵인한 대가로 금원을 받은 경우(66도1575 판결), ③ 경락허가결정문의 문안작성에 관여한 주사보가 허가결정을 좌우해 달라는 취지의 청탁과 함께 금원을 수수한 경우(84도2625 판결), ④ 경찰공무원이 슬롯머신 영업에 5천만원을 투자하여 매일 300만원씩 배당받기로 약속한 후 총 1억 5백만원을 교부받은 경우(94도993 판결), ⑤ 대통령경제수석비서관이 은행장으로부터 업무전반에 대하여 선처해 달라는 부탁을 받고 금원을 교부받은 경우(94도619 판결), ⑥ 한국토지개발공사 간부가 수급인에게 하도급업체 선정을 알선하고 금품을 받은 경우(96도582 판결), ⑦ 국책사업의 사업자선정과 관련하여 대통령이 금품을 수수한 경우(96도3377 전원합의체 판결), ⑧ 국회의원이 동료의원에게 일정한 의안에 대한 의사활동을 권유·설득하는 과정에서 금품을 수수한 경우(97도2609 판결), ⑨ 국립대학 교수가 교수신규채용과 관련하여 청탁과 함께 금품을 수수한 경우(98도3584 판결), ⑩ 피의자를 조사하는 경찰관이 특정변호사를 변호인으로 선임하도록 알선하고 수임료 일부를 받은 경우(98도3697 전원합의체 판결), ⑪ 음주운전을 단속하는 경찰관이 피단속자로부터 운전면허가 취소되지 않도록 하여 달라는 청탁을 받고 금원을 교부받은 경우(99도2530 판결), ⑫ 군에서 일차진급 평정권자가 그 평정업무와 관련하여 진급대상자로 하여금 자신의 은행대출금채무에 연대보증을 하게 한 경우(2000도4714 판결), ⑬ 재건축추진위원장이 재건축조합 설립인가를 위해 담당공무원에게 두 차례 점심식사를 제공한 경우(2006도8779 판결), ⑭ 국회의원이 특정협회로부터 요청받은 자료를 제공하고 그 대가로서 후원

금 명목으로 금원을 교부받은 경우(2008도8852 판결), ⑮ 시의 국장으로 근무하던 A가, 시에서 X회사를 시공사로 하여 진행하던 구청 신축공사 및 그에 인접하여 Y회사가 X회사를 시공사로 하여 진행하던 건물 증축공사에 대한 관리·감독 업무를 수행하면서, Z회사를 운영하는 B의 부탁을 받고 X회사에 부탁하여 위 증축공사 중 건축공사 부분을 Z회사에 하도급받도록 해 준 다음 그 대가로 돈을 받은 경우(2010도17797 판결), ⑯ X보험회사 보험설계사이자 "도시 및 주거환경정비법"에 의하여 공무원으로 의제되는 재건축정비사업조합 조합장 A가 B로부터 시공사 선정 등에 도움을 달라는 청탁을 받고 B로 하여금 X보험회사 보험상품에 대한 보험계약을 체결하게 한 후 그에 대한 보험계약 모집수수료를 교부받은 경우(2014도8113 판결)에는 직무관련성이 있다고 하였다.

[직무관련성이 없다고 수뢰죄를 부정한 판례] 대법원은, ① 교육부 편수국 교육연구관이 업자로부터 검정교과서의 수정·개편을 의뢰받으면서 소요비용을 공여받은 경우(78도296 판결), ② 공판참여주사가 형량을 감경하여 달라는 청탁과 함께 금품을 수수한 경우(80도1373 판결), ③ 경찰청 정보과 근무 경찰관이 외국인 산업연수생에 대한 국내관리업체 선정과 관련하여 청탁과 함께 금품과 향응을 받은 경우(99도275 판결), ④ 국립대학교 부설연구소 소속 연구원인 국립대학교 교수가 국가와 별개의 지위에서 연구소라는 단체의 명의로 체결한 어업피해조사 용역계약상 조사용역업무와 관련하여 금품을 받은 경우(2001도670 판결)에는 직무관련성이 없다고 하여 수뢰죄의 성립을 부정하였다.

(2) 부정한 이익

1) 직무행위와 대가관계 뇌물은 직무에 관한 부정한 이익이므로 직무행위와의 사이에 급부와 반대급부라는 대가관계가 있어야 한다. 대가관계는 개개의 직무행위에 대해서 구체적으로 존재할 필요가 없고 공무원의 직위·직무와 전체적으로 포괄적 대가관계가 있으면 족하다(포괄적 뇌물개념. 97도2609 판결).

직무와 관계없는 사적 행위에 대한 보수는 뇌물이 아니다. 직무행위와 대가관계가 있는 보수와 직무 이외의 행위에 대한 보수가 불가분적으로 결합되어 있는 경우에는 전체로서 뇌물성을 인정해야 한다(2012도16277 판결).

(a) 사교적 의례와 뇌물 단순한 사교적 의례로서의 선물도 뇌물이 될 수 있느냐에 관해서, ① 직무행위와 대가관계가 인정되면 뇌물이 된다는 견해(황산덕 52, 손동권·김재윤 49/18),1) ② 직무행위와 대가관계가 인정되어도 사회관행적으로 승인되고 있는 경조부조금·전별금·환송연이나 계절적인 문안·인사를 위한 증답품(贈答品) 정도를 초과하지 않으면 뇌물이 아니라는 견해(정성근·박광민 738, 이재상·장영민·강동범 43/59, 김일수·서보학 654, 배종대 155/18), ③ 직무와 대가관계가 있으면 사교적 의례인 선물도 뇌물이지만 사회상규에 반

---

1) 같은 취지에서, 가액이 통상적인 수준을 넘은 경우에는 가시적·현재적인 대가관계가 없더라도 뇌물에 해당한다는 견해(박상기 각론8판 643)도 있다.

하지 않는 행위로서 위법성이 배제된다는 견해(임용 945, 오영근 716,)가 대립한다.

대가관계를 인정하기 위해서는 당사자가 직무행위에 대한 반대급부라는 것을 의식하고 있어야 하므로 사제간의 선물·기념품의 증정과 같이 증여자가 반대급부의 의식없이 경모(敬慕)의 뜻으로 한 것이면 뇌물이라 할 수 없고, 대가 관계의 성질이 있다고 하여도 물건의 성질·금액이 사회관습상 승인되는 정도 이고 직무의 공정과 이에 대한 사회일반의 신뢰가 저해될 정도가 아니면 뇌물성을 부정하는 견해가 타당하다.

대법원은 사교적 의례에 속하는 것도 직무행위와 대가관계가 인정되거나(99도390 판결), 관습상 승인되는 정도를 초과한 다액의 금품이나 향응은 뇌물(96도144 판결)이라 하고 있으나, 사회상규에 비추어 의례상의 대가에 불과하거나 개인적 친분관계로 교분상의 필요에 의한 것이라고 명백하게 인정할 수 있는 경우(2001도3579 판결)에는 뇌물성을 부정하고 있다. 또한 공직선거법상의 금품 등 제공행위가 동법에 규정된 의례적 행위나 직무상 행위에 해당하지 않더라도, 지극히 정상적인 생활형태의 하나로서 역사적으로 생성된 사회질서의 범위 안에 있는 것이라면 사회상규에 위배되지 아니하여 위법성이 조각된다고 판시(2007도3823 판결)하였다.

(b) 이익의 부정성   뇌물은 직무행위에 대한 부정한 지급이나 직무행위로 인한 위법·부당한 개인적 이익이라야 한다. 따라서 법령에 근거한 수당, 상여금, 수수료와 공동생활의 사회윤리적 질서 내에서 인정될 수 있는 정당한 대가는 뇌물이 될 수 없다. 직무행위와 대가관계가 있는 부정한 이익이면 고아원, 양로원, 사회공공기관에 기부하는 것도 뇌물이 될 수 있다.

2) 뇌물의 내용이 될 수 있는 이익   뇌물의 내용이 되는 "이익"은 금전·물품 기타의 재산적 이익뿐만 아니라 사람의 수요·욕망을 충족시키기에 족한 일체의 유형·무형의 이익을 말한다(2018도2738 전원합의체 판결). 다만, 비재산적 이익인 때에는 객관적으로 측정할 수 있어야 한다.

[뇌물이 되는 이익의 예]   동산·부동산·채권·지식재산권은 물론, 무이자부 금전소비대차로 인한 금융이익(2011도7282 판결), 은행대출 편의, 채무변제, 담보제공, 무임승차 허용, 사례비(87도2088 판결)나 자동차(2006도735 판결), 시가 앙등이 예상되는 주식을 액면가로 매수하게 하거나(78도1793 판결), 투기적 사업에 참여할 기회를 제공받거나(2000도2251 판결), 조합아파트 가입권에 붙은 프리미엄(92도1762 판결), 향응제공(96도144 판결), 성적 욕구의 충족(2013도13937 판결), 취직알선, 해외여행, 골프회원권, 기타의 유리한 지위, 복직 등은 모두 뇌물이 될 수 있다.

5. 뇌물의 몰수·추징

1) 필요적 몰수·추징   범인 또는 정을 아는 제3자가 받은 뇌물 또는 뇌물에 공할 금품은 몰수한다. 몰수하기 불능한 때에는 그 가액을 추징한다($^{제134}_{조}$). 몰수와 추징은 필요적이며 재량이 인정되지 않는다($^{제48조에}_{대한 특칙}$). 몰수와 추징의 대상은 제공되었으나 수수되지 않은 뇌물과 제공이 약속된 뇌물까지 포함한다. 그러나 뇌물을 요구만 한 경우에는 특정되지 않았기 때문에 몰수할 수 없다($^{2015도12838}_{판결}$).

"공무원범죄에 관한 몰수 특례법"($^{제2조}_{제3조}$)은 수뢰행위로 얻은 불법수익뿐만 아니라 불법수익에서 유래한 재산(수익과실, 대가로 얻은 재산, 수익의 변형·증식으로 형성된 재산)까지 몰수 또는 추징한다.

2) 몰수·추징의 상대방   뇌물을 현재 보유하고 있는 자로부터 몰수·추징해야 한다. 수뢰자가 뇌물을 증뢰자에게 반환한 때에는 증뢰자로부터 몰수 또는 추징해야 한다($^{2020도2883}_{판결}$). 수뢰자가 수수한 뇌물을 소비하고 같은 금액을 증뢰자에게 반환하였거나 수수한 수표를 소비하고 그 금액을 증뢰자에게 반환한 경우($^{98도3584}_{판결}$)에는 뇌물 그 자체를 반환한 것이 아니므로 수뢰자로부터 추징해야 한다. '공공단체 등 위탁선거에 관한 법률'에 따른 필요적 몰수·추징($^{동법}_{제60조}$)의 경우에도 마찬가지이다($^{2016도11941}_{판결}$).

수뢰자가 뇌물을 수수한 후 자신의 독자적인 판단에 따라 다시 타인에게 뇌물로 공여(供與)한 경우에는 수수금액을 소비하는 방법에 불과하므로 제1수뢰자로부터 금액을 추징해야 한다($^{99도963}_{판결}$). 수수한 수표를 은행에 예금하였다가 그 액면 상당액을 증뢰자에게 반환한 경우에도 뇌물 자체가 증뢰자에게 귀속된 것이 아니므로 수뢰자로부터 추징해야 한다($^{96도2022}_{판결}$). 또 교부받은 뇌물 상당액을 증뢰자의 거래은행구좌에 온라인으로 입금하여 반환하였더라도 뇌물 가액상당을 수뢰자로부터 추징해야 한다($^{86도2021}_{판결}$).

3) 몰수·추징의 방법   수인이 공동하여 뇌물을 수수한 경우에는 각자가 분배받은 금품을 몰수하거나 그 가액을 추징해야 하며($^{93도2056}_{판결}$), 수수한 뇌물을 공동으로 소비하였거나 분배액이 불명한 경우에는 평등하게 추징해야 한다($^{73도1963}_{판결}$). 정교(情交)와 같이 가액을 금전적으로 환산할 수 없는 때에는 추징할 수 없다.

> **판례**   수뢰자와 증뢰자가 함께 향응한 비용을 증뢰자가 지출한 경우 수뢰자의 접대비
> 용과 증뢰자의 소비비용을 가려내어 전자의 비용만 수뢰액이 되며, 각자의 비용액이 불명일
> 때에는 평등분할액이 수뢰액이 된다. 또 수뢰자가 향응을 받는 자리에 수뢰자 스스로 제3자
> 를 초대하여 함께 접대받은 경우에는 그 제3자가 수뢰자와 별도의 지위에서 접대받는 공무
> 원이 아닌 한 제3자 접대비용도 수뢰자의 향응비용에 포함된 수뢰액으로 보아야 한다(99도
> 5294 판결).

4) **추징가액산정**   뇌물의 추징가액을 산정하는 기준에 대해서, **뇌물수수
시 가액설**과, 몰수할 수 없게 된 **사유발생시 가액설**(다수설)이 대립하는데, 판례는
판결선고시의 가액을 기준으로 한다($^{2001도4829}_{판결}$). 추징은 손해배상이 아니라 몰수에
대신하는 것이며, 몰수는 부정한 이익을 범인에게 귀속시키지 않기 위한 것이
므로 다수설이 타당하다. 그리고 추징은 뇌물의 가액이 아니라 실제로 소비한
액수에 대해서 해야 한다.

II. (단순)수뢰죄

> **[구성요건·법정형]**   공무원 또는 중재인이 그 직무에 관하여 뇌물을 수수, 요구 또는 약속
> 한 때에는 5년 이하의 징역 또는 10년 이하의 자격정지에 처한다(제129조 제1항).

(1) 의의·성격

공무원 또는 중재인이 그 직무에 관하여 뇌물을 수수, 요구, 약속하는 범죄
이다. 수뢰죄의 기본형이다. 뇌물수수 후 부정한 행위를 할 것을 요건으로 하지
않는다. 추상적 위험범, 진정신분범, 진정직무범죄이며, 의무범의 성격을 가진다.

(2) 구성요건

1) **주 체**   공무원 또는 중재인이다.

(a) **공무원**   법령에 의하여 공무(국가 또는 지방자치단체의 사무)에 종사하는
직원을 말하고, 특수경력직 공무원, 지방의회의원, 기한부로 채용된 임시직도
포함한다. 단순한 기계적·육체적 노무에만 종사하는 자는 제외된다. 현재 공무
원의 지위에 있는 자만 이 죄의 주체가 되며, 특가법이 적용될 경우에는 정부관

리기업체의 간부직원($^{동법}_{제4조}$), 일정한 금융기관 임직원($^{동법시행령}_{제2조}$), 지방공사와 지방공단의 임직원($^{지방공기업법}_{제83조}$)도 공무원으로 본다.

농어촌진흥공사 과장대리급 이상의 직원(96도2828 판결), 시장 또는 구청장의 자문기구인 시·구도시계획위원회 위원(96도1703 판결), 지방의회의원(96도1258 판결), 한국전기통신공사의 과장 또는 과장급 이상의 직원(91도3191 판결)은 뇌물죄의 주체가 된다. 한국전력공사 등의 임원과 과장·대리급 이상의 직원은 공무원으로 의제(특가법시행령 제3조 제1호)되는데, 이 경우 그 직급이 과장·대리급 이상임을 요하고, 만일 일반직원급이 과장대리를 맡고 있는 경우에는 뇌물죄의 주체가 될 수 없다(93도2164 판결).

(b) **중재인**   법령에 의하여 중재의 직무를 담당하는 자 중 공무원이 아닌 자를 말하고 단순한 사적인 조정자는 여기의 중재인이 아니다. "노동조합 및 노동관계조정법"($^{제64}_{조}$)에 의한 중재위원, 중재법($^{제11조}_{이하}$)에 의한 중재인이 법령에 의한 중재인이다. 현재 중재인의 지위에 있는 자만 이 죄의 주체가 된다.

2) 객 체   직무행위와 대가관계에 있는 뇌물이다("뇌물의 개념" 참조).

3) 행 위   뇌물을 수수, 요구 또는 약속하는 것이다. 직무에 관하여 뇌물을 수수, 요구 또는 약속하면 족하고, 청탁을 받았는지 여부는 묻지 않는다. 수수와 공여 및 약속 상호간에는 필요적 공범관계에 있다. 그러나 반드시 쌍방이 범죄로 되어야 하거나($^{2017도3449}_{판결}$),[1] 쌍방이 처벌되어야 하는 것은 아니다($^{82도708}_{판결}$).[2]

(a) **수 수**   "수수"란 뇌물을 취득하는 것을 말한다. 사실상의 처분권획득이나 사실상의 이익향수를 포함한다. 뇌물로 제공된 물건의 법률상 소유권까지 취득해야 하는 것은 아니다($^{2018도13792}_{전원합의체 판결}$). 공무원이 장래에 담당할 직무에 대한 대가로 이익을 수수한 경우에도 뇌물수수죄가 성립할 수 있다($^{2017도1234}_{6 판결}$). 유형의 재물은 점유취득에 의해서, 무형의 이익은 현실적으로 향유함으로써 수수가 되며 이로써 이 죄는 기수가 된다. 일부 학설($^{이재상·장영민·강동범 43/64, 임웅 951,}_{손동권·김재윤 49/22, 김성돈 792}$)과 판례($^{2010도6504}_{판결}$)는 수수가 있다고 하기 위해서는 영득의 의사가 있어야 한다고 한다. 그러나 직무범죄인 뇌물죄와 재산죄인 영득죄는 구별해야 하고 영득의 의사는 뇌물죄의 고의에 포함된 것이라 해야 한다. 수수는 직무집행 전 또는 후에 있었는가를 묻지 않는다.

---

1) 정치자금 기부자와 수령자 간.
2) 배임수재자와 중재자 간.

(b) **요 구** "요구"는 취득의사로 상대방에게 뇌물공여를 청구하는 것이다. 뇌물제공의 약속을 청구하는 것도 포함한다. 일방적 행위로써 충분하며 상대방이 이에 응하였는가 현실로 교부가 있었는가는 묻지 않는다.

(c) **약 속** "약속"이란 두 당사자 사이에 뇌물의 수수를 합의하는 것을 말한다. 후일에 이익의 수수가 약속되면 충분하고 반드시 약속 당시에 그 이익이 현존할 필요가 없으며 가액이 확정되었을 필요도 없다($^{2000도5438}_{판결}$).1) 일단 약속이 이루어진 이상 후에 약속을 이행하지 않거나 해제하는 의사표시가 있어도 약속죄는 성립한다.

4) 주관적 요소 이 죄의 고의는 직무에 관하여 부정한 이익을 수수, 요구, 약속한다는 인식·의사이다. 따라서 목적물이 뇌물이라는 것과 그것이 직무의 대가라는 것은 인식하고 있어야 한다. 미필적 고의로서 족하다. 판례에 의하면 자기도 모르는 사이에 놓고 간 돈뭉치를 뒤늦게 발견하고 반환한 경우($^{77도3755}_{판결}$)와, 택시를 타고 떠나려는데 돈뭉치를 던져 놓고 가버려 부득이 다음날 반환한 경우($^{79도1124}_{판결}$)에는 뇌물수수의 고의를 부정하고 있다. 영득의 의사는 별도로 요하지 않는다.

(3) 죄수·타죄와의 관계

1) 죄 수 뇌물을 요구 또는 약속한 후 이를 수수한 때에는 포괄하여 1개의 수수죄가 성립한다. 같은 사람으로부터 동일한 이유로 계속하여 수회의 뇌물을 받은 경우에는 수뢰의 포괄일죄가 된다($^{99도4940}_{판결}$). 수개의 수뢰행위가 각각 다른 직무행위에 대한 대가인 경우에는 경합범이 된다.

2) 타죄와의 관계 공무원이 공여자를 기망하여 뇌물을 수수한 경우에도 수뢰죄는 성립하며 사기죄와 상상적 경합이 된다($^{2015도12838}_{판결}$). 수뢰 후의 부정행위가 배임죄에도 해당하는 경우에는 이 죄와 배임죄의 경합범이 된다.

---

1) 다만 수뢰액이 일정 금액 이상일 것이 범죄구성요건의 일부로 되어 있고 그 가액에 따라 가중처벌하도록 규정하고 있는 특가법상 뇌물죄(제2조 제1항)를 적용하기 위해서는 뇌물가액 산정이 요구된다(2016도3753 판결 참조).

Ⅲ. 사전수뢰죄

> [구성요건·법정형] 공무원 또는 중재인이 될 자가 그 담당할 직무에 관하여 청탁을 받고 뇌물을 수수, 요구 또는 약속한 후 공무원 또는 중재인이 된 때에는 3년 이하의 징역 또는 7년 이하의 자격정지에 처한다(제129조 제2항).

(1) 의의·성격

공무원 또는 중재인이 될 자가 그 담당할 직무에 관하여 청탁을 받고 뇌물을 수수, 요구 또는 약속한 후 공무원 또는 중재인 되는 범죄이다. 취임 전의 비공무원이 청탁을 받고 뇌물을 수수하는 경우에도 앞으로 담당할 공무의 공정과 그 신뢰를 저해할 위험성이 있으므로 수뢰죄에 대한 감경적 구성요건으로 처벌하기로 한 것이다. 다만 이 죄는 공무원 또는 중재인이 될 것을 조건으로 처벌하므로 객관적 가벌요건이 요구되는 범죄이고 추상적 위험범이다.

(2) 구성요건

1) 주 체   공무원 또는 중재인이 될 자이다. 현재 공무원 또는 중재인은 아니나 앞으로 예정되어 있는 자를 말하고 반드시 공무원 또는 중재인이 될 것이 확실할 필요가 없다. 공직선거에 의한 의원에 입후보하고 있는 자, 채용시험에 합격하여 발령대기 중인 자가 이에 해당한다.

2) 객 체   직무행위와 대가관계에 있는 뇌물이다.

3) 행 위   앞으로 담당할 직무에 관하여 청탁을 받고 뇌물을 수수, 요구 또는 약속하는 것이다.

(a) **담당할 직무**   장래 공무원 또는 중재인이 되었을 때에 담당할 것으로 예정되어 있는 직무를 말한다. "직무에 관하여"란 그 직무행위나 이와 밀접한 관계가 있는 행위와 뇌물 사이에 대가관계가 인정되는 것을 말한다.

(b) **청 탁**   "청탁"이란 장래 직무와 관련된 일정한 행위를 하여 줄 것을 의뢰하는 것을 말한다. 반드시 부정한 직무행위에 대한 청탁일 필요가 없다. "청탁을 받고"란 그러한 의뢰에 응할 것을 약속하는 것을 말한다. 청탁과 약속은 명시적임을 요하지 않는다.

(c) **수수·요구·약속**   단순수뢰죄의 그것과 같다.

4) 가벌요건   이 죄의 "공무원 또는 중재인이 된 때"는 객관적 가벌요건
이다(통설). 공무원 또는 중재인이 될 자가 뇌물을 수수, 요구 또는 약속하면 이
죄가 성립하지만 공무원 또는 중재인이 되었을 때에 처벌된다.

Ⅳ. 제3자뇌물제공죄

> **[구성요건·법정형]**   공무원 또는 중재인이 그 직무에 관하여 부정한 청탁을 받고 제3자에
> 게 뇌물을 공여하게 하거나 공여를 요구 또는 약속한 때에는 5년 이하의 징역 또는 10년 이하
> 의 자격정지에 처한다(제130조).

(1) 의의·성격

공무원 또는 중재인이 그 직무에 관하여 부정한 청탁을 받고 제3자에게 뇌
물을 공여하게 하거나 공여를 요구 또는 약속하는 범죄이다.

이 죄의 성격에 대해서, ① 뇌물을 받는 수익의 주체가 공무원 또는 중재
인이 아니라 제3자이므로 실질적으로 간접수뢰를 규정한 것으로 보는 견해
(황산덕 57, 정영석 52, 정성근 914,)와, ② 간접수뢰와 구별되는 독자적인 수뢰죄의 일종으로
(김일수·서보학 665, 임웅 958)와, ② 간접수뢰와 구별되는 독자적인 수뢰죄의 일종으로
보는 견해(유기천 하 295, 이재상·장영민·강동범 43/80,)가 대립한다. **독자적 수뢰설**의 근거는 공무
(배종대 155/31, 손동권·김재윤 49/36, 김성돈 798)가 대립한다. **독자적 수뢰설**의 근거는 공무
원 또는 중재인과 제3자 사이에 반드시 이해관계가 있을 것을 요하지 아니하므
로 제3자에 대한 뇌물공여가 간접적인 이익이 될 수 없다는 데에 있다.

그러나 공무원이 부정한 청탁까지 받아가면서 제3자로 하여금 뇌물을 받게
하는 경우에 양자 사이에 아무런 이해관계가 없다고 할 수 없으므로 공무원에
게 간접적인 이익이 된다는 **간접수뢰설**이 타당하다고 본다. 공무원이 자기의 처
에게 뇌물을 공여하게 한 경우에는 이 죄가 아니라 단순수뢰죄가 성립한다. 진
정신분범, 진정직무범죄, 의무범, 추상적 위험범이다.

> **판례**   공무원이 직접 뇌물을 받지 아니하고 증뢰자로 하여금 다른 사람에게 뇌물을 공
> 여하도록 하고 그 다른 사람으로 하여금 뇌물을 받도록 한 경우라 할지라도 그 다른 사람이
> 공무원의 사자 또는 대리인으로서 뇌물을 받은 경우나 그 밖에, 예컨대 평소 공무원이 그 다
> 른 사람의 생활비 등을 부담하고 있었다거나 혹은 그 다른 사람에 대하여 채무를 부담하고
> 있었다는 등의 사정이 있어서 그 다른 사람이 뇌물을 받음으로써 공무원은 그 만큼 지출을
> 면하게 되는 경우 등 사회통념상 그 다른 사람이 뇌물을 받은 것을 공무원이 직접 받은 것

과 같이 평가할 수 있는 관계가 있는 경우에는 형법 제129조 제1항의 단순수뢰죄가 성립한다(2003도8077 판결).

(2) 구성요건

1) 주 체   공무원 또는 중재인이다. 뇌물수수자는 제3자이지만 행위주체는 공무원 또는 중재인이므로 진정신분범이다.

2) 행 위   직무에 관하여 부정한 청탁을 받고 제3자에게 뇌물을 공여하게 하거나 공여를 요구 또는 약속하는 것이다.

(a) **부정한 청탁**   이 죄는 부정한 청탁을 요건으로 한다. "부정한 청탁"이란 위법·부당한 청탁을 말한다. 이 죄의 수단이 간접적임을 고려하여 그 성립요건을 엄격하게 제한한 것이다.

> **판례**   형법 제130조의 제3자 뇌물공여죄에 있어서의 "부정한 청탁"이란 위법한 것뿐만 아니라 사회상규나 신의성실의 원칙에 위배되는 부당한 경우도 포함하며, 비록 청탁의 대상이 된 직무집행 그 자체는 위법·부당한 것이 아니라 하더라도 당해 직무집행을 어떤 대가관계와 연결시켜 그 직무집행에 관한 대가의 교부를 내용으로 하는 청탁이면 이는 "부정한 청탁"에 해당하는 것으로 볼 수 있고, 청탁의 대상인 직무행위의 내용도 구체적일 필요가 없고 묵시적인 의사표시라도 무방하며, 실제로 부정한 처사를 하였음을 요하지도 않는다(2004도1632 판결. 2016도19659 판결도 같은 취지).

(b) **제3자**   "제3자"란 행위자와 공동정범자 이외의 사람을 말한다. 자연인은 물론, 법인·법인격 없는 단체(동창회, 향우회, 종단, 정당 등)도 제3자가 될 수 있다. 다만 사회통념상 제3자가 받은 것을 공무원이 직접 받은 것과 같이 평가할 수 있는 관계가 있는 경우에는 단순수뢰죄가 성립한다.[1] 따라서 처자 기타 생활관계를 같이 하는 가족은 그 명의를 불문하고 제3자가 되지 않는다. 공무원이 채무를 부담하고 있는 채권자나 공무원이 실질적인 경영자로 되어 있는 회사도 제3자가 아니다. 그러나 교사자나 방조자는 제3자가 될 수 있다.

---

1) 판례도, "공무원이 뇌물공여자로 하여금 공무원과 뇌물수수죄의 공동정범 관계에 있는 비공무원에게 뇌물을 공여하게 한 경우에는 공동정범의 성질상 공무원 자신에게 뇌물을 공여하게 한 것으로 볼 수 있으므로, 공무원과 공동정범 관계에 있는 비공무원은 제3자뇌물수수죄에서 말하는 제3자가 될 수 없고, 공무원과 공동정범 관계에 있는 비공무원이 뇌물을 받은 경우에는 공무원과 함께 뇌물수수죄의 공동정범이 성립하고 제3자뇌물수수죄는 성립하지 않는다"고 판시(2018도2738 전원합의체 판결)하였다.

(c) 기수시기   제3자에게 뇌물을 공여하게 하거나 공여를 요구 또는 약속한 때 기수가 된다. 제3자가 그 정을 알았는가[1] 제3자가 뇌물을 수수하였는가의 여부도 묻지 않으며, 제3자가 뇌물을 수수를 거절하였어도 이 죄는 성립한다.

V. 수뢰후 부정처사죄

> [구성요건·법정형]   공무원 또는 중재인이 전2조(수뢰·사전수뢰·제3자뇌물제공)의 죄를 범하여 부정한 행위를 한 때에는 1년 이상의 유기징역에 처한다(제131조 제1항).

(1) 의의·성격

공무원 또는 중재인이 단순수뢰죄, 사전수뢰죄, 제3자뇌물제공죄를 범하여 부정한 행위를 하는 범죄이다. 공무원 또는 중재인이 수뢰한 후에 다시 부정한 행위까지 하였다는 점을 고려하여 단순수뢰죄보다 불법을 가중한 것이다. 따라서 부정처사후 수뢰죄(사후수뢰죄)와 함께 가중수뢰죄에 해당한다. 추상적 위험범, 진정신분범, 진정직무범죄이고 의무범의 일종이다.

(2) 구성요건

1) 주 체   공무원 또는 중재인 이외에 공무원 또는 중재인이 될 자도 포함한다. 공무원 또는 중재인이 될 자도 부정한 직무행위시에는 이미 공무원 또는 중재인이 되어 있기 때문이다.

2) 행 위   수뢰죄, 사전수뢰죄, 제3자뇌물제공죄를 범하여 부정한 행위를 하는 것이다. 이 죄는 단순수뢰죄, 사전수뢰죄, 제3자뇌물제공죄를 범한 것을 전제로 하여 부정한 행위를 하는 것이므로 뇌물을 수수, 요구, 약속하였으나 부정한 행위를 하지 아니한 때에는 이미 범한 전제되는 죄만 성립한다. 공무원이 수차례 뇌물을 수수한 경우, 단일한 범죄 목적 아래 일련의 뇌물수수 행위와 부정행위가 있고, 피해법익도 같은 때에는 부정한 행위 이후의 뇌물수수도 이전의 뇌물수수와 함께 이 죄로 처벌해야 한다(2020도12103 판결).

(a) 부정한 행위   "부정한 행위"란 적극적 또는 소극적으로 그 직무에 위배되는 일체의 행위를 말한다. 위법·부당한 행위뿐만 아니라 직권남용행위도 포

---

1) 뇌물을 받는 제3자는 뇌물임을 인식할 것을 요하지 않는다(2018도2738 전원합의체 판결).

함한다. 위배되는 직무행위는 직무 자체는 물론, 이와 밀접하게 관련된 행위도 포함한다($^{2003도1060}_{판결}$). 위배는 법규위반행위는 물론, 직무상의 의무에 위반한 재량권의 한계일탈·남용도 포함한다. 직무 이외의 사적 행위에 대해서는 부정한 행위가 있어도 이 죄가 성립하지 않는다.

(b) 기수시기　부정한 행위가 있으면 기수가 되고, 국가 또는 공공단체에 현실로 손해가 초래되었음을 요하지 않는다. 수뢰의 사실과 부정한 행위 사이에 인과관계가 있어야 하며 밀접한 대가관계도 있어야 한다. 뇌물을 요구, 약속한 후 직무위배행위를 하고, 다시 그 후에 뇌물을 수수한 경우에도 이 죄에 해당한다.

　　[부정한 행위의 예]　수사기록의 조서 일부를 파기·소각하는 행위, 입찰업무에 종사하는 자가 최고가격·최저가격을 응찰자에게 알려주는 행위, 세금을 감액하거나 면탈하게 하는 행위는 작위에 의한 부정행위이고, 의원이 회의에 참석하지 않는 경우, 피의자의 요청에 따라 증거품의 압수를 포기하는 경우, 경찰관이 범죄를 묵과하거나 보고하지 않는 경우는 부작위에 의한 부정행위이다.

(3) 타죄와의 관계

　부정한 행위가 동시에 횡령죄 또는 배임죄 등에 해당할 때에는 이 죄와 상상적 경합이 된다. 허위공문서를 작성하여 행사하는 부정행위로 수뢰후 부정처사죄를 범한 경우에는 허위공문서작성죄와 그 행사죄는 경합범이지만 이들 각 죄는 수뢰후 부정처사죄와 상상적 경합관계에 있으므로 두 죄는 연결효과에 의한 상상적 경합이 인정되어 가장 중한 죄인 수뢰후 부정처사죄의 형으로 처벌된다($^{2000도1216}_{판결}$).

VI. 사후수뢰죄

　　[구성요건·법정형]　공무원 또는 중재인이 그 직무상 부정한 행위를 한 후 뇌물을 수수, 요구 또는 약속하거나 제3자에게 이를 공여하게 하거나 공여를 요구 또는 약속한 때에도 전항(수뢰후 부정처사죄)의 형(1년 이상의 유기징역)과 같다(제131조 제2항).
　　공무원 또는 중재인이었던 자가 그 재직 중에 청탁을 받고 직무상 부정한 행위를 한 후 뇌물을 수수, 요구 또는 약속한 때에는 5년 이하의 징역 또는 10년 이하의 자격정지에 처한다(제3항).

(1) 의의·성격

공무원 또는 중재인이 부정한 행위를 하고 난 후 뇌물을 수수, 요구 또는 약속하거나 제3자에게 공여하게 하거나 공여를 요구 또는 약속하는 범죄로서 사전수뢰죄와 대칭관계에 있는 사후수뢰죄이다. 두 가지 태양이 있다.

1) 재직공무원의 사후수뢰죄　공무원 또는 중재인의 지위에 있는 자가 먼저 부정한 행위를 한 후에 뇌물을 수수, 요구, 약속하거나 제3자에게 이를 공여하게 하거나 공여를 요구 또는 약속하는 재직공무원의 사후수뢰죄($^{제131조}_{제2항}$)로서 부정처사후 수뢰죄라 한다. 진정신분범, 의무범의 일종이다. 부정행위와 뇌물죄가 결합되어 형이 가중되는 경우이므로 이 죄와 수뢰후 부정처사죄를 합하여 가중수뢰죄라고도 한다.

2) 퇴직후 사후수뢰죄　공무원 또는 중재인이었던 자가 그 재직 중에 청탁을 받고 직무상 부정한 행위를 한 후 퇴직하여 뇌물을 수수, 요구 또는 약속하는 퇴직후 사후수뢰죄($^{제131조}_{제3항}$)로서 보통 사후수뢰죄라 한다. 진정신분범이지만 의무범은 아니다.

(2) 구성요건

이 죄의 뇌물도 직무에 관한 이익이라야 하므로 직무와 관계없는 이익에 대해서는 이 죄가 성립하지 않는다. ① 제3항의 죄(퇴직후 사후수뢰죄)는 퇴직 후의 수뢰를 처벌하므로 전직(轉職)의 경우에는 제2항의 재직공무원의 사후수뢰죄만 성립한다. ② 부정한 행위를 한 공무원이 그 후 퇴직하였다가 다시 동일직무에 취임한 후 퇴직 전의 직무위배행위에 관해서 뇌물을 수수 또는 제3자에게 공여하게 한 경우도 제2항의 재직공무원의 사후수뢰죄가 성립한다. ③ 직무상 부정한 행위를 요건으로 하므로 재직 중에 정당한 행위를 하고서 퇴직 후에 뇌물을 수수, 요구, 약속하는 경우에는 제3항의 퇴직후 사후수뢰죄는 성립하지 않는다.

VII. 알선수뢰죄

> [구성요건·법정형]   공무원이 그 지위를 이용하여 다른 공무원의 직무에 속하는 사항의
> 알선에 관하여 뇌물을 수수, 요구 또는 약속한 때에는 3년 이하의 징역 또는 7년 이하의 자격
> 정지에 처한다(제132조).

(1) 의의·성격

공무원이 그 지위를 이용하여 다른 공무원의 직무에 속한 사항의 알선에
관하여 뇌물을 수수, 요구 또는 약속하는 범죄이다. 이 죄는 직무의 공정과 이
에 대한 사회일반의 신뢰가 간접적으로 저해하게 된다는 점에서 자기의 직무에
관한 수뢰와 마찬가지로 처벌하는 것이다. 보호법익은 직무행위의 공정(불가매
수성)과 이에 대한 사회일반의 신뢰이다. 추상적 위험범, 진정신분범, 진정직무
범죄이고 의무범의 일종이다.

(2) 구성요건

1) 주 체   공무원에 한하며 중재인 기타 사인은 포함하지 않는다. 공무
원이라도 그의 지위를 이용한 것이 아니라 단순히 사적인 입장에서 행한 때에
는 이 죄에 해당하지 않는다. 다른 공무원에 대한 임면권이나 직접 압력을 가할
수 있는 법적 근거가 있어야 할 필요가 없으나 직무를 처리하는 공무원과 직무
상 직접·간접의 연관관계를 가지고 법률상 또는 사실상 영향을 미칠 수 있는
공무원이라야 한다(통설, 2006도735 판결).

2) 행 위   지위를 이용하여 다른 공무원의 직무에 속한 사항의 알선에
관하여 뇌물을 수수, 요구 또는 약속하는 것이다.

(a) 지위이용   공무원이 그 지위를 이용한 사실이 있어야 한다. "지위를 이
용하여"란 영향력을 미칠 수 있는 공무원이 그의 지위나 신분을 이용하는 것을
말한다. 그 영향력은 직접적·간접적, 법률적·사실적임을 묻지 않는다. 다만 단
순한 사적인 알선과 구별하기 위해서는 다른 공무원의 직무에 일반적 또는 구
체적으로 영향을 미칠 수 있는 관계가 있어야 한다(다수설). 당해 직무를 처리하
는 공무원과 직무상 직접·간접의 연관관계를 가지고 법률상 또는 사실상 영향
력을 줄 수 있는 지위에 있을 것을 요하지만, 반드시 양자 사이에 상하관계, 협

동관계, 감독권한 등의 지위에 있을 것까지 요하지는 않는다고 한다($^{2006도735}_{판결}$).

[지위관계를 인정한 판례]   ① 군교육청 관리과 서무계장이 초등학교 고용원 임용 알선에 대한 사례명목으로 금품을 수수한 경우(86도1138 판결), ② 시청 도시계장이 토지구획정리사업 시행 여부 결정을 위하여 현지에 답사 온 건설부 소속 공무원들에게 청탁하여 사업시행인가가 날 수 있도록 하여 달라는 명목으로 지급하는 금원을 교부받은 경우(91도1190 판결), ③ 국회의원에게 한국마사회 발주공사를 수의계약으로 수주할 수 있도록 한국마사회장에게 알선하여 달라는 청탁을 하고 금원을 지급한 경우(90도665 판결), ④ 구청 지역경제과 지역경제계장이 직전에 계장으로 근무하였던 지적과 지정계의 담당직원들에게 부탁하여 규제구역 안에 있는 토지 등의 거래계약허가를 받도록 알선하여 달라는 청탁을 받고, 그에 관한 업무를 취급하는 지정계장을 소개하여 주고 사례비를 받은 경우(90도890 판결), ⑤ 서울시 부시장 비서관이 시청 관재과 소속공무원에게 부탁하여 체비지를 불하받도록 하여 주겠다고 약속하고 그 교제비로 금원을 교부받은 경우(89도1700 판결) 등을 들 수 있다.

[지위이용관계를 부정한 판례]   ① 군청 건설과 농지계 공무원은 도지사의 골재채취예정지 고시사무에 관하여 법률상 또는 사실상 어떠한 영향을 미칠만한 지위에 있지 않고(83도3015 판결), ② 도교육위원회 사회체육과 보건계에서 아동급식과 아동 및 교원의 신체검사에 관한 업무를 담당하는 지방보건기사는 도보건사회국에서 유흥업소 허가 및 감독사무를 담당하는 지방행정주사보와 직접·간접의 연관관계도 없을 뿐만 아니라 법률상이나 사실상 어떠한 영향력을 줄 수 있는 지위에 있지 않으며(82도956 판결), ③ 검찰주사는 검사의 수사사무에 대하여 법률상 또는 사실상 어떤 영향력을 미칠 수 있는 지위에 있었다고 보기 어렵다(82도403 판결).

(b) 알 선   "알선"이란 일정한 사항을 중개하여 어떤 사람과 그 상대방 사이에 교섭이 성립하도록 편의를 제공하는 일체의 서비스를 말한다. 청탁의 유무와 상관없이 명함이나 소개장에 "선처요망" 등의 기재가 있으면 알선에 해당한다. 알선행위는 과거의 사항에 관한 것이건 장래의 사항에 관한 것이건 묻지 않는다($^{2012도16277}_{판결}$). 직무내용이 구체적으로 특정되어 있을 필요도 없다($^{2016도15470}_{판결}$). 장래의 알선행위에 대해서 뇌물을 수수, 요구 또는 약속한 경우에는 그 후에 알선행위가 행해졌건 아니건 묻지 않고 이 죄가 성립한다($^{2016도15470}_{판결}$). 우인(友人)·친족 기타의 사적 관계를 이용하거나 직무와 관계없는 사항에 대해 교섭을 하더라도 알선은 될 수 없다($^{2006도735}_{판결 참조}$). 정당한 직무행위에 대한 알선도 이 죄에 해당한다 ($^{통설,}_{2006도735 판결}$). 알선할 명목으로 뇌물을 요구하는 경우에는 요구명목이 알선에 관련되어 있다는 것이 구체화되어야 하고($^{2009도3924}_{판결}$), 알선행위와 수뢰 사이에는 대가관계가 있어야 한다. 알선과 주고받은 금품 사이에 전체적·포괄적으로 대가관계가 있는 것으로 족하다($^{2016도15470}_{판결}$). 알선자가 받은 금품에 알선행위에 대한 대가

와 그 밖의 행위에 대한 대가가 불가분적으로 결합되어 있는 경우에는 그 전부
가 알선행위에 대한 대가에 해당한다($\frac{2016도15470}{판결}$).

(3) 특별형법

1) 특가법상의 알선수재죄 특가법 제3조는 공무원의 직무에 속한 사항의
알선에 관하여 금품이나 이익을 수수, 요구 또는 약속한 사람을 알선수재죄로
처벌한다. 이 죄의 주체는 알선의뢰인과 알선상대방인 공무원 사이를 중개하
는 알선중개인이다. 특가법상의 알선수재죄는 ① 행위주체를 공무원 또는 중
재인으로 제한하지 아니하므로 일반인도 알선수재죄의 주체가 될 수 있고, ②
지위이용을 요건으로 하지 아니하므로 다른 공무원의 직무에 속한 사항의 알
선에 관하여 금품이나 이익을 수수한 때에도 특가법상의 알선수재죄에 해당
한다.

2) 특정경제범죄법상의 알선수재죄 특정경제범죄법 제7조는 금융회사 등
의 임·직원의 직무에 속하는 사항의 알선에 관하여 금품이나 그 밖의 이익을
수수, 요구 또는 약속한 사람 또는 제3자에게 이를 공여하게 하거나 공여하게
할 것을 요구 또는 약속한 사람을 알선수재죄로 처벌한다.

> 대법원은, 특정경제범죄법 제7조의 알선수재죄가 성립하려면 알선을 의뢰한 사람(알선의뢰인)
> 과 알선의 상대방이 될 수 있는 금융기관의 임·직원(알선상대방) 사이를 중개한다는 명목으로
> 금품 기타 이익을 수수하는 등의 행위를 해야 하고, 단순히 알선행위자를 소개(99도3115 판결)
> 하거나 알선의뢰인에게 편의를 제공(2005도3045 판결)하고 그 대가로서 금품을 수수하였을 뿐인
> 경우에는 금융기관의 임·직원의 직무에 속한 사항의 알선에 관하여 금품을 수수한 것이라고
> 할 수 없다고 하여 특정경제범죄법 제7조의 알선수재죄의 성립을 부정하고 있다.

VIII. 증뢰죄(뇌물공여·증뢰물전달죄)

> [구성요건·법정형] 제129조부터 제132조까지(수뢰죄, 사전수뢰죄, 제3자뇌물제공죄, 수
> 뢰후 부정처사죄, 사후수뢰죄, 알선수뢰죄)에 기재한 뇌물을 약속, 공여 또는 공여의 의사를
> 표시한 자는 5년 이하의 징역 또는 2천만원 이하의 벌금에 처한다(제133조 제1항).
>   제1항의 행위에 제공할 목적으로 제3자에게 금품을 교부한 자 또는 그 사정을 알면서 금품
> 을 교부받은 제3자도 제1항의 형에 처한다(제2항).

(1) 의의·성격

뇌물을 약속, 공여 또는 공여의 의사를 표시하거나(뇌물공여죄), 이에 제공할 목적으로 제3자에게 금품을 교부하거나 그 사정을 알면서 교부받는(증뢰물전달죄) 범죄이다. 수뢰죄가 공무원 또는 중재인이 직무에 위반하는 직무범죄임에 대하여, 증뢰죄는 비공무원 또는 비중재인(공무원 또는 중재인이라도 직무와 관계없이)이 공무원 또는 중재인의 수뢰행위를 교사 또는 방조하는 공범적 성격을 갖는 행위를 독립된 범죄로 규정한 것이다. 신분범도 직무범죄도 아니다.

(2) 구성요건

1) 주 체   제한이 없다. 공무원도 직무와 관련없이 행한 때에는 이 죄의 주체가 된다. 증뢰자에게 수뢰자의 직무권한에 대응하는 어떤 의무가 있음을 요하지 않는다.

2) 행 위   약속, 공여 또는 공여의 의사를 표시하거나(뇌물공여죄) 교부 또는 그 사정을 알면서 교부받는 것(증뢰물전달죄)이다. 부정한 청탁은 필요하지 않다.

(a) **약속·공여·공여의 의사표시**   "약속, 공여 또는 공여의 의사표시"는 공무원 또는 중재인의 직무에 관하여 행해져야 한다($\binom{87도1463}{판결\ 참조}$).

"약속"이란 뇌물에 관하여 증뢰자와 수뢰자 사이에 의사가 합치하는 것을 말한다. 어느 쪽이 먼저 제의하였느냐는 상관없다. 약속한 뇌물의 종류, 수량, 액수를 공무원 또는 중재인이 알고 있을 필요도 없다.

"공여"란 수수하도록 제공하는 것을 말한다. 상대방이 뇌물을 수수할 수 있는 상태에 두면 족하고 현실로 수수하지 아니하여도 무방하다. 공여의 상대방은 반드시 공무원 또는 중재인일 필요가 없다. 공무원의 배우자나 가족에게 할 수도 있다. 특별법에 의해 공무원으로 의제되는 자(재건축조합장)도 직무와 관련하여 공여의 상대방이 될 수 있다($\binom{2006도5711}{판결}$).

"공여의 의사표시"란 상대방에게 뇌물을 공여하겠다는 일방적 의사표시를 말한다. 구두 또는 서면으로 할 수 있다. 금액이나 뇌물의 수량을 표시할 필요가 없다. 의사표시의 상대방은 공무원의 가족이라도 무방하며, 직무와 관련이 있는 뇌물이면 부정한 청탁과 상관없이 공여죄가 성립한다.

(b) 증뢰물전달·지정수령   뇌물에 제공할 목적으로 제3자에게 금품을 교부하거나(증뢰물전달) 제3자가 그 사정을 알면서 교부받는 것(지정수령)이다($^{2007도10601}_{판결}$). "제3자"란 행위자와 공동정범 이외의 자를 말한다($^{2012도11200}_{판결}$). 이 경우 제3자가 금품을 수뢰할 공무원에게 전달하였는가는 이 죄의 성립에 영향이 없다($^{2002도1283}_{판결}$). 제3자로부터 전달받은 금품을 곧바로 증뢰자에게 반환한 경우에도 증뢰물전달·수령죄는 성립한다($^{82도3129}_{판결}$).

3) 주관적 요소   뇌물공여의 경우에는 뇌물을 공여·약속 또는 공여의 의사표시를, 뇌물전달의 경우에는 공무원 또는 중재인의 직무에 관한 뇌물임을 인식·인용하고 있어야 한다. 증뢰물전달죄에 있어서는 "제공할 목적"도 있어야 한다. 여기의 목적은 초과내심적 의욕이 아니라 보호법익에 대한 행위자의 특별한 위험을 일으키는 내심의 상태라 본다.

(3) 죄수·타죄와의 관계

수뢰죄가 무죄로 된 경우에도 증뢰죄는 성립할 수 있다($^{2013도9003}_{판결}$). 하나의 행위로 수인의 공무원에게 증뢰한 경우 공무원의 수에 따라 수개의 증뢰죄가 성립하고 상상적 경합이 된다(통설). 약속 또는 공여의 의사표시를 한 후에 뇌물을 공여한 경우와, 공무원이 사기·공갈적 방법으로 뇌물을 공여하게 한 경우에도 증뢰죄는 성립한다.[1] 다만, 공무원에게 뇌물을 공여한 자가 공무원의 해악의 고지로 인하여 외포심에 빠져 금품을 제공한 때에는 공갈죄의 피해자가 될 뿐, 증뢰죄는 성립하지 않는다($^{94도2528}_{판결}$). 증뢰물전달의 경우 제3자가 교부받은 금품을 수뢰자에게 전달한 때에도 증뢰물전달죄만 성립한다($^{97도1572}_{판결}$).

---

1) 이 경우 공무원은 사기죄 또는 공갈죄와 수뢰죄의 상상적 경합이 된다. 다만 공무원이 직무집행의 의사없이 또는 직무처리와 대가적 관계없이 타인을 공갈하여 재물을 교부하게 한 경우에는 공갈죄만 성립한다(94도2528 판결).

[§ 41] 공무방해에 관한 죄

I. 총 설

(1) 의 의

공무방해에 관한 죄는 국가 또는 공공기관의 공권력행사를 방해하는 범죄이다. 공무원의 직무범죄가 아니라 공무원이 수행하는 국가의 기능적 작용을 해하는 비직무범죄라는 점에서 공무원의 직무범죄와 구별된다.

공무방해의 죄는 일반공무에 대한 방해죄와 특수공무에 대한 방해죄로 대별할 수 있고 그 각각 여러 가지 유형의 범죄가 있다.

(2) 보호법익

국가 또는 공공단체의 기능적 작용인 공무 그 자체를 보호법익으로 한다. 다만 개별구성요건에 따라 그 구체적 내용에는 차이가 있다. 공무원은 원칙적으로 이 죄의 행위객체일 뿐이고, 이 죄에 의해 공무원 내지 그 지위가 보호되는 것은 이 죄가 처벌되는 반사적 효과에 불과하다.

보호정도는 기본적으로 추상적 위험범이며 거동범의 일종이다. 다만 공무상봉인 등 표시무효죄, 공용서류 등 무효죄, 기술적 수단이용 공무상비밀침해죄, 공용물파괴죄, 부동산강제집행효용침해죄는 침해범이다.

II. 공무집행방해죄

> **[구성요건·법정형]** 직무를 집행하는 공무원에 대하여 폭행 또는 협박한 자는 5년 이하의 징역 또는 1천만원 이하의 벌금에 처한다(제136조 제1항).

(1) 의의·성격

직무를 집행하는 공무원에 대하여 폭행 또는 협박하는 범죄이다. 공무방해에 관한 기본적 구성요건이며 추상적 위험범, 거동범이다.

(2) 구성요건

1) 주 체   아무런 제한이 없다. 반드시 공무원의 직무집행행위의 상대방일 필요가 없고 공무원의 직무집행과 아무런 상관이 없는 제3자도 무방하며 공무원도 주체가 될 수 있다.

2) 객 체   직무를 집행하는 공무원이다.

(a) 공무원   여기의 "공무원"도 법령에 의하여 국가 또는 공공단체의 공무에 종사하는 직원을 말하고, 공무에 종사하게 된 원인은 임명·촉탁·선거에 의한 것임을 묻지 않는다. 청원경찰($^{청원경찰법}_{제3조}$), 전투경찰순경($^{92도1244}_{판결}$), 임명권자의 명에 따라 파출소에 근무하는 방범대원($^{90도2930}_{판결}$)도 이 죄의 공무원에 해당한다. 우리나라의 공무를 보호하는 것이므로 외국의 공무원은 포함되지 않는다.

(b) 직무집행   "직무"란 공무원의 직무이면 충분하고 그 종류·성질은 묻지 않는다. 직무를 "집행한다"란 직무에 속하는 일체의 사무를 처리하는 것을 말하는 것으로 직무수행에 직접 필요한 행위를 현실적으로 행하는 것은 물론, 직무수행을 위하여 근무 중인 상태에 있는 것으로 족하다($^{2017도21537}_{판결}$). 공무원이 직무상 행해야 할 처분행위도 직무집행이 되며, 국가의 사기업사업(철도·국공립대학·국공립병원)도 포함한다. 직무수행을 위한 근무 중이면 충분하고, 직무집행에 착수하려고 한 때, 공무상 대기하거나 소정의 직무시간에 자기의 좌석에 착석하고 있는 때에도 직무집행에 해당한다($^{2000도3485}_{판결}$). 그러나 직무집행을 위하여 출근하는 공무원과 직무집행을 종료한 후에는 직무집행에 포함되지 않는다.

(c) 직무집행의 적법성   형법은 직무집행의 적법성을 명문으로 요구하지 않고 있지만 위법한 직무집행에 대해서는 국민이 복종할 의무가 없고, 이 죄는 개개 국민의 이익을 부당하게 침해하지 않는 합법적인 공무만을 보호하므로 적법한 직무집행일 것을 요한다($^{통설,}_{2013도2285 판결}$).

(aa) 직무집행 적법성의 요건   공무원의 직무집행 행위가 적법으로 되기 위한 요건으로 다음의 세 가지를 요구한다($^{통설,}_{2016도19464 판결}$).

첫째, 직무집행 행위가 그 공무원의 추상적(일반적) 권한에 속하는 것이라야 한다. 공무원의 직무는 보통 사물적·장소적으로 한정되어 있으므로 이 범위를 초과한 행위는 직무집행 행위라 할 수 없다. 따라서 집행관이 강제처분을 하는 것은 권한 내의 직무집행이 되지만 순경이 조세를 징수하거나 철도공안원이 열차·철도시설 이외의 장소에서 수사를 하는 행위와 법관이 수사상의 강제처분을 집행하는 것은 직무집행이 될 수 없다. 그러나 내부적인 사무분담에 따른 직무의 범위는 공무원의 권한에 영향을 주지 않는다. 예컨대, 내근순경은 외근순경의 직무를 집행할 수 있으며 퇴근 후에도 소속 관내에서 발생한 사건에 대해서 그 권한을 행사할 수 있다. 그리고 추상적 직무권한은 반드시 법령에 명시되었거나 공무원이 본래 독립하여 행할 수 있는 권한일 필요도 없다. 예컨대, 순경이 싸움하는 자를 보고 이를 제지하거나 상사의 지휘명령을 받아 사무를 집행하는 경우에도 직무집행이 된다.

둘째, 공무원은 직무집행을 할 수 있는 구체적인 법정의 권한을 가지고 있어야 한다. 따라서 할당·지정·위임을 받아야만 담당할 직무행위가 확정되는 경우에는 그러한 할당·지정·위임이 있을 때에 구체적인 직무집행을 할 수 있으며, 사법경찰관이 현행범을 체포하는 경우에는 형사소송법 제211조의 요건이 있을 때에 현행범으로 체포할 수 있다($\binom{2011도4763}{판결\ 참조}$).

셋째, 직무집행 행위는 법령이 정한 조건·방식과 절차에 따른 것이라야 한다. 예컨대 압수·수색영장 없이 공판정 외에서 압수·수색하거나 야간집행의 제한을 위반한 압수·수색($\binom{형사소송법}{제125조}$)은 위법한 직무집행이 된다. 그러나 단순한 내규·예규 또는 훈시규정에 위반한 정도는 직무집행의 적법성이 부정되지 않는다(형식적 적법성).

[적법성 인정 판례] ① 납치·감금된 전투경찰을 석방하라는 요구에 불응하자 감금된 전투경찰을 구조하기 위하여 대학총장에게 사전통보하고 대학총장의 설득에도 불응한채 경찰이 압수수색영장 없이 대학 도서관에 진입한 경우(90도767 판결), ② 음주운전 여부를 확인하기 위하여 운전자를 상대로 수차례 음주측정을 하였으나 음주 여부가 불확실하여 보다 정확한 음주측정기로 검사받을 것을 경찰관이 요구한 경우(92도220 판결), ③ 대간첩작전의 수행을 임무로 하는 전투경찰순경(전경)이 상관의 명령에 의하여 치안업무의 보조를 임무로 하는 전투경찰순경(의경)의 직무를 도와 시위진압을 하는 경우(92도1244 판결), ④ 범칙행위를 하였다고 인정되는 운전자가 자신의 인적사항을 밝히지 아니하고 면허증제시를 거부하며 차량을 출발시키자 교통단속 의경이 차량의 문틀을 잡고 정지할 것을 요구한 경우(94도886 판결), ⑤ 경찰이 기자회견 명목의 집회 개최를 불허하면서 불법설치된 천막을 철거하고 그 자리에 화단을 설치하는 등 집회를 소극적으로 제지한 경우(2018도2993 판결), ⑥ 음주운전 의심신고를 받고 현장에 출동한 경찰관이 시동이 걸린 차량의 운전석에 앉아있는 운전자에게 음주측정을 요구하자 이를 거부하고, 경찰이 차량 블랙박스 영상을 확인하기 위해 경찰서 지구대로 가자는 임의동행 요구도 거부한 채 차에서 내려 도주하는 운전자를 경찰이 추격하여 현행범으로 체포한

경우(2020도7193 판결) 등은 적법한 공무집행에 해당한다.

　[적법성 부정 판례] ① 경찰관이 현행범이나 준현행범이 아닌 자를 체포하기 위해 영장없이 타인의 주거에 강제로 들어가려 한 경우(91도2395 판결), ② 교통단속 경찰관이 면허증 제시 요구에 응하지 않는 자를 교통초소로 강제연행하려 한 경우(91도2797 판결), ③ 현행범인이라도 영장없이 체포할 수 없는 도로교통법위반 또는 경범죄처벌법위반의 경미범죄를 범한 자를 경찰관이 강제로 연행하려 한 경우(92도506 판결), ④ 경찰관을 구타하여 상해를 가한 자를 구속영장이나 적법절차에 의하지 않고 경찰서 보호실에 유치한 경우(93도958 판결), ⑤ 사법경찰관이 피의자에 대한 구속영장을 소지하였더라도 체포 당시에 피의자에게 범죄사실의 요지, 구속의 이유와 변호인을 선임할 수 있음을 말하고 변명할 기회를 주는 등의 적법절차를 밟지 않은 채 실력으로 연행하려 한 경우(96도2673 판결), ⑥ 경찰관이 적법절차를 준수하지 아니한 채 실력으로 현행범인을 연행하려고 한 경우(99도4341 판결), ⑦ 출입국관리공무원이 관리자의 사전동의 없이 사업장에 진입하여 불법체류자 단속업무를 개시한 경우(2008도7156 판결), ⑧ 경찰이 집회 또는 시위의 보호와 공공의 질서유지를 위해 필요한 최소한의 범위를 넘어서 질서유지선을 설정하고, 질서유지업무를 수행한다는 명목으로 집회참가자들에게 유형력을 행사하거나 집회참가자를 현행범으로 체포하려 한 경우(2016도18713 판결), ⑨ 수색영장을 발부받기 어려운 긴급한 사정이 없음에도 수색영장 없이 체포영장을 집행하려 한 경우(2018도13458 판결)는 적법한 공무집행으로 볼 수 없다.

　　(bb) 적법성의 판단기준　　직무집행의 적법성은 공무집행 당시의 구체적 사정을 고려하여 법원의 법령해석에 따라 객관적으로 판단해야 한다(객관설). 통설이며 판례의 태도이다(²⁰¹³도⁹⁹⁹⁰판결).

　　(cc) 적법성판단의 시기　　적법성을 판단하는 시기는 공무집행 당시의 사전판단이라야 한다(²⁰¹¹도⁴⁷⁶³판결 참조). 법률에서 공무원에게 어느 정도의 재량권을 인정하고 있는 경우에는 가령 사후적 판단에서 잘못 인정한 점이 있어도 사실인정이 공무원으로서 주의의무를 다한 것으로 인정되는 한 적법한 직무집행이 된다. 이에 반하여 재량의 여지가 없거나 권한을 남용하여 명백히 부당한 재량을 하였다고 인정되는 경우에는 위법한 직무집행이 된다.

　　(dd) 적법성의 체계상 지위　　"적법성"의 체계상의 지위에 대해서, ① 적법한 직무집행만 보호하므로 적법성은 공무집행방해죄의 구성요건요소가 된다는 **구성요건요소설**(이재상·장영민·강동범 44/20, 김일수·서보학 678, 배종대 157/14, 손동권·김재윤 50/18, 김성돈 815), ② 직무집행이 위법하면 이에 대한 저항행위는 당연히 위법성이 배제되므로 적법성은 위법요소가 된다는 **위법요소설**(유기천 하 313, 황산덕 67, 정성근 박광민 767, 임웅 977, 오영근 744)이 대립한다.

　　적법한 직무집행에 대한 보호의 필요성은 위법요소설의 당연한 전제가 되므로 이것 때문에 구성요건요소설을 주장할 필요가 없다. 구성요건에 적법성을 명시하지 않은 이상 고의의 요건으로 적법성에 대한 인식까지 요구할 필요가 없으므로 **위법요소설**이 타당하다. 판례도 같은 취지에서 불법한 체포를 면하려고 반항하는 과정에서 경찰관에게 상해를 가한 것은 정당방위에 해당하여 위법성이 배제된다고 하였다($^{2017도10866}_{판결}$).1)

3) 행 위　폭행 또는 협박하는 것이다. 이 죄의 폭행·협박은 광의의 의미이다.

(a) **폭 행**　"폭행"은 공무원에 대한 직접·간접의 유형력의 행사를 말한다. 신체에 대한 것임을 요하지 않는다($^{2017도21537}_{판결}$). 따라서 직접적으로는 물건에 대한 유형력이지만 그것이 공무집행에 영향을 줄 수 있으면 이 죄의 폭행(간접폭행)이 된다($^{98도662}_{판결}$).

따라서 파출소 사무실 바닥에 인분이 들어 있는 물통을 집어 던지고, 책상 위에 있던 재떨이에 인분을 퍼담아 사무실 바닥에 던진 경우(81도326 판결), 공무원의 직무집행을 비판하는 시위집회과정에서 상대방에게 고통을 줄 정도의 음향을 사용한 경우(2007도3584 판결) 압류집행관을 보조하는 인부에 대하여 폭행한 경우(70도561 판결), 주차문제로 언쟁을 벌이던 중, 신고를 받고 출동한 경찰관이 자신을 제지하자 이에 화가 나 경찰관을 밀치고 욕설을 하며 자신을 현행범으로 체포하려는 경찰관을 걷어 찬 경우(2017도21537 판결), 40~50명이 해군기지 공사에 반대하며 경찰에게 물을 뿌리거나 스크럼을 짜 경찰을 집단적으로 미는 등의 행위를 한 경우(2020도3676 판결 [특수공무집행방해죄])도 경찰관 또는 집행관에 대한 폭행이 된다.

(b) **협 박**　"협박"은 공포심을 생기게 할 수 있는 일체의 해악고지를 말하고, 상대방이 현실로 공포심을 일으켰는가는 묻지 않는다. 고지된 해악의 내용과 고지방법도 묻지 않는다. 따라서 가옥명도를 집행하는 집행관에게 욕설하고 마루 밑으로 밀어 떨어뜨리면서 불법집행이라고 소리치는 일련의 언동도 협박이 된다($^{68도44}_{판결}$). 직접적으로 공무원에게 가할 필요가 없고 제3자에 대한 협박도 그것이 공무원의 직무집행을 방해할 수 있는 것이면 족하다.

(c) **폭행·협박의 방법·정도**　폭행·협박은 적극적인 것이라야 한다. 소극적

---

1) 다만 2016도18713 판결에서 대법원은, 경찰관의 직무집행이 위법한 경우에는 이에 대하여 집회참가자가 유형력을 행사하였더라도 공무집행방해죄는 성립하지 않지만, 당시 경찰관을 현행범으로 체포할 만한 상황이 아님에도 집회참가자가 경찰관을 집회방해 현행범으로 체포하고자 경찰관의 팔을 잡고 약 20m 가량 끌고가 전치 2주의 상해를 입힌 것은 수단과 방법이 부적절하므로 집회참가자들에게 체포미수죄가 성립한다고 판시하였다.

인 저항이나 체포당하지 않으려고 손을 뿌리치고 도주하거나 공무원 앞에서 문을 닫아 버리는 것은 이 죄에 해당하지 않는다. 공무원이 개의치 않을 정도의 경미한 언동도 이 죄를 구성하지 않는다($\substack{2006도4449 \\ 판결}$).

　　(d) 기수시기　폭행 또는 협박이 가해짐으로써 기수가 되며 직무집행이 현실로 방해되었음을 요하지 않는다($\substack{추상적 위험범, \\ 2017도21537 판결}$).

　　4) 주관적 요소　이 죄의 고의는 상대방이 공무원이고 직무집행 중이라는 사실과 이에 대해서 폭행 또는 협박을 가한다는 인식·의사이다($\substack{2019도1413 \\ 판결}$). 미필적 고의로 족하다. 공무원의 직무의 내용과 직무집행의 적법성은 인식할 필요가 없다(적법성에 대한 **위법요소설**). 직무집행을 방해한다는 의사도 필요없다($\substack{통설, \\ 94도1949 판결}$).

　　공무원의 적법한 직무집행을 위법하다고 오신하여 폭행 또는 협박을 가한 경우, 적법성을 구성요건요소로 보면 구성요건착오가 되지만 위법요소설에 의하면 직무집행이 위법하다고 오인한 경우는 결국 자기행위가 위법하지 않다고 오인한 것이 되므로 위법성의 착오 내지 위법성배제사유의 전제사실의 착오가 된다($\substack{전제사실의 착오. \\ 임웅 979}$).

　　(3) 죄수·타죄와의 관계

　　1) 죄　수　이 죄의 죄수결정 기준에 관하여, ① 판례는 공무원의 수에 따라 결정하는데($\substack{2009도3505 \\ 판결}$) 대해서, ② 통설은 공무의 수를 기준으로 결정한다. 이 죄는 공무원을 보호하는 것이 아니라 공무 자체를 보호하므로 통설이 타당하다.

　　2) 타죄와의 관계　이 죄의 행위는 폭행 또는 협박을 수단으로 하므로 폭행죄, 협박죄는 이 죄에 흡수된다(법조경합). 그러나 폭행·협박이 그 범위를 넘어 살인, 상해, 강도, 준강도, 체포·감금, 소요 등의 다른 죄에 해당할 경우에는 이 죄와 그 각각의 죄의 상상적 경합이 된다. 다만 강도가 체포면탈 목적으로 경찰관에게 폭행한 때에는 강도죄와 이 죄의 경합범이 된다($\substack{92도917 \\ 판결}$).

　　공무집행방해죄와 업무방해죄의 관계에 대해서, 업무방해죄의 업무에 공무를 포함시킬 것인가에 따라 결론이 달라진다. 업무방해죄의 업무에 공무는 포함되지 않는다는 **공무제외설**에 의하면 이 죄가 성립하는 경우에는 업무방해죄는 성립하지 않는다. **공무구별설**에 의하면 공무집행방해죄에 해당할 수 없는 경우에만 업무방해죄가 성립한다(업무방해죄의 "업무" 참조).

Ⅲ. 직무·사직강요죄

> **[구성요건·법정형]** 공무원에 대하여 그 직무상의 행위를 강요 또는 저지[1]하거나 그 직을 사퇴하게 할 목적으로 폭행 또는 협박한 자도 전항(공무집행방해죄)의 형(5년 이하의 징역 또는 1천만원 이하의 벌금)과 같다(제136조 제2항).

(1) 의의·성격

공무원에 대하여 그 직무상의 행위를 강요 또는 저지하거나 그 직을 사퇴하게 할 목적으로 폭행 또는 협박하는 범죄이다. 이 죄는 장래의 공무집행을 보호하기 위한 범죄로서 공무집행방해의 방법을 수정한 구성요건이다. 목적범이고 추상적 위험범, 거동범이다.

(2) 보호법익

보호법익에 대해서는 국가기능으로서의 공무 그 자체만 보호법익이 된다는 견해(김일수·서보학 683, 오영근 747)도 있으나, 공무원을 그 직에서 사퇴하게 할 목적이 있는 경우에도 이 죄가 성립하므로 공무뿐만 아니라 공무원의 지위의 안전도 보호한다고 해야 한다(다수설).

(3) 구성요건

1) 주 체   공무집행방해죄와 같이 아무런 제한이 없다.

2) 객 체   모든 공무원이다. 직무집행 중인 공무원뿐만 아니라 장래에 직무를 집행할 공무원도 행위객체가 된다.

3) 행 위   폭행 또는 협박이다. 폭행·협박의 의미·내용은 공무집행방해죄의 그것과 같다. 이 죄는 폭행 또는 협박에 의한 경우에만 성립하므로 폭행·협박 이외의 방법으로 사직을 권고하더라도 이 죄에 해당하지 않는다. 직무강요나 사퇴시킬 목적으로 폭행 또는 협박을 가함으로써 기수가 되며 목적달성 여부는 묻지 않는다.

4) 주관적 요소   공무원에 대하여 폭행 또는 협박을 가한다는 고의가 있어야 한다. 나아가 직무상의 행위를 강요 또는 저지하거나 그 직을 사퇴하게 할

---

[1] 조문상으로는 "阻止(조지)"라고 규정되어 있으나, "沮止(저지)" 즉, 막아서 못하게 한다는 의미이다. 이하에서는 "저지"로 기술하고자 한다.

목적도 있어야 한다.

　(a) 직무상 행위의 범위　"직무상의 행위"란 공무원이 직무에 관하여 할 수 있는 일체의 행위를 말한다. 직무권한 내의 행위임을 요하지 않고 공무원의 추상적 권한에 속하는 직무상의 행위이면 충분하다(통설).

　(b) 직무행위의 적법성　직무상의 행위는 적법해야 하느냐에 대해서, ① 적법 여부를 묻지 않는다는 견해(^{유기천 하 314,}
황산덕 69), ② 적법해야 한다는 견해(^{배종대}
158/6), ③ 직무 강요의 경우에는 적법 여부를 묻지 않으나, 직무저지의 경우에는 적법행위에 한 한다는 견해(다수설)가 대립한다.

　직무저지행위가 범죄로 되려면 그 직무행위가 적법해야 하고, 직무강요는 그 자체가 위법한 행위이므로 직무행위의 적법·위법을 묻지 않는다고 해야 한다.

　(c) 직무행위의 강요·저지　"강요"는 직무에 관계된 처분을 적극적으로 하게 하는 것을 의미한다(작위처분). 회의장(會議場)에서 국회의원의 의사에 반하는 의견을 협박에 의하여 발표하게 하거나 부당한 과세방법을 시정하기 위하여 적법한 절차를 밟지 않고 세무서장을 협박하여 과세를 시정시키는 것도 강요에 해당한다. "저지"는 공무원에게 부작위처분을 강요하는 것을 말한다. 예컨대 국회에 출석하려는 국회의원을 길목에서 기다렸다가 폭행 또는 협박을 가하여 출석을 단념시키는 것이 이에 해당한다.

　(d) 그 직의 사퇴　"그 직을 사퇴하게 한다"는 것은 공무집행을 방해하는 수단으로서 사직시키거나 공무집행과 상관없이 단순한 개인적인 사정에 의해 사직시키는 경우를 말한다.

　(4) 죄수·타죄와의 관계

　1) 죄　수　세무서장 외 3인의 직원을 협박하여 납세자에게 유리한 처분을 강요한 때에는 공무원의 수에 따라 수죄의 상상적 경합이 된다.

　2) 타죄와의 관계　이 죄는 폭행죄·협박죄를 흡수한다(법조경합). 강요죄도 이 죄에 흡수된다는 견해(^{손동권·김재윤}
50/35)도 있으나 이 죄는 강요죄처럼 강요의 결과가 발생할 것을 요건으로 하는 침해범이 아니므로 두 죄는 상상적 경합관계에 있다고 해야 한다(통설).

Ⅳ. 위계에 의한 공무집행방해죄

> [구성요건·법정형] 위계로써 공무원의 직무집행을 방해한 자는 5년 이하의 징역 또는 1천만원 이하의 벌금에 처한다(제137조).

(1) 의의·성격

위계로써 공무원의 직무집행을 방해하는 범죄로서 공무집행방해죄와 다음과 같은 점이 다르다. ① 이 죄의 객체가 현재 공무를 집행하고 있는 공무원임을 요하지 않고 장래의 직무집행을 예상한 경우도 포함하며, ② 위계의 상대방이 공무원 아닌 제3자인 경우에도 이 죄가 성립할 수 있고, ③ 수단이 폭행·협박이 아니라 위계라는 점에서 구별된다. 추상적 위험범, 거동범이다.

(2) 구성요건

1) 객 체   직무집행 중에 있는 공무원과 장차 직무집행이 예상되는 공무원은 물론, 공무원의 직무집행과 관련되는 제3자도 포함한다.

2) 행 위   위계로서 공무집행을 방해하는 것이다.

(a) 위 계   "위계"란 타인의 부지 또는 착오를 이용하는 일체의 행위를 말한다. 기망이나 유혹의 수단을 사용하는 경우를 포함하며 비밀로 하였건 공연히 하였건 묻지 않는다. 위계의 상대방은 직접 직무를 담당하고 있는 공무원일 필요가 없고 제3자를 기망하여 공무원의 직무를 방해하는 경우도 포함한다. 사람이 아닌 컴퓨터정보처리에 장애를 일으켜 공무집행을 방해한 때에는 컴퓨터 등 업무방해죄($\binom{제314조}{제2항}$)만 성립한다.

(b) 공무집행방해   "방해"는 공무 자체에 지장을 주거나 지장을 줄 위험성이 있는 일체의 행위를 말한다. 공무집행 자체를 방해하는 경우뿐만 아니라 공무집행을 위한 사무를 저해하는 것도 포함한다. 사실상의 직무집행에 지장을 주는 적극적 거동이 있어야 한다. 공무는 권력적 작용은 물론, 국가가 사경제주체로서 활동하는 비권력적 작용도 포함한다.

범죄수사(2010도15986 판결)나, 영사관의 비자발급업무와 같이 신청을 받아 수용 여부를 결정하는 업무(2008도11862 판결)에 있어서 허위신고·허위진술·허위자료를 제출하는 경우, 수형자 아닌 자가 교도관의 감시를 피하여 금지물품을 반입하게 한 경우(2001도7045 판결)는 위계라 할 수 없으나, 교통사고를 야기한 후 형사처벌을 면하기 위하여 혈액을 바꿔치기하여 적극적으로 증거를 조작한 경우(2003도1609 판결), 인·허가 심사업무를 담당하는 공무원이 허위출원사유임을 알면서도 결재권자의 부지를 이용하여 결재를 받아낸 경우(96도2825 판결), 출원이나 신청을 받아 인·허가 또는 수용 여부를 결정하는 공무원이 허위소명자료에 대하여 충분한 심사를 하였음에도 이를 발견하지 못하여 인·허가처분을 하거나 신청을 수리한 경우(2015도17297 판결), 성악과 교수가 대학입시를 앞두고 개인레슨 강사인 자신의 제자에게 입시지정곡을 전달한 경우(2017도11523 판결), 국정원장 등이 검찰의 압수수색에 대비해 사무실을 새로 만들어 일부 문건을 급조해 비치하고, 압수수색할 물건이 더 이상 없다는 취지로 말해 검사의 영장집행을 방해하거나 소속 직원들로 하여금 전 국정원장의 댓글공작 지시 관련 문건을 감추게 한 경우(2018도18646 판결)에는 위계에 의한 공무집행방해죄가 성립한다.

(c) 기수시기   추상적 위험범이므로 방해의 결과까지 발생할 필요가 없고 그 위험성만 있으면 이 죄는 완성된다(통설).

판례는 위계행위만으로는 부족하고 구체적인 공무집행이 저지되거나 현실적으로 곤란하게 되는 상태에 이르러야 이 죄가 성립한다고 한다($^{2018도18582}_{판결}$). 그러나 판례가 현실적인 곤란(방해)을 요한다고 해서 이 죄를 침해범으로 볼 필요는 없다. 공무집행이 방해되었다고 해서 공무(보호법익) 자체가 침해되었다고 할 수 없기 때문이다.

[위계에 의한 공무집행방해죄를 인정한 판례]   ① 시험문제를 사전에 입수하여 문제의 내용을 이미 알고 시험에 응시한 경우(66도30 판결), ② 간호보조원 자격시험 응시자격을 증명하는 교육과정 수료증명서를 허위로 작성·제출하여 응시한 경우(82도1301 판결), ③ 운전면허시험에 대리응시하는 경우(86도1245 판결), ④ 개인택시 운송사업 양도·양수를 위하여 허위의 출원사유를 주장하면서 허위진단서를 소명자료로 제출하여 양도·양수 인가처분을 받은 경우(2002도2064 판결) 등은 위계에 의한 공무집행방해가 된다.

그러나 국립대학교의 전임교원 공채심사위원인 학과장 甲이 지원자 乙의 부탁을 받고 이미 논문접수가 마감된 학회지에 乙의 논문이 게재되도록 돕고, 그 후 연구실적검사의 기준을 강화하자고 제안한 것은 해당 학과의 전임교원 임용목적에 부합하는 것으로서 공정한 경우에 해당하므로 위계공무집행방해죄의 "위계"에 해당하지 않는다(2007도1554 판결).

행정청에 대한 일방적 통고로 효과가 완성되는 '신고'의 경우에는 신고인이 신고서에 허위사실을 기재하거나 허위의 소명자료를 제출하였더라도, 이로 인해 담당 공무원의 구체적이고 현실적인 직무집행이 방해받았다고 볼 수 없어 특별한 사정이 없는 한 위계에 의한 공무집행방해죄에 해당하지 않지만, 행정관청이 출원에 의한 인허가처분 여부를 심사하거나 신청을 받아 일정한 자격요건 등을 갖춘 때에 한하여 그에 대한 수용 여부를 결정하는 등의 업무를 하는 경우에는 출원자나 신청인이 제출한 허위의 소명자료 등에 대하여 담당 공무원이 나름대로 충분히 심사를 하였음에도 이를 발견하지 못하여 인허가처분을 하거나 신청을 수리한 때에 위계에 의한 공무집행방해죄가 성립한다(2015도17297 판결).

3) 주관적 요소   위계를 사용한다는 인식·의사가 있어야 한다. 공무방해의 의사까지 있어야 하느냐에 대해서, 긍정설이 다수설이지만 방해의사는 필요 없다는 견해($^{이재상·장영민}_{강동범\ 44/40}$)도 있다. 판례는 공무집행을 방해하려는 의사가 있어야 한다는 입장이다($^{69도2260}_{판결}$).

공무집행방해죄의 경우에는 폭행 또는 협박 그 자체가 공무집행을 방해하는 것이므로 특별히 방해의사는 요구하지 않으나 위계를 사용하는 경우에는 모든 위계 자체가 항상 공무집행을 방해하는 것이 아니며, "공무집행의 방해"를 구성요건요소로 명시하고 있으므로 공무방해의 의사도 고의의 내용이 된다고 해야 한다.

V. 법정·국회회의장모욕·소동죄

> [구성요건·법정형]   법원의 재판 또는 국회의 심의를 방해 또는 위협할 목적으로 법정이나 국회회의장 또는 그 부근에서 모욕 또는 소동한 자는 3년 이하의 징역 또는 700만원 이하의 벌금에 처한다(제138조).

(1) 의의·성격

법원의 재판 또는 국회의 심의를 방해 또는 위협할 목적으로 법정이나 국회회의장 또는 그 부근에서 모욕 또는 소동(騷動)하는 범죄이다. 공무방해죄 중에서 법원의 재판기능과 국회의 입법기능을 특히 보호하려는 데에 그 취지가 있다($^{2020도12017}_{판결}$).[1] 목적범이며 추상적 위험범, 거동범이다.

(2) 구성요건

1) 주 체   제한이 없다. 피고인·증인·방청인뿐만 아니라 검사·변호인 기타 소송관계인이나 국회의원 그 밖에 누구라도 주체가 될 수 있다.

2) 행 위   법정이나 국회회의장 또는 그 부근에서 모욕 또는 소동하는 것이다.

---

1) 법정·국회회의장모욕·소동죄의 보호법익에 관하여 대법원은, 법원 혹은 국회라는 국가기관을 보호하기 위한 것이 아니라 법원의 재판기능과 국회의 심의기능을 보호하기 위한 것으로, 제정 당시의 입법경위를 살펴보면 행정기관의 일상적인 행정업무와 차별화되는 각 기능의 중요성에도 불구하고 경찰력 등 자체적 권력집행수단을 갖추지 못한 국가기관의 한계에서 생길 수 있는 재판과 입법 기능에 대한 보호의 흠결을 보완하기 위한 것이라고 판시(2020도12017 판결)하였다.

(a) 모 욕 "모욕"이란 경멸의 의사를 표시하는 것을 말한다. 모욕의 상대방은 법관·국회의원임을 요하지 않고, 증인·방청인·입회검사·변호인이나 법원 또는 국회의 구성원 전체에 대한 것도 이 죄의 모욕이 될 수 있다. 법원의 재판이나 국회의 심의를 위협할 정도가 되어야 하므로 적극적인 거동이라야 하고 부작위나 단순한 지시불복종만으로 모욕에 해당하지 않는다.

(b) 소 동 "소동"이란 법원의 재판 또는 국회의 심의를 방해할 정도의 질서를 혼란시키거나 소음을 내는 문란한 행위를 말한다. 소동은 내란죄의 폭동이나 소요죄의 폭행·협박의 정도에 이르지 않아야 한다. 소동자는 한 사람이건 다수인이건 묻지 않는다.

(c) 모욕·소동의 시기·장소 모욕과 소동행위는 반드시 재판 중 국회의 심의 중에 있을 것을 요하지 않고, 재판 또는 심의의 개시직전과 직후는 물론 휴식 중에도 가능하다. 그러나 재판 또는 심리가 종료한 이후의 모욕, 소동은 이 죄를 구성하지 않는다. 모욕 또는 소동은 법정이나 국회회의장 또는 그 부근에서 행해져야 한다. 이 죄의 행위상황이다. 여기의 부근은 심의에 영향을 미칠 수 있는 정도의 장소라고 해야 하고 법원정문 내지 울타리 밖은 이에 해당하지 않는다. 헌법재판소의 심판과 심판정도 이 죄에서 규정한 법원의 재판과 법정에 포함된다($^{2020도12017}_{판결}$).

(d) 기수시기 법정이나 국회회의장 또는 그 부근에서 모욕 또는 소동함으로써 기수가 되며, 그로 인하여 현실로 방해 또는 위협의 결과가 발생함을 요하지 않는다(추상적 위험범).

3) 주관적 요소 법정 또는 국회회의장이나 그 부근에서 모욕 또는 소동을 일으킨다는 고의가 있어야 한다. 고의 이외에 법원의 재판 또는 국회의 심의를 방해 또는 위협할 목적도 있어야 한다(목적범). 재판 또는 심의를 방해 또는 위협할 목적이란 국가의 사법작용 또는 입법작용을 방해 또는 위협하여 적정한 국가기능을 해하겠다는 목적을 말한다. 목적달성 여부는 범죄성립에 영향이 없다.

(3) 타죄와의 관계

1) 심리방해죄와의 관계 법원조직법($^{제61}_{조}$)의 심리방해에 대한 제재는 검사의 공소제기 없이 법원이 직권으로 20일 이내의 감치 또는 100만원 이하의 과

태료의 제재를 가할 수 있는 질서벌이므로 형벌을 부과하는 이 죄와 경합의 문제가 생기지 않는 별개의 제재라고 해야 한다(통설).

　2) 모욕죄와의 관계　　이 죄의 모욕행위가 동시에 법관 또는 국회의원에 대한 모욕이 되는 경우에는 모욕죄는 이 죄에 흡수된다고 본다(법조경합).

VI. 인권옹호직무방해죄

> [구성요건·법정형]　경찰의 직무를 행하는 자 또는 이를 보조하는 자가 인권옹호에 관한 검사의 직무집행을 방해하거나 그 명령을 준수하지 아니한 때에는 5년 이하의 징역 또는 10년 이하의 자격정지에 처한다(제139조).

(1) 의의·성격

경찰의 직무를 행하는 자 또는 그 보조자가 인권옹호에 관한 검사의 직무집행을 방해하거나 그 명령을 준수하지 아니하는 범죄이다. 국가의 기능 중에서 특히 검사의 인권옹호에 관한 직무집행기능을 보호하기 위한 독립구성요건이다. 진정신분범, 추상적 위험범, 거동범이다.

(2) 구성요건

1) 주　체　　경찰의 직무를 집행하는 자 또는 이를 보조하는 자에 한한다. 검사의 지휘를 받아 수사의 직무를 담당하는 사법경찰관과 이를 보조하는 사법경찰리가 이에 해당한다. 특별사법경찰관리도 포함한다. 다만 검사의 수사지휘를 받지 않는 사법경찰은 이에 포함되지 않는다고 본다. 그리고 경찰의 직무를 보조하는 자란 그 직무상 보조하는 지위에 있는 자를 말하고 사실상 이를 보조하는 정보원·사인(私人)은 포함되지 않는다.

2) 행　위　　인권옹호에 관한 검사의 직무집행을 방해하거나 그 명령을 준수하지 않는 것이다.

(a) 인권옹호에 관한 검사의 직무집행·명령　　형사소송법상 각종의 강제처분에 대한 검사의 영장집행지휘(동법 제81조·제115조·제209조), 구속장소감찰(동법 제198조의2), 판결집행지휘(동법 제460조) 등이 이에 해당한다. "직무집행과 명령"은 인권옹호에 관한 것이면 충분하고 반드시 강제성을 가진 것에 한하지 않는다. 직무집행을 방해하는 방법에

도 제한이 없으므로 폭행·협박·위계 기타 방법도 무방하다. 검사의 직무집행, 특히 명령은 적법해야 한다(_{2008도11999 판결}^{다수설,}).

(b) 직무집행방해·명령불준수   "직무집행방해"는 직무집행에 지장을 주는 일체의 행위이고, 위계에 의한 공무집행방해죄의 방해와 같다. "명령을 준수하지 아니한다"란 인권옹호에 관한 검사의 명령·지시에 복종하지 않는 것을 말한다. 부분적으로 준수하지 않는 것도 포함한다.

(c) 기수시기   직무방해행위가 있거나 명령을 준수하지 아니함으로써 기수가 되고, 현실적으로 방해의 결과가 발생함을 요하지 않는다.

3) 타죄와의 관계   인권옹호직무명령불준수죄(^{제139}_조)와 직무유기죄(^{제122}_조)는 구성요건과 보호법익 등을 비추어 법조경합(특별관계) 관계가 아니라 상상적 경합관계에 있다(^{2008도11999}_{판결}).

Ⅶ. 공무상봉인 등 표시무효죄

> **[구성요건·법정형]** 공무원이 그 직무에 관하여 실시한 봉인 또는 압류 기타 강제처분의 표시를 손상 또는 은닉하거나 기타 방법으로 그 효용을 해한 자는 5년 이하의 징역 또는 700만원 이하의 벌금에 처한다(제140조 제1항).
> 미수범은 처벌한다(제143조).

(1) 의의·성격

공무원이 그 직무에 관하여 실시한 봉인 또는 압류 기타 강제처분의 표시를 손상 또는 은닉하거나 기타 방법으로 그 효용을 해하는 범죄이다. 국가기능으로서의 공무 중 강제처분의 표시기능을 보호하는 침해범이다. 공무상봉인 등 표시무효죄와 공무상 비밀침해죄를 합하여 공무상 비밀표시무효죄라 한다.

(2) 구성요건

1) 주 체   제한이 없다. 반드시 봉인·압류·강제처분을 받은 자에 한하지 않으며 공무원도 주체가 될 수 있다.

2) 객 체   공무원이 그 직무에 관하여 실시한 봉인 또는 압류 기타 강제처분의 표시이다.

(a) **공무원의 직무에 관하여** "공무원의 개념"과 "직무에 관하여"는 공무집행방해죄의 그것과 같다. 직무에 관하여 실시한 것이라야 하므로 사직 또는 퇴직 후에 실시한 것은 제외된다.

(b) **봉 인** "봉인"이란 물건에 대한 임의적 처분(개피·열람·내용물 취급 등)을 금지하기 위하여 개봉금지의 의사표시로 그 외장(外裝)에 시행한 봉함 기타 이와 유사한 물적 설비를 말한다. 예컨대 우편행낭을 봉인하거나 방부제를 섞은 주류판매를 금하는 방법으로 권한 있는 공무원이 그 술통의 뚜껑 및 마개에 종이쪽지를 첨부하고 이에 봉인하여 봉함하는 것이 그 예이다.

봉인은 반드시 인장(인영)을 사용할 필요가 없다. 압류의 취지를 기재한 종이쪽지를 첨부하거나 쌓아둔 쌀가마니에 새끼줄을 치고 압류의 내용을 기재한 종이쪽지를 달아두어도 봉인이 된다. 그러나 단순히 그 물건에 부착되어 있는 자물통을 잠그는 것만으로 봉인이라 할 수 없다.

(c) **압 류** "압류"란 공무원이 그 직무상 보전해야 할 물건을 자기의 점유로 옮기는 강제처분을 말한다. 민사집행법에 의한 유체동산의 압류·가압류·가처분, 국세징수법에 의한 압류 등이 이에 속한다.

(d) **기타 강제처분** 물건을 공무원의 점유 하에 옮기지 않고 타인에게 일정한 작위 또는 부작위를 명하는 처분을 말한다. 민사집행법의 규정에 의한 부동산의 압류($^{2003도8238}_{판결}$)나 금전채권의 압류 등이 기타 강제처분에 해당한다.

(e) **압류·기타 강제처분의 표시** 압류나 강제처분이 있다는 것을 명시하기 위하여 시행한 표시로서 봉인 이외의 것을 말한다. 예컨대 입간판·고시문·고시판·첩찰(貼札) 등이다. "압류"의 표시는 반드시 압류물 자체에 실시할 것을 요하지 않으며, 가처분명령에 의하여 경작하지 못하도록 금지표시찰을 세워두는 것도 압류의 표시가 된다.

"압류의 표시"는 강제처분이 유효할 것을 전제로 한다. 따라서 강제처분이 완결된 이후에는 이 죄도 성립할 수 없다($^{65도495}_{판결}$). 그러나 압류가 해제되지 않는 한 채무자의 채무변제가 있어도 압류의 효력이 상실되지 않는다($^{80도1441}_{판결}$). 강제처분 자체의 정당·부당은 묻지 않으며, 가처분에 의한 피담보권리의 적법요건의 존부도 이 죄의 성립에 영향이 없다. 가처분명령의 송달을 받은 것만으로 아직 강제처분의 표시가 있다고 할 수 없다($^{73도2555}_{판결}$).

(f) **처분의 적법성**　봉인, 압류 또는 강제처분의 표시는 적법해야 한다(통설). 공무원이 위법하게 실시한 강제처분의 표시임이 명백하여 당연무효라고 볼 수 있는 경우는 객체가 될 수 없으나, 공무집행절차에 하자가 있거나($^{2007도312}_{판결}$) 처분의 부당성($^{85도1165}_{판결}$)이 있어도 적법한 절차에 의하여 취소될 때까지는 이 죄의 객체가 된다.

3) **행　위**　봉인, 압류 기타 강제처분의 표시를 손상, 은닉 기타 방법으로 그 효용을 해하는 것이다. 따라서 행위 당시에 강제처분의 표시가 현존해야 한다.

(a) **손상·은닉·기타 방법**　"손상"이란 물질적으로 훼손하는 것을 말하며, 봉인의 외표를 훼손·파괴하는 경우뿐만 아니라 봉인 전부를 뜯어내는 경우도 포함한다. 사후 원상회복의 가능성 여부는 묻지 않는다. "은닉"이란 소재를 불명하게 하여 발견을 곤란하게 하는 일체의 행위이다. "기타 방법"은 손상 또는 은닉 이외의 방법으로 효용을 해할 수 있는 일체의 행위이다. 예컨대 압류된 물건을 매각하거나 봉인된 물건을 절취 또는 횡령하는 것이다. 그러나 압류의 표시가 이미 제3자에 의하여 뜯어졌거나 손괴된 이후에 압류물건을 반출하는 행위는 이 죄를 구성하지 않는다.

(b) **효용을 해하는 것**　봉인, 압류, 강제처분의 표시 자체를 물질적으로 파손함이 없이 사실상 그 효력을 감각 또는 감쇄시키는 것이다. 법률상의 효력까지 상실시킨다는 의미가 아니다($^{2015도5403}_{판결}$).

점유이전금지 가처분이 집행된 건물의 일부를 제3자로 하여금 점유하여 사용하게 하는 경우(2003도8238 판결),[1] 압류물을 집행관이나 채권자의 승인없이 일방적으로 이전을 통고한 후 소속 집행관의 관할구역 밖으로 옮긴 경우(91도894 판결), 영업행위, 영업방해금지 가처분 결정에 기한 고시의 내용에 반하는 판매업무를 계속하는 경우(70도2688 판결), 압류된 골프장 시설의 대표이사가 봉인훼손을 방지할 수 있는 적절한 조치 없이 골프장을 개장하게 하여 (부작위로) 봉인이 훼손되게 한 경우(2005도3034 판결)는 효용을 해하는 행위가 된다.

그러나 압류물을 압류의 효용을 손상하지 않는 범위 내에서 압류된 상태에서 그 용법에 따라 종전과 같은 방법으로 사용하는 경우(83도3291 판결), 남편을 채무자로 한 출입금지가처분을 무시하고 그 처가 밭에 들어가서 작업하는 경우(77도1455 판결. 특정 채무자를 상대로 한 가처분의

---

1) 이 경우 대법원은, 건물 중 일부를 제3자에게 이전하는 것에 대하여 문제없다는 변호사의 조언에 따라 제3자에게 건물의 일부를 무상 임대하였다는 채무자의 주장은 형법 제16조 소정의 법률의 착오 주장에 해당하는 것이지만, 채무자가 변호사에게 전화로 개괄적으로 문의하여 자문을 받았다는 사정만으로는 자신의 행위가 죄가 되지 않는다고 믿는 데에 정당한 이유가 있다고 할 수 없어 공무상봉인 등 표시무효죄가 성립한다고 판시(2003도8238 판결)하였다.

효력은 그 외의 자에게 미치지 않는다), 甲 회사에 대한 건축공사중지가처분이 집행된 후 시공회사 명의를 乙 회사로 변경하여 건축공사를 계속한 경우(74도1896 판결), 채무자가 보관중인 압류동산을 불가피한 사정으로 채권자의 승낙을 얻어 이동시켰으나 이에 대하여 집행관의 승인을 얻지 못한 경우(2004도3029 판결)는 효용을 해하는 행위가 없으므로 공무상봉인 등 표시무효죄를 구성하지 않는다.

4) 주관적 요소　공무원이 그 직무에 관하여 실시한 봉인 또는 압류 기타 강제처분의 표시임을 인식하고 이를 손상 또는 은닉하거나 기타 방법으로 그 효용을 해한다는 인식·의사가 있어야 한다.

이 이외에 ① 고의의 내용으로 봉인, 압류, 강제처분의 표시가 적법하다는 것도 인식해야 하느냐에 대해서 **긍정설**(이재상·장영민·강동범 44/55, 손동권·김재윤 50/55, 김성돈 831)과 **부정설**(다수설)이 대립한다. 두 견해의 차이는 강제처분의 적법성에 대한 착오가 있는 때에 긍정설은 구성요건착오로, 부정설은 위법성의 착오로 취급하는 데에 있다. 이 죄의 고의도 공무집행방해죄의 그것과 같으며, 적법성을 위법요소로 보는 이상 구성요건사실에 대한 인식·의사로 충분하다고 해야 하므로 부정설이 타당하다고 본다. ② 적법한 봉인, 강제처분을 위법하다고 오신한 경우에는 위법성의 착오(포섭의 착오)가 된다.

대법원은 가압류의 효력이 없다고 믿었거나(70도1206 판결), 본안사건에 관하여 합의가 성립하여 담보취소까지 된 상태에서 가압류취소절차를 거치지 않고 가압류 동산을 가져간 경우(72도1248 판결)에 이 죄의 고의가 없다고 하였는데, 이 판결은 위법성의 인식을 고의의 요건으로 파악한 고의설의 입장에서 고의를 부정한 것이고 위법성의 착오를 부인한 것은 아니다.

(3) 타죄와의 관계

봉인, 압류 기타 강제처분을 표시한 물건을 절취 또는 횡령한 때에는 이 죄와 절도죄 또는 횡령죄의 상상적 경합이 된다. 강제처분의 표시가 있는 타인의 재물을 손괴와 동시에 강제처분의 효력을 무효화한 경우에는 이 죄와 재물손괴죄의 상상적 경합이 된다. 그러나 봉인, 강제처분의 표시를 무효로 한 후 그 물건을 절취한 경우에는 이 죄와 절도죄의 경합범이 된다.

Ⅷ. 공무상비밀침해죄

> [구성요건·법정형] 공무원이 그 직무에 관하여 봉함 기타 비밀장치한 문서 또는 도화를
> 개봉한 자도 제1항(공무상봉인 등 표시무효죄)의 형(5년 이하의 징역 또는 700만원 이하의
> 벌금)과 같다(제140조 제2항).
>   미수범은 처벌한다(제143조).

공무원이 직무에 관하여 봉함 기타 비밀장치한 문서나 도화를 개봉하는 범
죄로서 비밀침해죄($^{제316}_{조}$)에 대하여 불법이 가중되는 가중적 구성요건이다. 비밀
침해죄와 달리 미수범을 처벌하고 있으며 비친고죄이고, 보호법익은 공무상 비
밀과 공무의 평온이다

객체는 공무원이 직무에 관하여 봉함 기타 비밀장치한 문서나 도화이다.
반드시 대외비와 같은 비밀표시가 있어야 하는 것은 아니다. 이 죄는 내용을
알아내는 것과 상관없이 개봉함으로써 성립되는 추상적 위험범·거동범이다(다
수설).

Ⅸ. 기술적 수단이용 공무상비밀침해죄

> [구성요건·법정형] 공무원이 그 직무에 관하여 봉함 기타 비밀장치한 문서, 도화 또는 전
> 자기록 등 특수매체기록을 기술적 수단을 이용하여 그 내용을 알아낸 자도 제1항(공무상봉인
> 등 표시무효죄)의 형(5년 이하의 징역 또는 700만원 이하의 벌금)과 같다(제140조 제3항).
>   미수범은 처벌한다(제143조).

공무원이 그 직무에 관하여 봉함 기타 비밀장치한 문서, 도화 또는 전자기
록 등 특수매체기록을 기술적 수단을 이용하여 그 내용을 알아내는 범죄이다.
이 죄는 공무원이 직무상 비밀로 한 객체에 한정된다는 점을 제외하면 비밀침
해죄의 내용과 같다. 이 죄도 특수매체기록 등 기술적 수단이용 비밀침해죄
($^{제316조}_{제2항}$)와 같이 내용을 알아내는 것을 요건으로 하므로 침해범이다.

X. 부동산강제집행효용침해죄

> [구성요건·법정형] 강제집행으로 명도 또는 인도된 부동산에 침입하거나 기타 방법으로
> 강제집행의 효용을 해한 자는 5년 이하의 징역 또는 700만원 이하의 벌금에 처한다(제140조
> 의2).
> 미수범은 처벌한다(제143조).

(1) 의의·성격

강제집행으로 명도 또는 인도된 부동산에 침입하거나 기타 방법으로 강제
집행의 효용을 해하는 범죄이다. 법원의 강제집행에 의하여 채권자에게 일단
명도 또는 인도된 부동산에 대하여 채무자가 다시 침입하거나 불법점유하여 권
리자의 권리행사를 방해하는 행위에 대응하기 위한 범죄이다.

보호법익은 국가의 강제집행의 효능 내지 기능이며 보호정도는 침해범으
로서의 보호이다.

(2) 구성요건

1) 주 체 채무자에 한하지 않는다. 채무자, 전소유자 또는 이와 관련이
있는 가족, 동거인과 고용인도 주체가 될 수 있다.

2) 객 체 강제집행으로 명도 또는 인도된 부동산이다. 부동산에 대한
강제집행은 민사집행법($_{제258조·제264조}^{제136조·제244조}$)에 의한 집행을 말하고 적법한 강제집행이라
야 한다. "인도"는 부동산의 점유만 이전하는 것을 말하고, "명도"는 채무자 기
타 사람이 거주하거나 점유하고 있는 부동산을 채권자 또는 권리자에게 이전시
키는 것을 말한다. 강제집행으로 명도 또는 인도된 부동산에는 강제집행으로
퇴거집행된 부동산도 포함한다($_{판결}^{2001도3212}$).

3) 행 위 침입하거나 기타 방법으로 강제집행의 효용을 해하는 것이다.
침입 기타 방법은 강제집행을 해하는 수단이다.

(a) 침 입 "침입"이란 권리자 또는 점유자의 의사 또는 추정적 의사에 반
하여 부동산의 경계 안으로 들어가는 것을 말한다. 공공연하게 행해졌느냐 폭
력적 수단에 의하여 행해졌느냐는 묻지 않는다. 다만 침입은 어느 정도 계속적
성격을 가진 것이므로 일순간의 침입은 여기의 침입행위에 속한다고 할 수 없다.

(b) **기타 방법**   부동산을 훼손하거나 출입구에 장애물을 설치하는 등 권리자의 점유 기타의 권리행사를 방해하는 일체의 행위를 말한다.

(c) **강제집행의 효용침해**   강제집행으로 인도 또는 명도받은 부동산에 대하여 권리자가 그 용도에 따라 사용·수익하거나 권리를 행사하는데 지장을 초래하는 일체의 행위를 말한다($^{2002도4801}_{판결}$). 침입 또는 방해행위와 강제집행 효용침해 사이에는 인과관계가 있어야 한다.

(d) **미수·기수시기**   강제집행으로 명도 또는 인도된 부동산에 침입 기타의 방해행위를 개시한 때에 실행의 착수가 있고, 침입 또는 방해행위로 인하여 강제집행의 효용이 저해되거나 권리자의 권리실현이 지체되는 효과가 발생한 때에 기수가 된다. 침해 또는 방해행위의 개시는 있었으나 강제집행 효용침해의 결과가 발생하지 않았거나 효용침해와의 사이에 인과관계가 없는 경우에는 미수범이 된다.

XI. 공용서류 등 무효죄

> [구성요건·법정형]   공무소에서 사용하는 서류 기타 물건 또는 전자기록 등 특수매체기록을 손상 또는 은닉하거나 기타 방법으로 그 효용을 해한 자는 7년 이하의 징역 또는 1천만원 이하의 벌금에 처한다(제141조 제1항).
> 미수범은 처벌한다(제143조).

(1) 의의·성격

공무소에서 사용하는 서류 기타 물건 또는 전자기록 등 특수매체기록을 손상 또는 은닉하거나 기타 방법으로 그 효용을 해하는 범죄이다. 성질상 손괴죄의 일종이지만 행위객체가 공용물이라는 점에서 공무방해의 성질도 갖고 있으므로 이 죄를 공무방해죄의 일종으로 규정한 침해범이다.

(2) 구성요건

1) **객 체**   공무소에서 사용하는 서류, 기타 물건 또는 전자기록 등 특수매체기록이다.

(a) **공무소**   "공무소"란 공무원이 직무를 집행하는 장소를 말한다. 건조물

같은 물적 시설이 아니라 국가 또는 공공단체의 의사를 결정할 권한을 가진 기관(제도로서의 관공서)을 의미한다. 공공조합, 공법인, 영조물법인은 물론 한국은행도 국고금 예수(豫受)관계에 있어서는 공무소에 해당하지만($^{69도1012}_{판결}$), 사립중고등학교는 공무소가 아니다.

(b) **공무소 사용의 서류·물건**   공무소에서 사용·보관하고 있는 일체의 서류, 물건, 특수매체기록을 말한다. 공무소에 비치·보관된 서류이면 공문서·사문서를 묻지 않으며($^{4294형상262}_{판결}$), 정식절차를 밟아 접수 또는 작성되었거나 완성되었음을 요하지 않는다($^{98도360}_{판결}$). 문서의 작성자, 소유권자가 개인이라도 무방하며($^{81도81}_{판결 참조}$), 작성목적이 공무소를 위한 것이든 개인을 위한 것이든 묻지 않는다.

따라서 공무소에 보관된 허위문서(72도1132 판결)·위조문서나 보존기간 경과 후의 문서, 아직 미완성되어 작성자와 피의자의 서명날인이 없어 공문서로서의 효력이 없는 피의자신문조서(80도1127 판결), 정부공문서규정에 따라 접수되고 결재되지 아니하여 공문서로서의 효력이 생기기 이전의 서류(71도324 판결), 경찰이 작성한 미완성의 진술조서(2003도3945 판결)도 공용서류 등 무효죄의 객체가 된다.

반면, 형사사건을 조사하던 경찰관이 보관하던 진술서를 임의로 피고인에게 넘겨준 것이라면 이는 폐기할 의도 하에 처분한 것이라고 보아야 하므로 위 진술서는 공용서류로서의 성질을 상실한다(98도4350 판결).

"기타 물건"은 대체로 권리행사방해죄($^{제323}_{조}$)의 그것과 같은 의미이다. 다만 공무소에서 사용·보관하는 것이라야 하며, 소유권이 누구에게 있는가는 묻지 않는다. 전자기록 등 특수매체기록은 손괴죄의 그것과 같다.

2) **행 위**   손상, 은닉 기타 방법으로 그 효용을 해하는 것이다. "손상"이란 서류·물건·전자기록 등을 물질적으로 파손하는 것을 말한다. 문서에 첨부된 인지를 떼어내거나 공문서의 작성권한자가 그 내용을 변경·삭제할 수 없는 단계에서 이를 변경한 경우에는 손상에 해당한다. "은닉"이란 서류·물건·전자기록 등의 소재발견을 현저하게 곤란하게 하여 일시 사용할 수 없는 상태에 두는 것을 말한다. "기타 방법"은 물질적으로 파손하지 않고 그 효용을 해하는 일체의 행위를 말한다. 문서내용의 일부나 서명을 말소하거나 자기명의 문서의 날짜를 고치거나 자기가 제출한 허가신청서에 첨부된 설계도면을 바꾸어 넣는 행위 등이 기타 방법에 해당한다.

손상된 문서의 재작성이 가능한가의 여부는 이 죄의 성립에 영향이 없다.

그러나 상사가 부하공무원이 작성한 공문서 기안을 결재하는 단계에서 그 내용을 허위로 변경·삭제하는 행위는 허위공문서작성죄에 해당함은 별론으로 하고 이 죄는 성립하지 않는다($^{95도1395}_{판결}$).

(3) 타죄와의 관계

등기서류에 첨부되어 있는 인지를 떼어내어 이를 절취하면 이 죄와 절도죄의 상상적 경합이 된다. 공문서의 서명·날인을 말소한 다음 공문서를 위조한 경우에는 이 죄와 공문서위조죄의 경합범이 된다($^{67도122}_{판결 참조}$).

XII. 공용물파괴죄

> **[구성요건·법정형]** 공무소에서 사용하는 건조물, 선박, 기차 또는 항공기를 파괴한 자는 1년 이상 10년 이하의 징역에 처한다(제141조 제2항).
> 미수범은 처벌한다(제143조).

(1) 의의·성격

공무소에서 사용하는 건조물, 선박, 기차 또는 항공기를 파괴하는 범죄이다. 성격상 손괴죄에 속하지만 공무방해의 성질을 가진 것이므로 공무방해죄의 일종으로 규정한 것이다. 공무소에서 사용하는 건조물에 한하고 공익에 공(供)하는 건조물($^{제367}_{조}$)은 포함되지 않는다. 특수한 공용물을 보호하는 침해범이다.

(2) 구성요건

객체는 공무소에서 사용하는 건조물, 선박, 기차, 항공기이고, 공용자동차에 대한 손괴는 공용서류(물건) 등 무효죄($^{제141조}_{제1항}$)에 해당한다.

"파괴"는 물질적으로 훼손하여 그 본래의 효용을 해한다는 점에서는 손괴와 같으나 손괴보다 훼손의 정도가 큰 것을 말한다. 건조물, 선박, 기차, 항공기의 중요한 구성부분을 훼손하거나 간단히 수리할 수 없을 정도로 사용하기 곤란하게 하는 것이 이에 해당한다. 파괴정도에 이르지 아니하면 이 죄의 미수범이 되고, 처음부터 손괴정도의 의사로 파괴에 이르지 못한 때에는 공용서류(물건) 등 무효죄가 성립한다고 본다.

XIII. 공무상보관물무효죄

> [구성요건·법정형] 공무소로부터 보관명령을 받거나 공무소의 명령으로 타인이 관리하는 자기의 물건을 손상 또는 은닉하거나 기타 방법으로 그 효용을 해한 자는 5년 이하의 징역 또는 700만원 이하의 벌금에 처한다(제142조).
> 미수범은 처벌한다(제143조).

(1) 의의·성격

공무소로부터 보관명령을 받거나 공무소의 명령으로 타인이 관리하는 자기의 물건을 손상 또는 은닉 기타의 방법으로 그 효용을 해하는 범죄이다. 권리행사방해죄($^{제323}_{조}$)에 대한 특별규정이다. 보호법익은 공무소의 보관명령을 받은 물건의 효용이며 추상적 위험범으로 본다(다수설).

(2) 구성요건

1) 주 체   공무소로부터 보관명령을 받거나 공무소의 명령으로 타인이 관리하는 물건의 소유권자이다(진정신분범).

2) 객 체   공무소로부터 보관명령을 받거나 공무소의 명령으로 타인이 관리하는 자기의 물건이다. 공무소의 보관명령, 간수명령은 반드시 법령에 근거한 것이라야 한다.

"보관명령"이란 공무소의 위탁에 의하여 사실상·법률상의 지배를 할 수 있는 명령을 말하고, 압류한 집행관이 채무자에게 보관을 명한 것도 포함한다. 채권압류결정의 정본을 송달받은 것만으로는 보관명령을 받은 것이라 할 수 없다($^{73도2555}_{판결}$).

"공무소의 명령으로 타인이 관리하는 것"은 공무소의 처분에 의하여 공무소의 사실상의 지배하에 옮겨진 것을 제3자가 공무소의 명령을 받아 그의 사실상의 지배하에 두는 것을 말한다. 물건은 권리행사방해죄($^{제323}_{조}$)의 그것과 같다.

3) 행 위   손상 또는 은닉 기타 방법으로 그 효용을 해하는 것이다. 공무상봉인 등 표시무효죄의 그것과 같다.

XIV. 특수공무집행방해죄·특수공무집행방해치사상죄

> [구성요건·법정형] 단체 또는 다중의 위력을 보이거나 위험한 물건을 휴대하여 제136조, 제138조와 제140조 내지 전조의 죄(공무집행방해죄, 직무·사직강요죄, 법정·국회회의장모욕·소동죄, 공무상 비밀표시무효죄, 부동산강제집행효용침해죄, 공용서류 등 무효죄, 공용물파괴죄, 공무상보관물무효죄)를 범한 때에는 각조에 정한 형의 2분의 1까지 가중한다(제144조 제1항).
> 제1항의 죄를 범하여 공무원을 상해에 이르게 한 때에는 3년 이상의 유기징역에 처한다. 사망에 이르게 한 때에는 무기 또는 5년 이상의 징역에 처한다(제2항).

(1) 의의·성격

특수공무집행방해죄는 단체 또는 다중의 위력을 보이거나 위험한 물건을 휴대하여 모든 공무방해죄(다만 위계에 의한 공무집행방해죄, 인권옹호직무방해죄는 제외)와 그 미수의 죄를 범하는 범죄이며, 행위방법의 위험성으로 인하여 불법이 가중되는 가중적 구성요건이다. 특수공무집행방해치사죄는 진정결과적 가중범이고 치상죄는 부진정결과적 가중범이다($^{94도2842}_{판결}$).

(2) 구성요건

"단체·다중의 위력을 보이거나 위험한 물건을 휴대하여"에 대해서는 "특수상해죄($^{제258조}_{의2}$)" 참조.

판례에 의하면 이 죄의 "다중"이라 함은 단체를 이루지 못한 다수인의 증합을 지칭하는 것으로 불과 3인의 경우에는 그것이 어떤 집단의 힘을 발판 또는 배경으로 한다는 것이 인정되지 않는 한 다중의 위력을 보인 것이라고 할 수 없다($^{71도1930}_{판결}$)고 하고, "위험한 물건"이란 흉기는 아니더라도 널리 사람의 생명·신체에 해를 가하는데 사용할 수 있는 일체의 물건으로 성질상 위험물과, 다른 목적으로 만들어진 칼·가위·유리병·각종 공구·자동차·화학약품 또는 사주(使嗾)된 동물 등 용법상 위험물도 이에 해당하며, "휴대하여"란 소지뿐만 아니라 널리 이용한다는 뜻도 포함한다($^{84도2001}_{판결 등}$)고 한다.

[§ 42] 도주와 범인은닉의 죄

Ⅰ. 총 설

(1) 도주의 죄의 의의와 보호법익

도주의 죄는 법률에 의하여 체포 또는 구금된 자가 스스로 도주하거나 타인이 이러한 자의 도주에 관여하여 도주하게 하는 범죄이고, 도주원조죄는 범죄비호적 성격을 갖는 범죄이다. 이 죄의 보호법익에 대하여 국가의 형사사법기능(수사권·재판권·형집행권의 행사)이라는 견해(_{김일수·서보학}⁷⁰³)도 있으나 도주죄는 국가의 특수한 공적 권력관계를 확보하기 위해서 처벌하는 것이므로 보호법익은 국가의 구금권 내지 구금기능이라 해야 한다(통설). 보호정도는 침해범이다.

(2) 범인은닉죄의 의의와 보호법익

범인은닉죄는 벌금 이상의 형에 해당하는 죄를 범한 자를 은닉 또는 도피하게 하는 범죄이다. 범인은닉죄는 도주원조죄, 증거인멸의 죄와 마찬가지로 범죄비호적 성격을 갖는다는 점은 같다. 다만 도주원조죄와 범인은닉죄가 인적 비호를 통해 국가의 구금기능을 침해하는 것임에 대하여, 증거인멸죄는 주로 물적 비호를 통해 국가의 형벌권실현을 방해한다는 점에 차이가 있다. 보호법익은 국가의 형사사법기능이고, 보호정도는 추상적 위험범이다(_{통설, 2012도13999}_{판결 참조}).

Ⅱ. (단순)도주죄

> [구성요건·법정형] 법률에 따라 체포되거나 구금된 자가 도주한 경우에는 1년 이하의 징역에 처한다(제145조 제1항).
> 미수범은 처벌한다(제149조).

(1) 의의·성격

법률에 의하여 체포 또는 구금된 자가 도주하는 범죄이며, 진정신분범, 침해범이다. 이 죄가 자수범이라는 견해도 있으나, 예컨대 자동차 운전자를 강요

하여 도주하게 만든 경우에는 이 죄의 간접정범이 된다고 해야 하므로 자수범
은 아니라고 본다.

(2) 구성요건

1) 주 체   법률에 의하여 체포 또는 구금된 자이다(진정신분범).

(a) **법률에 의하여 체포·구금된 자**   법률에 근거하여 적법하게 체포 또는 구
금되어 있는 자를 말한다. "법률에 의하여"란 형식적 적법성이 있으면 족하고
실질적 적법성까지 요하지 않는다.

(aa) 구금된 자   "구금된 자"는 수형자, 미결구금자, 구치된 사형수를 묻
지 않는다. "수형자"는 유죄의 확정판결을 받고 자유형 집행으로 교도소에 구금
되어 있는 자와, 환형처분(제69조
제2항)으로 노역장에 유치되어 있는 자를 포함한다.
"미결구금자"는 재판확정 전에 형사소송절차에 의하여 구금된 자를 말하고, 구
속영장에 의하여 구금된 자와 감정유치 중인 자를 포함한다(형사소송법 제172조
제3항, 제221조의3).

(bb) 체포된 자   "체포된 자"는 국가기관의 체포영장에 의하여 체포 또는
긴급체포된 자와 현행범으로 체포된 자를 말한다. 사인(私人)에 의하여 현행범으
로 체포된 자는 국가기관에 인도되기 전까지는 국가의 구금기능이 침해된다고
할 수 없으므로 이 죄의 주체가 될 수 없다(다수설).

(cc) 구인된 자   구인과 구금은 구별해야 한다는 이유로 구인된 피고인,
피의자는 이 죄의 주체가 될 수 없다는 견해(이재상·장영민·강동범
45/7, 손동권·김재윤 51/5)도 있다. 그러나 체
포와 구인은 다같이 구금 이전에 인신의 자유를 제한하는 강제처분으로서 구속
영장에 의해서 집행되며, 구금은 구인도 포함한 개념이므로 이 죄의 주체가 된
다고 본다(다수설). 형집행장의 집행으로 구인된 자(형사소송법
제473조 제2항)도 같다. 다만 구인
된 증인(형사소송법 제152조
민사소송법 제312조)은 국가구금권 실현의 직접적 대상이 아니므로 제외해야
한다.

(dd) 보안처분을 받은 자   보호관찰, 치료감호와 같은 보안처분을 받은
자도 이 죄의 주체가 된다는 견해도 있다. 이러한 처분을 받은 자가 도주한 때
에는 보호관찰의 대상자에 대하여는 보호관찰법(제39조
이하)에 의하여 구인할 수 있고,
치료감호대상자에 대하여는 치료감호법(제6
조)에 의하여 보호구속할 수 있으므로
이 죄가 성립하지 않는다고 본다(다수설). 다만 보호처분으로 소년원에 수용되어

있는 자($_{제32조 제1항}^{소년법}$)는 이 죄의 주체가 된다는 것이 통설이다.

(b) **주체가 될 수 없는 자** 가석방이나 보석 중에 있는 자, 형집행정지나 구속집행정지 중에 있는 자, 아동복지법에 의하여 아동복지시설에 수용된 자($_{제1항 제4호}^{동법 제15조}$), 경찰관직무집행법에 의하여 보호 중에 있는 자($_{제4조}^{동법}$), 감염병예방법에 의하여 입원치료 중인 자($_{제41조}^{동법}$) 등은 구금된 자가 아니므로 이 죄의 주체가 될 수 없다. 위법한 임의동행에 의하여 경찰서에 출석하였다가 긴급체포된 자가 도주하더라도 이 죄가 성립하지 않는다($_{판결}^{2005도6810}$).

2) **행 위** 도주하는 것이다.

(a) **도 주** "도주"란 피체포·피구금자 자신이 구금상태로부터 이탈하는 것을 말한다. 특수도주죄에 규정된 수단·방법을 제외하고는 그 수단·방법 여하는 묻지 않는다. 부작위에 의한 도주도 가능하고($_{김재윤 51/7}^{부정설은 손동권}$) 일시적인 이탈로 족하다. 예컨대 수형자가 가족을 만나본 후 돌아올 생각으로 일시적으로 이탈한 경우도 도주가 된다.

(b) **실행의 착수·기수** 착수시기는 체포·구금작용의 침해가 개시된 때이다. 예컨대 감방의 문을 열기 시작한 때에 실행의 착수가 있다. 기수시기는 체포·구금으로부터 이탈한 때, 즉 체포자 또는 간수자의 실력적 지배로부터 완전히 벗어났을 때이다(침해범). 수용시설의 외벽을 넘지 못하고 시설 내에 잠복하고 있거나 외벽은 넘어갔으나 추적을 받고 있는 때에는 아직 기수라 할 수 없다.

(c) **상태범** 이 죄의 성격에 대하여 **즉시범설**(다수설), **상태범설**($_{김성돈 840 이하}^{정성근 975,}$), **계속범설**($_{1003}^{임웅}$)이 대립한다. 이 죄는 체포자 또는 간수자의 실력적 지배를 완전히 벗어나면 기수가 됨과 동시에 도주행위도 완료되지만 도주에 의한 위법상태(국가의 구금권 침해상태)는 계속되고 있는 것이므로 상태범설이 타당하다고 본다. 판례는 즉시범으로 본다($_{판결}^{91도1656}$).

> 계속범설에 의하면 도주죄가 기수에 이른 이후에도 공범(방조범·공동정범)이 성립할 수 있고, 도주자가 체포되어야 범행이 종료되므로 사실상 공소시효는 완성될 수 없다. 즉시범설과 상태범설에 의하면 기수 이후에는 도주원조죄와 공범이 성립할 수 없으므로 이 경우는 범인은닉·도피죄만 성립하고(91도1656 판결), 범인이 계속 도주 중에도 공소시효는 진행한다. 도주행위가 완료된 후 체포하는 공무원을 폭행한 경우에 즉시범설에서 특수도주죄가 성립한다는 견해(배종대 160/5)도 있지만 도주가 완료된 이후에는 구금된 자가 아니므로 공무집행방해죄만 문제된다고 본다. 즉시범설과 상태범설은 기수시기, 공범성립과 공소시효 기산점에 차이가 없다.

Ⅲ. 집합명령위반죄

> [구성요건·법정형] 제1항(도주죄)의 구금된 자가 천재지변이나 사변 그 밖에 법령에 따라 잠시 석방된 상황에서 정당한 이유없이 그 집합명령에 위반한 경우에도 제1항의 형(1년 이하의 징역)에 처한다(제145조 제2항).

(1) 의의·성격

법률에 의하여 구금된 자가 천재지변이나 사변 그 밖에 법령에 따라 잠시 석방된 상황에서 정당한 이유없이 그 집합명령에 위반하는 범죄이다. 진정부작위범, 진정신분범이며 계속범이다.

(2) 구성요건

1) 주 체   법률에 의하여 구금되었다가 천재지변이나 사변 그 밖에 법령에 따라 잠시 석방된 모든 자이고 체포된 자는 제외된다. 이에 대해서 천재지변이나 사변에 따라 석방된 자뿐만 아니라 교도소장으로부터 일시 귀휴허가를 받은 수용자도 이 죄의 주체가 된다는 견해($^{김일수·서보학\ 707,}_{오영근\ 774}$)도 있다. 그러나 이 죄는 도주죄와 동일하게 평가해야 하므로 귀휴허가를 받은 자는 천재지변이나 사변에 준하는 상태에서 석방된 자라 볼 수 없다. 따라서 이 경우는 이 죄가 아니라 도주죄에 해당한다.

2) 행 위   정당한 이유없이 집합명령에 위반하는 것이다. "정당한 이유"란 집합명령에 응하는 것이 기대불가능하거나 불가항력적 사유가 있는 경우라 할 수 있다. 집합명령에 응하지 않는 부작위가 있으면 기수가 된다. 미수범처벌규정이 있지만 진정부작위범의 경우에는 실행의 착수만 있으면 기수가 되므로 미수범처벌규정($^{제149}_{조}$)은 적용되지 않는다고 본다.

(3) 형집행법과의 관계

형집행법은 천재지변이나 그 밖의 재해발생으로 교도소시설의 안전과 질서유지를 위한 긴급조치로 일시 석방된 자는 집합명령을 기다릴 필요도 없이 석방 후 24시간 이내에 교정시설 또는 경찰관서에 출석해야 하며($^{동법}_{제102조\ 제4항}$), 출석의무에 위반한 수용자(귀휴·외부통근자 포함)는 1년 이하의 징역에 처한다($^{동법}_{제134조}$)고 규정하고 있다. 따라서 형법에 규정된 집합명령위반죄는 형집행법 제

102조가 적용되지 않는 경우에만 적용된다고 해야 한다.

Ⅳ. 특수도주죄

> [구성요건·법정형]   수용설비 또는 기구를 손괴하거나 사람에게 폭행 또는 협박을 가하거나 2인 이상이 합동하여 전조 제1항(도주)의 죄를 범한 자는 7년 이하의 징역에 처한다(제146조).
> 미수범은 처벌한다(제149조).

(1) 의의·성격

법률에 의하여 체포 또는 구금된 자가 수용설비 또는 기구를 손괴하거나 사람에게 폭행 또는 협박하거나 2인 이상이 합동하여 도주하는 범죄이다. 단순도주죄에 비하여 행위방법에서 강폭성과 폭력성 또는 범행의 집단성 때문에 불법이 가중된 가중적 구성요건이다.

주된 보호법익은 국가구금권 내지 구금기능이지만 폭행 또는 협박의 경우는 신체의 안전과 의사결정의 자유도 부차적 법익이 된다고 본다. 침해범, 진정신분범, 상태범이며, 도주원조죄가 성립하는 경우에는 이 죄와 필요적 공범이 된다.

(2) 구성요건

이 죄의 구성요건행위에는 세 가지 태양이 있다.

1) 수용설비 또는 기구의 손괴 후 도주   "수용설비"는 사람의 신체의 자유를 계속적으로 구금하기 위한 장소나 시설로서 교도소, 소년교도소, 구치소와 경찰관서에 설치된 유치장이나 노역장, 법원청사와 검찰청사의 구치감 등 구금장소와 여기에 설치된 감방문의 자물쇠·비상벨 등이다. 피의자·피고인·수형자의 호송차량도 포함한다.

"기구"란 신체의 자유를 직접 구속하는데 사용되는 장비기구로서 포승·수갑·보호장비·보호대·보호의자(형집행법 제98조) 등이 여기에 해당한다.

"손괴"는 물리적 손괴(훼손)만을 의미한다. 따라서 물리적 훼손없이 구금장소의 자물쇠를 열거나 단순히 수갑을 풀고 달아난 경우는 이 죄가 아니라 단순도주죄가 된다. 손괴는 도주의 수단으로 행해져야 하므로 수갑을 한 채로 도주한 후 손괴한 때에는 단순도주죄와 손괴죄의 경합범이 된다. 실행의 착수시기는 도주의사로 시설·기구를 손괴하기 시작한 때이다.

2) **사람에 대한 폭행·협박 후 도주**   도주의 수단으로 간수자 또는 그 협력자에게 폭행 또는 협박을 하는 경우이다. 여기의 "폭행·협박"은 광의의 폭행·협박을 의미한다. 따라서 "폭행"은 사람의 신체에 대한 직접·간접의 유형력 행사이면 충분하고, "협박"은 해악의 고지로 인해 상대방이 현실로 공포심을 가졌음을 요하지 않는다. 폭행·협박의 시기는 도주의 전후를 불문하며, 도주의사로 폭행·협박을 개시한 때에 실행의 착수가 있다.

3) **합동도주**   "2인 이상이 합동하여"란 합동범에 있어서의 합동을 의미하므로 2인 이상이 의사연락 하에 시간적·장소적으로 현장에서 협력해야 한다(현장설). 이 때 2인 이상의 자는 모두 법률에 의하여 구금된 자임을 요하고 공동실행의 의사가 있어야 한다. 따라서 제3자의 도주협력행위는 도주원조죄($\frac{제147}{조}$)를 구성(필요적 공범관계)할 뿐이고 이 죄에 해당하지 않으며, 우연히 동시에 또는 열려있는 출구로 다른 구금자가 도주하여도 이 죄는 성립하지 않는다. 도주행위는 반드시 동시에 있을 필요가 없으나 동일기회일 것을 요하며, 합동한 자 사이의 기수·미수는 각자에 대하여 개별적으로 논한다.[1]

V. 도주원조죄

> [구성요건·법정형]   법률에 의하여 구금된 자를 탈취하거나 도주하게 한 자는 10년 이하의 징역에 처한다(제147조).
> 미수범은 처벌한다(제149조).
> 이 죄를 범할 목적으로 예비 또는 음모한 자는 3년 이하의 징역에 처한다(제150조).

(1) 의의·성격

법률에 의하여 구금된 자를 탈취하거나 도주하게 하는 범죄이다. 범인비호적 성격을 가진 범죄이고, 성질상 도주죄의 교사 또는 방조에 해당하는 행위이

---

1) 이러한 점은 합동범의 본질이 공동정범은 아니라고 볼 수 있는 근거가 될 수 있다. 합동한 자 모두 기수가 된다는 견해로는 김일수 한국형법 V, 박영사, 1995, 974.

지만 이를 독립된 구성요건으로 규정하고 자기도주에 비하여 형을 가중하고 있다. 총칙상의 공범규정은 이 죄에 적용되지 않는다(통설, 91도1656 판결 참조). 따라서 구금된 자는 타인을 교사하여 자기를 도주하게 하였어도 이 죄의 교사범이 아니라 도주죄만 성립한다. 침해범, 결과범이다.

(2) 구성요건

1) **주 체**   제한이 없다. 법률에 의하여 구금되어 있는 자도 다른 구금자를 도주하게 하면 이 죄의 주체가 된다. 그러나 피구금자가 의사연락 하에 함께 도주한 때에는 특수도주(합동도주)죄가 된다.

2) **객 체**   법률에 의하여 구금된 자이다. 구금은 적법한 것이라야 하며, 체포되어 연행 중인 자는 구금된 자가 아니므로 이 죄의 객체가 되지 않는다.

3) **행 위**   탈취하거나 도주하게 하는 것이다.

(a) **탈 취**   "탈취"란 구금자를 간수자의 실력적 지배로부터 이탈시켜 자기 또는 제3자의 실력적 지배하에 옮기는 것을 말한다(통설). 단순히 피구금자를 해방하여 달아나게 하는 것은 탈취가 아니라 도주하게 하는 것이다. 탈취의 수단·방법은 묻지 않으며 폭행·협박·기망·유혹·위계도 탈취방법이 된다. 피구금자의 동의 여부나 도주의사의 유무도 불문한다. 기존의 구금을 배제하는 일을 개시하였을 때에 실행의 착수가 있고, 피구금자를 자기 또는 제3자의 실력적 지배하에 두었을 때에 기수가 된다.

(b) **도주하게 한다**   "도주하게 한다"는 것은 피구금자의 도주를 야기시키거나 이를 용이하게 하는 일체의 행위를 말한다. 도주의사 없는 자에게 교사하거나 도주실행을 용이하게 도와주는 것은 물론, 감방문의 개방이나 간수자를 폭행 또는 협박하여 달아나게 하는 것도 이에 해당한다. 피구금자가 도주에 동의하였느냐도 문제되지 않는다.

(c) **실행의 착수·기수시기**   도주원조의 착수시기는 도주를 야기시키거나 이를 용이하게 하는 행위를 개시한 때이며, 기수시기는 피구금자가 간수자의 실력적 지배에서 이탈하였을 때이다. 이미 도주한 범인을 사후에 돕는 행위는 범인은닉(도피)죄가 성립하고 이 죄는 성립하지 않는다.

VI. 간수자도주원조죄

> [구성요건·법정형]   법률에 의하여 구금된 자를 간수 또는 호송하는 자가 이를 도주하게
> 한 때에는 1년 이상 10년 이하의 징역에 처한다(제148조).
> 미수범은 처벌한다(제149조).
> 이 죄를 범할 목적으로 예비 또는 음모한 자는 3년 이하의 징역에 처한다(제150조).

(1) 의의·성격

법률에 의하여 구금된 자를 간수 또는 호송하는 자가 도주하게 하는 범죄
이다. 이 죄는 도주죄의 방조범적 성격을 가지고 있으나 직무위반적 측면을 중
요시하여 단순도주원조죄에 대하여 불법을 가중한 부진정신분범이라는 견해가
다수설이다. 다만 공무원인 간수자의 도주원조는 공무원의 직권을 이용한 직무
위배 때문에 불법이 특별히 가중된 진정신분범으로 본다. 침해범이고 의무범적
성질을 가진 범죄이다.

(2) 구성요건

주체는 법률에 의하여 구금된 자를 간수 또는 호송하는 자이다. 간수 또는
호송의 임무는 법령의 근거를 가질 것을 요하지 않으며 현실로 그 임무에 종사
하고 있으면 충분하다. 따라서 반드시 공무원으로 한정할 필요가 없다.

행위는 피구금자를 도주하게 하는 것이다. 피구금자가 도주할 것을 알면서
이를 방지하지 않는 부작위로도 가능하다. 피구금자가 도주하였을 때에 기수가
되며, 도주하게 하였으나 도주하지 못하였을 때에는 미수범이 된다.

VII. 범인은닉·도피죄

> [구성요건·법정형]   벌금 이상의 형에 해당하는 죄를 범한 자를 은닉 또는 도피하게 한
> 자는 3년 이하의 징역 또는 500만원 이하의 벌금에 처한다(제151조 제1항).

(1) 의의·성격

벌금 이상의 형에 해당하는 죄를 범한 자를 은닉 또는 도피하게 하는 범죄이
다. 본범이 성립한 후에 범인비호적·사후종범적 성격의 행위를 처벌하는 독립된

범죄이고, 국가의 형사사법기능을 보호하는 추상적 위험범·계속범이다(통설, 2015도1456 판결).

(2) 객관적 구성요건

1) **주 체**   제한이 없다. 범인 자신의 자기도피는 이 죄의 구성요건해당성이 부정된다(2015도20396 판결). 공동정범관계에 있는 자가 다른 공동정범을 도피하게 한 경우에도 이 죄의 주체가 된다(4290형상393 판결).

범인이 타인을 교사하여 자신을 은닉·도피하게 한 경우(자기은닉·도피의 교사)에 범인은닉죄의 교사범으로 처벌할 수 있느냐에 대해서 자기비호권의 한계를 일탈한 것이므로 교사범이 성립한다는 **긍정설**도 있다(황산덕 85).[1] 그러나 타인을 교사하여 자신을 은닉하게 하는 것은 자기비호에 해당하며, 친족 또는 동거의 가족이 본인을 위하여 이 죄를 범한 때에도 처벌하지 않음에도 불구하고 자신의 도피교사를 처벌하는 것은 형평에 맞지 아니하므로 **부정설**이 타당하다고 본다(다수설). 판례는 범인 스스로 방어권을 남용하였다고 볼 수 있는 정도의 적극적 이용행위가 있는 경우에 한하여 이 죄의 교사범을 인정한다(2013도12079 판결).[2]

공범 중 1인이 참고인 또는 피의자로 조사받으면서 자기의 범행을 구성하는 사실관계에 관하여 허위로 진술하고 허위자료를 제출함으로써 다른 공범을 도피하게 하는 결과를 초래하더라도 범인도피죄가 성립하지 않으며, 공범이 이를 교사하였더라도 범인도피교사죄도 성립하지 않는다(2015도20396 판결).

2) **객 체**   벌금 이상의 형에 해당하는 죄를 범한 자이다.

(a) **벌금 이상의 형에 해당하는 죄**   범인은닉죄는 본범의 범죄가 벌금 이상의 형에 해당하는 죄임을 전제로 해서만 성립한다. "벌금 이상의 형에 해당하는

---

1) 김성돈 848은 방어권 남용으로 볼 수 있는 정도의 적극적 불법을 창출할 경우에 한하여 긍정하는 입장이다.

2) 수감 중 형집행정지 허가 결정을 받아 석방되었다가 형집행정지 연장신청을 하였으나, 불허되자, 신원보증인이자 연인인 A에게 A의 모친 집에서 생활할 수 있게 해달라고 부탁하여 A가 한 달여간 자신의 어머니 집에서 거주할 수 있도록 하여 범인도피교사죄로 공소제기된 사안에서 대법원은, 범인 스스로 도피하는 행위는 처벌되지 않으므로 범인이 도피를 위해 타인에게 도움을 요청하는 행위 역시 도피행위의 범주에 속하는 한 처벌되지 않으며, 범인의 요청에 응해 범인을 도운 타인의 행위가 범인도피죄에 해당한다고 하더라도 마찬가지라고 하면서, 피고인이 A에게 요청해 은신처를 제공받은 행위는 형사사법에 중대한 장애를 초래한다고 보기 어려운 통상적인 도피의 한 유형으로 봄이 타당하므로, 피고인이 자신의 방어권을 남용한 것으로 볼 수 있을 정도로 A로 하여금 범인도피죄를 범하게 했음을 인정하기에 부족하다고 보아 무죄를 선고하였다(2021도5431 판결).

죄"란 법정형에 벌금 또는 그 이상의 형을 포함하고 있는 범죄를 말한다. 형법 각칙에 규정된 죄는 모두 벌금 이상의 형에 해당하는 죄이다.

(b) **죄를 범한 자**   "죄를 범한 자"이면 정범뿐만 아니라 교사범·방조범과 미수범 또는 예비·음모한 자도 그 형이 벌금 이상에 해당하면 포함된다. 유죄 판결이 확정되었거나 공소가 제기되었음을 요하지 않고, 수사개시 이전($^{2003도4533}_{판결}$) 이거나 수사 중에 있는 자도 포함한다.

"죄를 범한 자"는 구성요건에 해당하고 위법·유책한 행위를 한 자라야 하며, 처벌요건이나 소추요건을 구비해야 하는 범죄에 있어서는 이를 구비하고 있어야 한다. 무죄나 면소의 판결이 확정되어 처벌이 불가능한 자, 공소시효가 완성되거나 형의 폐지·사면에 의하여 소추 또는 처벌의 가능성이 없는 자는 이 죄의 객체가 되지 않는다.

(aa) 고소권이 소멸된 자   친고죄에 있어서 고소권이 소멸되어 처벌의 가능성이 없어진 경우에도 죄를 범한 자에 해당하지 않는다. 그러나 고소기간 내에 피해자의 고소가 아직 없는 경우에는 죄를 범한 자에 해당한다(통설).

(bb) 불기소처분을 받은 자   검사의 불기소처분을 받은 자도 이 죄의 객체가 되느냐에 대해서 긍정설($^{유기천\ 하\ 349,}_{정영일\ 867}$)이 있으나, 검사의 불기소처분으로 형사 절차는 사실상 종료되고 피의자의 지위도 소멸되므로 부정하는 것이 타당하다 ($^{이재상\cdot장영민\cdot강동범\ 45/28,}_{임웅\ 1012,\ 김성돈\ 850}$).[1] 판례는 구속수사의 대상이 된 자가 그 후 무혐의로 석방되었다 하더라도 범인은닉·도피죄의 성립에는 영향이 없다고 하여($^{81도1931}_{판결}$) **긍정설**을 취하고 있다. 기소중지된 자도 같다($^{2003도8226}_{판결}$).

[진범인 여부]   범인도피·은닉죄에서 말하는 "죄를 범한 자"는 진범인임을 요하는가에 관하여, ① 실제로 죄를 범한 진범인이어야 한다는 견해(유기천 하 327 이하, 정성근·박광민 809, 이재상·장영민·강동범 45/29, 오영근 781 이하), ② 진범인일 필요가 없다는 견해(다수설), ③ 수사개시 전의 단계에서는 진범인임을 요하나 수사단계에서는 진범인이거나 적어도 진범이라고 강하게 의심받는 자라야 하며, 소추·재판단계 및 집행단계에서는 진범인 여부를 불문한다는 견해(단계적 구분설. 김일수·서보학 716)가 대립한다. 판례는 **부정설**의 입장이다(2013도152 판결). 부정설은 현실적으로 대부분의 범인은닉죄가 진범의 확정단계 이전인 수사·소추단계에 있는 자의 은닉이 문제되므로 이 단계에서의 국가의 형사사법기능을 보호할 필요가 있고, 만일 긍정설에

---

1) 오영근 781은 항고·재정신청 등으로 기소의 가능성이 남아 있는 때 또는 재기수사명령이 있을 때에는 범인은닉·도피죄가 성립할 수 있지만, 그렇지 않은 경우에는 사실상 수사가 종결된 것이므로 범인은닉·도피죄가 성립할 수 없다고 한다.

의하게 되면 진범인을 알 수 없어 진범인 여부가 불확실한 단계에서 피의자·피고인을 은닉한 경우에는 범인은닉·도피죄의 성립을 부정하게 된다는 문제가 있다고 지적한다.

그러나 형법은 "죄를 범한 자"만을 객체로 하고 있고, 범인이 아닌 자를 은닉한 행위가 국가의 정당한 형벌권행사를 방해하였다고 할 수도 없으므로 진범인으로 한정하는 견해가 타당하다고 본다.

3) 행 위   은닉 또는 도피하게 하는 것이다.

(a) 은 닉   "은닉"이란 수사기관의 발견이나 체포를 면할 수 있는 장소를 제공하여 범인을 감추어 주는 행위를 말한다. 선박이나 차량에 태우고 운행해도 은닉에 해당한다. 판례는 체포를 면하도록 장소를 제공하면 족하고 범인에게 경찰서 출두를 하지 말도록 권유하거나 권유에 따르도록 강제하거나 은닉자의 말에 복종하는 관계가 있음을 요하지 않는다고 하였다(2002도3332 판결).

(b) 도피하게 한다   "도피하게 한다"란 은닉 이외의 방법으로 수사기관의 발견이나 체포를 곤란 또는 불가능하게 하는 일체의 행위를 말한다(2015도20396 판결). 장소적 관련성이 없다는 점이 은닉과 다르다.

변장용의 의류·장신구를 제공하여 범인을 변장시키거나 도피비용·은신처 등을 제공하여 도피의 편의를 보아주는 경우, 경찰관이 검사로부터 범인을 검거하라는 지시를 받고서도 범인에게 전화로 도피하라고 권유하여 도피시킨 경우(96도51 판결 [직무유기죄 불성립]), 피의자간에 연락하여 만나게 해 주고 도피를 용이하게 한 경우(90도2439 판결), 범인 대신 다른 사람을 범인으로 가장시켜 수사를 받도록 한 경우(67도366 판결), 범인 아닌 자가 수사기관에 범인임을 자처하며 허위사실을 진술하여 진범의 체포와 발견에 지장을 초래하게 한 경우(2000도4078 판결), 고문치사사건에 가담한 자가 더 있다는 사실을 숨긴 채 허위보고를 하고 조사를 받고 있는 자들에게 다른 가담자가 있음을 실토하지 못하도록 한 경우(93도904 판결 [박종철 고문치사 사건] 등은 모두 범인도피행위에 해당한다. 다만 범인도피행위는 범인을 도주하게 하는 행위 또는 도주하는 것을 직접적으로 용이하게 하는 행위에 한정된다(2012도13999 판결).

그러나 증언거부권자에게 증언거부를 권유하거나 피고인·피의자에게 진술거부권행사를 권유하는 경우, 피고인이 공범의 이름을 진술하지 않고 단순히 묵비한 경우(2007도11137 판결), 참고인이 체포된 사람과 자신이 목격한 범인이 동일인임에도 동일인이 아니라고 허위진술하여 그 결과 범인이 석방된 경우(85도897 판결), 참고인이 실체 범인이 누군지도 모르는 상태에서 범인이 아닌 다른 사람을 범인이 아닐지도 모른다고 생각하면서도 그를 범인이라고 허위진술하여 그 사람이 구속기소된 경우(97도1596 판결), 참고인이 폭행용의자의 인적사항을 묻는 경찰관에게 허무인의 이름을 진술하고 구체적인 인적사항은 모른다고 답변한 경우(2008도1059 판결) 등은 적극적으로 수사기관을 기만하여 착오에 빠지게 함으로써 범인의 발견 또는 체포를 곤란 내지 불가능하게 할 정도의 것이라고 할 수 없어 범인도피에 해당하지 않는다.

(c) 부작위에 의한 도피·은닉   은닉 또는 도피시키는 행위는 부작위로 할

수 있다. 예컨대 범인을 체포해야 할 경찰관이 범인임을 알면서 체포하지 않고 방임하는 경우이다. 그러나 고소·고발의 행사는 본인의 권리이고 의무가 아니므로 단순히 고소·고발을 하지 않거나 일반인이 범인임을 알면서 이를 고지하지 않는 부작위는 이 죄를 구성하지 않는다($^{83도2209}_{판결 참조}$). 다만 간첩을 고지하지 않은 경우는 국가보안법상의 불고지죄($^{동법}_{제10조}$)가 성립한다.

(3) 주관적 구성요건

벌금 이상의 형에 해당하는 죄를 범한 자를 은닉 또는 도피하게 한다는 인식·의사가 있어야 한다. 미필적 고의로 족하다. 범인의 성명이나 범죄의 구체적 내용과 평가내용을 정확하게 알 필요가 없다.

(4) 죄 수

동일한 범인을 은닉하여 도피하게 한 경우에는 포괄일죄가 된다. 동일사건에 관한 수인의 범인을 하나의 행위로 은닉 또는 도피하게 한 때에는 상상적 경합이 된다. 그러나 동일한 범죄사실이라도 수인의 공범자를 수개의 행위로 각각 은닉 또는 도피하게 한 때에는 수죄의 경합범이 된다.

(5) 친족간의 특례

1) 의의·법적 성질　친족 또는 동거의 가족이 본인을 위하여 범인은닉·도피죄를 범한 때에는 처벌하지 아니한다($^{제151조}_{제2항}$). 친족간의 특례의 법적 성질에 관하여 인적 처벌배제사유설도 있다. 그러나 이 죄의 특례는, ① 친족상도례 ($^{제328조}_{제1항}$)의 규정처럼 형면제가 아니라 "벌하지 아니한다"고 규정하였고, ② 특례의 기본정신이 친족간의 정의(情誼)로 인하여 은닉행위를 하지 않는다는 것을 기대할 수 없기 때문에 불가벌로 한 것이므로 **책임배제사유설**이 타당하다(통설).

2) 적용범위　친족 또는 동거의 가족이 본인을 위하여 범인은닉·도피죄를 범한 경우에만 적용된다. ① "친족·가족"의 범위는 민법의 규정에 따른다 ($^{민법 제777조,}_{제779조}$). 내연관계에 있는 자와 그 출생자도 친족·가족에 포함시킬 것이냐에 대해서 판례는 사실혼관계에 있는 자를 제외하고 있다($^{2003도4533}_{판결}$). 그러나 행위자에게 이익되는 유추해석은 금지되지 않을 뿐만 아니라 특례의 기본정신에 비추어 긍정함이 타당하다(통설). "가족"은 동거가족에 한정되므로 분가한 가족은 친

족이 아니면 특례규정을 적용할 수 없다.

② "본인을 위하여"란 본인의 형사책임상의 이익을 위한 것을 말한다. 따라서 본인에 대한 형사소추(구속을 면하게 하는 경우도 포함)와, 유죄판결 또는 형 집행을 면하게 하기 위한 경우에는 특례가 적용되지만 본인의 이익과 함께 공범자의 이익을 위한 경우에는 특례가 적용되지 않는다.

3) **특례와 공범관계**   친족이 비친족과 공동으로 범인은닉·도피를 하게 한 경우(책임배제신분과 공범)에는 친족에 대해서만 특례가 적용되며 비친족에는 적용되지 않는다.

범인의 친족이 제3자를 교사하여 범인은닉·도피행위를 하게 한 경우(책임배제신분자의 비신분자 교사)에는 기대가능성이 없다고 할 수 없을 뿐만 아니라 범인비호권의 남용이 된다는 이유로 이 죄의 교사범이 된다는 견해(황산덕 86, 정영석 86, 김성돈 855)도 있다. 그러나 이 특례가 가족적 정의로 기대불가능성에 의한 책임배제에 그 취지가 있다면 친족자신이 범인을 은닉하는 경우와 타인을 교사하여 은닉하게 하는 경우를 구별할 이유가 없으므로 이 죄의 교사범으로 처벌할 수 없다고 해야 한다(통설).

[§ 43] 위증과 증거인멸의 죄

I. 총 설

(1) 위증죄의 의의·보호법익

1) **의 의**   위증의 죄는, ① 법률에 의하여 선서한 증인이 허위의 진술을 하는 (협의의) 위증죄와, ② 법률에 의하여 선서한 감정인, 통역인 또는 번역인이 허위의 감정, 통역 또는 번역을 하는 허위감정·통역·번역죄(광의의 위증죄), 그리고 ③ 타인의 형사사건, 징계사건에 관하여 피고인, 피의자 또는 징계혐의자를 모해할 목적으로 위증하는 모해위증죄를 포함한 범죄를 말한다.

2) **보호법익**   위증죄의 보호법익은 국가의 사법기능이다. 여기의 사법기능은 제도로서의 사법이 아니라 사법에 대한 국가의 기능을 의미하므로 국가의

사법작용과 징계작용을 포함한다. 광의의 위증죄와 모해위증죄는 국가의 사법기능 외에도 일정한 범위의 국가심판기능까지 보호법익으로 한다. 추상적 위험범이고, 진정신분범, 자수범이다. 또 내심으로 알고 있는 사실을 왜곡하여 표현하는 표현범의 전형적인 예이다.

(2) 증거인멸죄의 의의·보호법익

1) 의 의   증거인멸의 죄는, ① 타인의 형사사건 또는 징계사건에 관한 "증거"를 인멸, 은닉, 위조 또는 변조하거나 위조 또는 변조된 증거를 사용하는 협의의 증거인멸죄 및 "증인"을 은닉 또는 도피하게 하는 증인은닉·도피죄($^{제155조}_{제2항}$)와, ② 모해할 목적으로 이상의 행위를 하는 모해증거인멸죄·모해증인은닉죄($^{동조}_{제3항}$)를 포함한다.

2) 보호법익   위증죄와 같이 국가의 사법기능이고 추상적 위험범이다.

(3) 위증죄와 증거인멸죄의 차이점

위증의 죄와 증거인멸의 죄는 국가사법기능을 해하는 범죄인 점에서 그 본질이 같다. 다만 전자는 무형적인 방법으로 증거의 증명력을 해하는 범죄임에 반해 후자는 물적 또는 인적 증거를 유형적인 방법으로 증거의 증명력을 해하는 범죄라는 점에서 구별되며, 증거인멸의 죄는 형사재판, 징계재판의 기능만 보호한다는 점에서 징계처분을 포함한 국가의 재판기능 일반을 보호하는 위증죄보다 적용범위가 좁다.

II. (단순)위증죄

> **[구성요건·법정형]**   법률에 의하여 선서한 증인이 허위의 진술을 한 때에는 5년 이하의 징역 또는 1천만원 이하의 벌금에 처한다(제152조 제1항).
> 　전조의 죄를 범한 자가 그 공술한 사건의 재판 또는 징계처분이 확정되기 전에 자백 또는 자수한 때에는 그 형을 감경 또는 면제한다(제153조).

(1) 객관적 구성요건

1) 주 체   법률에 의하여 선서한 증인이다(진정신분범). 증인이라도 선서하지 않고 증언한 자는 이 죄의 주체가 될 수 없다.

(a) **법률에 의한 선서** "법률에 의한 선서"란 법률에 근거하여 그 절차와 형식에 따라 유효하게 행해진 선서를 말한다. 민사소송법, 형사소송법, 비송사건절차법, 징계법, 특허법 등에 규정된 선서가 여기에 해당한다. 형사소송법상의 선서인 경우에는 피고사건($_{제156조}^{동법}$)·피의사건($_{제221조의2}^{동법 제184조,}$)임을 묻지 않는다. 또 "국회에서의 증언·감정에 관한 법률"($_{이하}^{제7조}$)도 형사소송법을 준용한다($_{제2항}^{동법 제8조,}$).

> 다만 심문절차로 진행되는 소송비용확정신청사건(95도186 판결)이나 가처분신청사건(2003도180 판결)에서 증인으로 출석하여 선서를 하고 진술함에 있어서 허위의 공술을 하였다고 하더라도 그 선서는 법률상 근거가 없어 무효이므로 위증죄는 성립하지 않는다.

(aa) **유효한 선서** 선서는 선서를 하게 할 권한이 있는 기관에 대하여 행한 선서라야 한다. 따라서 참고인이 검사 또는 사법경찰관에 대하여 선서하였거나 선서무능력자($_{제159조}^{형사소송법}$)에 대하여 선서하게 하였더라도 이 죄의 주체가 되지 않는다.

선서나 증언의 절차상 사소한 하자가 있다는 것만으로 선서의 효력이 상실되지 않는다. 위증의 벌을 경고하지 않고 선서하게 한 경우, 선서한 법원에 관할위반이 있거나 기소절차와 증인신문절차가 부적법하였다는 이유만으로 선서의 효력이 상실되는 것은 아니다. 선서의 여부가 법원의 재량인 경우에 법원이 재량에 따라 선서한 경우($_{제323조}^{민사소송법}$)에도 그 선서는 유효하다.

(bb) **선서의 시기** 선서는 증언하기 이전에 하는 것이 원칙이지만 증언한 후에 선서하는 경우에도 이 죄에 해당한다($_{74도1231 판결}^{통설,}$).

(b) **증 인** "증인"이란 법원 또는 법관에 대하여 자신이 과거에 경험한 사실을 진술하는 제3자를 말한다. 공판절차와 증거보전절차에서의 증인은 이 죄의 주체가 되지만 형사피고인과 증인적격이 없는 민사소송상의 당사자신문에 의하여 선서한 당사자나 당사자인 법인의 대표자($_{판결}^{2010도14360}$)의 허위진술은 이 죄의 증인진술에 해당하지 않는다.

(aa) **공범자인 공동피고인의 선서** 공범자 또는 공동피고인이 증인의 자격으로 선서하고 증언한 경우에 이 죄의 주체가 될 수 있느냐에 대해서, 선서하고 증언한 이상 이 죄의 주체가 된다는 일부 견해($_{877}^{정영일}$)가 있으나, 공범자 아닌 공동피고인은 증인적격이 있으므로 선서하고 증언하면 이 죄의 주체가 되지만

공범자인 공동피고인은 소송절차가 분리되지 않는 한 증인적격이 없으므로 이 죄의 주체가 될 수 없다(_{2010도10028 판결}^{통설,}).

(bb) 증언거부권자의 선서   증언거부권자(^{형사소송법 제148조·제149조,}_{민사소송법 제314조·제315조})가 거부권을 행사하지 않고 선서한 후 증언한 경우에도 이 죄의 주체가 된다. 따라서 증언으로 인하여 자신의 형사소추를 받을 염려가 있는 증언거부권자가 선서하고 위증한 경우에도 이 죄가 성립한다(^{통설, 86도1724}_{전원합의체 판결}).

(cc) 증언절차의 소송법 규정위반   증언거부권자에게 증언거부권을 고지하지 않고 증언하게 한 경우에 위증죄가 성립할 수 있느냐가 문제된다.

대법원은 종래 증언거부권을 고지받지 않았다 하더라도 이로 인하여 증언거부권이 사실상 침해된 것으로 볼 수 없다고 하여 위증죄를 인정하였으나 (^{86도1724}_{전원합의체 판결}), 그 후 태도를 바꾸어 증인이 증언거부권을 고지받지 못함으로 인하여 증언거부권을 행사하는 데 사실상 장애가 초래되었다고 볼 수 있는 경우에는 위증죄가 성립하지 않는다고 하였다(^{2008도942 전원합의체 판결,}_{2013도3284 판결}).

2) 행 위   허위의 진술을 하는 것이다.

(a) 허 위   위증죄의 허위의 의의에 대해서 견해가 대립한다.

(aa) 객관설   "허위"란 증인의 진술내용이 객관적인 진실에 반하는 것을 의미하며, 그 진술이 증인의 기억과 일치하느냐는 묻지 않는다는 견해이다 (^{이재상·장영민·강동범 46/18, 김일수}_{서보학 731, 손동권·김재윤 52/10}). 객관적 진실에 합치되는 진술은 국가의 사법기능을 해할 염려가 없다는 것이 그 이유이다.

(bb) 주관설   "허위"란 진술내용이 증인의 자기 기억에 반하는 것을 의미하며 진술내용이 객관적인 진실과 합치되느냐는 묻지 않는다는 견해이다(다수설). 증인에게 자신의 경험과 기억 이상의 내용을 진술해 줄 것을 기대할 수는 없으므로 증인이 기억한 사실을 진술하여 법원의 진실발견에 협력하면 충분하다는 것이 그 이유이다. 종래까지의 통설이다.

(cc) 판례의 태도   대법원은 위증죄에서 말하는 허위의 진술이라는 것은 그 객관적 사실이 허위라는 것이 아니라 스스로 체험한 사실을 기억에 반하여 진술하는 것, 즉 기억에 반하는 사실을 말하는 것이라고 판시(^{84도114}_{판결})한 이래 일관하여 **주관설**을 취하고 있다(^{90도448 판결,}_{95도192 판결}).

(dd) 결 어   객관설과 주관설의 실제상의 차이는, ① 기억에 반하는 진술

을 하였으나 진술내용이 객관적 진실과 일치하는 경우(주관설에 의하면 위증죄가 성립하나 객관설에 의하면 위증죄가 되지 않는다), ② 기억에 반하는 사실을 진실이라고 믿고 진술하였는데 객관적 진실에 반하는 것으로 밝혀진 경우(주관설에 의하면 위증죄가 성립하나 객관설에 의하면 위증죄의 고의가 부정된다)에 나타난다.

[**객관설·주관설 모두 위증이 되는 사례**]   기억이 불확실한 사실을 확실히 기억하고 있다고 진술한 경우(71도815 판결), 직접 관여하지 않은 사실을 직접 확인하거나 목격하여 알고 있다고 진술한 경우(74도1110 판결), 전해 들어 알게 된 사실을 직접 목격하였다고 진술한 경우(85도783 판결), 전해 들은 금품전달사실을 자신이 전달한 것으로 진술한 경우(90도448 판결), 실내에서 개최된 회의광경을 밖에서 구경하고도 회의에 참석하였다고 진술한 경우(68도1063 판결) 등 증인의 기억 내용이나 인식 또는 그 경위에 관한 내적 사실은 객관설, 주관설의 어느 견해에 의하여도 위증죄가 성립함에 차이가 없다.

증인은 자신이 경험한 사실과 기억하고 있는 사실을 진술하여 법원의 진실발견에 협력하면 증인으로서의 의무를 다한 것이고, 그 이상의 내용을 진술해 준다는 것을 기대할 수 없을 뿐만 아니라 객관적 진실까지 찾아서 진술해야 할 의무도 없다. 객관적 진실이라 오신하고 진술한 경우에도 자기의 기억에 반하는 진술이면 국가의 사법기능을 해할 추상적 위험은 있기 때문에 **주관설**이 타당하다.

증언의 허위성 여부는 증언의 단편적 구절에 구애되어 판단할 것이 아니라 그 신문절차에서의 증언 전체를 일체로 파악하여 판단해야 한다. 판례도 같다($^{2008도1053}_{판결}$). 진술의 전체적 취지가 자기의 기억과 일치하면 일부 근소한 부분에 다른 점이 있어도 위증은 되지 않는다($^{2007도5076}_{판결}$).

판례   증인의 증언은 그 전부를 일체로 관찰·판단하는 것이므로 선서한 증인이 일단 기억에 반하는 허위의 진술을 하였더라도 그 신문이 끝나기 전에 그 진술을 철회·시정한 경우 위증이 되지 아니한다(2008도1053 판결).

(b) 진 술   진술은 증인이 법원 또는 법관에 대하여 자기가 경험한 사실을 그대로 말하는 것이다.

(aa) 진술의 대상   증인의 진술은 자기가 경험한 사실을 진술하는 것이므로 진술의 대상은 경험한 사실에 한정되며 이에 대한 가치판단이나 의견은 진

술에 포함되지 않는다. 경험한 사실이면 내적 사실(감정·동기·목적·관념·확신·기억)이거나 외적 사실(경험한 존재사실·사건경위)임을 묻지 않는다.

(bb) 진술의 방법 아무런 제한이 없다. 구두나 거동은 물론, 표정에 의한 경우도 진술이 될 수 있다. 또 증인신문에 대하여 자기가 기억하고 있는 사실의 전부 또는 일부를 묵비함으로써 전체로서의 진술내용이 허위가 되는 때에는 부작위에 의한 위증이 될 수 있다(통설). 그러나 단순한 진술거부의 경우에는 증언거부에 대한 제재(형사소송법 제161조, 민사소송법 제318조)를 받는 것은 별문제로 하고 위증은 되지 않는다.

(cc) 진술의 내용 증인신문의 대상이 되는 것은 모두 진술의 대상이 된다. 반드시 증명을 요하는 사실이거나 당사자가 입증해야 할 사항일 필요가 없으며, 재판의 결과에 영향을 미치는 진술임을 요하지 않는다(89도1212판결). 기억한 사항이면 사실에 대한 진술, 인정신문에 대한 진술을 묻지 않으며, 사실에 대한 진술인 경우에는 지엽적인 사실(81도3069판결)이나 동기·내력에 대한 것도 무방하다. 증언으로서 증거능력이 있음을 요하지 않으며, 공판절차가 위법하여 무효가 된 때에도 이 죄의 성립에는 영향이 없다.

(c) 기수시기 신문절차가 종료하여 그 진술을 철회할 수 없는 단계에 이르렀을 때에 기수가 된다(2010도7525 통설·판결). 신문이 끝나기 전에 허위진술을 취소·시정한 때에는 이 죄가 성립하지 않는다(2008도1053판결). 신문이 종료한 후에 허위진술을 취소한 때에는 자백에 의한 형 감면을 받을 수 있다. 증인이 진술한 후에 선서한 때에는 그 선서가 종료한 때에 기수가 된다(74도1231판결). 미수는 불가벌이다.

(2) 주관적 구성요건

법률에 의하여 선서한 증인임을 인식하고 자기의 기억에 반하는 진술을 한다는 인식·의사가 있어야 한다. 타인을 모해할 목적이 있는 때에는 모해위증죄(제152조 제2항)에 해당하여 형이 가중된다. 법관의 신문취지를 오해하거나 착오로 진술한 때에는 위증의 고의를 인정할 수 없다(86도1050판결).

(3) 정범·공범관계

1) 비신분자의 정범적격 위증죄는 자수범이므로 법률에 의하여 선서한 증인 이외의 자는 이 죄의 간접정범이 될 수 없다. 비신분자가 위증을 교사 또는 방조하면 제33조 본문에 의하여 위증죄의 교사범 또는 방조범이 된다.

2) **자기의 형사사건에 대한 위증교사**　피고인이 자기의 형사피고사건에 관해서 타인을 교사하여 위증하게 한 경우에 위증교사죄가 성립하느냐에 대해서 **긍정설**($^{이형국\ 855,}_{김성돈\ 864}$)이 있으나, **부정설**이 다수설이다("범인은닉·도피죄" 참조).

(a) **판례의 태도**　대법원은 자기의 형사사건에 관하여 타인을 교사하여 위증죄를 범하게 하는 것은 방어권을 남용한 것이라 하여 위증죄의 교사범을 인정한다($^{2003도5114}_{판결}$).

(b) **결 어**　① 형사피고인의 위증교사는 타인의 행위를 이용하여 허위진술을 하는데 지나지 않는 것이므로 증거인멸행위와 실질에서 다르지 않고, ② 형사피고인이 단독으로 또는 타인과 공동하여 직접 허위진술한 경우에는 처벌할 수 없음에도 불구하고 교사·방조 등 타인의 행위를 이용한 간접적인 방법에 의한 경우에만 죄책을 부담시키는 것은 불합리하므로 형사피고인은 그 교사범도 될 수 없다는 부정설이 타당하다고 본다.

(4) 죄수·타죄와의 관계

1) **죄 수**　동일 사건의 같은 법정에서 수개의 위증을 하거나 1회의 선서로 하나의 사건에서 수차 허위진술을 하여도 이 죄의 포괄일죄이다($^{2006도9463}_{판결}$). 소송의 같은 심급에서 변론기일을 달리하여 수차례 증인으로 출석하여 수개의 허위진술을 하더라도 최초의 선서효력을 유지시킨 것이면 1개의 위증죄가 된다($^{2006도9463}_{판결}$).

2) **타죄와의 관계**

(a) **무고죄와의 관계**　타인으로 하여금 형사처분을 받게 할 목적으로 허위신고를 하고, 그 허위신고로 인한 재판의 증인으로 출석하여 허위신고와 동일한 내용의 허위진술을 하면 무고죄와 위증죄의 경합범이 된다.

(b) **증거인멸죄와의 관계**　증거인멸죄와 위증죄의 관계에 대해서, ① **택일관계설**은 어느 일방의 규정을 적용하면 다른 규정의 적용은 배제된다고 하고($^{김일수·서보학}_{733}$), ② **특별관계설**은 특별규정인 위증죄가 성립하지 않는 것을 조건으로 일반규정인 증거인멸죄가 성립한다고 한다(다수설).

위증 그 자체도 실질상으로는 증거인멸에 해당하지만 형법은 선서한 자의 위증에 대해서만 특별히 위증죄로 처벌하도록 규정한 것이므로 **특별관계설**이 타당하다고 본다.[1] 따라서 선서하지 않은 증인을 이용하여 허위진술을 하게 하면 위증죄는 구성하지 않으나 증거인멸죄는 성립할 수 있다.

(5) 자백·자수의 특례

위증죄를 범한 자가 그 진술한 사건의 재판 또는 징계처분이 확정되기 전에 자백 또는 자수한 때에는 그 형을 감경 또는 면제한다($\frac{제153}{조}$). 위증으로 인한 오판을 미연에 방지하기 위한 정책적 규정이다.

이 특례는 위증죄가 기수로 된 후를 상정하고 규정한 것이므로 자백·자수는 신문절차가 종결하여 위증죄가 기수로 된 이후부터 재판확정 전 또는 징계처분 전에 해야 한다. 이 특례는 정범자뿐만 아니라 공범에게도 적용된다. 다만 형의 감면은 일신전속적이기 때문에 공범도 자백 또는 자수한 때에만 적용된다.

Ⅲ. 모해위증죄

> [구성요건·법정형] 형사사건 또는 징계사건에 관하여 피고인, 피의자 또는 징계혐의자를 모해할 목적으로 전항(위증)의 죄를 범한 때에는 10년 이하의 징역에 처한다(제152조 제2항).
> 전조의 죄를 범한 자가 그 공술한 사건의 재판 또는 징계처분이 확정되기 전에 자백 또는 자수한 때에는 그 형을 감경 또는 면제한다(제153조).

형사사건 또는 징계사건에 관하여 피고인, 피의자 또는 징계혐의자를 모해할 목적으로 법률에 의하여 선서한 증인이 허위의 진술을 하는 범죄로서, 모해할 목적으로 인하여 불법이 가중되는 부진정목적범, 자수범이다.

"모해할 목적"이란 피고인, 피의자 또는 징계혐의자에게 불이익한 일체의 목적을 말하며 이러한 목적달성 여부는 이 죄의 성립에 영향이 없다. 다만, 타인에게 형사처분을 받게 할 목적으로 국가보안법에 규정된 죄에 대하여 위증을 하면 그 위증한 죄에 정한 형으로 처벌한다($\frac{동법}{제12조 제1항}$).

판례는 모해목적을 가중적 신분으로 파악하여 모해할 목적으로 그 목적이 없는 타인을 교사하여 위증을 하게 한 경우에 목적 있는 교사자는 모해위증죄의 교사범, 목적 없는 자는 단순위증죄로 처단하고 있다($\frac{93도1002}{판결}$). 그러나 목적은

---

[1] 위증죄의 법정형(5년 이하의 징역 또는 1천만원 이하의 벌금)이 증거인멸죄의 법정형(5년 이하의 징역 또는 700만원 이하의 벌금)보다 그 하한이 무겁게 규정되어 있다.

행위관련적 요소이므로 신분이 아니라고 해야 한다(다수설). 이 경우 목적 있는 교사자는 목적 없는 단순위증죄에 종속하여 단순위증죄의 교사범이 된다.

IV. 허위감정·통역·번역죄

> [구성요건·법정형] 법률에 의하여 선서한 감정인, 통역인 또는 번역인이 허위의 감정, 통역 또는 번역을 한 때에는 전2조(위증죄, 모해위증죄와 자백, 자수시의 필요적 감면)의 예에 의한다(제154조).

(1) 의의·성격

법률에 의하여 선서한 감정인, 통역인 또는 번역인이 허위의 감정, 통역 또는 번역을 하는 범죄로서, 감정·통역·번역의 정확성을 기하여 국가의 사법기능을 보호하기 위한 추상적 위험범이다. 모해목적이 없는 경우에는 단순위증죄의 형으로, 모해목적이 있는 경우에는 모해위증죄의 형으로 처벌된다.

(2) 구성요건

1) 주 체   법률에 의하여 선서한 감정인, 통역인 또는 번역인이다. 형사소송법상의 감정인($^{동법}_{제170조}$), 통역인·번역인($^{동법\ 제170조,}_{제183조}$)과 민사소송법상의 감정인($^{동법\ 제319조,}_{제333조}$) 등이 여기에 해당한다. 또 특별법으로서 "국회에서의 증언·감정 등에 관한 법률"($^{동법\ 제7조,}_{제14조}$)이 있다.

"감정인"이란 특수한 지식·경험을 가진 제3자가 그 지식·경험에 의하여 알 수 있는 법칙 또는 그 법칙을 적용하여 얻은 판단을 법원 또는 법관에게 보고하는 자를 말한다. 법원 또는 법관에게 보고하는 자이므로 수사기관의 감정을 위촉받은 자($^{형사소송법}_{제221조\ 제2항}$)와 민사소송법에 의한 감정서를 설명하는 자($^{동법\ 제341조}_{제2항}$)는 선서를 요건으로 하지 않기 때문에 여기에 해당하지 않는다. 특수한 지식·경험에 의하여 지득한 사실을 보고하는 감정증인도 증인에 해당할 뿐이고 이 죄의 감정인은 아니다. "통역·번역"은 법원 또는 법관의 위촉을 받아 선서한 후 그 재판활동을 돕는 자이고, 수사기관의 통역·번역을 위촉받은 자는 이 죄의 주체가 될 수 없다.

2) 행 위   허위의 감정, 통역 또는 번역을 하는 것이다. 여기의 허위의

의미도 위증죄의 그것과 같다. 따라서 허위의 감정, 통역 또는 번역은 자기의 의견 또는 판단에 반하는 감정, 통역 또는 번역을 하는 것이며, 객관적인 진실에 합치되느냐는 이 죄의 성립에 영향이 없다(주관설). 허위의 감정, 통역 또는 번역의 행위가 있으면 족하고, 그 결과가 현실로 심판의 자료로 사용되었느냐, 판결에 영향을 미쳤느냐와 상관없다.

3) 기수시기   감정·통역·번역의 결과를 서면으로 제출하는 경우에는 서면제출시에, 구두로 보고하는 경우에는 그 진술의 전체가 종료한 때에, 서면 및 구두로 보고하는 경우에는 그 전체를 종합 고려하여 전체적으로 종료한 때에 각각 기수가 된다.

V. 증거인멸죄

> [구성요건·법정형]   타인의 형사사건 또는 징계사건에 관한 증거를 인멸, 은닉, 위조 또는 변조하거나 위조 또는 변조한 증거를 사용한 자는 5년 이하의 징역 또는 700만원 이하의 벌금에 처한다(제155조 제1항).
> 친족 또는 동거의 가족이 본인을 위하여 본조의 죄를 범한 때에는 처벌하지 아니한다(제4항).

(1) 의의·성격
타인의 형사사건 또는 징계사건에 관한 증거를 인멸, 은닉, 위조 또는 변조하거나 위조 또는 변조한 증거를 사용하여 증거의 완전한 이용을 방해하는 범죄이다. 유형적 방법으로 증거의 증명력을 해하여 국가의 형사사법기능을 해하는 범인비호적·사후종범적 성격의 범죄로서 추상적 위험범이다.

(2) 구성요건
1) 객 체   타인의 형사사건 또는 징계사건에 관한 증거이다.

(a) 타인의 사건   타인의 형사사건 또는 징계사건이라야 하므로 자기의 사건($^{2015도1000}_{판결}$)은 물론 사인간의 징계사건($^{2007도4191}_{판결}$)에 대해서는 이 죄가 성립할 여지가 없다. 다음의 두 가지가 문제된다.

(aa) 자기형사사건에 대한 증거인멸교사   타인을 교사하여 자기의 형사사건이나 징계사건에 관한 증거를 인멸하게 한 경우에 이 죄의 교사범이 성립하

느냐에 관해서도 범인은닉죄·위증죄에서와 같이 **긍정설**($^{유기천 하 340,}_{김성돈 868}$)과 **부정설**(다수설)이 대립하고, 판례는 **긍정설**을 취하고 있다($^{99도5275}_{판결}$).[1]

타인을 교사한 경우에도 자기증거인멸과 마찬가지로 자기비호로 보아야 하며, 이 죄의 정범으로 처벌할 수 없는 자를 공범(교사범)으로 처벌하는 것은 합리성이 없으므로 **부정설**이 타당하다("범인은닉죄·위증죄" 참조).

(bb) **공범자의 형사사건에 관한 증거인멸** 공범자의 형사피고사건에 관한 증거를 타인의 형사사건에 관한 증거라고 할 수 있느냐가 문제된다. ① 공범자의 사건은 타인의 사건이라 할 수 없으므로 이 죄가 성립하지 않는다는 견해($^{황산덕 94, 이재상·장영민·강동범 46/42,}_{배종대 163/6, 손동권·김재윤 52/30}$), ② 공범자의 이익을 위해 증거를 인멸한 때에는 타인의 사건이 되어 이 죄가 성립하지만 자기 또는 자기와 공범의 이익을 위해 증거를 인멸한 때에는 자기의 사건이 되어 이 죄가 성립하지 않는다는 견해(다수설)가 대립한다. 판례는 자기의 이익을 위한 것이 동시에 공범자의 이익이 되어도 이 죄의 성립을 부정하고 있다($^{2011도5329}_{판결}$).

공범사건이라도 그 일부의 공범자에 대해서만 증거가 되는 경우도 있고, 특히 공범자 상호간에 이해가 상반되는 경우도 있으므로 공범사건에 대해서 일률적으로 증거인멸죄 성립을 부정하기 보다는 다수설의 입장에서 판단하는 것이 타당하다고 본다.

(b) **형사사건 또는 징계사건** 인멸되는 증거는 형사사건 또는 징계사건에 관한 것이라야 한다. 따라서 민사·행정·비송 또는 선거사건에 대한 것은 포함되지 않는다. 형사사건인 때에는, ① 범죄의 경중은 물론, 종국적으로 유죄판결이 선고되었거나 판결이 확정되었느냐도 묻지 않는다. 따라서 재심이나 비상상고사건도 이 죄의 형사사건에 포함된다. 형사피고사건 외에 피의사건도 포함된다(통설). ② 수사개시 이전의 사건도 포함하느냐에 대하여는 수사가 개시되기 전에는 이 죄에 의하여 보호될 형사사법기능이 침해될 위험이 없다는 이유로 부정하는 견해($^{유기천 하 340, 이재상·}_{장영민·강동범 46/43}$)도 있으나, 수사개시 이전의 증거인멸행위도 장차 수사가 개시될 경우에는 국가의 심판기능이 침해될 것이므로 포함시키는 견해가

---

[1] 다만 판례는, 범인이 형사처분을 받게 될 것을 염려하여 자기의 이익을 위하여 제3자와 공동하여 증거가 될 자료를 은닉한 경우, 범인 자신에게는 증거은닉죄가 성립하지 않는다고 판시(2015도1000 판결)하였다.

타당하다(다수설). 판례도 같은 취지이다(82도274 판결, 2003도4533 판결).

(c) 증 거   "증거"란 범죄의 성부, 태양(기수·미수·공범), 형의 가중·감면, 정상 등을 인정하는 데에 사용되는 일체의 자료를 말한다(2020도2642 판결). 컴퓨터범죄의 경우 컴퓨터에 저장된 log파일은 물론, 파일을 프린터로 출력한 출력물도 증거에 해당한다고 본다. 증거가 피고인·피의자에게 유리한 것이냐 불리한 것이냐는 묻지 않는다. 다만 증인에 대하여는 별도의 증인은닉·도피죄(제155조 제2항)가 성립하므로 여기의 증거에는 증인 이외의 모든 증거를 말한다.

2) 행 위   증거를 인멸, 은닉, 위조 또는 변조하거나 위조 또는 변조한 증거를 사용하는 것이다.

(a) 인 멸   "인멸"이란 증거에 대한 물질적 훼손뿐만 아니라 그 가치·효용을 멸실·감소시키는 일체의 행위를 말한다. 타인의 형사사건을 수사하는 수사기관에 허위진술을 하도록 교사한 경우에 증거인멸이 될 수 있다는 견해도 있으나 판례는 증거인멸죄를 부정한다(2017도9827 판결).

(b) 은 닉   "은닉"이란 증거의 현출을 방해하거나 그 발견을 곤란하게 하는 것을 말한다. 증인을 숨기거나 도망가게 하는 것도 은닉에 해당하지만 이 경우에는 증인은닉·도피죄(제155조 제2항)가 성립하므로 증인 이외의 증거를 은닉해야 한다. 은닉은 적극적 행위임을 요하고 단순한 제출거부나 소지사실 부인만으로 은닉이라 할 수 없다.

(c) 위 조   "위조"란 부진정한 새로운 증거를 작출하는 것을 말한다. 진실한 증거와 유사한 물건 자체를 새로 만들거나 범죄사실과 관계없는 기존의 물건을 이용하여 범죄사실과 관련이 있는 것처럼 꾸미는 것도 위조가 된다. 따라서 예컨대 사실과 다른 영수증을 후일에 작성하거나 정을 모르는 법원서기관에게 허위내용의 구두변론조서를 작성시키는 것도 위조에 해당한다. 다만 이 죄의 위조는 증거 자체의 위조에 한하고,1) 참고인으로 하여금 허위의 진술을 하게 하는 것은 이에 해당하지 않는다는 것이 판례의 태도이다(2015도9010 판결).

---

1) 대법원은, 증거인멸죄에서 말하는 증거의 위조란 '증거방법의 위조'를 의미하므로, 증거방법 그 자체에 아무런 허위가 없다면, 존재하지 않는 허위의 외관을 작출하기 위해 만들었다거나 허위의 사실을 입증할 목적으로 만들어졌다고 하더라도 증거 '위조'에는 해당하지 않는다는 전제에서, 변호사가 의뢰인인 피고인의 형량을 낮추기 위해 재판부에 제시한 양형자료는 증거에 해당하지만, 이를 바탕으로 거짓 주장을 했더라도 증거 자체가 허위가 아니라면 증거위조죄로 처벌할 수 없다고 판시(2020도2642 판결)하였다.

여기의 위조·변조는 문서위조·변조죄의 그것과는 달라서 작성권한의 유무나 문서내용의 진부(眞否)는 문제되지 않는다(²⁰¹⁵도⁹⁰¹⁰ 판결). 예컨대 범행시에 없었던 흔적이나 지문을 새로 남긴 경우, 타살을 자살로 위장하기 위해 사체변경을 하거나 범행장소에 타인소지품을 증거로 남겨두는 것은 모두 위조에 해당한다.

(d) 변 조 "변조"란 기존의 진정한 증거를 가공하여 증거가치를 변경시키는 것을 말한다. 허위내용을 첨가하거나 훔친 자동차의 색깔 또는 차량번호만을 바꾼 경우는 변조에 해당한다. 그러나 범행도구에 묻은 핏자국을 씻어버리거나 시체를 범행장소에서 옮긴 경우, 범죄흔적을 없애기 위해 사고차량의 바퀴를 교체한 경우는 변조라고 할 수 없다.

(e) 사 용 "사용"이란 위조·변조된 증거를 진정한 증거로 제공하는 것을 말한다. 제공은 자발적 제공일 필요가 없고 수사기관의 요구로 제공한 것도 사용이 된다. 사용의 상대방은 법원 또는 감독기관(징계사건인 경우)과 수사기관이다. 사용행위자와 위조·변조자가 같은 사람일 필요가 없다.

(3) 죄수·타죄와의 관계

이 죄의 각 행위태양 상호간에는 포괄일죄가 된다. 증거를 위조한 후 이를 사용하면 법조경합의 보충관계에 해당하여 사용죄만 성립한다는 견해(김일수·서보학 724, 임웅 1036)도 있다. 그러나 보충관계는 수개의 법규 상호간에 기본법과 보충법의 관계가 있는 때에 성립하므로 동일구성요건의 수개의 행위태양 사이에 수단과 목적의 관계가 있으면 포괄일죄(증거사용죄)가 된다고 해야 한다. 다만 이 죄의 각 행위가 동시에 다른 죄명에 해당하는 경우에는 상상적 경합이 된다. 따라서 타인의 형사사건에 관한 증거를 인멸하기 위하여 장물을 은닉한 경우, 압수한 증거물을 절취하여 은닉한 경우에는 각각 장물죄·절도죄와 증거인멸죄의 상상적 경합이 된다.

(4) 친족간의 특례

친족 또는 동거의 가족이 본인을 위하여 이 죄를 범한 때에는 처벌하지 아니한다(제155조 제4항). 책임배제사유이고 적용범위·공범관계에 관해서는 범인은닉·도피죄에서 설명한 것과 같다.

VI. 증인은닉·도피죄

> [구성요건·법정형] 타인의 형사사건 또는 징계사건에 관한 증인을 은닉 또는 도피하게 한 자도 제1항(증거인멸죄)의 형(5년 이하의 징역 또는 700만원 이하의 벌금)과 같다(제155조 제2항).
> 친족 또는 동거의 가족이 본인을 위하여 본조의 죄를 범한 때에는 처벌하지 아니한다(제 4항).

(1) 의의·성격

타인의 형사사건 또는 징계사건에 관한 증인을 은닉 또는 도피하게 하는 범죄이다. 증인에 대한 은닉·도피 이외에는 증거인멸죄와 성격이 같다.

(2) 구성요건

객체는 타인의 형사사건 또는 징계사건에 관한 증인이다. 여기의 증인에는 형사소송법상의 증인뿐만 아니라 수사기관에서 조사하는 참고인도 포함한다(통설). 인적 증거로서의 증인에 한하며 증거자료로서의 증언 자체는 제외된다. 피고인은 증거방법에 불과하므로 범인은닉죄의 객체가 될 뿐이고 이 죄의 증인이 될 수 없다. 자기사건의 증인인 동시에 타인사건의 증인은 이 죄의 객체에 포함되지 않는다($^{2002도6134}_{판결}$).

행위는 증인을 은닉 또는 도피하게 하는 것이다. 여기의 "은닉"이란 증인의 출석을 방해 또는 곤란하게 하는 일체의 행위로서 숨길 장소에 감금하거나 증인을 살해하는 것도 은닉에 해당한다. "도피하게 하는 것"은 은닉 이외의 방법으로 증인의 출석을 곤란 또는 불가능하게 하는 일체의 행위로서 도망하게 하거나 도피를 야기 내지 방조하는 행위를 포함한다(그 밖의 점은 "범인은닉·도피죄" 참조). 단순히 타인의 피의사건에 관하여 허위의 진술을 하거나 허위의 진술을 하도록 교사하는 정도로는 증인을 은닉 또는 도피하게 하였다고 할 수 없다($^{77도997}_{판결}$). 친족 또는 동거의 가족이 본인을 위하여 이 죄를 범한 때에도 처벌하지 않는다($^{제155조}_{제4항}$).

VII. 모해증거인멸 · 증인은닉죄

> **[구성요건 · 법정형]** 피고인, 피의자 또는 징계혐의자를 모해할 목적으로 전2항(증거인멸, 증인은닉 · 도피)의 죄를 범한 자는 10년 이하의 징역에 처한다(제155조 제3항).
> 친족 또는 동거의 가족이 본인을 위하여 본조의 죄를 범한 때에는 처벌하지 아니한다 (제4항).

피고인, 피의자 또는 징계혐의자를 모해할 목적으로 타인의 형사사건 또는 징계사건에 관한 증거를 인멸, 은닉, 위조 또는 변조하거나 위조 또는 변조한 증거를 사용하거나 증인을 은닉 또는 도피하게 하는 범죄이다. 증거인멸죄, 증인은닉 · 도피죄에 대해서 모해할 목적 때문에 불법이 가중되는 부진정목적범이다.

"모해할 목적"이란 피고인, 피의자 또는 징계혐의자에게 불이익을 받게 할 일체의 목적을 말하며 그 목적달성 여부는 이 죄의 성립에 영향이 없다. 특별법으로서 국가보안법 제12조 제1항이 있다. 그리고 친족 또는 동거의 가족이 본인을 위하여 이 죄를 범한 때에도 처벌하지 아니한다($^{제155조}_{제4항}$).

[§ 44] 무고의 죄

I. 총 설

(1) 의의 · 본질

타인으로 하여금 형사처분 또는 징계처분을 받게 할 목적으로 공무소 또는 공무원에 대하여 허위의 사실을 신고하는 범죄이다.

무고죄의 본질에 관해서, ① 국가의 심판기능(형사 또는 징계처분권)의 적정한 행사를 저해하는 행위를 처벌하기 위한 국가적 법익침해설도 있으나, ② 국가의 심판기능의 적정한 행사뿐만 아니라 부차적으로 피무고자의 법적 안정과 이익을 침해하는 이중적 성격을 가진 범죄라고 함이 타당하다(통설).

(2) 보호법익

무고죄의 본질을 이중적 성격으로 이해하면 그 보호법익도 국가의 심판기능의 적정행사와 피무고자의 법적 안정이라 해야 한다. 전자가 주된 법익이고 후자는 부차적 법익이다(^{2015도15398}_{판결}). 추상적 위험범으로서의 보호이다.

Ⅱ. 무고죄

> [구성요건·법정형] 타인으로 하여금 형사처분 또는 징계처분을 받게 할 목적으로 공무소 또는 공무원에 대하여 허위의 사실을 신고한 자는 10년 이하의 징역 또는 1천500만원 이하의 벌금에 처한다(제156조).

(1) 의의·성격

타인으로 하여금 형사처분 또는 징계처분을 받게 할 목적으로 공무소 또는 공무원에 대하여 허위의 사실을 신고하는 것이다. 목적범이고 추상적 위험범이다.

(2) 객관적 구성요건

1) 주 체   제한이 없다. 공무원도 주체가 될 수 있다. 외관상 타인 명의로 고소장을 작성·제출한 경우에도 피명의인이 아니라 고발인 진술을 하는 등 고소·고발행위를 주도한 자가 무고죄의 주체가 된다(^{2006도6017 판결,}_{88도1533 판결}).

2) 행 위   공무소 또는 공무원에 대하여 허위의 사실을 신고하는 것이다.

(a) 행위의 상대방   무고행위는 공무소 또는 공무원에게 해야 한다. 여기의 "공무소 또는 공무원"은 공문서위조죄에서와 같은 넓은 의미가 아니라 신고내용이 되는 형사처분 또는 징계처분을 취급할 수 있는 해당관서 또는 그 소속공무원을 의미한다. 형사처분에 있어서는 수사기관인 검사·사법경찰관과 그 보조자 기타 범죄수사에 종사하거나 이를 통할·감독하는 공무원을 말하며, 징계처분에 있어서는 징계처분을 심사결정할 수 있는 직권을 가진 소속장뿐만 아니라 위반사항을 기관장에게 상신하여 징계처분을 촉구할 수 있는 기관·공무원을 포함한다.

수사기관을 통할하는 대통령(77도1445 판결), 관내 경찰서장을 지휘·감독하는 도지사(81도2380 판결), 조세범칙행위에 대한 통고처분권 또는 고발권이 있는 국세청장(91도2127 판결), 지방변호사회 회장(2010도10202 판결) 등에게 처벌요구 진정서를 제출하는 것은 무고에 해당하지만, 농업협동조합중앙회나 중앙회장은 무고죄의 공무소·공무원에 해당하지 않는다(79도3109 판결).

(b) **허위의 사실** "허위의 사실"이란 객관적 진실에 반하는 사실을 말한다 (2018도2614 판결 ^{통설,}). 위증죄에 있어서의 허위가 주관적인 기억에 반하는 것과 다르다. 진술내용이 증명을 요하는 사항이 아니거나 재판결과에 영향을 미친바 없더라도 허위진술을 하면 무고가 된다(^{88도1533} 판결).

(aa) **착오에 의한 신고** 행위자의 신고내용이 허위라고 오신한 경우에도 우연히 그 신고가 객관적 진실에 합치되면 이 죄에 해당하지 않는다(^{91도1950} 판결). 또 객관적 진실에 반하는 허위사실이라도 행위자가 객관적 진실에 합치되는 사실이라고 오신하고 신고한 때에도 이 죄는 성립하지 않는다(^{2006도6347} 판결).

(bb) **허위사실 판단기준** 신고된 사실이 허위인가의 여부는 신고사실의 중요내용이 객관적 진실과 합치하느냐에 따라 판단해야 한다. 반드시 신고사실의 전부가 허위일 필요가 없으나 정황을 다소 과장한 정도로는 허위사실이라고 할 수 없다(^{2018도2614} 판결). 그러나 부분적인 증감이라도 그것이 신고사실의 전체를 허위로 만들거나 범죄성립을 배제하는 사유를 숨기고 구성요건사실만을 신고한 때에는 허위신고에 해당한다(^{97도2956} 판결). 반면 신고사실이 객관적 사실관계와 일치하는 경우에는 법률적 평가나 죄명을 잘못 적은 정도로 허위신고라 할 수 없다 (예: 재물편취를 횡령으로, 권리행사방해를 절도로 신고한 경우). 신고사실이 진실인 이상 형사책임을 부담할 자를 잘못 신고한 경우에도 이 죄가 되지 않는다(^{81도2341} 판결).

(cc) **형사·징계처분의 원인되는 사실신고** 신고되는 허위사실은 형사처분 또는 징계처분의 원인이 될 수 있는 것이라야 한다. 허위사실 자체가 범죄를 구성하지 아니하거나 징계처분의 원인이 될 수 없는 사실은 형사·징계처분의 목적으로 신고하여도 이 죄가 되지 않는다(^{2015도15398} 판결 참조).

신고된 사실에 대하여 처벌규정이 없거나(2013도6862 판결), 일반사면(89도2330 판결)이나 공소시효의 완성으로 이미 공소권이 소멸되었음이 명백한 경우(2007도11153 판결), 친고죄의 고소기간이 경과하여 공소를 제기할 수 없음이 신고내용 자체에서 명백한 경우(98도150 판결)에는 국가의 심판기능을 저해할 위험도 없으므로 허위사실의 신고에 포함되지 않는다.

그러나 공소시효가 완성되었다 하더라도 공소시효가 완성되지 아니한 것처럼 고소한 경우 (95도1908 판결), 위법성배제사유를 숨기고 적극적으로 범죄사실을 주장하는 고소를 한 경우(97 도2956 판결)에는 무고죄가 성립한다.

(dd) 피무고자의 특정   피무고자는 특정되어 있어야 한다. 피무고자가 누구인지 알 수 있으면 족하고 반드시 성명까지 명시할 필요가 없다.

(c) 신 고   "신고"란 자진하여 사실을 고지하는 것을 말한다. 자발적이라야 하므로 정보원·수사관 등의 요청에 의하여 지득한 사실이나 정보를 제공하는 경우($^{4287형상209}_{판결}$), 수사기관의 신문에 대하여 허위답변을 하는 경우($^{2013도4429}_{판결}$)에는 신고에 해당하지 않는다. 그러나 고소장에 기재하지 않은 사실을 수사기관에서 고소보충조서를 받으면서 자진하여 허위사실을 진술한 경우($^{2013도4429}_{판결}$)에는 신고에 해당한다. 반면 수사기관의 심문에 대하여 진범인이 자기의 범죄혐의를 부인하는 것은 허위사실의 신고에 해당하지 않는다.

신고의 수단·방법은 제한이 없다. 서면·구두, 고소·고발을 묻지 않으며, 그 명칭이 반드시 고소장일 필요도 없다($^{2012도4531}_{판결}$). 원본 아닌 사본을 사용하거나 ($^{78도894}_{판결}$) 서명없이 익명으로 신고하거나 타인명의를 사용한 경우도 무방하다.

(d) 기수시기   허위신고가 당해 공무소 또는 공무원에게 도달한 때에 기수가 된다. 목적달성 여부는 기수와 상관없다. 구두신고의 경우에는 진술과 동시에, 문서를 우송하는 경우에는 문서가 공무소 또는 공무원에게 도달한 때에 기수가 된다. 공무소·공무원에게 도달한 이상 그 후 무고문서를 되돌려받았다 하여도 무고죄는 성립한다($^{84도2215}_{판결}$). 허위로 신고한 사실이 무고행위 당시 형사처분의 대상이 될 수 있었던 경우에는 이로써 무고죄는 기수에 이르고, 이후 그 사실이 범죄가 되지 않는 것으로 판례가 변경되었다고 하더라도 특별한 사정이 없는 한 이미 성립한 무고죄에는 아무런 영향이 없다($^{2015도15398}_{판결}$).

(3) 주관적 구성요건

1) 고 의   공무소 또는 공무원에게 허위의 사실을 신고한다는 인식과 신고의사가 있어야 한다. 진실한 사실로 오신하고 신고하였을 때에는 고의가 부정되어 이 죄는 성립하지 않는다($^{2006도6347}_{판결}$).

(a) 확정적 인식의 요부   허위의 사실에 대한 인식의 정도에 관해서 확정적

인식임을 요한다는 견해와 미필적 인식으로 충분하다는 다수설이 대립한다.

(b) **판례의 태도**　대법원은 풍문을 경신하고 확신없는 사실을 신고하여도 무고죄를 구성한다고 판시(^{4287형상65}_{판결})한 이후 일관하여 허위임을 확신할 필요가 없고 미필적 인식으로 충분하다고 하고 있다(^{2011도11500}_{판결}).

(c) **결　어**　고소·고발은 원래 범죄 혐의가 있는 때에 허위일지도 모른다는 미필적 인식을 가지고 있는 경우가 많고, 무고죄의 성립을 제한하기 위해서 고의 외에 목적을 별도로 요구하고 있으므로 이 죄의 성립이 부당하게 확대될 우려는 없다. 따라서 허위에 대한 인식은 미필적으로 족하다는 다수설이 타당하다.

2) 목적범　고의 외에 타인으로 하여금 형사처분 또는 징계처분을 받게 할 목적이 있어야 하는 목적범이다. 이러한 목적 없이 허위의 사실을 신고하거나 혐의사실에 대한 수사를 하여 사실의 진부를 가려달라고 신고한 것만으로는 이 죄가 성립하지 않는다.

(a) **타　인**　무고죄에 있어서의 목적은 타인에 대한 것이라야 한다. 타인은 자연인·법인을 포함하며, 형사처분·징계처분을 받을 자격이 있음을 요하지 않는다.

(aa) **자기무고**　무고는 타인에 대한 무고이므로 자기무고는 구성요건해당성이 없다(^{2013도12592}_{판결}). 타인을 교사하여 자기를 무고하게 한 자기무고의 교사도 교사범의 성립을 부정해야 한다. 이 죄의 주된 보호법익은 국가심판기능의 적정이므로 피무고자의 촉탁·승낙을 받아 무고하는 승낙무고는 이 죄가 성립한다.

(bb) **공동무고**　자기와 타인이 공범관계에 있다고 허위의 사실을 신고한 공동무고는 타인에 대한 부분에 한하여 이 죄가 성립한다. 자기 자신을 무고하기로 제3자와 공모하고 이에 따라 제3자의 무고행위에 가담하였더라도 무고죄의 공동정범으로 처벌할 수 없다(^{2013도12592}_{판결}).

(cc) **허무인 무고**　타인은 특정되고 인식할 수 있는 살아있는 자를 말하고, 실재하지 않는 허무인이나 사자에 대한 무고는 이 죄를 구성하지 않는다. 허무인 무고는 애당초 형사처분 또는 징계처분을 받게 할 가능성이 전혀 없다.

(b) **형사처분·징계처분**　"형사처분"은 형법상의 형벌뿐만 아니라 보안처분도 포함된다. 따라서 보안관찰법상의 보안관찰처분, 소년법상의 보호처분도 형사처분에 해당한다.

"징계처분"의 의미에 대해서 법률에 근거한 모든 종류의 공적 징계를 의미한다는 견해(_{손동권·김재윤} _{53/16})도 있으나 공법상의 특별권력관계에 의한 징계를 의미한다는 견해가 타당하다고 본다(통설). 이 죄는 "국가의" 징계권행사의 적정을 보호하는데 그 취지가 있기 때문이다. 따라서 변호사·공증인·법무사·공인회계사 등에 대한 징계는 공법상 특별권력관계에 의한 징계처분이 아니므로 여기의 징계처분에 포함되지 않는다고 본다.

> 대법원도 무고죄에서의 징계처분은 특별관계에 기초한 징계처분에 한정하면서도 구 변호사법상의 징계절차는 변호사의 공익적 지위와 공법상의 특별권력관계에 준하는 공법상의 통제를 하기 위한 것이라고 하여 대한변호사협회의 변호사에 대한 징계처분도 이에 포함시키고 있다(2010도10202 판결). 또 공의(公醫)는 공무원에 준하는 신분을 가지고 있고 그가 처리하는 업무도 공무에 해당하므로 징계처분을 받게 할 목적으로 감독기관에 허위신고하면 무고죄가 성립한다(75도108 판결).

(c) **목적의 내용**   목적의 내용에 대해서는 결과발생에 대한 미필적 인식으로 충분하다는 견해(_{박상기 각론8판 707,} _{김성돈 881})와, 그 결과발생을 희망·의욕하는 확정적 인식이 있어야 한다는 견해(다수설)가 대립하고 있다. 판례는 형사처분 또는 징계처분을 받게 할 목적은 이로 인하여 다른 사람이 형사처분 또는 징계처분을 받게 될 것이라는 인식이 있으면 족하고 그 결과발생을 희망하는 것까지 요하지 않는다고 한다(_{2012도2468} _{판결}).

그러나 이 죄에 있어서의 목적도 주관적 불법요소이므로 모든 목적범에 있어서의 목적과 마찬가지로 확정적 인식이 있어야 한다고 본다.

(4) 자백·자수에 대한 특례

이 죄를 범한 자가 그 신고한 사건의 재판 또는 징계처분이 확정되기 전에 자백 또는 자수한 때에는 그 형을 감경 또는 면제한다(_{제153조,} _{제157조}). 국가의 적정한 심판기능의 침해를 미연에 방지하기 위한 정책적 규정이다.

"자백·자수"에는 신고한 사건을 다루는 기관에 대한 고백이나 그 사건을 다루는 재판부에 증인으로 다시 출석하여 전에 그가 한 신고가 허위의 사실이었음을 고백하는 것은 물론, 무고사건의 피고인 또는 피의자로서 법원이나 수사기관에서의 신문에 의한 고백도 포함된다(_{2020도13077} _{판결}).

(5) 특별형법

국가보안법은, 타인으로 하여금 형사처분을 받게 할 목적으로 국가보안법에 규정된 죄에 대하여 무고한 자를 그 각 조의 죄에 정한 형에 처하도록 규정하고 있다($^{동법 제12조}_{제1항}$). 또 특가법에서 규정하는 범죄에 대한 무고행위를 한 자는 3년 이상의 유기징역에 처한다($^{동법}_{제14조}$). 다만 판례는 특가법 제14조 자체를 위반하였다고 무고한 경우는 형법상의 무고죄가 성립할 뿐, 특가법 제14조에 의하여 가중처벌되는 범죄에 해당하지 않는다고 판시($^{2017도20241}_{판결}$)하였다.

(6) 죄수·타죄와의 관계

1) 죄 수 피무고자의 수를 표준으로 죄수를 결정해야 한다. 1개의 행위로 동일인에 대한 수개의 허위사실을 신고한 때에는 단순일죄가 되지만 1개의 행위로 수인을 무고한 때에는 상상적 경합이 된다. 그러나 동일인에 대하여 동일한 무고사실을 기재한 수개의 서면을 시기 및 작성명의를 달리하여 별개의 수사기관에 각각 제출한 때에는 수개의 무고죄가 성립하고 경합범이 된다.

2) 타죄와의 관계 무고행위를 한 후 피고인으로 된 피무고자의 재판에서 다시 무고와 동일내용의 위증을 한 때에는 위증죄와 이 죄의 경합범이 된다. 위조문서를 우송하여 무고한 때에는 위조문서행사죄와 무고죄의 상상적 경합이 되지만 스스로 위조한 문서를 제출하여 무고한 때에는 위조문서행사죄와 이 죄는 상상적 경합이 되고 다시 문서위조죄와는 경합범이 된다.

제 2 절 국가의 존립과 권위에 관한 죄

형법은 국가의 존립과 안전을 보호하기 위하여 내란의 죄와 외환의 죄를 규정하고, 국가의 권위와 국가존립의 체면을 대외적으로 유지하기 위하여 국기 ·국장의 모독·비방죄를 규정하고 있다. 국가의 존립이라 할 경우의 국가는 헌법과 정치권력 하에 있는 국가를 의미하므로 국가존립의 안전은 형법규범 자체의 기능이 아니라 정치권력의 기능이라 할 수 있고, 이를 침해하는 범죄를 국사범 또는 정치범이라 한다.

[§ 45] 내란의 죄

I. 총 설

(1) 의 의

내란의 죄는 대한민국 영토의 전부 또는 일부에서 국가권력을 배제하거나 국헌을 문란하게 할 목적으로 폭동을 일으켜 국가의 내부로부터 국가의 존립과 헌법질서를 침해하는 범죄이다. 내란의 죄는 외환의 죄와 함께 국가존립의 안전을 보호하는 국가보호형법(정치형법)에 속하는 범죄이지만 국가의 내부로부터 국가의 존립을 위태롭게 한다는 점에서 국가의 외부로부터 국가의 존립을 위태롭게 하는 외환의 죄와 구별된다.

한편 내란의 죄는 다중이 집합하여 폭동을 일으키는 집단범이란 점에서 소요죄와 같지만 대한민국 영토 내에서 국가권력을 배제하거나 국헌을 문란하게 할 목적을 가지고 집합한 다중이 그 목적달성을 위하여 어느 정도 조직화되어 있어야 한다는 점에서 소요죄와 다르다. 내란의 죄에 대하여 공소시효규정이 적용되지 않는다("헌정질서 파괴범죄의 공소시효 등에 관한 특례법" 제3조 제1호).

(2) 보호법익

내란죄의 보호법익은 국가존립과 헌법질서를 포함한 국가의 내적 안전이다(통설). 우리 형법상의 내란죄는 대한민국 영토의 전부 또는 일부에서 국가권력을 배제하거나 국헌을 문란하게 할 목적이 있어야 하므로 영토내란과 헌법내란을 포함한다($\frac{제91}{조}$). 보호법익이 보호받는 정도에 대해서 추상적 위험범설이 있으나, 구체적 위험범이고, 내란목적살인죄는 침해범이라 본다.

II. 내란죄

> [구성요건·법정형] 대한민국 영토의 전부 또는 일부에서 국가권력을 배제하거나 국헌을 문란하게 할 목적으로 폭동을 일으킨 자는 다음 각 호의 구분에 따라 처벌한다.
> 1. 우두머리는 사형, 무기징역 또는 무기금고에 처한다.
> 2. 모의에 참여하거나 지휘하거나 그 밖의 중요한 임무에 종사한 자는 사형, 무기 또는 5년 이상의 징역이나 금고에 처한다. 살상, 파괴 또는 약탈행위를 실행한 자도 같다.
> 3. 부화수행하거나 단순히 폭동에만 관여한 자는 5년 이하의 징역이나 금고에 처한다(제87조).
> 미수범은 처벌한다(제89조).

(1) 의의·성격

대한민국 영토의 전부 또는 일부에서 국가권력을 배제하거나 국헌을 문란하게 할 목적으로 폭동을 일으키는 범죄이다. 목적범이며 다중이 집합하여 폭동을 일으키는 집단범이다(필요적 공범).

(2) 객관적 구성요건

1) 주 체 자연인이면 누구나 주체가 될 수 있다. 내국인·외국인을 묻지 않으며 외국인의 국외범도 처벌한다($\frac{제5조}{제1호}$). 내란죄는 집단범이므로 범죄의 성질상 영토의 일부를 점거하거나 헌법질서를 파괴·변혁시킬 수 있는 정도의 상당한 다수인의 공동범행이 있어야 한다. 다만 형법은 범죄실행에 관여한 형태에 따라 다음의 세 가지로 유형화하고 처벌에서 차이를 두고 있다.

(a) 우두머리 "우두머리"는 폭동을 조직·통솔하는 최고 지휘자의 지위에 있는 자로서 반드시 1인임을 요하지 않는다. 또 내란의 발의자 또는 주모자에

한하지 않으며, 반드시 폭동의 현장에서 지휘·통솔하고 있어야 하는 것도 아니다.

(b) **모의참여자·지휘자·중요임무종사자** "모의참여자"란 우두머리의 상담 상대로서 폭동계획에 참여한 자를 말한다. "지휘자"는 폭동에 가담한 다수인의 전부 또는 일부를 지휘하는 자로서 그 지휘는 폭동개시 전후를 묻지 않으며 현장에서 지휘할 것도 요하지 않는다. "중요임무종사자"는 모의참여자·지휘자 이외의 자로서 폭동에 중요한 역할을 담당하는 자이다. 폭동시에 탄약·식량보급, 자금조달, 경리관장, 살상·파괴·약탈행위를 실행한 자가 이에 해당한다.

(c) **부화수행자·단순관여자** 막연히 폭동에 참가하여 폭동의 세력을 증대시킨 자를 말하고, 군중심리에 의하여 노무에 종사하거나 투석·방가(放歌)·화염병 투척 등의 행위를 한 자이다.

2) **행 위** 폭동을 일으키는 것이다.

(a) **폭 동** "폭동"이란 다수인이 결합하여 폭행·협박하는 것으로서, 적어도 한 지방의 평온을 해할 정도의 위력이 있는 것이라야 한다(96도3376 전원합의체 판결). 폭동의 내용인 폭행과 협박은 가장 넓은 의미의 것을 말한다(96도3376 전원합의체 판결). 따라서 "폭행"은 사람뿐만 아니라 물건에 대한 일체의 유형력의 행사를 의미하며, 동맹파업·태업·시위 등도 내란목적을 위한 것이면 이 죄의 폭행에 해당한다. "협박"은 공포심을 생기게 할 만한 해악고지가 있었으면 충분하고 현실적으로 상대방이 공포심을 느꼈느냐는 묻지 않는다. 폭행·협박은 목적달성을 위한 수단으로 사용된 것이라야 한다. 따라서 내란의 목적과 관계없는 폭행·협박만으로 이 죄에 해당하지 않는다.

(b) **기수·미수** 폭행·협박이 한 지방의 평온을 해할 정도에 이른 때에 기수가 되고(통설), 그 정도에 이르지 못하면 미수가 된다. 목적을 달성하였는가의 여부는 이 죄의 기수·미수를 구별하는데 영향이 없다.

(3) 주관적 구성요건

1) **고 의** 다수인이 집합하여 폭동을 일으킨다는 인식·의사가 있어야 하고, 미필적 고의로 족하다.

2) **목 적** 고의 외에 대한민국 영토의 전부 또는 일부에서 국가권력을 배제하거나 국헌을 문란하게 할 목적이 있어야 한다. 이러한 목적 없이 집합한

다중이 폭행·협박으로 나아가면 소요죄를 구성한다.

(a) **영토 내 국가권력배제 목적**   대한민국의 통치권이 미치는 영토의 일부 또는 전부에 대하여 불법적으로 영토고권을 배제하려는 영토내란의 목적을 말한다. 영토내란은 대한민국의 영토의 일부를 분리하여 불법적으로 지배하거나 외국에 양도하는 경우가 이에 해당한다.

(b) **국헌문란의 목적**   헌법의 기본질서를 파괴·변혁하려는 헌법내란의 목적을 말한다. "헌법의 기본질서"란 헌법에 규정된 자유민주적 기본질서의 기초가 되는 원칙으로서 민주공화국과 주권(헌법 제1조), 민주적 기본질서(헌법 제8조 제4항)와 이에 기초한 국가의 기본조직·통치작용·헌법기관의 기능에 관한 원칙을 말한다. 특정한 정권 또는 내각을 타도하거나 대통령·국무총리를 살해하고 이를 경질하는 것은 국헌문란이 아니다(80도306 전원합의체 판결).

[**국헌문란의 정의**]   형법 제91조는 국헌문란의 목적에 대해서, ① "헌법 또는 법률에 정한 절차에 의하지 아니하고 헌법 또는 법률의 기능을 소멸시키는 것", ② "헌법에 의하여 설치된 국가기관을 강압에 의하여 전복 또는 그 권능행사를 불가능하게 하는 것"이라고 정의하고 있다. 전자는 민주적 기본질서에 기초한 국가의 통치작용을 의미하고, 후자는 제도로서의 헌법기관의 존속과 기능을 의미한다.

(c) **목적 인식정도**   대한민국 영토의 전부 또는 일부에서 국가권력을 배제하거나 국헌을 문란하게 할 목적은 미필적 인식으로 충분하다는 견해(김성돈 740 이하)도 있으나 확정적 인식임을 요한다고 해야 한다(통설). 고의와 목적범에 있어서의 목적은 구별해야 하고, 확정적 인식이 있을 때에 목적범의 불법성을 특히 인정할 수 있으므로 이 죄의 목적에 한하여 미필적 인식을 주장할 이유가 없다.

(4) 공범규정의 적용여부

내란죄는 필요적 공범인 집단범이므로 집단 내의 필요적 공범 상호간에는 총칙상의 공범규정을 적용할 수 없다(통설). 필요적 공범의 집단 밖에서 가담한 자에 대해서, ① 형법은 내란죄의 집단행동에 관여한 행위태양과 정도에 따라 구별하여 처벌하고 있으므로 단독범을 전제로 적용되는 공동정범의 규정을 적용할 수 없음은 명백하다. ② 내란집단 밖에서 내란을 교사 또는 방조한 경우에 공범규정을 적용할 수 있느냐에 대해서 **부정설**(정영석 22, 김일수·서보학 746)이 있으나 **긍정설**이

타당하다(통설). 필요적 공범을 교사·방조할 수 없다고 하면 내란집단 밖에서
폭동에 관여하지 않고 교사·방조한 자는 처벌대상에서 제외되는데, 이는 범죄
의 중대성에 비추어 타당하다고 할 수 없으므로 내란집단 밖에서의 가담자도
교사범·방조범으로 처벌할 수 있다고 해야 한다.

(5) 죄수·국가보안법과의 관계

1) 죄 수   내란폭동 중에 살인·방화·강도·손괴 등의 행위가 있는 경우
에, ① 내란죄와 이러한 죄는 그 보호법익이 다르고 내란행위에 반드시 살상·
방화·강도·손괴 등이 수반되는 것도 아니므로 내란죄와 상상적 경합이 된다는
견해(이재상·장영민 강동범 39/16)와, ② 폭동 중에 사람을 살해하면 내란죄만 성립하고 기타의 경
우에는 내란죄와 경합범이 된다는 견해(김일수·서보학 749)가 있으나, ③ 내란과정의 폭
동에 수반된 살인·방화 등은 내란목적을 달성하기 위한 수단에 불과하므로 내
란죄에 흡수된다고 본다(통설. 96도3376 전원합의체 판결). 다만 내란목적으로 폭동의 준비단계에서 살
인을 한 경우에는 내란예비죄(제90조 제1항)와 내란목적살인죄(제88 조)의 상상적 경합이
된다.

2) 국가보안법과의 관계   국가의 안전을 위태롭게 하는 반국가활동을 규
제하기 위한 국가보안법은 형법에 대한 특별법이므로 형법에 우선하여 적용된
다. 따라서 정부를 참칭하거나 국가를 변란할 것을 목적으로 하는 결사·집단(반
국가단체)을 구성하거나 이에 가입한 때에는 국가보안법 제3조에 의하여, 반국가
단체의 구성원 또는 그 지령을 받은 자가 그 목적수행을 위한 행위를 한 때에
는 국가보안법 제4조에 의하여 처벌된다. 다만 국가보안법은 내란죄 자체를 규
정하지 않고 있으므로 이러한 자가 동일한 목적 하에 내란행위로 나아가면 형
법상의 내란죄만 적용된다.

Ⅲ. 내란목적살인죄

> [구성요건·법정형]   대한민국 영토의 전부 또는 일부에서 국가권력을 배제하거나 국헌을
> 문란하게 할 목적으로 사람을 살해한 자는 사형, 무기징역 또는 무기금고에 처한다(제88조).
> 미수범은 처벌한다(제89조).

(1) 의의·성격

대한민국 영토의 전부 또는 일부에서 국가권력을 배제하거나 국헌을 문란하게 할 목적으로 사람을 살해하는 범죄이다. 이 죄의 성격에 관해서, ① 영토 내 국가권력의 배제나 국헌을 문란하게 할 목적으로 사람을 살해하면 제87조 제2호의 내란죄에 해당하지만 이를 특별히 무겁게 처벌하기 위하여 규정된 것이라는 **특별규정설**($^{유기천}_{하\ 233}$), ② 요인암살을 내용으로 하는 독립된 내란죄의 한 유형이라는 **독립내란죄설**($^{김일수·서보학\ 748\ 이하,}_{박상기·전지연\ 826}$), ③ 내란의 목적을 달성하기 위해서 살인의 범의를 가진데 불과하므로 살인죄에 내란목적이 부가되어 형이 가중된 **가중적 살인죄설**($^{정성근·박광민\ 852,\ 이재상·장영민·}_{강동범\ 39/21,\ 배종대\ 139/1}$), ④ 폭동에 수반된 살인은 내란죄에 흡수되고, 폭동과 별개로 행해진 살인은 내란목적살인죄가 된다는 **폭동관련구별설**($^{이형국\ 724,\ 임웅}_{872,\ 김성돈\ 742}$)이 대립한다.

판례는 내란목적 살인이 폭동에 수반되어 행해진 경우에는 제87조 제2호의 내란죄에 해당하고, 폭동에 수반되지 않고 별개로 행해진 경우에는 내란목적살인죄에 해당한다고 판시하고 있다($^{96도3376}_{전원합의체\ 판결}$).

내란목적살인죄는 내란목적만 있을 뿐 내란행위의 실행이 없는 것이고, 내란행위 자체도 반드시 살인행위를 포함하는 것은 아니므로 제87조 제2호의 내란죄의 특별규정이라 할 수 없다. 이 죄는 주관적으로 내란목적을 가지고 있을 뿐이고 행위태양에서는 일반살인과 동일하므로 이 죄의 살인의 의미를 요인암살로 제한하여 해석할 이유도 없다. 폭동관련구별설은 내란폭동이 있느냐에 따라 구별하였을 뿐이고 가중적 살인죄설과 차이가 없다. 일반의 살인죄에 대해서 내란목적 때문에 불법이 가중된 살인죄(**가중적 살인죄설**)라고 해석함이 타당하다고 본다(부진정목적범).

따라서 이 죄는 내란목적만 가지고 있을 뿐이므로 폭동에 이르기 전이나 폭동 없이 사람을 살해한 경우에만 성립한다고 해야 한다. 보호법익은 사람의 생명과 국가의 내적 안전이며, 보호받는 정도는 침해범으로서의 보호이다.

(2) 구성요건

1) 주 체 내란죄, 살인죄와 같이 주체의 제한은 없다. 내국인, 외국인을 불문한다.

2) 객 체   사람이다. 여기의 "사람"의 의미에 대해서 헌법기관을 구성하는 삼부요인, 정당지도자, 주요당직자로 한정하는 견해(박상기각론8판 607)가 있으나 법문은 단지 사람이라고 규정하고 있을 뿐이므로 요인에 한정할 이유가 없고, 내란폭동이 수반되지 않는 한 누구라도 객체가 될 수 있다. 따라서 내란목적으로 일반인이나 경비 중인 군인을 살해하여도 이 죄를 구성한다.

3) 행 위   살해하는 것이다. 살해의 수단·방법은 묻지 않으나 내란목적을 가지고 살해해야 한다. 내란목적으로 폭동시에 살해하면 제87조 제2호의 내란죄에 해당한다.

4) 고의·목적   사람을 살해한다는 고의 이외에 대한민국 영토의 전부 또는 일부에서 국가권력을 배제하거나 국헌을 문란하게 할 목적이 있어야 하는 목적범(부진정목적범)이다. 목적의 달성여부는 이 죄의 성립에 영향이 없다.

(3) 공범관계

이 죄는 폭동행위를 전제로 한 집단범이 아니므로 이에 공범이 가공한 경우에는 내란죄와 달리 공동정범은 물론 교사범·방조범에 관한 총칙규정이 적용된다.

(4) 타죄와의 관계

폭동의 준비단계에서 내란목적의 살인을 하면 내란예비죄(제90조 제1항)와 이 죄의 상상적 경합이 된다. 내란목적으로 사람을 살해한 후 다시 폭동에까지 이른 때에는 내란목적살인죄와 내란죄의 경합범이 된다.

Ⅳ. 내란예비·음모·선동·선전죄

[구성요건·법정형]   제87조(내란) 또는 제88조(내란목적살인)의 죄를 범할 목적으로 예비 또는 음모한 자는 3년 이상의 유기징역이나 유기금고에 처한다. 단, 그 목적한 죄의 실행에 이르기 전에 자수한 때에는 그 형을 감경 또는 면제한다(제90조 제1항).
제87조 또는 제88조의 죄를 범할 것을 선동 또는 선전한 자도 전항의 형과 같다(제2항).

(1) 의의·성격

내란죄 또는 내란목적살인죄를 범할 목적으로 예비, 음모, 선동, 선전하는 범죄이다. 이 죄는 독자적 구성요건이 아니라 기본범죄인 내란죄·내란목적살인죄의 발현형태에 지나지 않고 미수범과 마찬가지로 수정 구성요건이다.

(2) 수정 구성요건

1) 예 비 "예비"란 내란죄, 내란목적살인죄를 실행하기 위한 물적·인적 준비행위를 말한다. 예컨대 무기·자금·양곡을 제조·준비하거나 범행장소를 물색하는 것이 이에 해당한다.

2) 음 모 "음모"란 내란죄, 내란목적살인죄의 실행계획·방법 등에 관해서 2인 이상이 협의(합의)하는 것을 말한다. 세부적인 합의까지 필요없으나 공격대상과 목표가 설정되어 있고, 실행계획의 주요사항의 윤곽을 인식할 정도의 합의가 있어야 한다. 판례는 객관적으로 내란실행을 위한 합의라는 것이 명백히 인정되고 합의의 실질적인 위험성이 인정되어야 한다고 하였다(2014도10978 전원합의체 판결). 내란예비죄와 내란음모죄는 내란죄 또는 내란목적살인죄를 범할 목적이 있어야 한다. 내란을 예비 또는 음모한 자가 실행에 이르기 전에 자수한 때에는 그 형을 감경 또는 면제한다(필요적 감면).

3) 선 동 "선동"이란 일반 대중에게 감정적인 자극을 주어 내란죄의 실행을 결의하게 하거나 이미 존재하는 결의를 촉구하는 것을 말한다. 불특정 다수인에 대해서만 가능하고, 범죄의 고의를 가진 자에 대해서도 선동할 수 있다. 수단·방법은 제한이 없으므로 문서·도화·언동·슬라이드 상영 등에 의해서도 할 수 있다. 특정한 사상이나 추상적인 원리를 옹호하거나 교사하는 것만으로는 내란선동이 될 수 없고 그 내용이 내란에 이를 정도의 폭력적인 행위를 선동하는 것이라야 하고, 피선동자의 내란결의를 유발하거나 증대시킬 위험이 인정되면 충분하다(2014도10978 전원합의체 판결).

4) 선 전 "선전"이란 내란의 필요성에 관한 취지를 불특정 다수인에게 이해시키고 그들의 찬동을 얻기 위한 일체의 의사전달행위를 말한다. 반드시 상대방에게 직접적으로 전달할 필요가 없으며, 그 수단·방법도 제한이 없다.

[§ 46] 외환의 죄

I. 총 설

(1) 의 의

외환의 죄는 외국으로 하여금 무력행사를 유발하게 하거나 대한민국에 항적하거나 적국을 위하여 인적·물적 이익을 제공하여 국가의 존립과 안전을 위태롭게 하는 범죄이다. 국가의 외부로부터 국가의 존립과 안전을 위태롭게 하는 비목적범, 비집단범이라는 점에서 내란의 죄와 구별된다. 외환의 죄에 대하여도 내란의 죄와 마찬가지로 공소시효규정이 적용되지 않는다("헌정질서 파괴범죄의 공소시효 등에 관한 특례법" 제3조 제1호).

(2) 보호법익

외환의 죄의 보호법익은 국가의 외적 안전이다. 보호받는 정도는 구체적 위험범으로서의 보호라고 본다.

II. 외환유치죄

> [구성요건·법정형] 외국과 통모하여 대한민국에 대하여 전단을 열게 하거나 외국인과 통모하여 대한민국에 항적한 자는 사형 또는 무기징역에 처한다(제92조).
> 미수범은 처벌한다(제100조).
> 동맹국(제104조) 규정이 적용된다.

(1) 의 의

외환유치죄는 외국과 통모하여 대한민국에 대하여 전단(戰端)을 열게 하거나 외국인과 통모하여 대한민국에 항적(抗敵)하는 범죄이다. 외국과 통모한 전단개시와 외국인과 통모한 항적행위의 두 가지를 포함한다.

(2) 구성요건

1) 주 체   내국인은 누구나 이 죄의 주체가 된다. 외국인도 이 죄의 주체가 될 수 있으나 적국인은 여적죄(제93조)의 주체가 되므로 제외된다.

2) **행 위** 외국과 통모하여 전단을 열게 하거나 외국인과 통모하여 항적하는 것이다.

(a) **외국·외국인과의 통모** ① "외국"이란 대한민국 이외의 국가를 말한다. 다만 여적죄($^{제93}_{조}$)가 별도로 있으므로 적국 이외의 국가라고 해야 한다. 여기의 "국가"는 국제법상 승인된 국가는 물론, 그 국가를 대표하는 정부기관·군대·외교사절도 포함한 개념이다. 또 대한민국과 무력분쟁상태에 있지 않은 사실상의 국가도 여기에 해당한다. ② "외국인"이란 외국과 외국을 대표하는 정부기관·군대 이외의 사인과 외국인의 사적 단체(예: 테러단체)를 말한다. ③ "통모"란 의사연락에 의한 합의를 말한다. 합의라야 하므로 일방적 의사표시는 통모가 되지 않는다. 통모행위는 외국인이 다른 외국 또는 외국인과 통모한 경우와 외국인이 자국과 통모한 경우를 포함한다.

(b) **전단의 개시** "전단을 열게 한다"란 전투행위를 개시하는 일체의 행위를 말한다. 국제법상 전쟁개시뿐만 아니라 사실상의 전쟁도 포함한다(통설).

(c) **항 적** "항적한다"는 것은 적국을 위하여 적국의 군무에 종사하면서 대한민국에 적대하는 일체의 행위를 말하며 전투원이건 비전투원이건 묻지 않는다.

(d) **기수시기** 통모에 의하여 전단이 개시되거나 통모하여 항적한 때 기수가 된다. 통모와 전단개시 사이에는 인과관계가 있어야 한다.

Ⅲ. 여적죄

[구성요건·법정형] 적국과 합세하여 대한민국에 항적한 자는 사형에 처한다(제93조).
미수범은 처벌한다(제100조).
준적국(제102조) 규정과 동맹국(제104조) 규정이 적용된다.

적국과 합세하여 대한민국에 항적하는 범죄이다. "적국"이란 대한민국에 적대하는 외국을 말하고, 대한민국에 적대하는 외국 또는 외국인의 단체도 적국으로 간주된다($^{제102}_{조}$). 국제법상 선전포고를 하고 대한민국과 전쟁을 수행하는 상대국뿐만 아니라 사실상 전쟁을 수행하고 있는 외국도 포함한다(통설). "항적"이란 적국을 위하여 대한민국에 대해 적대행위를 하는 것을 말한다. 반드시 적국과 합세하여 항적해야 하므로 항거할 수 없는 불가항력적 강압에 의하여 적

대행위를 한 때에는 이 죄를 구성하지 않는다. 항적행위가 현실로 행해졌을 때에 기수가 되며, 이에 이르지 않은 때에는 이 죄의 미수가 된다. 이 죄는 절대적 법정형으로 사형만을 규정한 유일한 예이다.[1] 다만 정상참작감경 규정($\frac{제53}{조}$)은 이 죄에도 적용될 수 있다.

Ⅳ. 모병이적죄

> [구성요건·법정형] 적국을 위하여 모병한 자는 사형 또는 무기징역에 처한다(제94조 제1항).
> 전항의 모병에 응한 자는 무기 또는 5년 이상의 징역에 처한다(제2항).
> 미수범은 처벌한다(제100조).
> 준적국(제102조) 규정과 동맹국(제104조) 규정이 적용된다.

적국을 위하여 모병하거나 모병에 응하는 범죄이다. "모병"이란 전투에 종사할 사람을 모집하는 것을 말하고, "모병에 응한 자"란 자발적으로 이에 지원한 자를 말한다. 강제징병인 경우에는 이 죄가 되지 않는다. 모병 또는 모병에 응한다는 고의 외에도 적국을 이롭게 할 이적의사가 있어야 한다(경향범).

Ⅴ. 시설제공이적죄

> [구성요건·법정형] 군대, 요새, 진영 또는 군용에 공하는 선박이나 항공기 기타 장소, 설비 또는 건조물을 적국에 제공한 자는 사형 또는 무기징역에 처한다(제95조 제1항).
> 병기 또는 탄약 기타 군용에 공하는 물건을 적국에 제공한 자도 전항의 형과 같다(제2항).
> 미수범은 처벌한다(제100조).
> 준적국(제102조) 규정과 동맹국(제104조) 규정이 적용된다.

---

1) 군형법에는 사형을 절대적 법정형으로 규정한 조항들이 다수 존재한다. 반란수괴죄(제5조 제1호), 반란목적 군용물탈취수괴죄(제6조), 군대·군용시설·군용물제공죄(제11조), 군용시설 등 파괴죄(제12조), 불법전투개시죄(제18조), 불법전투계속죄(제19조), 지휘관항복죄(제22조), 부대인솔도피죄(제23조), 적전 지휘관직무유기죄(제24조 제1호), 적전 지휘관수소이탈죄(제27조 제1호), 적진도주죄(제33조), 전지강간죄(제84조 제1항) 등이 그 예이다. 종래 절대적 법정형으로 사형만을 규정하고 있던 군형법상 상관살해죄(제53조 제1항)에 대하여는 헌법재판소에서 위헌결정(2006헌가13 결정)이 선고됨에 따라 2009. 11. 2. 법 개정(2010. 2. 3. 시행)으로 법정형이 사형 또는 무기징역으로 변경되었다. 초병살해죄(제59조 제1항)도 같다.

군대, 요새, 진영 또는 군용에 공하는 선박이나 항공기 기타 장소, 설비 또는 건조물을 적국에 제공하거나, 병기 또는 탄약 기타 군용에 공하는 물건을 적국에 제공하는 범죄이다. "군대", "요새", "진영"은 군사시설의 예시이고, "군용에 공하는 설비 또는 물건"이란 우리나라의 군사목적에 직접 사용하기 위하여 설비한 일체의 시설 또는 물건을 말한다. 군사통신시설·군용양곡 등도 포함한다. 군용에 공하는 물건이므로 비군용물제공이적죄(물건제공이적죄)와 다르다.

VI. 시설파괴이적죄

> [구성요건·법정형] 적국을 위하여 전조(시설제공이적죄)에 기재한 군용시설 기타 물건을 파괴하거나 사용할 수 없게 한 자는 사형 또는 무기징역에 처한다(제96조).
> 미수범은 처벌한다(제100조).
> 준적국(제102조) 규정과 동맹국(제104조) 규정이 적용된다.

적국을 위하여 시설제공이적죄에 기재한 군사시설 기타 군용물건을 파괴하거나 사용할 수 없게 하는 범죄이다. 이 죄가 성립하기 위해서는 군사시설·군용물건을 파괴 또는 사용할 수 없게 한다는 고의 외에 적국을 위한다는 이적의사가 있어야 한다. 따라서 적국함대의 포획을 면하기 위하여 승선을 침몰시키는 경우는 이적의사가 없으므로 이 죄가 되지 않는다. 이적의사 없이 군사시설을 손괴 기타 방법으로 그 효용을 해한 자는 '군사기지 및 군사시설 보호법'($^{제24}_{조}$)의 적용을 받는다.

VII. 물건제공이적죄

> [구성요건·법정형] 군용에 공하지 아니하는 병기, 탄약 또는 전투용에 공할 수 있는 물건을 적국에 제공한 자는 무기 또는 5년 이상의 징역에 처한다(제97조).
> 미수범은 처벌한다(제100조).
> 준적국(제102조) 규정과 동맹국(제104조) 규정이 적용된다.

군용에 제공되지 않는 병기, 탄약 또는 전투용에 공할 수 있는 물건을 적국에 제공하는 범죄이다. 즉 비군용물제공이적죄이다.

VIII. 간첩죄

> [구성요건·법정형] 적국을 위하여 간첩하거나 적국의 간첩을 방조한 자는 사형, 무기 또는 7년 이상의 징역에 처한다(제98조 제1항).
> 군사상의 기밀을 적국에 누설한 자도 전항의 형과 같다(제2항).
> 미수범은 처벌한다(제100조).
> 준적국(제102조) 규정과 동맹국(제104조) 규정이 적용된다.

(1) 의의·성격

적국을 위하여 간첩하거나 적국의 간첩을 방조하거나 군사상의 기밀을 적국에 누설하는 범죄이다. 적국을 위한다는 이적의사가 있어야 한다. 간첩죄의 행위태양은, ① 적국을 위한 간첩, ② 적국의 간첩방조, ③ 적국에 군사상의 기밀누설 등의 세 가지가 있다.

(2) 구성요건

1) 적국을 위한 간첩 적국을 위하여 간첩하는 것이다.

(a) 적 국 "적국"이란 대한민국에 적대하는 외국을 말한다(여적죄의 "적국" 참조). 사실상 국가에 준하는 단체 내지 외국인의 단체도 포함한다($\substack{제102 \\ 조}$). 따라서 북한도 적국에 해당한다($\substack{82도3036 \\ 판결}$).

(b) 간 첩 "간첩"이란 적국에 알리기 위하여 국가의 기밀을 탐지·수집하는 것을 말한다. 군사상의 기밀도 포함한다. 적어도 적국과의 의사연락은 있어야 하며, 적국과 의사연락 없이 일방적으로 적국을 위하여 기밀을 수집하는 것은 간첩예비죄($\substack{제101조 \\ 제1항}$)에 해당한다.

(aa) 국기기밀 "국가의 기밀"이란 대한민국의 외적 안전에 중대한 불이익이 될 위험을 방지하기 위하여 타국에 비밀로 해야 할 사실·대상 또는 지식으로서 제한된 범위의 사람에게만 알려져 있는 것을 말한다.[1] 국가의 기밀 여부는 국가기관의 기밀표지나 기밀보존의사가 있는 경우와 같이 형식적인 기준에만 따를 것이 아니라 대한민국의 안전을 위하여 타국에 비밀로 해야 할 실질

---

[1] 대법원은 "군사기밀보호법의 규정들을 종합하여 보면, 어느 군사기밀에 대하여 군사기밀의 지정이 적법절차에 의하여 해제되거나 국방부장관에 의하여 국민에게 공개되지 않았으며 그 내용이 누설될 경우 국가안전보장에 명백한 위험을 초래할 우려가 있는 한 군사기밀로서의 성질을 그대로 가지고 있다"고 판시(2013도6274 판결)하였다.

적인 이익이 있느냐에 따라 판단해야 한다(실질적 기밀개념). 따라서 정부의 정책·경찰의 동향과 같은 행정상의 기밀이나 군사기밀·학생데모상황·선거상황을 포함한 정치·경제·사회·문화·사상 등 국가정책상 타국에 알려지지 아니함이 대한민국의 이익이 되는 모든 기밀을 포함한다(^{2010도6310} 판결 참조).

(bb) 공지의 사실   국내에서 이미 널리 알려진 공지의 사실, 예컨대 신문·잡지·라디오 등에 보도되어 알려진 사실도 국가기밀이 될 수 있느냐에 관해서, 개별적으로 공지된 사실이라도 이러한 사실들이 결합하여 새로운 중요사실을 판단할 수 있는 정보가 되는 경우에는 국가기밀이 될 수 있다(소위 "모자이크 이론")는 견해도 있다. 그러나 국내에서 공지된 사실은 이미 기밀이 아니며 적국에 대하여 기밀로 해야 할 이익도 없기 때문에 국가기밀이 아니라고 해야 한다(통설, ^{2010도6310} 판결 참조).

(cc) 위법한 국가기밀   위법한 국가기밀, 예컨대 자유민주적 기본질서에 반하거나 침략전쟁을 준비하는 것도 기밀로서는 보호할 필요가 없다 하더라도 국가의 외적 안전을 위태롭게 할 수 있는 것이면 이 죄의 국가기밀이라 해야 한다(통설).

(c) 착수·기수시기   국가기밀을 탐지·수집하는 행위의 개시가 있는 때에 실행의 착수가 있다. 판례는 침투간첩에 대하여 국내에 침투·잠입한 때에 실행의 착수가 있다(^{84도1381} 판결)고 하고 있으나 국내에 침투·잠입한 정도는 국가보안법상의 잠입죄(동법 제6조)에 해당할 뿐이라고 본다.

기수시기는 국가기밀을 탐지·수집한 때이다. 국내에 잠입하여 활동무대를 구축하거나 동지를 포섭 또는 접선한 것만으로 아직 기수가 되지 않지만 탐지·수집한 국가기밀을 지령자나 접선자에게 전달까지 할 필요는 없다(^{63도312} 판결).

2) 적국의 간첩방조   적국의 간첩을 방조하는 것이다.

"간첩방조"란 적국의 간첩이라는 정을 알면서 그의 간첩행위를 원조하여 그 실행을 용이하게 하는 일체의 행위를 말한다(^{93도3145} 판결). 방조의 수단·방법은 묻지 않는다.

　　대법원은 간첩에게 단순히 숙식을 제공하거나 무전기 매몰을 도와준 경우(85도2533 판결), 간첩을 숨겨준 경우(79도1003 판결), 가족의 안부에 관한 서신을 교환한 경우(72도227 판결), 안부편지나 사진을 전달하는 경우(66도470 판결)는 간첩방조가 되지 않지만, 북괴의 대남공작원을 상류시키거나(4293형상807 판결), 간첩과의 접선방법을 합의하거나(71도1333 판결), 남파공작원의 신분을 합법적으로 가장시킨 경우(70도1870 판결)는 간첩행위에 관련된 행위로서 간첩행위를 용이하게 한 간첩방조에 해당한다고 하였다.

간첩방조도 간첩과 대등한 독립된 간첩죄이므로 총칙상의 방조범 규정이 적용될 여지가 없다. 따라서 간첩방조에 있어서는 주범인 간첩의 기수·미수와 관계없이 방조행위 그 자체가 미수에 그친 때에 이 죄의 미수범이 되며 방조범 감경은 할 수 없다($^{86도1429}_{판결}$).

3) 군사상의 기밀누설   직무에 관하여 군사상의 기밀을 지득한 자가 그 기밀을 누설하는 진정신분범이다($^{통설, 72도963}_{판결 참조}$). "군사상 기밀을 누설한다"란 직무상 군사기밀의 정을 알고 있는 자가 적국 또는 간첩에게 알리는 것을 말하고, 직무와 관계없이 알게 된 군사상의 기밀을 누설한 때에는 일반이적죄($^{제99}_{조}$)가 성립할 뿐이다($^{82도2201}_{판결}$).

판례는, 군사상 기밀은 순수한 군사상의 기밀에 한정되지 않고 사회·경제·정치 등에 관한 기밀도 동시에 군사상의 기밀이 될 수 있으며(80도1430 판결), 군사교리를 체계적으로 정리한 군사교범은 비록 비밀로 등재되어 관리되지 않더라도 일정한 절차에 의해서만 열람, 대여, 영외반출 및 관리가 가능하며, 그 내용이 일반인에게 널리 알려진 공지의 사실이 아닐 뿐만 아니라 적에게 알려질 경우 군사목적상 위해한 결과를 초래할 가능성이 있다는 점에서 군형법 제80조에서 말하는 군사상 기밀에 해당한다(2011도7866 판결)고 하였다.

IX. 일반이적죄

> [구성요건·법정형]   전7조(외환유치죄, 여적죄, 모병이적죄, 시설제공이적죄, 시설파괴이적죄, 물건제공이적죄, 간첩죄)에 기재한 이외에 대한민국의 군사상 이익을 해하거나 적국에 군사상 이익을 공여한 자는 무기 또는 3년 이상의 징역에 처한다(제99조).
> 미수범은 처벌한다(제100조).
> 준적국(제102조) 규정과 동맹국(제104조) 규정이 적용된다.

제92조 내지 제98조의 구성요건에 해당하지 않는 행위로서 대한민국의 군사상의 이익을 해하거나 적국에 군사상의 이익을 제공하는 이적죄이다.

이 죄는 외환의 죄의 기본적 구성요건이며, 외환유치죄·여적죄·모병이적죄·시설제공이적죄·시설파괴이적죄·물건제공이적죄 및 간첩죄에 대한 보충규정이므로 이상의 죄를 구성하는 때에는 이 죄의 적용은 배제된다(법조경합의 보충관계). 일반이적행위의 예로 적국의 정황을 허위보고하여 대한민국의 작전계획을 그르치게 하거나 적국을 위하여 자금을 조달하는 경우를 들 수 있다.

판례는 대한민국의 군사상의 이익을 해하는 행위를 한 이중간첩($^{4292형상197}_{판결}$)과 직무와 관계없이 지득한 군사기밀을 적국에 누설한 자($^{82도2201}_{판결}$)도 이 죄에 해당한다고 하였다.

X. 전시군수계약불이행죄

> **[구성요건·법정형]** 전쟁 또는 사변에 있어서 정당한 이유없이 정부에 대한 군수품 또는 군용공작물에 관한 계약을 이행하지 아니한 자는 10년 이하의 징역에 처한다(제103조 제1항). 전항의 계약이행을 방해한 자도 전항의 형과 같다(제2항).
> 동맹국(제104조) 규정이 적용된다.

전쟁 또는 사변에 있어서 정당한 이유없이 정부에 대한 군수품 또는 군용공작물에 관한 계약을 이행하지 않거나 계약이행을 방해하는 범죄이다. 계약불이행죄는 진정부작위범이고, 계약이행방해죄는 작위범이다.

이 죄에서의 "정부"란 행정부를 통칭하지만 정부를 대표하여 군수계약을 체결할 수 있는 지방관서도 포함하며, "군수품·군용공작물"이란 군작전상 필요로 하는 일체의 물자와 시설을 말한다.

XI. 외환예비·음모·선동·선전죄

> **[구성요건·법정형]** 제92조 내지 제99조(외환유치, 여적, 모병이적, 시설제공이적, 시설파괴이적, 물건제공이적, 간첩, 일반이적)의 죄를 범할 목적으로 예비 또는 음모한 자는 2년 이상의 유기징역에 처한다. 단, 그 목적한 죄의 실행에 이르기 전에 자수한 때에는 그 형을 감경 또는 면제한다(제101조 제1항).
> 제92조 내지 제99조의 죄를 선동 또는 선전한 자도 전항의 형과 같다(제2항).

외환유치죄, 여적죄, 모병이적죄, 시설제공이적죄, 시설파괴이적죄, 물건제공이적죄, 간첩죄 또는 일반이적죄를 범할 목적으로 예비·음모 또는 선동·선전하는 범죄이다($^{제101}_{조}$). 예비·음모한 자가 그 목적한 죄의 실행에 이르기 전에 자수한 때에는 그 형을 감경 또는 면제한다(필요적 감면).

[§ 47] 국기에 관한 죄

I. 총 설

(1) 의의·성격

국기에 관한 죄는 대한민국을 모욕할 목적으로 국기(國旗) 또는 국장(國章)을 손상, 제거, 모욕 또는 비방하는 범죄이다. 이 죄는 모욕죄($^{제311}_{조}$)와 손괴죄($^{제366}_{조}$)의 결합범이고 목적범이다.

(2) 보호법익

국기와 국장은 국가의 권위를 상징하는 표지이므로 형법은 대한민국의 권위와 명예를 보호하고 국가존립의 체면을 대외적으로 유지하기 위하여 국기에 관한 죄를 규정한 것이다. 따라서 이 죄의 보호법익은 국가의 권위와 대외적 체면이며, 보호받는 정도는 구체적 위험범이다(다수설).

II. 국기·국장모독죄

> [구성요건·법정형] 대한민국을 모욕할 목적으로 국기 또는 국장을 손상, 제거 또는 오욕한 자는 5년 이하의 징역이나 금고, 10년 이하의 자격정지 또는 700만원 이하의 벌금에 처한다(제105조).

(1) 의 의

대한민국을 모욕할 목적으로 국기 또는 국장을 손상, 제거 또는 오욕하는 범죄이다. 모욕죄와 손괴죄의 결합범이므로 모욕할 목적이 없으면 이 죄가 성립하지 않고 손괴죄에 해당할 수 있다.

(2) 구성요건

1) 객 체 국기 또는 국장이다. ① "국기"란 국가의 권위를 상징하기 위하여 일정한 형식에 따라 제작된 기(旗)를 말한다. 반드시 치수와 규격이 정확할 필요가 없다. ② "국장(國章)"이란 국가를 상징하는 국기 이외의 일체의 휘장을 말한다. 육·해·공군의 군기, 대사관·공사관의 휘장, 나라 문장(紋章) 등이 그 예이다.

국기 또는 국장은 공용에 공하는 것과 사용에 공하는 것을 포함한다. 국기, 국장의 소유권이 누구에게 있느냐도 묻지 않는다. 따라서 자기소유의 국기, 국장에 대해서도 모욕의 목적을 가지고 손상하면 이 죄에 해당한다.

2) 행 위 손상, 제거 또는 오욕하는 것이다. ① "손상"이란 손괴죄의 손괴와 같은 의미로서 물질적으로 국기, 국장의 전부 또는 일부를 훼손하는 것을 말한다. ② "제거"란 국기, 국장 자체를 손상함이 없이 현재 게양되고 있는 장소에서 철거하거나 장소이전 없이 다른 물건으로 가려서 보이지 않게 하는 것을 말한다. ③ "오욕"이란 국기, 국장을 불결하게 하는 일체의 유형적인 행위를 말한다. 오물을 끼얹거나 방뇨하거나 침을 뱉거나 먹물 등 색칠을 하는 것이 이에 해당한다.

이 죄는 구체적 위험범이므로 대한민국의 권위와 체면을 손상시킬 정도의 손상, 제거 또는 오욕이 있어야 기수가 된다.

3) 주관적 요소 국기, 국장을 손상, 제거 또는 오욕한다는 고의 외에 경멸의 의사를 표시하는 모욕할 목적이 있어야 한다. 목적달성의 여부는 이 죄의 성립에 영향이 없다.

Ⅲ. 국기·국장비방죄

> **[구성요건·법정형]** 전조(국기·국장모독죄)의 목적으로 국기 또는 국장을 비방한 자는 1년 이하의 징역이나 금고, 5년 이하의 자격정지 또는 200만원 이하의 벌금에 처한다(제106조).

대한민국을 모욕할 목적으로 국기 또는 국장을 비방하는 범죄이다. 국기·국장모독죄와 행위태양이 다를 뿐이고 객체와 목적은 같다. "비방"이란 언어나 거동, 문장이나 회화에 의하여 물질적 훼손없이 모욕의 의사를 표현하는 것을 말한다. 다만 비방에 의하여 국가의 권위와 체면을 손상시킬 정도가 되기 위해서는 공연성이 있어야 한다(통설). 따라서 밀실에서 국기·국장에 대해서 조소하는 언동을 하였어도 이 죄에 해당하지 않는다.

[§ 48] 국교에 관한 죄

I. 총 설

(1) 의 의

국교에 관한 죄는 국제법상 보호되는 외국의 이익을 해함으로써 외국과의 평화로운 국제관계와 우리나라의 대외적 지위를 위태롭게 하는 범죄로서 외국과의 국교관계를 원활히 하려는 데에 그 취지가 있다.

(2) 보호법익

이 죄의 보호법익에 대해서, ① 우리나라의 대외적 안전과 지위를 보호한다는 견해($^{배종대}_{148/1}$), ② 국제법상 요구되는 외국의 이익을 보호한다는 견해($^{정영석}_{30}$), ③ 양자 모두를 보호법익으로 한다는 견해(통설)가 대립한다.

형법은 이 죄를 국교에 관한 죄로 규정하고 있고, 헌법($^{제6}_{조}$)도 조약·국제법규에 국내법과 동일한 효력을 인정하여 외국인의 지위를 보장하고 있으므로 외국의 이익도 보호한다고 해야 하며, 정상적인 국교는 자국의 대외적 지위와 체면을 전제로 해서만 가능하고, 외교상의 기밀누설죄는 국가의 대외적 지위를 보호하는 것이므로 외국의 이익과 자국의 이익을 동시에 보호한다고 해야 한다. 보호받는 정도는 추상적 위험범이다(통설).

[입법형식]   국교에 관한 죄를 규정하는 입법형식에는 상대국의 형법에도 동일한 처벌규정이 있는 경우에 한하여 내국법의 적용을 인정하는 상호주의와, 상대국에서 동일한 처벌규정을 두었느냐에 관계없이 내국법을 적용하는 단독주의가 있다. 우리 형법은 단독주의를 채택하고 있다.

II. 외국원수에 대한 폭행 등 죄

> [구성요건·법정형] 대한민국에 체재하는 외국의 원수에 대하여 폭행 또는 협박을 가한
> 자는 7년 이하의 징역이나 금고에 처한다(제107조 제1항).
> 전항의 외국원수에 대하여 모욕을 가하거나 명예를 훼손한 자는 5년 이하의 징역이나 금고
> 에 처한다(제2항).
> 그 외국정부의 명시한 의사에 반하여 공소를 제기할 수 없다(제110조).

(1) 의의·성격

대한민국에 체재하는 외국의 원수에 대하여 폭행, 협박 또는 모욕을 가하
거나 명예를 훼손하는 범죄이다. 행위객체가 대한민국에 체재하는 외국의 원수
라는 점에서 일반인에 대한 폭행죄, 협박죄, 모욕죄, 명예훼손죄에 대하여 불법
이 가중된 가중적 구성요건이고, 일반인에 대한 폭행·협박죄, 모욕·명예훼손죄
와 특별관계에 있다.

(2) 구성요건

1) 객 체   대한민국에 체재하는 외국의 원수이다. "외국"이란 국가로서
의 실질적 요건을 갖추고 있는 대한민국 이외의 국가로서 대한민국의 정식승인
을 받았거나 대한민국과 외교관계를 맺고 있음을 요하지 않는다. "원수"란 외국
의 헌법에 의하여 국가를 대표할 권한이 있는 자를 말한다. 따라서 외국의 대통
령과 군주는 원수에 해당하지만 내각책임제 국가의 수상이나 국제법상 국가로
인정할 수 없는 집단의 장은 외국원수가 아니다. 그리고 외국원수에 한하므로
그 원수의 가족도 이 죄의 객체가 될 수 없다.

2) 행 위   폭행, 협박, 모욕하거나 명예를 훼손하는 것이다. 폭행·협박
은 폭행죄·협박죄의 그것과 같다. 모욕과 명예훼손도 모욕죄·명예훼손죄의 그
것과 내용이 같으나 공연성을 요하지 않는다는 점에서 차이가 있다. 그 밖에
명예훼손죄에 있어서의 위법성배제사유($^{제310}_{조}$)가 적용되지 않으며, 일반모욕죄
가 친고죄임에 대해서 이 죄는 반의사불벌죄로 규정되어 있다.

Ⅲ. 외국사절에 대한 폭행 등 죄

> [구성요건·법정형] 대한민국에 파견된 외국사절에 대하여 폭행 또는 협박을 가한 자는 5년 이하의 징역이나 금고에 처한다(제108조 제1항).
>
> 전항의 외국사절에 대하여 모욕을 가하거나 명예를 훼손한 자는 3년 이하의 징역이나 금고에 처한다(제2항).
>
> 그 외국정부의 명시한 의사에 반하여 공소를 제기할 수 없다(제110조).

대한민국에 파견된 외국사절에 대하여 폭행, 협박 또는 모욕을 가하거나 명예를 훼손하는 범죄이다.

객체는 대한민국에 파견된 외국사절이다. 외국원수가 아니라는 점에서 제107조의 죄와 구별될 뿐이다. 외국사절이면 상설·임시임을 묻지 않으며, 정치적·의례적임을 가릴 필요도 없고 그 직급의 여하도 문제되지 않는다. 대한민국에 파견된 외국사절에 한하므로 제3국에 파견되어 부임 또는 귀국 중에 대한민국에 일시 체재하는 자는 포함되지 않는다. 또 외국사절에 한하므로 외국사절의 가족·수행원·사자(使者)는 이 죄의 객체가 될 수 없다. 반의사불벌죄이다.

Ⅳ. 외국국기·국장모독죄

> [구성요건·법정형] 외국을 모욕할 목적으로 그 나라의 공용에 공하는 국기 또는 국장을 손상, 제거 또는 오욕한 자는 2년 이하의 징역이나 금고 또는 300만원 이하의 벌금에 처한다(제109조).
>
> 그 외국정부의 명시한 의사에 반하여 공소를 제기할 수 없다(제110조).

외국을 모욕할 목적으로 그 나라의 공용에 공하는 국기 또는 국장을 손상, 제거 또는 오욕하는 범죄이다. 행위객체가 "공용에 공하는" 외국의 국기 또는 국장인 점을 제외하고는 우리나라의 국기·국장모독죄($\frac{제105}{조}$)와 같다. "공용에 공한다"란 국가의 권위를 상징하기 위하여 그 나라의 공적 기관이나 공무소에서 사용되는 것을 말한다. 사용(私用)에 사용하는 것은 제외되므로 장식용 만국기나 외국인을 환영하기 위하여 개인이 게양·휴대·소지하는 외국의 국기 또는 현실적으로 사용되지 않는 소장 중인 외국의 국기·국장 등은 이 죄의 객체가 될 수 없다. 초국가적인 국제연합은 이 죄의 외국이 아니므로 국제연합기나 그 휘장도 이 죄의 객체가 아니다.

이 죄는 고의 외에 외국을 모욕할 목적이 있어야 하는 목적범이고 반의사불벌죄이다.

V. 외국에 대한 사전죄

> **[구성요건·법정형]** 외국에 대하여 사전한 자는 1년 이상의 유기금고에 처한다(제111조 제1항).
>
> 미수범은 처벌한다(제2항).
>
> 제1항의 죄를 범할 목적으로 예비 또는 음모한 자는 3년 이하의 금고 또는 500만원 이하의 벌금에 처한다. 단, 그 목적한 죄의 실행에 이르기 전에 자수한 때에는 감경 또는 면제한다(제3항).

외국에 대하여 사전(私戰)하는 범죄이다. 국민이 개인적으로 외국과 전투행위를 하는 것은 외국의 정부나 국민의 감정을 해하여 외교관계를 악화시키고 나아가서 국가존립까지 위태롭게 할 위험이 있기 때문에 처벌규정을 둔 것이다.

"사전"의 상대방은 외국이다. 여기의 외국은 승인국가임을 요하지 않으나 외국인 또는 외국인의 집단을 상대로 한 사적인 전투는 이 죄에 해당하지 않는다. "사전"이란 국가의 전투명령에 의하지 않고 국가의사와 관계없이 개인 또는 개인적 집단이 외국에 대하여 전투행위를 하는 것을 말한다. 전쟁 중에 지휘관이 권한을 남용하여 자의로 부대를 진격시키는 것은 사전이 아니라 군형법상의 불법진퇴죄(통법제20조)에 해당한다. 사전이라고 하기 위해서는 폭력이나 단순한 외국인 사살 정도로는 부족하고 외국에 대하여 무력에 의한 조직적인 공격이 있어야 한다.

외국에 대하여 사전할 목적으로 예비 또는 음모하면 사전예비·음모죄가 성립한다. 목적한 죄의 실행에 이르기 전에 자수한 때에는 그 형을 감경 또는 면제한다(제111조제3항).

VI. 중립명령위반죄

> **[구성요건·법정형]**   외국간의 교전에 있어서 중립에 관한 명령에 위반한 자는 3년 이하의 금고 또는 500만원 이하의 벌금에 처한다(제112조).

(1) 의의·성격

외국간의 교전에 있어서 중립에 관한 명령에 위반하는 범죄이다. 외국간의 전쟁이 있을 때에 국가가 중립을 선언하면 국민은 그 중립의무를 지켜야 하고, 이 의무를 지키지 않으면 국가의 중립선언은 무의미하게 됨은 물론, 상대국과의 국교관계를 위태롭게 할 위험성이 있으므로 이를 특별히 처벌하기로 한 것이다.

이 죄는 구성요건의 내용이 중립명령에 의해서 보충되도록 위임되어 있고 형벌만을 규정하고 있는 백지형법의 대표적인 예이다. 또 이 죄는 중립명령이 폐지될 때까지만 효력을 가진 범죄이므로 일시적 사정에 대처하기 위한 광의의 한시법이다.

(2) 구성요건

1) **외국간의 교전**   "외국간의 교전"이란 우리나라가 참가하지 않는 전쟁이 2개 이상의 외국 사이에 행해지고 있는 상태를 말한다. 즉 대한민국이 전쟁 당사국이 아닌 외국간의 전쟁을 말한다. 여기의 교전(전쟁)은 국제법상 인정되는 전쟁(선전포고)일 필요가 없고, 국내법상의 중립명령이 있을 경우에만 구성요건이 보충되는 것이므로 어느 정도의 전쟁이냐는 의미가 없다.

2) **중립명령위반**   "중립명령"이란 우리나라가 교전국의 어느 한쪽에도 가담하지 않고 불편부당의 지위를 지키기 위하여 국외중립선언에 따르도록 하는 명령을 말한다. 여기의 명령은 대통령령·부령 등과 같은 협의의 명령에 한정되지 않는다. 또 이 죄는 현실적으로 중립명령이 발포되어 있고 그 명령에 위반한 때에 성립한다. 따라서 국제법상의 중립위반이 있어도 우리나라의 중립명령에서 금지하는 사항이 아니면 이 죄는 성립하지 않는다.

VII. 외교상의 기밀누설죄

> **[구성요건·법정형]** 외교상의 기밀을 누설한 자는 5년 이하의 징역 또는 1천만원 이하의 벌금에 처한다(제113조 제1항).
> 누설할 목적으로 외교상의 기밀을 탐지 또는 수집한 자도 전항의 형과 같다(제2항).

외교상의 기밀을 누설하거나 누설할 목적으로 외교상의 기밀을 탐지 또는 수집하는 범죄이다.

주체는 제한이 없다. 신분범인 공무상 기밀누설죄($^{제127}_{조}$)와 구별된다.

행위객체는 외교상의 기밀이다. 이 점에서 국가기밀 또는 군사상 기밀을 적국에 누설하는 간첩죄($^{제98조}_{제2항}$)와 다르다. "외교상의 기밀"이란 외국과의 관계에서 국가가 지켜야 할 기밀을 말하고, 외국과의 비밀조약을 체결한 사실 또는 체결하려고 하는 사실 등이 이에 해당한다. 이미 국내에서 공지에 속한 사실은 아직 외국에 알려져 있지 않아도 이를 비밀로 해야 할 이익이 없으므로 외교상 비밀이 될 수 없다고 본다(다수설). 외국언론에 이미 보도되어 외국에 공지인 사실도 외교상의 기밀이 될 수 없다($^{94도2379}_{판결}$).

행위는 누설하거나 탐지 또는 수집하는 것이다. "누설"이란 직접·간접으로 타국 또는 타인에게 알리는 것을 말하며, 그 수단·방법은 제한이 없다. 다만 외교상의 기밀 중에 간첩죄에 해당하는 군사기밀을 적국에 누설하면 간첩죄에 해당하므로 외교상의 기밀을 적국 아닌 타국에 누설한 때에만 이 죄가 성립한다고 본다.

외교상의 기밀을 탐지 또는 수집하는 때에는 고의 외에 누설할 목적이 있어야 한다(목적범).

찾아보기

ㅈ

ㅊ

저자약력

정성근(鄭盛根)

성균관대학교 법과대학 졸업
성균관대학교 대학원 법학박사
성균관대학교 법과대학 교수 · 법과대학장
독일 쾰른대학 형사법연구소 초빙교수
한국형사법학회 회장
사법시험위원회 위원
사법시험 · 행정고시 · 입법고시 출제위원
현재 성균관대학교 법과대학 명예교수

공동정범의 이론
형법강의 총론(공저)
형법총론(공저)
형법각론(공저)
형법연습
공모공동정범에 관한 연구
위법성조각사유의 전제사실에 대한 착오
형법상의 신분개념 외 논문 다수

정준섭(鄭畯燮)

성균관대학교 법과대학 졸업
성균관대학교 대학원 법학박사
변호사
University of Washington Visiting Scholar
한국형사법학회 이사
한국포렌식학회 편집이사
사법시험 · 변호사시험 · 공무원시험 출제위원
현재 숙명여자대학교 법과대학 교수

형법강의 총론(공저)
성폭력범죄의 처벌규정 분석과 개선방안(공저)
형벌법규에 대한 위헌 · 불합치결정의 효력
「성폭력범죄의 처벌 등에 관한 특례법」상 실체법 규정의 개선방안(공저)
형법규정의 법정형 불균형 문제와 해소방안
간통죄 위헌결정에 대한 소고
현행 강간죄 규정에 대한 재검토
합동범의 공동정범 외 논문 다수

제2판
형법강의 각론

초판발행	2017년 3월 2일
제2판발행	2022년 3월 10일
지은이	정성근·정준섭
펴낸이	안종만·안상준
편 집	한두희
기획/마케팅	장규식
표지디자인	이수빈
제 작	고철민·조영환
펴낸곳	(주) **박영사**
	서울특별시 금천구 가산디지털2로 53, 210호(가산동, 한라시그마밸리)
	등록 1959. 3. 11. 제300-1959-1호(倫)
전 화	02)733-6771
f a x	02)736-4818
e-mail	pys@pybook.co.kr
homepage	www.pybook.co.kr
ISBN	979-11-303-4139-2 93360

copyright©정성근·정준섭, 2022, Printed in Korea

* 파본은 구입하신 곳에서 교환해 드립니다. 본서의 무단복제행위를 금합니다.
* 저자와 협의하여 인지첩부를 생략합니다.

정 가   38,000원